1856-78

d' Hozier, Charles-René

Armorial... recueil officiel

Volume 2

193

ARMORIAL GÉNÉRAL DE FRANCE

TOME DEUXIÈME

PARIS. — TYPOGRAPHIE SIMON RAÇON ET COMP., RUE D'ERFURTH, 1

Ricot Grav. 2 rue de Rohan

Delahaye. Imp

ARMORIAL

D'ARTOIS ET DE PICARDIE

GÉNÉRALITÉ D'AMIENS

RECUEIL OFFICIEL DRESSÉ PAR LES ORDRES DE LOUIS XIV

1696 — 1710

PUBLIÉ D'APRÈS LES MANUSCRITS DE LA BIBLIOTHÈQUE IMPÉRIALE
ET SUIVI D'UN NOBILIAIRE DE FLANDRE ET D'ARTOIS

PAR

M. BOREL D'HAUTERIVE

ARCHIVISTE PALÉOGRAPHE

TOME DEUXIÈME

DE L'ARMORIAL GÉNÉRAL DE FRANCE

PARIS

AU BUREAU DE L'ANNUAIRE DE LA NOBLESSE

RUE RICHER, 50

DENTU, LIBRAIRE
PALAIS-ROYAL, GALERIE VITRÉE, 13

DUMOULIN, LIBRAIRE
QUAI DES GRANDS-AUGUSTINS, 18

1866

PRÉFACE

La science héraldique faisait autrefois partie du cours d'éducation des jeunes gens, même des demoiselles. L'auteur de la *Nouvelle Héloïse*, voulant donner une juste idée de la brillante instruction de son héroïne et de la satisfaction que son père en avait éprouvée, faisait dire par Julie : « Au blason près, qui lui a paru négligé, il a été fort content de tous mes talents. » Quels changements depuis que Jean-Jacques Rousseau écrivait ces lignes.

La loi du 28 mai 1858 sur les titres et les distinctions honorifiques a donné aux armoiries une vitalité nouvelle. Avant sa promulgation, on parlait encore quelquefois du blason par vanité, sans le connaître et au risque de tomber dans de grossières erreurs. Mais ce danger n'entraînait pas de grandes conséquences ; puisque, aux yeux de la législation alors en vigueur, les armoiries n'étaient qu'une futilité, qu'un objet de luxe, dont elle ne reconnaissait pas l'existence officielle et qui pouvait tout au plus donner lieu à une revendication civile entre deux parties qui se disputaient la possession d'un écu héraldique comme celle d'un meuble.

Aujourd'hui les questions nobiliaires, depuis la loi de 1858 et le rétablissement du conseil du sceau des titres, ont acquis une importance réelle. Tout le monde s'en occupe, on les discute, mais peu de personnes se donnent la peine de les approfondir. Le blason surtout est une matière dont chacun croit qu'il est permis de parler, sans même connaître ses règles les plus élémentaires.

Dans un procès tristement célèbre, l'accusé, interrogé sur l'origine du titre de comte qu'il avait quelquefois porté, prétendit qu'il y avait droit, parce qu'il y avait une couronne de comte sur son écu. Il produisit à l'appui un dessin et une description de ses armes qui lui avaient été délivrés neuf ans auparavant, en 1855. Il faut être complétement étranger aux plus simples notions héraldiques pour croire que la couronne de comte placée sur l'écu implique le droit au titre lui-même.

Les journalistes, chargés de rendre compte des débats judiciaires, se laissèrent entraîner par leurs préventions contre la noblesse et par l'esprit de parti, qui leur fait oublier trop souvent les règles de l'équité et même de la bonne foi. Soit ignorance, soit aveuglement, ils dénaturèrent le caractère de la pièce produite, qui ne portait en tête aucun intitulé, en lui attribuant faussement pour titre ces mots : *Diplôme de comte délivré*, etc.

Celui qui avait remis cette copie ayant voulu réclamer et rétablir la vérité dans tout son jour, fut cité comme témoin[1]. Il protesta contre les assertions des journalistes et ceux-ci s'en vengèrent en dénaturant et tournant en ridicule sa déposition. Mais laissons là ces discussions pénibles pour ne nous occuper que du côté scientifique, du droit de timbrer un écu héraldique.

Ce serait une erreur grossière que de croire que le port d'armoiries ait jamais été la propriété exclusive des nobles. Dès les premiers temps où le blason commença à avoir des règles certaines, nous voyons que des roturiers possédaient des armoiries; mais ils n'avaient que l'écu proprement dit, et ne pouvaient le timbrer, c'est-à-dire placer au-dessus de lui des casques et des couronnes. Aussi, lorsque Charles V, par ses lettres patentes du 9 août 1371, conféra aux bourgeois de Paris quelques-uns des priviléges réservés à la noblesse, il y comprit celui de porter leurs armoiries *timbrées*. (Chérin, *Abrégé chronologique*, p. 20 et 21.) L'édit de Charles IX, du mois de janvier 1560, article 110, et celui de Henri III, du mois de mars 1583, défendirent expressément, sous peine d'amende, à toute personne non noble de timbrer ses armoiries. Ces prescriptions, il est vrai, ne furent point, dans la pratique, mises à exécution, et on trouverait difficilement un exemple de leur application. Les usurpations continuèrent de se propager d'une manière si flagrante, que, lors des États généraux de 1614, la noblesse, par le huitième paragraphe de ses cahiers de remontrances, demanda que défense fût faite aux non nobles de prendre la qualité d'écuyer et de timbrer leurs armes sous quelque prétexte que ce fût. Le roi Louis XIII, par son édit du mois de janvier 1634, renouvela les défenses portées contre ceux qui usurpaient le titre de noblesse, prenaient la qualité d'écuyer et timbraient leurs armoiries, à peine de deux mille livres d'amende. Cette fois encore la mesure resta sans effet, et le roi Louis XIV fut obligé de la décréter de nouveau dans sa déclaration contre les usurpateurs de noblesse du 26 février 1666.

Il est à remarquer que dans toutes ces défenses, le port des armoiries *timbrées* est seul interdit; cela implique donc naturellement que les roturiers ou non nobles avaient le droit d'avoir des armes, pourvu qu'elles ne fussent pas timbrées. Si l'on en veut une dernière preuve, on n'a qu'à jeter un coup d'œil sur l'édit de Louis XIV du mois de novembre 1696, relatif à l'enregistrement des armoiries. Il y est dit formellement que les bourgeois

[1] On lui objecta qu'il avait écrit au prévenu : *Monsieur le comte*, en tête d'une lettre dans laquelle il lui disait : Vous n'avez aucun droit à ce titre. Mais n'était-ce pas un simple devoir de politesse auquel obtempèrent les gens bien élevés; et la franchise de la lettre n'était-elle pas le blâme le plus amer de cette usurpation? Lorsque l'*Annuaire* de 1862 (page 270) annonça le mariage du prévenu, la date du 7 août, lui avait-il donné le moindre titre?

des villes franches et autres, les personnes de lettres et autres, qui, par la noblesse de leur profession et de leur art, ou par leur mérite personnel, tiennent un rang d'honneur et de distinction, jouiront aussi du droit d'avoir et de porter des armes. (Voyez la préface de l'*Armorial de Flandre*, p. XIV.)

Cette extension du droit d'armoiries reconnue par un édit essentiellement restrictif, prit dans la pratique des proportions considérables. Pour s'en convaincre il suffit d'ouvrir les registres manuscrits de l'Armorial général, qui furent dressés en vertu de cet édit du mois de novembre 1696, et qui sont conservés aux manuscrits de la Bibliothèque Impériale; on verra que plus de la moitié des armoiries qui y furent enregistrées appartiennent à des bourgeois ou à des marchands.

Prenons, par exemple, les registres qui ont été récemment imprimés. Dans celui de la ville de Marseille, publié par M. de Montgrand, à la page 178 on lit que :

N° 473. Barthélemy Sauvaire, marchand mercier;
N° 474. Jean-Baptiste Crozet, marchand;
N° 476. Pierre Sebolin, marchand;
N° 477. Ange Gardanne, marchand;
N° 481. Estienne Sossin, bourgeois,

ont fait enregistrer leurs armoiries, qui s'y trouvent décrites et certifiées par d'Hozier.

Dans le registre de l'Alsace, publié par M. Anatole de Barthélemy, on trouve à la page 702 le blason de :

N° 199. Daniel Kips, tondeur de draps;
N° 200. Frédéric Reiber, bonnetier à Strasbourg;
N° 203. Jean-Daniel Gans, mercier à Strasbourg;
N° 204. Abraham Habrecht, horloger à Strasbourg;
N° 205. Philippe Kiebler, potier d'étain à Strasbourg;
N° 206. Michel Faust, potier d'étain.

Si l'on veut jeter un coup d'œil sur le volume lui-même que nous publions aujourd'hui, on pourra remarquer que la première partie, page 1 à 142, contient une foule de bourgeois et de marchands qui firent inscrire leur blason dans l'armorial. Voyez, par exemple, la page 96, où l'on trouve le blason de Nicolas de Legorgue, marchand drapier à Abbeville; de Michel Gasse et de Michel Monvoisin, bourgeois et marchands à Abbeville; de Jean Hericy bourgeois d'Abbeville. Enfin, le supplément, qui forme les deux dernières parties de l'armorial et s'étend de la page 143 à la page 335, se compose en grande majorité des armoiries de bourgeois et marchands.

En présence de preuves aussi évidentes, serait-il encore possible de soutenir, comme on l'a fait quelquefois, que les armoiries étaient exclusivement réservées à la noblesse?

Revenons maintenant au droit de timbrer son écu d'un casque ou d'une couronne. Nous avons vu que les édits de 1560, 1583, 1634 et 1666 l'avaient formellement interdit aux roturiers sous peine d'amende. Mais on en jouissait du moment qu'on était noble et qu'on possédait le titre d'écuyer. Aucune loi spéciale et formelle n'avait réglé la forme, la matière et la position du heaume ou casque placé au-dessus de l'écu. L'usage seul avait établi que le casque devait être porté de face, de profil, d'argent, d'acier, ouvert ou grillé, suivant la qualité de son possesseur. Au-dessus du heaume se plaçait la couronne en guise de cimier.

A partir du seizième siècle on commença à supprimer les casques et à poser les couronnes immédiatement au-dessus de l'écu. Pour cette nouvelle espèce de timbre, les usurpations ne tardèrent pas à se multiplier. Régulièrement et légalement, chacun n'aurait dû adopter que la couronne du titre qu'il portait. Par conséquent, les simples chevaliers, les écuyers et tous les cadets, même ceux des familles ducales, n'auraient pas eu le droit d'en prendre. Mais il s'en fit bientôt un pillage général. Les couronnes de baron et de vicomte, qui manquaient d'élégance, se virent presque complétement abandonnées pour celles de comte et de marquis. La couronne ducale fut, elle aussi, assez souvent usurpée. Nos rois avaient donné, eux-mêmes les premiers, un fatal exemple en concédant, par lettres patentes, à de simples écuyers ou chevaliers le droit de timbrer leurs armes d'une couronne, et à des nobles ayant un fief de dignité, le droit de prendre une couronne supérieure à celle de leur titre. C'était par imitation ou par continuation d'un usage assez fréquent dans les provinces du nord de la France et dans les Pays-Bas soumis à la domination des archiducs. Une fois cette porte ouverte aux abus, il n'avait plus été possible de les réprimer, et, au siècle dernier, le pillage et le désordre des couronnes alla toujours croissant jusqu'en 1789, si bien que leur emploi ne fut plus soumis à aucune autre règle que la fantaisie, à aucun autre contrôle que la crainte du ridicule.

Aboli avec les armoiries par la législation de 1790, l'usage des couronnes reprit en 1814 ses anciens errements et ses abus traditionnels. Cet état de choses n'a toujours fait qu'empirer jusqu'ici. Il n'est plus besoin aujourd'hui non-seulement d'être noble, mais même d'avoir des armoiries, pour porter une couronne de comte ou de marquis sur son cachet, sa voiture, ses cartes de visite. On la place au-dessus de son nom, de son chiffre. Nulle loi, nulle sanction pénale n'y mettent obstacle, puisque la loi du 28 mai 1858 ne s'occupe que des *usurpations de titres* ou des *changements et altérations de noms* faits dans le but de s'attribuer une distinction honorifique.

Tel est le désordre déplorable dans lequel se trouve aujourd'hui tombé l'usage des armoiries et des couronnes, faute de leur avoir assuré une existence régulière et légale par des mesures répressives et obligatoires.

ARMORIAL
D'ARTOIS ET DE PICARDIE

GÉNÉRALITÉ D'AMIENS

RECUEIL OFFICIEL DRESSÉ PAR LES ORDRES DE LOUIS XIV

1696—1711

ÉTAT DES ARMOIRIES DES PERSONNES ET COMMUNAUTEZ CY-APRÈS DÉNOMMÉES

ENVOYÉES AUX BUREAUX ÉTABLIS PAR Me ADRIEN VANIER, CHARGÉ DE L'EXÉCUTION DE L'ÉDIT DU MOIS DE NOVEMBRE 1696, POUR ESTRE PRÉSENTÉES A NOSSEIGNEURS LES COMMISSAIRES GÉNÉRAUX DU CONSEIL, DÉPUTEZ PAR SA MAJESTÉ PAR ARRESTS DES QUATRE DÉCEMBRE AUDIT AN ET VINGT-TROIS JANVIER MIL SIX CENS QUATRE-VINGT-DIX-SEPT.

GÉNÉRALITÉ D'AMIENS

AMIENS

SUIVANT L'ORDRE DU REGISTRE 1er

1. — Le monastère de la *Visitation-Sainte-Marie* d'Amiens :

D'or, à un cœur de gueules, percé de deux flèches d'or, empennées d'argent, passées en sautoir au travers du cœur, qui est chargé d'un nom de Jésus d'or et sommé d'une croix de sable, au pied fiché dans l'oreille du cœur; le tout enfermé dans une couronne d'épines de sinople; les épines ensanglantées de gueules.

2. — Jean-Baptiste HESMART (Hémart), escuier, seigneur de Bréviller(s), gentilhomme de la chambre de Monsieur, frère unique du roy :

D'azur, à une face d'argent, chargée de trois molettes de sable et accompagnée de trois abeilles d'or, une en chef et deux en pointe.

3. — N... (Louis-Léonor de Monchy)[1], marquis d'Hoquincourt :

De gueules, à trois maillets d'or, deux et un.

4. — Michel Cuvillier, avocat :

D'argent, à un chevron de gueules, accompagné de trois trèfles de sable, deux en chef et une en pointe.

5. — Pierre Pingré, escuier, sieur de Gouy, conseiller du roy, président trezorier de France en la généralité d'Amiens :

D'argent, à un pin arraché de sinople, fruité d'or.

6. — Jean-Baptiste de Romanet, escuier, trezorier de France en la généralité d'Amiens :

D'azur, à un pal d'argent, chargé de trois chevrons de sable, et accosté de deux lions affrontez d'or, armez et lampassez de gueules.

7. — Aimé-François-Robert Aubery, seigneur de la Salle, de Ponthieu et Placy (Plachy), abbé d'Homblières-lez-Saint-Quentin :

D'or, à cinq faces (ou trangles) de gueules.

8. — René-Charles Hudeleine de Rocrolle, gentilhomme de la grande vennerie de France :

D'argent, à une face de gueules, accompagnée en chef de deux molettes de sable et en pointe d'une ancre de même.

9. — François-Louis de Saisseval, chevalier, seigneur d'Ange, lieutenant de messieurs les maréchaux de France au département d'Amiens :

D'azur, à deux bars adossez d'argent.

10 *bis*[2]. — Feu François de Saisseval, chevalier, seigneur de Pissy, lieutenant du roy de la ville et gouvernement d'Amiens, et Geneviève Fraguier, sa veuve :

D'azur, à deux bars adossez d'argent; *acollé :* d'azur, à une face d'argent, accompagnée de trois raisins d'or, deux en chef et un en pointe.

11 *bis*. — François de Saveuse, vivant chevalier, seigneur de Coisy, et Françoise d'Estourmel, sa veuve.

De gueules, à une bande d'or, accompagnée de six billettes de même, posées en orle, trois en chef et trois en pointe ; *acolé :* de gueules, à une croix engrelée d'argent.

[1] Nous avons mis entre parenthèses les additions ou corrections que nous avons cru devoir faire au texte officiel. Il n'y avait ici que le titre de marquis d'Hocquincourt, sans nom de famille ni prénoms, parce que son possesseur était Louis-Léonor de Monchy, qui l'avait recueilli tout récemment par la mort de ses deux frères et qui était abbé de Notre-Dame de Boheries. (P. Anselme, t. VII, p. 559.)

[2] Le mot *bis* ne veut pas dire un second article 10, mais un article double, parce que les armes de la femme et du mari sont enregistrées toutes deux au moyen de deux écus accolés. La somme payée est alors de quarante livres au lieu de vingt.

12. — François Pièce, escuier, sieur de Framicourt, conseiller du roy, doyen, premier président trezorier général de France, au bureau des finances d'Amiens :

D'azur, à la croix danchée d'argent, cantonnée de quatre pièces rondes ou bezans d'or.

13. — Jean Le Roy, escuier, conseiller, avocat du roy au bureau des finances d'Amiens :

D'azur, à un chevron d'or, surmonté d'un soleil de même, et accompagné en pointe d'une foi d'argent.

14. — Joseph-François Brunel, escuier, sieur de Bus, conseiller du roy, tresorier de France, à Amiens :

D'argent, à trois merlettes de sable, deux en chef et une en pointe.

15. — Nicolas du Rieux, conseiller du roy, payeur des officiers du bureau des finances de la généralité d'Amiens :

D'azur, à un chevron d'or, accompagné en chef de deux sautoirs d'argent et en pointe d'un épi de ris d'or.

16. — François de Villers, sieur d'Oricourt, conseiller du roy, lieutenant en la maîtrize des eaues et forests du bailliage d'Amiens :

D'or, à trois roses de gueules, tigées et feuillées de sinople, posées deux en chef et une en pointe.

17. — Claude-François de Mons, escuier, seigneur d'Hédicourt, que l'on dit Saint-Sauveur, Tironchaux (Vironchaux) et autres lieux, conseiller du roy, président trésorier de France en la généralité d'Amiens :

Écartelé, au 1er d'azur, à un chevron d'or, accompagné en chef de deux molettes et en pointe d'une rose de même ; au 2e, d'or, à trois molettes de sable, deux et une, et une bordure engrelée de même ; au 3e, de sinople, à un rais d'escarboucle pommeté d'or, et un franc-quartier de sable, chargé d'une croix ancrée d'argent ; et au 4e, contr'écartelé d'argent et de gueules, l'argent avec une bordure d'azur.

18. — Le Couvreur, escuier, seigneur de Vreigne (Vraignes), président trezorier de France et général des finances en la province de Picardie :

D'or, à un sanglier de sable, passant à travers une touffe d'arbres ou buisson de sinople.

19. — Nicolas Le Boucher, escuier, seigneur du Mesnil, trésorier de France en la généralité d'Amiens :

D'or, à un sautoir engrelé de sable, accompagné (cantonné) de quatres aiglettes de sable, béquées et membrées de gueules.

20. — Claude Le Quieu, escuier, seigneur de Moyenneville, conseiller du roy, président trezorier de France en la généralité d'Amiens :

D'azur, à un chevron d'or, accompagné de trois gerbes de bled de même, deux en chef et une en pointe.

21. — Le chapitre de l'église cathédralle d'*Amiens* :

D'argent, à une croix de sable.

22. — Joseph-Jean-Baptiste de Cour (Court), escuier, seigneur de Bonviller(s) :

D'azur, à un croissant d'argent, accompagné de trois étoiles de sept rais d'or, posées deux en chef et une en pointe.

23. — Jean Davezan (d'Avesan), cy-devant lieutenant de la vennerie de feu Monseigneur le duc d'Orléans :

D'azur, à un aigle, le corps contourné et s'essorant, d'or, regardant un soleil de même, naissant de l'angle dextre du chef.

24. — Jacques Chameau, directeur des aydes de l'élection d'Amiens :

De gueules, à un aigle à deux testes d'or.

25. — Philipes du Bos, escuyer, seigneur de Droincourt (Drancourt), conseiller du roy, président trezorier de France en la généralité d'Amiens :

D'argent, à un lion de sable, lampassé et armé d'azur.

26. — Joseph de Mons, escuier, sieur d'Omermont et autres lieux :

Écartelé, au 1er, d'azur, à un chevron d'or, accompagné en chef de deux molettes et en pointe d'une rose de même; au 2e, d'or, à trois molettes de sable, deux et une, et une bordure engrelée de même; au 3e, de sinople à un rais d'escarboucle pommeté d'or, et un franc-quartier de sable, chargé d'une croix ancrée d'argent; et au 4e, contr'écartelé, d'argent et de gueules, l'argent avec une bordure d'azur.

27. — Cécille de Mons, fille majeure, porte de même.

28. — Léonor-Chrestien de Monsur (Monsures), escuier, seigneur de Graval et de Montauvilliers (Montonvillers) :

De sable, à une croix d'argent, chargée de cinq boucles (ou fermaux) de gueules.

29 *bis*. — Honoré Becel, escuier, seigneur de Tronville, commissaire des guerres, et Marie-Madeleine Legrand, son épouze :

D'azur, à un chevron d'or, accompagné de trois cignes d'argent, deux en chef et un en pointe; *acolé :* de gueules, à une coquille d'or; écartelé, d'azur, à une tour d'argent, et une croix engrelée d'or, brochant sur le tout.

30. — Eustache de Louvencourt, escuier, seigneur de Blangy, Soruy, Valavergny, capitaine de cavalerye au régiment du Bordage :

D'azur, à une face d'or, chargée de trois merlettes de sable, et accompagnée de trois croissans d'argent (*alias* d'or), deux en chef et un en pointe.

31. — François Picquet, escuier, seigneur de Beauchamps, conseiller du roy, contrôleur ordinaire de ses guerres :

D'azur, à une bande d'or, chargée de trois merlettes de sable, surmontées d'un croissant de gueules pour brisure.

32. — Antoine-Joseph de Friche-Doria (des Friches-Doria), chevalier :

D'azur, à une bande d'argent, chargée de trois deffences de sanglier de sable, et accompagnée de deux croix patées d'argent, une en chef et l'autre en pointe, et chacune dans un annelet aussi d'argent ; coupé d'or ; recoupé d'argent, à un aigle de sable, brochant sur le tout.

33. — Anne François de Caboche de Mermont, chanoine de l'église cathédrale de Notre-Dame d'Amiens :

D'argent, à trois quintes-feuilles de sable, deux et une.

34. — N.... Damorezan (d'Amorezan de Précigny, famille alliée aux Moreau et Hérault de Séchelles), chevalier de l'ordre (de) Saint-Louis :

D'azur, à une face ondée d'or.

35. — François Joyeux, prévost et chanoine de l'église cathédrale d'Amiens :

D'azur, à un lion d'or, couronné de même, lampassé de gueules, et un franc-quartier d'hermines.

36. — Martin Julliot, directeur des domaines du roy en la généralité d'Amiens :

D'azur, à trois épis d'or, mouvants d'un croissant d'argent, surmontés de trois étoiles de même, rangées en chef.

37. — L'abaye de *Saint-Acheul :*

D'azur, à une main d'or, sortant d'une nüe d'argent, mouvante du chef.

38. — Antoine Castelet, sieur de Cherouenne (Chérienne), conseiller et procureur du roy en la maîtrize des eaues et forests du bailliage d'Amiens :

D'or, à un château couvert en dôme de gueules, flanqué de deux tours pavillonnées de même et girouettées de sable.

39 *bis*. — Louis de Clermont, chevalier, comte de Toury, seigneur de Bertangue (Bertangle), et Marie-Madelaine de Bouché (le Boucher), son épouze :

De gueules, à deux clefs adossées et passées en sautoir, d'argent ; *acolé :* de gueules, à deux lions affrontez d'or.

40. — Antoine Picquet, prestre, chanoine d'Amiens :

D'azur, à la bande d'or, chargée de trois merlettes de sable, surmontées d'un croissant de gueules.

41. — François Le Caron, conseiller du roy, ancien lieutenant civil et criminel en l'élection d'Amiens :

D'azur, à un chevron d'or, accompagné en chef de deux croissants d'argent et en pointe d'une étoile de même.

42. — Louis du Fresne, seigneur de Fredeval, ancien premier de la ville d'Amiens :

D'or, à un fresne arraché de sinople.

43. — Les religieuses *ursulines* de la ville d'Amiens :

D'azur, à un nom de Jésus d'or, soutenu de trois clouds de la Passion de même, mouvans de la pointe de l'écu.

44 *bis*. — Gilbert OGER DE CAVOYE, chevalier, seigneur de Beaufort et autres lieux, maréchal des camps et armées du roy, et Marie GAUDE DE MARTINVILLE, son épouze :

De sable, à une bande d'or, chargée de trois lions de sable, lampassez et armez de gueules; *acolé* : d'or, à un dragon (ou amphistère) de sable, langué et onglé de gueules.

45. — Jean de HERT(E), escuier, président honoraire au présidial d'Amiens :

D'azur, à trois soucis d'or.

46. — N... (Antoine) DU BOS, escuier, seigneur de Hurt :

D'argent, à un lion de sable, lampassé et armé d'azur.

47. — Charles PICQUET, escuier, sieur de Noyencourt :

D'azur, à une bande d'or, chargée de trois merlettes de sable, surmontées d'un croissant de gueules.

48. — Le chapitre des chapelains de l'églize cathédrale d'*Amiens* :

D'azur, à une étoile à huit rais d'argent.

49. — François DU FRESNE, escuier, seigneur de Fontaine, Moliens-au-Bois et Moliens-au-Val, conseiller du roy, président trezorier de France et général des finances de la province de Picardie :

D'argent, à un lion de gueules, couronné de même.

50. — Léonor PIOGER, chanoine de Notre-Dame, cathédralle d'Amiens :

D'or, à un arbre de sinople, et une face de gueules, chargée d'une cigogne d'argent, tenant dans son bec un serpent de sable.

51. — Jean-Marie de MAREUIL, escuier, sieur de Belleville :

D'azur, à une face d'or, accompagnée de trois étoiles de même, deux en chef et une en pointe.

52. — Pierre Alexandre de MAREUIL, escuier, sieur de Beaulieu, porte de même.

53. — Le chapitre de l'églize collégiale de *Saint-Firmin* :

D'azur, à un saint Firmin vêtu en évesque, d'or.

54. — N... (François LE) PRÉVOST, escuier, seigneur de Glimont, Berteville et autres lieux :

De sable, à une bande d'argent, chargée de trois mouchetures d'hermines de sable; écartelé, de sable, à trois bandes d'argent; et sur le tout : d'argent, à un lion de gueules, et une bordure de même.

55. — Le chapitre de l'église *Saint-Nicolas* d'Amiens :

D'azur, à un saint Nicolas vêtu en évesque, d'or.

56. — Geoffroy de CAIGNET, escuier, sieur de Bougicourt :

D'argent, à trois aigles, le vol abaissé de sable, deux et un.

58[1]. — La Communauté des religieuses de l'abaye de *Moreaucourt*, de l'ordre de Fontevraut :

D'azur, à une sainte Vierge, tenant le petit Jésus sur son bras senestre, d'or.

59. — Jean EUDEL, chanoine de l'église royalle et collégiale de Péronne :

D'azur, à un chevron d'or, accompagné de trois demi-vols d'argent, deux en chef et un en pointe.

60. — Florimont EUDEL, président de l'élection de Péronne :

D'azur, à un chevron d'or, accompagné de trois demi-vols d'argent, deux en chef et un en pointe.

61. — Jean-Charles de SACQUELPÉE (Sacquespée) de Thezy, escuier, capitaine de cavallerie :

De sinople, à un aigle éployé d'or, tenant de son bec une épée d'argent, la poignée d'or, posée en bande et brochant sur le tout.

63. — Antoine (de) BOISTEL, escuier, seigneur de Reveillon :

De gueules, à trois lozanges d'argent, posées en bande.

64. — Gédéon de BOISTEL, escuier, seigneur de Mainville, porte de même.

66. — Caterine MATISSART, veuve de N.... JACQUERAULT, capitaine des portes de la ville d'Amiens :

D'argent, à un aigle essorant de sable; écartelé, d'azur, à trois cannettes d'argent, deux et une.

67. — Florent de LOUVENCOURT, conseiller du roy, lieutenant aux traites de la ville d'Amiens :

D'azur, à trois testes de loups, coupées de sable, posées deux et une.

68. — Marie LION DU VALALET :

D'azur, à un lion d'argent, armé et lampassé de gueules.

69. — Michel MANESSIER, chevalier, seigneur de Maison, Guiber-Maisnil et autres lieux, ancien capitaine de chevaux-légers :

D'argent, à trois hures de sanglier de sable, deux et une.

70. — Michel de COURT, escuier, seigneur de Bonviller(s) et autres lieux :

D'azur, à un croissant d'argent, accompagné de trois étoiles à plusieurs rais d'or, posées deux en chef et une en pointe.

[1] Dans le registre original, l'article 57 est énoncé simplement, comme beaucoup d'autres, en ces termes : *à expliquer plus amplement;* sans nom de personne ni désignation d'armoiries. Ce cas se présentait, soit lorsque les particuliers avaient négligé de fournir la description de leurs armes ou en avaient donné une explication incomplète, soit lorsque leur blason contenait des fleurs de lis, dont la possession devait être justifiée. Il était sursis alors à l'enregistrement de ces articles, qui se retrouvent tous reportés et complétés dans la seconde et la troisième partie de ce volume avec les mêmes numéros. Les lacunes de la série des chiffres suffisent pour faire connaître l'existence de ces renvois. Il est donc inutile d'en maintenir ici la mention, comme nous l'avions fait dans le premier volume de cette collection, qui contient l'armorial de Flandre.

71. — Michel-Joachim de COURT, escuier, seigneur d'Ativilier et de la Vieuville, porte de même.

72. — La Communauté des religieuses apelées les *Sœurs grises* d'Amiens :

D'azur, à une Vierge couronnée à l'antique, tenant sur sa main senestre deux autres couronnes de même, et de sa main dextre donnant l'aumosne à un pauvre, mouvant du flanc dextre l'écu, le tout d'argent.

73, 74 et 75. — Voyez plus haut la note du n° 57.

76. — François de HOLLANDE, escuier, conseiller du roy, trezorier de France de la généralité d'Amiens :

D'argent, à deux croix patées, au pied fiché de sable, et un chef d'azur, chargé de trois bezans d'or.

77. — Jean-Baptiste LE CARON, escuier, seigneur de Chocqueuse et de Marieu(x), conseiller vétéran au bailliage présidial d'Amiens :

D'argent, à un chevron de gueules, accompagné en pointe d'un trèfle de sinople.

78. — François DU FRESNE, escuier, sieur d'Espagny, conseiller du roy, président trezorier de France en la généralité d'Amiens :

D'or, à un fresné arraché de sinople.

79. — Louis DESMOULINS, escuier, président trezorier de France en la généralité d'Amiens :

D'azur, à une croix d'argent, cantonnée de quatre étoiles de même et chargée en cœur d'un trèfle de sinople, et un chef cousu de gueules, chargé d'une teste de lion, arrachée d'or et lampassée d'argent.

80. — Anne-Charles de MAREUIL, escuier, seigneur de la Ferière :

D'azur, à une face d'or, accompagnée de trois étoiles d'or, deux en chef et une en pointe.

81. — Jacques LE COUVREUR, escuier, seigneur de Renencourt, conseiller au roy, ancien assesseur, lieutenant particulier, civil et criminel au bailliage et siége présidial d'Amiens :

D'or, à un sanglier de sable, dans un buisson de sinople.

84. — Jean BOURÉE, escuier, sieur de la Mairie, trezorier de France au bureau des finances :

D'argent, à trois trèfles de sable, deux et une.

85. — Louis LENGLOIS (Langlois), chanoine de la cathédrale d'Amiens :

Coupé, au 1er, d'azur, à un aigle naissant d'or ; au 2e, recoupé, emmanché d'argent et de gueules.

86. — Noël ROUSSEL, escuier, seigneur de Cavillon, Nantois, Guisy et autres lieux, conseiller du roy, président trezorier général de France en la généralité de Picardie :

D'azur, à un chevron d'or, accompagné de trois demi-vols de même, deux en chef et un en pointe.

87. — Feu Gabriel ROUSSEL, vivant escuier, seigneur de Belloy, conseiller du roy, président trezorier général de France en Picardie, suivant la déclaration de Marie-Espérance de COURT, sa veuve, portoit :

D'azur, à un chevron d'or, accompagné de trois demi-vols de même, deux en chef et un en pointe.

88. — N.... DEPOT (de Pot), chanoine de l'église cathédrale d'Amiens :

D'azur, à un chevron d'or, accompagné de trois roses de même, deux en chef et une en pointe.

92. — Guillin-François PERDU, escuier, sieur de la Motte, conseiller du roy, président trezorier de France, général de ses finances en la généralité de Picardie :

D'azur, à une croix engrelée d'or, cantonnée de quatre merlettes d'argent.

93. — Les Révérends Pères *Jésuites* de la ville d'Amiens :

D'azur, à un nom de Jésus d'or, accompagné en pointe d'un cœur de même.

94. — Force de BRAS, archidiacre et chanoine de la cathédrale d'Amiens :

D'argent, à un arbre de sinople, et un chef d'azur, chargé de deux étoiles d'or.

95. — Jean DU VAL, escuier, sieur de Salleux, conseiller du roy, prévost des maréchaux de Picardie, à Amiens :

De gueules, à un chevron d'or, accompagné en chef de deux fers de piques, posez en pal, les pointes en bas, aussy d'or, et en pointe d'une molette de même.

98. — N.... de LAFFRE, escuier, seigneur de Brassy, conseiller et avocat du roy au bureau des finances en la généralité d'Amiens :

D'or, à un aigle de sable, béqué et onglé de gueules.

99. — Pierre BOULLET, greffier en chef du bureau des finances d'Amiens :

D'azur, à trois bezans d'or, deux et un.

100. — Charles de BLOIS, escuier, sieur de la Cour, président (résidant) à Amiens :

D'argent, à deux faces de gueules, chargées chacune de trois annelets d'or.

101. — Barbe MARONNIER, veuve d'André LE SCELLIER, escuier, a présenté l'armoirie qui porte :

De gueules, à un sautoir d'argent, accompagné d'une étoille d'or en chef; de deux roses de même une à chaque flanc, et en pointe d'une flame de feu, aussy d'or.

102. — Antoine BAULT, conseiller du roy, officier au bureau des finances d'Amiens, secrétaire et greffier en chef de l'hostel de ville d'Amiens :

D'azur, à un agneau pascal d'argent, et un chef cousu de gueules, chargé de trois étoiles d'argent.

103. — Pierre DESQUEUX (des Queux), conseiller du roy, receveur des traites au bureau d'Amiens :

D'azur, à un chevron d'argent, accompagné de trois étoiles commetées, les queues en bas de même, posées deux en chef et une en pointe.

104. — Nicolas-André LEPRESTRE de la Chevallerie, visiteur au bureau des traites d'Amiens :

De gueules, chapé d'azur, à un chevron d'or, brochant sur le tout, accompagné en chef de deux bezans de même, et en pointe d'une couronne à l'antique, aussy d'or.

106. — Pantaléon PINGRÉ, escuier, seigneur de Frican (Fricamps), ancien conseiller du roy, président trezorier général de France en la généralité d'Amiens :

D'argent, à un pin arraché de sinople, fruité d'or. (Voy. le n° 195.)

107. — Pierre-Joseph de SACHY, escuier, sieur de Belloy, chevalier de l'ordre de Notre-Dame de Mont-Carmel et Saint-Lazare-de-Jérusalem, lieutenant général criminel de robe-courte au bailliage et présidial d'Amiens :

Échiqueté, d'argent et de sable, à une bordure d'azur.

108. — Jean-Baptiste de SACHY, escuier, sieur de Saint-Aurin, gentilhomme de la grande vennerie du roy, porte de même.

109. — Gabriel de SACHY, conseiller du roy, assesseur en l'élection d'Amiens, porte de même.

110. — Jean-Baptiste LE MARIÉ, sieur d'Aubigny, conseiller du roy, receveur des tailles en l'élection d'Amiens, et receveur général des fermes de Sa Majesté dans la province de Picardie :

De gueules, à un lion d'or, et un chef d'hermine.

113. — Jean-Baptiste MORGAN, sieur d'Estouvy, ancien conseiller au présidial d'Amiens :

D'or, à trois rencontres de taureau de sable, langués de gueules, et posés deux en chef et une en pointe.

114. — Feu François DAGUESSEAU (d'Aguesseau), escuier, seigneur d'Ignocourt (Ignaucourt) et Happeglenne, conseiller du roy, président trezorier de France en la généralité de Picardie, suivant la déclaration de Anne de HERTES, sa veuve :

De gueules, à une face d'argent, chargée de trois aigles de sable, accompagnée en chef de deux cottes d'armes d'argent, et en pointe d'un pied d'aigle aussy d'argent.

115. — Alexandre SCELLIER (Le Scellier), seigneur de Riencourt, chanoine et doyen de la cathédrale d'Amiens, abé de Forcsmontier (Forest-Moutier) :

D'azur, à une ancre d'argent, enlassées de deux branches de laurier passées et repassées en sautoir de sinople, et accompagnée de trois croissans d'argent, deux en chef et un en pointe.

116. — Jean de Sachy, escuier, seigneur de Coudray, conseiller maistre d'hostel de Son Altesse Royalle Madame la duchesse d'Orléans :

Échiqueté, d'argent et de sable, à une bordure d'azur.

117. — La communauté de Religieuses appelées de *Saint-Julien*, résidantes à Amiens :

D'azur, à une croix ancrée d'or, chargée en cœur d'un lion de sable, et surmontée d'un nom de Jésus d'or.

119. — L'abaye du *Paraclet* d'Amiens :

D'azur, à une Notre-Dame d'argent.

120. — N.... Boulet, veuve de Pierre Boquillon, avocat au parlement, a présenté l'armoirie qui porte :

D'azur, à trois haches d'argent, posées deux et une.

123. — Jean Trudaine, escuier, seigneur du Quesnoy, Fourd(r)inoy, ancien capitaine d'infanterie dans le régiment royal des vaisseaux :

D'or, à trois dains passans de sable, deux en chef et un en pointe.

124. — Feu Jean Trudaine, escuier, trezorier de France en la généralité d'Amiens, suivant la déclaration de Claude de Tronville, sa veuve, portoit de même.

126. — Feu Jean Berthe, escuier, trezorier de France en la généralité de Picardie, suivant la déclaration de Marie Lebon, sa veuve, portoit :

D'argent, à une bande de gueules, chargée de trois coquilles d'or.

127. — Antoine Berthe, escuier, seigneur de Courtbonne, porte de même.

128. — Antoine Le Caron, escuier, seigneur de Choqueuse, de Marins (Marieux) et d'Ambreville, conseiller au présidial d'Amiens :

D'argent, à un chevron de gueules, accompagné en pointe d'un trèfle de sinople.

131. — Jean Le Fort, marchand drapier :

D'azur, à une tour crenelée d'or, massonnée de sable, sur un fort d'or et massonné de sable, sur lequel sont posez deux canons aculés d'or, sur leurs afuts de même.

132. — Vincent Gorguette, escuier, sieur du Cloistre et d'Heilly, conseiller du roy, chevalier d'honneur au bailliage et siège présidial d'Amiens :

D'argent, à une hure de sanglier arrachée de sable, accompagnée de trois croissans de gueules, deux en chef et un en pointe.

133. — N... (Laurent de La Chaussée d'Eu), comte d'Arest (Arets), seigneur de Rogy :

D'azur, à trois bezans d'or, deux et un, accompagnez de neuf croissans d'argent, rangez trois en chef, trois en face et trois en pointe.

135. — Louis Fouache, escuier, seigneur de Boullan(t) :

D'azur, à un lion d'or, armé et lampassé de gueules.

136. — Augustin du Castel, avocat :

D'azur, à trois petits châteaux d'argent, deux en chef et un en pointe.

138. — Michel Le Bon, écuier, sieur de la Motte d'Aronde :

De sinople, à trois oiseaus d'argent, béquez et membrez de gueules, posez deux en chef et un en pointe, et un écu posé au cœur échiqueté d'or et d'azur de douze pièces en tout.

140. — Robert du Rieux, escuier, chef de fourrière ordinaire de la maison du roy :

D'azur, à une bande d'argent, chargée de trois pommes de pin de sinople.

141. — André d'Aumalle (d'Aumale), escuier, seigneur d'Yvrancheu (Yvrancheux) et Buny :

D'argent, à une bande de gueules, chargée de trois bezans d'or.

142. — Feu N... Pingré, lieutenant criminel du bailliage d'Amiens, suivant la déclaration de Marguerite du Fresne, sa veuve :

D'or, à un fresne (pin) arraché de sinople.

144. — Jacques Morgan, marchand, demeurant à Amiens :

D'or, à trois rencontres de taureau de sable, langués de gueules et posez deux en chef et un en pointe.

Claude de Labye, conseiller du roy, payeur des gages de Messieurs les présidents trezoriers de France et autres officiers du bureau des finances :

D'azur, à un arbre d'or, terrassé de même, chargé sur le feuillage d'un nid de sable, dans lequel il y a une pie d'argent.

147. — Feu N.... Lagrenée-Vallancourt, suivant la déclaration de Catherine Dufresne, sa veuve, portoit :

D'azur, à un chevron d'or, accompagné en chef de deux étoilles et en pointe d'un épi de même.

148. — Feu N.... Moreau, président à l'élection et grenier à sel d'Amiens, suivant la déclaration de (N...) Franlieu (Franclieu), sa veuve, portoit :

D'or, à une teste de more, posée de profil de sable, liée et perlée d'argent.

152. — Michel du Castel, avocat :

D'azur, à trois petits châteaux d'argent, deux en chef et un en pointe.

155. — Jean-Baptiste d'Amiens, seigneur d'Hébecourt :

De gueules, à trois chevrons de vair.

157. — Les Révérends Pères *Carmes* d'Amiens :

D'argent, à une croix, le pied fourché et ouvert en chevron, de gueules, accompagnée de trois étoiles de même, deux en chef et une en pointe.

157 *bis simple*. — François de Famechon, escuier, seigneur de Tronville et autres lieux, ancien premier de la ville d'Amiens :

D'azur, à un chevron d'or, surmonté d'un cor de chasse et accompagné de trois trèfles de même, deux aux flancs et un en pointe; écartelé, d'argent, à une face de gueules, chargée d'une gerbe d'avoine d'or.

158. — Pierre de FAMECHON, escuier, seigneur de Canteleu et autres lieux, conseiller et procureur du roy aux bureaux des finances et domaines de la généralité d'Amiens et maire de ladite ville, porte de même.

159 *bis*. — François de CALONNE, escuier, seigneur d'Avesne-Ménil, Chaussoir (Chaussoy), Frenneville et Saint-Jean, et N... (Marie-Louise) d'AUMALLE, son épouze, portent :

D'argent, à un léopard de gueules; coupé d'azur; *acolé :* d'argent, à une bande de gueules, chargée de trois bezans d'or.

163. — N... (Nicolas) de VILLERS, bourgeois de la ville d'Amiens (voyez n° 16) :

D'or, à trois roses de gueules, tigées et feuillées de sinople, posées deux et une.

164. — François PINGRÉ, seigneur de Foucaucourt, mousquetaire du roy :

D'argent, à un pin arraché de sinople, fruité d'or.

168. — Jean-Baptiste de SACHY, escuyer, conseiller du roy, trezorier de France et général des finances en la généralité d'Amiens :

Échiqueté, d'argent et de sable, à la bordure d'azur.

171. — Feu Jacques de MONS, escuier, seigneur d'Hédicourt, suivant la déclaration de Catherine PILON, sa veuve, portoit :

Écartelé, au 1er, d'azur, à un chevron d'or accompagné en chef de deux mollettes de cinq pointes, et en pointe d'une rose de même; au 2e, d'or, à trois merlettes de sable, deux et une, et une bordure engrelée de même; au 3e, de sinople, aux rais d'escarboucle pommetée d'or et un franc-quartier de sable, chargé d'une croix ancrée d'argent; et au 4e, contr'écartelé, au 1er et 4e, d'argent, à une bordure d'azur; et au 2e et 3e, de gueules.

172. — François de VITRY, escuier, seigneur des Auteux (Autheux) :

D'or, à trois roses de gueules, boutonnées d'or, pointées de sinople et posées deux en chef et une en pointe.

175. — Jeanne GODEFROY, veuve de Charles DRAGON, escuier, sieur (de) Droallon, a présenté l'armoirie qui porte :

D'or, à une bande de sable, accompagnée en chef d'un lambel de trois pendans de gueules.

176. — Marie-Honorée de VILLERS, veuve de Jacques BESSEL (Becel), escuier, seigneur de Tronville et du Pullemont, conseiller du roy, commissaire ordinaire provincial des guerres, a présenté l'armoirie qui porte :

D'azur, à un chevron d'or, accompagné de trois cignes d'argent, deux en chef et un en pointe; écartelé, d'or, à trois roses de gueules, tigées et feuillées de sinople, posées deux et une.

179. — François DES FORGES DE COLLIÈRE, escuier :

De gueules, à sept cotices d'argent.

184. — Pierre Le Gillon, escuier, sieur du Grostison, conseiller vétéran au présidial d'Amiens :

D'azur, à deux lions adossés, leurs queues passées trois fois en sautoir, d'or.

195 — Pantaléon Pingré, escuier, seigneur de Fricamps, trezorier de France en la généralité d'Amiens :

D'argent, à un pin arraché de sinople, fruité d'or.

196. — N... (Madeleine) Le Vasseur, veuve de N... (Jean) Tillet de Motart (Tillette de Mautort), escuier, seigneur de Motar (Mautort), Cambron et autres lieux :

D'azur, à un chevron abaissé d'or, et un chef aussy d'or, chargé d'un lion passant de sable, lampassé et armé de gueules.

200. — Joseph Roux, marchand de la ville d'Amiens :

D'or, à un lion de sable, lampassé et armé de gueules, adextré de trois roses aussy de gueules, posées entre les jambes du lion.

206. — François de Fay, escuyer, seigneur de Grefontaine, major et commandant à Amiens :

D'argent, semé de fleurs de lis de sable; écartelé, de sable, à une bande d'argent, chargée de trois coquilles de gueules, et un chef d'or.

216. — Charles Perdu, sieur d'Oviller(s), conseiller du roy, contrôleur général des finances en la généralité d'Amiens :

D'or, à trois molettes de sable, deux et une.

219. — Antoine-François de Belloy, escuier, seigneur de Rogeant (Rogean, commune de Tœufles) et autres lieux :

D'argent, à trois faces de gueules.

221. — Louis Dubos (du Bos), escuier, sieur de Belloy :

D'argent, à un lion de sable.

227. — Pierre d'Incourt, escuier, sieur de Augart :

De gueules, à un dain saillant d'argent.

228. — Claude Maryet (Mariet), escuier, conseiller du roy, receveur général des domaines et bois de la généralité de Picardie :

D'azur, à une face d'or, chargée d'une étoile de gueules, entre deux roses de même, et accompagnée de trois lis d'argent, grenez d'or, deux en chef et un en pointe.

231. — Feu Charles de Lestocq, escuier, seigneur de Louvencourt, conseiller du roy, contrôleur général des finances, suivant la déclaration de Charlotte Le Caron, sa veuve, portoit :

D'azur, semé de billettes d'or, à une bande d'argent, brochant sur le tout, chargé (e) de trois molettes de gueules.

232. — Jean-Baptiste de Villers, sieur de Berneville :

D'or, à trois roses de gueules, tigées et feuillées de sinople, posées deux et une.

233. — Martin BARON, conseiller du roy et son prévost de la ville et banlieue d'Amiens :

D'or, à un lion de gueules, et un chef d'azur, chargé de trois étoiles d'argent.

234. — Jean ROUTTIER (Routier), escuier, sieur de Bernapré-lès-Oisemont :

D'azur, à une face d'argent, chargée de trois roses de gueules, ombrées de sable, et accompagnée de trois coquilles d'or, deux en chef et une en pointe.

235. — Jean de CACHELEUX (Cacheleu), escuier, sieur de Fréven(t) :

De gueules, à trois faces d'or, et un franc-quartier de sable, chargé d'une bande d'argent.

236. — Louis de CACHELEUX, escuier, sieur de Maisoncelles, porte de même.

238. — Louis TRANCART, ancien procureur en la ville d'Amiens :

D'azur, à un chevron d'or, accompagné en chef d'une rose d'argent, tigée et feuillée de même, à dextre, et d'une étoile aussy d'argent, à senestre; et en pointe d'un croissant de même.

239. — Antoine du CANDAS, bourgeois d'Amiens :

D'azur, à une gerbe d'or, accompagnée en chef de deux étoiles d'argent, et en pointe d'un croissant de même.

242. — Charles de HALLOY, escuier, sieur de Monblin, l'un des deux-cens-chevaux-légers de la garde ordinaire du roy :

D'argent, à un sautoir, alaisé et fermé vers le chef, de gueules.

243. — Nicolas BOULANGER, avocat au parlement :

D'or, à un chevron de sable, accompagné de trois maillets, deux en chef et un en pointe.

244. — Jean-Nicolas BOULANGER, conseiller du roy, juge, garde de la monnoye à Amiens :

D'or, à un chevron de sable, accompagné de trois maillets de même, deux en chef et un en pointe.

251. — Joseph TRUDAINE DE VERVILLE, chevalier, lieutenant pour le roy au gouvernement d'Amiens :

D'or, à trois dains passans de sable, deux en chef et un en pointe.

252. — Charles LE NOIR, escuier :

Écartelé, au 1er, de sable, à un lion d'argent, armé et lampassé de gueules; au 2e, d'argent, à une face de gueules, chargée de trois merlettes d'argent; au 3e, d'argent, à un chevron de gueules, accompagné de trois lévriers passans de sable, deux en chef et un en pointe; au 4e, d'argent, à une hure de sanglier de sable, éclairée et deffendue d'argent; et sur le tout: échiqueté, d'azur et d'argent, coupé de gueules.

253. — Jean-Baptiste MOURET, docteur en médecine :

D'azur, à trois étoiles d'argent, deux en chef et une en pointe, et trois gerbes d'or, une en chef et deux en pointe.

254. — François PINGUET, sieur de Rouvroy :

D'azur, à un cœur d'or, accompagné de trois étoiles d'argent, deux en chef et une en pointe.

256 *bis*. — Cezar de BLOTFIER (Blottefière), chevalier, marquis de Vauchel, lieutenant de roy de la province de Picardie, et Angélique de GOUFFIER, son épouze :

D'or, à trois chevrons de sable ; *acolé* : d'or, à trois jumelles de sable.

266. — François LE MOINE, intendant de Madame la duchesse de Nemours :

D'azur, à une colombe volante d'argent, becquée et membrée de gueules, portant en son bec un rameau d'olivier de sinople ; et en pointe, des ondes d'argent.

269. — Gabriel de SACHY, sieur de Marsilly, chanoine de l'églize d'Amiens :

D'azur, à trois chassis d'or, deux et un, surmontez d'un soleil aussy d'or, posé au milieu du chef.

270. — François COULET, sieur de Bussy, président aux traites d'Amiens :

D'azur, à un chevron d'or, accompagné en chef de deux étoiles d'argent, et en pointe d'une épée posée en pal la pointe en haut, et accostée de deux étoiles aussy d'argent.

273. — Joseph BEAUDOUIN, escuier, sieur de Divion :

D'azur, à un chevron d'argent, chargé de deux lions affrontez de gueules, et accompagné de trois trèfles d'or, deux en chef et un en pointe.

275. — Feu Gabriel de SACHY, seigneur d'Abancourt, de Vauz (Vaux)-sous-Corbie et autres lieux, conseiller de la ville d'Amiens, suivant la déclaration de Françoise de VILLERS, sa veuve, portoit :

D'azur, à trois chassis d'or, deux et un, et surmontez d'un soleil aussy d'or, posé au milieu du chef.

281. — François MOREAU, écolâtre et chanoine de l'églize cathédrale d'Amiens, et official de l'évesché :

D'or, à une teste de more, posée de profil, de sable, liée, éclairée et perlée d'argent.

282. — Charles MOREAU, chanoine de l'églize cathédrale d'Amiens, porte de même.

283. — Claude de COURT, marchand de la ville d'Amiens :

D'azur, à une lune en décours d'argent, accompagnée de trois étoiles d'or, deux en chef et une en pointe.

286. — Françoise PICQUETTE (Marie Picquet), veuve de N... (François) HERTES, sieur des Etoutre (de Septoutre), a présenté l'armoirie (de son mari) qui porte :

D'azur, à trois fleurs de soucis ou tournesols d'or, tigez et feuillez de même, deux en chef et un en pointe.

288. — Charles de SAINTE-ALDEGONDE, escuier, sieur de Noircarme :

D'or, à une barre de sable, chargée de trois coquilles d'argent.

292. — François de LOUVENCOURT, escuier, sieur du Chaussoy :

D'azur, à une face d'argent, chargée de trois merlettes de sable, et accompagnée de trois croissans d'argent, deux en chef et un en pointe.

293. — François Le Noir, escuier, sieur de Tourteauville :

Écartelé, au 1er, de sable, à un lion d'argent, armé et lampassé de gueules; au 2e, d'argent, à une face de gueules, chargée de trois merlettes d'argent; au 3e, d'argent, à un chevron de gueules, accompagné de trois lévriers passans, de sable, deux en chef et un en pointe; au 4e, d'argent, à une hure de sanglier de sable, éclairée et deffendue d'argent; et sur le tout : échiquité, d'azur et d'argent, coupé de gueules.

294. — Antoine de Seraigne, chevalier, seigneur de la Ribeire, capitaine ayde-major au régiment d'Anguien (Enghien) :

D'azur, à un chevron d'or, accompagné en chef de deux croissans d'argent et en pointe d'un lion d'or.

295. — Feu Jean Gorguette, escuier, sieur du Cloistre et d'Heilly, suivant la déclaration de N... (Jeanne Pingré), sa veuve, portoit :

D'argent, à une hure de sanglier arrachée de sable, accompagnée de trois croissans de gueules, deux en chef et un en pointe.

297. — Pierr-Hiacinthe de Beaud(o)uin, escuier, seigneur de Fossemanan(t), gendarme du roy :

D'azur, à un chevron d'argent, chargé de deux lions affrontez de gueules, et accompagné de trois trèfles d'or, deux en chef et un en pointe.

302. — Philipe de Ranbure (Rambures), escuier, sieur de Huleu (Huleux) :

D'argent, à trois faces de gueules.

François Gorguette, escuier, seigneur de (du) Bus :

D'argent, à une hure de sanglier arrachée de sable, lampassée de gueules et deffendue d'argent, accompagnée de trois croissans de gueules, deux en chef et un en pointe.

311. — Margueritte Morgan, dame de Hauteville, a présenté l'armoirie qui porte :

D'argent, à un chevron de gueules, accompagné en pointe d'un trèfle de sinople.

313. — Feu Pierre Langlois, escuier, seigneur de Septenville, suivant la déclaration de Marie du Fresne, sa veuve, portoit :

Coupé, au 1er, d'azur, à un aigle naissant d'or, et au 2e, recoupé, émenché, d'argent et de gueules.

315. — Marie Prévost, veuve de François Judas, avocat, a présenté l'armoirie qui porte :

Coupé, au 1er, d'azur, à deux merlettes d'argent, surmontées d'un croissant de même, posé au milieu du chef, et au 2e, de gueules, à deux trèfles d'argent, en chef et une merlette de même, posée en pointe.

317. — François de Pauloy (Polhoy), escuier, seigneur de Doffois (d'Offœul) et Tasserville :

D'argent, à un lion à dextre et contourné de sable, lampassé et armé de gueules, et à senestre, une tour de gueules.

318. — Nicolas Le Roy de Forestel, escuier, seigneur de Saint-Léger :

D'azur, à un aigle à deux testes d'or, accompagné de trois roses de même, deux en chef et une en pointe.

319. — Louis Picard, chantre de l'églize cathédrale Notre-Dame d'Amiens :

D'argent, à un aigle de sable, accompagné en chef de deux croissans de même, et en pointe d'un feu ou flames au naturel.

328. — Philipes Genluy (Gueulluy), escuier, seigneur de Rumesnil (Rumigny) :

D'or, à un chevron de gueules, accompagné en pointe d'un aigle, le vol abaissé, d'azur, béqué et membré de gueules.

330. — Les révérends pères *Jacobins* de la ville d'Amiens :

D'azur, à saint Pierre et saint Paul d'or, l'un avec sa clef et l'autre avec son épée.

331. — Charles de Boufflers, chevalier, seigneur de Remiencourt :

D'argent, à trois molettes de gueules, deux et une, accompagnées de neuf croisettes de même, trois rangées en chef, trois en face et trois en pointe, celles-cy posées deux et une.

334. — Nicolas de Simblimont (Saint-Blimond), escuyer :

D'or, à un sautoir engrelé de sable.

336. — Claude Boulanger de Rivery, seigneur dudit lieu :

De gueules, à trois pals de vair, et un franc-quartier d'or.

338. — Guillaume du Breuil, prestre, chancelier de Notre-Dame d'Amiens et prieur de *Laleu* :

D'azur, à un lion d'argent, couronné d'or, et un franc-quartier d'hermines.

339. — Louis de Louvencourt, escuier, sieur de Gournay :

D'azur, à une face d'argent, chargée de trois merlettes de sable, et accompagnée de trois croissans d'argent, deux en chef et un en pointe, brizé en chef d'un lambel aussy d'argent.

343. — Adrien Picquet, escuier, seigneur de Douriez (Dourier), lieutenant particulier au bailliage et siége présidial d'Amiens :

D'azur, à une bande d'or, chargée de trois merlettes de sable, surmontées d'un croissant de gueules.

348. — Vincent Le Gillon, escuier, sieur de la Mairie, conseiller du roy au présidial d'Amiens :

D'azur, à deux lions adossez d'or, les queues entrelassées et passées trois fois en sautoir.

354. — Louis Pingré, procureur du roy au bailliage présidial d'Amiens :

D'argent, à un pin arraché de sinople, fruité d'or.

357. — Antoine Dazie, chevalier, seigneur de Francourt :

D'argent, à une face de gueules, chargée de trois lozanges d'or, et accompagnée de trois molettes de sable, deux en chef et une en pointe.

359. — Jacques DIPPRE, (d'Ippre), escuier, seigneur de Fluy en partie :

De gueules, à trois lions d'or, deux et un, et unze (huit) fleur de lis de même, posées en orle. (Voy. nos 513 et 788 *bis*.)

360. — François LE ROY, escuier, seigneur de Saint-Lau (Saint-Lo), Maison-lès-Ponthieu et autres lieux :

D'azur, à trois écussons d'argent, chargés chacun d'une croix patée de gueules.

362. — Honoré DUBOS (Du Bos), escuier, seigneur de Drancourt, ancien trezorier de France à Amiens :

D'argent, à un lion de sable, lampassé et armé d'azur.

363. — Louis-Charles DANGLOS (D'ANGLOS), escuier, seigneur de Guizencourt (Guisancourt) :

D'azur, à un écusson d'argent, posé en cœur, accompagné de trois molettes d'or, deux en chef et une en pointe.

364. — Jacques (de) FOUQUEROLLES (Foucquesolles), escuier, seigneur de Montrelay (Monstrelet) :

D'argent, à trois quintes-feuilles de sable, deux et une.

365. — Pierre LE FORT, escuier, seigneur de la Bucaille, trézorier de France à Amiens :

D'or, à une face d'azur, chargée de trois lozanges d'argent.

367. — Antoine de GUEULLUY, escuier, sieur de Becamon (Bacamont) :

D'or, à un chevron de gueules, accompagné en pointe d'un aigle, le vol abaissé, d'azur, béqué et membré de gueules.

370 *bis*. — Léonor de(s) GROSELLIERS, chevalier, seigneur d'Herveloy et de Selincour, et de Marguerite DU FRESNE, son épouze, portent :

De sable, à une croix ancrée d'argent; *acolé* : d'or, à un fresne arraché de sinople.

371. — François DELAMOTTE (de Lamotte), escuier :

D'argent, à un aigle d'azur, béqué et onglé de gueules.

372. — Feu Louis PINGRÉ, escuier, conseiller, secrétaire du roy, suivant la déclaration de N... SACHY, sa veuve, portoit :

D'argent, à un pin arraché de sinople, fruité d'or.

374. — La Communauté des Religieux de l'abaye de *Saint-Fussien-au-Bois* :

D'azur, à trois chevrons d'argent, accompagnez de trois étoiles d'or, posées deux en chef et une en pointe.

375. — Nicolas-François LE MAISTRE, escuier :

D'or, à une croix ancrée de gueules.

376. — Gabriel de SACHY, seigneur d'Abancourt :

Échiqueté, d'argent et de sable, à une bordure d'azur.

377. — François de ROSE, escuier, sieur du Clos :

D'argent, à un lion de sable, couronné de même, lampassé, acollé (colleté) et armé de gueules.

379. Pierre-Claude Blin, escuier, seigneur de Bourdon :

D'argent, à trois trèfles de sable, les queues en hault et posées deux et une, surmontées des trois merlettes aussy de sable, rangées en chef.

380. — Marguerite de Simblimont (Saint-Blimond), veuve de Nicolas de Simblimont, escuier, sieur de Ratonval (Retonval), a présenté l'armoirie qui porte :

D'or, à un sautoir engrelé de sable.

381. — François de Belleval, escuier, sieur de Floriville (Florenville) :

De gueules, à une bande d'or, accostée de six croix potencées de même, trois dessus et trois dessous, et une septième croix de même, posée au canton senestre du chef.

382 *bis*. — Claude de Saisseval, escuier, seigneur de Feuquières, et Madelaine d'Ardre, son épouze, portent :

D'azur, à deux bars adossez d'argent; *acolé* : d'azur, à un chevron d'or, accompagné de trois glands d'argent, tigez et feuillez de même, deux en chef péris en chevron et un en pointe.

383. — Antoine de Belleval, escuier, sieur dudit lieu :

De gueules, à une bande d'or, accompagnée de sept croix potencées de même, quatre en chef et trois en pointe.

384. — Faron Boulanger, sieur de Ligny, procureur du roy de la cour des monnoyes de Picardie :

D'or, à un chevron de sable, accompagné de trois maillets de même, deux en chef et un en pointe.

385. — Louis de Carbonnel, escuier, sieur de Beaudricourt :

D'azur, à un chevron abaissé d'or, accompagné de trois coquilles de même, deux en chef et une en pointe.

388 *bis*. Henri Pingré, chevalier, seigneur de Vraigne(s) et autres lieux, et Marie Auxcousteaux, son épouze, portent :

D'argent, à un pin arraché de sinople, fruité d'or; *acolé* : d'azur, à trois testes de lion arrachées d'or, lampassées de gueules, et posées deux et une.

389. — Pierre de l'Estoile (Lestoile), escuier, sieur de Nermont :

D'azur, écartelé par des traits de sable; le premier, le second et le troisième quartier chargez chacun d'une étoile d'or; et le quatrième quartier, chargé d'un bezan aussy d'or.

390. — Henri-Louis de Carbonnel, escuier, seigneur d'Hierville :

D'azur, à un chevron d'or, accompagné de trois coquilles de même, deux en chef et une en pointe.

391. — La communauté des religieux de l'abbaye de *Saint-Pierre-lès-Sélincourt* :

De gueules, à deux clefs adossées et passées en sautoir d'argent, accompagnées de quatre larmes de même, une en chef, deux aux flancs et une en pointe.

392 *bis*. — Louis de TRONVILLE, seigneur de Mérélessart, et Marie de LALLIÈRE (Lallier), son épouze, portoient :

De sinople, à un lion d'argent, lampassé et armé de gueules; *acolé :* de gueules, à trois alérions d'argent, deux et un.

393. — François de RAMBURE, escuier, seigneur de Brandicourt :

De gueules, à trois faces danchées d'or.

394. — Antoinette HANIQUE (Hannicque), veuve de François de VAUDRICOURT, escuier, seigneur de Laleu, a présenté l'armoirie qui porte :

De gueules, à l'orle d'argent.

395. — L'abaye de *Saint-Pierre-lès-Sélincourt :*

D'azur, à deux clefs adossées et passées en sautoir, d'argent, accompagnées de quatre larmes de même, une en chef, deux aux flancs et une en pointe. (Voyez le n° 391.)

399. — Antoine QUIGNON, conseiller du roy, substitut du présidial d'Amiens :

De gueules, à cinq bandes d'argent.

405. — Charles de FOUQUESOLLES, escuier seigneur des Barres :

D'argent, à trois quintes-feuilles de sinople, deux et une.

412. — Antoine PICQUET, licentié-ez-droits, prestre, archidiacre de Ponthieu en l'église d'Amiens :

D'azur, à une bande d'or, chargée de trois merlettes de sable (et) surmontée d'un croissant de gueules.

421. — Charles PICARD, conseiller du roy, esleu en l'élection d'Amiens :

D'argent, à un aigle de sable, accompagné en chef de deux croissans de même, et en pointe des flames au naturel.

424 *bis*. — François de BELLOY, chevalier, seigneur dudit lieu et de Beauvoir, et Antoinette de CACHELEU, son épouze, portent :

D'argent, à trois faces de gueules; écartelé d'or, à une croix de gueules, cantonnée de seize alérions d'argent; *acolé :* d'azur, à trois pattes de loup d'or, posées en pal, deux et une.

425. — Nicolas de GAILLARD-LONJUMEAU, escuier, seigneur de Ramburelle(s).

D'argent, semé de trèfles de sinople, à deux T de gueules en chef, et en pointe deux perroquets affrontez de sinople, béqués et membrés de gueules.

429 *bis*. — Alexandre de MAILLOCQ (Mailloc), chevalier, seigneur de Malleville (d'Emalleville), et Margueritte MANESSIER, son épouze, portent :

De gueules, à trois maillets d'argent, deux et un; *acolé :* d'argent, à trois hures de sanglier de sable, arrachées de gueules, lampassées de même, deffendues d'argent, et posées deux et une.

431. — Charles SARREAU (Sarrau), escuier, seigneur de Boisnet et autres lieux :

De sable, à trois serres d'aigle d'or, posées deux et une.

432. — Gaspard Paul, secrétaire de l'intendance de Picardie, sous M. Bignon :

De gueules, au chevron d'or, accompagné en chef de deux étoiles de même, et en pointe d'un lévrier courant d'argent, acolé (colleté) de même.

PÉRONNE

SUIVANT L'ORDRE DU REGISTRE Ier

2. — Gilles de La Loère, conseiller du roy, receveur des traites de Péronne :

D'or, à un chevron d'azur, accompagné de trois trèfles de même, deux en chef et une en pointe.

3. — Claude Galliot, sieur de Montonville (Montonvillers), ancien capitaine dans le régiment de Montpezat :

D'azur, à une *galiotte* équipée d'argent, voguant sur une mer de même, surmontée d'une étoile d'or, posée au canton senestre du chef.

4. — Antoine Galliot, prestre, chanoine de l'églize royale et collégiale de Saint-Furcy de Péronne :

D'azur, à une *galliotte* équipée d'argent, voguant sur une mer de même, surmontée d'une étoile d'or, posée au côté senestre du chef.

5. — Philipe de Monnet de la Marque, chevalier, seigneur de Saint-Martin, Bazantin-le-Grand et le Petit, de Hamel, fief de Hochecot, chevalier de l'ordre de saint Louis, cy-devant commandant pour le roy en la ville et château de Dinan, pensionnaire de Sa Majesté :

Parti, au 1er, d'azur, à un lion d'or; écartelé d'or, à trois colonnes de sable, deux et une, surmontées de trois roses de gueules, rangées en chef; et au 2e, d'azur, à une tour crénelée de cinq pièces d'argent, massonnées et ajourées de deux fenestres de sable, et soutenue de deux demy-vols confrontez d'argent.

6. — Madelaine de Festart d'Armancourt, fille majeure :

D'argent, à trois faces de gueules.

7. — Antoine de Carbonnel, escuier, seigneur du Verger :

D'azur, à un chevron d'or, accompagné de trois coquilles de même, deux en chef et une en pointe.

8. — Charlotte-Françoise de Carbonnel du Verger, fille majeure :

D'azur, à un chevron d'or, accompagné de trois coquilles de même, deux en chef et une en pointe.

9. — Jacques Reynart (Regnart), escuier, conseiller du roy, lieutenant particulier au bailliage et gouvernement de Péronne :

De gueules, à un renard rempant d'or.

10. — Claude WITASSE, escuier, seigneur de Vermandovillé (Vermandonvillers) :

D'azur, à trois bandes d'or.

11. — Claude WITASSE, escuier, porte de même :

13 *bis*. — Charles de FOLLEVILLE, chevalier, seigneur de Manancourt, Nuslu (Nurlu) et autres lieux, et Clémence Gabrielle de LAMETH, son épouze, portent :

D'or, à dix lozanges de gueules, posées trois, trois, trois et une; *acolé* : d'écartelé, au premier et quatrième, de gueules, à une bande d'argent, accostée de six croisettes au pied fiché de même, trois dessus et trois dessous; au second d'argent, à trois maillets de sable, deux et un; et au troisième, d'or, fretté de gueules.

14. — Claude VAILLANT, lieutenant général de Péronne :

D'argent, à trois testes de mores contournées de sable, tortillées d'argent, posées deux et une.

16. — Louis de LA PORTE, escuier, commissaire provincial de l'artillerie :

De gueules, à un croissant d'argent, chargé de cinq mouchetures d'hermines de sable.

17. — Alexis LE VASSEUR, notaire et procureur ez siéges royaux de Péronne :

D'argent, à un chevron d'azur, accompagné en chef de deux étoiles de même, et en pointe d'un croissant de gueules.

18. — Christophle CHERIÈRE, fils :

D'azur, à un lion d'argent.

19. — Jean de GRIMBERGHE, chevalier, seigneur de Torcy, major de la ville de Péronne :

D'azur, à trois bezans d'or, deux et un, surmontez d'un lambel de trois pendans d'argent.

20. — Nicolas PINCEPRÉ, escuier, conseiller du roy et son procureur en la maréchaussée de Péronne :

D'or, à un pin de sinople, fruité de deux de ses pommes de sable, et un chef de gueules, chargé d'un croissant d'argent, accosté de deux étoiles d'or.

22. — Marie DORSY (d'Oisy), veuve de Jean CHOQUEL, vivant lieutenant général de Péronne, a présenté l'armoirie qui porte :

D'azur, à une montagne d'or, surmontée de deux étoiles de même.

23. — Antoine CHOQUEL, enseigne des gardes de Monsieur, frère unique du roy :

D'azur, à un arbre arraché d'or, chargé sur son feuillage d'un monde d'azur, ceintré et croisé d'or.

24. — Jean LEBRETHON, avocat en parlement et au bailliage de Péronne, ancien mayeur de ladite ville :

D'azur, à un fénix, les ailes étendues, d'or, sur son bûcher de même, tenant en son bec un brin de palme aussy d'or, accompagné en chef d'un soleil d'or à dextre, et d'un croissant de même à senestre.

26. — Antoine Francie, lieutenant particulier, assesseur criminel au bailliage de Péronne :

D'argent, à trois cannes essorant de sable, posées deux et une, accompagnées en pointe de deux frezes au naturel, rangées en face, les queues vers les flancs de l'écu et un chef d'azur.

27. — Charles de la Marlière, conseiller au bailliage de Péronne :

D'argent, à une bande de gueules, chargée de trois merlettes d'argent.

28. — Charles Dequan, avocat à Péronne :

D'azur, à un chevron d'or, accompagné en chef de deux coquilles de même, et en pointe d'un cigne d'argent, béqué et membré de sable.

30. — Joseph de Mallemain, conseiller au bailliage de Péronne :

D'azur, à un sautoir d'or, chargé en cœur d'un trèfle de gueules, et accompagné de quatre pattes de loup d'argent, onglées de gueules.

32 *bis*. — François-Antoine de Part(h)enay, chevalier, seigneur de Berny, et Marguerite de Fontaine(s), son épouze :

De gueules, à un chevron d'argent, accompagné de trois bezans d'or, deux en chef et un en pointe; *acolé* : d'or, à trois écussons de vair, deux en chef et un en pointe

33. — Claude Vaillant, esleu en l'élection de Péronne :

D'azur, à trois testes de mort (mores contournées de sable, tortillées) d'argent, posées deux en chef et une en pointe.

34. — Antoinette Boucher, veuve de Charles Destoue (d'Estove), seigneur de Goussencourt, capitaine du régiment de Navarre, a présenté l'armoirie qui porte :

D'hermines, à un chef de gueules.

35. — Charles Landru, major de la bourgeoisie de Péronne :

D'azur, à un lion d'argent, soutenu d'une massue de même.

36. — Charles Allart, marchand de laine :

D'argent, à une face de gueules, chargée de trois étoiles d'or, accompagnée en pointe d'une hure de sanglier arrachée de sable.

37. — Madelaine Dupuyts (du Puis), veuve de Henry de La Motte, vivant escuier, seigneur de Villers et Cauviller en partie :

De gueules, à trois chevrons vairez d'argent et d'azur.

38. — Louis de Boictel (Boistel), garçon majeur, escuier, seigneur du Petit-Vauviller (s) :

De gueules, à trois lozanges d'argent, en bande.

39. — Louis d'Amerval, de Biecourt (Bihécourt), escuier :

D'argent, à trois tourteaux de gueules, deux et un.

40. — Jean-Jacques Gonnet, avocat en parlement :

D'azur, à un cœur d'argent, accompagné de trois étoiles d'or, deux en chef et un en pointe.

42. — Jean de Guiselin, escuier, seigneur de Chipilly et autres lieux :

Écartelé, au 1er et 4e, d'argent, à trois bandes d'azur, et une bordure de gueules; au 2e, d'argent, à un chevron d'azur, chargé de unze bezans d'or; et au 3e, d'azur, à une bande d'argent, chargée de trois lozanges d'azur; chaque lozange chargée d'un bezan d'or; et sur le tout, d'azur, à trois paons d'or, deux et un.

43. — Philipes d'Amerval, chevalier, seigneur d'Asseville(rs) :

D'argent, à trois tourteaux de gueules, deux et un.

47 *bis*. — Charles du Plessis (du Plessier), chevalier, seigneur de Biache (s), et Anne Hommets, son épouze, portent :

D'argent, à une face de gueules, chargée d'un vivre d'argent; écartelé, d'or, à cinq pattes d'oye de sable, posées en sautoir; *acolé* : de gueules, à trois hommes de guerre d'argent, armez, l'épée au côté d'or, chacun tenant en sa main dextre un rameau de laurier aussy d'or, et posez deux en chef et un en pointe, et une croix patée d'or, posée en cœur.

48. — Madelaine de Godin, veuve de Charles de Greffin, vivant chevalier, seigneur de Rieux, capitaine de cavallerie au régiment de Fournaux, a présenté l'armoirie qui porte :

D'azur, à un chevron d'or, accompagné de trois étoiles de même, deux en chef et une en pointe.

49. — Antoine de Montejan, chevalier, seigneur de Montauban, colonel du régiment de milice de Picardie et Soissonnais :

De gueules, fretté d'or; écartelé, de gueules, à une croix d'argent, chargée en cœur d'une coquille de sable.

52. — N... (Abel Le Carlier) de Herlies, seigneur dudit lieu, capitaine des carabiniers :

D'argent, à un lion de sable, parti de sable à une roue d'or.

53. — Adrien de Hangre, escuier, seigneur de Contalmaison :

Écartelé, au premier, d'azur, à un aigle d'or; au second et troisième de gueules, à une étoile d'or; et au quatrième d'azur, à deux merlettes d'or, rangées en face.

54 *bis*. — Louis d'Estourmel, marquis, seigneur de Suzanne, Cappy, Frize et autres lieux, et Marie-Edmée d'Hautefort, son épouze, portent :

De gueules, à une croix dentelée d'argent; *acolé* : d'or, à trois forces de sable, posées deux et une.

55. — François Vestier, docteur en Sorbonne et doyen de l'églize royalle de Saint-Furcy de Péronne :

D'azur, à un chevron d'argent, accompagné en chef de deux glands, feuillez et tigez de même, les tiges en haut passées en sautoir, et en pointe d'une rose aussy d'argent.

56. — Charles de Fontaine(s), chevalier, seigneur de Chuignolle (Chignolles) :

D'or, à trois écussons vairez d'azur et d'argent, posez deux en chef et un en pointe.

58. — Charles de COLLEMONT, chevalier, seigneur de Framerville, Reignecourt et Herleville, lieutenant de nosseigneurs les maréchaux de France au gouvernement de Péronne :

D'azur, à une face d'argent, chargée de trois tourteaux de sable, et accompagnée de trois coquilles d'or, deux en chef et une en pointe.

59. — Nicolas SCOURIONS (Scourion), escuier, seigneur de Begaudele :

D'azur, à trois gerbes d'orges d'or, deux et une.

63. — Adrien de SAIN(s), chevalier, seigneur de Viller-Saint-Christophe, Guillemont et autres lieux :

D'azur, à dix lozanges d'or, posées trois, trois, trois et une.

64. — Martin DUFRESNOY, conseiller du roy, receveur des tailles de l'élection de Péronne :

D'or, à un sautoir de sable.

66. — Marie LE FLAMENT, veuve de Louis BOITEL, escuier, secrétaire du roy, maison, couronne de France et de ses finances :

D'or, à trois flames de gueules, deux en chef et une en pointe.

67 *bis*. — Charles DUPLESSIS (du Plessier), chevalier, seigneur de Fransart, Athencourt (Hattencourt) et autres lieux, capitaine de canonniers dans le régiment royal d'artillerie, et Marie-Marguerite-Éléonore DU ROGER (Royer), son épouze, portent :

D'argent, à une face de gueules chargée d'une vivre d'argent; écartelé, d'or, à cinq pattes d'oye de sable, passées en sautoir; *acolé* : de gironné, de huit pièces d'or et d'azur, chaque pièce chargée d'un écusson de l'un en l'autre; et sur le tout; un écusson de gueules.

68 *bis*. — Pierre-François de CARDEVACQ, seigneur de Gouy en Arthois et autres lieux, et Lucie de LAMIRE (La Myre), dame de Bouchy, son épouze, portent :

D'hermines, à un chef de sable, brisé d'un lambel de gueules; *acolé* : d'azur, à trois aigles d'or, deux et une; écartelé, d'argent, à une bande de gueules, côtoyée en chef de trois oiseaux de sable, posez sur la bande et accompagnée de deux tourteaux aussy de sable, un en chef et l'autre en pointe.

70. — Pierre DUFAUX (du Faux), escuier, lieutenant colonel du régiment d'Imicourt, (Imécourt), cy-devant Montgommery :

D'or, à une bande d'azur, côtoyée de trois testes de more de sable, bandées d'argent, deux dessus et une dessous.

81. — Charles SCOURION, prestre, curé de la paroisse de Saint-Quentin-Capelle de Péronne :

D'azur, à trois gerbes d'orges d'or, deux et une.

89. — Antoine de BELLEVAL, escuier et capitaine de milice dans le régiment de Montauban :

De gueules, à une barre d'or, accompagnée de sept croix potencées, trois dessous et trois dessus, la septième posée au côté dextre du chef, le tout d'or.

95. — Jean EUDEL, avocat en parlement :

D'azur, à deux plumes de volant d'argent, mouvantes d'un croissant de même, et une étoile aussy d'argent, posée en chef entre les deux plumes.

102. — Vincent MIGNON, prestre, curé de la paroisse de Saint-Jean de Péronne et docteur de Sorbonne :

D'azur, à un chevron d'argent, accompagnée en chef de deux roses d'or, et en pointe d'un mouton passant d'argent.

104. — Antoine LE VASSEUR, chapelain de l'églize royalle de Saint-Furcy de Péronne :

D'argent, à un chevron d'azur, accompagné en chef de deux étoiles de même, et en pointe d'un croissant de gueules.

105. — Antoine de BACHELET, escuier, seigneur de Curnoy :

De gueules, à un chevron d'argent, accompagné de trois trèfles de même, deux en chef et un en pointe.

107. — Estienne REGNARD, escuier, sieur d'Aubigny et commissaire d'artillerie :

De gueules, à un regnard (renard) rempant d'or.

108. — Raphaël MESSIER, capitaine, ancien exempt des gardes du corps du roy, commandant pour Sa Majesté dans le château de Péronne :

D'azur, à un soucy d'or, tigé et feuillé de même, accompagné de trois merlettes d'argent, deux en chef et une en pointe.

110. — René NEPVEU, seigneur de Longavenne (Longavesnes), major et maréchal des logis des chevaux-légers de la garde du roy :

D'azur, à quatorze lozanges d'argent.

112. — Nicolas GUENIN, conseiller du roy, président des traittes de Péronne :

De sable, à trois croissans d'argent, deux et un.

115 *bis*. — René-Philbert de MONTEJAN, chevalier, seigneur, marquis de Deniecourt, sous-lieutenant des chevaux légers de la reine, et Renée d'HERVILLÉ (Le Cat d'Hervilly), son épouze :

De gueules, fretté d'or; écartelé de gueules, à une croix d'argent, chargée en cœur d'une coquille de sable; *acolé* : de sable, semé de fleur de lis d'or.

ARRAS

SUIVANT L'ORDRE DU REGISTRE Ier

1 *bis*. — Pierre-Simon de Billy, escuier, conseiller du roy, commissaire et contrôleur des guerres pour le service du roy à Arras, et Marguerite Charpentier, son épouze :

D'azur, à un chevron d'or, chargé de trois tourteaux de gueules, et accompagné en chef de deux étoiles d'or, et en pointe d'une rencontre de chevreuil, de même; *acolé :* d'azur, à un chevron d'or, accompagné en chef de deux croissans d'argent, et en pointe d'une rose de même.

2 *bis*. — Pierre Galbart, escuier, conseiller au conseil d'Artois, et Marie-Louise Descouleurs (des Couleurs), son épouze :

D'azur, à deux croissans, adossez d'or, accompagné de quatre annelets de même, un en chef, deux aux flancs et un en pointe; *acolé :* d'argent, à un lion de sinople, lampassé et armé de gueules, tenant de ses deux pattes une fleur de pensée au naturel.

3. — Adrien de Mullet, escuier et conseiller du roy en son conseil provincial d'Artois :

De sinople, à un chevron d'or, accompagné de trois testes de mulet d'argent, deux en chef et une en pointe; écartelé, d'argent, à un aigle de sinople, béqué et membré de gueules.

4 *bis*. — Pierre-André Bataille, conseiller du roy, procureur général de Sa Majesté au conseil provincial d'Artois, et N..., son épouze :

De gueules, à un chevron d'or, accompagné en chef de deux épées d'argent, les pointes en haut, et en pointe d'un heaume d'argent; *acolé :* d'or, à une face d'azur, chargée de trois étoiles d'argent; coupé de sable, à une gerbe d'or.

7. — Louis Desprez (Des Prés), escuier, seigneur de Robancourt (Roclincourt) :

De sable, à trois faces d'argent, accompagnées d'un aigle d'or, béqué et membré d'argent, posé au côté dextre du chef.

8. — François Denis, escuyer, sieur de Cauchye (Canchy) :

D'azur, à un bouc passant d'argent, sur une terrasse de sinople, surmonté en chef de trois étoiles d'or rangées en chef.

9. — Philipes de Widebien, escuyer :

De sable, à une bande d'argent, chargée de trois testes de lion, arrachées de gueules.

11. — Antoine-François-Louis-Guillaume Le Merchier (de Criminil), chevalier, conseiller du roy et son premier président en son conseil d'Artois :

D'argent, à trois faces d'azur; écartelé, d'argent à trois bandes d'azur; et sur le tout, d'azur, à une gerbe d'or, accostée de deux étoiles d'or.

12 *bis.* — Philipes-François Palizot, chevalier, seigneur d'Incourt, et Barbe de Lelès, son épouze :

D'azur, à un chevron d'or, accompagné en chef de deux roses tigées de même, et en pointe d'un lis d'argent, tigé de même; *acolé :* d'azur, à un agneau d'argent, passant sur une terrasse de sinople, accompagné en chef d'un croissant d'argent, accosté de deux étoiles de même.

13 *bis.* — André Guilluy, escuyer, conseiller du roy au conseil provincial d'Artois, et Anne-Louise Roger, son épouze :

D'azur, semé de molettes d'argent, et trois épis d'or, brochant sur le tout et posez deux et un; *acolé :* d'argent, papelonné de sable, et une croix plaine d'azur, brochant sur le tout.

14 *bis.* — Jean Lemayeur (Le Mayeur), avocat général au conseil provincial d'Artois, et Marie-Jeanne Guérard, son épouze :

D'azur, à trois étoiles d'argent, mal ordonnées; *acolé :* de gueules, à trois croissans d'argent, mal ordonnés.

15. — Philipes Le Carlier, escuier, sieur Dumets (du Mets), conseiller du roy en son élection d'Artois :

De gueules, à deux roues d'or, une en chef et l'autre en pointe; parti, d'argent, à un lion de sable.

16 *bis.* Jean Noel, conseiller du roy, assesseur en la ville d'Arras, et N..., son épouze :

D'azur, à un nœud d'or, ailé d'argent, surmonté d'un soleil d'or; *acolé :* d'azur, à deux faces vivrées d'or, accompagnées de cinq bezans de même, deux en chef, un en cœur et deux en pointe.

17 *bis.* — Feu Jean-Philipe de Lattre, chevalier, sieur d'Ayette, suivant la déclaration de Valentine-Madelaine de Boulogne, sa veuve, portoit :

D'or, à deux écussons d'azur, un au côté senestre de l'écu et l'autre en pointe, et un franc-canton de gueules, chargé d'une molette d'or; *acolé :* d'argent, à une bande de sable, accompagné de trois lions de sinople, couronnez, lampassez et armez d'or, posés deux en chef et un en pointe.

18. — Nicolas de Douay, avocat au conseil provincial d'Artois :

D'azur, à un pal d'argent, chargé de trois tourteaux de sinople, posez en pal, un sur l'autre.

19. — Léonard Nádul (Nadal), sieur de la Pommaraide, major de la ville et cité d'Arras :

D'argent, à une tour crénelée de trois pièces de gueules, massonnée et ajourée de trois fenestres de sable, surmontée de trois étoiles de gueules, rangées en chef.

20. — Adrien-Christophe Payen, escuier, sieur de la Fosse :

D'or, à un aigle de sinople, béqué et membré de gueules, et un franc-quartier bandé de gueules et de vair de six pièces.

21 *bis.* — Pierre François Gaillard, avocat au conseil et greffier des États d'Artois, et Marie-Chrestienne Hanweel, son épouze :

D'argent, à deux faces de sable, accompagnées de six quinte-feuilles de même, trois en chef, deux en face et une en pointe; *acolé :* de gueules, à une face fuzelée de cinq pièces d'argent.

23. — René de WIDEBIEN, escuier, sieur du Hayon :

De sable, à une bande d'argent, chargée de trois testes de lyon arrachées de gueules.

24 *bis*. — Philipes-Adrien de YERNAVAL (Le Vasseur de Guernonval), chevalier, baron d'Esplebeque (Esquelsbeke), et N..., son épouze :

D'azur, à un chevron d'or, accompagné de trois gerbes d'or, deux en chef et une en pointe; écartelé, d'argent, à un aigle à deux testes de sable, béqué et onglé d'or; *acolé :* d'or, à une bande de sable, chargée de trois sautoirs d'argent.

25. — Nicolas-Joseph du MONT-SAINT-ELOY, escuier, seigneur de Courcamp :

D'argent, à un sautoir de gueules.

26. — L'hostel de ville de la cité d'*Arras :*

D'azur, à une face d'argent, chargée de trois rats de sable, accompagnée en chef d'une mitre d'or, et en pointe de deux crosses adossées et passées en sautoir de même.

27. — Louize-Antoinette DENIS, veuve de N... DESLIONS (des Lyons), vivant conseiller au conseil d'Artois :

D'argent, à un chevron de gueules, accompagné en chef de deux lozanges de sinople, et en pointe d'une grenade tigée et feuillée de même, ouverte de gueules et couronnée d'or.

28. — Antoine PRAUGER, avocat au conseil d'Artois et échevin d'Arras :

D'azur, à deux chevrons d'or, accompagnez de trois étoiles même, deux en chef et une en pointe; écartelé d'or, à un sautoir de gueules, flanqué de deux roses de même; le tout sous un chef d'argent.

29 *bis*. — Adrien du CARIEUL, seigneur d'Escovaurt (d'Ecoivres) et autres lieux, chevalier du conseil d'Artois et N..., son épouze :

D'argent, à un sautoir de gueules; *acolé :* de gueules, à un écusson d'argent; écartelé, d'azur, à une face d'or.

30. — Jean-Philippe du CARIEUL, escuier, sieur du Bièze (Biez) :

D'argent, à un sautoir de gueules.

31 *bis*. — Feu Philipe de TOUST(A)IN DE CARENCY, suivant la déclaration de Renée de MALO (Maillocq), sa veuve, portoit :

D'or, à une bande échiquetée de deux traits d'or et d'azur; *acolé :* de gueules, à trois maillets d'or, deux et un. (Voir le n° 429 *bis* d'Amiens.)

32 *bis*. — Gérard-Joseph BOUSDART (Boudart), chevalier, seigneur de Cousturelle, et Marguerite-Antoinette DURCET, son épouze :

D'azur, à un croissant d'or, accompagné de trois coquilles d'argent, deux en chef et une en pointe; *acolé :* de gueules, à trois maillets d'or, deux et un.

33. — Jean-François VOILANT DE BERVILLE, chevalier, marquis de Lisbourg :

D'argent, à une face d'azur, chargée de trois croix patées d'or, accompagnées de trois molettes de sable, deux en chef et une en pointe.

34. — Christophle LEHAULT (Le Hault), sieur de la Garoufière :

D'argent, à un chevron d'azur, accompagné de trois pommes de pin de gueules, deux en chef et une en pointe.

35 *bis.* — Feu Jacques-Louis de MULLET, conseiller au conseil d'Artois, suivant la déclaration d'Isabelle de HANNEDOUCHE, sa veuve, portoit :

De sinople, a un chevron d'or, accompagné de trois testes de mulets d'argent, deux en chef et une en pointe; écartelé, d'argent, à un aigle de sinople, béqué et onglé de gueules; *acolé :* de sinople, à une bande d'or, chargée de trois croix patées au pied fiché de sable, posée (posées) en bande.

36. — Jacques GASSON (de Gosson), escuier :

De gueules, fretté d'or; écartelé de facé d'argent et de gueules de huit pièces, et de deux bâtons passez en sautoir de sable, brochant sur les faces.

37 *bis.* — Feu N... (Alexandre-Augustin) LE SERGENT DE MARSIGNY, suivant la déclaration d'Anne-Joseph THÉRY, sa veuve, portoit :

D'azur, à trois gerbes d'or, mal ordonnées; *acolé :* de gueules, à une face d'argent, accompagné en chef de deux merlettes d'argent, et en pointe d'une étoile d'or; écartelé d'argent, à une face vivrée de sable.

38 *bis.* — Feu Antoine LE CARLIER, escuier, sieur de Créquis (Créquy), conseiller d'honneur du conseil provincial d'Artois, suivant la déclaration de Agnès THÉRY, sa veuve, portoit :

De gueules, à deux roues posées en pal, une sur l'autre, d'or; parti, d'argent, à un lion de sable; *acolé :* de gueules, à une face d'argent, accompagnée en chef de deux merlettes d'argent, et en pointe d'une étoile d'or; écartelé d'argent, à une face vivrée de sable.

39 *bis.* — Antoine Dubois de HOUES (Hoves), escuier, seigneur de Duisans et Hermaville, et Jeanne GALBART, son épouze :

D'azur, à trois coquilles d'or, deux et une; *acolé :* d'azur, à deux chevrons (*alias*, croissants. Voyez le n° 2, page 28.), adossez d'or, accompagnez de quatre annelets de même, un en chef, deux en flancs et un en pointe.

40 *bis.* — Marc-Alexandre-Joseph de VISEMAL, chevalier, comte de Fontenay, colonel d'un régiment de dragons, et Marie-Anne-Charlotte de BARNAIGE (Bernage), son épouse :

De gueules, à un chevron d'argent, accompagné au côté dextre du chef d'un croissant de même; *acolé :* de facé de gueules et d'or de six pièces; les faces de gueules chargées chacune de cinq sautoirs d'argent.

42 *bis.* — Philipes-Alexandre de GHISTELLE, chevalier, marquis de Saint-Floris, Vieille-Chapelle, et Marie-Isabelle-Claire de CRÉQUI, son épouze :

De gueules, à un chevron d'hermines; *acolé :* d'or, à un créquier de gueules; écartelé, d'argent, à trois faces de gueules, contr'écartelé, d'argent, à trois douloires de gueules, posées en pairles; et sur le tout de ses quartiers : un écu lozangé d'or et de gueules; écartelé d'or, à un lion de sable (toutes ces écartelures et le sur le tout proviennent des Croy dont était sa mère).

43 *bis*. — Jean-Claude de FRANCISQUE, escuier, capitaine au régiment d'Infanterie d'Orléans, et Marie-Caterine RASSE, son épouze :

D'argent, à un aigle à deux testes de sable, à la champagne de gueules ; coupé d'échiqueté d'argent et de gueules ; *acolé* : d'argent, à trois roses de gueules, deux et une.

44. — L'Evesché d'*Arras* :

D'or, à deux crosses adossées d'argent et neuf rats de sable, posez en orle, trois en chef passans et les autres adossez et montans.

45. — Guy de SEVE DE ROCHECHOUART, évesque d'Arras (fils d'Alexandre de Seve et de Marie-Marguerite de Rochechouart. Voy. P. Anselme, tome IV, p. 674) :

Facé de sable et d'or de six pièces, et une bordure contre-componnée d'or et de sable ; écartelé de facé ondé enté de gueules et d'argent de six pièces.

46 *bis*. — Feu Antoine de CRÉQUI, chevalier, vicomte du Vrolandt (de Vrolant), suivant la déclaration d'Anne-Marie de CROY, sa veuve, portoit :

D'or, à un créquier de gueules ; *acolé* : d'argent, à trois faces de gueules ; écartelé, d'argent, à trois douloires de gueules, posées en pairle ; et sur le tout, lozangé, d'or et de gueules ; écartelé, d'or, à un lion de sable, lampassé et armé de gueules.

47 *bis*. — Jean-Antoine de LA MOTHE, escuier, seigneur de la Martinie, et Marie-Jeanne LE BOURGEOIS, dame de Behagny (Béhagnies), son épouze :

De gueules, à un aigle, le vol abaissé, d'argent, couronné d'or, acosté de deux molettes de même posées une sur chaque aile de l'aigle qui regarde un rayon de trois pointes d'or, mouvant de l'angle dextre du chef, et un chef cousu d'azur, chargé d'un croissant d'argent, acosté de deux roses d'or ; *acolé* : de sable, à un chevron d'argent, accompagné en chef de deux merlettes du même, et en pointe d'une étoile de six rais d'or.

48 *bis*. — Ferdinand-Joseph, comte DAMALLE (de Hamal), baron de Vierve, et Jacqueline Claire de MONTMORENCY, son épouze :

De gueules, à une face fuzelée de cinq pièces d'argent ; *acolé* : d'or, à une croix de gueules, cantonnée de seize alérions d'azur.

49 *bis*. — Paul GUÉRARD, escuier, conseiller du roy au conseil provincial d'Artois, et Marie CHOQUET, son épouze :

De gueules, à trois croissants d'argent, mal ordonnez ; *acolé* : d'azur, à un chevron d'or, accompagné de trois troncs d'arbre, arrachez de même, posez deux en chef et un en pointe.

50 *bis*. — Ignace, comte de LANNOY, de Beaurepaire, et Marie-Françoise COLONNA (Coloma), son épouze :

D'argent, à trois lions de sinople, couronnez, lampassez et armez d'or, posez deux et un ; écartelé de sinople à une face d'hermines ; *acolé* : d'or, à un écusson d'azur, qui est chargé d'une bande d'or, accompagnée de deux colombes d'argent, becquées et membrées de gueules, une en chef et l'autre en pointe ; cet écusson entouré de huit taux ou croix de Saint-Antoine d'azur, posées en orle, trois en chef, deux aux flancs et trois en pointe ; écartelé, de sinople, à une face d'hermines.

51 *bis.* — Feu Edme de THIENNE(s), chevalier, seigneur de Razay, suivant la déclaration de Marie DESCOULEURS (Des Couleurs), sa veuve, portoit :

D'azur, à un pal vivré d'argent; *acolé* : d'argent, à un lion de sinople, lampassé et armé de gueules.

52. — Adrien LENGLET, prestre, chanoine de la cathédralle d'Arras :

D'or, à un aigle de sable, et un chef d'azur, chargé de trois étoiles de six rais d'or.

53. — Jean CALAIS, sieur de Belicourt-Beaupré (Bellicourt), ayde-major de la citadelle d'Arras :

D'azur, à un chevron d'or, accompagné de trois étoiles de même, deux en chef et une en pointe.

54. — Pierre BOUCQUEL, chanoine de l'églize cathédralle d'Arras :

De gueules, à un écusson d'argent; écartelé d'azur, à une face d'or.

55 *bis.* — Charles-François BOUCQUEL, escuier, sieur d'Hamelincourt, et Marie-Marguerite DESLIONS (Des Lyons) :

De même; *acolé* : d'argent, à quatre lions cantonnez de sable, lampassez et armez de gueules; écartelé, d'argent, à trois fleurs de lis de gueules, deux et une (qui est de Bellesage).

56 *bis.* — Domitian-Jean-Marie-François de GOMICOURT (Gomiecourt), chevalier, comte dudit lieu, et Anne-Suzanne-Louise de HALEMAL, comtesse dudit Gomicourt, son épouze :

D'or, à une bande de sable; *acolé* : de gueules, semé de billettes d'or, et un lion aussy d'or.

57 *bis.* — Jean-Baptiste THERRY (Théry), escuier, sieur de Norbecourt, et Marie-Lucresse de VATRIX, son épouze :

De gueules, à une face d'argent, accompagnée de trois merlettes de même, deux en chef et une en pointe; *acolé* : d'argent, à un chevron de gueules, accompagné de trois lévriers de sable, deux affrontez en chef et un passant en pointe; écartelé de facé d'or et d'azur de six pièces, à trois annelets de gueules, brochans sur la première et la deuxième face.

58 *bis.* — Feu Pierre de MARIGNY, chevalier du conseil d'Artois et lieutenant d'artillerie, suivant la déclaration d'Agnès de CUINGHIEN (Cuinghem), sa veuve, portoit :

D'azur, à une face d'or, accompagnée en chef d'une hure de sanglier arrachée de même, adextrée d'un trèfle d'argent et senestrée d'une étoile de même, et en pointe de trois croissans entrelassez d'or; *acolé* : d'argent, à quatre chevrons de gueules; écartelé, d'argent, à un chef de gueules.

59 *bis.* — Feu André DESLIONS (des Lyons), sieur de Wingles, suivant la déclaration de Marguerite LOMBART, sa veuve, portoit :

D'argent, à quatre lions cantonnez de sable, lampassez et armez de gueules; écartelé, d'argent, à trois fleur de lis de gueules, 2 et 1 ; *acolé* : d'écartelé en sautoir d'argent et d'or, à un sautoir de gueules brochant sur le tout, surmonté d'un aigle aussy de gueules.

60. — Hugues-François Deslions (des Lyons), chanoine de l'églize cathédralle d'Arras, sieur de Wingles :

D'argent, à quatre lions cantonnez de sable, lampassez et armez de gueules; écartelé, d'argent, à trois fleur de lis de gueules, posées deux et une.

61 *bis*. — Christophe-François de Latre Dayette (d'Ayette), chevalier, seigneur desdits lieux, et Marie-Anne-Françoise de Brias (Bryas), son épouze :

D'or, à deux écussons d'azur, posez l'un au second quartier et l'autre à la pointe, et un franc-quartier de gueules, chargé d'une molette d'or; *acolé :* d'or, à une face de sable, surmontée de trois oies (cormorans) de sable, béquées et membrées de gueules; la face chargée d'un écusson d'argent, surchargé d'une bande d'argent.

62 *bis*. — Feu Jean Gaillart, vivant escuier, conseiller au conseil d'Artois, sieur de Courcelles, suivant la déclaration de Marie Prévost, sa veuve, portoit :

D'argent, à deux faces de sable, accompagnées de six quinte-feuilles de même, trois en chef, deux en face et une en pointe; *acolé :* d'or, à une bande de sable, chargée de trois coquilles d'argent.

63 *bis*. — Jean-François Dupuis, escuier, conseiller du roi au conseil provincial d'Artois, et Anne Prévost, son épouze :

D'azur, à une face d'or, surmontée d'un croissant de même; *acolé :* d'or, à une bande de sable, chargée de trois coquilles d'argent.

64 *bis*. — François de Montmorency, premier chrestien et premier baron de France, et Charlotte-Louise de Saveuse, son épouze :

D'or, à une croix de gueules, cantonnées de seize alérions d'azur; *acolé :* de gueules, à une bande d'or, accompagnée de six billettes de même, posées en orle, trois en chef et trois en pointe.

65 *bis*. — Louis-Bernard de Le Lièvre (le Liepvre), escuier, sieur de Nœulette (Neulette), et Marie-Isabelle-Charlotte d'Hannedouche, son épouze :

D'azur, à une face d'or, accompagnée de trois molettes de même, deux en chef et une en pointe; *acolé :* de sinople, une bande d'or, chargée de trois croix patées au pied fiché de sable, posées en bande.

66 *bis*. — Antoine-Joseph Quarrée (Quarré), escuier, sieur du Repaire, et Jeanne-Élizabeth Payen, son épouze :

D'azur, à un chevron d'argent, chargé sur la pointe de deux merlettes affrontées de sable, et accompagné de trois bezans d'or, deux en chef et un en pointe; *acolé :* d'or, à un aigle de sinople, béqué et membré de gueules, et un franc-quartier bandé de six pièces de gueules et de vair.

67 *bis*. — Feu Philipes-Albert Quarrée, escuier, seigneur de Boiry-Saint-Martin, suivant la déclaration d'Anne-Madelaine Payen, son épouze, portoit de même que dessus, avec une étoile de sable sur la pointe du chevron, au-dessus des deux merlettes.

68. — Charles-Estienne Richart, prestre, chanoine de l'église cathédrale d'Arras :

D'azur, à une face d'or, accompagné en chef de trois étoiles de même, et en pointe d'une ancre d'argent.

69 *bis*. — Marc-Antoine de Prudhomme d'Ailly (Preud'homme d'Ailly), escuier, seigneur de Formont, et Marie-Madelaine Desprez, son épouze :

D'azur, à un aigle d'or; *acolé* : de sable, à trois faces d'argent, surmontées d'un aigle d'or, béqué et membré d'argent, et posé au canton dextre du chef.

71 *bis*. — Martin-François Le Seillier (Sellier), escuier, sieur de Baralle, Buissy, et Catherine-Jeanne Le Merchier, son épouze :

D'or, à trois barres de gueules, et un chef d'azur, chargé de trois étoiles d'argent; *acolé* d'or, à une face de sable, chargée de trois coquilles d'argent.

73. — Maximilien Chivot, chevalier, sieur Dorville (d'Orville) :

D'argent, à une face de gueules, accompagnée de trois lions de sinople, couronnez d'or, lampassez et armez de gueules, posez deux en chef et un en pointe; la face chargée d'un écusson d'or, surchargée de trois cors de sable, liez de gueules, et posez deux et un.

74. — Pierre Campe, avocat au conseil provincial d'Artois :

D'argent, à une grille de gueules, de trois pièces en pal et de trois pièces en face.

75. — N... d'Oye, grand archidiacre et chanoine de la cathédrale d'Arras :

D'azur, à un chef d'argent, chargé d'un bust(e) de more de sable, bandé d'argent, soutenu de deux lions naissans et affrontez de gueules, écartelé d'hermines, à un léopard de gueules.

76. — Caterine de Cardevacq, veuve de Remy Léopolde Sadosky, vivant gentilhomme polonnois, capitaine au régiment d'Alsace, a présenté l'armoirie qui porte :

D'or, à une hure de sanglier, arrachée de sable.

77. — La Justice de l'abaye de *Saint-Vaast* :

D'or, à une croix alaisée de gueules.

78. — L'abaye de *Saint-Vaast*, porte de même.

78 *bis simple*. — La communauté des religieux de l'abaye de *Saint-Vaast* :

De gueules, à un château de trois tours rondes d'or, crénelées, pavillonnées et girouettées de même, celle du millieu ajourée d'une porte de sable.

79 *bis*. — Barthélemy-François de Meleun (Melun), seigneur d'Illyés, d'Omicourt, et Marie-Alexandrine Obert, son épouze, dame de Ternotte :

Écartelé, au premier, d'azur, à sept bezans d'or, trois, trois et un, et un chef d'or; au second, de sable, à une bande d'or, chargée de trois aniles de gueules; au troisième, vivré d'argent et de gueules; et au quatrième, de gueules, à trois crampons d'or, posez en pal, deux et un; *acolé* : d'azur, à un chevron d'or, accompagné de trois chandeliers d'or, deux en chef et un en pointe.

80. — Yves de MARGRY, sieur de Bernier, major de la cité d'Arras :

D'azur, à trois marguerites d'argent, tigez et feuillez de même, posez deux et un(e).

81. — Agnès-Gertrude CORNAILLE, fille :

D'argent, à une fleur de lis au pied perdu de gueules, soutenue d'une merlette de sinople, et accompagnée de huit autres merlettes de même, posées en orle.

82. — Jean-François LE CARON, escuier, sieur de Canettemont :

D'argent, à deux faces de sable; écartelé de gueules, à trois coquilles d'argent, deux en chef et une en pointe.

83. — La Prévoté de *Saint-Michel*, dépendante de l'abaye de Saint-Vaast d'Arras :

D'or, à une croix ancrée de gueules.

84. — Marguerite-Françoise de BLONDEL, veuve de BISSECHEM :

De sable, à une bande d'or.

85 *bis*. — Feu Antoine-Joseph de BEAUFORT, chevalier, seigneur de Lassus, suivant la déclaration d'Antoinette-Adrienne du MONT-SAINT-ELOY, sa veuve, portoit :

De gueules, à un château flanqué de deux tours d'argent, pavillonnées et girouettées de même, avec un pont-levis aussy d'argent, pour entrer dans la porte qui est fermée de sable, et un franc-quartier d'azur, chargé de trois jumelles d'or; *acolé* : d'argent, à un sautoir de gueules.

86. — Isabelle de CITEY, fille majeure :

De gueules, à une bande d'or, accompagnée de douze billettes de même, six en chef, posées trois, deux et une, et six en pointe, posées une, deux et trois.

87. — L'abaye des Religieuses du *Vivier* :

D'azur, à une face d'or, chargée du mot *Vivier*, de sable.

87 *bis simple*. — La communauté des Religieuses de l'abaye du *Vivier* d'Arras :

De gueules, à un écusson d'argent, posé en cœur.

88 *bis*. — Maximilien-Charles PAYEN, escuier, sieu de la Bucquerie (Bucquière), et Marguerite-Isabelle DAILLY-SARRAZIN (d'Ailly), son épouze :

Écartelé, au 1er, d'or, à une face de sable, surmontées de trois oies de sable, becquées et membrées de gueules; au 2e, d'argent, fretté de sable; au 3e, bandé de six pièces de gueules et de vair; au 4e, au créquier de gueules; et sur le tout : d'or, à un aigle de sable, béqué et membré de gueules; *acolé* : d'hermines, à une bande de cinq lozanges d'azur.

89 *bis*. — Robert de BELVALET, escuier, seigneur de Bellacourt, et Marie LE CERF, son épouze :

D'argent, à un lion morné de gueules; *acolé* : d'argent, à un massacre de cerf de gueules, et un croissant de sable, posé au côté dextre du chef.

91 *bis.* — Feu Jean-François d'Hibert (Hybert), chevalier, baron de la Mothe, suivant la déclaration de Marie-Catherine Van Houtte, sa veuve :

D'argent, à trois poissons de sable, étendus en face, l'un sur l'autre; *acolé* : d'or, à une face de sinople.

92. — Pierre Dupuich (du Puis), lieutenant de la cité d'Arras :

D'azur, à une face d'argent, surmontée d'un croissant de même.

93 *bis.* — Guillaume Mathon, escuier, conseiller du roy, receveur général des États d'Artois, et Marie-Jacqueline de Leval, son épouze :

D'argent, à une bande de gueules, chargée en chef d'un croissant d'argent, et accompagnée d'unze billettes de gueules, cinq en chef et six en pointe; *acolé* : d'argent, à une croix de gueules, chargée d'une vivre d'azur, brochant en chef.

94 *bis.* — L'abaye et la communauté des Religieuses de *Strun* (d'Estrun) :

D'or, parti d'azur, à un dextrochère d'argent, vêtu de sable, brochant sur le tout de droit(e) à gauche, et tenant une crosse d'or en pal.

95 *bis.* — Louis de la Cramerie (Tramerie), marquis du Forest, et N... Milendon, son épouze :

De sable, à un chevron d'or, accompagné de trois merlettes de même, deux en chef et un en pointe; écartelé de gueules, à une bande d'or; *acolé* : de gueules, à un dragon contourné d'argent; écartelé de sable, à trois faces d'or.

96. — Claire-Eugenne Dursel (d'Ursel) de Themise (dont les ducs d'Ursel) :

De gueules, à un chef d'argent, chargé de trois merlettes de gueules.

97 *bis.* — François de Villers, sieur de la Carnoye, de Vuatimez et de Sareinville, conseiller du roy, ancien lieutenant général de Bapaume, et Jeanne-Claire Desprez de Queant, son épouze, noble demoiselle :

De gueules, à une face engrelée d'or, accompagnée de trois étoiles d'argent, deux en chef et une en pointe; écartelé d'or, à trois lions de gueules, posez deux et un; *acolé* : de sable, à trois faces d'argent, chargées d'un écusson de sable, brochant sur le tout et chargé de trois lions d'argent, couronnez d'or, lampassez de gueules et posez deux en chef et un en pointe.

98. — N... de Hamel, escuier, sieur de Rullecourt :

De gueules, à un chef d'or, chargé de trois étoiles de six rais de sable.

99 *bis.* — Alexandre-Charles, baron d'Assigny (Assignies), et Anne-Louise la Hamaide, son épouze :

Facé de six pièces de gueules et de vair; *acolé* : d'or, à trois hamaides de gueules.

100 *bis.* — Maximilien Le Josne Contay, escuier, sieur de la Ferté, et Marie-Marguerite Deslions (des Lyons), son épouze :

De gueules, fretté d'argent, les claires-voyes remplis de fleur de lis d'or; écartelé, de facé d'argent et de gueules de six pièces, et une bordure d'azur; et sur le tout, de gueules, à un créquier d'argent; *acolé* : d'argent, à quatre lions cantonnez de sable, lampassez et armez de gueules; écartelé, d'argent, à trois fleur de lis de gueules, deux et une.

101 *bis*. — François LEFEBURE (Lefebvre), escuier, conseiller du roy au conseil provincial d'Artois, et Anne DENIS, son épouze :

D'azur, à un chevron d'or, accompagné de trois étoiles de six rais de même, deux en chef et une en pointe; écartelé, d'or, à trois faces de sable, surmontées de trois rencontres de beuf de gueules, et accompagnées en pointe d'une fleur de lis de même; et sur le tout des quatre quartiers : de sable, à un chevron d'argent, chargé de trois roses de gueules; *acolé :* d'argent, à un chevron de gueules, accompagné en chef de deux lozanges de sinople et en pointe d'une grenade tigée et feuillée de même et ouverte de gueules.

102. — Pierre MORAND, conseiller du roy et son procureur général de la ville d'Arras :

D'or, à trois molettes de sable, deux et une.

103. — L'abaye d'*Arrouage* (Arouaise) :

Coupé de gueules et d'azur, par une face d'or, à un lion passant d'or sur le gueules, et un croissant d'argent sur l'azur.

104. — La communauté des Religieuses de l'abaye d'*Arrouage :*

D'azur, à un pélican avec sa piété d'or, dans un(e) air(e) de même, et ensanglanté de gueules.

105. — Louis-Georges LE JOSNE de Grandmaretz, escuier :

De gueules, à un créquier d'argent.

106. — Hiacinthe-Cornille LE JOSNE, escuier, porte de même.

107. — François GRÉGOIRE, escuier, conseiller du roi au conseil provincial d'Artois :

D'azur, à une face d'argent, accompagnée de trois croissans de même, deux en chef et un en pointe.

108. — Marie-Joseph-Florize de LANNOY-DABLAIN (d'Ablain), fille :

D'argent, à trois lions de sinople, couronnez, lampassez et armez d'or, posez deux et un.

109. — François-Philippe de la DIENNÉE, escuier, seigneur des Quevaletz et autres lieux :

D'azur, à un lion d'argent, lampassé et armé d'or.

111 *bis*. — Guillaume-Alexandre de FRANCE, chevalier, baron de Boucault, et Agnès-Gertrude DURIEZ (du Riez), son épouze :

Facé d'argent et d'azur de six pièces; les pièces d'argent chargées de six fleur de lis de gueules, trois sur la première, deux sur la seconde et une sur la troizième; *acolé :* de gueules, à trois maillets d'or.

112. — Guillaume ROUTARD :

D'azur, à une roue d'argent, ardente de sept flames au naturel, et un chef d'argent, chargée de trois étoiles de gueules.

113 *bis.* — Claude-François-Dominique de MARNIX, vicomte d'Ogimont, et Anne-Antoinette-Agnès de HAUDION de Gyebrechies, son épouze :

D'azur, à une bande d'argent, accompagnée de deux étoiles d'or, une en chef et une en pointe; *acolé :* d'argent, à dix lozanges d'azur, acolées, trois, trois, trois et une.

114. — Le couvent des *Brigitines* d'Arras :

D'argent, à une sainte Vierge de carnation, tenant l'enfant Jésus de même sur son bras dextre, et de sa main senestre tenant un sceptre d'or; la Vierge vètue de gueules et d'azur, et couronnée d'or.

115 *bis.* — Feu François de BRUIN (Bruyn), escuier, sieur de Framecourt, suivant la déclaration de Louise de BOURNELLE, sa veuve, portoit :

De gueules, à trois écussons d'argent, deux et un; *acolé :* d'argent, à un écusson de gueules, posé en cœur, accompagné de huit oi s de sinople, béquées et membrées de gueules et posées en orle, trois en chef, deux aux flancs et trois en pointe.

117. — Jacques de HAININ (Haynin), escuier, seigneur de Sains :

D'or, à une croix engrelée de gueules; brisé au premier canton d'une étoile de sable.

118. — La communauté des *Chartreuses de Gonnay du Mont-Sainte-Marie :*

D'azur, à la sainte Vierge de carnation, les mains jointes, vètue de gueules et d'azur, dans un éclat de gloire d'or, entourée de douze étoiles de gueules, et en chef le Père éternel représenté en vieillard vénérable à demy corps, vêtu d'argent et de gueules, paraissant dans une gloire d'or, entourée d'un claire nuage au naturel, et mettant une couronne d'or sur la teste de la Vierge.

119. — Christophle de GARGAN, escuier :

D'argent, à deux bandes de gueules.

120 *bis.* — L'abaye et la communauté des Religieux du *Mont-Saint-Éloy :*

Facé de vair et de gueules de six pièces.

121. — Jacques-François DU CAREUIL (Carieul), escuier, sieur de Fief :

D'argent, à un sautoir de gueules.

122 *bis.* — Hierosme de VENANT, escuier, seigneur d'Yverny (Ivergny), et Marie-Gertrude-Thérèze de QUELLERIE :

D'or, à une bande componnée d'hermines et de gueules de sept pièces, accompagnée de deux fleur d'azur, une en chef et une en pointe, et un lambel de gueules, posé au haut du chef; *acolé :* d'azur, à un chevron d'or, accompagné de trois étoiles de six rais de même.

123. — Jeanne de BEAUFORT, veuve de Jacques DESNORMONT (de Normont), a présenté l'armoirie qui porte :

De gueules, à une face d'argent, accompagnée en chef de deux roses aussy d'argent, et en pointe de deux lions de même.

124. — François-Antoine DAOUST (d'Aoust), seigneur de Barastre :

De sable, à trois gerbes d'or, deux et une.

125 *bis.* — Philipes-Constant-François de COMPIGNY (Coupigny), escuier,

seigneur de Foucquier (Fouquières), et Marie-Joseph DUPONT (du Pont de Teyneville), son épouze :

D'azur, à un écusson d'or, en abîme, *acolé* : de gueules, à trois glands d'or, les tiges en bas, posés deux et un.

126 *bis*. Feu Charles VIGNON, escuier, sieur de Goncourt (d'Ouvencourt), suivant la déclaration d'Isabelle d'ESCAURELLE (de Caverel), sa veuve, portoit :

D'azur, à un chevron d'or, sommé d'un trangle de même; écartelé, d'argent, à une bande d'azur, accompagnée de six merlettes de sable, posées en orle; *acolé* : d'argent, à un chevron de sinople, accompagné de trois quintes-feuilles de gueules, deux en chef et une en pointe.

128. — Les Mayeurs et eschevins de la ville de *Bapaume* :

D'azur, à trois mains apaumées d'argent, posées deux et une.

129 *bis*. — Jacques DELVAL (Deleval), escuier, sieur de la Marche, et Jeanne DELVAL (Deleval), son épouze :

D'argent, à une croix de gueules, chargé d'un vivre d'azur, brochant sur le chef; *acolé* : de même.

130. — Philipes-Ernest-André de LANDAS, seigneur de Grincourt et de Couin, gentilhomme :

Emmanché en face d'argent et de gueules de huit pièces et deux demies.

132. — Louis PRÉVOST, escuier, sieur de Beauregard :

D'azur, à un dextrochèr(e) armé d'argent, mouvant du flanc senestre et tenant un septre d'or en pal.

134 *bis*. — Ignace-François DESLIONS (des Lyons), escuier, seigneur de Fontenelle, et Élisabeth D'AUBINE, son épouze :

D'argent, à quatre lions cantonnez de sable, lampassez et armez de gueules; écartelé, d'argent, à trois fleur de lis de gueules, posées deux et une; *acolé* : d'argent, à un aigle à deux testes de gueules, surmonté d'une couronne d'azur, chargé sur son estomac d'un grand écusson d'argent, à un chevron de gueules, qui est accompagné en chef de deux étoiles d'azur et en pointe d'un trèfle de même.

135. — Louize de FILIZOT, veuve de François DAULINES (d'Avelines), escuier, sieur de Saint-Val, a présenté l'armoirie qui porte :

De gueules, à une bande d'or, chargée de deux faces de gueules, et un chef d'or; écartelé de gueules à trois chevrons de vair.

137. — Isabelle-Claire de WIDEBIEN, veuve de Philipes LE BLAN (Le Blanc), escuier :

De sable, à une bande d'argent, chargée de trois testes de lion arrachées de gueules.

138. — Claude DAMBRINES (d'Ambrines), conseiller, avocat du roy de la gouvernance d'Arras :

D'argent, à un sautoir engrelé de gueules, accompagné d'un croissant de sable en chef et de trois étoiles de même, posées deux aux flancs et une en pointe.

139. — Adrien du Val, prestre, sieur du Natoy (Nattoy) :

D'azur, à un lion de sable, lampassé et armé de gueules, et une bordure engrelée de gueules.

140. — Martin Chollet, doyen et chanoine de la cathédrale d'Arras :

D'azur, à une gerbe d'or, et un chef cousu de gueules, chargé de trois étoiles d'argent.

141 *bis*. — René Chollet, escuier, sieur de Brayelles, et Marie-Margueritte de Ruit, son épouze :

D'azur, à une gerbe d'or, et un chef cousu de gueules, chargé de trois étoiles d'argent; *acolé* : d'azur, à un chevron d'or, accompagné de trois roses d'argent, deux en chef et une en pointe.

142. — Philipe du Val, escuyer :

D'argent, à un lyon de sable, lampassé et armé de gueules, surmonté d'un lambel aussy de gueules; l'écu avec une bordure engrelée de même.

143. — Antoinette Postel, fille majeure :

D'azur, à une face d'or, accompagnée en chef de trois étoiles et en pointe d'un cœur soutenu d'un croissant, le tout d'or.

144. — Gilles Jolly, prestre, écollatre et chanoine de la cathédrale d'Arras :

D'azur, à un chevron d'or, accompagné en chef de deux étoiles et en pointe d'une gerbe de même.

145 *bis*. — Feu Jean Courcol, escuyer, sieur de Libessart, suivant la déclaration d'Élizabeth Rouvroy, sa veuve, portoit :

Parti emmanché d'argent et de gueules de six pièces et de deux demies; parti de facé d'or et d'azur de huit pièces; coupé de gueules, à un écusson d'argent; *acolé* : d'argent, à un chevron d'azur, accompagné de trois roses de gueules, deux en chef et une en pointe, et un chef d'azur, chargé de trois couronnes d'or.

146. — Michel Haudouart, ancien échevin à Bapaume :

D'azur, à deux faces ondées d'or, accompagnées de cinq bezans de même, disposez en sautoir, deux en chef, un en cœur et deux en pointe.

147. — Charles-François de Briois, escuier, sieur de Poix :

De gueules, à trois gerbes d'or, deux et une; et une bordure aussy d'or, chargée de huit tourteaux de gueules.

148. — Louis-Charles de Vuidebien (Widebien), escuier, seigneur d'Ignaucourt :

De sable, à une bande d'argent, chargée de trois testes de lion arrachées de gueules.

149 *bis*. — L'abaye et la communauté d'*Avenne* (Avesne) :

De sable, à un château de trois tours d'or, pavillonnées et girouettées de même, ajouré et ouvert de sable.

150 *bis*. — René-Antoine Bloquel de Croye (Blocquel de Croix), escuier, sieur de Wisme, et Antoinette-Gabrielle Bouquel, son épouze :

D'argent, à une croix d'azur, chargée en cœur d'un écusson : d'argent, surchargé d'un chevron de gueules, qui est accompagné de trois merlettes de sable, deux en chef et une en pointe; *acolé :* de gueules, à un écusson d'argent; écartelé, d'azur, à une face d'or.

151. — François LALLART, conseiller du roy, receveur des États de la province d'Artois :

D'or, à un chevron de gueules, accompagné en chef de trois étoiles rangées de sable et en pointe d'un croissant de même.

152. — Pierre LALLART, bourgeois de la ville d'Arras, porte de même.

153. — Feu Louis PAYEN, marchand, suivant la déclaration de Marie-Thérèze HOCQUET, sa veuve, portoit :

D'or, à un aigle de sinople, éployé et la teste contournée, et un franc-quartier bandé de gueules et de vair de six pièces.

155. — Marie FOSSEY, veuve de Luc-Joseph de VENAVIDE, premier capitaine au régiment du roy, a présenté l'armoirie qui porte :

D'or, à un ours contourné de sable, rempant contre un arbre de sinople; parti de gueules, à un croissant d'argent, et un chef d'azur, chargé de trois étoiles de six rais d'or, brochant sur tout le parti.

156. — Louis DELBECQUE, chanoine de la cathédrale d'Arras :

D'or, à deux faces de sable.

157. — Antoine-Nicolas DAMIENS (d'Amiens), chanoine de l'églize cathédrale de Notre-Dame d'Arras :

D'azur, à un chevron d'or, accompagné de trois testes et cols de cignes d'argent, deux en chef et une en pointe.

158. — Guilain ANSART, prestre, chanoine de la cathédralle d'Arras :

De sable, à une gerbe d'or, et un chef aussy d'or, chargé d'une face d'azur, qui est surchargée de trois étoiles de six rais d'or.

159. — François SÉJOURNÉ, archidiacre et chanoine de l'églize cathédralle d'Arras :

D'argent, à un lion de sable, couronné de même, tenant de ses deux pattes un bâton écoté aussy de même.

160. — Anne-Jacques DE LA CROIX, prévost, chanoine de la cathédrale d'Arras :

D'azur, à trois croisettes d'argent, deux et une.

161. — Jean-Germain LE TELLIER, chanoine de la Cathédrale d'Arras :

D'argent, à trois douloires de gueules, posées en pairle.

162. — Louis SEXTIER, prestre, curé de l'églize parroissiale de Saint-Nicolas en Lattre de la cité d'Arras :

D'azur, à un griffon d'or, et un chef d'argent, chargée de trois mouchetures d'hermines de sable.

163. — Jacques Baillet, prestre, curé de l'églize parroissialle de Saint-Nicolas-sur-les-Fossés, à Arras :

D'azur, à un chevron d'or, accompagné en chef de trois étoiles de six raies, rangées de même, et en pointe d'un croissant d'argent.

164. — Jean-François Ansart, sieur de Gonnehem :

D'azur, à une face vivrée d'or, accompagnée de trois aigles de même, deux en chef et un pointe.

165 *bis*. — N... de Penin, et N... (de Lières), son épouze :

D'argent, à une face de gueules, surmontée d'un écusson de gueules, posé au côté dextre du chef et chargée d'une bande d'or, qui est accompagné de huit billettes de même, quatre en chef et quatre en pointe; *acolé* : d'argent, à deux bandes d'azur.

166. — Jacques-François Le Cocq, seigneur d'Humbecq (d'Humbeke et de) Diéval :

D'argent, à un cocq de sable, crété, béqué, barbillonné et onglé de gueules.

169. — La communauté des chapelains de la cathédrale d'*Arras* :

D'azur, à une grande niche, soutenue par deux colomnes d'argent, le tout enrichy d'or, et entre les deux colomnes, une Vierge tenant son enfant Jésus sur son bras senestre d'argent, couronné de même, et sous ses pieds un écusson d'argent, chargée de trois lettres de sable, M et P en chef et C en pointe.

172. — Antoine Prévost, conseiller du roy, lieutenant particulier de la ville et gouvernement dudit Arras :

D'or, à une bande de sable, chargée de trois coquilles d'argent.

195. — La communauté des *Vitriers*, *sculpteurs*, *peintres*, *brodeurs et libraires* de la ville d'Arras :

D'azur, à trois écussons d'argent, posez deux et un.

SAINT-OMER

SUIVANT L'ORDRE DU REGISTRE

1. — Jean-Baptiste de La Haye, escuier, sieur de Samblois :

D'argent, à un chevron de sable, accompagné de trois cannettes de même, deux en chef et une en pointe; le chevron chargé sur la pointe d'un écusson d'or, qui est surchargé de deux faces de gueules.

2. — La ville de *Saint-Omer* :

De gueules, à une croix à double traverse ou croix patriarchale d'argent.

3. — Florent-Joseph de Hoston, escuier, seigneur de Fontaine, Tattinghem et autres lieux :

D'azur, à trois étoiles, à six rais chacune, d'or, posées deux et une, et un chef d'or, chargé de deux haches d'armes à la romaine, passées en sautoir, d'azur.

4. — Isabelle-Thérèze-Denyse de Lozecaat, baronne de Randsberg :

Parti, au premier, de gueules, à deux faucilles adossées d'argent, emanchées d'or; coupé d'azur, à un dauphin couché d'argent; et au second, d'azur, à une bande d'argent.

5. — Philipe-Charles Roberty, escuier, prestre d'Ocoche :

D'azur, à deux chevrons d'or, accompagné en chef de deux étoiles d'or, et en pointe d'une teste de lion arrachée d'argent.

6. — Dominique-Hiacinthe de la Diennée, escuier, sieur de Piedroble :

D'azur, à un lion d'argent, lampassé et armé d'or.

7. — Grégoire-Justin d'Haffringue, advocat, sieur du Hil, eschevin, juge au conseil de la ville de Saint-Omer :

D'azur, à une face d'or, accompagnée en chef de trois étoiles rangées de même, et en pointe d'une grive aussy d'or.

8. — Alexis de Fiennes, chevalier, ancien mayeur de la ville de Saint-Omer :

D'argent, à un lion de sable, lampassé et armé de gueules, à une bordure de même; écartelé d'or, contr'écartelé de sable.

9. — François-Guislain de Fiennes, seigneur de Bienques :

D'argent, à un lion de sable, lampassé et armé de gueules; écartelé de bandé de gueules et de vair de six pièces.

10. — L'abaye de *Saint-Bertin*, à Saint-Omer :

De gueules, à l'escarboucle pommeté d'or, et fleurdelizé de même, excepté la branche du milieu qui est terminé en crosse aussy d'or et une bordure componnée d'argent et de sable.

11. — N... (Benoît de Béthune des Planques), abbé de ladite abaye :

D'argent, à une face de gueules, surmontée au canton dextre du chef d'un écusson de gueules, chargé d'une bande d'or, accompagnée de six billetes de même, posées en orle.

12. — Pierre de Remetz, conseiller et grand bailly de l'abaye de Saint-Bertin en la ville de Saint-Omer :

D'azur, à un chevron d'or, accompagné en chef de deux cornes d'abondance remplies de fleurs d'argent, et en pointe, d'une ancre de même.

13. — N... Gonzales de Alveda, escuier, seigneur de Scadembourg :

D'argent, à un chesne de sinople, terrassé de même, acosté au pied de deux tourterelles affrontées au naturel, béquées et membrées de gueules.

14. — L'abaye de *Clermarets* (Clairmarais) :

D'or, à deux crosses d'argent, passées en sautoir, et une face d'azur, brochant sur le tout, accompagné d'une patte de loup de sable, posée en pal, et en pointe d'une couleuvre aussy de sable, tortillée en pal.

15. — Robert Joseph LE VASSEUR, escuier, seigneur de Bousbeque (Bambecque) :

D'or, à une rose de gueules, boutonnée du champ.

16. — Jean de CROISILLES, escuier, sieur de la Blanchemotte, ancien échevin et lieutenant-mayeur de la ville de Saint-Omer :

De gueules, à dix lozanges d'or, acolées trois, trois, trois et une; écartelé, d'or, à trois chevrons de gueules.

17. — Marie-Caroline SERSANDERS, dit de Luna, veuve de Charles-Adrien de STAPPENS, a présenté l'armoirie qui porte :

De gueules, à un croissant d'argent.

18. — Jacques TAFFIN, escuier, conseiller, pensionnaire de la ville de Saint-Omer :

D'argent, à trois testes de mort (more) de sable, bandées et liées d'argent, posées deux et une.

19. — Gilles-François de LIÈRES, baron de Berneville, seigneur d'Isbergue et autres lieux :

D'argent, à deux bandes d'azur, la première brisée en chef d'un lambel d'argent.

20. — Françoise-Robertine de LENS, épouze dudit sieur baron de Berneville :

Écartelé, d'or et de sable.

21. — Charles-François LE BRUN, licentié ez loix :

D'argent, à un chevron d'azur, accompagné de trois testes de more, deux en chef et une en pointe (de sable? par allusion au nom).

22. — François de BRUIN (Bruyn), escuier, sieur de Framecourt :

De gueules, à trois écussons d'argent, posez deux et un.

23-24. — Jean de HAURECH, seigneur de Senlis, et Léonore-Alexandrine de THIENNES, son épouze :

Gironné de gueules et d'or de dix pièces, celles de gueules, chargées chacune de troix croix au pied fiché d'argent, posées deux et une; *acolé :* d'azur, à un écusson d'argent, enfermé dans un orle d'or, l'écusson chargé d'un lion de gueules, couronné de même; écartelé, d'argent, à deux faces brétessées et contrebretessées de gueules.

25-26. — Charles-Sylvestre de BRYES (Bryas), chevalier, seigneur de Waltenchen (Waltencheux), et Marie-Jeanne-Isabelle de LATTRE D'AYETTE, son épouze :

D'or, à une face de sable, surmontée de trois cormorans de même, béqués et membrés de gueules; la face chargée en cœur d'un écusson d'argent, surchargé d'une banze d'azur; *acolé :* d'or, à deux écussons d'azur, posez l'un au second quartier et l'autre à la pointe de l'écu, et un franc-quartier de gueules, chargé d'une molette de cinq pointes d'or.

27. — Théodore-Charles de RANTRE, prestre, chanoine de l'églize cathédrale de Saint-Omer :

D'azur, à un chevron d'or; écartelé, d'or, à un chef d'azur, chargé de larmes d'argent, sans nombre.

28. — Louis de CROIX, escuier, seigneur de Gorguemez :

D'argent, à une croix d'azur.

29. — Jean-François TAFFIN, chanoine gradué et archidiacre de la cathédrale de Saint-Omer :

D'argent, à trois teste de more de sable, liées d'argent, posées deux et une.

30. — Nicolas TAFFIN, escuier, seigneur des Vigries, porte de même et surmonté d'un lambel de gueules.

31-32. — Louis de BEAUFFORT, chevalier du conseil pour Sa Majesté catholique pendant la séance à Saint-Omer, seigneur de Mondicourt, et Marie-Charlotte QUACTIONE (Quactjonck), son épouze :

D'azur, à trois jumelles d'or; *acolé :* d'argent, à trois cornets de sable, liez de même et virolez d'or, posez deux et un.

33. — André DENIS, prestre, chanoine, gradué et archidiacre de l'église cathédrale de Saint-Omer :

D'azur, à une colombe en pié d'argent, bequée et membrée de gueules, tenant en son bec une feuille de vigne de sinople; écartelé, d'or, à un raisin de sinople, tigé et feuillé d'une feuille de même.

34. — Pierre-Philipes GUILLUY, prestre, chanoine, de l'églize cathédrale de Saint-Omer :

D'azur, semé de molettes d'argent, à trois épis d'or, brochans sur le tout, posez en pal deux et un.

35-36. — Philipes-Walbert de LAURETAN, escuier, seigneur de Fannicourt, et Marie-Adrienne de WYECKHAUS, son épouze :

Coupé d'or et d'azur, à six roses, trois en chef et trois en pointe, de l'un en l'autre; les trois en chef d'azur, sur l'or, boutonnées d'or, et les trois d'or sur l'azur, boutonnées d'azur; celles de la pointe posées deux et une; *acolé :* de gueules, à un chevron d'argent, accompagné de trois molettes de cinq pointes chacune de même.

37-38. — Julien-Joseph de LA TOUR, comte dudit lieu, et Théodore-Geneviève de THIENNES :

D'or, à une bande de gueules, brisée d'une pointe d'azur, mouvante de l'angle dextre du chef; *acolé :* d'azur, à un écusson d'argent, enfermé dans un orle d'or, et chargé d'un lion de gueules; écartelé, d'argent, à trois faces de gueules; contr'écartelé, d'argent, à trois douloires de gueules, posées en pairle.

39. — Jacques de LIÈRES, prestre et doyen de l'églize cathédrale de Saint-Omer :

D'argent, à deux bandes d'azur; écartelé, d'or, à trois maillets de sinople, posez deux et un.

40. — Thomas Le Sergent, prestre, chanoine de l'église cathédrale de Saint-Omer :

Écartelé, au premier, d'azur, à trois gerbes d'or, deux et une; au second et troisième, de gueules, à un aigle à deux testes, le vol abaissé, d'or; et au quatrième, d'azur, à une hache d'arme d'argent, et une palme de même, passées en sautoir, à la champagne d'argent, chargée de trois roses de gueules.

41. — René-François de Beauffort, escuier, sieur de Moulle, grand bailly des villes et bailliages de Saint-Omer :

D'azur, à trois jumelles d'or.

42. — Jacques-Théodore Payen (de) La Bucquière, chanoine de la cathédrale de Saint-Omer :

Écartelé, au premier, d'or, à une face de sable, surmontée de trois cormorans de sable, béqués et membrés de gueules (qui est de Bryas); au second, d'argent fretté de sable; au troisième, de gueules, à trois bandes de vair; au quatrième, d'or, à un créquier arraché de gueules; et sur le tout : d'or, à un aigle de sinople, béqué et membré de gueules.

43. — Marie-Anne-Thérèze de Thiennes, douairière de N... (Jacques-Théodore d'Ostrel de Lierre), comte de Saint-Venant :

D'azur, à un écusson d'argent, enfermé dans un orle d'or; l'écusson chargé d'un lion de gueules; écartelé, d'argent, à deux faces brétessées et contrebretessées de gueules.

44. — Marie-Jossine de Comteleu (Canteleu), dame du Pesy :

D'argent, à une face de gueules, chargée d'une gerbe d'or.

45. — Robert de Harchies, escuier, seigneur de Péry et de Contes et Pairyes, etc. :

De gueules, à cinq bandes d'or; écartelé, d'échiqueté d'or et de gueules.

46. — Le chapitre de la cathédrale de *Saint-Omer* :

D'azur, à trois pommes de pin, les tiges en bas, d'or, posées deux et une.

47. — Jacques-Édouard Doresmieulx (Doresmieux), escuier, sieur de Monichove :

D'or, à une teste de more de sable, liée d'argent, accompagnée de trois roses de gueules, boutonnées d'or, posées deux en chef et une en pointe.

48. — Ambroise Payen, prestre, chanoine de la cathédrale de Saint-Omer :

D'or, à un aigle de sinople, béqué et membré de gueules, et un franc-quartier d'argent (de gueules), chargé de trois bandes de vair.

49. — N... de Béthencourt, prestre, chanoine de l'église cathédrale de Saint-Omer :

D'argent, à une bande de gueules, chargée de trois coquilles d'or.

50. — Charles-Ferdinand de Gennevières, escuier, seigneur d'Ostove :

D'or, à un chevron d'azur, accompagné de trois hures de sanglier de sable, les deffences d'argent, et posées deux en chef et une en pointe.

Antoine de Beaucourt, escuier, seigneur de Wirquin, Oinie (Oignies) :

D'azur, à deux épées, passées en sautoir, les pointes en hault; d'argent, les gardes et les poignées d'or, accompagnées de trois molettes d'argent, posées deux aux flancs et une en pointe.

52. — Philipes de Grenet, escuier, seigneur de Blaringhem :

D'azur, à trois gerbes d'or, deux et une, et un croissant aussy d'or, posé au côté dextre du chef.

53. — Anne-Françoise de Marcette (Marcotte), dame de Samette :

De sable, à trois billettes d'or, rangées en face, et un chef cousu de gueules, chargé d'un lion passant d'argent; écartelé, d'argent, à un créquier de gueules.

54. — Pierre-Ferdinand Liot, escuier, sieur de Guislinghem :

D'argent, à trois quintes feuilles de gueules, deux et une.

55. — N... (Philippe) de Gargan, prestre, chanoine de la cathédrale de Saint-Omer :

D'argent, à deux bandes de gueules.

56. — François de Valbeille de Tournes, docteur de Sorbonne, chanoine de la cathédrale de Saint-Omer :

D'azur, à un lévrier rampant d'argent; écartelé, de gueules, à un lion couronné d'or, et un chef aussy d'or.

57. — Jean Sthévenot, prestre, chanoine gradué, chantre et official de l'église cathédrale de Saint-Omer :

D'argent, à un chesne arraché de sinople, acosté de deux sautoirs écotez d'azur.

58. — Dominique Marsille, chanoine gradué et archiprestre de la cathédrale de Saint-Omer :

D'argent, à un chevron de gueules, chargé sur la pointe d'une fleur de lis d'argent, et accompagné de trois éperons de sable, deux en chef et un en pointe.

61. — Philipes-François Enlart, licentié ez droits, prestre et chanoine de l'églize cathédrale de Saint-Omer :

D'or, à dix lozanges de sable, acolées trois, trois, trois et une; écartelé de sinople, à un chevron d'argent, accompagné de trois coquilles de même, deux en chef et une en pointe.

62. — Charles-Guislain de Fiennes, chevalier, comte de Cheminont, vicomte de Fruges, baron d'Enne :

D'argent, à un lion de sable, lampassé et armé de gueules.

63. — Jean-Louis Deslions (des Lyons), prestre, chanoine de l'églize de Saint-Omer :

D'argent, à quatre lions cantonnez de sable, lampassez et armez de gueules; écartelé, d'argent, à trois fleurs de lis de gueules, deux et une.

64. — Hector-Adrien Deslions, escuier, seigneur de la Doente (Doingts), porte de même.

65. — Nicolas MEURIN, prestre et chanoine de l'églize cathédrale de Saint-Omer :

D'or, à une bande de sable, chargée de trois croissans d'argent.

66. — Jean-Baptiste LE FRANÇOIS, prestre, chanoine et pénitentier de la cathédrale de Saint-Omer :

Écartelé, au premier et quatrième, d'azur, à une croix ancrée d'or; et au second et troisième, parti d'or et d'azur, à une face de l'un en l'autre.

67. — Charles-André VAN LOEMEL, prestre et chanoine de la cathédralle de Saint-Omer :

D'argent, à un aigle de gueules; écartelé de sable, à trois tierces posées en face d'argent; et sur le tout, de sable, à trois tierces posées en face d'or, accompagnées de trois cors d'argent, deux et un.

68. — Nicolas DU CHASTEL, prestre, chanoine de ladite églize :

De gueules, à un lion d'or, et un chef cousu d'azur, chargé de trois étoiles de huit rais d'or; parti de gueules, à une face d'or, accompagnée en chef de trois coquilles rangées d'or, et en pointe d'un léopard de même.

69. — Pierre TISSOT, chanoine de l'églize cathédrale de Saint-Omer :

D'argent, à un sautoir de gueules, accompagné de quatre tourteaux de même.

70. — Antoine-François de GENNEVIÈRES, escuier, sieur de Samettes :

D'or, à un chevron d'azur, accompagné de trois hures de sanglier de sable, deux en chef et une en pointe; écartelé d'azur, à un chef d'argent; contr'écartelé, de sable, semé de fleurs de lis d'or.

71. — Jean-Baptiste GAILLART, avocat au conseil et receveur des centièmes des États du pays et comté d'Artois :

D'argent, à deux faces de sable, accompagnées de six quintes-feuilles de même, trois en chef, deux en face et une en pointe.

72. — Jean-Ignace-Joseph de THIENNES, chanoine gradué de l'églize cathédralle de Saint-Omer :

D'azur, à un écusson d'argent, chargé d'un lion de gueules, couronné de même; l'écusson enfermé dans un orle d'or; écartelé, d'argent, à deux faces brétessées et contre-brétessées de gueules.

73. — Philipes-George-François de THIENNES, marquis de Berthe, porte de même.

74-75. — CROESER (Croezer), seigneur d'Audinct(h)un et autres lieux, et Marie-Isabelle de BIERNE, son épouze :

De sable, à trois chevrons d'argent, accompagnez de trois gobelets de même, deux en chef et un en pointe; *acolé* : d'argent, à une croix de gueules; cantonnée de douze merlettes de même, trois à chaque quartier, posées deux et une.

76. — Léonard-Baltazar de LAURETAN, escuier, seigneur de Banincourt (Bavincove), grand bailly d'Audruicq et pays de Bredenarde :

Coupé, d'or et d'azur, à six quintes-feuilles, trois en chef et trois en pointe de l'un en l'autre; celles du chef, rangées et celles de la pointe posées deux et une.

77. — Marc-Hubert de MAMMETZ-MAILLY (Mamets), seigneur de Nielles :

D'argent, à trois maillets de sable, deux et un.

78. — Arnoud DAIX (d'Aix), escuier, seigneur de Matringhem et autres lieux :

D'argent, à trois merlettes de gueules, deux et une.

79. — Florent-François de MAMMETZ-MAILLY (Mamets), dit de Cahem, escuier :

D'argent, à trois maillets de sable, deux et un; écartelé, d'hermines, à une croix de gueules, chargé de cinq roses d'or.

80. — L'abaye de *Blendecque* (Blandecques) de Saint-Omer :

De sable, à une colombe d'argent, posée en cœur.

82. — Marie-Anne de la HOUSSOYE :

D'argent, à un lion de sable, lampassé et armé de gueules; écartelé, d'or, à une croix ancrée de gueules.

83. — Joseph-Ignace ENLART, avocat au conseil d'Artois :

D'or, à dix lozanges de sable, acolées trois, trois, trois et une; écartelé, de sinople, à un chevron d'argent, accompagné de trois coquilles de même, deux en chef et une en pointe.

84. — Le chapitre de *Faucquembergue* :

De sinople, à une Vierge avec l'Enfant Jésus sur son bras senestre d'argent, suportée d'un croissant aussy d'argent.

85. — Jean-Baptiste de GENNEVIÈRES, escuier, seigneur de Gournay :

D'or, à un chevron d'azur, accompagné de trois hures de sanglier arrachées de sable, deux en chef et une en pointe.

86. — André-Conrard WALLEUX, escuier :

Écartelé, au premier et quatrième, de sable, à une croix d'argent, chargée de cinq quintes-feuilles de gueules; parti d'or, à un sautoir de gueules; et au second et troisième, d'argent, à une bande de gueules, chargée de trois testes de loup arrachées d'or.

87. — Jean-François de WANSIN, escuier :

De sable, à deux forces ouvertes en forme de chevron d'argent, posées une au second quartier et une en pointe, et un franc-quartier, d'argent, chargé d'une rose de gueules, pointée de sinople, et boutonnées d'or.

88. — Claude-René de la FOSSE, escuier, sieur de Pouvillon :

D'or, à trois cors de chasse de sable, enguichez et virolez d'argent et liez, de gueules, posez deux en chef et un en pointe.

89. — Jean-Baptiste de SURRA, avocat au conseil d'Artois et préposé à la charge de procureur du roy de ce bailliage :

D'azur, à un chevron d'or.

90. — Jean-Jacques Laurin, escuier, seigneur des Plancques :

De gueules, à une face ondée d'argent, chargée de deux autres faces aussy ondées d'azur, et accompagnée en chef d'une étoile d'or à dextre, et d'un croissant de même à senestre, et en pointe d'une fleur de lis aussy d'or.

91. — La communauté des Religieuses *ursulines de Saint-Omer :*

D'azur, à un nom de Jésus d'or, sommé d'une croix pattée et soutenu de trois clouds de la Passion mouvans de la pointe, aussi d'or; le tout enfermé dans un cercle rayonné d'or.

92. — Robert-François Daudenfort (d'Audenfort), escuier seigneur de la Potterie, Blancq-Chevalier :

D'argent, à trois molettes de cinq pointes chacune de sable, deux et une; écartelé d'hermines, à trois tours de gueules, posées deux et une.

96. — Antoine Loubet, chanoine de l'églize cathédrale de Saint-Omer :

D'argent, à un chevron de gueules, accompagné en pointe d'une teste de loup arrachée de sable, et un chef d'argent, chargé de trois trèfles de sinople.

98. — Le Séminaire de *Saint-Omer :*

D'azur, à trois pommes de pin d'or, posées deux et une, les tiges en bas. .

99. — Jean-Baptiste-Charles Daix (d'Aix), escuier, sieur de Mametz :

D'argent, à trois merlettes de gueules, deux et une; écartelé, de sable, à une croix d'argent, chargée de quintes-feuilles de gueules.

100. — La communauté et mairie de la ville d'*Audruicq :*

D'argent, à la figure d'un évesque de carnation, vêtu d'une aube d'argent, d'une tunique de pourpre, et revêtu d'une chape de gueules, bordée d'or et ayant la mitre en teste de même, tenant de sa main dextre une palme de sinople, et de sa senestre une crosse de même; le tout adextré et senestré d'un écusson de gueules, chargé d'une croix double ou croix patriarchale d'argent.

101 *bis.* — Jacques-Bernard Liot, escuier, sieur d'Egligat (de Guinegatte), et Marguerite-Antoinette Vaillant, son épouze :

D'argent, à trois quintes-feuilles de gueules, deux et un; écartelé, de sable, à trois chevrons d'or; *acolé :* d'azur, à un soleil d'or; écartelé aussy d'azur, à un cerf courant en bande d'argent, poursuivi par un chien rampant et contourné de même, acolé (colleté) de gueules.

102. — Anne-Marie Daudenfort (d'Audenfort), veuve de N... Le Vasseur (de) Bambeque (Bambecque) :

D'argent, à trois molettes de cinq pointes de sable, deux et une; écartelé d'hermines, à trois tours de gueules, brochant sur le tout et posées deux et une.

103 *bis.* — Dominique Rogier, avocat au parlement de Paris, et Marie-Anne Doresmieulx (d'Oresmieux), son épouze :

D'argent, papelonné de sable, à une croix d'azur brochant sur le tout; *acolé :* d'or, à une teste de more de sable, liée d'argent, accompagnée de trois roses de gueules, deux en chef et une en pointe.

104. — Guillaume LE FRANÇOIS, ancien conseiller de la ville de Saint-Omer :

D'azur, à une croix ancrée d'or.

105. — Robert-Augustin LE FRANÇOIS, avocat au conseil d'Artois et échevin à son tour de Saint-Omer, porte de même.

106 *bis*. — Marc-Pierre de LA HAYE, seigneur de Werp-Petgain (Pitgain), et Anne-Marie Jeanne de WINTREFELDT, son épouze :

D'argent, à un chevron de sable, accompagné de trois merlettes de même, deux en chef et une en pointe; écartelé, d'argent, à un lion de sable, lampassé et armé de gueules; *acolé :* d'azur, à un loup contourné d'argent, sautant au-dessus d'une gerbe d'or; écartelé, d'argent, à un aigle de sable, bequé et membré de gueules.

107. — Robert DANCHEL (d'Auchel), escuier :

D'or, à une bande de cinq lozanges de sable.

108. — Jean-Baptiste PAGART, avocat au parlement, eschevin à son tour de la ville de Saint-Omer :

D'azur, à trois bandes d'or, et un chef d'argent, chargé d'une teste et col de cerf coupée de sable, posée de profil.

109. — Jacques-François PELLETIER, avocat au conseil d'Artois :

De gueules, à trois faces d'or, et un chevron d'argent brochant sur le tout.

110. — Gillon-Otton-François de LENS, comte de Blendèque :

Écartelé d'or et de sable.

111. — Antoine-Joseph de LENS, seigneur de Lottinghem :

Parti de deux et coupé d'un, qui font six quartiers; le 1er, de sable, semé de fleur de lis d'or; le 2e, d'or, à un lion de gueules, lampassé et armé d'azur, et une bordure engrelée de sable; le 3e et le 4e, d'azur, à une bande d'argent; le 5e, d'argent, à trois haches de gueules, péries en pairle; le 6e de gueules, à trois bandes de vair; et sur le tout : écartelé, au 1er et 4e, d'or, contr'écartelé de sable, et au 2e et 3e, d'argent, à trois lozanges de sable, deux et un.

112. — Jacques-Dominique LIOT, escuier, sieur de Walle, échevin en charge de Saint-Omer :

D'argent, à trois quinte-feuilles de gueules, deux en chef et une en pointe.

113. — Jean-François de VYSSERY, prêtre, chanoine théologal de la cathédrale de Saint-Omer :

Facé d'or et de sable de six pièces, les trois faces de sable chargées de six coquilles d'argent, trois sur la première, et deux sur la seconde et une sur la dernière, et une bordure de gueules.

114. — Louis-François de LESTRELIN (d'Estrelin), ancien capitaine au régiment du roy :

D'azur, à un chevron d'or, accompagné de trois trèfles d'argent, deux en chef et un en pointe.

115. — Marie de BRUIN (Bruyn), veuve d'Alexandre de VENLDRE, escuier, sieur de Salprewicq (Salperwick) :

De gueules, à trois escussons d'argent, posés deux et un.

116 *bis.* — Louis de POINTIÈVRE (Ponthièvre), escuier, sieur de Berlane (Berlaer), conseiller du roy, maître des eaües et forests de la maitrize de Tournehem en Artois, et Marie-Françoise de DION, son épouze :

Facé d'argent et de gueules de six pièces, les faces d'argent chargées de douze mouchetures d'hermines de sable, cinq sur la première, quatre sur la deuxième, et trois sur la troizième; *acolé :* d'argent, à un aigle éployé de sable, chargé en cœur d'un écusson : de sable, à un lion d'or.

117. — Justus-Norbertus de CRESSIN, escuier, sieur du Balin Préquendal :

D'or, à une hure de sanglier arrachée de sable; les deffenses d'argent.

118. — Pierre-Antoine de LATTRE, seigneur de la Tererie :

D'or, à trois hures de sanglier de sable, lampassées de gueules et deffendues d'argent, posées deux et un; brisé en chef d'un croissant contourné de gueules.

119. — Jacques LE COMTE, avocat au conseil provincial d'Artois, conseiller du roy, lieutenant de la maitrize des eaües et forests établie à Saint-Omer :

D'argent, à un lion de sable, lampassé et armé de gueules.

120. — Adrien-François DU BUISSON, conseiller, garde-marteau de la maitrize des eaües et forests de Saint-Omer :

D'azur, à un chiffre d'or, composé des lettres de son nom entrelassées.

121. — François-Albert BACOT, sieur d'Hollant :

D'azur, à un chevron d'argent, chargé de cinq mouchetures d'hermines de sable, accompagné de trois étoiles de six raies d'or, deux en chef et une en pointe.

123 *bis simple.* — La Chartreuse dite du *Val-Sainte-Aldegonde*, lez la ville de Saint-Omer :

D'or, à une sainte Aldegonde de carnation, vêtue en religieuse, tenant en sa main senestre une crosse d'or, et de sa dextre un livre ouvert au naturel sur une table couvert d'un tapis de gueules; la sainte regardant le saint sacrement représenté par un calice d'or, surmonté d'une hostie d'argent soutenue d'une nuée au naturel, et au-dessus de la teste de la sainte, le Saint-Esprit en forme de colombe d'argent, bequée de gueules, mouvante du haut du chef.

123. — Guislain-Dominique de BRYAS, seigneur de Cauroy et de la Motte de Balinghem :

D'or, à une face de sable, surmontée de trois oiseaux apelez cormorans de sable, bequés et membrés de gueules.

124. — Louis de LA BEN, avocat au conseil d'Artois, conseiller procureur du roy de la maitrize des eaües et forests de Saint-Omer :

D'azur, à un chevron d'or, accompagné en chef de deux trèfles d'argent et en pointe d'un lion de même.

127. — Marie-Marguerite-Françoise HANNEDOUCHE, fille :

De sinople, à une bande d'or, chargée de trois croix patées au pied fiché de sable, posées en bande.

128. — Marie-Angélique de Woorm (Voordt), épouze de Dominique-Hiacinte de la Diennée, escuier, sieur de Piérobles (Piédroble) :

Écartelé, au premier, de sinople, à un chevron d'argent, accompagné de trois coquilles de même, deux en chef et une en pointe; au second et troisième, d'argent, à trois fleur de lis au pié coupé de gueules, posées deux et une, et un fran-canton d'azur, chargé d'un croissant d'or; et au quatrième, d'or, à un noyer de sinople, sur un terrain de même; et sur le tout : de gueules, à une face d'or, accompagnée en chef d'une fleur de lis d'or, acostée de deux étoiles de même, et en pointe d'un chevron aussy d'or, et un croissant au-dessous de même.

129. — Antoine-Christophe de Marigna, sieur de Chauvanne :

D'or, à trois fers de moulin enchez et ouverts en lozange de sable, posez deux et un, et une bordure danchée de même; écartelé : d'argent, à deux faces ondées de sable; et sur le tout, de gueules, à une bande d'or, accompagnée de deux coquilles d'argent, une en chef et l'autre en pointe.

130. — Guillaume de Somer (Samer), avocat au conseil d'Artois :

D'argent, à un chevron d'azur, accompagné de trois roses de gueules, deux en chef et une en pointe.

131. — Joseph Maillart, abbé de Clermaret (Clairmarais) :

D'azur, à un sautoir engrelé d'argent, accompagné de quatre maillets de même.

132. — Jean-Baptiste Titelouze, maître des eaües et forests et conseiller pensionnaire de la ville de Saint-Omer, subdélégué de M. l'intendant :

D'argent, à un aigle éployé de sable, suporté par un croissant de même, remply d'or.

134. — Jacques-François de Bernastre, escuier, sieur de Bay(e)nghem :

D'or, à une croix de sable, chargée de cinq coquilles d'argent.

135. — Gilles-Ferdinand-François de Basselers, escuier, sieur de Coubronne, etc. :

D'azur, à trois oiseaux (canettes) d'argent, béquez et membrez de gueules, posez deux et un.

136 *bis*. — Léon de Maucler, mayeur juré au conseil de Saint-Omer, et Charlotte de Harchies, son épouze :

D'azur, à un verouil posé en face d'or, accompagné de trois trèfles de même, deux en chef et un en pointe; *acolé* : d'argent, à cinq bandes de gueules, écartelé d'échiqueté d'argent et de gueules.

137. — Anne Roguet, abbesse de Sainte-Colombe en Blendecque :

De gueules, à une face d'or, chargée de trois croisettes de sable.

139. — Joseph-Ignace du Bois, sieur de Parcheval, bourgeois de la ville de Saint-Omer :

Échiqueté d'or et de gueules; coupé de sinople.

140. — Antoine de Hanon, escuier, sieur de la Motte :

De gueules, à trois coquilles d'argent, deux et une.

141. — Josse-François du Bois, cy-devant lieutenant dans le régiment de Robe(c)que :

Échiqueté de gueules et d'or; coupé de sinople.

ABBEVILLE

SUIVANT L'ORDRE DU REGISTRE 1er

1. — Charles-Antoine BEAUVARLET, sieur de Bomicourt, subdélégué de M. l'intendant :

De sable, à un chevron (une fasce) d'argent, accompagné en chef de deux étoiles d'or, et en pointe d'un croissant d'argent.

2 *bis*. — Louis MANESSIER, escuier, seigneur de Bralions, et Charles MANESSIER, sieur de Cramont, son frère :

D'argent, à trois hures de sanglier, arrachées de sable, lampassées de gueules, éclairées et déffendues d'argent, posées deux et une.

3. — Philipe MANESSIER, escuier, seigneur d'Aussy, porte de même.

4. — Louise BAIL, veuve de Charles MANESSIER, escuier, seigneur de Brasigny :

D'azur, à trois barbeaux d'argent, posez en face un sur l'autre.

5. — Jacques GODART, escuier, seigneur de Beaulieu, conseiller du roy, maire perpétuel de la ville d'Abbeville :

D'azur, à un cor de chasse d'or, lié de gueules, accompagné de trois étoiles de six rais d'or, deux en chef et une en pointe, et une bordure d'or.

6. — Claude DANZEL, conseiller procureur du roy, de la ville et communauté d'Abbeville :

D'azur, à un daim passant (contre passant) aislé d'or.

7. — Pierre FOUCQUE, conseiller du roy, assesseur en l'hostel commun de la ville d'Abbeville et échevin :

D'or, à trois oiseaux de mer de sable, hupez de même, bequez et membrez de gueules, posés deux en chef et un en pointe.

8 *bis*. — Louis GAILLARD, escuier, seigneur de Bonencourt, conseiller du roy, président au présidial d'Abbeville, et Louise-Gabrielle DUCHÉ, son épouze :

D'azur, à un chevron d'argent, accompagné de trois croix patées de même, deux en chef et une en pointe; *acolé :* d'azur, à une grue d'argent, sa patte dextre levée tenant un caillou d'or, à un chef d'or chargé de trois roses de gueules boutonnées d'or, et une bordure de gueules, chargé de huit bezans d'or.

9 *bis*. — Claude d'URRE, seigneur de Clauleu (Franleu), et Marie-Gabrielle BRIET, son épouze :

D'argent, à une bande de gueules, chargée de trois étoiles d'or; *acolé :* de gueules, à une croix d'argent, chargée de cinq mouchetures d'hermines de sable.

10. — Joseph-Gilles Le Boucher, escuier, conseiller du roy en la sénéchaussée de Ponthieu et siége présidial d'Abbeville :

D'or, à un sautoir (engreslé) de sable, accompagné de quatre aiglettes de même, bequées et membrées de gueules.

11. — Jacques-Philbert Le Vert (Le Ver), seigneur de Chanteraine :

D'argent, à trois sangliers passans de sable, deux en chef et un en pointe, accompagnez de neuf trèfles de même rangés trois en chef, trois en face et trois en pointe rangés de même.

12. — François Le Blond, seigneur d'Acquet :

D'azur, à un chevron d'argent, accompagné de trois roses de même, deux en chef et une en pointe.

13. — Claude Le Blond, sieur de Favières :

D'azur, à un chevron d'argent, accompagné de trois roses de même, deux en chef et une en pointe.

14. — Charles Clément du Vaut (Wault), seigneur de Monthières, Houloy et autres lieux :

D'or, à trois bandes de gueules.

15 *bis*. — Jean Tillette, seigneur de Buigny, et Marie-Edmée Danzel, son épouze :

D'azur, à un chevron d'or, accompagné en chef de deux trèfles de même et en pointe d'un lion d'argent en un chef d'or, chargé d'un lion léopardé de sable, lampassé de gueules; *acolé* : d'azur, à un dain sur une terrasse de sinople.

16 *bis*. — Joseph Manessier, seigneur d'Omaltre, conseiller au présidial d'Abbeville, et Madeleine Poquelin, son épouze :

D'argent, à trois hures de sanglier, arrachées de sable, deux et une; *acolé* : d'argent, à une touffe d'arbres de sinople sur une terrasse de même.

17. — Pierre Le Boucher, escuier, sieur de Castelet et Biencourt :

D'azur, à une face d'or, accompagnée en chef de deux roses d'argent et en pointe d'un arbre d'épines arraché de même.

18. — Le comté de *Villers* :

De gueules, à trois molettes d'or, deux et une.

19. — Pierre Dumaisniel (du Maisniel), seigneur d'Aplincourt (Applaincourt) :

D'or, à deux faces de gueules chargée chacune de trois bezans d'or.

20 *bis*. — Jean Lamiré, chevalier, seigneur de Caumont, et Geneviève de Farcy, son épouze :

D'argent, à une bande de sable, accompagnée de six billettes de même, trois en chef, posées deux et une, et trois en pointe, posées en bande; *acolé* : d'azur, à un chevron d'argent accompagné de trois roses de même, deux en chef et une en pointe.

21 *bis*. — Jean Le Vert (Ver), chevalier, seigneur de Caux et autres lieux, et Anne-Julie de la Chaussée d'Eu, son épouze :

D'argent, à trois sangliers passans de sable, deux en chef et une en pointe, accompagné(s) de neuf trèfles de même, rangées trois en chef et trois en face et trois en point; *acolé* : d'azur, semé de croissans d'argent, à trois bezans d'or brochans sur le tout; posez deux en chef et un en pointe.

22. — Charles Dacheu (d'Acheu), avocat au présidial d'Abbeville, greffier en chef de la juridiction des traites audit Abbeville :

D'or, à une bande de gueules, chargée d'une étoile d'or.

23 *bis*. — Feu Louis de Cacheleu, escuier, seigneur de Busuelle (Bussuel), Moustier, Vaux et Leminit-le-Doncqueuze, suivant la déclaration de Jéanne de Bomy, sa veuve, portoit :

D'azur, à trois pattes de loup coupées d'or, posées deux et une; *acolé* : d'azur, à une rose d'or cantonnée de quatre bezans de même.

24. — Jacques L'Esperon (Lesperon), escuier, seigneur de Belloy et Ville, conseiller du roy, président en l'élection :

D'azur, à trois molettes d'argent, deux et une.

25. — François de Mons, seigneur de Thuison, capitaine exempt des cent-suisses de son Altesse Royalle Monsieur, frère du roy :

D'azur, à un chevron d'or accompagné en pointe d'une montagne de six monticules d'argent, et un chef cousu de gueules chargé de trois étoiles d'or.

26. — N... Darrest (d'Arrest), conseiller du roy et esleu en l'élection de Ponthieu, à Abbeville :

D'argent, à un lion de gueules.

27. — Charles-Antoine de Beauvarlet de Bomicourt, capitaine au régiment de la marine :

De sable, à un chevron d'argent, accompagné en chef de deux étoiles d'or et en pointe d'un croissant d'argent.

28. — François Le Roy, escuier, seigneur de Bezancourt :

Tiercé en face, au premier d'or, à un léopard de gueules; au second de sinople; au troizième d'hermines.

29. — Joseph-Pierre Le Roy, escuier, seigneur de Pollonville, Chaudry, porte de même.

30. — Jean-François de la Grange :

D'azur, à un chevron d'or accompagné en chef de deux étoiles de même et en pointe d'une croissant.

31 *bis*. — François Louvel, seigneur de Glizy, Mareille (Mareuil) et autres lieux, et Marie-Madelaine de Cacheleu, son épouse :

D'or, à trois heures de sanglier arrachées de sable, lampassées de gueules, éclairées et déffendues d'argent, posées deux et une; *acolé* : d'azur, à trois pattes de loup coupées d'or, deux et une.

32 *bis*. — Charles DES TAILLEURS, seigneur de Chantreine, et Marie LERMINIER, son épouze :

D'azur, à un lion d'or, lampassé de gueules, accompagné d'une molette d'or posée au côté dextre du chef; *acolé* : d'argent, à trois moucheturcs d'hermines de sable, deux et une.

33. — Philipes BECQUIN, sieur de Beauvillier, conseiller du roy, lieutenant général criminel, juge présidial au comté et sénéchaussée de Ponthieu :

D'azur, à trois testes d'aigle arrachées d'or, tenant chacune un hain ou hameçon d'argent dans leur bec, deux en chef et une en pointe.

34. — Claude TILLETTE, escuier, seigneur d'Offincourt :

D'azur, à un chevron d'or, et un en chef de même chargé d'un lion léopardé de sable lampassé et armé de gueules.

35. — David D'AIGNEVILLE, escuier, sieur de Halloy :

D'argent, à un orle d'azur.

36 *bis*. — Henry de TERNISIEN, escuier, seigneur de Vallencourt, Fresnoy et autres lieux, et Marie-Anne LARDÉ, son épouze :

D'argent, à trois fleur de lis au pied noury de gueules, posées deux en chef et une en pointe, et trois étoiles aussy de gueules, posées une en chef et deux aux flancs; *acolé* : d'azur, à une face d'argent surmontée d'un cœur d'or.

37. — André de MONCHY, escuier, seigneur de Senarpon(t), père :

De gueules, à trois maillets d'or.

38. — Joseph de LA FONTAINE-SOLARE, chevalier, seigneur de la Boissée, ancien major commandant au gouvernement de Dieppe pour le service du roy :

Bandé de six pièces, trois échiquetées d'or et de gueules de trois traits et trois d'azur.

39. — Antoine MAURICE, conseiller du roy, assesseur en l'hostel commun de la ville d'Abbeville :

D'argent, à une face de gueules accompagnée en chef de deux croissants de sable et en pointe d'un trèflé de même.

40. — Charles de LAMIRÉ, chevalier, seigneur de Larez (la Retz), Vercourt en partie :

D'argent, à une bande de sable accompagnée de trois billettes de même en chef, posées deux et une, et trois autres en pointe posées en bande.

41. — René BLIN, seigneur de Courcelle, Vercourt en partie et autres lieux :

D'argent, à trois trèfles de sable, renversées et posées deux et une, surmontées de trois merlettes aussy de sable, rangées en chef.

42 *bis*. — François de MONCHY, escuier, chevalier, baron de Visme(s) et autres lieux, et Élisabeth DE SAINT-BLIMONT, son épouse :

De gueules, à trois maillets d'or, deux et un; *acolé* : d'or, à un sautoir engrelé de sable.

43. — Adrien DESCAULLES (d'Escaules), escuier, seigneur du Minil (Mesnil) :

D'argent, à une face de gueules chargée de trois bezans d'or.

44. — Louis de GUIRAN, gentilhomme, seigneur de Pierrepont :

D'azur, à une bande d'or, accompagnée de deux colombes d'argent béquées et membrées de gueules, et une bordure engrelée aussy de gueules.

46. — Jean-Octavien L'ESPERON (Lesperon), escuier, seigneur de Manchecourt, prestre et chanoine de Saint-Vulfrant, d'Abbeville :

D'azur, à trois mollettes d'argent, deux et une, brizé en chef d'un lambel aussy d'argent.

47. — Nicolas de BEAUVARLET de Bomicourt, conseiller du roy, maître des caües et forests de Hesdin :

De sable, à un chevron d'argent, accompagné en chef de deux étoiles d'or et en pointe d'un croissant d'argent.

48. — Jean du BOURGUIER, sieur du Rouvroy, conseiller avocat du roy au présidial d'Abbeville :

D'azur, à un chevron d'or, accompagné en chef de deux croissans d'argent et en pointe d'une rose aussy d'argent.

49 *bis*. — Jean L'EPERON (Lesperon), escuier, seigneur d'Ochancourt, et Marie LE BLOND, son épouze :

D'azur, à trois molettes d'argent, deux et une; *acolé* : d'azur, à un chevron d'argent, accompagné de trois roses de même, deux en chef et une en pointe.

50. — Louis DANZEL, escuier, seigneur de Boismont, Villebrun et autres lieux :

D'azur, à un daim ailé passant d'or.

51. — Charles DANZEL, escuier, seigneur de Lignière et autres lieux, porte de même :

52. — Pierre VAILLANT, seigneur de Neufrue, conseiller du roy, ancien président au présidial d'Abbeville :

D'argent, à un lion de sable, lampassé et armé de gueules, accompagné d'une étoile de même, posée au canton dextre du chef.

53 *bis*. — Pierre de BUISSY, conseiller du roy, président au présidial d'Abbeville, et Marie-Marguerite LE BLOND, son épouze :

D'argent, à une face de gueules, chargée de trois boucles d'or; *acolé* : d'azur, à un chevron d'argent, accompagné de trois roses de même, deux en chef et une en pointe.

54. — Philippe FOSSÉ, escuier, sieur de Boisselier, conseiller du roy, lieutenant criminel de robe-courte :

D'argent, à un cœur enflammé de gueules, côtoyé de deux rainceaux d'olivier de sinople, accompagné en chef de deux étoiles de gueules, et en pointe d'un croissant de même.

55. — Marie-Gabrielle Truffier, damoiselle de l'Heure, fille :

De gueules, à trois molettes de cinq pointes d'or, posées deux en chef et un en pointe.

57 *bis*. — Louis de Fontaine(s), escuier, seigneur de Cormont, de la maison de Fontaine, et Anne Tillette, son épouze :

D'or, à trois écussons de vair, bordez de gueules, posez deux et un; *acolé* : d'azur, à un chevron d'or, et un chef de même, chargé d'un lion léopardé de sable, lampassé et armé de gueules.

58. — Jacques Le Bel, escuier, seigneur d'Huchesneville (Huchenneville), conseiller du roy, lieutenant général en la sénéchaussée de Ponthieu et juge présidial d'Abbeville :

D'azur, à un chevron d'or, chargé de trois roses de gueules, et accompagné de trois molettes d'argent, deux en chef et une en pointe.

59. — François-Gaspard de Ray (Raye), conseiller au présidial d'Abbeville :

D'azur, à un chevron d'or, accompagné en chef de deux molettes de même, et en pointe d'un fer de moulin d'argent.

61. — Louis Le Febvre, greffier des présentations de la sénéchaussée de Ponthieu et siége présidial d'Abbeville :

De sinople, à une face bretessée d'or, accompagnée de trois grenades d'or, tigées et feuillées de même, égrenées de gueules, posées deux en chef et une en pointe.

62. — Nicolas Le Bel, escuier, seigneur d'Huchesneville, ancien conseiller en la sénéchaussée de Ponthieu :

D'azur, à un chevron d'or, chargé de trois roses de gueules, et accompagné de trois molettes d'argent, deux en chef et une en pointe.

63. — Pierre Lerminier, conseiller au présidial d'Abbeville :

D'argent, à trois mouchetures d'hermines de sable, posées deux et une.

64. — Louis (de) Riencourt, escuier, seigneur dudit lieu :

D'argent, à trois faces de gueules frettées d'or.

65. — Jacques Bernard, escuier, seigneur de Moismont, Famechon et autres lieux :

De gueules, à un sautoir d'argent, surmonté d'une molette d'or.

66. — Nicolas de Dompiere (Dompierre), conseiller du roi, esleu en l'élection et gabelle de Ponthieu, à Abbeville :

D'or, à un lion de sable, lampassé et armé de gueules.

67. — Feu François L'Epron (Lesperon), escuier, suivant la déclaration de Madelaine Moreau, sa veuve, portoit :

D'azur, à trois molettes d'argent, deux et une.

68. — Antoine de DOURLENS, escuier, seigneur de Saint-Eslier (Hellier), conseillier du roy au présidial d'Abbeville :

D'azur, à un chevron d'or, accompagné en chef de deux trèfles de même, et en pointe d'un lion d'argent, lampassé d'or.

69. — Philipes WARRÉ, escuier, sieur de Sénéchal, conseiller du roy, lieutenant général de la maréchaussée de Picardie à la résidence d'Abbeville :

D'azur, à un casque d'argent, posé de profil, surmonté de deux molettes d'or.

70. — Pierre DORESMIEUX (d'Oresmieux), conseiller du roy au siége présidial d'Abbeville :

D'or, à une teste de more de sable bandée d'argent, accompagnée de trois roses de gueules, deux en chef et une en pointe.

71. — Charles BECQUIN, prestre et curé de la paroisse du Saint-Sépulcre, bachelier en théologie :

D'azur, à trois testes d'aigle arrachées d'or, deux en chef et une en pointe.

72. — François de LA GARDE, seigneur de Cumont, ecclésiastique :

D'azur, à une tour ronde crénelée de cinq pièces d'or, massonnée de sable, sommée de quatre flammes de gueules, sortantes d'entre les créneaux.

73. — Le chapitre de *Longpré* :

De sable, à une Notre-Dame, les bras étendu et élevez d'argent, surmontée d'un nuage de même.

74. — Jacques (le) FUZELLIER, avocat en parlement :

D'or, à trois fuzeaux de gueules, posez deux et une.

75. — Pierre de LESQUEVIN, escuier :

Coupé au premier, échiqueté de trois traits d'argent et d'azur ; et au second, de gueules à un lion passant d'or.

76 *bis*. — Philipes-Charles-Bartélemy de LICQUES, seigneur de Licques, Boiningh (Bonning) et autres lieux, baron dudit Licques, et Honorée-Françoise de BÉNART, son épouze :

Écartelé, au 1er et 4e contre-écartelé d'or et de sable, et au 2e et 3e, bandé d'argent et d'azur, de six pièces, à une bordure de gueules; *acolé :* d'or, à un chevron abaissé de gueules, surmonté de trois faces de même.

77. — Pierre de GALLETZ (Gallet), escuier, seigneur de Neully (Neuilly) :

D'azur, à un chevron d'or, chargé de trois roses à cinq feuilles de gueules.

78. — Pierre de DOURLENS, escuyer, seigneur de Serival, fils :

D'azur, à un chevron d'or, accompagné en chef de deux trèfles de même, et en pointe d'un lion d'argent, lampassé et armé d'or.

79. — Louis de PONTHIEU, conseiller du roy, esleu en l'élection de Ponthieu :

D'or, à un chevron de gueules, accompagné de trois oiseaux, le bec ouvert, de sable, posez deux en chef et un en pointe.

80. — Jean de RAY (Raye), escuier, sieur du Tilleul, conseiller du roy, assesseur du lieutenant criminel de robe courte en la sénéchaussée de Ponthieu :

D'azur, à un chevron d'or, accompagné en chef de deux molettes de même et en pointe d'un fer de moulin d'argent.

81 *bis*. — André de TORCY, et N... (Marguerite) LEBLOND, son épouze :

De sable, à une bande d'or, écartelé de lozangé d'or et de gueules; *acolé* : d'azur, à un chevron d'argent, accompagné de trois roses de même, deux en chef et une en pointe.

82. — François LE FÈVRE, escuier, seigneur d'Arsenne :

De sable, à un chevron d'argent, chargé de trois roses de gueules, boutonnées d'or.

83. — Nicolas de PARIS, contrôleur du tabac au bureau d'Abbeville :

D'argent, à un sautoir de gueules, accompagné de deux lions contournez d'azur, un en chef et l'autre en pointe, et de deux poupars ou enfants emmaillotez aussy d'azur, posez en pal, l'un en flanc dextre et l'autre en flanc senestre.

84. — Jean BENEZET, conseiller du roy, receveur des droits du roy au bureau des traittes et tabac d'Abbeville :

D'argent, à un arbre de sable sur une terrasse de même, et un chef d'argent, chargé de trois croisettes de sable et soutenu de même.

85. — Les Religieuses de la *Visitation de Sainte-Marie*, à Abbeville :

D'or, à un cœur de gueules, sommé d'une croix de sable au pied fiché dans l'oreille du cœur, qui est changé d'un nom de Jésus d'or, et percé de deux flèches d'or ferrées et empennées d'argent et passées en sautoir; le tout entouré d'une couronne d'épines, sinople, les épines ensanglantées de gueules.

86. — Jean-François SANSON, sieur d'Auberville, conseiller, procureur du roy de robe courte en la sénéchaussée de Ponthieu :

D'argent, à trois sansonnets de sable, bequez et membrez de gueules, posez deux en chef et un en pointe.

87. — Antoine DESCAULLES (d'Escaules) :

D'argent, à une face de gueules, chargée de trois bezans d'or.

88. — François COULLON, conseiller du roy, son procureur en la maréchaussée de Picardie :

D'argent, à trois oiseaux appelés coulons de sable, deux en chef et un en pointe.

89. — Le prieuré de *Saint-Pierre* d'Abbeville :

De gueules, à une épée posée en pal d'argent, la garde et la poignée d'or, et deux clefs adossées et passées en sautoir d'or, brochant sur le tout.

90. — L'abaye de *Willancourt* (Willencourt) :

D'or, à trois faces de gueules.

91. — Nicolas Sanson, conseiller du roy au siége présidial d'Abeville :

D'argent, à trois sansonnets de sable, bequez et membrez de gueules, posez deux en chef et un en pointe.

92. — Louis Bail, sieur de Lignière, conseiller magistrat audit siége :

D'azur, à trois barbeaux posez en face, un sur l'autre, d'argent, le premier et le dernier contournez.

93. — Hugues Dault (d'Ault), escuier, sieur du Minil (Mesnil) :

D'azur, à une croix pattée et alaisée d'or, accompagnée de trois croissans d'argent, deux en chef et un en pointe.

96. L'abaye d'*Espagne*, à Abbeville :

D'or, chapé arondi d'azur, à deux étoiles d'or chef; écartelé de bande de vair et de gueules de six pièces.

97 *bis*. Claude de la Rodde, seigneur de Condé et de Balore, chevalier des ordres du roy, commandant pour Sa Majesté à Abbeville, et Marie-Françoise de Saindirau, son épouze :

D'azur, à une roue d'argent et un chef denché de même; *acolé* : d'écartelé au premier et quatrième, de gueules, à une demi-croix pattée d'or mouvante de la partition ; au second d'azur, à un os de mort d'argent, posé en pal ; et au troisième, d'or, à un arbre de sinople sur une terrasse de même.

98. — Nicolas Messier, conseiller du roy et son procureur aux traites à Abbeville :

D'argent, à une face d'azur accompagnée de trois mouchetures d'hermines de sable, deux en chef et une en pointe.

99. — Marie de Mayenneville (Moyenneville), veuve de N... Crignon, sieur d'Esmourette, vivant conseiller au présidial d'Abbeville, a présenté l'armoirie qui porte :

De gueules, à un chevron d'argent accompagné de trois sautereles d'or, deux en chef et une en pointe.

101. — Isaac Robelin, ingénieur ordinaire du roy, directeur des fortifications de Picardie, Artois et du costé de la mer :

D'azur, à un chevron abaissé d'or, accompagné de trois étoiles de même, deux aux flancs et une en pointe ; le tout surmonté d'une nuée mouvante des deux angles du chef d'argent et supportant un bélier de même.

102. — Jean de Halluvin (Hallwyn), escuier, sieur de Fonteauville :

D'argent, à trois lions de sable, couronnez d'une couronne à l'antique de même, lampassez et armez d'or, posez deux et un.

103. — Honnoré de Buissy, conseiller du roy, lieutenant particulier en la sénéchaussée de Ponthieu et siége présidial d'Abbeville :

D'argent, à une face de gueules, chargée de trois boucles (fermaux) d'or.

104. — Le monastère de *Sainte-Ursulle*, à Abbeville :

D'azur, à un nom de Jésus d'or sommé d'une croix et accompagné en pointe de trois clouds de la passion apointez aussy d'or, le tout entouré d'un cercle rayonné de même.

105. — François Danzel, escuier, sieur de Faucil(le) :

D'azur, à un dain ailé, passant d'or.

106. — Charles des Essart (Essars), chevalier, seigneur de Mignieux (Meigneux), Hamelet et autres lieux :

De gueules, à trois croissans d'or, deux et un.

107. Louis de Rumet, chevalier, seigneur de Buscamps et autres lieux :

De sable, à trois mollettes de cinq pointes d'argent, posées deux en chef et une en pointe.

108 *bis*. — Feu N... (André), marquis de Saint-Blimont, suivant la déclaration de Elizabeth-Crestienne Le Tonnelier-Breteuil, sa veuve, portoit :

D'or, à un sautoir engrelé de sable ; *acolé* : d'azur, à un éprevier, le vol élevé d'or, longé et grilleté de même.

109. — Charles Manessier, conseiller du roy, esleu en l'élection de Ponthieu :

D'argent, à trois hures de sanglier, arrachées de sable, deux en chef et une en pointe.

110. — François de Dompierre, conseiller du roy et son procureur en ladite élection :

D'or, à un lion de sable, lampassé et armé de gueules.

111. — Jean Vaillant, escuier, sieur de Villers-sous-Ailly-le-Haut-Clocher :

D'argent, à un lion de sable, lampassé et armé de gueules, et un chef d'azur, chargé de trois étoiles de six rais d'or.

112. — Pierre de Bonnaventure, sieur de Monthomer, conseiller du roy, esleu en l'élection de Ponthieu.

D'argent, à un chevron d'azur, accompagné de trois mouchetures d'hermines de sable, deux en chef et une en pointe.

114. — Denis de la Vallée, ingénieur ordinaire du roy en chef, à Abbeville :

De gueules, à un chevron abaissé d'argent, accompagné en chef d'une étoile de six rais d'or, posée entre deux équaires adossées d'argent, et en pointe d'un demi cercle d'argent, marqué de sable, chargé d'une boussole d'argent, marquée de sable, et d'un compas ouvert en chevron, brochant sur le demi-cercle, aussy d'argent.

116. — La communauté des marchands *chaudronniers* de la ville d'Abbeville :

D'azur, à une fontaine avec son robinet, couverte en dôme, cizelée et chargée d'une figure chérubin, posée à dextre d'argent, et à senextre une cuvette cizelée et façonnée aussy d'argent.

117 *bis*. — Jacques TILLETTE, escuier, sieur de Belleville, et Madelaine de LA GARDE, son épouze :

D'azur, à un chevron d'or et un chef de même chargé d'un lion léopardé de sable, lampassé et armé de gueules; *acolé* : d'azur, à une tour crénelée de quatre pièces d'or, massonnée, porcolissée et ajourée de deux fenestres de sable, enflamée de trois flames de gueules mouvantes d'entre les créneaux.

118. — N... (Charles-François) du MAISNIEL, sieur de Belleval :

D'or, à deux faces de gueules, chargées chacune de trois bezans d'or.

119. — Le prieuré de *Mareuil* :

D'or, à une croix d'azur.

120. — François TILLETTE, ecclésiastique :

D'azur, un chevron d'or; et un chef de même chargé d'un lion léopardé de sable, lampassé et armé de gueules.

121. — Jean CHALLIER, seigneur de Sonneville :

Palé d'argent et de gueules de six pièces; à un lion de sable, lampassé et armé de gueules, brochant sur le tout.

123. — La communauté des maistres *Cuisiniers* d'Abbeville :

D'azur, à deux pailes (pelles) de four d'argent, passées en sautoir et chargées chacune de trois pâtez de gueules, et un rable renversé aussi d'argent servant au four et posé en pal; le tout acosté de deux pâtez couverts d'or.

125. — Les chartreux de *Saint-Honnoré* d'Abbeville :

D'argent, à un bust(e) de saint Honnoré de carnation, vêtu en évesque, la mître en teste, le tout au naturel.

126. — Le couvent des religieuses de *Saint-Dominique* d'Abbeville :

D'argent, à une couronne de roses avec leurs épines au naturel, au milieu de laquelle est une sainte Vierge de carnation, vêtue de gueules et d'azur, tenant sur son bras dextre le petit Jésus de carnation, tenants l'un et l'autre un rosaire ou chapelet d'or, qu'ils donnent l'un à saint Dominique, vêtu de l'habit de son ordre; et l'autre à sainte Caterine de Sienne, vêtue aussi de l'habit de son ordre, le saint à genoux, tenant en sa main dextre une croix d'or et de l'autre recevant le rozaire des mains du petit Jésus, et la sainte aussy à genoux, recevant de sa main dextre le rozaire de la Mère de Dieu, et de la senestre un lis au naturel; le tout accompagné de six chérubins posez autour de la couronne de roses, trois de chaque côté, la teste de carnation, et les aisles les unes de gueules, les autres d'azur.

126. — Catherine VAILLANT, veuve de N... (Jean) GRIFFON, seigneur de Saint-Séverin, a présenté l'armoirie qui porte :

De gueules, à un griffon d'or.

127. — François de MATISSATE (Matiffas), escuier, sieur de la Salle :

D'azur, à une bande d'or, accompagnée de trois trèfles de même, deux en chef et une en pointe.

128. — Nicolas de SELIER (le Sellier), escuier, seigneur de Friroullet (Frireules) :

D'or, à un aigle d'azur, bequé et membré de gueules.

129. — Feu Antoine DANZEL, escuier, sieur de Boffe (Boffles), suivant la déclaration de Françoise-Véronique de SELLIER (le Sellier), sa veuve, portoit :

De gueules, à un lion d'or.

131. — La communauté des maîtres *Tailleurs* d'habits de la ville d'Abbeville :

D'azur, à un cizeau ouvert en sautoir d'argent.

132. — Charles VAILLANT, escuier, sieur de Caumondel, conseiller au présidial d'Abbeville ;

D'argent, à un lion de sable, armé et lampassé de gueules.

133. — Louis de CARPENTIN, escuier, seigneur de Belcourt (d'Elcourt) :

D'argent, à trois fleurs de lis de gueules au pied nouri, posées deux et une.

134. — Jacques de MANNEVILLE, seigneur de Hautecourt, lieutenant de cavallerie des troupes boulonnoises :

De sable, semé de croix recroisetées d'argent, à un lion aussy d'argent, brochant sur le tout.

135. — Louis LE VASSEUR, escuier, seigneur de Neu(i)lly-le-Dieu :

De sable, à trois croissans d'argent, posez deux aux flancs et un en pointe, surmontez d'un lion naissant de même, lampassé et armé d'or.

136. — François de BRESTEL, escuier, seigneur d'Hiermont en partie :

D'argent, à une bande de sable, chargée de trois coquilles d'or.

137 *bis*. — Guillaume DU HAMEL, chevalier, seigneur de Canchy, et Madelaine DU PLESSIER, son épouze :

D'azur, à une bande d'or, chargée de trois roses de gueules; *acolé* : d'argent, à une face de gueules, chargée d'une autre face vivrée d'argent; écartelé d'or, à cinq pattes d'oye de sable, posées en sautoir.

138. — Oudard DU HAMEL, chevalier, seigneur d'Yvrend (Yvrench) :

D'azur, à une bande d'or, chargée de trois roses de gueules.

140. — François LE FEBVRE, greffier en chef de l'élection de Ponthieu :

D'azur, à une face d'argent, accompagnée de trois molettes d'or, deux en chef et une en pointe; et un chef d'or, chargé de deux pals de gueules, accompagnez de trois merles de sable, bequez et membrez de gueules.

141. — Charles DANZEL, escuier, sieur du Riaquet :

D'or, à un lion de gueules.

142. — Nicolas du Mesnil, escuier, sieur de Fienne :

D'azur, à une bande d'or, accompagnée de deux roses d'argent, une en chef et l'autre en pointe.

143. — Antoine Danvin, escuier, sieur d'Artentun (d'Hardenthun) :

De sable, à une bande d'argent (d'or), chargée d'une étoile de six rais de sable, et accompagnée de (huit) lozanges, quatre en chef, posées trois en bande et une au canton senestre du chef, et quatre en pointe, posées aussy trois en bande et une au premier canton de la pointe.

144. — Pierre Godart, seigneur de du Montenc, bourgeois et marchand :

D'azur, à un chevron d'or, accompagné en chef de deux étoiles de six rais de même et en pointe d'un cor de chasse d'or, lié de gueules, soutenu d'une autre étoile de six rais d'or.

145. — Antoine Damerval (d'Amerval), escuier, seigneur de Fresne près Nampon(t) :

De gueules, à trois bezans d'argent, deux et un.

146. — Marie Pepin, veuve de N... (Louis) Papin, escuier, seigneur de Caumesnil (Caumainil), a présenté l'armoirie qui porte :

D'azur, à trois pommes de pin d'or, la tige en haut, posées deux et une.

147. — N... Darrest (Philippe d'Arrest), escuier, seigneur de Saillybray :

D'argent, à un lion de gueules.

148 *bis*. — Charles de Cacheleu, escuier, seigneur de Tiltres (Le Titre), et Anne de Gomer, son épouze :

D'azur, à trois pattes de loup coupées d'or, armées de sable, posées deux et une; *acolé :* d'or, à un lambel d'azur posé en face, accompagné de sept merlettes de gueules, quatre rangées en chef, et trois en pointe posées deux et une.

149. — Charles Le Febvre, sieur des Amourettes, conseiller du roy, lieutenant à la justice des traittes à Abbeville :

D'argent, à un chevron d'azur, accompagné de trois fèves de sinople, deux en chef affrontées et une en pointe.

150. — François Danzel, escuier, sieur de Vildon (Villedan) :

De gueules, à un lion d'or.

151. — Jacques Danzel, escuier, sieur d'Anval (Ainval) :

De gueules, à un lion d'or.

152. — François Gaillard, sieur de Seronville (Senonville) :

D'azur, à un chevron d'argent, accompagné de trois croix patées de même, deux en chef et une en pointe.

153. — La communauté des maîtres *Cordonniers* d'Abbeville :

De gueules, à un couteau de pied d'argent, emmanché d'or.

154. — La communauté des maîtres *Boulangers* d'Abbeville :

D'azur, à trois bezans d'or, deux et un.

155. — La communauté des maîtres *Jardiniers* d'Abbeville :

D'or, à un pourreau arraché au naturel, posé en pal, adextré d'une botte d'asperges aussy au naturel et senestré d'un raisin de même.

156. — La communauté des maîtres *Cordiers* d'Abbeville :

D'azur, à un métier de cordier d'argent, posé en chef, et trois broches de même, servant à tordre la corde, couchées l'une sur l'autre en pointe, celle du milieu crochue par le bout et les deux autres garnies de leurs boulons dans les tourests.

157. — La communauté des maîtres *Sergers*, *Baracanniers* d'Abbeville :

De gueules, à une navette posée en face d'or, la boubine garnie de fil d'argent.

158. — Philipes du Gardin, seigneur de Bernapré :

D'azur, à un chevron d'or, accompagné de trois roses d'argent, tigées et feuillées de même et boutonnées d'or, posées deux en chef et une en pointe.

159. — La communauté des maîtres *Sueurs de viel* (savetiers) :

De gueules, à un couteau de pié à dextre d'argent, emmanché d'or, et à senestre une alesne aussi d'argent, emmanchée d'or.

161. — Antoine de l'Espine, conseiller du roy, président et juge des traites d'Abbeville et des bureaux en dépendans, et procureur en la sénéchaussée de Ponthieu et siége présidial d'Abbeville :

D'or, à un arbre de sinople, sur une terrasse de même.

163. — La communauté des maîtres *Drapiers Chaussetiers* de la ville d'Abbeville :

D'or, à un balot de marchandises de sable, cordé d'or, surmonté d'un bas ou chausse d'azur, couché en chef.

164. — La communauté des maîtres *Merciers* d'Abbeville :

De gueules, à une balance d'or, accompagnée en pointe d'une bourse aussy d'or.

165. — Claude-Charles Le Roy, sieur de Pollonville (Pothonville), esclésiastique :

Tiercé en face, au premier d'or, à un léopard de gueules, au deuxième de sinople et au troisième d'hermines.

166. — Charles d'Aigneville, escuier, chevalier, seigneur de Millancourt, lieutenant du roi de la citadelle de Cambray et chevalier de l'ordre de Saint-Louis :

D'argent, à un orle d'azur.

167 *bis*. — André de Monchy, chevalier, seigneur, baron de Vismes, vicomte de la Queutte, seigneur de Sailly, Philibaucourt (Flibaucourt), Fontaine, Monchaux et autres lieux, et gouverneur de Ponthieu, et N... des Tailleurs (Jeanne Destailleur), son épouze :

De gueules, à trois maillets d'or, posez deux et un; *acolé :* d'azur, à un lion d'or lampassé de gueules, accompagné d'une molette d'or, posée au premier canton.

168. — La communauté des maîtresses *Couturières* en chambre, lingères et revendeuses d'Abbeville :

D'azur, à une sainte Anne au naturel.

170. — Philipes VAILLANT, seigneur de Favière, conseiller au siége présidial d'Abbeville :

D'argent, à un lion de sable, lampassé et armé de gueules.

171. — Louis BRIDOULT, bourgeois et marchand d'Abbeville :

De gueules, à un agneau d'argent, passant sur une terrasse de sinople adextré d'un lis d'argent, grené d'or, tigé et feuillé de sinople, et senestré d'un arbre d'or mouvant du flanc, accompagné d'un soleil d'or, naissant de l'angle dextre du chef.

172. — Jean-Baptiste GODART, bourgeois :

D'azur, à un cor de chasse d'or, lié de gueules, accompagné de quatre étoiles de six rais d'or, trois rangées en chef et une posée en pointe.

174. — La communauté des maistres *Mégiciers*, *Gantiers et Foureurs* de la ville d'Abbeville :

D'azur, à un gand à dextre d'argent, garni d'or, et à senestre une haumusse herminée au naturel, et en chef un couteau pareur d'argent, emmanché des deux bouts d'or et couché en face.

175. — La communauté des maîtres *Bouchers* d'Abbeville :

D'azur, à une rencontre de beuf d'or, sommée d'une croix de même.

178. — Adrien TOULLET, bourgeois et marchand d'Abbeville :

De gueules, à un chevron d'or, accompagné en chef de deux fleurs tigées et feuillées d'or, et en pointe d'un paon rouant d'or.

179. — Philipes PIGNÉ, bourgeois et marchand en la ville d'Abbeville :

De gueules, à un aigle d'or bequé et membré d'azur, et cantonné de quatre étoiles d'or.

180. — Charles MAILLARD, garde-marteau de la maîtrize d'Abbeville :

D'azur, à une canne d'argent, nageant dans une mer de même et portant dans son bec une branche de laurier d'or, surmonté de deux croissans de même.

181. — Paul de CANTELEU, conseiller du roy à Abbeville :

D'azur, à un chevron brizé d'argent, accompagné de trois plantes dites queues de loup d'or, deux en chef et une en pointe.

182. — Feu Charles de BEAUVARLET, escuier, sieur de Drucat, suivant la déclaration de Geneviève TILLETTE, sa veuve, portoit :

De sable, à une face d'argent, accompagnée en chef de deux étoiles d'or et en pointe d'un croissant d'argent.

183. — La communauté des maîtres *Houppiers fillatiers* d'Abeville :

D'argent, à une figure d'un évêque de carnation, la mitre en teste d'or et la crosse de même, vêtu d'une robe de pourpre, un surplis d'argent au-dessus et une chape pluviale de gueules, acosté d'un peigne de fillatier d'azur, emmanché d'or.

185. — Feu Nicolas d'AIGNEVILLE, escuier, sieur de Romaine et autres lieux, suivant la déclaration de Marguerite de MAY, sa veuve, portoit :

D'argent, à un orle d'azur.

186. — Charlotte d'AGUESSEAU, veuve de Philipes L'ÉPERON (Lesperon), escuier, seigneur d'Ochancourt et autres lieux :

De gueules, à une face d'argent, chargée de trois aigles de sable, bequez et onglez de gueules, celuy du côté senestre ayant la teste contournée, et accompagnée en chef de deux cottes d'armes d'argent et en pointe d'une patte de griffon de même.

187. — Antoine de RIMBERT, escuier, sieur de la Boissière et autres lieux :

D'argent, à trois merlettes de sable, deux et une, et un chef échiqueté d'argent et de sable de deux traits; écartelé de gueules, à deux bandes d'or; et sur le tout : d'azur, à un chevron d'or, accompagné de trois molettes de même, deux en chef et une en pointe.

188. — Claude-Joseph de BUISSY, sieur de Moremenil :

D'argent, à une face de gueules, chargée de trois boucles d'or.

190. — Adrien GALLET, avocat en la sénéchaussée de Ponthieu et siége présidial d'Abbeville :

D'azur, à un chevron d'or, chargé de trois roses de gueules.

191 *bis*. — Jean-Nicolas de CACHELEU, escuier, seigneur de Vauchelle, et Marie-Caterine L'HIVER, son épouze :

D'azur, à trois pattes de loup coupées d'or, armées de sable, posées deux et une; *acolé :* d'argent, à trois roses de gueules, boutonnées d'or, posées deux et une.

192 *bis*. — Nicolas de BELLOY, chevalier, seigneur de Buire et du Quesnoy, et Anne de FONTAINE, son épouze :

D'argent, à trois faces de gueules; *acolé :* d'or, à trois écussons de vair, bordez de gueules, posez deux et un.

195. — Philipes de BELLOY, seigneur du Cardonnay (Cardonnois) :

D'argent, à trois faces de gueules.

197. — Nicolas BECQUIN, bourgeois et ancien juge des marchands :

D'azur, à trois testes d'aigle, arrachées d'or, languées d'argent, posées deux et une.

199. — Jacques GAILLARD, escuier, sieur de Senonville :

D'azur, à un chevron d'argent, accompagné de trois croix patées de même, deux en chef et une en pointe.

201. — Nicolas BECQUIN, chanoine de l'églize collégiale de Saint-Vulfrant :

D'azur, à trois testes d'aigle, arrachées d'or, languées d'argent, posées deux et une.

204. — Le chapitre de Notre-Dame de *Noyelle :*

D'or, à une sainte Vierge de carnation, vêtue de gueules et d'azur, tenant de sa main dextre un septre d'argent et sur son bras senestre ayant l'enfant Jésus de carnation, qui met sur la teste de sa mère une couronne d'argent.

207. — François TIERCELIN, conseiller du roy, receveur au grenier à sel d'Abbeville :

D'argent, à un chesne de sinople, sur une terrasse de même, et un sanglier de sable passant au pié de l'arbre.

BOULOGNE

SUIVANT L'ORDRE DU REGISTRE Ier.

1 *bis*. — François de MAULDE, chevalier, seigneur de Bléville et de Condette, et Caterine-Agnès de MAULDE, son épouze :

D'or, à une bande de sable, fretté d'argent; *acolé :* de même.

2, 3. — Gabriel de FRESNOIE, escuier, seigneur de Landretun et de Moyecque, cy-devant capitaine-lieutenant d'une compagnie de cadets, entretenue à Cambray, et à présent colonnel d'infanterie des troupes boulonnoises, et Louise-Suzanne d'ESCAYEUL, son épouze :

D'or, à une croix ancrée de gueules; *acolé :* d'argent, à cinq cotices d'azur.

4. — Le chapitre de *Notre-Dame de Boulogne :*

D'azur, à une Notre-Dame d'argent, tenant le petit Jésus sur son bras dextre de même, l'une et l'autre ayant la teste couronnée de rayons d'or, et reposants sur un vaisseau d'argent flottant sur des ondes de même.

5. — Marc de LASTRE, escuier, seigneur de la Chevalerie, capitaine de cavalerie au régiment d'Aumont dans les troupes boulonnoises :

D'argent, à un lion de sable, armé, lampassé et éclairé de gueules.

6. — Emmanuel de PATRAS, chevalier, seigneur de Campa(i)gno, sénéchal du Boulonnois :

De gueules, à une croix d'argent; parti d'argent, à un lion d'azur, couronné, lampassé et armé de gueules.

7. — Jean LAMIABLE, escuier, sieur de Grand-Moulin :

D'argent, à un lion désarmé de gueules, et un chef échiqueté d'or et d'azur de trois traits.

8. — Antoine de CAMPAGNE, escuier, sieur de Godinctun, mestre de camp :

De gueules, semé de trèfles d'or, à trois croix ancrées d'argent, deux en chef et une en pointe.

9. — François de SANSSE, escuier, sieur de Pinleu, capitaine d'infanterie au régiment de Bragdale (Brugdale) :

De sable, à trois molettes d'or, deux en chef et une en pointe.

10 *bis.* — Jean de Fremery (Framery), escuier, seigneur de Soru (Sorrus), et Antoinette de Thubeauville, son épouze :

D'hermines, à un lion de sable, lampassé et armé de gueules; écartelé, d'or, à une croix ancrée de gueules; *acolé :* de sable, à deux lions affrontez d'argent, lampassez de gueules, surmontez d'un lambel d'argent.

11. — Jacques de Crandale (Crendalle), escuier, sieur de la Briqueterie :

D'or, à un lion de sable, armé, lampassé et éclairé de gueules, côtoyé de deux merlettes de sable posées en pointe.

12. — François du Wicquet, escuier, seigneur de Desprez (Des Prez), mestre de camp de cavallerie :

De sinople, à un chevron d'argent, accompagné de trois rustres de même, deux en chef et un en pointe.

13. — Claude du Wicquet, escuier, seigneur de Desprez (Des Prez), fils, major de cavallerie au régiment d'Aumont, porte de même.

14. — François du Wicquet, escuier, seigneur de la Watine, capitaine dans le régiment de Nivernois, porte de même.

15. — Antoine de Disquemue, escuier, sieur de Billeauville :

Facé d'or et d'azur de huit pièces, au franc quartier de gueules, chargé d'un lion d'argent.

16. — Antoine de Montbeton, escuier, seigneur châtelain de Longvilliers et autres lieux :

De gueules, à une cloche d'or; écartelé d'azur, à une bande d'or.

17. — Jacques Disque, escuier, seigneur de Brugdale, colonnel d'infanterie des troupes boulonnoises :

D'or, à une croix ancrée de gueules.

18. — Jean Disque (d'Isque), escuier, sieur de Blacourt, porte de même.

19. — Oudart Disquemue, escuier, seigneur de Montbrun, Campagne et autres lieux :

Facé d'or et d'azur de huit pièces, au franc quartier de gueules, chargé d'un lion d'argent.

20. — Thimoléon Meusnier (Musnier), escuier, sieur de la Converserie, lieutenant-colonnel des troupes d'infanterie boulonnoises :

De sinople, à un lion d'or; et un chef d'argent, chargé de trois mouchetures d'hermines de sable.

21. — Jacques de Bernes, escuier, sieur de Baudretun (Landretun), capitaine de cavallerie des troupes boulonnoises :

D'argent, à une hache d'armes posée en pal de gueules, surmontée d'un lambel de même.

22. — François de Bernes, escuier, seigneur de Trion, lieutenant-colonnel de cavallerie des troupes boulonnoises, porte de même.

23. — Augustin de Roussel, escuier, seigneur de Montmarly;

24. — Jean-Louis de Roussel, escuier, seigneur de Torlemetun;

25. — Louis de Roussel, escuier, sieur de Pinctun, portent tous trois :
D'argent, à un lion de sable, armé, lampassé et éclairé de gueules, couronné d'or.

26. — Nicolas Le Marchand, escuier, seigneur de Roctun, sous-lieutenant dans le régiment du vidame d'Amiens :
D'or, à trois roys d'échets (échecs) de gueules, deux en chef et un en pointe.

27. — Jacques Monet, escuier, seigneur de Wavres, capitaine grenadier des troupes boulonnoises :
D'azur, à un pal d'argent, acosté de deux lions affrontez d'or; le pal chargé d'une étoile de gueules en chef et d'un croissant de même en pointe.

28. — Antoine du Crocq, sieur de Fringhan, conseiller du roy, bailly, prévost de Boulogne :
D'argent, à un lion de sable, lampassé et armé de gueules, percé d'outre en outre d'une flèche de sable, périe en barre la pointe en haut, et accompagné de trois étoiles de gueules, deux en chef et une en pointe.

29. — Daniel Acary, sieur de Catoue, capitaine grenadier dans les troupes boulonnaises :
D'or, à l'aigle éployée à deux testes de sable.

30. — Antoine du Wicquet, escuier, seigneur de Norivaux, lieutenant-colonnel de cavallerie :
De sinople, à un chevron d'argent, accompagné de trois rustres de même, deux en chef et un en pointe, et pour brizure une bordure ou filière engrelée de gueules.

31. — Jean Villecot, sieur de Rancourt, conseiller et avocat du roy au siége et sénéchaussée du Boulonnois :
D'azur, à trois faces ondées d'or.

32. — Victor du Wicquet, escuier, chevalier baron d'Ordre :
De sinople, à un chevron d'argent accompagné de trois rustres de même, deux en chef et un en pointe.

33. — Charles du Wicquet, d'Ordre, escuier, capitaine de dragons au régiment de Barbezières, porte de même.

33. — Guillaume de Bernes, escuier, seigneur de Bugny :
D'argent, à une hache d'armes posée en pal de gueules, surmontée d'un lambel de même.

35. — François DU BLAIZEL, escuier, baron de Lianne par indivis :

D'hermines, à une (fasce) fuzelée de six pièces de gueules; écartelé d'or, à trois bandes d'azur.

36. — Feu François de SESSEVAL (Saisseval), escuier, seigneur de Blerancourt et autres lieux, suivant la déclaration de Marie-Madelaine de FRESNOYE, sa veuve, portoit :

D'azur, à deux bars adossez d'argent, accompagnez de quatre trèfles d'or, une en chef, deux aux flancs et une en pointe.

37. — François DU BLAIZEL, escuier, seigneur d'Alets :

D'hermines, à une face fuzelée de six pièces de gueules; écartelé, d'or, à trois bandes d'azur.

38. — Henry de MONCHY, prestre, chanoine de Boulogne :

De gueules, à trois maillets d'or.

39. — Antoine de ROUSSEL, escuier, sieur de Bresmes, lieutenant de cavallerie dans les troupes boulonnoises :

D'argent, à un lion de sable, armé et lampassé de gueules et couronné d'or.

40. — Jean de MONTEWIS, escuier, sieur de la Mothe :

D'or, à un ancre de sable, posé en pal.

41. — Oudart HACHE, archidiacre et chanoine de la cathédrale de Boulogne :

D'argent, à deux haches d'armes adossées et passées en sautoir de sable, accompagnées en chef d'une étoile de gueules et en pointe d'une cannette de sable.

42. — César de MANCEL, escuier, sieur de Houdon (Houden) :

De sinople, à trois molettes d'argent, deux et une.

44. — Jean DU WIERS, escuier, sieur de Longprez, lieutenant grenadier des troupes boulonnoises :

D'azur, à un lion d'or, armé et lampassé de gueules.

45. — Marie de DISQUEMUE, fille :

Facé d'or et d'azur de huit pièces, au franc quartier de gueules, chargé d'un lion d'argent.

46. — Antoine DU TERTRE, escuier, seigneur de Beauval :

D'argent, à trois aigles chacun à deux têtes de gueules, bequez et onglez d'azur et posez deux et un.

47. — Ambroise DU TERTRE, escuier, seigneur d'Escocuffan (Escœussan), cy-devant capitaine-major au régiment du maréchal de Schulemberg, porte de même et *surmontez d'un lambel de gueules.*

48 *bis.* — Antoine DU BLAIZEL, escuier, seigneur d'Olinctun, capitaine des

gardes de feu S. A. M. le duc de Verneuil, pair de France, et Benoîte de Chinot, son épouze :

D'hermines, à une face fuzelée de six pièces de gueules; écartelé d'or, à trois bandes d'azur; *acolé :* d'argent, à trois molettes de cinq rais de gueules chacune, deux en chef et une en pointe.

49. — Charles de Montbeton, escuier, seigneur de la Mothe :

De gueules, à une cloche d'or, bataillée de même; écartelé d'azur, à une bande d'or.

50. — Pierre de Crandale (Crendalle), escuier, sieur de Chambreuil, fils :

D'or, à un lion de sable, armé, lampassé et éclairé de gueules, côtoyé de deux merlettes de sable posées en pointe.

51. — Marc de Guizelain (Guiselin), escuier, sieur de Lannoye, major d'un régiment d'infanterie des troupes boulonnoises :

D'azur, à trois paons d'or, deux en chef et un en pointe.

52. — Jean de Hemon (Hemond), escuier :

Échiqueté d'or et de gueules, à un franc quartier d'hermines.

53. — Antoine de Hemon (Hémond), escuier, seigneur de Dalle, porte de même.

54. — Jean de Hemon (Hemond), escuier, sieur de la Cour, porte aussy de même.

55. — Charles du Fay, escuier, sieur de la Latterie, cy-devant capitaine au régiment de Woüamin :

D'argent, semé de fleur de lis de sable.

56. — Alexandre de Halluen (Halluin), escuier, seigneur d'Alcoy :

D'argent, à trois lions de sable, couronnez, lampassez et armez d'or, posez deux et un.

57. — Louis-Marie Le Roy, escuier, sieur d'Ambreville, major de cavallerie du régiment de la Fresnoye :

D'azur, à un aigle à deux testes d'or accompagné de trois roses de même, deux en chef et une pointe.

58. — Louis du Campe, escuier, sieur de Tadinghen et autres lieux :

D'argent, à deux faces de gueules.

59. — Jean de Hemon (Hemond), escuier, seigneur de Saint-Michel :

Échiqueté d'or et de gueules, et un franc quartier d'hermines.

60. — François des Groseillers, escuier, seigneur de Quilon (Quilen) et de Saint-Léger :

De sable, à une croix ancrée d'argent.

61. — Antoine de Lastre, escuier, seigneur du Breuil et autres lieux, lieutenant-colonel d'infanterie des troupes boulonnoises :

D'argent, à un lion de sable, armé, lampassé et éclairé de gueules.

62. — Adrien Bigant, escuier, seigneur de T(h)ubeauville :

D'azur, à une face d'or, chargée de trois coquilles de sable et accompagnée de trois bezans d'or, deux en chef et un en pointe.

63. — François de Lastre, escuier, sieur Descaux (d'Escaux), cy-devant capitaine-lieutenant de la compagnie de Schombert :

D'argent, à un lion de sable, armé, lampassé et éclairé de gueules.

64. — Feu François de Patras de Campagne (Campaigne), escuier, sénéchal du Boulonnois, suivant la déclaration de Marguerite Toudenne (de Trudaine), sa veuve, portoit :

De gueules, à une croix d'argent; parti d'argent, à un lion d'azur, couronné, lampassé et armé de gueules.

65. — Antoine de la Pature, escuier, seigneur de Londefort :

D'argent, à une bande de sable, chargée de six lozanges d'or.

66 *bis*. — Philipes de la Haye, chevalier, seigneur de Wiere-au-Bois, lieutenant-colonel au régiment de Londefort, et Marie-Barbe Le Roy du Quesnel, son épouze :

D'azur, freté d'or, accompagné de huit chausses-trapes d'argent, posées en orle; *acolé :* d'azur, à un aigle à deux têtes d'or, accompagné de trois roses de même, deux en chef et une en pointe.

67 *bis*. — Bertrand de la Haye, chevalier, seigneur de la Houssaye et de Questreques, colonnel des troupes boulonnoises en garnison à Boulogne, et Marie-Françoise Destailleurs, son épouze :

D'azur, fretté d'or, accompagné de huit chausses trapes d'argent, posées en orle; écartelé d'or, à une croix ancrée de gueules; *acolé :* de gueules, à un lion d'or, adextré en chef d'une étoile de même.

68. — Antoine de la Haye, escuier, sieur du Hamel, lieutenant-colonnel des troupes boulonnoises :

D'azur, fretté d'or, accompagné de huit chausses-trapes (d'argent), rangées en orle, bordé d'une angrelure d'or.

69. — Jean de la Haye, escuier, sieur de Brequesen (Brexen), porte de même.

70. — Charles Scotté, conseiller du roi, assesseur en la sénéchaussée de Boulogne :

D'argent, à un lion de sable, lampassé et armé de gueules; et un chef d'or, chargé de trois bandes d'azur.

71. — Jean-Jacques Le Camus, sieur de Willembronne et du Laquet, doyen des conseillers du roi au siége de la sénéchaussée de Boulogne-sur-Mer et ancien mayeur de ladite ville :

D'argent, à une bande d'azur, accompagnée de deux flames de gueules, une en chef et l'autre en pointe, et la bande chargée de trois croissans d'or et de trois molettes de même, passées alternativement après les croissans.

72. — Alexandre de L'Étoile (Lestoille), escuier, seigneur de Fresneville, capitaine grenadier des troupes boulonnoises :

D'azur, à une croix d'or, cantonnée au premier, au second et au troisième d'une molette aussy d'or, et au quatrième d'un bezan de même.

73. — Oudart de Fiennes de la Planche, escuier, sieur de Drues, conseiller du roi en la sénéchaussée du Boulonnois :

D'argent, semé de billettes de sable, à un lion aussy de sable, lampassé et armé de gueules, chargé d'un bezan d'argent, posé en bande, brochant sur le tout.

74. — Daniel de Courteville, escuier, seigneur de Hodicq, colonnel d'un régiment d'infanterie en garnison à Air(e) :

D'or, à une croix ancrée de gueules.

75. — Jacques de Courteville, escuier, seigneur de Beauval, porte de même.

76. — François du Blaizel, escuier, seigneur de Belle-Isle et de Trielle :

D'hermines, à une face fuzelée de six pièces de gueules; écartelé : d'or, à trois bandes d'azur.

77. — Louis du Tertre, escuier, sieur dudit lieu et de Beauval :

D'argent, à trois aigles, chacun à deux testes, de gueules, bequez et onglez d'azur, posez deux en chef et un en pointe.

78. — Louis de L'Espault, escuier, seigneur du Honnoy :

D'or, à un créquier de gueules, surmonté d'un lambel de même.

79 *bis*. — Antoine Dandegau (d'Audegau), chevalier, seigneur d'Hubersen, Megrin et Rollet en partie, chevalier de l'ordre de Saint-Louis et mestre de camp de cavallerie, et Louise de Maulde, son épouze :

D'azur, à une croix alaizée d'or, accompagnée de trois croissans d'argent, deux en chef et une en pointe, et au-dessus du tout une onde d'argent; *acolé :* d'or, à une bande de sable frettée d'argent.

80. — Louis Acary, escuier, seigneur de Manninghan (Maninghen) :

D'or, à un aigle à deux testes de sable.

81. — Charles de CAMPAGNE, escuier, sieur de la Varenne, capitaine dans le régiment de Picardie :

De gueules, semé de trèfles d'or, à trois croix ancrées d'argent, deux en chef et une en pointe.

82. — Cézard de FLAHAULT, escuier, seigneur de la Fresnoye, mestre de camp de cavallerie :

D'argent, à trois merlettes de sable, deux en chef et une en pointe.

83. — Louis DU QUESNOY, escuier, seigneur d'Esceuil (Escœuilles), colonnel d'infanterie des troupes boulonnoises :

D'or, à un aigle à deux têtes de sable.

84. — François DU QUESNOY, escuier, seigneur d'Esceuil, fils, cy-devant capitaine de dragons dans le régiment de la Salle, porte de même.

85 *bis*. — Louis DU BLAIZEL, escuier, sieur du Moulinet, capitaine d'infanterie dans les troupes boulonnoises en garnison à Boulogne, et Antoinette MOUTON, son épouze :

D'hermines, à une face de six fusées de gueules; écartelé : d'or, à trois bandes d'azur : *acolé* : de sinople, à une toison ou peau de mouton étendue (en pal) d'argent, surmontée de trois larmes de même rangées en face, et un chef d'or, chargé de trois tourteaux de gueules.

86. — Philipes de HOUTE :

D'azur, à trois testes et cols de chiens d'argent, acolées d'or, posées deux et une.

87. — Pierre-Fursi POSTEL, escuier, sieur de la Mothe :

D'azur, à une gerbe de bled d'or, côtoyée de deux étoiles de même.

88. — Daniel de QUELQUE, escuier, seigneur dudit lieu, capitaine d'infanterie dans les troupes boulonnoises :

D'azur, à une croix double ou de Lorraine d'argent, surmontée de deux étoiles d'or en chef.

89. — Jean MOUTON, seigneur de Longueville, lieutenant de cavallerie des troupes boulonnoises :

De sinople, à une toison ou peau de mouton étendue en pal d'argent, surmontée de trois larmes rangées de même, et un chef d'or, chargée de trois tourteaux de gueules.

90. — L'abaye de *Samée* (Samer) :

D'or, à deux crosses adossées et passées en sautoir de sable, surmontées d'un massacre de cerf de même et accompagnés de trois tourteaux de gueules, posez deux aux flancs et un en pointe.

91. — Claude MANDINIER, escuier, sieur des Tarennes, capitaine d'infanterie des troupes boulonnoises :

D'azur, à trois mains dextres apaumées d'argent, deux et une.

92. — Louis LE TUEUR, escuier, sieur de Roucheval :

D'or, à un chevron de gueules, accompagné en chef de deux roses et en pointe d'une croix ancrée de même; écartelé : de gueules, à trois épées rangées en pal, la pointe en hault, d'argent, les gardes et poignées d'or.

93. — Michel LE ROY, baron du Val, président lieutenant général au siége de la sénéchaussée du Boulonnois :

D'or, à un lion de gueules; et un chef d'azur, chargé de trois étoiles d'or.

94. — Antoine LE ROY, chanoine et archidiacre de Boulogne, porte de même.

95 *bis*. — Gabriel de MAULDE, chevalier, seigneur, marquis de Colembercq et autres lieux, lieutenant du roy au gouvernement de Boulonnois, et Élisabeth de THOSSE (Tessé), son épouze :

D'or, à une bande de sable, frettée d'argent; *acolé :* d'azur, à un chevron d'or, accompagné de trois étoiles, deux en chef et une en pointe, celle-ci surmontée d'un oiseau béquetant un épi de blé, le tout d'or.

96. — Adrien de FOY, escuier, sieur de Guemegate (Guinegate) :

D'argent, semé de fleurs de lis de sable.

97. — Bertrand LIEGEARD (de Liégart), escuier :

D'azur, à un chevron d'argent, accompagné de trois étoiles de même, deux en chef et une en pointe, celle-ci soutenue d'un fer de moulin aussy d'argent.

98. — François de GUIZELAIN (Guiselin), escuier, sieur de Rocque :

D'azur, à trois paons d'or, deux et un.

99 *bis*. — Antoine de LA VILLENEUVE, escuier, seigneur des deux Airons et autres lieux, lieutenant-colonnel de dragons, et Élisabeth de LA HAYE, son épouze :

D'or, à trois chevrons de gueules; *acolé :* d'argent, à une croix de gueules, chargée de cinq étoiles d'or.

100 *bis*. — Daniel (de) TESTAR, escuier, sieur dudit lieu, et Austreberte WLART, son épouze :

D'hermines, écartelé de vair; *acolé :* d'argent, à trois anilles ou fer de moulin de gueules, deux et un.

101. — Philipes du CAUREL de Tagny, abbé commandataire de Notre-Dame de Beaulieu, ordre de Saint-Augustin :

D'argent, à une bande fuzelée de cinq pièces de gueules.

102. — L'abbaye de *Beaulieu*, porte de même (ce sont les armes de l'abbé et de la famille du Caurel et non celles de l'abbaye).

103. — Louis Le Tueur, escuier, sieur de Caill(o)uet, cy-devant lieutenant dans le régiment de Normandie :

D'or, à un chevron de gueules, accompagné en chef de deux roses et en pointe d'une croix ancrée de même ; écartelé : de gueules, à trois épées rangées en pal, les pointes en haut, d'argent, les gardes et les poignées d'or.

104 *bis*. — Ambroise François de Roussel, chevalier, seigneur de Germont, Honvault, Pernes, Longfossé, châtelain de Belle et major de cavallerie boulonnoise, et Jacqueline Françoise de Lastre, son épouze :

D'argent, à un lion de sable, lampassé et armé de gueules, et couronné d'or ; *acolé* : d'argent, à un lion de sable, lampassé et armé de gueules.

105. — Louis de la Pature (Pasture), escuier, seigneur d'Offretun, capitaine grenadier des troupes boulonnoises :

D'argent, à une bande de sable, chargée de six lozanges d'or.

106. — Isaac de Guizelain (Guiselin), escuier, sieur de la Pipennerie :

D'azur, à trois paons d'or, deux et un.

107. — Pierre Monnet (Monet), escuier, sieur de Jennestique (Zuvestic) :

D'azur, à un pal d'argent, chargé en chef d'une étoile de gueules et en pointe d'un croissant de même, et acosté de deux lions affrontez d'or, lampassez et armez de gueules.

108. — Robert Fizet, escuier, sieur de Cannevrale, lieutenant des troupes boulonnoises :

D'argent, à un chevron d'azur, accompagné de trois *angennes* (quintefeuilles) de gueules, deux en chef et une en pointe.

109. — Guillaume Fizet, escuier, sieur de la Halle, capitaine major dans les troupes boulonnoises, porte de même.

110. — Claude Fizet, escuier, sieur du Blaizel, capitaine au régiment de Bretagne, porte de même.

111. — Le couvent des religieuses de *Sainte-Ursule* :

D'azur, à un nom de Jésus d'or, accompagné en pointe de trois clouds de la Passion de même.

112. — Feu Antoine de Rocquigny, chevalier, seigneur de Pulcheux, suivant la déclaration de Marie Catherine de Montlezun, sa veuve, portoit :

D'argent, à trois fers de dards de sable, la pointe en bas (trois rocs d'échiquier), posez deux et un.

113. — Georges (de) Flahault, escuier, sieur de Lengagne :

D'argent, à un chevron d'azur, accompagné de trois merlettes de sable, deux en chef et une en pointe.

114. — Bertrand Le Camus, sieur de Guermont, bourgeois de Boulogne :

D'argent, à une bande d'azur, chargée de trois croissans d'or, posez alternativement avec trois molettes de même, accompagnée de deux flames de gueules et brizées d'un lambel de même, posé en chef.

115. — Antoine Vaillant, sieur du Châtelet, lieutenant particulier en la seneschaussée du Boulonnois :

D'argent, à un lion de sable, lampassé et armé de gueules, accompagné d'une étoile de même, posée au premier canton.

116. — La communauté des religieuses de l'abaye de *Longvilliers* :

D'or, à une croix pattée à huit pointes.

117. — Antoine Scotté de Velegan (Velinghen), pourveu des personnats de Bézinghen(m) et d'Embery (Embry) :

D'argent, à un lion de sable, lampassé et armé de gueules; écartelé : d'or, à trois bandes d'azur; le tout avec une bordure de sable chargée de cinq rustres d'argent, et de onze coquilles d'or oreillées de gueules, posées entre les rustres, trois en chef, trois à chaque flanc et deux en pointe.

118. — Philipes Le Porcq, sieur d'Imbertun (Imbrethun), bourgeois de Boulogne :

D'azur, à un chevron d'argent, accompagné de trois coquilles d'or, deux en chef et une en pointe.

119. — Jeanne du Blaizel, épouze de Victor du Wicquet, chevalier, seigneur baron d'Ordre :

D'argent, à une face fuzelée de six pièces de gueules; écartelé : d'or, à trois bandes d'azur.

120. — François du Blaizel, escuier, sieur dudit lieu :

D'argent, à une face fuzelée de six pièces de gueules; écartelé : d'or, à trois bandes d'azur.

121. — Louise de Lastre, épouze de Claude du Wicquet, sieur des Prez :

D'argent, à un lion de sable, armé et lampassé de gueules.

122. — Le couvent des *Annonciades* de Boulogne :

De gueules, à une annonciation d'argent, la Vierge rayonnée d'or, assize dans une chaize de même et ayant les pieds apuyez sur le marchepié d'un prie-Dieu aussy d'or; la teste contournée vers l'ange, qui tient un lis d'argent à sa main, surmonté d'un Saint-Esprit en forme de colombe de même, et accompagné en pointe d'une Sainte-Catherine aussy d'argent, couronnée d'or, tenant une palme d'or, acostée à dextre d'une roue de même.

123. — Bertrand de Poucques, escuier, sieur de Saint-Bazile :

D'or, à un lion passant de sable, armé et lampassé de gueules.

124. — Antoine de Poucques, escuier, sieur dudit lieu, porte de même.

125. — Henry du Plessis, escuier, sieur de Henneveux, le fils :

D'or, à cinq couronnes de sable, posées en sautoir; écartelé : d'argent, à une face de gueules chargée d'une trangle vivrée d'argent.

6

126. — Henry de l'ESTANDART, chevalier, seigneur d'Angerville :

D'argent, à un lion de sable, lampassé et armé de gueules, chargé sur l'épaule d'un écusson d'argent, facé de quatre (*alias* : trois) pièces de gueules.

127. — Marguerite de LA HAYE, veuve d'Adrien DU THIL, vivant seigneur de Quincy, lieutenant-colonnel du régiment de la Vallière :

D'azur, fretté d'or, accompagné de huit chausses-trapes d'argent, posées en orles.

128. — Bertrand DU THIL, chevalier, seigneur de Quincy, mineur :

D'argent, à un gantelet de fer poli au naturel posé en face, cantonné au 1er, 3e et 4e d'une lance brizée d'azur, ensanglantée de gueules, et au second d'une massue d'armes et d'un cimeterre aussy d'azur et passez en sautoir.

129. — Jean de LA BARRE, escuier :

D'azur, à une face d'or, accompagnée de trois levriers courants d'argent, acolez de gueules et bouclez d'or, posez deux en chef et un en pointe.

130. — Antoine de LA BARRE, escuier, sieur de Boisjulin, capitaine d'infanterie des troupes boulonnoises, porte de même.

131. — Françoise de LA VILLENEUVE, épouze de François (de) BERNES, escuier, seigneur de Trion :

D'or, à trois chevrons de gueules.

132 *bis*. — Pierre VIDAR (de Vidart), chevalier, seigneur de Saint-Clair, capitaine de vaisseau du roy et Catherine de ROUSSEL, son épouze, portent :

De gueules, à six flèches d'argent, trois en chef posées en pal et en sautoir, et trois en pointe rangées en pal; parti : d'argent, à un chevron de gueules, accompagné de trois chardons de sinople, deux en chef et un en pointe; *acolé* : d'argent, à un lion de sable, lampassé et armé de gueules, et couronné d'or; parti d'or, à une croix ancrée de gueules.

133. — Charles-Marie de POUCQUES, chevalier, seigneur d'Atigny :

D'or, à un lion passant de sable, armé et lampassé de gueules.

134. — Adrien de COURTEVILLE, escuier, seigneur dudit lieu :

D'or, à une croix ancrée de gueules.

135. — Antoine DU CROCQ, escuier, sieur du Hil et de Grandsart (Grandsars), bailly royal de Sures (Surques) :

D'azur, à un chevron d'or, accompagné de trois macles d'argent, deux en chef et une en pointe.

136. — Jean DU CROQ, sieur du Houvoy, bourgeois de Boulogne :

D'argent, à un lion de sable, lampassé et armé de gueules, percé d'un javelot qui lui traverse l'épaule, posé en barre, la pointe en haut, de sable, accompagné de trois étoiles de gueules, deux en chef et une en pointe, et une bordure de gueules, chargée de roses d'or, tigées et feuillées de sinople.

137. — Antoine BIGANT, escuier, sieur de Berminy :

D'azur, à une face d'argent, chargée de trois coquilles de sable, et accompagnée de trois bezans d'or, deux en chef et un en pointe; écartelé : d'or, à une croix ancrée de gueules, chargée en cœur d'un écusson d'argent, surchargé d'un lion de sable ayant sur l'épaule un écusson d'argent.

138. — Gabriel de LA FOLIE, escuier, sieur du Pir :

De sable, à une croix ancrée d'argent.

139. — Louis de CAMPMAJOR, sieur du Bail et de la Pagnerie, conseiller du roi et garde marteau des eaues et forests du Boulonnois :

De gueules, à une gerbe d'or, empoignée par une main d'argent, vêtue d'or, mouvante du flanc senestre, accompagnée en chef de sept étoiles aussi d'or, rangées en demi-cercle autour de la gerbe.

140. — Antoine de BAYRES, escuier, seigneur dudit lieu, lieutenant-colonel de cavalerie des troupes boulonnoises :

D'argent, à trois mouchetures d'hermines de sable, posées deux et une; écartelé : d'argent, à trois faces de gueules.

141. — Antoine SCOTTE, chanoine de l'églize cathédralle de Notre-Dame de Boulogne :

D'argent, à un lion de sable, lampassé et armé de gueules; et un chef d'or, chargé de trois bandes d'azur.

142. — Antoine de SAINT-MARTIN, escuier, sieur de Quehen :

D'argent, à un chevron de sable accompagné de trois quintes feuilles de gueules, deux en chef et une en pointe.

143. — Achilles de FIENNES, escuier, sieur de la Planche, procureur du roy de l'admirauté de Boulogne :

D'argent, semé de billettes de sable, à un lion aussy de sable, lampassé de gueules, et un bâton aussy de gueules en bande et brochant sur le tout.

144. — Daniel de MANCEL, escuier, sieur de Longvilliers :

De sinople, à trois molettes d'argent, deux en chef et une en pointe.

145. — Louis Bernard de FROHARD, escuier, sieur des Fontaines, major d'infanterie des troupes boulonnoises :

D'argent, à un lion de sable, lampassé et armé de gueules, et chargé sur l'épaule d'une croisette de même.

146. — Bernard MUTINOT, sieur de la Carnoye, contrôleur du roy et maître particulier des eaües et forests de Boulogne :

D'argent, à un chesne de sinople, terrassé de même, empoigné au tronc d'une main dextre coupée de gueules, et sommé de deux oiseaux affrontez de sable.

147. — Jean de CRANDALE (Crendalle), escuier, curé d'Edin-Labbé (Hesdin-Labbé) :

D'or, à un lion de sable, armé et lampassé de gueules, et éclairé de même, côtoyé de deux merlettes de sable, posées en pointe.

148. — Antoine DU WICQUET, escuier, sieur de la Creuse :

De sinople, à un chevron d'argent, accompagné de trois rustres de même, deux en chef et un en pointe.

149. — Jean-Louis, vicomte d'ISQUE, chevalier, seigneur de Manoir et autres lieux :

D'or, à une croix ancrée de gueules.

150. — Feu Charles de CAMPAGNE, escuier, sieur du Trait, suivant la déclaration de Marguerite de FRAMERY, sa veuve, portoit :

De gueules, semé de trèfles d'or, à trois croix ancrées d'argent, deux en chef et une en pointe.

151. — Estienne de CONSTANT, escuier, sieur d'Andisque :

D'or, à un lion de gueules, soutenant de ses deux pattes de devant une roue d'azur; écartelé : d'argent, à un sautoir alaizé d'azur; et sur le tout : d'azur, à un chien passant d'argent, acolé d'or.

152. — L'abbaye de *Longvilliers* :

D'or, à un lion de gueules, couronné d'or, entouré de neuf corneilles posées en orle de sable, becquées et membrées de gueules.

153. — François de BARDÉE, escuier, sieur de la Croix du Tronquois :

De gueules, à trois épées rangées en pal, la pointe en hault, d'argent, la garde et la poignée d'or.

154. — Henry-Jacques de CRÉQUI (Créquy), chevalier, seigneur baron de Baintun (Baincthun) et autres lieux :

D'or, au créquier de gueules.

155. — Louis DESCAULT (d'Escault), escuier, sieur de la Carnoye, capitaine des troupes boulonnoises :

D'argent, à un lion de sable, lampassé et armé de gueules, acolé d'une chaine d'or, de laquelle pend un écusson d'argent.

156 *bis*. — Alexandre LE ROY du Quesnel, escuier, chevalier de l'ordre de Saint-Louis, capitaine ingénieur en chef pour le roy, et Anne Françoise de LA HAYE, son épouze :

D'azur, à un aigle à deux têtes d'or, accompagné de trois roses de même, deux en chef et une en pointe; *acolé* : d'azur, fretté d'or, à huit chausses trapes d'argent posées en orle.

157. — François de Poilly, escuier, seigneur de Maresville, capitaine de la vennerie du roy :

D'azur, à un chevron accompagné en chef de deux anémones tigées et feuillées d'argent, et en pointe d'un lion de même lampassé de gueules.

158. — Antoine de la Rue, sieur du Rosoir (Rosoy), chevau-léger de la garde du roy :

Échiqueté d'or et de gueules ; écartelé : de gueules, à trois faces d'or.

159. — Antoine de Regnier, escuier, seigneur de Quincourt, chevau-léger, aide-major de la garde du roy :

D'azur ; écartelé : de gueules, à une croix ancrée d'or, et une bande d'argent brochant sur les quatre quartiers, chargée de six mouchetures d'hermines de sable.

160. — Antoine de la Planche de Fiennes, chanoine de l'églize cathédrale de Notre-Dame de Boulogne :

D'argent, semé de billettes de sable, à un lion aussi de sable, armé et lampassé de gueules, et un bâton de gueules posé en bande et brochant sur le tout.

161. — L'abaye de *Tubeauville* (Thubeauville) :

D'azur, semé d'étoiles d'or, à une tête de more de sable, couronnée d'or; coupé d'un pont d'argent, massonné de sable, sur une rivière d'argent, ondé de sable.

162. — François d'Halluin, escuier, (sieur) dudit lieu :

D'argent, à trois lions de sable, couronnez, lampassez et armez d'or, posez deux en chef et un en pointe.

163. — Feu Claude de Fresnoy, escuier, vivant capitaine lieutenant colonel major commandant le régiment d'Aumont, suivant la déclaration de Madelaine Villiers, sa veuve, portoit :

D'or, à une croix ancrée de gueules.

164. — Nicolas Hochard, sieur de Montechaure, lieutenant des carabiniers des troupes boulonnoises :

D'or, à deux lions affrontés de gueules, tenants deux roseaux de sable, tigez et feuillez de sinople, péris l'un en bande et l'autre en barre, surmontez d'un cigne au naturel.

165. — L'abbaye de *Saint-Vulmer* de Boulogne :

D'azur, à un chevron d'or, accompagné en chef de deux croissans d'argent et en pointe d'une gerbe d'or.

166. — Madelaine-Françoise de Riancourt (Riencourt), veuve de Charles du Blaizel, chevalier, seigneur de Saint-Aubin, vivant colonel d'infanterie dans les troupes boulonnoises :

D'argent, à trois faces de gueules, frettées d'or.

167. — Charles-Augustin du Blaizel, chevalier, seigneur de Saint-Aubin, fils mineur :

D'hermines, à une face fuzelée de six pièces de gueules; écartelé : d'or, à trois bandes d'azur.

168. — Gédéon-Antoine de Courteville, escuier, sieur de Walleville :

D'or, à une croix ancrée de gueules.

169. — Antoine Mausse, sieur de Roquebrune, gentilhomme de la vennerie du roy :

D'azur, a les deux lettres capitales A et M entrelassées d'or.

170. — Bertrand de Bena, escuier, sieur de Senlecque(s) :

De gueules, à trois faces d'or.

171. — La communauté des religieuses de la Chartreuse de *Neuville :*

D'azur, à une Notre-Dame, tenant sur son bras senestre l'enfant Jésus d'argent, couronnée d'or, et tenant de sa main dextre un lis d'or, tigé et feuillé de même.

172. — Robert du Raules (de Raulers), escuier, sieur de Mauroy, capitaine au régiment d'Hodicq dans les troupes boulonnoises :

D'or, à un chevron d'azur, accompagné en chef de deux molettes de sable et en pointe d'une rose de gueules.

173. — Jean le Caron, escuier, sieur de la Massonnerie, lieutenant colonel dans les troupes boulonnoises :

D'azur, à un chevron d'argent, accompagné en chef de quatre clefs de même passées en sautoir, deux à deux, et en pointe d'une teste de mort (Maure?) aussi d'argent.

174. — Denis Liegeard (de Liégart), escuier, sieur de Varennes, premier lieutenant de la compagnie des carabiniers du Boulonnois :

D'azur, à un chevron d'argent, accompagné en chef de deux étoiles et en pointe d'un fer de moulin surmonté d'une autre étoile, le tout d'argent.

175.— Claude de Lespaux (L'Espault), escuier, sieur de Contery, ayde major au régiment d'Aumont :

D'or, à un créquier de gueules.

176. — Jeanne de Campagne, veuve de N... de Heurteux, escuier, sieur d'Oringual :

De gueules, semé de trèfles d'or, à trois croix ancrées d'argent, deux en chef et une en pointe.

177. — Antoine de Bena, escuier, sieur de Safemont :

De gueules, à trois faces d'or.

178. — Charles-Cézar Flahault, escuier, sieur de la Billarderie, major de cavallerie au régiment de Cossé :

D'argent, à trois merlettes de sable, deux en chef et une en pointe.

179. — Anne-Angélique de OHIER GRANDVAL, fille :

De gueules, à deux épées, les pointes en haut et passées en sautoir, d'argent, les gardes et poignées d'or.

180. — Marie LARDÉ, épouze d'Antoine DU WICQUET, escuier, sieur de Norivaux :

D'or, à une croix de gueules, chargée de cinq sautoirs d'argent et cantonnée de quatre pommes de pin de sable.

181. — Nicolas de MONCHY, chevalier, seigneur d'Atin (Attin) :

De gueules, à trois maillets d'or, deux et un.

182. — Jean de HANNICQUE, escuier, sieur d'Herquilingue (Herquelines) :

D'or, à une face d'azur, accompagnée de trois roses de gueules, deux en chef et une en pointe.

RÉCAPITULATION

AMIENS

Armoiries des			livres.	livres.	
Personnes	229	à	20. . .	4580	5105 livres.
Abayes	3	à	50. . .	150	
Chapitre	1	à	. . .	50	
Chapitres	3	à	25. . .	75	
Communautez	10	à	25. . .	250	

PÉRONNE

Personnes	69	à	20. . .		1380

ARRAS

Personnes	201	à	20. . .	4020	4720 (4770)
Evêché	1	à	. . .	50	
Abayes	6	à	50. . .	300	
Communauté	1	à	. . .	50	
Autres communautez	10	à	25. . .	250	
Prévoté	1	à	. . .	25	
Justice	1	à	. . .	25	
Hostel de ville	1	à	. . .	50	
A reporter.	537 armoiries				11105 (11155)

De l'autre part. 537 armoiries. 11105 (11155)

SAINT-OMER

Personnes.	125	à	20. . .	2500	 2925
Ville.	1	à	. . .	100	
Chapitre.	1	à	. . .	50	
Autre chapitre.	1	à	. . .	25	
Abayes.	3	à	50. . .	150	
Communautez.	4	à	25. . .	100	

ABBEVILLE

Personnes.	178	à	20. . .	3560	 4275
Communautez.	19	à	25. . .	475	
Comté.	1	à	. . .	40	
Chapitres.	2	à	25. . .	50	
Prieurez.	2	à	25. . .	50	
Abayes.	2	à	50. . .	100	

BOULOGNE

Personnes.	184	à	20. . .	3680	 4080
Abayes.	5	à	50. . .	250	
Chapitre.	1	à	. . .	50	
Communautez.	4	à	25. . .	100	

1070 armoiries. 22535 (22585) livres.

Total : vingt-deux mil cinq cens trente-cinq livres [1] et les deux sols pour livre.

Présenté par le dit Vanier à nosseigneurs les commissaires généraux du Conseil, à ce qu'il leur plaise recevoir les dites armoiries et ordonner qu'elles seront enregistrées à l'armorial général conformément audit édit et arrests rendus en conséquence. Fait à Paris ce quinziesme juillet mil six cent quatre-vingt-dix-huit. Signé : De Larroc et de Bourvallais.

Les commissaires généraux députés par le roy par arrests du conseil des 4 décembre 1696 et 29 janvier 1697 pour l'exécution de l'édit du mois de novembre précédent sur le fait des armoiries.

Veu l'état ci-dessus des armoiries envoiées aux bureaux établis dans la généralité d'Amiens en exécution de l'édit du mois de novembre 1696, à nous présenté par Mᵉ Adrian Vanier chargé de l'exécution dudit édit, à ce qu'il

[1] Ce total devrait être de 22585 et non 22535 livres. Dans le chiffre de la recette d'Arras, il y a une erreur de cinquante francs au préjudice du trésor royal. Elle est encore reproduite à la page suivante dans l'engagement signé : Carqueville. Cela ne doit pas nous donner une grande idée du soin apporté alors à la vérification de la comptabilité.

nous plaise ordonner que les armoiries expliquées audit état seront receues et ensuite enregistrées à l'armorial général, les feuilles jointes audit état contenant l'empreinte ou l'explication desdites armoiries, nôtre ordonnance du 16 juillet dernier portant que ledit état et les feuilles seront montrées au procureur général, conclusions dudit sieur procureur général; ouy le raport du sieur de Breteuil, conseiller ordinaire du roy, en son conseil d'État, intendant des finances, l'un desdits commissaires;

Nous commissaires susdits, en vertu du pouvoir à nous donné par Sa Majesté, avons receu et recevons les *mil soixante-dix armoiries* mentionnées audit état et en conséquence ordonné qu'elles seront registrées, peintes et blasonnées à l'armorial général, et les brevets d'icelles délivrés conformement ausdits édit et arrests rendus en conséquence et à cet effet les feuilles des armoiries jointes audit état et une expédition de la présente ordonnance seront remises au sieur d'Hozier, conseiller du roy et garde dudit armorial général, sauf à estre ci-après pourveu à la réception de celles des armoiries qui se trouvent surcises par quelques articles de cet état. Fait en l'assemblée desdits sieurs commissaires tenue à Paris le huitiesme jour de aoust mil six cens quatre-vingt dix-huit.

Signé : SANDRAS.

Nous soussignez intéressez au traitté des armoiries nommez par délibération de la compagnie du 29 août 1697 pour retirer les brevets desdites armoiries, reconnoissons que monsieur d'Hozier nous a ce jourd'huy remis ceux mentionnez *au présent état au nombre de mil soixante-dix armoiries*, la finance principalle desquelles montant à *vingt-deux mil cinq cent trente-cinq livres*, prometons payer au trésor royal conformément au traité que nous en avons fait avec Sa Majesté.

Fait à Paris ce quatorzième jour d'août 1698.

Signé : CARQUEVILLE.

ÉTAT DES ARMOIRIES DES PERSONNES ET COMMUNAUTEZ, ETC. (Voyez page 1.)

GÉNÉRALITÉ D'AMIENS

AMIENS

SUIVANT L'ORDRE DU REGISTRE 1er

464. — François de la TOUR-SANDRIN, commis à la recette générale des finances en la généralité d'Amiens :

D'argent, à une fasse de sable, accompagnée en chef de deux raisins au naturel, tigez et feuillez de sinople, et en pointe d'un lion naissant de gueules, la face de sable, chargée d'une croix potencée d'or, accostée de deux étoiles d'argent.

478. — Antoinette GAUTHIER, veuve de Daniel MOUCHET, chevalier, seigneur de Voizel, a présenté l'armoirie qui porte :

De gueules, à trois perroquets d'argent, bequez et onglez d'or, aiant chacun un pied levé, deux en chef et un en pointe.

481. — Le *Séminaire* d'Amiens :

D'azur, à la figure de Jésus, regardant en fasse, vêtu et étendant ses bras d'or.

484. — La communauté des *Tonneliers* de la ville d'Amiens :

D'azur, à un compas à vis d'or ferré d'argent, la vis surmontée d'un tirrefond couché d'argent et soutenu d'une essette d'argent, emmanchée d'or, accompagné en chef d'une doloire couchée d'argent emmanchée d'or, le manche adextré.

485. — Marguerite de COCQUIEL, femme de Jean Bapt(iste) HÉMART, écuier, sieur de Bréviller, gentilhomme de Monsieur, frère unique du roy :

De gueules, à un lion passant d'or, couronné à l'antique de même et tenant de sa patte dextre un trèfle aussi d'or; coupé d'argent, à trois trèfles de sinople, deux et un.

490. — Marie Joseph de SACQUESPÉE, veuve de Charles LE CLERC, écuier, sieur de Bussy (Buissy), a présenté l'armoirie qui porte :

D'argent, à une bande de sable, accompagnée en chef d'un aigle, le vol abaissé, aussi de sable, et en pointe d'une molette à huit pointes de même.

496. — Marie Antoinette de CACHELEU, veuve de Jean-Bapt(iste) SONNEL, écuier, a présenté l'armoirie,qui porte :

D'or, à trois hures de sanglier de sable, défendues d'argent, lampassées et arrachées de gueules, deux en chef et une en pointe.

498. — Henry Louis Maximilien LE ROY, écuier, sieur de Jumel (Jumelles):

D'azur, à un aigle, le vol abaissé (*alias:* aigle éployée) d'or, accompagné de trois roses de même, deux en chef et une en pointe.

499. — Charles LE ROY, écuier, sieur du Bocquet (Boquet), porte de même.

500. — N... de FAY, fille damoiselle :

D'argent, semé de fleur de lis de sable.

501. — François de BROUILLY, écuier, sieur de Barly :

D'argent, à un lion d'azur.

505. — Le marquisat de *Chépy :*

D'or, à trois fasses de gueules.

510. — Jean CAUDEL, conseiller du roy, receveur du grenier à sel de Granvilliers :

Coupé, au premier de gueules, à une flèche d'argent empenné d'or, et un sabre d'argent, la garde et le pommeau d'or, passez en sautoir; et au deuxième d'argent, à un chevron de sable, accompagné en pointe d'une flamme de gueules.

511. — Charles BEAURAINS, écuier :

D'argent, à un chevron d'azur, accompagné de trois cœurs de gueules enflamez de même, deux en chef et un en pointe.

513. — François d'IPRE, écuier, seigneur d'Autieul (Authieule) et du Forestel-Croirault :

De gueules, à trois lions d'or posez deux et un, à l'orle de huit fleur de lis aussi d'or.

517. — Adrien PASQUIER, écuier, sieur de Riencourt :

D'azur, à un sautoir d'or, accompagné en chef de deux croissans de même et en pointe d'une étoile aussi d'or.

523. — Louis (de) LA GAUTERIE, écuier :

De gueules, à deux léopards d'argent, l'un sur l'autre, chargez chacun sur l'épaule senestre d'un croissant contourné de gueules.

527. — Honnoré MANNESSIER, curé de Nibat (Nibas) et Saucourt :

D'argent, à trois hures de sanglier arrachées de sable, deux en chef et un en pointe, et une étoile d'azur en abîme.

529 *bis*. — Guillaume de MARCILLAC, écuier, et Louise Marie de CAULLIÈRE, son épouze ;

D'azur, à trois marcs d'or, deux et un; *acolé :* d'argent, à une bande de sable, accompagnée de six merlettes de même posées en orle.

534. — Jean DE LA GAUTERYE (Gauterie), écuier, sieur de Gan(d), porte comme ci-devant art. 523.

541. — Marie Catherine LE CARON, femme de N... (Léonor Chrétien) de MONSURE, écuier, seigneur de Graval :

D'argent, à un chevron de gueules accompagné en pointe d'un trèfle de sinople.

547. — Charles OLIVIER, écuier, sieur de Grosserve :

D'argent, à une croix de gueules, cantonnée de quatre olives de sinople, tigées et feuillées de même.

549. — Jean PICQUETTE (Picquet), écuier, sieur d'Avelesge.

D'azur, à une bande d'or, chargée de trois merlettes de sable.

559 *bis*. — Feu François DU FRESNE, avocat en parlement, suivant la déclaration de Jeanne LE CARON, sa veuve, portoit :

D'argent, à un lion de gueules, couronné de même; *acolé :* d'argent, à un chevron de gueules, accompagné en pointe d'un trèfle de sinople.

565. — Charles TRENCART, prestre, docteur de Sorbonne et chanoine de l'église cathédrale d'Amiens :

Tranché de gueules sous or, à un chef denché d'azur, semé d'abeilles d'or.

588. — Jacques BRIET, curé de Mérélessart :

De gueules, à une croix d'argent, chargée de cinq mouchetures d'hermines de sable.

589. — Jacques LE MERCHIER, prieur, curé de la Maronde :

De gueules, à une gerbe d'or, surmonté d'un croissant d'argent.

593. — Jean Baptiste TRENCART, notaire royal à Amiens :

Tranché de gueules sous or, à un chef denché d'azur, semé d'abeilles d'or.

595 *bis*. — N... de CAROUGE DE CARVOISIN, écuier, seigneur de Vieilville (Viefvillers), et N... de BARBANY, sa femme :

D'or, à une bande de gueules et un chef d'azur; *acolé :* d'argent, à trois bandes d'azur, chargées de six aiglons d'or, un sur la première, trois sur la deuxième et deux sur la troisième.

608. — François de PONS (Pont), écuier, sieur de Grand, d'Avancourt :

De gueules, à un chevron d'argent, accompagné de trois croissans de même, deux en chef et un en pointe.

611. — Charles des ESSARTS, marchand :

De gueules, à une fasse d'or, chargée d'une étoile d'azur et accompagnée de trois croissans d'argent, deux en chef et un en pointe.

623 *bis*. — N... DACHEUX (d'Acheu), écuier, et N..., sa femme :

D'azur, à un chevron d'or, et un chef de même, chargé d'un lion passant de sable, lampassé et armé de gueules, et une bordure dentelée de même; *acolé :* d'azur, à un chevron or, accompagné en chef de deux roses d'argent, boutonnées d'or, et en pointe d'un lion 'or, lampassé et armé de gueules.

631. — Charles de MAREUIL, écuier, sieur de Fontaine, capitaine au régiment de Cotantin :

D'azur, à une fasse d'or, accompagnée de trois étoiles de même, deux en chef et une en pointe.

640. — Le prieuré de *Notre-Dame de Poix* :

D'or, à trois dains passans de sable, deux et un.

641. — Albert RICHARD, écuier, sieur de Proiville, garde du roy :

D'argent, à une gerbe de sinople liée d'or; parti : de sinople, à un croissant (contourné d'argent.

662. — Honnorée de VILLERS de Rousseville, femme de François PICQUET, chevalier, seigneur de Beauchamp :

D'argent, à une bande de sable, chargée de trois fleur de lis d'or.

664. — Catherine de VILLERS, femme de Michel MANESSIER, chevalier, seigneur de Maison, Guibermaisnil et autres lieux, porte comme ci-devant article 662.

666. — Antoine LE PRÉVOST DE ROMEREL, prestre, curé de la parroisse de Saint-Blimont :

Écartelé, au premier et au quatrième de sable, à une bande d'argent chargée de trois mouchetures d'hermines; au deuxième et au troisième d'argent, à trois bandes de sable; et sur le tout un écusson d'argent, bordé de gueules.

752. — Marie DU BOIS, femme de Michel LEBON, écuier, sieur de la Mothe :

D'or, à un buis arraché de sinople.

762. — Marguerite LUCAS, femme de Charles MOREL, écuier, sieur d'Hébescourt :

D'argent, à une fasse d'azur, chargée de trois glands tigez et feuillez d'or, accompagnée de trois oiseaux de sinople.

779. — Louis de BEAURAINS, prestre, curé de la parroisse de Vaudricourt :

D'azur, à une cloche d'argent, accompagnée en chef de deux croissans et en pointe d'une étoile, le tout d'argent.

783. — Le prieuré d'*Airaine(s)* :

De sinople, à un agneau passant d'argent; écartelé de gueules, à deux lions d'or adossez, les testes affrontées.

788 *bis*. — François-Ménélaus LE MOINE, écuier, sieur des Essarts, et Jacqueline d'YPRE (Ippre), son épouze :

D'azur, à une bande d'or, chargée de trois croix de gueules; *accolé* : de gueules, à trois lions d'or, deux et un, à l'orle de huit fleur de lis de même.

789. — Marie Catherine Picquet, femme de Jean-Baptiste Le Marié, sieur d'Aubigny, conseiller du roy, receveur des tailles de l'élection d'Amiens et receveur général des fermes de Sa Majesté :

D'azur, à une bande d'or, chargée de trois merlettes de sable, brisée en chef d'un croissant de gueules.

804. — François Hémart, seigneur du Tronquoy, président de la Monnoye d'Amiens :

D'argent, à six burelles de sable.

805. — Marie Denis, femme de Henry-Louis Carbonel, écuier, seigneur d'Hierville :

D'or, à un lion de sable, lampassé et armé de gueules.

809. — François Hannicque, prestre, curé de la parroisse de Frettemole :

D'or, à une fasse d'azur, accompagnée de trois roses de gueules, deux en chef et une en pointe.

873. — Marie Anne de Sachy, femme de François Dufresne (du Fresne), écuier, seigneur de Fontaines, Moliens-au-bo(i)s et Moliens-au-val, Hauteville et de Boyart, conseiller du roy, président trésorier général de France en la généralité de Picardie :

Échiqueté d'argent et de sable, à la bordure d'azur.

894 *bis*. — Louis de Carbonnel, seigneur de Baudricourt, et Magdelaine du Fay, son épouze, portent :

D'azur, à un chevron d'or, accompagné de trois coquilles de même ; *accolé* : d'argent, semé de fleur de lis de sable.

SAINT-OMER

SUIVANT L'ORDRE DU REGISTRE 1er

142. — Jean-Baptiste Girardot, avocat et procureur de ville :

D'argent, à un chevron de gueules, accompagné de trois croisettes patées de sable, deux en chef et une en pointe.

143. — Louis des Monts, licencié ès loix, avocat et échevin en charge de la ville de Saint-Omer :

De gueules, à trois lozanges d'hermines en fasse.

144. — Bertrand de DISQUEMUE, écuier, seigneur de Quehem, Quercamp :
Fassé d'or et d'azur de huit pièces, au franc-quartier de gueules, chargé d'un lion d'argent.

195. — Marie Louise de LABON, damoiselle :
D'azur, à un chevron d'or, accompagné en chef de deux trèfles d'argent et en pointe d'un lion de même.

ABBEVILLE

SUIVANT L'ORDRE DU REGISTRE 1er

208. — André Claude de CHÉRY (Chérie), écuier, seigneur de Villancourt :
D'or, à deux lions affrontez de sable, et un cœur de gueules, posé entre leurs pattes de devant.

209. — Antoine BOSLEROT, sieur de la Chapelle, commissaire des classes des matelots :
D'azur, à un chevron d'or, accompagné en chef de deux colombes affrontées d'argent, et en pointe d'un lion de même, lampassé et armé de gueules.

210. — Françoise EMART (Hémart), veuve de N... de Dompierre, conseiller au présidial d'Abbeville, a présenté l'armoirie qui porte :
D'or, à un lion de sable, lampassé et armé de gueules.

211. — Pierre PRÉVOST, receveur de M. le comte de Toulouze, duc Damville, pair et amiral de France :
D'azur, à un lion d'or.

215. — François DUCHESNE (du Chesne), bourgeois d'Abbeville :
D'azur, à un chevron d'or accompagné de trois *glands* tigez et feuillez de même, deux en chef et un en pointe.

216. — François DUCHESNE (du Chesne), avocat en la sénéchaussée de Ponthieu et siége présidial d'Abbeville, porte de même.

217. — N... de MILLEN :
D'azur, à un lion d'or, lampassé et armé de gueules.

218. — Adrien WIGNIER, conseiller du roy, assesseur en l'hostel de ville d'Abbeville :
D'azur, à un chevron d'or, accompagné de trois étoiles d'argent, deux en chef et une en pointe.

219. — Joseph d'Amiens, avocat en Parlement et au présidial d'Abbeville :

Échiqueté d'argent et d'azur, à une croix de gueules brochante sur le tout.

220. — Le couvent des religieuses de *Saint-François* d'Abbeville :

De gueules, à une croix haussée d'argent, posée entre deux bras de carnation, mouvans des deux angles de la pointe de l'écu, d'une nuée d'argent, les mains percées de sable; passez en sautoir, l'un derrière la croix, vêtu de sable, et l'autre au-devant de la croix, qui est nud.

221. — Claude Lennel (Lesnel), bourgeois, expert juré à Abbeville :

D'azur, à un cœur d'argent, ailé d'or et enflamé de gueules; et un chef cousu d'azur, chargé de trois étoiles à six rais d'or.

222. — N..., veuve de N... Legorgue (de Lagorgue) :

D'or, à trois merlettes de sable, deux et une.

226. — Jacqueline Tillette, veuve de Jean Disque (d'Isque), chevalier, seigneur d'Armorique (Hermerengues) :

D'azur, à un chevron d'or, accompagné de trois trèfles de même, deux en chef et un en pointe; et un chef aussi d'or, chargé d'un lion passant de sable, lampassé et armé de gueules.

227. — Jacques Tillette, sieur de Saint-Antoine, antien capitaine de la Jeunesse :

D'azur, à un chevron d'or, accompagné en chef de deux trèfles et en pointe d'une coquille de même; et un chef aussi d'or, chargé d'un lion passant de sable, lampassé, alumé et armé de gueules.

228. — Nicolas de Legorgue, marchand drapier à Abbeville :

D'or, à trois merlettes de sable, deux et une.

231. — Jean Héricy, bourgeois d'Abbeville :

D'azur, à un chevron d'or, accompagné en chef de deux molettes de cinq pointes, et en pointe d'un houx de cinq feuilles, arraché de même.

232. — Michel Gasse, bourgeois et marchand à Abbeville :

De gueules, à un laurier d'or fruité de sable, accompagné en chef de deux étoiles à six rais d'or.

233. — Nicolas Danzel, seigneur de Busmenard :

D'or, à un lion de gueules.

234. — Feu Michel Monvoisin, bourgeois et marchand à Abbeville, suivant la déclaration de N..., sa veuve, portoit :

D'argent, à une *montagne* de cinq coupeaux de sinople, trois et deux; et un chef d'azur chargé de trois étoiles à six rais d'or.

236. — N..., Octameri de Roy, prestre et directeur confesseur des religieuses de l'abaye royale de Notre-Dame d'Espagne :

D'azur, à un cœur d'or, enflamé de gueules, percé de deux flèches d'or, passées en sautoir à travers du cœur, avec ces trois mots autour : *Dum spiro, spero.*

237. — François MICHAULT, notaire royal et argentier de la ville d'Abbeville :

D'azur, à une fasse d'or, accompagnée de trois cannes de même, deux en chef et une en pointe.

238. — François de CALLONNE, bourgeois et marchand à Abbeville :

D'argent, à un lion de gueules.

240. — Jacques BRIET, bourgeois et marchand de la ville d'Abbeville :

De gueules, à une croix d'argent, chargée de cinq mouchetures d'hermines de sable.

246. — Charles LEFEBVRE, sieur de la Cardonette, avocat en Parlement et ancien conseiller du roi, et grenetier au grenetier à sel d'Abbeville :

De gueules, à trois chevrons d'or ; et un chef cousu d'azur, chargé d'une teste de lion d'argent, lampassée de gueules.

247. — Philippes GAILLARD, sieur d'Hervelois :

D'azur, à un chevron d'argent, accompagné de trois croix patées de même, deux en chef et une en pointe.

249. — Charles CARDON, bourgeois et marchand à Abbeville :

D'or, à un chardonneret au naturel, perché sur une tige de *chardon* de sinople mouvante de la pointe de l'écu, surmonté de trois chardons de sinople, tigez et feuillez de même, fleuris de gueules, rangez en chef.

250. — Jacques de BEAUVARLET :

De sable, à une fasse d'argent, accompagnée en chef de deux étoiles d'or, et en pointe d'un croissant d'argent.

252. — Pascal GAILLARD, bourgeois d'Abbeville, porte comme ci-devant art. 247.

253. — François LEFEBVRE, prestre, chanoine de Saint-Vulfran et principal du collége d'Abbeville, porte comme ci-devant art. 246.

254. — N... (Claire) de MONTMORENCY, fille :

D'or, à une croix de gueules, cantonnée de seize alérions d'azur.

255. — Catherine de BUISSY, veuve de François GAIGNEREL, conseiller du roi, assesseur au siége présidial d'Abbeville :

D'argent, à une fasse de gueules, chargée de trois boucles d'or.

256. — Marie Marguerite FUZELLIER (le Fuzelier), femme de N... (Honoré) de BUISSY, conseiller du roi, lieutenant particulier au juge présidial d'Abbeville :

D'or, à trois *fuzeaux* de gueules, deux en chef et un en pointe.

258. — Jean COULLON, bourgeois d'Abbeville :

D'argent, à trois colombes de sable, deux et une.

260. — Pierre Meurice, bourgeois et marchand mercier à Abbeville :

D'or, à trois *meures* de pourpre, tigées et feuillées de sinople, deux en chef et une en pointe.

261. — Antoine Meurice, bourgeois et marchand mercier, porte de même:

264. — Charles de Létoille (Lestoille), écuier, seigneur de Frenneville et d'Acquettaine (Aquitaine) :

D'azur, à une croix d'or, cantonnée au premier, au second et quatrième d'une molette de même, et au troisième d'un besan aussi d'or.

268. — Henry de Monceaux, chevalier (seigneur) d'Hanvoille :

Échiqueté d'or et de gueules, chargé en chef d'un lambel d'argent.

269. — N... (Madeleine) Le Roy de Camelun, fille (de Nicolas Le Roy, seigneur de Camelun) :

Coupé d'or et d'hermines par une fasse en devise de sinople, à un léopard de gueules en chef.

270. — Jean de Vaudricourt, écuier, sieur de Laleu :

De gueules, à un orle d'argent, surmonté d'un lambel de même.

272. — Nicolas Gaillard de Coullonvillers, porte comme ci-devant art. 247 :

273. — Etienne Froissart, prestre, curé de la parroisse de Boubert (Boubers) :

D'azur, à une fasse haussée d'or, surmontée de trois trèfles de même, rangez en chef, et accompagnée en pointe d'une canette d'argent, béquée et éclairée de gueules, nageante sur des ondes d'argent.

276. — Josep(h) François Lescot, notaire royal apostolique à Abbeville :

D'azur, à un coq d'or; coupé d'azur, à trois bandes d'or.

278. — Françoise du Mast, femme d'Antoine Danvin, écuier, sieur d'Artentun (Hardenctun) :

De gueules, à trois testes de lion d'or, deux en chef et une en pointe.

279. — Joseph François (de) Licques, écuier, seigneur de Tosset (Tosflet) :

D'argent, à trois bandes d'azur, et une bordure de gueules.

280. — Jacques de Bezu, écuier, sieur de Fricourt :

D'azur, à un chevron d'or, accompagné de trois molettes de même, deux en chef et une en pointe.

281. — Françoise Le Roy, femme de Nicolas de Sellier, écuier, seigneur de Frireulles, porte comme ci-devant art. 269.

282. — George Lardier, écuier, sieur de Sarcenne :

De gueules, à un fer de rateau d'or, les pointes en bas.

283. — François DANZEL, bourgeois et marchand à Abbeville :

D'or, à un dain passant d'or, aillé de même.

287 *bis*. — Jacques François de FONTAINES, chevalier, seigneur de Vurincourt (Woincourt), Serizy, et Héleine BONNET, sa femme :

D'or, à trois écussons de vair bordez de gueules, deux et un; *accolé :* d'argent, à un lion de gueules, accompagné de huit billettes de même, posées en orle.

288. — N... DU VAL :

D'argent, à une fasse échiquetée d'or et de sinople de deux traits, accompagnée en chef de deux bouquets de coquerelles de gueules, et en pointe d'une grape de raisin de sable, tigée et feuillée de sinople.

289. — Vulfram FIRMIN, bourgeois et marchand à Abbeville :

D'azur, à un chevron d'or, accompagné de trois testes de lévriers arrachées d'argent, accolées de gueules et bouclées d'argent, deux en chef et une en pointe.

299. — N... MACHARD, médecin à Abbeville :

De gueules, à un char de triomphe d'or, pointé d'un mas de navire de même, girouetté d'argent; et un chef cousu d'azur, chargé de deux étoiles d'argent.

300. — N..., veuve Louis FORMENTIN, bourgeoise d'Abbeville :

D'azur, à trois épis de froment d'or, tigez et feuillez de même, rangez sur une terrasse de sinople, accompagnez en chef d'une étoile à six rais d'or.

301. — Joseph CRETON, avocat en parlement :

D'azur, à un chevron d'argent, surmonté d'un croissant de même, et accompagné de trois billettes d'or, deux en chef et une en pointe.

302. — Joseph VARLET, avocat au siége présidial d'Abbeville, conseiller du roy, assesseur en la mairie de ladite ville :

D'azur, à trois pattes de loup, coupées d'or, armées de sable, posées deux et une.

304. — Philippe GAILLARD, sieur de Rocquelier, porte comme ci-devant art. 247.

307. — Francois JOSSE, bourgeois et marchand à Abbeville :

De sinople, à un sautoir d'argent, chargé d'une étoile à six rais de sable, et accompagné d'une croisette d'or en chef, et de trois coquilles de même, deux aux flancs et une en pointe.

308. — Anne LERMINIER, veuve de N... LIAULT, seigneur de Sillonville :

D'argent, à trois mouchetures d'herminės, deux et une.

309. — Marie LERMINIER, fille, porte de même.

314. — Charles BLONDIN, bourgeois et marchand drapier à Abbeville :

D'or, à un cerf de sable.

316. — Elizabeth MAURICE (Meurice), veuve d'Antoine HERVY, bourgeois d'Abbeville, porte comme ci-devant art. 260.

321. — Suzanne de MONCHY, veuve de Jean de SACQUESPÉE, chevalier, seigneur d'Eslincourt (de Sélincourt) :

De gueules, à trois maillets d'or, posez deux et un; et un écusson posé en abîme de même, chargé d'une bande de gueules.

322. — Jeanne LE ROY DE JUMELLE, veuve de Pierre LERMINIER, conseiller du roy, président au siége présidial d'Abbeville :

D'argent, à un aigle à deux testes de sable, couronnées d'or.

328. — Jean de CAHON, bourgeois et marchand à Abbeville :

D'azur, à une barre d'argent, et un lion d'or brochant sur le tout.

330. — Nicolas DANZEL, bourgeois et marchand à Abbeville :

D'azur, à un dain (daim) passant d'or, ailé de même.

335. — François POULTIER, bourgeois et marchand à Abbeville :

D'azur, à un chevron d'argent, accompagné de trois poulets de même, cretez et barbez de gueules, bequez et membrez d'or, deux en chef et un en pointe.

338. — Joseph de LA RUE, écuier, sieur de la Varsorie :

D'argent, à trois fasses de gueules.

340. — Jacques MEURICE, bourgeois, marchand drapier à Abbeville, porte comme ci-devant art. 260.

342. — Marie BECQUIN, fille, bourgeoise d'Abbeville :

D'azur, à trois testes d'aigle arrachées d'or, tenant chacune en leur bec une aire ou nid d'oiseau de même, deux en chef et un en pointe.

344. — Le couvent des religieux *Jacobins* d'Abbeville :

De gueules, à une sainte Trinité d'argent.

349. — N..., veuve d'Antoine MONVOISIN, bourgeois et marchand à Abbeville, a présenté l'armoirie qui porte :

D'argent, à une *montagne* de cinq coupeaux ou monticules de sinople, trois et deux; et un chef d'azur, chargé de trois étoiles d'or, de six rais chacune.

351. — Louis SAMSON (Sanson), bourgeois et échevin en charge de la ville d'Abbeville :

D'argent, à trois *sansonnets* de sable, éclairez, béquez et membrez de gueules, deux en chef et un en pointe.

352. — Alexandre SANSON, bourgeois et marchand à Abbeville, porte de même.

354. — Adrien DU BOS, bourgeois d'Abbeville :

D'or, à trois roses de gueules, boutonnées d'or, tigées et feuillées de sinople, deux et une.

361. — Jean DAILLY, bourgeois et marchand à Abbeville :

D'or, à trois oignons d'*ail*, arrachez de sable, deux et un.

363. — Louis Tillette, sieur du Bas, porte comme ci-devant art. 226.

368. — N... Boully, bourgeois et marchand à Abbeville, suivant la déclaration de Françoise Poultier, sa veuve, portoit :

D'azur, à une bande d'or, chargée de trois tourteaux de gueules.

372. — Feu N... Diriger, contrôleur du domaine de Ponthieu et ancien échevin de la ville d'Abbeville, suivant la déclaration de N... sa veuve portoit :

D'azur, à un cerf passant d'or, surmonté d'une moucheture d'hermines de même, posée au deuxième canton.

378. — Jacques Blondin, bourgeois et marchand à Abbeville :

D'or, à un cerf de sable.

383. — François Léonard du Four, écuier, seigneur de Thibaumer :

D'azur, à un chevron d'or, chargé d'une coquille de gueules, et accompagné de trois chiens passans d'argent, deux en chef et un en pointe.

384. — Marie Le Roy d'Irancy, fille, damoiselle :

D'azur, à trois écussons d'argent, posez deux et un; chacun chargé d'une croix ancrée de gueules.

385. — François de Doncœur, écuier, seigneur de Ponthoille en partie :

D'or, à un chevron de gueules, et un chef de même, chargé d'une croix d'argent.

387. — Daniel de Montmorency, écuier, seigneur de La Courtaubois, capitaine de carabiniers :

D'or, à une croix de gueules, cantonnée de seize alérions d'azur.

388. — Jean de Cermoise (Sermoise), bourgeois d'Abbeville :

D'azur, à une teste de cerf d'argent, posée de front et surmontée d'un Moïse de même, posant ses mains sur les deux tables de la loy accolées devant luy, aussi d'argent.

389. — Feu... Nacart, suivant la déclaration de N... de Bernay, sa veuve, portoit :

D'argent, à une croix ancrée de gueules; écartelé d'argent, à un lion de gueules; et une bande d'azur brochante sur les quatre quartiers, chargée de cinq églises d'argent.

390. — Jean Baptiste Daligre (d'Aligre), chevalier de l'ordre militaire de Saint-Jean de Jérusalem, dit de Malte, commandeur de Beauvais-les-Abbeville :

Burelé de dix pièces d'or et d'azur, à un chef d'azur, chargé de trois soleils d'or.

394. — N... de Fay, écuier, seigneur de Guimegatte (Guinegatte) :

D'argent, semé de fleur de lis de sable.

395. — N... Frouart, veuve de N... de Louvigny, porte de même (*sic*).

397. — Le couvent des religieux *Minimes* d'Abbeville :

D'azur, à une Assomption de la Sainte Vierge d'or; les quatre anges à genoux sur des nuées d'argent.

398. — Catherine DESCAULLE (d'Escaules), femme de Jacques BERNARD (seigneur) de... (Nullemont) et Moismont :

D'argent, à une fasse de gueules, chargée de trois besans d'or.

399. — François LE BLOND, curé du village d'Ailly-le-haut-clocher :

D'azur, à un chevron d'argent, accompagné de trois roses de même, boutonnées d'or; deux en chef et une en pointe.

400. — Charles MONGINOT, écuier :

D'azur, à une palme posée en pal, accostée de deux clefs de même les pennetons confrontés, le tout d'or; soutenu de trois coquilles rangées de même.

402. — Jean LOIZEL (Loisel), écuier, sieur de Gauche (le Gaucher), chevauléger de la garde du roy :

De gueules, à un chevron d'or, accompagné en chef de deux oiseaux affrontez d'argent, et en pointe d'un levron courant de même, accolé et bouclé d'or.

404. — Marguerite DU VAL, femme de Philippe BUQUIN, sieur de Beauvillier(s), conseiller du roy, lieutenant général criminel au présidial d'Abbeville :

D'argent, à une fasse échiquetée d'or et de sinople de deux traits; accompagnée en chef de deux bouquets de coquerelles de gueules, et en pointe d'une grape de raisin de sable, tigée et feuillée de sinople.

407. — Claude de FRIEUCOURT, écuier, seigneur de Tully :

D'argent, à un chevron de sable (*alias* de gueules), accompagné en chef de trois tourteaux de sable à dextre, posez deux et un; et de trois carreaux de sable à senestre, posez aussi deux et un, et en pointe de trois autres carreaux de sable mal ordonnez.

413. — Jean MÉRIGUIOT (Monginot), écuier, porte comme ci-devant art. 400.

AIRE

SUIVANT L'ORDRE DU REGISTRE 1er

1. — Philippes MOREAU, conseiller du roy, grand bailly héréditaire des ville et baillage d'Aire :

De gueules, à trois testes de mores au naturel, liées et perlées d'argent, accolées du colier de perles de même, et posées deux en chef et une en pointe.

2. — La ville d'*Aire* :

De gueules, à un aigle d'argent, bequé et onglé d'or.

3. — Dominique de Grenet, seigneur de Cohein (Cohen) :

D'azur, à trois gerbes d'or, deux et une.

4 *bis*. — Jean Paul de Catris, sieur de Liestre, et N... de la Vieuville, sa femme :

D'argent, à un chevron de gueules, accompagné de trois levrons de sable, deux en chef affrontez, courans sur le chevron, et un passant en pointe; *accolé :* de fassé d'or et d'azur. de huit pièces, à trois annelets de gueules, brochans sur les deux premières fasses.

5. — Louis Ignace de Guistel (Ghistelles), seigneur de Serny :

De gueules, à un chevron d'hermines, accompagné de trois molettes à cinq pointes d'argent, deux en chef et une en pointe.

6. — Jacques Léandre de Fiennes :

D'argent, à un lion de sable, lampassé et armé de gueules, brisé au premier canton d'une étoile à six rais de même.

7. — Augustin Willeron, abé de Saint-Augustin :

D'azur, à une fasse vivrée d'hermines, accompagnée en chef de deux étoiles d'or et en pointe d'un croissant de même.

8. — L'abaye de *SaintAugustin* en Artois :

D'azur, à quatre fleur de lis d'or, une en chef, deux aux flancs et une en pointe.

9. — Antoinette Waresquiel, femme de Jacques-Léandre de Fiennes :

D'argent, à un chevron de sable; écartelé de gueules, à trois merlettes d'argent, deux et une.

10. — François-Gabriel de Bacquelerot, dit Bailleul :

De gueules, à un sautoir de vair.

11. — Le chapitre de l'église collégiale de *Saint-Pierre* d'Aire :

De gueules, à deux clefs d'argent, adossées et passées en sautoir.

12. — Le couvent des religieux du prieuré de *Saint-André :*

D'argent, à un sautoir de gueules, sur lequel est attaché un saint André de carnation, la teste ornée d'une gloire d'or, vêtu de pourpre, ceint d'une ceinture d'or, les mains et les pieds attachez avec des cordes de même.

13. — N... de la Barre, abé, prévost des chanoines de l'église collégiale de *Saint-Pierre* d'Aire :

D'argent, à une croix ancrée de gueules; écartelé d'or, à trois testes de loup de sable, deux et une.

14. — Marie Thérèse de Catris :

D'argent, à un chevron de gueules accompagné de trois levrons de sable, deux en che[f] affrontez, courans le long du chevron, et un en pointe passant.

15. — Antoine Joseph HUBERT, écuier, seigneur de Tannay :

D'argent, à une fasse d'azur, accompagnée de trois trèfles de sable, deux en chef et un en pointe.

16. — Noël SENIGOU, argentier de la ville d'Aire :

D'azur, à un cigne d'argent, béqué de gueules, nageant et abaissant sa teste dans une onde aussi d'azur.

17. — François Ignace COCHART, conseiller du roy et son procureur héréditaire ès-ville et baillage d'Aire :

D'argent, à un coq de sable, crété, bequé, barbé et onglé de gueules, posé en chef, et deux lions aussi de sable posez en pointe.

18. — Jacques LE ROY, bourgeois de la ville d'Aire :

D'azur, à trois couronnes d'or, le cercle doublé de gueules, deux en chef et une en pointe.

19. — Jacques FOURNIER, avocat :

D'azur, à une licorne saillante d'argent; écartelé d'or, à une hure de sanglier, arrachée de sable, deffendue d'argent.

20 *bis*. — Louis VANDERHAER, écuier, seigneur de Berlincourt et Catherine Pétronille DU BOSQUEL, sa femme :

De gueules, à trois lozanges d'argent, deux et un; *accolé* : d'azur, à un franc-quartier d'argent, chargé d'un écureuil assis au naturel.

21. — Pierre Florent de VANDERHAER, écuier, prestre, chanoine de l'église collégiale de *Saint-Pierre* d'Aire :

De gueules, à trois lozanges d'argent, deux et un.

22. — Antoine François WOORM, conseiller du roy, lieutenant-général héréditaire des ville et bailliage d'Aire :

De gueules, à une fasse accompagnée en chef d'une fleur de lis accostée de deux étoiles à six rais, et en pointe d'un chevron, qui est accompagné en pointe d'un croissant, le tout d'or.

23. — Louis GARÇON (Garson), avocat :

De gueules, à une fasse d'argent, chargée de trois roses de gueules.

24. — Philippe Albert de MELEUN (Melun), écuier, seigneur d'Annocq :

Écartelé, au premier d'azur, à sept besans d'or, trois, trois et un, et un chef d'or brizé au côté dextre d'un croissant d'azur; au deuxième de sable, à une bande d'or, chargée de trois fers de moulin de gueules; au troisième vivré d'argent et de gueules; et au quatrième de gueules, à trois crampons d'or, posez en pal, deux et un.

25. — Jean François de VITRY, écuier, seigneur de Broeucq et autres lieux :

D'or, à trois roses de gueules, pointées de sinople, deux en chef et une en pointe.

26. — Jacques PIERRAT, prestre, chanoine et trésorier de la collégiale de Saint-Pierre d'Aire :

D'argent, à un sautoir ancré et écoté de gueules, accompagné de quatre œillets de même, tigez et feuillez de sinople.

27. — Dominique Joseph LE RICHE, chantre et chanoine du chapitre de Saint-Pierre d'Aire :

D'azur, à un chevron d'or, accompagné de trois roses de même, deux en chef et une en pointe.

28. — Jean Baptiste PANSA, prestre et chanoine de la collégiale de Saint-Pierre d'Aire :

D'argent, à une montagne de sinople surmontée d'un cœur de gueules, et trois étoiles à six rais de sable rangées en chef.

29. — Jacques BARD, docteur en médecine :

De gueules, à deux daufins d'argent adossez.

30. — Paul Ferdinand VAN ALSTEIN, chanoine de la collégiale de Saint-Pierre d'Aire :

De sable, à des lozanges d'argent sans nombre, et un lion d'or, lampassé et armé de gueules.

31. — Charles Guillaume MAÏS, licencié en médecine :

D'azur, à une fasse d'argent, accompagnée en chef d'étoiles sans nombre d'or, et en pointe de trois massues de même, rangées en pal.

HESDIN

SUIVANT L'ORDRE DU REGISTRE 1er

1. 2. — Louis de CALONNE, chevalier, marquis de Courtebourne, baron de Bouquehant, seigneur de Bouvelinghem, petit Quercamp, Boncourt et autres lieux, lieutenant de roy de la province d'Artois, maréchal de camp des armées de Sa Majesté, gouverneur de Hesdin et inspecteur général de la cavalerie et dragons de Flandre, et Marie Françoise de GÉRARD, sa femme :

D'argent, à un aigle de sable becqué et membré de gueules; *accolé :* d'azur, à un croissant d'argent posé en cœur, accompagné de cinq étoiles d'or, posées en orle, deux, deux et une.

3. — Charles de CALONNE DE COURTEBOURNE, prestre, abé commandataire de Notre-Dame de la Couronne, diocèse d'Angoulesme :

D'argent, à un aigle de sable, becqué et membré de gueules.

4. — Jean-Baptiste de VILLEPAUX, chevalier, seigneur de Villiers, Villers, Mareuil, Cauberog, Huchenneville, Goencourt, Limercourt et autres lieux, maréchal de batailles des armées du roy, commandant pour Sa Majesté au gouvernement d'Hesdin :

De gueules, à une fasse d'or, accompagnée en chef de trois coquilles de Saint-Michel de même, et en pointe d'un cheval mort de sable.

5. — Elizabeth de THOSSE, femme de Jean Baptiste de VILLEPAUX, chevalier, seigneur de Villiers, Villers, Mareuil, Cauberog, Huchenneville, Goencourt, Limercourt et autres lieux, maréchal de bataille des armées du roy, commandant pour Sa Majesté au gouvernement de Hesdin :

De gueules, à un chevron d'argent, accompagné de trois étoiles de même, deux en chef et une en pointe, sur laquelle est perchée une colombe d'or, béquetant un épi de bled de même.

6. — Pierre Paul SCHUERMANS, écuier, major au gouvernement de Hesdin :

D'or, à trois merlettes de sable, deux et une.

7. — Charles de HAUMONT, écuier, sieur du Boulay, ayde-major au gouvernement de Hesdin :

D'azur, à un chevron d'or, accompagné de trois croissettes de même, deux en chef et une en pointe; et un chef d'argent, chargé de trois couronnes d'épines de sinople.

8. — François Bernard DU PUICH (du Puis), écuier, seigneur du Quesnoy et autres lieux, conseiller du roy, contrôleur ordinaire des guerres, antien lieutenant-général du baillage d'Hesdin :

De sinople, à une fasse d'argent, surmontée d'un croissant de même.

9. — François d'ESPOMARE, écuier, sieur du Limare :

D'argent, à un pal d'azur, chargé de trois coquilles d'or et soutenu de deux griffons affrontés de sable.

10. — Philippe de BELVALET, écuier, sieur de Brévillié (Brévilliers) :

D'argent, à un lion de gueules morné.

11. — La ville de *Hesdin* :

Parti d'argent et de gueules, à deux étoiles en chef de l'un en l'autre.

12. — Jacques-Théodore de FIENNES, chevalier, seigneur de Regnauville, Hestou, Capelle, Guigny, etc. :

Écartelé, au premier et quatrième d'argent, à un lion de sable, lampassé et armé de gueules; au deuxième et troisième contr'écartelé d'or et de sable.

13. — François de SALPERVICQ (Salperwick), écuier, seigneur de Fresnoy, Crehen, Hestouval, Guisy, Bistade, Leuzent et Héricourt en partie, et Esnanconnel en partie :

De menu vair, à un franc-quartier d'hermines.

14. — Marie Charlotte de HARCHIES, femme de François de SALPERVICQ (Salperwick), écuier, seigneur de Fresnoy :

D'or, à quatre bandes de gueules; écartelé d'échiqueté d'or et de gueules.

15. — Antoinette Philippe de BASSECOURT, veuve de Louis de SALPERVICQ (Salperwick), écuier, seigneur de Crehen :

D'azur, à une bande d'argent, chargée de trois sautoirs écotez de gueules.

16. — L'abaye de *Dompmartin* :

D'azur, à trois navires équipez d'or, deux en chef et un en pointe.

17. — Jean Charles GOSSON, écuier, seigneur de Rumenville, Blacourt, Florivages et autres lieux :

Écartelé, au premier et quatrième, de gueules, fretté d'or; au deuxième et troisième fassé d'argent et de gueules de huit pièces, et deux bâtons de sable, passez en sautoir et entrelassez vec les fasses.

18. — François Joseph de LA HOUSSOYE, écuier, seigneur d'Avault, de Ambry, du Poullain, etc.

D'argent, à un lion de sable, lampassé et armé de gueules; écartelé d'or, à une croix ancrée de gueules.

19. — Le chapitre de l'église collégiale de *Saint-Martin* de la ville de Hesdin :

D'azur, à un saint Martin vêtu pontificalement d'or.

20. — Charles Paul de LA MOTTE, écuier, seigneur du Tronquoy, grand bailly héréditaire de la ville et du baillage de Hesdin :

D'argent, à un lion de sable, lampassé et armé de gueules; à une bordure engrelée de même.

21. — Pierre Félix de JONGLET, écuier, seigneur du Plouy-Galland :

De sable, à une fasse d'argent, accompagnée de trois aigles d'or, deux en chef et un en pointe.

22. — Marie-Anne-Eugen de QUASSINS, dame du Plouy :

D'or, à une fasse d'azur, accompagnée de six étoiles de même, trois rangées en chef et trois en pointe rangées de même.

23. — François Jacques LOSTE (l'Hoste), écuier, seigneur de Wilmant (Willeman) :

D'argent, à un chef d'azur.

24. — Marie Marguerite LE RICQUE, femme de François Jacques LOSTE (L'Hoste), écuier, seigneur de Wilmants (Willeman) :

D'argent, à un chevron de gueules, chargé de trois roses d'argent.

25. — François Lamoral de LA PORTE, écuier, seigneur de Waulx :

D'or, à une bande d'azur.

26. — Marie Magdelaine de PISSELEU, femme de François Lamoral de LA PORTE, écuier, seigneur de Waulx :

D'argent, à trois lions de gueules, deux en chef et un en pointe.

27. — André de BASSECOURT, porte comme ci-devant art. 15.

28. — Ursulle LE MERCHIER, femme de François DESPOMMAR (d'Espomarc; voyez ci-devant, art. 9), sieur de L'Himart (du Limare) :

D'azur, à une gerbe d'or, accostée de trois étoiles de même.

29. — Antoine Gédéon LE VASSEUR, écuier, seigneur d'Aubin ;

De sable, à une fasse d'argent, accompagné en chef d'un lion naissant de même, lampassé et armé de gueules, et en pointe de trois croissants d'argent, posez deux et un.

30. — L'abaye de *Saint-André-au-Bois* :

De sinople, à un sautoir d'or, accompagné en chef d'une étoile de même, aux flancs d'un cerf à dextre et d'un sanglier à senestre affrontez, et en pointe d'un levrier passant à senestre, la teste contournée à dextre ; ces trois animaux au naturel.

31. — Philippe Ignace de BERGHES SAINT-VINOCQ, comte de Rache :

D'or, à un lion de gueules, lampassé et armé d'azur.

32. — Marie Françoise de BERGHES SAINT-VINOCQ, femme de Philippe Ignace de BERGHES SAINT-VINOCQ, comte de Rache, porte de même.

33. — François de FLECHIN, marquis de Wamin :

Fassé d'or et de sable de six pièces.

34. — Joseph BIGOT, écuier, sieur de Laurouede, antien capitaine au régiment de Piedmont et pensionnaire du roy :

D'or, à une croix de gueules.

35. — Jean DUBLIN, abé de Dompmartin (Dommartin, dit Saint-Josse-aux-bois) :

D'argent, à deux tiges de lin de sinople, fleuries d'azur, passées en sautoir, mouvantes d'une motte de sinople; et un chef de sable chargé de trois étoiles d'or.

36. — Le prieuré de *Saint-Georges* :

D'argent, à une croix de gueules.

37 *bis*. — Feu Paul DU PUY DE MONDRAGON, chevalier de l'ordre de Saint-Louis, capitaine au régiment de Saulx, directeur des fortifications d'Artois, suivant la déclaration de Barbe GALBART, sa veuve, portoit :

D'or, à une teste de lion, arrachée de gueules, et un chef de même, chargé de trois étoiles d'or; *accolé* : d'azur, à deux croissans d'or l'un sur l'autre, celuy de la pointe renversé, accompagnez de quatre annelets de même.

38. — Les chapelains de *Saint-Louis* de la ville de Hesdin :

D'azur, à un saint Louis, vêtu à la royale, tenant à sa main dextre un septre et à sa main senestre étendue, une main de justice, le tout d'or.

39. — N..., Placier (Placide) de BRANDT, abbé régulier de l'abaye de Saint-Silvin en (d') Auchy-les-Moines :

D'azur, à trois flames d'or.

40. — L'abaye de *Saint-Sylvin* en (ou) Auchy-les-Moines :

D'azur, à un escarboucle d'or à huit rais, pometé de même.

41. — Pierre DE CRÉQUY, chevalier, seigneur d'Oberval :

D'or, à un créquier de gueules.

SAINT-QUENTIN

SUIVANT L'ORDRE DU REGISTRE 1er

1. — Antoine César DU MOULINET, écuier, prestre, chanoine de l'église royale de Saint-Quentin en Vermandois :

D'argent, à trois anilles ou fers de moulin de sable, deux et un.

2. — Le chapitre de l'église collégiale de *Sainte-Pécinne*, de la ville de Saint-Quentin en Vermandois :

D'azur, à une sainte Pécinne d'or, tenant en sa main dextre une palme de même.

3. — Théophile BOUZIER, écuier, seigneur d'Estouilly :

D'azur, à trois bandes de vair.

4. — Léon RAFFÉE DE CHANDLY, prestre, chanoine de l'église royale de Saint-Quentin :

D'azur, à une fasse d'argent, accompagnée de trois testes de léopards d'or, lampassées de gueules, 2 en chef et 1 en pointe.

5. — Innocent de CIRONIS, chevalier, seigneur de la Bastide :

D'azur, à trois montagnes de six coupeaux chacune d'argent, posées 2 et 1.

6. — Charles Artus DU VIGIER, écuier, conseiller du roy, prevost des mareschaux de la ville de Saint-Quentin :

D'azur, à trois merlettes d'argent, 2 et 1.

7 *bis*. — Pierre DANGLURE (D'ANGLURE), chevalier, seigneur dudit lieu, major de la ville de Saint-Quentin, et Marie Eléonore de VIVIEN, sa femme :

D'or, semé de croissans de gueules, chacun suportant un grelot d'argent; brisé en chef d'un lambel de gueules; *accolé :* d'écartelé en sautoir d'azur et d'argent, à un sautoir de gueules, bordé engrelé de sable, brochant sur le tout, accompagné de deux tours d'or, l'une en chef et l'autre en pointe sur l'azur, et de deux lions affrontez de sable, lampassez et armez de gueules, posez un à chaque flanc sur l'argent.

8. — Louis d'ABANCOURT, chevalier, seigneur de Vuadancourt (Vandancourt), lieutenant de roy au gouvernement de Saint-Quentin et maréchal de camp des armées du roy :

D'argent, à un aigle, le vol abaissé, de gueules, bequé et armé d'or.

9. — Jean BRISSEAU, ayde-major de la ville de Saint-Quentin :

D'or, à un pin de sinople, accosté en pointe de deux arbrisseaux de même.

10. — Jean GUDEVERT, prestre, chanoine de l'église royale et collégiale de Saint-Quentin :

D'azur, aux deux mots *Jesus Maria* d'or, posez l'un sur l'autre et enfermez dans une couronne d'épines de même.

11. — Jacques CHAUVEAU, prestre, chanoine de l'église collégiale de Sainte-Pécinne, et chapelain de l'église royale de Saint-Quentin :

D'argent, à une fasse de gueules chargée d'une foy d'argent, accompagnée en chef de trois coquilles de sable, et en pointe d'un veau passant de même.

12. — Jacques CHARON DE LIANCOURT, prestre, chanoine de l'église royale de Saint-Quentin en Vermandois :

Écrtelé, au 1er et 4e d'or, à un coq de gueules, et un chef de même chargé d'un croissant d'argent; au 2e et 3e d'azur, à un casque d'argent.

13. — Bernard de VERNAGE, prestre, docteur en théologie, chanoine de l'église royale de Saint-Quentin :

D'or, à un ciprez de sinople sur une terrasse de même; et un chef d'azur, chargé de trois glands d'or.

14. — Henry de MAUBREUL (Maubreuil), avocat en parlement :

Écartelé, au 1er et 4e de gueules, à une rose d'argent, tigée et feuillée de même; au 2e et 3e aussi de gueules, à trois testes de léopards d'argent, couronnées de même, posées deux et une.

15. — Charles Nicolas GOBINET, prestre, chanoine de l'église royale de Saint-Quentin :

D'argent, à une fasse d'or, chargée de deux coquilles de gueules et accompagnée en chef d'une étoile d'or, et en pointe d'un croissant de même.

16. — Quentin GOBINET, conseiller du roy en l'élection et grenier à sel de Saint-Quentin, porte de même.

17. — François TABARY, conseiller du roy, maire perpétuel de Saint-Quentin :

De gueules, à deux épées d'argent, passées en sautoir.

18. — François de LA MÈCHE, conseiller du roy et son procureur en l'élection de Saint-Quentin :

D'argent, à un chevron d'azur, accompagné en chef de deux aigles, le vol abaissé de sable et en pointe d'une rose de même.

19. — Antoine HOURLIER, conseiller du roy, son procureur au baillage de Saint-Quentin :

D'azur, à trois testes d'ours, arrachées d'or, emmuzelées de sable, posées deux et une.

21. — Cyprien TESTART, marchand de toille à Saint-Quentin :

D'or, à une fasse d'azur, accompagnée en chef d'une rose de gueules.

22. — La ville de *Saint-Quentin* en Vermandois :

D'azur, à un chef de saint Quentin d'argent, accompagné de trois fleur de lis d'or, deux en chef et une en pointe.

23. — Nicolas de HUILLERMET, directeur des postes des armées du roy en Flandres, en la ville de Saint-Quentin :

D'azur, à un aigle d'or, le vol abaissé, accompagné en chef de deux étoiles d'argent et en pointe d'un croissant de même.

24 *bis*. — N... de MARTEVILLE, chevalier, seigneur dudit Marteville et autres lieux, lieutenant-colonel du régiment de Villeroy, et N... d'ABANCOURT, son épouse :

D'argent, à trois lozanges de gueules, posées deux et une; *accolé:* d'argent, à un aigle de gueules.

25. — Jean HOURLIER, seigneur de Méricourt, conseiller du roy, son prévost de Saint-Quentin, porte comme ci-devant art. 19.

26. — Claude BENDIER, prestre, docteur en théologie de la maison et société de Sorbonne, chanoine de l'église royale de Saint-Quentin :

D'azur, à une hure de sanglier arrachée d'or, deffendue d'argent, le bout du museau de gueules, accompagnée en chef de deux étoiles d'argent et en pointe d'un croissant de même.

27. — Louis de MAUBREUIL, chapelain de l'église royale de Saint-Quentin :

Écartelé, au 1er et 4e, de gueules, à une rose d'argent, tigées et feuillées de même; au 2e et 3e d'azur, à une bande d'or, chargée de trois molettes de sable.

28. — Alexandre DOSTAT (d'Ostat), originaire de Navarre, écuier, seigneur de Fontaine-Uterte, Cerizy et Chéry en partie :

Party, au 1er d'azur, à trois coquilles d'argent posées en pal, et au 2e d'or, à deux fasses de gueules.

29. — Claude LE PÈRE, prestre, chanoine de l'église royale de Saint-Quentin :

D'azur, à un pélican avec sa piété d'or, posé sur une ancre de même.

30. — Paul TABARY, prestre, chanoine de Saint-Quentin :

D'azur, à deux épées d'argent passées en sautoir.

31. — Pierre Samuel CROMELIN, marchand à Saint-Quentin :

D'argent, à un chevron de gueules, accompagné de trois merlettes de sable, deux en chef et une en pointe.

32. — Jean CROMELIN de Bersy, marchand à Saint-Quentin :

D'argent, à un chevron de gueules, accompagné de trois merlettes de sable, deux en chef et une en pointe.

33. — Philippe de LA FONS, chevalier, seigneur d'Hardecourt :

D'argent, à trois hures de sanglier, arrachées de sable, 2 et 1.

34. — Jean-Jacques VITASSE (Witasse), écuier, seigneur d'Omissy et autres lieux :

D'azur, à trois bandes d'or.

35. — Jean FOUQUART, prestre, chanoine de l'église royale de Saint-Quentin :

D'azur, à un chevron d'or, surmonté d'une colombe d'argent, accompagné en chef de deux étoiles d'or, et en pointe d'une rose d'argent, surmontée d'une gerbe de bled d'or.

36. — Adrien CROMELIN, conseiller du roy, assesseur en la mairie de Saint-Quentin, porte comme ci-devant article 31.

37. — Jean BOUTILLIER, écuier et ancien mayeur de Saint-Quentin :

De gueules, à un chesne d'or, terrassé de même, batu d'un foudre d'argent mouvant de l'angle dextre du chef, et accosté en pointe de 2 croissans d'or.

38 *bis*. — François Armand de CAULAINCOURT, seigneur de Caulaincourt et autres lieux, et Françoise de BÉTHUNE, son épouse :

De sable, à un chef d'or; *accolé :* d'argent, à une fasse de gueules, brisé en chef d'un lambel de même.

39. — N... CAIGNART, sieur du Clos, conseiller du roy, commissaire aux reveues et troupes de Sa Majesté :

D'azur, à trois chevrons d'or, accompagnez en chef de deux glands tigez et feuillez de même, les tiges en bas.

40. — Paul CAIGNART, prestre, chanoine écolate (écolatre) de l'église royale de Saint-Quentin, porte de même.

41. — André Nicolas CAIGNART, conseiller du roy, lieutenant-colonel au baillage de Saint-Quentin, porte de même.

42. — André Georges LE GRAND, seigneur de Salluetes, conseiller du roy, directeur général de ses fermes au département de Guise et Saint-Quentin :

D'azur, à un chevron, accompagné en chef de deux glands et en pointe d'une gerbe, le tout d'or.

43. — Pierre DORIGNY (d'Origny), chanoine de l'église royale de Saint-Quentin :

Mi-parti, au 1er d'azur, à deux barbeaux adossez d'or et un croissant de même en chef; au 2e de gueules, à un lion d'argent, lampassé et armé de gueules, et une bande (de) sinople, brochante sur le tout, chargée de trois besans d'argent.

44. — Claude DORIGNY (d'Origny), conseiller du roy, assesseur en la mairie de Saint-Quentin et antien mayeur de ladite ville, porte de même.

45. — Marguerite DORIGNY (d'Origny), veuve de Jacques HOURLIER, écuier, sieur de Volmont, gentilhomme ordinaire de la chambre de Monsieur, duc d'Orléans, frère unique du roy :

D'azur, à deux barbeaux adossez d'or.

46. — Louis de CAULAINCOURT, chevalier, seigneur dudit lieu :

De sable, à un chef d'or, chargé d'un lambel de gueules.

47. — Jacques VIGNON, prestre, curé de l'église Saint-Martin de Saint-Quentin et chapelain de la communauté de l'église royale de Saint-Quentin :

D'argent, à un sep de vignes de sinople, fruité de sable, accolé à un échalas de même.

48. — L'abbaye du *Mont-Saint-Martin*, de l'ordre de Prémontré :

Échiqueté d'or et de gueules.

49. — Alexandre de BEAUVAIS, prestre, chanoine de l'église royale de Saint-Quentin :

D'argent, à une croix de sable, chargée de cinq coquilles d'or.

50. — François BOTTÉ, ancien échevin, argentier de la ville de Saint-Quentin :

D'azur, à une bande d'or, accompagnée de deux molettes de même, 1 en chef et 1 en pointe.

51. — François BOUTILLIER, conseiller du roy, assesseur en la mairie de Saint-Quentin :

De sable, à une bouteille d'argent.

52. — Charles Antoine MEGRET, avocat en parlement et ancien mayeur de la ville de Saint-Quentin :

D'azur, à une bande d'argent, chargée de trois étoiles de sable.

53. — Pierre LE SERURIER, marchand de toille à Saint-Quentin :

De sable, aux trois lettres P, B, S et L (sic), disposées en chifre, le tout d'or.

54. — Pierre GUIGNET de Grandprez, capitaine des portes de la ville de Saint-Quentin :

De sable, à un chifre composé des lettres P, G et D doubles et entrelassées, accompagné en pointe d'un croissant, le tout d'argent.

55. — Josias SERURIER, marchand de toille :

Écartelé au 1er et 4e de gueules, à un sautoir d'argent, enfermé dans une macle de même; et au 2e et 3e d'azur, à trois croissans d'argent, 2 et 1, et une rose d'or en abîme.

56. — L'abaye royale de Notre-Dame de *Fervaque :*

D'azur, à une vierge avec l'enfant Jésus, le tout d'or.

57. — Robert WATIER, prestre, curé et chanoine de l'église collégiale de Sainte-Pécinne de Saint-Quentin :

D'azur, à deux chevrons d'or, surmontez en chef d'une merlette d'argent et accompagnez de trois étoiles d'or, deux en chef et une en cœur, posé entre les deux chevrons, et en pointe d'une fleur de pensée de même.

58. — Jean Baptiste Galliot, chanoine de l'église royale de Saint-Quentin :

D'azur, à une galiote d'argent.

59. — Jean Benier, prestre, chapelain de l'église de Saint-Quentin :

D'azur, à une harpe d'argent, accostée de deux croisettes d'or.

60. — François Lesquevein de Launay, avocat en parlement et baillage de Saint-Quentin :

D'argent, à trois arbres, apellez aunes, de sinoples, fustez de sable, rangez sur une terrasse de même.

61. — Jean Boutillier le jeune, écuier, porte comme ci-devant article 57.

62. — François Boutillier le jeune, écuier, porte de même.

63. — Robert Watier, conseiller du roy, contrôleur des deniers patrimoniaux de la ville de Saint-Quentin, porte comme ci-devant article 57.

65. — Le couvent des religieuses de *Notre-Dame du Petit-Pont* de la ville de Saint-Quentin :

De gueules, à trois croissans d'argent, posez 2 et 1.

66. — Louis Saugnier, prestre, chapelain de l'église royale de Saint-Quentin :

De sable, à un crucifix d'argent.

67. — Charles de Burcourt, conseiller du roy au baillage de Saint-Quentin :

D'azur, à un arbre arraché d'argent, et un chevron abaissé d'or, brochant sur le tronc de l'arbre, accompagné en fasse de deux étoiles de même et en pointe d'une rose d'argent.

68. — Claude Antoine Dartois (d'Artois), seigneur d'Orvilliers, conseiller avocat du roy au baillage de Vermandois, à Saint-Quentin :

D'azur, à deux croissans d'argent en chef et une coquille d'or en pointe.

69. — Léger Garand, ingénieur ordinaire du roy, chevalier de Saint-Louis :

D'argent, à une fasse de sable, accompagnée en chef de trois étoiles d'azur, et en pointe d'un croissant de même.

70. — Anne de Sains :

D'azur, à dix lozanges d'or, accolées 3, 3, 3 et 1.

71. — Jeanne du Bourg, veuve de Pierre Desjardins, avocat en parlement, a présenté l'armoirie qui porte :

D'azur, à un chevron d'or, accompagné en chef de deux étoiles de même et en pointe d'un roissant d'argent.

72. — Roze de LA SALLE, veuve de François MUZENT, conseiller du roy, président en l'élection et grenier à sel de Saint-Quentin, a présenté l'armoirie qui porte :

D'azur, à un chevron, accompagné en chef de deux étoiles et en pointe d'un cor de chasse, le tout d'or.

74. — N... GALLOIS, marchand à Saint-Quentin :

De gueules, à un chevron d'argent, sommé d'un croissant de même ; et un chef cousu d'azur, chargé de trois étoiles d'or.

75. — Henry CAIGNART, prestre, chapelain de l'église royale de Saint-Quentin et chanoine de l'église de Sainte-Pécinne, porte comme ci-devant à l'art. 39.

76. — Quentin ROHART, avocat en parlement, conseiller du roy, son procureur et de la ville de Saint-Quentin :

D'azur, à une gerbe d'or, liée de sable, accostées de deux étoiles d'argent, et soutenue d'un croissant de même.

77. — Louis CHAUVENET, seigneur de Belle-Église :

D'azur, à trois cors de chasse d'or, liez d'argent, deux en chef et un en pointe.

78. — Charles PANNIER, conseiller du roy, assesseur en la mairie de Saint-Quentin :

De sable, à un pannier d'or, remply de divers fleurs au naturel, surmonté de rayons de soleil d'or, mouvant du chef.

80. — Jacques ROHART, prestre, chanoine de l'église royale de Saint-Quentin, porte comme cy-devant article 76.

82. — N... DOFFOIS (d'Offoy) ;

D'argent, à un sautoir d'azur, accompagné de quatre aiglettes de gueules.

83. — Charles TABART, prestre, chanoine de l'église royale de Saint-Quentin :

D'azur, à une palme d'or, posée en pal, brochante sur un nuage d'argent posé en fasse, mouvant du hault des deux flancs de l'écu, surmonté en chef d'un croissant d'argent et accompagné en pointe de deux étoilles d'or.

84. — Jacques LETELLIER, prestre, chanoine de l'église royale de Saint-Quentin :

D'azur, aux lettres L et T, d'or.

87. — Antoine ROHART, prestre, chapelain et chanoine de Sainte-Pécinne, porte comme cy-devant, art. 76.

88. — La communauté des maîtres *Chirurgiens* de Saint-Quentin :

D'azur, à un chef de saint Quentin d'argent, accompagné de trois boettes couvertes de même, 2 en chef et 1 en pointe.

89. — Nicolas Coupillet, prestre, chanoine de l'église royale de Saint-Quentin :

D'azur, à un chiffre composé des lettres N et C entrelassées, surmonté d'une courone de fleurs, suportée par deux anges, le tout d'argent.

90 *bis*. — Gabriel de Lallier, chevalier, seigneur de Fayer et autres lieux, et Charlotte de Clesson de Bellangault, son épouse :

D'azur, à un alizier arraché d'or, et un chef cousu de gueules, chargé de trois bezans d'or; *accolé :* d'azur, à un chevron d'or, accompagné de trois blereaux passans d'argent, 2 en chef et 1 en chef.

91. — Jean Charpentier, prestre, chanoine de l'église royale de Saint-Quentin :

D'azur, à un chevron d'or, accompagné en chef de deux croissans d'argent et en pointe d'une rose d'or.

92. — Jean Canouelle, prestre, chanoine de l'église royale de Saint-Quentin :

D'azur, à un chevron d'or, accompagné en chef de deux étoiles d'argent et en pointe de deux croissans de même et en cœur d'un trèfle d'or.

93. — La compagnie des grands *Archers* de la ville de Saint-Quentin :

D'azur, à un trophée d'armes d'or.

94. — Quentin Charpentier, prestre, chanoine de l'église collégiale de Sainte-Pécinne et chapelain de l'église royale de Saint-Quentin :

De gueules, à une bande échiqueté d'argent et de sable de deux traits, accompagnée en chef d'une hache d'armes d'argent.

95. — La communauté des Marchands de *toille* de la ville de Saint-Quentin :

D'azur, à un saint Marcoul d'or.

96. — La communauté des maîtres *Menuisiers* de la ville de Saint-Quentin :

D'azur, à une sainte Anne d'or.

97. — La communauté des maîtres *Tailleurs* et *Fripiers* de la ville de Saint-Quentin :

D'azur, à une représentation de la très-sainte Trinité d'or.

98. — Louis François Charpentier, conseiller du roy, assesseur en la mairie de Saint Quentin, porte comme ci-devant art. 94.

99. — La communauté des maîtres *Chapeliers* de la ville de Saint-Quentin :

De gueules, à une sainte Barbe d'argent.

100. — La communauté des maîtres *Cuisiniers*, *Pâtissiers* de la ville de Saint-Quentin :

D'azur, à un saint Honnoré, vêtu pontificalement d'or.

101. — Charles de Maquerel, chevalier, seigneur de Fousomme, garde du corps du roy :

De gueules (d'azur), à trois maquereaux poissons posez en pal d'or, deux en chef et un en pointe.

102. — Feu Abraham Cromelin, marchand, suivant la déclaration de Marie Boilleau, sa veuve, portait comme ci-devant art. 31.

103. — Jean Rondeau :

D'argent, à un chevron de gueules, accompagné de trois merlettes de sable, deux en chef et un en pointe.

104. — Le corps des officiers du baillage de *Saint-Quentin* :

D'azur, à trois fleurs de lis d'or, 2 et 1.

105. — Pierre Dorigny (d'Origny), conseiller du roy, président et lieutenant-général de Saint-Quentin :

D'azur, à deux bars adossez d'or.

106. — N..., prestre, religieux et prieur du prieuré de Pithon :

D'or, à un cœur enflamé de gueules, percé d'une flèche en bande de sable, ferrée et empennée d'argent,

108. — Les corps des officiers du grenier à sel de *Saint-Quentin* :

D'azur, à trois fleurs de lis d'or, deux et une.

109. — Le corps des officiers de l'élection de *Saint-Quentin*, porte de même :

110. — La communauté des *Brasseurs* de la ville de Saint-Quentin :

D'azur, à un saint Arnout (Arnoul) d'or.

111. — Louis Emelin, prestre, chanoine de l'église royale de Saint-Quentin :

D'azur, semé d'étoiles d'or, à un aigle de même.

112. — La communauté des *Notaires* royaux de la ville de Saint-Quentin :

D'azur, à un registre ou livre d'argent, avec autour ces mots latins : *Securitas publica*.

113. — Louis de la Vergne, écuier, seigneur de Hynacourt (Hinacourt) :

De gueules, à un lion d'or.

114. — Jacques Rohault, prestre, chanoine de l'église royale de Saint-Quentin :

De sable, à un chifre d'or, composé des lettres J et R doubles et entrelassées.

115. — L'abaye de Notre-Dame d'*Hombliers* (Homblières) lès Saint-Quentin :

Echiqueté d'or et d'azur, à un chef d'azur, chargé de cinq fleurs de lis d'or.

116. — Antoine de la Fons, seigneur d'Hardecourt :

D'argent, à trois hures de sanglier de sable, posées 2 et 1.

117. — Jean de Mesmont, ancien sous-brigadier des gardes du roy :

D'azur, à un chifre d'or, composé des lettres J et M doubles et entrelassées, accompagné en chef de deux étoiles et en pointe d'un croissant de même.

118. — Robert Dorigny (d'Origny) :

D'azur, à deux barbeaux adossez d'or.

119. — La communauté des *Chapelains* de l'église royale de Saint-Quentin :

D'azur, à un chef de saint Quentin d'argent, accompagné de six lettres C entrelassées deux à deux, et posées quatre en chef et deux en pointe de même.

120. — Les *Canoniers* de Saint-Quentin :

Écartelé, au 1er d'argent à deux épées de sable passées en sautoir; au 2e de sable, à trois canons d'argent, montez sur leurs afuts de même, posez deux et un; au 3e de sable, à trois tours d'argent, massonnées de sable, posées deux et une; au 4e d'argent, à deux butières ou longues arquebuses de sable, passées en sautoir; et sur le tout : d'or, à un chef de saint Quentin.

121. — Alexandre Chauvenet, écuier :

De gueules, à deux gerbes d'or.

122. — Pierre de Sains, procureur ès siéges royaux de Saint-Quentin, porte comme ci-devant article 70.

123. — Jean François Tabary, conseiller du roy, vérificateur des déffauts en la mairie de Saint-Quentin :

D'azur, à deux épées d'argent, passées en sautoir.

124. — Pierre Botté, sieur de Barival, avocat en Parlement, conseiller du roy, assesseur en la mairie de la ville de Saint-Quentin et ancien échevin de ladite ville, porte comme ci-devant article 50.

125. — Feu Pie Botté, marchand à Saint-Quentin, suivant la déclaration de Marie Caignart, sa veuve, portoit :

D'or, à un chesne de sinople, arraché de gueules et englanté d'or.

126. — Nicolas Megret, procureur ès siéges royaux de Saint-Quentin :

D'azur, à une bande d'argent, chargée de trois étoiles de sable.

127. — Jean Baptiste Regnard :

D'azur, à un renard d'or.

128. — Nicolas Botté, procureur ès siéges royaux de Saint-Quentin et ancien échevin de laditte ville, porte comme ci-devant art. 50.

129. — Nicolas Bendier, avocat en parlement et ancien mayeur de la ville de Saint-Quentin :

D'azur, à une hure de sanglier arrachée d'or, défendue d'argent, accompagnée en chef de deux étoiles aussi d'argent, et en pointe d'un croissant de même.

130. — Antoine Bendier, procureur ès siéges royaux de Saint-Quentin et échevin de ladite ville, porte de même.

131. — Jacques Cousin, chapelain de la chapelle de Saint-Lazarre et chapelain de l'église royale de Saint-Quentin :

D'azur, à une fasse d'or, accompagnée de trois croix ancrées de même, deux en chef et une en pointe.

131 *bis simple.* — Pierre Colbert, prestre, chanoine de l'église royale de Saint-Quentin :

D'or, à un serpent d'azur, tortillé en pal.

132. — Catherine Dazemart (d'Azémar), fille :

D'argent, à un nom de Jésus de gueules, soutenu d'un cœur enflamé de même.

134. — Claude Botté, chanoine de l'église royale de Saint-Quentin, porte comme ci-devant art. 50.

135. — Louis Alart, marchand mercier et ancien échevin de la ville de Saint-Quentin :

D'azur, aux deux lettres L et A capitales d'or.

137. — Jacques de la Paix, conseiller du roy, assesseur en la mairie de Saint-Quentin :

De gueules, à un chevron d'or, accompagné en chef de deux ombres de soleil de même, et en pointe d'une colombe d'argent ayant en son bec un rameau d'olivier d'or.

138. — Jacob Cromelin, marchand à Saint-Quentin :

D'azur, à un chevron d'or, accompagné de trois merlettes d'argent, deux en chef et une en pointe.

139. — Catherine Maquerel (de Macquerel), femme d'Alexandre d'Ostat, écuier, seigneur de Fontaine-Uterte :

D'argent (d'azur), à trois maquereaux poissons, d'or deux en chef et un en pointe.

140. — Nicolas de la Marlière, marchand à Saint-Quentin :

D'azur, à une fasse d'or, accompagnée de trois merlettes d'argent, deux en chef et une en pointe.

141. — Antoine Cambronne, marchand cloutier et major de canoniers de la ville de Saint-Quentin :

D'azur, à un canon d'argent sur son affût d'or, accompagné en chef de deux étoiles d'argent.

142. — Henry de la Paix, marchand à Saint-Quentin, porte comme ci-devant article 137.

144. — N... Megret, conseiller du roi au baillage de Saint-Quentin :

D'azur, à une bande d'argent, chargée de trois étoiles de sable.

146. — Jacques Mallet, greffier en chef de l'élection et grenier à sel de Saint-Quentin :

D'azur, à un phœnix d'or sur un bûcher de même, accompagné en chef de deux étoiles d'argent.

147. — Louis-François de Driancourt, docteur en médecine, trésorier de l'extraordinaire des guerres et des fortifications :

D'argent, à un chesne arraché de sinople ; et un chef d'azur chargé d'un croissant d'or, accosté de deux étoiles de même.

148. — Nicolas Cousin, avocat en parlement, porte comme ci-devant art. 131.

149. — Pierre Croiset, prestre, chanoine de l'église royale de Saint-Quentin :

D'azur, à un chevron d'argent, accompagné en chef de deux croix ancrées d'or, et en pointe d'un chien épagneul couché d'argent, surmonté d'un croissant d'or.

151. — Simon de Rougon, prestre, bachelier en théologie, abé protonotaire du Saint-Siége apostolique, prieur et chanoine de l'église royale de Saint-Quentin :

D'or, à un bûcher ardent de gueules sur une montagne de sable ; et un chef d'azur, chargé d'une étoile d'or.

RÉCAPITULATION

AMIENS

Armoiries des			livres.	livres.	
Personnes	50	à	20	1000	
Communauté	1	à		50	
Marquisat	1	à		40	1165 livres.
Séminaire	1	à		25	
Prieurez	2	à	25	50	

SAINT-OMER

Personnes	4	à	20	80	80
A reporter	59 armoiries.				1245

De l'autre part.	59				1245

ABBEVILLE

Personnes.	94	à	20. . .	1880	1955
Couvens.	3	à	25. . .	75	

AIRE

Personnes.	29	à	20. . .	580	
Villes.	1	à	. . .	50	
Abaye.	1	à	. . .	50	730
Chapitre.	1	à	. . .	25	
Couvent.	1	à	. . .	25	

HESDIN

Personnes.	35	à	20. . .	700	
Ville.	1	à	. . .	50	
Abayes.	3	à	50. . .	150	975
Chapitre.	1	à	. . .	25	
Prieuré.	1	à	. . .	25	
Communauté.	1	à	. . .	25	

SAINT-QUENTIN

Personnes.	123	à	20. . .	2460	
Ville.	1	à	. . .	50	
Abayes.	3	à	50. . .	150	
Chapitre.	1	à	. . .	25	3060
Corps.	3	à	25. . .	75	
Compagnie.	1	à	. . .	25	
Couvent.	1	à	. . .	25	
Communautés.	10	à	25. . .	250	
	374 armoiries.				7965 livres.

Total : sept mil neuf cens soixante-cinq livres et les deux sols pour livre.

Présenté par ledit Vanier, etc., rendus en conséquence (voyez page 88), même celles dans lesquelles il y a des fleurs de lis d'or en champ d'azur, attendu que le droit et la possession en sont notoirement connues, et ce suivant l'arrêt du conseil du 22 juillet 1698.

Fait à Paris le septième jour de juin mil sept cens.

Signé : Alexandre et de Larroc.

Les commissaires généraux ..... (voyez page 88);

Veu par nous l'état cy-dessus, présenté par ledit Vannier aux fins y contenues, les feuilles de présentation des armoiries jointes audit estat, nostre ordonnance de soit montré du 19 juin 1700, conclusions du procureur général de la commission; ouy le rapport du sieur de Breteuil, conseiller du roy, etc. (voyez page 89).

Nous commissaires susdits en vertu du pouvoir à nous donné par Sa Majesté, avons receu les trois cent soixante et quatorze armoiries expliquées audit estat et en conséquence ordonnons qu'elles seront enregistrées, peintes, etc. (voyez page 89).

Fait en l'assemblée desdits sieurs commissaires, tenue à Paris le neuvième mois (sic) de juillet mil sept cent.

Signé : Sendras.

Nous soussignez intéressez, etc..., au nombre de trois cent soixante quatorze armoiries, la finance principale desquelles montant à sept mil neuf cent soixante cinq livres, etc. (voyez page 89).

Fait à Paris ce premier août 1700.

Signé : Carqueville.

ÉTAT DES ARMOIRIES DES PERSONNNES ET COMMUNAUTEZ CY-APRÈS DÉNOMMÉS, ETC.
(Voyez page 1.)

GÉNÉRALITÉ D'AMIENS

ARRAS

SUIVANT L'ORDRE DU REGISTRE Ier

197. — Jean-Maximilien-Ferdinand de BELLEFORIÈRE, comte dudit lieu, baron de Sailly et Courcelle-au-bois, colonel d'un régiment d'infanterie :

De sable, semé de fleur de lis d'or.

198. — Marie Françoise LE SERGENT (Sergeant) de Beaurains, damoiselle :

D'azur, à trois gerbes d'or, posées 2 et 1.

202. — Philippes-François de DOUAI, sieur de Gouves :

D'azur, à un pal d'argent, chargé de trois tourteaux de sinople.

204. — François FONTAINE, prêtre, chanoine de l'église cathédralle d'Arras :

D'azur, à un chiffre composé de deux F entrelassées d'or.

205. — N... de PONTHIEU, chanoine de l'église cathédralle d'Arras :

D'or, à un chevron de gueules, accompagné de trois perdrix de sable, posées deux en chef et une en pointe.

206. — Charle DU BOS, prêtre, bachelier de Sorbonne, chanoine de l'église Notre-Dame d'Arras :

D'argent, à trois roses de gueules, tigées et feuillées de deux feuilles chacune de sinople, et posées deux en chef et une en pointe.

208. — Antoine CARON, d'Amiens, chanoine de l'église cathédralle et secrétaire de l'évêché d'Arras :

D'azur, à deux avirons d'or, passez en sautoir et accompagnés de 4 croix pattées de même.

209. — Jean de CUPERLY, docteur de Sorbonne, chanoine de l'église cathédrale d'Arras :

D'azur, à un chevron d'or, accompagné en chef de deux lis d'argent, tigez, feuillez et boutonnez de sinople, et en pointe d'une coquille d'argent.

210 *bis.* — Pierre Anne PEROUZE et Alexandrine-George-Térése de PENTHEVILLE, sa femme :

D'or, à un lion de sable, couronné, lampassé et armé de gueules; *acolé :* d'argent, à une croix de gueules, cantonnée de quatre cœurs de même, et chargée en cœur d'un écusson ; coupé, au 1er d'azur, à cinq molettes d'or, posées 3 et 2 ; au second d'or, à une ville de gueules.

213 *bis.* — Jean de (du) FERRIER, écuier, seigneur de Sapigny, et Anne-Jeanne-Françoise de THYEULAINE (Thieulaine), sa femme :

D'azur, à deux lions affrontez d'or, lampassez de gueules; *acolé :* de burelé d'argent et d'azur de dix pièces, à une bande ondée de gueules brochant sur le tout, chargée de trois aigles d'or.

214. — Charle de MONCHEAUX, chevalier, seigneur de Moncheaux, Fourquevillers (Foucquevilliers), Hanecamp, Warrain et autres lieux :

D'azur, fretté d'argent de six pièces.

215. — François LICHTERVELLE (Lichtervelde), seigneur de Tilloy :

D'azur, à un chef d'or, chargé de neuf mouchetures d'hermines de sable, posées 4 et 5.

216 *bis.* — Charles-Hierosme DURIEZ (du Riez), chevalier, seigneur comte de Villervalle (Willerval), et Marie Françoise d'AOUST, sa femme :

De gueules, à trois maillets d'or, posez 2 et 1 ; *acolé :* de sable, à trois gerbes d'or, posées deux et une, et une bordure engrelée d'or.

222 *bis.* — N... (Louis Joseph) LE SERGENT (Sergeant), écuier, sieur de Leaurain (Beaurain) et N... (Marie Isabelle Ursule DES LYONS), sa femme :

D'azur, à trois gerbes d'or posées 2 et 1 ; *acolé :* d'écartelé, au 1er et 4e d'argent, à quatre lions de sable, lampassez et armez de gueules, posez 2 et 2; au 2e et au 3e d'argent, à trois fleur de lis de gueules, 2 et 1.

226. — Pierre DENIS (dont les Denis de Sapigny, annoblis plus tard par une charge au conseil d'Artois), bourgeois de la ville d'Arras :

D'azur, à un chevron d'argent, sommé d'un croissant de même, et accompagné en chef de deux canards aussy d'argent, et en pointe d'un lion de même lampassé de gueules.

257. — N... LEPEL, sieur d'Hervillier :

De sable à une étoile d'or.

259. — N... de BOULOGNE, prévôt de la prévôté de Berthelot :

D'argent, à une bande de sable, accompagnée de trois lions de sinople, posez deux en chef et un en pointe.

260. — N... LE ROUX, avocat au conseil d'Artois :

D'argent, à trois fasses de sable et un chevron de même brochant sur le tout, chargé de cinq besans d'argent.

261. — N... PATESTE, avocat au conseil d'Artois :

D'azur, à un chevron d'or, accompagné en chef de deux serpes adossées de même et en pointe d'une tête de licorne d'argent.

265. — N... Brunet, écuier, avocat au conseil d'Artois :

D'argent, à un chevron de gueules, accompagné en chef de deux lions de sable, lampassez et armez de gueules, affrontez et rampans sur le chevron, et en pointe d'un demy vol d'aigle de sable, posé en pal ; le chevron surmonté d'une fasse en devise d'azur, chargée de trois étoiles d'or.

266. — N... Le Comte, procureur au conseil d'Artois :

D'argent, à un lion de sable, lampassé de gueules.

285. — N... de Wique (Vicq), écuier, sieur de Zennebeque :

De sable, à six besans d'or, posez 3, 2 et 1.

299. — N... Boussemas (Boussemart), avocat au conseil d'Artois :

D'argent, semé de fleur de lis de gueules, à trois pals retraits d'azur, chargez chacun de trois lions passans d'argent.

300. — N... Cauvet, conseiller du roy, assesseur en l'hôtel de ville d'Arras :

D'argent, à trois poulles de sable, béquées et membrées de gueules, et posées 2 et 1.

301. — N... Bacleu, conseiller du roy, assesseur en l'hôtel de ville d'Arras :

D'azur, à un chevron d'argent, accompagné de trois treffles de même, deux en chef et un en pointe.

302 *bis*. — N... (Oger) de Cavoye, chevalier, et N..., sa femme :

De sable, à une bande d'argent, chargés de trois lions de sable, lampassez et armez de gueules, *acolé* : d'azur, à un chevron d'argent, chargé en chef d'une molette de sable et en pointe de deux merlettes de même, affrontées et accompagné de trois besans d'or, posez deux en chef et un en pointe.

308. — Jean Merland (Morland), écuier :

De gueules, à un lion d'or, et un chef de même, chargé de trois merlettes d'azur.

314 *bis*. — N... de Rollin (Raulin), écuier, sieur de la Motte et N..., sa femme :

Écartelé, au 1er et 4e d'azur, à deux clefs d'or adossées en chef et une de même contournée en pointe ; au 2e et 3e, d'azur, à un chef d'argent ; party de sable, semé de fleur de lis d'or ; et sur le tout : d'argent à trois roses de gueules, pointées de sinople, boutonnées d'or et posées 2 et 1 ; *acolé* : d'azur, à un chevron d'or, accompagné de trois étoiles à six rais de même, deux en chef et une en pointe.

324. — A... (Jean) Le François, écuier, sieur de Fétel :

D'azur, à une croix ancrée d'or.

340. — Jean François de Fontaine, rapporteur vérifficateur des saisies réelles, conseiller au conseil d'Artois et autres siéges inférieurs :

D'argent, à cinq bâtons alaisez (de gueules), posez en fasse et crénelez chacun de trois pièces, mis deux, un et deux.

343. — Clément Izambart, procureur au conseil provincial d'Artois :

D'or, à un chesne de sinople, posé sur une terrasse de même, et accompagné d'un lévrier de gueules rampant sur le fust.

349. — Alexandre de LA HAYE, procureur au conseil provincial d'Artois :

D'or, à un arbre de sinople, sur une terrasse de même, et deux colombes affrontées de gueules, perchées sur le sommet de l'arbre.

350. — N... CORDIER, écuier, conseiller du roy, grand prévost d'Artois :

D'or, à deux griffons sans ailes, affrontez de gueules ; parti d'argent, coupé d'azur ; l'argent chargé d'un bust(e) de maure de sable naissant, posé de front, tortillé d'argent et accosté de deux lions affrontez de gueules naissans et posans chacun une de leur patte sur le tortil et l'autre sur une épaule du bust(e).

BOULOGNE

SUIVANT L'ORDRE DU REGISTRE Ier

183 *bis*. — Maximilien de CARNIN, chevalier, seigneur, marquis de Lilers (Lillers), et Marie-Charlotte-Alexandrine de BÉTHUNE, sa femme :

De gueules, à trois testes de léopards d'or, posées deux et une ; *acolé* : d'argent, à une fasce de gueules, accompagnée d'un écusson aussi de gueules, à une bande d'or mis en franc quartier.

184. — Marie-Claire de LIÈRES, veuve de N... de CARNIN, chevalier, seigneur, marquis de Lilers (Lillers) :

D'argent, à deux bandes d'azur.

186 *bis*. — Louis de BRAQUE, chevalier, seigneur des Barres et vicomte de Trun et autres lieux, et Antoinette Denise de LYNES, sa femme :

D'azur, à une gerbe d'or ; *acolé* : d'azur, à un mouton passant d'argent ; et un chef de gueules, chargé d'un croissant d'argent, accosté de deux étoiles d'or.

187. — La communauté des prestres de l'Oratoire de Jésus, établis dans l'abbaye de *Saint-Vulmer* à Boulogne :

D'azur, à un nom de Jésus-Maria d'or, entouré d'une couronne d'épines de même, avec une devise posée en orle, en lettres d'or : *Sig. Orat. Domini Jesu domus Boloniensis.*

188. — Charles COUVRARD, écuier, sieur de Tourne, ci-devant garde du corps du roy et lieutenant de dragons :

De gueules, à un lion d'or, couronné d'argent.

190. — Bertrand GRENU, chanoine de l'église catédrale Notre-Dame de Boulogne :

D'azur, à une gerbe d'or, liée de gueules.

193. — Elizabeth Hache, veuve de Bertrand de Disquemue, écuier, sieur de Montbrun :

D'argent, à deux haches d'armes de gueules, passées en sautoir, accompagnées en chef d'une étoile de sable et en pointe d'un cheval effaré de même.

196. — Louise de Grandmoulin, demoiselle :

D'or, à un cœur morné de gueules; et un chef échiqueté d'or et d'azur de 3 traits.

197. — Caterine de Courteville (d'Hodicq), veuve d'Antoine Carpentier, conseiller et procureur du roy aux eaux et forest de Boulogne, a présenté l'armoirie qui porte :

D'or, à une croix ancrée de gueules.

204. — N... Meignot, marchand, bourgeois de la ville de Boulogne :

D'or, à trois hures de sanglier arrangées de sable, languées et éclairées de gueules, et posées deux et une.

206. — Françoise de la Villeneuve, demoiselle :

D'or, à trois chevrons de gueules.

209. — Marie Ursule Dartois (d'Artois), veuve de Claude de la Pature, chevalier, seigneur baron de Courset :

D'argent, à une bande de sable, chargée de six lozanges d'or.

214. — Isabelle du Wuicquet (Wicquet), demoiselle :

De sinople, à un chevron d'argent, accompagné de trois rustres de même, posés deux en chef et un en pointe.

215. — Geneviève du Wuicquet (Wicquet), demoiselle, porte de même.

216. — Catherine de Cerf, femme d'Antoine de Campagne, écuier, seigneur de Godmetan (Godinctun), mestre de camp d'un régiment de cavalerie :

D'or, à un massacre de cerf de gueules.

221. — Adrien de Montewis, écuier, sieur de la Salle :

D'or, à un ancre de sable, posé en pal, surmonté d'un lambel de trois pendans de gueules.

224. — Louis Coranson, notaire et wisier à Boulogne :

De gueules, à une fasse d'argent, chargé d'un cœur enflammé de gueules, acosté de deux étoiles d'azur, et accompagné en chef d'un soleil d'or et en pointe d'un croissant de même.

225. — Tristant de Campmajor, sieur d'Estroüant, conseiller du roy, juge du baillage royal d'Estappe et de ses dépendances :

De gueules, à une main et bras d'argent, le bras vêtu d'or, mouvant de l'angle senestre de l'écu, et tenant une gerbe d'or, accompagnée de sept étoiles de même, posées en demy orle.

231. — François le Porq, sieur de la Cassaigne, bourgeois de la ville de Boulogne :

D'azur, à un chevron d'argent, accompagné de trois coquilles d'or, posées deux en chef et une en pointe.

233. — Antoine Didier, curé de Curly :

D'azur, à un triangle d'or, chargé de ce mot en lettres de gueules : *Desiderium*; et accompagné de trois croisettes d'or, posées deux en chef et une en pointe.

236. — N... de Sainfray, commissaire aux classes à Boulogne :

Écartelé, au 1er et 4e d'argent, à un levrier passant de gueules, et une bordure engrelée de sable; au 2e et 3e d'argent, à une terrasse massonnée et crénelée de trois pièces de sable, mise en pointe et accompagnée en chef d'une étoile de gueules.

237. — Robert Ternaux, fermier des domaines du roy en Boulonnois :

D'azur, à un paon rouant d'or.

240. — N..., curé de Coursel (Courset) :

D'or, à un cœur ailé de gueules, surmonté d'une croisette de même, entourée d'une couronne d'épines de sinople et celle-cy surmontée d'une autre couronne de grains de chapelet de gueules; le cœur posé sur un monde de sable, ayant sa croix couchée en fasse à dextre, le tout environné de ces mots en lettres de gueules : *Ordine Coronabor*, et de rechef le tout entouré de deux cornes d'abondance de gueules, desquelles sortent des feuillages de sinople; et un chef d'azur chargé d'une couronne fermée d'or.

245. — Jacque de Lattaignant, conseiller du roy, vérifficateur et rapporteur des déffauts au siége de la maîtrise des eaux et forests de Boulonnois :

D'azur, à un croissant d'argent, acosté de deux croisettes d'or, et accompagné en chef d'un Saint-Esprit d'argent, acosté de deux soleils d'or mouvans des angles du chef, et en pointe d'une main apaumée d'argent, posée en pal, acostée de deux lions affrontez d'or.

250. — N... Vuiart, curé de Besingan (Bézinghem) :

D'azur, à une colombe s'essorant d'argent et tenant dans son bec une branche d'olivier d'or.

253. — N... Gillon, procureur et notaire :

D'or, à un lion de gueules, couché sur une terrasse de sinople.

260. — François de Chinot, écuier, sieur du Quesnoys, capitaine au régiment de la reine :

D'argent, à trois molettes à cinq rais de gueules, posées 2 et 1.

262. — Toussaint Mutinot, conseiller du roy, lieutenant de l'amirauté du pays de Boulenois (Boulonnois) :

D'argent, à un arbre de sinople, posé sur une terrasse de même; le fust empoigné par une main de gueules et surmonté de deux corneilles affrontées de sable, posées sur ses branches.

264. — N... d'Aixqz (d'Aix), de Blacourt, l'aisné, écuier, sieur de Banigan :

D'or, à une croix ancrée de gueules.

265. — N... (d'Aix) de Blacourt, le cadet, écuier, porte de même.

268. — Guillaume Baillye, prestre, curé de Wiert-Offroye :

D'azur, à un pélican d'argent, avec ses petits de même, dans son aire d'or, lesquels succent les gouttes de sang de gueules, qu'il fait sortir de son estomac.

272. — Claude Houbronne, sieur d'Auvringuen, vice-maieur de la ville de Boulogne :

D'azur, à un chevron d'or, accompagné en chef de deux feuilles de houx de même et en pointe d'une fleur de houblon pendante, aussy d'or.

273. — François du Quesne de Clocheville, conseiller du roy, président juge des traittes du Boulonnois :

D'azur, à deux dauphins adossez d'argent, couronnez de même et accompagnez en pointe d'une main d'argent, mouvante d'une nuée de même, tenant une rose d'argent, tigée et feuillée de même.

274. — Jean Caron, écuier, curé de Menneville :

D'azur, à un chevron d'argent, accompagné de six clefs de même, passées en sautoir 2 à 2, 4 en chef et 2 en pointe, celles-cy surmontées d'une tête de mort aussy d'argent.

279 *bis*. — Claude de Wilcot (Willecot), écuier, seigneur de Beaucoroy, major du régiment de la marine, et Barbe de Bersan, sa femme :

D'azur, à trois fasses ondées d'or; *acolé :* de gueules, à une croix de Loraine d'or, au pied fiché sur un monde de même.

282. — N... de Saint-Claude, capitaine carabinier dans les troupes bolonoises :

D'argent, à trois hures de sanglier de sable, couronnées, languées et éclairées de gueules, et posées 2 et 1.

310. — Nicolas de Poucques, écuier, sieur du Faye :

D'or, à un lion passant de sable, lampassé et armé de gueules.

312. — N... de Guesselain (Guizelin), écuier, sieur de Wintre (Wingles) :

D'azur, à trois huppes (paons) d'or, posées 2 et 1.

317. — Louis-Marie Le Roy, sieur du Quesnel, doyen des chanoines de l'église catédralle de Boulogne :

D'azur, à un aigle éployé d'or, accompagné de trois roses de même, posées deux en chef et une en pointe.

SAINT-POL

SUIVANT L'ORDRE DU REGISTRE 1er

1. — François de Pisseleus (Pisselcu), écuier, seigneur de Deniers et autres lieux :

D'argent, à trois lions de gueules, posez deux et un.

2. — Marie-Joseph de Soigny, veuve de François-Joseph Vaucel, écuier, sieur de Courchelle (Courcelle) :

D'azur, à un croissant d'or, soutenu d'un autre renversé de même, et accompagnez de quatre annelets d'or, deux en chef et deux en pointe.

3 *bis*. — Pierre-François de Servins, écuier, seigneur d'Héricourt, et Izabelle-Caroline de Genevièr(e)s, sa femme :

D'azur, à cinq étoiles d'argent, posées en sautoir, celle du milieu soutenu d'un croissant d'or; *acolé* : d'or, à un chevron d'azur, chargé d'un croissant d'argent et acompagné de trois hures de sanglier de sable, deux en chef et une en pointe.

4. — Philippes-François de Héricourt, écuier, seigneur de Canlers :

D'argent, à une croix de gueules, chargée de cinq coquilles d'argent.

5 *bis*. — Jullien de Gargan, écuier, seigneur de Rollepot, et Louise Françoise de Coupigny, sa femme :

D'argent, à deux bandes de gueules; *acolé* : d'azur, à un écusson d'or en cœur.

6 *bis*. — Feu Charles de Pisseleus (Pisseleu), écuier, seigneur de Brouilly, suivant la déclaration de Marie-Anne de Gargan, sa veuve, portoit :

D'argent, à trois lions de gueules, posez 2 et 1; *acolé* : d'argent, à deux bandes de gueules.

7. — Jaque-François Dupuich (du Puich), écuier, sieur de la Mairy (Mairie) :

De sinople, à une fasse d'argent, accompagnée en chef d'un croissant de même.

8 *bis*. — Feu N... de la Buissierre, chevalier, seigneur marquis de Lusy (Lugy), suivant la déclaration de Marie-Jacqueline du Wez, sa veuve, portoit :

D'azur, à trois besans d'or, posez 2 (et) 1; *acolé* : de vairé d'or et d'azur.

9. — François-Joseph de la Buissierre, chevalier, marquis de Lusy (Lugy) :

D'azur, à trois besans d'or, posez 2 (et) 1.

10 *bis*. — Louis-François de Beaufort, écuier, seigneur de Baillieulle (Bailleul) et Caterine de Bernastre, sa femme :

D'azur, à trois jumelles d'or, accompagnées en pointe d'une étoile à six rais de même; *acolé* : d'or, à une croix de sable, chargée de cinq coquilles d'argent.

11. — Le couvent des religieux *Carmes chaussez* de la ville de Saint-Pol :

D'argent, mantelé de sable.

14. — Henry Hellemans, lieutenant général au comté de Saint-Pol :

De sable, semé de treffles d'or, à un chevron renversé d'argent, chargé de trois roses de gueules, boutonnées d'or.

16. — Jaque Dupuich (du Puich), écuier, sieur d'Angre(s) :

De sinople, à une fasse d'argent, surmontée d'un croissant de même.

18. — L'abbaye de *Ruisseauville* :

De gueules, à une fasse d'argent, accompagnée de trois merlettes de sable, posées deux en chef et une en pointe.

19. — La communauté des religieux de l'abbaye de *Ruisseauville* :

D'or, à un créquier de gueules.

20 *bis*. — Jean-Baptiste CORNAILLE, écuier, sieur de la Bucaille, et Marie Claire PEPIN, sa femme :

Écartelé, au 1er et 4e, diapré de sinople, à une fasse d'argent flanquée de sinople; au 2e et 3e, écartelé de diapré d'or et d'azur; *acolé* : d'argent, à une fasse crénelée de trois pièces et bastillée de deux pièces et deux demy de gueules, acompagnée de trois mouchetures d'hermines de sable, posées deux en chef et une en pointe.

21. — Jaque de CUNCHY, écuier, seigneur de Trembloy, Fleury et autres lieux :

De gueules, à une fasse vivrée d'argent.

22 *bis*. — Feu Jean François de PARS (Partz), chevalier, seigneur d'Esquires, suivant la déclaration de Caterine PAYEN, sa veuve, portoit :

D'argent, à un léopard passant de sinople, lampassé et armé de gueules, posé sur une terrasse de sinople; *party* (accolé) : d'or, à un aigle de sinople, bequé et membré de gueules, et un franc quartier bandé de gueules et de vair de six pièces.

23. — Charle VANDALE, écuier :

Écartelé, au 1er et 4e d'or, semé de fleur de lis d'azur, à un lion de gueules, lampassé et armé d'azur; au 2e et 3e d'azur, semé de billettes d'argent, à deux fers de meules de moulin de même.

24. — Jean-Jaque FRUICTIER, sieur de Saint-Vaast, avocat et lieutenant particulier en la sénéchaussée et comté de Saint-Pol :

D'azur, à un sautoir d'argent.

25. — Ferdinand-Joseph HANWEL, écuier, sieur de Laronville ;

De gueules, à cinq lozanges d'argent, rangées en fasse.

26. — François DASSY, écuier :

D'argent, à trois tourteaux de sable, posez 2 (et) 1; et une bordure de gueules, chargée de huit besans d'or.

27. — Adrien-François DANTIN (d'Anthin), écuier, seigneur de Fontaine et autres lieux :

D'azur, à un chevron d'or, acompagné de trois croissans d'argent, 2 en chef et 1 en pointe.

28. 29. — Jaque-Emmanuel WLLART, écuier, seigneur d'Œuf, et Marie-Jeanne-Térèse de LEEMPUTTE, sa femme :

D'argent, à trois fers de meule de moulin de gueules, posés 2 (et) 1; *acolé* : d'azur, à deux étoiles à six rais d'or, posez en fasse.

30. 31. — Antoine-Joseph de COMTE (Contes), écuier, sieur de Blaingel (Blingel) et Bucamp(s), et Marie GÉRARD, sa femme :

D'argent, à un créquier de gueules; *acolé* : d'argent, à trois têtes de mort de sable, posées 2 (et) 1.

32. — Le corps du magistrat du bourg d'*Heuchin* :

D'or, à une croix de gueules, et une bordure engrelée de sable.

33. — La ville de *Saint-Pol :*

De gueules, à trois pals de vair, et un chef d'or, chargé d'un lambel de trois pendans d'azur.

34. 35. — Charles-Antoine de la Haye, chevalier, comte d'Héze(c)ques, baron d'Esquedes (Ecquedecques), seigneur de Radenghem, Paris, Pradelles, et Izabelle de Mailly, sa femme :

D'argent, à un chevron de sable, acompagné de trois merlettes de même, deux en chef et une en pointe; *acolé* : d'or, à trois maillets de sinople, posez 2 (et) 1.

36. — Louis d'Anthin, écuier :

D'azur, à un chevron d'or, acompagné de trois croissans d'argent, deux en chef et un en pointe.

37. — Denis du Tailly, écuier, seigneur de Queraussart :

D'argent, à trois pigeons de sinople, posez deux et un, chacun sur une branche d'arbre feuillée de même et posée en bande.

38. 39. — Philippe-Albert de Haynin, écuier, seigneur de Wawrans, et Margueritte du Val de Fienne, sa femme :

Écartelé, au 1er et 4e d'or, à une croix dentelée de gueules; au 2e et 3e de gueules, à une cotice d'or; *acolé* : d'argent, à un lion de sable, lampassé et armé de gueules.

41. — Georges de Tramecourt, écuier, seigneur dudit Tramecourt :

D'argent, à une croix ancrée de gueules.

42. — Anne-Caterine d'Amiens, demoiselle de Montcheaux (Monchaux) :

De gueules, à trois chevrons de vair.

43 *bis*. — Jean de Dion, seigneur de Vandonne (Wandomme), et Marie-Jéromette de Hamel, sa femme :

D'argent, à un aigle éployé de sable, bequé et armé d'or, chargé en cœur d'un écusson : d'argent, à une bordure d'or; *acolé* : de gueules, à un chef d'or, chargé de trois molettes de sable.

46 *bis*. — Feu N... (Charles de la Haye) comte d'*Ezecque* (Hezecques), suivant la déclaration de Margueritte de Robbe (Robles), sa veuve, portoit :

D'argent, à un chevron de sable, acompagné de trois molettes de même, posées deux en chef et une en pointe; *acolé* : d'or, à un lion de sable, lampassé et armé de gueules, rampant contre un arbre de sinople et posé sur une terrasse de même; à une bordure d'argent, chargée de neuf mouchetures d'hermines de sable.

47. — Ferdinand de Brias (Bryas), seigneur des Granges :

D'or, à une fasse de sable, accompagnée en chef de trois pigeons (cormorans) de même, béqués et membrés de gueules.

48. — Philibert-Albert de Rocourt, écuier :

D'or, à vingt-cinq turquoises de gueules, quarrées et posées 7, 5, 6, 4 et 3.

49. — Joseph-François de Thieulaine, seigneur de la Tour et autres lieux :

D'azur, à cinq burelles d'argent ; et une bande de gueules brochant sur le tout, chargée de trois aigles d'or.

50. — Louis Charpentier, abbé, comte et baron de Blangy en Artois :

D'azur, à un chevron d'or, acompagné en chef de deux croissans d'argent et en pointe d'une rose de même.

51. — L'abbaye de *Blangy* :

D'azur, à trois fleur de lis d'or, posées deux et une.

52. — Antoine de Rune (Rhunes), écuier, seigneur de Markay (Markais) et Laïence :

D'argent, à un sautoir d'azur, cantonné de quatre aiglettes de gueules.

53. — La communauté des Marchands de la ville de *Saint-Pol* :

De gueules, à une paire de ciseaux d'argent, acostée à senestre d'une aulne de bois au naturel, graduée ou divisée de lignes d'argent, posée en pal.

54. — La communauté des Maîtres *Cordonniers* de la ville de Saint-Pol :

D'azur, à un couteau à pied de cordonnier d'argent, emmanché de gueules, posé en pal.

55. — La communauté des Maîtres *Bouchers* de la ville de Saint-Pol :

De gueules, à un couperet et un couteau de boucher d'argent, posez l'un sur l'autre en fasse, emmanchés de bois au naturel.

BÉTHUNE

SUIVANT L'ORDRE DU REGISTRE Ier

15. — La ville de *Béthune* :

D'argent, à une fasse de gueules.

28. — Nicolas Marcadet, licentié ez loix, avocat au conseil d'Artois, conseiller du roy et son procureur en la ville et gouvernance de Béthune :

Écartelé, au 1er et 4e d'or, fretté de gueules ; au 2e de gueules, à une croix d'or et un chef d'hermines ; et au 3e contr'écartelé : au 1er et 4e, d'argent, à un aigle éploié de sable ; au 2e et 3e écartelé d'or et de sable.

38. — Michel Courtier, conseiller du roy, receveur en titre d'office des épices et amandes des ville et gouvernance de Béthune :

D'or, à une croix de gueules, chargé d'un croissant contourné à dextre d'argent, et acompagnée, au 1er et 4e quanton, d'une perdrix de gueules, et, au 2e et 3e canton, d'une rose de même, tigée et feuillée de sinople.

CALAIS

SUIVANT L'ORDRE DU REGISTRE 1er

54. — Nicolas HAUSQUERQUE, curé d'Oye :

De gueules, à un chevron d'or, sommé d'un croissant d'argent, accompagné de trois autres aussy d'argent, posez deux en chef et un en pointe.

57. — Jean DAUJAN, conseiller et procureur du roy de la ville et communauté de Calais :

D'argent, à un palmier de sinople.

68. — Louis de CONSTANT, prêtre, curé de la paroisse de Peuplingue :

Écartelé, au 1er et 4e d'or, à un lion de gueules, rampant sur une roue d'azur ; au 2e et 3e d'argent, à un sautoir alaizé d'azur ; et sur le tout : d'or, à un chien passant de sable, acolé d'un colier diapré d'or.

93. — Claude-Anne THIROUX, écuier, sieur de Villersy (Villers), contrôleur au bureau des traittes de Calais :

Tiercé en fasse, au 1er d'argent, à une croix ancrée de gueules ; au deuxième d'azur, à trois bandes d'or, et au 3e d'argent, à trois têtes de lion arrachées et lampassées de gueules et posées 2 (et) 1.

RÉCAPITULATION

ARRAS

Armoiries des			livres.		
Personnes	39	à	20		780 livres.

BOULOGNE

Personnes	41	à	20	820	845
Communauté	1	à		25	

SAINT-POL

Personnes	48	à	20	960	1260
Ville	1	à		50	
Abbayes	2	à	50	100	
Couvens	2	à	25	50	
Corps	1	à		25	
Communautez	3	à	25	75	
A reporter.	138 armoiries.				2885

De l'autre part.	138 armoiries.		2885

BÉTHUNE

Personnes..........	2 à 20...	40	... 90
Ville...........	1 à ...	50	

CALAIS

Personnes..........	4 à 20...		... 80
	145 armoiries.		3055 livres.

Total : trois mil cinquante-cinq livres et les deux sols pour livre.

Présenté par ledit Vanier... (voyez page 88), même celles dans lesquelles il y a des fleurs de lis, etc. (voyez page 121).

Fait à Paris ce... jour de... mil sept cent trois.

Signé : de Larroc et Quentin.

Les commissaires généraux... (voyez page 88).

Veu par nous l'état cy-dessus, etc..., nostre ordonnance de soit montré du 7 septembre 1703... Ouy le rapport du sieur de Breteuil (voyez page 89).

Nous commissaires susdits, etc. (voyez p. 121), les cent quarante-cinq armoiries, etc.

Fait en l'assemblée desdits sieurs commissaires, tenue à Paris le 20 décembre 1703.

Signé : Sendras.

Nous soussignez intéressez..., au nombre de cent quarante-cinq, dont la finance principalle montant à trois mil cinquante-cinq livres, etc. (voyez page 122).

Fait à Paris le 20 décembre 1703.

SUPPLÉMENT

PREMIÈRE PARTIE [1]

ÉTAT

D'AUCUNES ARMOIRIES DONT LA RÉCEPTION A ÉTÉ SURCISE PAR L'ÉTAT AU BAS DUQUEL EST L'ORDONNANCE DE NOSSEIGNEURS LES COMMISSAIRES GÉNÉRAUX DU CONSEIL EN DATE DU 8 AOUST 1698.

GÉNÉRALITÉ D'AMIENS

AMIENS

SUIVANT L'ORDRE DU REGISTRE 1er

57. — Le couvent des religieux *Feuillans* de la ville d'Amiens :

D'azur, semé de fleur de lis d'or, à un écuson d'argent, brochant sur le tout, chargé d'une branche de laurier de cinq feuilles de sinople, posée en pal.

65. — Le couvent des *Célestins* de la ville d'Amiens :

D'azur, à une croix longue et ancrée d'or, entortillée au pied de la lettre S et acostée de deux fleur de lis, le tout d'or.

356. — Le couvent de *Saint-Jean* d'Amiens :

D'azur, semé de fleur de lis d'or sans nombre.

400. — Les chanoines réguliers de l'abbaye de *Saint-Martin* aux Jumeaux d'Amiens :

D'azur, à une roue d'or, cantonnée de quatre fleur de lis de même.

[1] Cette première partie du supplément contient les états des armoiries, dont la réception avait été sursise, soit parce qu'elles avaient des fleurs de lis d'or sur champ d'azur et qu'il fallait en justifier la possession, soit parce qu'elles n'avaient point été fournies à temps.

ARRAS

SUIVANT L'ORDRE DU REGISTRE Ier

5. — Le chapitre de l'église catédralle *Notre-Dame* d'Arras :

D'azur, à une Vierge d'argent, tenant le petit Jésus entre ses bras de même, accompagnée de trois fleur de lis d'or, deux aux flancs et une en pointe.

10. — Le corps du magistrat de la ville d'*Arras :*

De gueules, à un lion d'or, lampassé et armé d'azur, chargé en cœur d'un écusson d'azur, semé de fleur de lis d'or, avec un lambel de gueules de trois pendans, chaque pendant chargé de trois petits châteaux (d'or), posez en pal l'un sur l'autre.

22. — Les trois ordres des États de la province d'*Artois :*

D'azur, semé de fleur de lis d'or, à un lambel en chef de gueules, chargé de neuf châteaux d'or, trois sur chaque pendant, en pal, un sur l'autre.

72. — Le couvent des religieuses de *la Tieuloye* (Thieuloye), ordre de Saint-Dominique :

Écartelé, au 1er et 4e d'azur, semé de fleur de lis d'or, à une bordure componnée de gueules et d'argent; au 2e bandé d'or et d'azur de six pièces, à une bordure de gueules; party d'azur, à un lion d'or; et au 3e bandé d'or et de gueules de six pièces, à une bordure de gueules, party d'argent, à un lion de gueules couronné, lampassé et armé d'or et sur le tout des quatre grands quartiers, d'or, à un lion de sable.

127. — L'abbaye de *Saint-Sauveur* d'Anchin :

D'azur, semé de fleur de lis d'or, à un cerf passant d'argent, brochant sur le tout.

127 *bis* simple. — La communauté des religieux de l'abbaye de Saint-Sauveur d'*Anchin :*

D'azur, à une grande niche d'or, dans laquelle est le Sauveur du monde, ayant sous ses pieds un écusson d'azur, semé de fleur de lis d'or et un cerf passant d'argent, brochant sur les fleur de lis.

ABBEVILLE

SUIVANT L'ORDRE DU REGISTRE Ier

47. — La ville d'*Abbeville :*

D'azur, à trois bandes d'or; une bordure de gueules et un chef brochant sur le tout d'azur, chargé de fleur de lis d'or sans nombre.

100. — Le chapitre de *Saint-Wulfran :*

D'azur, semé de fleur de lis d'or, à une croix patriarchale et trefflée de même, accostée des lettres S d'or à dextre et W de même à senestre.

139. — Le corps de l'Élection de *Ponthieu :*

D'azur, à trois fleur de lis d'or, 2 et 1.

169. — Le corps des officiers de la justice des *Traites d'Abbeville*, porte de même.

296. — Jean de LA RUE, écuier, sieur dudit lieu :

D'argent, à trois faces de gueules.

RÉCAPITULATION

				livres.	
AMIENS					
Armoiries des Couvens.	4	à	25. . .		. . . 100 livres.
ARRAS					
Provinces.	1	à	. . .	300	
Abbaye.	1	à	. . .	50	
Chapitre.	1	à	. . .	50	. . . 500
Corps.	1	à	. . .	50	
Couvens.	2	à	25. . .	50	
ABBEVILLE					
Personne.	1	à	. . .	20	
Ville.	1	à	. . .	50	. . . 145
Chapitre.	1	à	. . .	25	
Corps.	2	à	25. . .	50	
	15 armoiries.				745 livres.

Total : sept cens quarante cinq livres et les deux sols pour livre.

Présenté par Me Adrien Vanier, chargé de l'exécution de l'édit du mois de novembre 1696, à nosseigneurs les commissaires généraux du conseil, à ce qu'il leur plaise recevoir lesdittes armoiries et ordonner qu'elles seront enregistrées à l'armorial général, conformément ausdits édit et arrests rendus en conséquence, même celles dans lesquelles il y a des fleur de lis d'or sur azur, attendu que le droit et la possession en sont notoirement connus et ce suivant l'arrest du conseil du 22 juillet 1698.

Fait à Paris, ce 11e jour de juin 1699.

Signé : ALEXANDRE et DE LARROÇ.

Les commissaires généraux, députez par le roy par arrests du conseil des 4 décembre (1696) et 29 janvier en suivant;

Veu par nous l'estat cy-dessus présenté par ledit Vanier, aux fins y contenues, les feuilles jointes audit estat, notre ordonnance de soit monstré du 6 de ce mois, conclusions du procureur général de la commission, ensemble l'arrest du conseil du 22 juillet 1698 au sujet des armoiries dans lesquelles il y a des fleurs de lis d'or en champ d'azur, ouy le rapport du sieur de Breteuil, conseiller ordinaire du roy en son conseil d'Estat et intendant des finances, l'un de nous;

Nous, commissaires susdits, en vertu du pouvoir à nous donné par Sa Majesté, avons receu et recevons les quinze armoiries mentionnées audit état, nonobstant qu'il y ayt des fleurs de lis d'or, en champ d'azur, attendu que le droit et la possession en sont nottoirement connus, en conséquence ordonnons que touttes lesdittes armoiries seront enregistrées, peintes et blazonnées à l'armorial général, et les brevets d'icelles dellivrez conformément audit édit et aux arrests rendus en conséquence et à cet effet les feuilles desdittes armoiries et une expédition de la presente ordonnance seront remises au sieur d'Hozier, conseillier du roy et garde de l'armorial général.

Fait en l'assemblée desdits sieurs commissaires, tenue à Paris le 24e juillet 1699.

Signé : Sendras.

Nous, soussignez, intéressez au traitté des armoiries, nommez par délibération de la compagnie du 29 août 1697 pour retirer les brevets desdites armoiries, reconnaissons que monsieur d'Hozier nous a cejourd'hui remis ceux mentionnez au présent estat, au nombre de quinze armoiries, la finance principale desquelles montant à sept cens quarante cinq livres, prometons payer au trésor royal conformément au traité que nous avons fait avec Sa Majesté.

Fait à Paris, ce 21 janvier 1701.

Signé : Carquevillle.

ÉTAT D'AUCUNES ARMOIRIES DONT LA RÉCEPTION, ETC. (Voyez page 136.)

GÉNÉRALITÉ D'AMIENS

AMIENS

SUIVANT L'ORDRE DU REGISTRE Ier

73. — Charles Morel, écuier, seigneur d'Hébescourt :

D'azur, à une fleur de lis d'or, accompagnée de trois glands de même, la tige en bas et posez deux en chef et un en pointe.

74. — Adrien Morel, écuier, seigneur de Faucaucourt, porte de même.

89. — Feu Jean Morel, écuier, seigneur de Vigny (du Vergy), suivant la déclaration de Françoise Martine, sa veuve, portoit de même.

90. — Jaques Morel, écuier, seigneur de Boncourt, conseiller du roy au bailliage et présidial d'Amiens, porte de même.

91. Feu Jaques Morel, écuier, seigneur d'Hérival, suivant la déclaration d'Élizabeth Eudel, sa veuve, portoit de même.

96. — Adrien Morel, écuier, seigneur de Bécordel, antien conseiller au présidial d'Amiens, porte de même.

97. — Jaques Morel, écuier, sieur de Pommery, conseiller du roy au bailliage et siége présidial d'Amiens, porte de même.

105. — Catherine Morel de Cresmery, damoiselle, porte de même.

128. — Adrien Morel, écuier, sieur de Faucaucourt, conseiller du roy et magistrat au bailliage et siége présidial d'Amiens, porte de même.

261. — François Benoise, chanoine de Notre-Dame catédralle d'Amiens :

D'argent, à une face d'azur, chargée d'une fleur de lis d'or et accompagnée de trois roses de gueules, deux en chef et une en pointe.

SAINT-OMER

SUIVANT L'ORDRE DU REGISTRE Ier

François DU VAL, sieur de la Pierre, antien échevin de la ville de Saint-Omer :

D'azur, à un lion d'argent, lampassé et armé d'or, accompagné en chef d'une fleur de lis à dextre et d'une étoile à senestre aussi d'or, et en pointe de trois mouchetures d'hermines, rangées, d'argent.

RÉCAPITULATION

AMIENS

Armoiries des		livres.	
Personnes.	10	à 20.	200 livres.

SAINT-OMER

Personnes.	1	5	20
	11 armoiries.		220 livres.

Total : deux cens vingt livres et les deux sols pour livre.

Présenté par Me Adrien Vanier... (voyez p. 138).

Fait à Paris, ce 22e jour de juin 1699.

Signés : ALEXANDRE et DE LARROC.

Les commissaires généraux deputez... (voyez p. 138).

Veu par nous l'estat cy-dessus au bas duquel est la demande dudit Vannier, les feuilles de présentation jointes audit estat, notre ordonnance préparatoire du 7 aoust 1699 portant que lesdites feuilles seront remises au sieur d'Hozier, conseiller du roy, garde de l'armorial général, pour donner son avis sur la notoriété du droit ou de la possession que chacune des personnes dénomées audit estat prétend avoir de porter des armoiries dans lesquelles il y a des fleurs de lis d'or en champ d'azur, l'avis du sieur d'Hozier en datte du

3 septembre 1699, arrêt du conseil du 22 juillet 1698 portant que ceux qui ont présenté les armoiries de leur famille dans lesquelles il y a des fleurs de lis d'or sur azur pour pièce de l'escu et dont le droit n'estant pas notoirement connu, n'en ont toutefois représenté le tiltre ni justification de la possession, seront tenus de le faire dans un mois, sinon que leurs armes seront réformées, notre ordonnance de soit montré du 16 janvier 1700, conclusions du procureur général de la commission, ouy le rapport du sieur de Breteuil, conseiller ordinaire du roy en son conseil d'Estat et intendant des finances.

Nous, commissaires susdits... (voyez p. 139), au sieur d'Hozier, à l'exception toutefois des armes du sieur Duval qui sera tenu de justiffier dans un mois le droit où il prétend estre de porter des fleurs de lis d'or sur azur pour pièce de l'escu, dans ses armes, sinon et à faute de ce faire dans ledit delay et icelluy passé ses armes réformées conformément audit arrest du 22 juillet 1698.

Fait en l'assemblée desdits sieurs commissaires tenue à Paris le vendredy 19 mars 1700.

Signé : Sendras.

Nous, soussignez intéressez..., au nombre de onze, dont la finance principalle montant à deux cent vingt livres, etc. (voyez p. 139).

Fait à Paris, ce 3 juillet 1700.

Signé : Carqueville.

SUPPLÉMENT

DEUXIÈME PARTIE[1]

ÉTAT

DES NOMS ET QUALITEZ DES PERSONNES ET COMMUNAUTEZ DONT LES ARMOIRIES ONT ÉTÉ PORTÉES EZ BUREAUX ÉTABLIS PAR Mᵉ ADRIEN VANIER CHARGÉ DE L'EXÉCUTION DE L'ÉDIT DU MOIS DE NOVEMBRE 1696, ET DESQUELLES ARMOIRIES LA RÉCEPTION A ÉTÉ SURCISE PAR L'ÉTAT DU 8 AOUST 1698, PARCEQUE LE BLAZON EN EST SI MAL EXPLIQUÉ OU FIGURÉ QU'IL EST IMPOSSIBLE, DANS L'ÉTAT OU ELLES SONT, DE LES RECONNOISTRE SUFFISAMENT POUR LES RECEVOIR ET ENREGISTRER A L'ARMORIAL GÉNÉRAL.

GÉNÉRALITÉ D'AMIENS

AMIENS

SUIVANT L'ORDRE DU REGISTRE Iᵉʳ

Vu par nous Charles d'Hozier, conseiller du roy, généalogiste de sa maison, garde de l'armorial général de France et chevalier de la Religion et des ordres militaires de Saint-Maurice et de Saint-Lazare de Savoie, le présent état de suplément d'armoiries et l'ordonnance donnée en conséquence le 10ᵉ de juillet de l'année courante 1699, par messieurs les commissaires généraux du conseil à ce députez, par laquelle il nous est enjoint de donner notre avis sur les armoiries qui peuvent estre accordées ou supléées à chacune des personnes et autres dénommez dans le présent état et dans les conclusions de M. le pro-

[1] Cette seconde partie du supplément contient les états des armoiries qui ont été réglées par d'Hozier, parce qu'elles avaient été mal figurées ou expliquées.

cureur général de ladite commission au nombre de treize armoiries, nous estimons que l'on peut leur régler et disposer en cette sorte lesdittes armoiries ainsy qu'il en suit, sçavoir :

130. — Le couvent des *Cordeliers* de la ville d'Amiens.

130. — D'azur, à une médaille ovalle d'argent, chargée d'une niche à l'antique, percée du champ, dans laquelle est un saint d'or.

348. — Alexandre de Villiers, écuier, seigneur de Fransure(s).

348. — D'argent, à une face de sinople, chargée de trois besans d'or.

PÉRONNE

SUIVANT L'ORDRE DU REGISTRE 1er

12. — Antoinette Martine, veuve de Furcy Dournel, conseiller du roy au baillage et gouvernement de Péronne.

12. — D'argent, à un chevron de gueules, accompagné en chef à dextre d'une grape de raisin de pourpre, à senestre d'un gland de sinople, et en pointe d'un croissant d'azur, surmonté d'une étoile de même.

60. — Le couvent du *Mont Saint-Quentin*, près Péronne.

60. — D'azur, à un bust(e) de saint Quentin posé de front, ayant les épaules percées chacune d'un cloud d'argent, accompagné de trois fleur de lis d'or, deux en chef et une en pointe.

77. — Le corps des officiers du grenier à sel de *Péronne.*

77. — D'azur, à trois fleur de lis d'or, deux et une.

88. — Léon Hudin, principal du collége de Péronne et chanoine de Saint-Furcy.

88. — D'argent, à une croix pattée et alaisée, à huit pointes, le montant de gueules et la traversé d'azur ; cet une d'azur, chargée de huit fleur de lis d'or.

116. — Le couvent des religieux de *Templeux-la-Fosse.*

116. — D'argent, à une croix pattée et alaisée, à huit pointes, le montant de gueules et la traverse d'azur, et une bordure d'azur, chargée de huit fleur de lis d'or.

ARRAS

SUIVANT L'ORDRE DU REGISTRE 1er

90. — Le monastère des religieuses de la *Paix-de-Jésus*, dans la ville d'Arras.

90. — D'argent, à un cœur de carnation chargé d'un Enfant Jésus, assis et reposant sur sa tête sur sa main senestre, et tenant de sa dextre un monde posé sur ses genoux, le tout d'or et entouré de rayons de même.

116 *bis*. — Jean Philippe Deck (d'Eck), chevalier de Saint-Louis, seigneur de Flagues, et Marie-Claude de Belvalet, son épouse.

116 *bis*. — Party, au premier, d'argent, à trois trangles de gueules, la première surmontée d'un sautoir alaisé et recroiseté de même, et celle du milieu accompagné de deux traverses aussy de gueules, l'une dessus et l'autre dessous; et au deuxième, aussy d'argent, à un lion de gueules; *acolé :* d'argent, à un lion morné de gueules.

133. — Le corps du Magistrat de la ville de *Lens*.

133. — D'azur, à un château donjonné de trois tours d'or, la porte garnie de sa herce de même, et acosté de deux fleurs de lis aussy d'or.

154. — Philippes Empis, seigneur de Wendin, grand bailly héréditaire des villes et verge de Menin.

154. — D'argent, à un chevron d'azur, accompagné en chef de deux treffles de sinople, et en pointe d'une tour de gueules.

ABBEVILLE

115. — Le couvent des *Carmélites* d'Abbeville.

115. — De sable, mantelé d'argent, la pointe terminée en croix pattée de sable, accompagnée de trois étoiles à huit rais, deux de sable sur l'argent, posées en face, et une d'argent en pointe sur le sable.

Fait par nous, à Paris le 29 d'aoûst de l'an 1699.

Signé : d'Hozier.

RÉCAPITULATION

AMIENS

Armoiries des		livres.	livres.	
Personnes.	1 à	20. . .	20	45 livres
Couvent.	1 à	25. . .	25	

PÉRONNE

Personnes.	2 à	20. . .	40	
Couvents.	2 à	25. . .	50	115
Corps.	1 à	. . .	25	

ARRAS

Personnes.	3 à	20. . .	60	
Monastère.	1 à	. . .	25	110
Corps.	1 à	. . .	25	

ABBEVILLE

Couvent.	1 à	. . .	. . .	25
	13 armoiries.			295 livres.

Total : deux cens quatre-vingt-quinze livres et les deux sols pour livre.

Présenté par ledit Vanier à nosseigneurs les commissaires généraux à ce qu'attendu l'obscurité des armoiries des dénomez cy-dessus dont il paroist suffisamment par les feuilles de présentation d'icelles, il plaise à nosdits seigneurs ordonner qu'il sera suppléé aux défauts qui s'y rencontrent pour être ensuites receues et enregistrées à l'armorial général, conformément audits édits et arrêts rendus en conséquence.

Fait à Paris ce 5e jour de février 1699.

Signé : Alexandre et de Larroc.

Les commissaires généraux députez par arrests du conseil des 4 décembre et 29 janvier 1697, pour l'exécution de l'édit du mois de novembre précédent sur le fait des armoiries;

Veu par nous l'estat cy-dessus, notre ordonnance préparatoire du 10 juillet 1699, portant que les feuilles des armoiries des dénommez audit estat seront remises au sieur d'Hozier, conseiller du roy, garde de l'armorial général pour donner son avis sur ce qui peut estre suppléé ausdites armoiries, pour les mettre en estat d'estre receues et enregistrées à l'armorial général, l'avis dudit sieur d'Hozier, du 29 aoust en suivant, contenant les pièces, meubles et métaux dont lesdites armoiries doivent être composées, autre ordonnance de soit montré du 3 décembre 1699, conclusions du procureur général de la commission, ouy le rapport du sieur de Breteuil, conseiller ordinaire du roy en son conseil d'Estat, intendant des finances, l'un des sieurs commissaires ;

Nous, commissaires susdits, en vertu du pouvoir à nous donné par Sa Majesté, conformément à l'avis dudit sieur d'Hozier, ordonnons que les armes de chacun des dénommez cy-dessus seront composées des pièces, meubles et métaux portez par ledit avis, en conséquence les avons receus et recevons pour estre enregistrées à l'armorial général et les brevets d'icelles délivrez conformément audit édit et arrests rendus en conséquence, à l'effet de quoy il sera remis audit sieur d'Hozier, une expédition de la présente ordonnance et des feuilles de prestation desdites armoiries.

Fait en l'assemblée desdits sieurs commissaires tenue à Paris le vendredy 5e jour de febvrier 1700.

Signé : Sendras.

Nous, soussignez, intéressez, etc..... au nombre de treize, dont la finance principalle montant à deux cent quatre-vingt-quinze livres (voyez p. 139).

Fait à Paris, le 3 juillet 1700.

Signé : Carqueville.

ÉTAT DES ARMOIRIES, ETC. (voyez page 143), LA RÉCEPTION DESQUELLES ARMOIRIES A ÉTÉ SURCISE PAR LES ÉTATS CI-APRÈS DATTÉS, PARCE QUE, ETC. (voyez page 143).

GÉNÉRALITÉ D'AMIENS

SAINT-QUENTIN

SUIVANT L'ORDRE DU REGISTRE Ier DE L'ÉTAT DU 9 JUILLET 1700

Veu par nous, Charles d'Hozier, etc. (voyez p. 143), et l'ordonnance donnée en conséquence le 14e jour du mois de décembre de l'an 170... par messieurs les commissaires généraux, etc. (voyez p. 143).

64.—François de MAUBREUL, prêtre, curé de l'église et paroisse de Notre-Dame de Saint-Quentin.

64. — D'argent, à une barre d'azur, chargée de trois sautoirs alaizés d'or, à un chef de même, bordé de gueules; party : d'or, à une rose de gueules, tigée et feuillée de sinople.

73. — Nicolas HUET, prestre, curé de l'église et paroisse de Sainte-Caterine de Saint-Quentin.

73. — D'argent, à un arc en ciel au naturel, acompagné en chef d'un soleil de gueules, environné d'un nuage d'azur et en pointe d'une toison de gueules, sur laquelle tombe une pluie de sable.

81. — Jean PELLETON, seigneur de Golancourt, conseiller du roy, directeur des traittes à Saint-Quentin.

81. — D'argent, à une fasse d'azur, accompagnée d'un soleil de gueules, posé au canton dextre du chef de l'écu et en pointe d'un lion naissant de même.

85. — André CAMBRONNE, prestre, chanoine de l'église roialle de Saint-Quentin.

85. — D'or, à un chiffre d'azur, composé des lettres A et C, acompagné de quatre palmes de sinople posées deux en chef confrontées et deux en pointe passées en sautoir.

133. — Roger de CHARLEVOIX, conseiller du roy au bailliage de Saint-Quentin.

133. — D'azur, à une bande d'argent, chargée de trois coquilles de gueules.

136. — Quentin Nocque, prêtre, curé de la paroisse de Saint-Remy de la ville de Saint-Quentin.

136. — D'argent, à un croissant d'azur, acompagné de trois grenades de sable, enflammées de gueules et posées deux en chef et une en pointe, les deux du chef surmontées d'une seule étoile de gueules; parti : d'or à un lion de gueules et une bande de sable brochant sur le tout, chargée de trois besans d'argent, et un chef d'azur, chargé de deux barbeaux adossez d'or, surmontez d'un croissant d'argent.

145. — Jacque Lescot, conseiller du roy, éleu et grénetier à Saint-Quentin.

145. — D'argent, à un coq de gueules; écartelé : de sable, à trois bandes d'or et une étoile posée au canton senestre du chef.

150. — Louis Lescot, prestre, chanoine de l'église royalle de Saint-Quentin.

150. — Comme cy-dessus à l'article 145.

ARRAS

SUIVANT L'ORDRE DU REGISTRE 1er DE L'ÉTAT DU. . . . . . 170...

207. — Jaque-Louis Dargencourt, prestre, chanoine de l'église catédralle d'Arras.

207. — D'argent, à une fasse de gueules.

323. — Le couvent des religieux *Dominiquains* de la ville d'Arras.

323. — De sable, à un saint Laurent d'argent, avec cette inscription autour de l'écu : *Sigillum Conventus Præd. Atres.*

SAINT-POL

SUIVANT L'ORDRE DU REGISTRE 1er

57. — La communauté des maîtres *brasseurs* de la ville de Saint-Pol.

57. — De gueules, à une wacque d'or.

CALLAIS

SUIVANT L'ORDRE DU REGISTRE Ier

48. — Dominique Postel, prestre, curé de la paroisse de Nielle-lez-Ardres.

48. — D'or, à une gerbe de sinople, acostée de deux molettes de gueules.

50. — Philippe Destailleur (des Tailleurs), prêtre, curé de la paroisse de Bresme (Brêmes) près Ardres.

50. — D'argent, à un lion de sable.

Fait par nous, à Paris, le 19 décembre 1703.

Signé : d'Hozier.

RÉCAPITULATION

SAINT-QUENTIN

Armoiries des		livres.	
Personne.	8 à	20.	160 livres.

ARRAS

Personnes.	1 à	. . . 20	} . . 45
Couvent.	1 à	. . . 25	

SAINT-POL

Communautez.	1 à	. . . .	25

CALLAIS

Personnes.	2 à	20.	40
	13 armoiries.		270 livres.

Total : deux cens soixante-dix livres et les deux sols pour livre.

Présenté par ledit Vanier, etc. (voyez p. 146).
Fait à Paris, ce 4e jour de décembre 1703.

Signé : Quentin et de Labroc.

Les commissaires généraux, députez, etc. (voyez p. 146).

Veu par nous l'estat cy-dessus, notre ordonnance préparatoire du 14 de ce mois (décembre), portant, etc...., l'avis dudit sieur d'Hozier du jour d'hier...

Nous, commissaires susdits, en vertu du pouvoir, etc. (voyez p. 142).

Fait en l'assemblée desdits sieurs commissaires tenue à Paris le 20 décembre 1703.

Signé : SENDRAS.

Nous, soussignez, intéressez, etc..... au nombre de treize, dont la finance principalle montant à deux cent soixante-dix livres, etc. (voyez p. 139).

Fait à Paris, ce 25 décembre 1703.

Signé : CARQUEVILLE.

SUPPLÉMENT

TROISIÈME PARTIE [1]

ESTAT

DES NOMS ET QUALITEZ DES PERSONNES ET COMMUNAUTEZ DÉNOMÉS CY-APRÈS QUI ONT PAYÉ LES DROITS D'ENREGISTREMENT DES ARMOIRIES EZ BUREAUX ÉTABLIS PAR Me ADRIEN VANIER CHARGÉ DE L'EXÉCUTION DE L'ÉDIT DU MOIS DE NOVEMBRE 1696, ET DESQUELLES ARMOIRIES LA RÉCEPTION A ÉTÉ SURCISE PAR L'ÉTAT DU CONSEIL DU 8 AOUST 1696, PARCEQU'ILS ONT NÉGLIGÉ DE FOURNIR LA FIGURE ET L'EXPLICATION DESDITES ARMOIRIES.

GÉNÉRALITÉ D'AMIENS

AMIENS

SUIVANT L'ORDRE DU REGISTRE 1er

Veu par nous, Charles d'Hozier, conseiller du roy, etc., le présent état des armoiries et l'ordonnance donnée en conséquence le 22 de may de l'année courante 1699 par messieurs les commissaires généraux, etc. (voyez p. 143), sçavoir :

62. — Jean Vacquette, écuier, sieur de Cardonnoy, conseiller au présidial d'Amiens.

62. — D'argent, à une face d'azur, chargée de trois vaches passantes d'or, et accompagnée de trois molettes de gueules, deux en chef et une en pointe.

[1] Cette troisième partie du supplément contient les états des armoiries données par d'Hozier, soit parce que l'on n'en possédait pas, soit parce que l'on avait négligé de les fournir, quoiqu'on eût payé les droits d'enregistrement.

75. — Le couvent des *Minimes* d'Amiens.

75. — D'azur, au mot *Charitas* écrit en lettres d'or; les trois sillabes séparées et posées l'une sur l'autre.

82. — Jean de SAINT-SUIT, écuier, seigneur de Bricqménil (Briquemesnil).

82. — D'argent, à une face vivrée de gueules, acompagnée de trois tourteaux d'azur, chargez chacun d'une étoile d'or et posez deux en chef et un en pointe.

83. — Charlotte DESTROUVILLE, veuve de N... de GRÉMONVILLE.

83. — D'argent, à deux lézards de sinople et une face échiqueté de gueules et d'or, brochante sur le tout.

111. — François TRUDAINE, écuier, sieur de Roberval, trésorier de France.

111. — D'or, à trois dains passans de sable, posez deux en chef et un en pointe.

112. — Charles TRUDAINE, chanoine de la cathédralle d'Amiens.

112. — De même qu'à l'article 111.

121. — Gilberte ROMANET, marchande à Amiens.

121. — De sable, à un arbre arraché d'argent, et une face vivrée et abaissée d'or, brochante sur le fust de l'arbre.

122. — Elizabeth REVELLOIS, veuve de N... LA CROIX.

122. — D'azur, à un coq chantant d'or, accompagné de quatre oyes d'argent, cantonnez et affrontez.

125. — Jean Baptiste ROUSSEL, écuier, sieur d'Obviller (Aubvillers), antien conseiller au présidial.

125. — De sable, à une croix dentelée d'or, cantonnée de quatre aigles de même, becquez de gueules et couronnez d'or.

129. — Elizabeth FOURNIER, veuve de Jean CRETON, écuier, seigneur de Vuillemville.

129. — D'argent, à trois roses de gueules, chargées chacune d'une étoile d'or et posées deux et une.

134. — Antoine de LOUVENCOURT.

134.— D'argent, à un loup passant de sable sur une terrasse de sinople, et accompagné en chef de deux merles affrontez de sable.

137. — Charles BERTHE, marchand en gros, d'Amiens.

137. — D'azur, à un rocher d'argent, sommé d'une perdrix d'or et acompagné en chef de deux étoiles à six rais d'argent.

139. — François BARRÉ, marchand à Amiens.

139. — D'argent, à un cheval barré de gueules et d'azur, et un chef de gueules, chargé de trois barres d'or.

143. — François DESCHAMPS, bourgeois d'Amiens.

143. — De sinople, à deux faces échiquetées d'or et de gueules, et deux lances d'azur, passées en sautoir, brochantes sur le tout.

145. — Nicolas Petit, sieur de Saint-Martin, contrôleur ordinaire des guerres.

145. — D'azur, à une piramide d'argent, maçonnée de sable, mouvante de la pointe et sommée d'un serin d'or, accosté de deux cometles d'argent.

149. — Louis Raget, bourgeois d'Amiens.

149. — De pourpre, à un perroquet d'argent, béqué et membré de gueules, acompagné de trois papillons d'or, deux en chef et un en pointe.

150 *bis*. — Jean Baptiste Morgan, marchand en gros et N... son épouse.

150 *bis*. — D'argent, à deux têtes de more de sable en chef et un gand d'azur frangé de gueules en pointe, *acolé* : de gueules, à trois marguerittes d'argent mal ordonnées et un chef d'or, chargé d'une vivre d'azur.

151. — François Pinguet-Malingan, lieutenant civil à l'élection.

151. — Party d'or et de sable, à une face échiquetée d'azur et d'argent de trois traits, brochante sur le tout.

153. — N... Le Brun, veuve de N..., président au grenier à sel d'Amiens.

153. — D'argent, à une tête de more au naturel, bandée d'or et accompagnée de trois lacs d'amour d'azur, deux en chef et un en pointe.

154. — Adrien Cornet, marchand à Amiens.

154. — D'argent, à un pal alaisé d'azur, acosté de six cors de chasse de gueules, enguichez de sinople, trois de chaque côté.

156. — Marie Le Tellier, veuve d'Antoine Petit, avocat du roy au présidial d'Amiens.

156. — D'azur, à trois écussons d'or, rangez en face et accompagnez de deux vols d'argent, un en chef et l'autre en pointe.

160. — Bernard Hémart, bourgeois d'Amiens.

160. — De gueules, à deux chevrons renversez et entrelassez d'argent, accompagnez en chef de trois annelets d'or posez deux et un.

161. — François Hémart, marchand d'Amiens.

161. — De même qu'à l'article 160.

162. — Jean-Baptiste Artus l'aîné, marchand à Amiens.

162. — D'or, à un chevron componné d'azur et de sable et accompagné de trois fourmies aussy de sable, deux en chef et une en pointe.

165. — Cœsard-Antoine Guérard, maître de la manufacture d'Amiens.

165. — De gueules, à un cœur d'argent, chargé de trois têtes d'aigles arrachées d'azur, posées deux et une, et une bordure ondée entée d'or.

166. — Antoine Gougier, écuier, seigneur de Varenne.

166. — De gueules, à deux jumelles d'argent, et un chevron écoté d'or, brochant sur le tout.

167. — Jean Gougier, écuier, seigneur de Seux, lieutenant criminel au baillage d'Amiens.	167. — De même qu'à l'article 166.
169. — Henry Feydeau de Brou, évêque d'Amiens.	169. — D'azur, à un chevron d'or, accompagné de trois coquilles de même, deux en chef et une en pointe.
170. — Margueritte Le Roy, veuve de N... Petit, président en l'élection.	170. — D'azur, à trois écussons d'argent, chargez chacun d'une croix pattée et alaisée de gueules, posez deux et un.
173. — Adrien Vacquette, seigneur de Freschencourt.	173. — D'argent, à une face d'azur, chargée de trois vaches passantes d'or et accompagnée de trois molettes de gueules, deux en chef et une en pointe.
174. — Honnorée de Lattre, veuve de Claude de Louvencourt, conseiller au présidial.	174. — Facé d'azur et de gueules, à une bordure componnée d'argent et de sable.
177. — N... veuve de François Cornet, marchand.	177. — D'argent, à deux flambeaux d'azur, alumez de gueules et passez en sautoir; et un chef d'azur, chargé de quatre flames d'or.
178. — Le couvent des religieuses *Carmélites* d'Amiens.	178. — De sable, mantelé arondy d'argent, la pointe terminée en croix pattée de sable, acostée de deux étoiles à huit rais de même et acompagnée en pointe d'une autre étoile aussy à huit rais d'argent.
180. — Jeanne Pecquet, veuve de Nicolas de Sachy, échevin.	180. — D'azur, à un cœur d'or, rayonnant d'argent, chargé d'une croix de Lorraine de gueules et une bordure dentelée d'or.
181. — Madelaine Castellet, fille, bourgeoise.	181. — De sinople, à cinq châteaux d'argent, massonnez de gueules et posez trois et deux.
182. — Jean Palliart d'Aigrefin, conseiller honoraire au baillage.	182. — D'argent, à deux serpens de sinople adossez, passez en sautoir, acompagnez de quatre tierce-feuilles de même.
183. — Pierre Le Gillon, écuier, seigneur de Grostison, conseiller au baillage.	183. — D'azur, à deux lions adossez d'or, les queues entrelassées.
185. — Philipe Le Febvre, bourgeois d'Amiens.	185. — D'argent, à un cœur de carnation, acompagné de huit fèves de sinople, posées en orle.

186. — Pierre GREBERT, conseiller en l'élection d'Amiens.

186. — D'azur, à trois lis d'argent, grenez d'or, soutenus chacun d'une étoile de même et rangez en face.

187. — Charles BUTEUX, conseiller en l'élection d'Amiens.

187. — D'azur, à un pal d'or, chargé de deux tourteaux de sable, un en chef et l'autre en pointe, et deux branches de chesne d'argent, passées en sautoir et brochantes sur le tout.

188. — Abraham François LE SIGNE, procureur du roi au grenier à sel.

188. — De sable, à un cigne d'argent, bequé et membré d'or, et une bordure potencée de même.

189. — Henri LE DIEU de la Motte, marchand à Amiens.

189. — D'argent, à une croix croissantée d'azur, cantonnée de quatre croisettes de gueules.

190. — Jacques FLESSEL, marchand à Amiens.

190. — D'argent, à un vol d'azur et un chevron de gueules brochant sur le tout.

191. — François GALLAND, marchand à Amiens.

191. — De sable, à trois pennaches d'argent, miraillées d'azur et de gueules et liées ensemble par un ruban d'or.

192. — Firmin PALLIART, marchand, échevin d'Amiens.

192. — D'argent, à deux serpens de sinople adossez, et passez en sautoir, et accompagnez de quatre tierce-feuilles de même.

193. — Noel LHOSTE, marchand à Amiens.

193. — D'azur, à une montagne de trois coupeaux d'argent, surmontez chacun d'une étoile d'or; et un chef de même, chargé de trois croisettes de sable.

194. — Jean de RIBAUCOURT, marchand à Amiens.

194. — De gueules, à une roue d'argent, acompagnée de quatre croissans adossez et cantonnez de même.

197. — Pierre DU RIEUX, antien échevin d'Amiens.

197. — Coupé d'or et d'azur; l'or chargé de trois triangles de sable, posez deux et un, et l'azur chargé de trois flames d'or, posées de même.

198. — Jaques PONTRUÉ (Pontrevé), marchand à Amiens.

198. — D'argent, à une bande de sinople, chargée de trois limaçons d'or et acompagnée de deux grelots de gueules, un en chef et l'autre en pointe.

199. — Jean-Baptiste POIREL, conseiller en l'élection.

199. — D'argent, à une poire de bon crestien au naturel, tigée et feuillée de même, soutenue d'un vol d'azur.

201. — Pierre FLESSEL, marchand à Amiens.

201. — D'argent, à un vol d'azur, et un chevron de gueules brochant sur le tout.

202. — Charles Sallé, marchand à Amiens.

202. — D'azur, à un porc passant d'or sur une terrasse de sinople, et un chef cousu de gueules, chargé de trois monticules d'argent.

203. — Charles Hochedé, bourgeois, marchand à Amiens.

203. — De gueules, à une tour d'argent, chargée de trois tourteaux d'azur, posez l'un sur l'autre, et acompagnée de trois besans d'or rangez en chef.

204. — Jean Hochedé, bourgeois de la ville d'Amiens.

204. — De même qu'à l'article 203.

205. — Antoine Morel, marchand à Amiens.

205. — D'argent, à une tête de more de sable, tortillée d'or et de gueules, et acompagnée de quatre demy-vols d'azur, mouvant des angles en sautoir.

207. — Louis de Flocques, avocat à Amiens.

207. — D'azur, à un chevron d'argent, chargé de cinq merlettes de gueules, et acompagné de trois rocs d'échiquier, mi-partis d'or et d'argent.

208. — Henry Pingré le jeune, marchand à Amiens.

208. — D'argent, à un pin arraché de sinople, acosté de deux têtes et cols de licornes affrontées de gueules.

209. — Antoine Boistel, marchand à Amiens.

209. — D'azur, à une boette couverte d'or, soutenue d'un vol d'argent.

210. — Marie Rousselle, fille, bourgeoise d'Amiens.

210. — D'argent, à une roue de sinople, accompagnée en chef de deux pigeons affrontez d'azur, bequez et membrez de gueules.

211. — N... de la Maronne, maître des eaux et forest d'Amiens.

211. — D'argent, à un maronnier de sinople, sur une terrasse de même, et un chef party de gueules et d'azur, chargé de trois flames d'argent.

212. — Firmin de Hen, marchand en gros à Amiens.

212. — D'azur, à quatorze étoiles d'or, formans deux chevrons.

213. — Jean Baptiste Le Moutier, écuier, seigneur de Bichecourt.

213. — D'argent, à un serpent tortillé de cinq plis de sable, lissant (issant) de gueules.

214. — Robert Jourdain, marchand à Amiens.

214. — D'azur, à une face ondée d'argent, acompagnée de trois palmiers arrachez d'or, deux en chef et un pointe.

215. — Jean Pillard, marchand à Amiens.

215. — D'azur, à un chevron d'argent chargé de trois rocs d'échiquier de sable, acompagné en chef de deux clefs d'argent et en pointe d'une molette de même.

217. — Pierre de LA PORTE, receveur d'Ailly-sur-Noye.

217. — D'azur, à deux colonnes d'or, sommées d'un fronton de même; et une champagne aussy d'or, chargée d'un las d'amour de gueules.

218. — Noël FRESNELAY, l'aisné, marchand à Amiens.

218. — De gueules, à un fresne d'argent, sur une terrasse de sinople, acosté en pointe de deux layes affrontées d'or.

220. — Jean COTTE, marchand à Amiens.

220. — D'azur, à une cotte d'arme d'or, acompagnée de trois merlettes d'argent, deux en chef et une en pointe.

222. — Georges de MONCHY, chevalier, seigneur de Talmas et autres lieux.

222. — De gueules, à trois maillets d'or, posez deux et un.

223. — Philippe PINGUET, procureur du roy en la mairie.

223. — D'argent, à un pin de sinople sur une terrasse de même, et un geay d'or perché sur le feuillage du pin; l'écu bordé de gueules.

224. — François d'AMIENS, écuier, seigneur de Longueval.

224. — D'azur, à un mord (mors) d'argent, les bossettes d'or, acompagné de trois molettes de même, une en chef et deux en pointe.

225. — Bartelemy d'AMIENS, écuier, sieur de Longueval.

225. — De même qu'à l'article 224.

226. — François DINCOURT, receveur des décimes.

226. — D'azur, à un daim d'argent, les cornes d'or, courant sur une terrasse de sinople, et un chef d'or chargé de trois têtes d'enfans de carnation.

229. — Marie de VILLERS, veuve de N... DE LASTRE.

229. — D'argent, à trois feuilles de houx de sinople, rangées en face et acompagnées de six fraizes de gueules, aussy rangées trois en chef et trois en pointe.

230. — Florent CLARENTIN, écuier, sieur de Marcellet.

230. — D'azur, à une cloche d'or, bataillée de gueules et acompagnée de trois bouquets de thin d'argent, deux en chef et un en pointe.

237. — Martin GALLAND, marchand à Amiens.

237. — De sable, à trois pennaches d'argent, miraillées d'azur et de gueules et liées ensemble par un ruban d'or.

240. — Antoine de BONNAIRE (Debonnaire), marchand à Amiens.

240. — De gueules, à deux poissons d'argent, affrontez et posez en chevron, acompagnez en chef de deux hameçons d'or et en pointe d'une ancre de même.

241. — Madelaine JACOB, veuve de N... de BONNAIRE (Debonnaire), marchand.

241. — D'azur, à une échelle d'or, posée en bande, acompagnée de deux chérubins de carnation, aislez d'argent, l'un en chef et l'autre en pointe.

245. — Jean-Baptiste PINGRÉ d'Amancourt, bourgeois.

245. — D'argent, à un pin arraché de sinople, acosté de deux têtes et cols de licornes, affrontées de gueules.

246. — Adrien PINGRÉ, bourgeois d'Amiens.

246. — De même qu'à l'article 245.

247. — Martin de BONNAIRE (Debonnaire), marchand à Amiens.

247. — De même qu'à l'article 240.

248 — Firmin COTTE, marchand à Amiens.

248. — D'azur, à une cotte d'armes d'or, acompagnée de trois merlettes d'argent, deux en chef et une en pointe.

249. — Michel SIMON, marchand à Amiens.

249. — D'azur, à six montagnes d'or, posées une, deux, trois, et une bordure dentelée de même.

250. — Marie MANOT, veuve de François d'ANGREMEL, marchand.

250. — D'argent, à une main apaumée de carnation et mouvante en pointe d'une onde d'azur et acompagnée en chef de deux feuilles de houx de sinople.

255. — L'abbaye de *Bertaucourt*.

255. — D'azur, à trois poissons d'argent, posez en face l'un sur l'autre, et un pal de gueules, chargé d'une crosse d'argent et brochant sur le tout.

257. — Jean COULETTE-DORVILLE, contrôleur des ouvrages de la ville d'Amiens.

257. — De gueules, à deux faces d'argent, chargées chacune d'un aigle naissant de sable.

258. — François de RAVENY, curé de la paroisse de Saint-Martin d'Amiens.

258. — D'or, à une croix de sinople, cantonnée de quatre sautoirs de gueules.

259. — Jacques-Henry CORNET, sieur de Lille-Roy.

259. — D'argent, à un pal alaizé d'azur, acosté de six cors de chasse de gueules, enguichez de sinople, trois de chaque côté.

260. — Adrien DU CROCQ, médecin à Amiens.

260. — De gueules, à un arbre arraché d'or, et une bande d'argent brochante sur le tout, chargée d'une vipère ondoyante de sinople.

262. — Antoine GUILBERT, garde de l'artillerie d'Amiens.

262. — D'argent, à un guy de chesne de sinople, acompagné de quatre pointes flamboiantes, mouvantes en sautoir des angles de l'écu.

263. — Augustin PINGRÉ, sieur de Vatival, capitaine au régiment de la marine.

263. — D'argent, à un pin arraché de sinople, acosté de deux têtes et cols de licornes, affrontées de gueules.

264. — Estienne PINSEPRED (Pincepré), échevin en charge.

264. — D'azur, à un chevron d'argent, chargé de trois mouches, nommées cousins, de sable, et acompagnée de trois pinces d'or, deux en chef et une en pointe.

265. — Adrien ALAVOINE, échevin en charge.

265. — D'azur, à un pal d'argent, chargé de quatre molettes de gueules.

267. — Adrien CARDON, avocat à Amiens.

267. — D'azur, à un pal d'argent, chargé d'une tige de *chardon* de sinople, fleury de pourpre et acosté de six merlettes affrontées d'or, posées l'une sur l'autre, trois de chaque côté.

268. — Jean BOUACHE, chapelain de la catédralle d'Amiens.

268. — D'argent, à un *bouc* passant de gueules, sur une terrasse de sinople, surmontée de deux haches adossées d'azur.

271. — Charles RENOUARD, conseiller du roy, receveur des tailles d'Amiens.

271. — D'argent, à une quinte-feuille de gueules, accompagnée de trois feuilles de houx de sinople, soutenue chacune d'un croissant d'azur, deux en chef et une en pointe.

272. — Jean PINGRÉ, seigneur du Quesnoy.

272. — D'argent, à un pin arraché de sinople, acosté de deux têtes et cols de licorne affrontées de gueules.

274. — Guilhin PERDU, procureur au baillage d'Amiens.

274. — D'or, à deux pigeons affrontez d'azur en chef, et un duc de sable sur une terrasse de sinople en pointe.

276. — Marie-Catherine de SACHY, veuve de N... LE BOUCHÉ, sieur du Mesnil, trésorier de France.

276. — De gueules, à trois fers de moulin d'argent, rangez en face, et acompagnez de trois têtes de perdrix d'or, deux en chef et une en pointe.

277. — Joseph-Annet de LESTÈVE, écuier, seigneur de Tranchan, capitaine de chevaux.

277. — D'or, à trois pals d'azur et un chef de même chargé de deux cœurs apointez d'or.

278. — Nicolas ARTUS, marchand à Amiens.

278. — D'or, à un chevron componné d'azur et de sable, et acompagné de trois fourmies aussy de sable, deux en chef et une en pointe.

279. — N..., veuve FLESSELLE, marchande.

279. — D'argent, à une fleur d'ancolie de pourpre, tigée et feuillée de sinople, et accompagnée de huit croissans confrontez d'azur et posez en orle.

280. — N..., veuve de N... GALLAND, marchande.

280. — De sinople, à un chevron d'argent, chargé de cinq flames de gueules, et acompagné de trois champignons d'or, tigez d'argent, deux en chef et un en pointe.

284. — Jean-Baptiste de SACHY, chanoine de Saint-Nicolas et chapelain de la catédralle.

284. — De gueules, à trois fers de moulin d'argent, rangez en face et acompagnez de trois têtes de perdrix d'or, deux en chef et une en pointe.

285. — Jean de Villers, chanoine de Saint-Nicolas d'Amiens.

285. — De sable, à trois faces ondées d'argent, et une bordure crénelée de même.

287. — Pierre Le Sieur, avocat à Amiens.

287. — D'azur, à un pal d'or dentelé à dextre, acompagné de quatre *alérions* de même, aislez d'argent, deux de chaque côté, l'un sur l'autre.

289. — Jean-Baptiste Pinguet, chanoine de Notre-Dame cathédralle.

289. — D'azur, à deux colonnes d'argent, chargées chacune de deux croisettes de gueules et une face en devise d'or, brochante sur le tout.

290. — François Boistel, chanoine de Notre-Dame.

290. — D'azur, à une boette couverte d'or, soutenue d'un vol d'argent.

291. — Joseph de Saint Germain, chanoine de Notre-Dame.

291. — D'argent, à une tour d'azur, massonnée d'argent et accompagnée de six écussons mi-partis de gueules et de sable, trois de chaque costé l'un sur l'autre.

296. — Charles Mercier, chanoine de Notre-Dame.

296. — Party de sinople et d'argent, à une croix ancrée de l'un en l'autre, cantonnée de quatre quinte-feuilles aussy de l'un en l'autre.

298. — Louis Le Caron, conseiller au baillage et chanoine de Notre-Dame.

298. — Facé d'argent et d'azur de six pièces ; les faces d'azur chargées chacune de trois compons d'or.

299. — La communauté des prestres de l'*Oratoire* de la ville d'Amiens.

299. — D'azur, aux deux mots : *Jésus, Maria*, écrits l'un sur l'autre en caractères d'or et entourés d'une couronne d'épines de même.

300. — Jaqueline de Saineval (Saisseval).

300. — D'azur, à un pal chevron (pairle renversé) d'or, acompagné en chef de deux triangles renversez de même, chargez chacun d'un tourteau de gueules.

301. — Elizabeth de Sachy, bourgeoise d'Amiens.

301. — De gueules, à trois fers de moulins d'argent, rangez en face et acompagnez de trois têtes de perdrix d'or, deux en chef et une en pointe.

303. — Jean de Hodencq, éleu à Amiens.

303. — D'or, à un écusson de sable chargé de trois têtes de léopards d'argent, lampassées de gueules et mal ordonnées.

304. — Françoise Eudel, veuve de Charles Gorguette, écuier, sieur de Bus.

304. — D'argent, à un croissant de sinople, acompagné de trois flames de gueules, deux en chef et une en pointe.

306. — Antoinette VRAYE, veuve de François CORNET de Vil(l)ermont.

306. — Facé de vair et de sable de quatre pièces, et une bordure dentelée d'or.

307. — Marguerite MOURET, fille majeure.

307. — D'azur, à un sautoir ondé d'or accompagné de quatre fers de flèche apointez d'argent.

308. — Etienne LE FEBVRE, ancien échevin.

308. — D'argent, à un cœur de carnation, acompagné de huit fèves de sinople, posées en orle.

309. — Jean-Baptiste LE SIEURS (Sieur), pénitentier et chanoine de Notre-Dame.

309. — D'azur, à un pal d'or dentelé à dextre, et acompagné de quatre alérions de même, aislez d'argent, deux de chaque costé, l'un sur l'autre.

310. — Nicolas LE SIEURS (Sieur), bailly de l'évêché d'Amiens.

310. — De même qu'à l'article 309.

312. — Claude MAILLARD, marchand à Amiens.

312. — D'argent, à un maillet d'azur, acompagné de trois flames de gueules, deux aux flancs et une en pointe, et un chef de même chargé de trois maillets d'argent.

314. — Marie CORNET, veuve de N... MERCIER, avocat.

314. — D'argent, à un pal alaisé d'azur, acosté de six cors de chasse de gueules, enguichez de sinople, trois de chaque costé.

316. — Louis VUATBLÉ (Watebled), conseiller du roy, antien contrôleur des sels.

316. — D'argent, à un palmier de sinople, le fust ouvert en chevron, sur une terrasse de même, acosté de deux grenades de gueules, et une bordure dentelée de même.

320. — Jacque LE FORT DU ROSTY, bourgeois d'Amiens.

320. — De pourpre, à un éléphant d'or, portant sur son dos trois tours rangées d'argent, massonnées d'azur.

321. — Jean-Baptiste FILLEUX, marchand à Amiens.

321. — De gueules, à un chevron d'argent, chargé de cinq treffles de sinople et acompagné de trois têtes d'ours d'argent, emmuselées d'azur, deux en chef et une en pointe.

322. — Pierre LE FEBVRE, bourgeois d'Amiens.

322. — D'argent, à un cœur de carnation, acompagné de huit fèves de sinople, posées en orle.

323. — Antoine MAINÉ, marchand à Amiens.

323. — D'azur, à une main d'argent, couchée en face et acompagnée de trois coqs de même, crettez, barbez et membrez d'or, deux en chef et un en pointe.

324. — Claude EUDEL, avocat à Amiens.

324. — D'argent, à un croissant de sinople, acompagné de trois flames de gueules, deux en chef et une en pointe.

325. — Aymond DRAGON, écuier, seigneur de Bricqmenil.

325. — D'azur, à un *dragon* d'or, aislé d'argent, et une bordure dentelée d'or.

326. — Jean GAILLET, receveur des deniers communs de la ville d'Amiens.

326. — De pourpre, à un ciprès arraché d'or, acompagné de six pommes de pin mi-parties d'or et d'argent, et posées l'une sur l'autre, trois de chaque côté.

327. — Jean QUIGNON, bourgeois d'Amiens.

327. — D'azur, à une croix pomettée d'or, cantonnée de quatre besans de même, chargez chacun d'une étoile de gueules.

329. — Margueritte BARON, veuve de N... BRIET, grand prévost.

329. — D'or, à deux pals vivrez de sinople; et un chef bastillé de sable.

332. — Nicolas BARRÉ, bourgeois d'Amiens.

332. — D'argent, à un cheval barré de gueules et d'azur et un chef de gueules, chargé de trois barres d'or.

333. — Léonnard SCRIBE, bourgeois d'Amiens.

333. — D'azur, à deux plumes à écrire d'or, passées en sautoir, et acompagnées de quatre limaçons d'argent, leurs coquilles d'or.

335. — Claude TICQUET, commissaire des manufactures de Picardie.

335. — Écartelé, au 1er et au 4e de gueules, un chevron d'or, acompagné de trois épis de même mouvans chacun d'un croissant d'argent, deux en chef et un en pointe; et un chef cousu d'azur, chargé d'un rencontre de bélier d'or, acosté de deux roses de même; au deuxième et troisième d'argent, à trois merlettes de sable, posées deux et une.

337. — Marie AUX COULTEAUX, veuve de (Nicolas) LE BOUCHER, écuier, trésorier de France.

337. — De gueules, à trois couteaux d'argent, garnis d'or, posez en pal deux et un.

340. — Nicolas de HERTES, écuier, sieur de Hailles, président au baillage et présidial d'Amiens.

340. — D'azur, à trois fleurs de soucis d'or, posées deux et une.

341. — Adrien CRETON, écuier, sieur de Vuillervuille, président au baillage d'Amiens.

341. — De sable, à un sautoir engrelé d'argent et chargé de cinq étoiles d'azur, et une bordure cousue de même.

342. — Jean-Baptiste THIERRY, écuier, seigneur de Vinencourt, lieutenant général au baillage d'Amiens.

342. — De sinople, à une croix ancrée d'argent, chargée en cœur d'une étoile à six rais, trois de gueules et trois d'azur, et cantonnée de quatre besans d'or, croisez de gueules.

344. — Louis Le Boucher, écuier, seigneur d'Ailly, lieutenant assesseur au baillage d'Amiens.

344. — D'azur, à une face d'or, acompagnée en chef de deux roses d'argent et en pointe d'une épine de même.

345. — Firmin du Croquet, conseiller au baillage d'Amiens.

345. — Cinq points d'argent équipolez à quatre de sable, et chargez chascun d'une merlette de l'un en l'autre.

346. — Guy Mouret, conseiller au baillage et siége présidial d'Amiens.

346. — D'azur, à un sautoir ondé d'or, acompagné de quatre fers de flèches apointez d'argent.

347. — Jean-Baptiste du Mollin, conseiller au présidial d'Amiens.

347. — D'azur, à un chef d'or et une tour d'argent, massonnée de sable et crénelée de gueules, les creneaux brochans sur le chef.

349. — Augustin Damiens (d'Amiens), conseiller au présidial d'Amiens.

349. — D'argent, à trois pals vivrez de gueules et un pal d'azur, semé de larmes d'or et brochant sur le tout.

350. — Claude de Montmignon, conseiller au présidial d'Amiens.

350. — D'azur, à un chevron d'or, acompagné de trois cœurs de même, deux en chef et un en pointe.

351. — Adrien du Fresne, conseiller au présidial d'Amiens.

351. — D'or, à un fresne de sinople.

352. — Jean Houllon, conseiller au présidial d'Amiens.

352. — D'azur, à une houlette d'or, côtoyée de deux palmes adossées d'azur.

353. — Charles François Cornet, seigneur de Coupel(le), avocat du roy au présidial d'Amiens.

353. — D'argent, à un pal alaisé d'azur, acosté de six cors de chasse de gueules, enguichez de sinople, trois de chaque côté.

355. — Le corps du présidial d'*Amiens*.

355. — D'azur, à trois fleur de lis d'or, posées 2, 1.

361. — Joseph-Adrien Blanchet, écuier, seigneur de Sormont.

361. — D'azur, à un pal d'or, chargé de quatre treffles de sinople, et acostez de deux écussons d'argent, chargés chacun d'une flame de gueules.

366. — Jean Le Bord, sieur de Saint-Lion, grenetier au grenier à sel à Granvilliers.

366. — D'azur, à un besan d'or, chargé d'une quinte-feuille de gueules et une bordure ondée dentelée d'argent.

368. — Margueritte Gérault, veuve d'Alexandre de Vaux, conseiller au présidial d'Amiens.

368. — De gueules, à un rencontre de bélier d'argent, acorné d'or et accompagné de cinq mouches de même, posées en croissant ou demi-orles en pointe.

369.— Antoine Léonard de CRÉQUY, chevalier, seigneur vicomte de Langle.

369. — D'or, à un créquier de gueules.

373. — Firmin ROGER, notaire et procureur au présidial d'Amiens.

373. — D'azur, à une face d'argent, chargée d'une foy de carnation et acompagnée en chef d'un soleil d'or et en pointe d'un cigne d'argent.

378. — Marc-Philippes de BERRY, chevalier, seigneur marquis d'Esserteaux.

378. — D'argent, à une feuille de scie de sable, posée en face, les dents en haut, et acompagnée de trois têtes de lévrier de même, acolées d'or, 2 en chef et une en pointe.

386. — Claude POCQUELIN, directeur général des gabelles et traites.

386. — D'argent, à cinq arbres de sinople, rangez sur une terrasse de même.

387 *bis*. — Jean CORNU, écuier, sieur d'Argicourt et de Fontaine-le-Secq, et N... sa femme.

387 *bis*. — De gueules, à un orle d'argent, *acolé* . d'azur, à un pal d'or, chargé d'un autre pal vivré de gueules et côtoyé de deux vergettes cométées d'argent.

396. — Louis MARSEILLE, chanoine de Notre-Dame d'Amiens.

396. — De gueules, à un marc d'argent, acompagné de deux vols d'or, un en chef renversé et l'autre en pointe.

397. — François de LA TOUR, marchand à Amiens.

397. — D'or, à une tour partie d'azur et de sable, et ajouré du champ; et une bordure crénelée de gueules.

398. — Toussaint THOUVAIN, chanoine de Notre-Dame d'Amiens.

398. — D'or, à neuf treffles de sinople posez en croix, cantonnée de quatre croissans mi-partis d'azur et de gueules.

401. — Joseph de SACHY, sieur de Beliveux.

401. — De gueules, à trois fers de moulin d'argent, rangez en face, accompagnez de trois têtes de perdrix d'or, deux en chef et une en pointe.

402. — La ville d'*Amiens*.

402. — D'or, freté mi-party d'azur et de gueules, et un chef d'azur chargé de trois fleur de lis d'or.

403. — La communauté des marchands *Drapiers chaussetiers*.

403. — Palé de quatre pièces d'azur, d'or, de gueules et d'argent, et un chef de sable, chargé de trois bas d'argent, posez en bande.

404. — Antoine de LA COUR, greffier en chef de l'élection et grenier à sel.

404. — De sinople, à une tierce d'argent, acompagné de six coquilles de même, chargées chacune d'un pal de gueules et rangées, trois en chef et trois en pointe.

406. — Philippe JOLLY, chanoine de Notre-Dame d'Amiens.

406. — D'azur, à un lis d'argent, mouvant d'un cœur d'or, tenu par une main de carnation et acompagné en chef de deux étoiles d'or.

407. — Michel GLACHAM (Glachant), chanoine de Notre-Dame d'Amiens.

407. — D'argent, à deux chevrons rompus de sinople, acompagnez de trois merlettes mi-parties de sable et d'azur, deux en chef et une en pointe.

408. — La communauté des *Merciers* gras d'Amiens.

408. — De pourpre, à une croix barbée d'argent, cantonnée de quatre ortalans d'or.

409. — Michel MALLART, chanoine de Notre-Dame d'Amiens.

409 — De gueules, à une pomme d'or, entourée d'une vire d'argent et acompagnée de quatre mouches cantonnées d'or.

410. — Honoré BAUDUIN (Beaudouin), chanoine de Notre-Dame d'Amiens.

410. — D'argent, à deux faces dentelées et alaisées d'azur et une croix potencée brochant sur le tout.

411. — N... LE BOUCHER, chanoine de Notre-Dame d'Amiens.

411. — D'azur, à une face d'or, acompagnée en chef de deux roses d'argent et en pointe d'une épine de même.

413. — La communauté des marchands *Tanneurs* d'Amiens.

413. — D'azur, à deux couteaux à revers d'argent, emmanchez d'or, passez en sautoir et acompagnez de quatre têtes de mouton d'argent.

414. — François TROUVAIN le jeune, chanoine de Notre-Dame d'Amiens.

414. — D'or, à neuf treffles de sinople, posez en croix, cantonnée de quatre croissans mi-partys d'azur et de gueules.

415. — La communauté des *Orfévres* d'Amiens.

415. — D'azur, à un saint Eloy d'or.

416. — La communauté des *Chapeliers* d'Amiens.

416. — D'argent, à un chapeau de gueules et une bordure d'azur, chargé de dix chapeaux d'or.

417. — Louise HÉMART, veuve de Melchior GUÉRIN, avocat.

417. — D'azur, à deux palmes adossées d'or, et une face en devise de gueules, brochante sur le tout.

418. — François-Léonard de RUNNE (Rhunes), écuier, sieur de Bevieux (Baizieux).

418. — D'argent, à un sautoir d'azur, acompagné de quatre aiglettes de gueules.

419. — L'abbaye de *Saint-Jean* d'Amiens.

419. — D'azur, à un saint Jean-Baptiste d'or, acompagné en chef de trois étoiles rangées de même.

420. — Louis ROUSSEL, seigneur d'Argenne.

420. — D'argent, à une roue de sinople, acompagnée en chef de deux pigeons affrontez d'azur, bequez et membrez de gueules.

422. — Nicolas LE ROUX, contrôleur des exploits en titre.

422. — D'azur, à un écusson d'argent chargé d'une tête humaine de carnation, chevelée et barbée de gueules.

423. — Pierre Le Caron, préchantre et chanoine de Notre-Dame d'Amiens.

423. — Facé d'argent et d'azur de six pièces; les faces d'azur chargées chacune de trois coupons d'or.

426. — François du Crocq, médecin à Amiens.

426. — De pourpre, à trois serpens d'or, rangez en pal, celuy du milieu la tête en bas, et une face en devise d'argent, chargée d'une vivre d'azur, brochant sur le tout.

427. — Jean-Louis Trudaine, écuier, seigneur de Dreuil.

427. — D'or, à trois daims passans de sable, deux en chef et un en pointe.

428. — François d'Halencourt, écuier, seigneur de Boulainvilliers.

428. — D'argent, à une bande de sable, côtoyée de deux cotices de même.

430. — Marthe de Monceau, veuve de François de Boufflers, chevalier, sieur de Rouverelle.

430. — Echiqueté d'or et de gueules, à un écusson d'azur, chargé d'un autre écusson d'argent, posé en cœur.

PÉRONNE

SUIVANT L'ORDRE DU REGISTRE 1er

21. — Clément Boistel, antien conseiller de la ville de Péronne.

21. — D'azur, à une boette couverte d'or, soutenue d'un vol d'argent.

24. — Pierre Le Vasseur, avocat en parlement et au bailliage de Péronne, antien mayeur de ladite ville.

24. — D'azur, à un vase d'or, acompagné en chef de deux têtes d'aigles affrontées et arrachées d'argent, et en pointe d'un croissant de même.

29. — Jean de Frémicourt, conseiller au bailliage de Péronne.

29. — D'azur, à un aigle à deux têtes d'argent, couronné, aislé et membré d'or, et une jumelle de gueules brochant sur le tout.

31. — Louis Chastelain, notaire et procureur au bailliage.

31. — D'azur, à une chapelle d'or, acompagnée en chef de deux croisettes pattées d'argent et en pointe de deux clochettes de même.

41. — Philippe Hutellier, conseiller du roy, lieutenant criminel au bailliage et gouvernemen tde Péronne.

41. — D'azur, à trois coquilles d'huitres d'argent, rangées en chef et liées par une chainette d'or, et une flame de même, mouvante d'un croissant d'argent en pointe.

44. — Claude-François Gonnet, bourgeois de Péronne.

44. — D'azur, à un chevron d'or, chargé de cinq gonds de sable, acompagné de trois poires d'argent, deux en chef et une en pointe.

45. — Joseph Victor de Piéfort, bourgeois.

45. — D'argent, à une face d'azur chargée de trois pièces de monnoies apelées piedforts d'or, et acompagnée de trois grenades de gueules, tigées et feuillées de sinople, deux chef et une en pointe.

46. — Abraham Fursy Le Tellier, mayeur de la ville de Péronne.

46. — De pourpre, à un chevron d'or, acompagné en chef de deux alérions d'argent et en pointe de trois étoiles mal ordonnées de même.

50. — Jean Bouteville, avocat en parlement.

50. — Party de gueules et d'azur, à un monde d'or croisé de même, et ceintré d'azur et de gueules, et une bordure denticulée d'or.

51. — Louis Auberlique, conseiller du roy, éleu en l'élection de Péronne.

51. — Bandé et contre-bandé d'or et de sable de quatre pièces, chargées chacune d'une merlette de l'un en l'autre.

57. — Charles-Henry de la Frenée, écuier, sieur de la Motte.

57. — D'argent, à un fresne arraché de sinople, acosté de deux serpens affrontez de gueules, et un chef de gueules chargé de trois besans dentelez d'argent.

61. — N... de Cavoy (Cavoye), chevalier, seigneur de Haucourt, Vuraine (Vraignes) et Bouvincourt.

61. — Ecartelé, au 1er et 4e d'or, à un cavalier d'échec d'azur; au 2e et 3e de gueules, à un besan d'argent.

62. — Le chapitre de l'église royale et collégiale de *Saint-Furcy* de Péronne.

62. — D'or, à une croix de gueules, bordée et dentelée d'azur et cantonnée de quatre rocs d'échiquier de pourpre.

65. — Marie de Charmolue, veuve de Louis (de) Fransure, seigneur d'Yaucourt.

65. — De gueules, à deux bars adossez d'or; et une croix recroisettée au pied fiché d'argent, posée en chef.

69. — Louis Aubé, écuier, seigneur de Maigremont.

69. — De gueules, à huit lozanges d'argent, posées en croix.

71. — Charle de Croix, chanoine de l'église royalle et collégiale de Saint-Fursy de Péronne.

71. — D'or, à une croix d'azur, croisantée de gueules et chargée en cœur d'un croissant d'argent.

72. — Claude Bouché, chanoine de l'église collégialle de Péronne.

72. — De sinople, à un bouc passant d'argent, et un chef abaissé d'or chargé de trois feuilles de chesne de sinople.

73. — Jaques Le Tellier, conseiller du roy, président au grenier à sel de Péronne.

73. — D'azur, à trois écussons d'or, rangez en face et acompagnez de deux vols d'argent, un en chef et l'autre en pointe.

74. — Claude Moyse de LORGIVAL, conseiller du roy, grenetier au grenier à sel de Péronne.

74. — D'azur, à un chevron vuidé d'argent, acompagné de trois cœurs aussy vuidez d'or, deux en chef et un en pointe.

75. — Laurent Romain BOUTTEVILLE, conseiller du roy, contrôleur du grenier à sel de Péronne.

75. — D'argent, à trois hures de sanglier de sinople, posées deux et une; et un chef de même, chargé de trois glands d'argent.

76. — Mathias PILOT, conseiller procureur du roy, procureur du roy au grenier à sel de Péronne.

76. — D'or, à une bande mi-partye d'azur et de gueules, acompagnée en chef d'une molette de gueules et en pointe d'une autre molette d'azur.

78. — Charles DOURNEL, chanoine de l'église royale et collégiale de Saint-Furcy de Péronne.

78. — D'azur, à un aigle le vol abaissé d'or, chargé de trois cœurs de gueules, rangez en face, et une bordure denticulée d'argent.

79. — Louis DES FRESNES, chantre de l'église roiale et collégiale de Saint-Fursy de Péronne.

79. — D'argent, à une face ondée d'azur, acompagnée de six fresnes, arrachez de sinople, rangez trois en chef et trois en pointe.

80. — André-Nicolas de MALEMAIN, chancelier de l'église royale et collégiale de Saint-Fursy de Péronne.

80. — De sinople, à un sautoir écoté d'argent, acompagné de quatre chardons de même, fleuris d'or.

82. — Mathias PILLOT (Pilot), bourgeois de Péronne.

82. — D'or, à une bande mi-partie d'azur et de gueules, acompagnée en chef d'une molette de gueules et en pointe d'une autre molette d'azur.

83. — Jean Fursy de HAUSSY, avocat du roy au bailliage de Péronne.

83. — De sable, à trois pals d'argent, et une foy de carnation, brochante en face sur le tout.

84. — Jean de la MARLIER-BERTRANCOURT, prévost général de l'artillerie de France. (La table porte : Marlier, sans les particules *de la*.)

84. — D'azur, à trois bandes d'argent, celle du milieu chargée de trois roses de gueules et les deux autres de deux merlettes de sable chacune.

85. — Nicolas MOILLET (Maillet), chapelain de l'église royale de Saint-Fursy de Péronne.

85. — Écartelé, au 1er et 4e de gueules, à un alérion d'or, couronné de même; au 2e et 3e de sinople, à un cigne d'argent, bequé et membré d'or.

86. — Jean-Louis FOUCHET, chanoine de l'église royale et collégiale de Saint-Fursy de Péronne.

86. — D'azur, à une cloche d'argent, bataillée de gueules et suspendue à une chaisne d'or, mouvante des angles du chef, et soutenue d'un croissant échiqueté d'argent et de sable.

87. — Barthélemy Daussy (d'Aussy), chanoine de l'église royale et collégiale de Saint-Fursy de Péronne.

87. — D'argent, à une face d'azur, semée de larmes d'argent et acompagnée de trois cœurs enflammez de gueules et chargez (chacun) d'une croisette d'or, deux en chef et un en pointe.

90. — François Lurier, chapelain de l'église royale et collégiale de Saint-Fursy de Péronne.

90. — D'azur, à un chevron d'or, acompagné de trois chevrons alaisez d'argent, les deux du chef renversez.

91. — François de la Potterie, chanoine de l'église royale et collégiale de Saint-Fursy de Péronne.

91. — D'or, à un vase d'azur; et une bordure de même, chargée de huit pots d'argent.

92. — La communauté des religieuses *Ursulines* de Péronne.

92. — D'azur, à une sainte Ursule d'or.

93. — Pierre Parvillé, chanoine de l'église royale et collégiale de Péronne.

93. — D'argent, à deux faces d'azur, chargées chacune d'une pomme d'or, acostée de deux mouches affrontées de même.

94. — Jean-Baptiste Blondel, curé de la paroisse Notre-Dame du faubourg Bretagne de Péronne.

94. — D'azur, à une croix alaizée d'or, cantonnée de quatre demi-vols, mouvans en sautoir des angles de l'écu.

96. — Le corps du bailliage de *Péronne.*

96. — D'azur, à trois fleur de lis d'or, posées deux et une.

97. — Robert Fonchet (Fouchet, suivant la table du mss.), procureur du roy au bailliage de Péronne.

97. — D'or, à un cœur de carnation, chargé de trois besans d'argent, posez deux et un, et acompagné de trois têtes de lévriers de gueules, acolées d'argent, deux en chef et une en pointe.

98. — Louis Vaillant, chanoine de l'église royale de Saint-Fursy de Péronne.

98. — D'argent, à une lozange d'azur, acompagnée de quatre maillets de gueules, emmanchez d'azur et mouvans des angles.

99. — Charlotte Cornu, veuve de François de Bonnaire, receveur de la maison de M. le duc de Chaulnes.

99. — De sable, à une tête de Moïse de carnation, rayonnée d'or de deux pièces, et acompagnée de huit étoiles d'argent, posées en orle.

100. — La ville de *Péronne.*

100. — De gueules, à une croix d'argent, *perronnée* d'or, et un chef cousu d'azur, chargé de trois fleur de lis aussy d'or.

101. — Robert Houbrel, chanoine de l'église royale et collégiale de Saint-Fursy de Péronne.

101. — D'argent, à une lozange de gueules, croissantée d'azur et acompagnée de quatre étoiles cantonnées de gueules.

103. — Nicolas MONGAUT, chanoine de l'église royale et colégiale de Saint-Fursy de Péronne.

103. — D'argent, à un geay au naturel perché sur un monticule de trois coupeaux de sinople, acompagné en chef d'un cœur de carnation, acostez de deux croissans adossez d'azur.

106. — François COURTIN, abbé commendataire de l'abbaye royale du Mont-Saint-Quentin prè(s) Péronne.

106. — D'azur, à trois croissans d'or, posez deux et un.

109. — Claude CHANLATTE, bourgeois de Péronne.

109. — D'azur, à deux chanlattes ou gouttières d'argent, passées en sautoir alaizé et acompagné de quatre roses d'or.

111. — La communauté des *Merciers* de Péronne.

111. — D'azur, à un saint Louis vêtu de ses habits royaux, tenant de sa main dextre un sceptre et de sa senestre une main de justice, le tout d'or, sur une terrasse de même.

113. — Claude FOUCHET, conseiller du roy, receveur des épices et amandes des justices royales de Péronne. (Voyez le n° 97.)

113. — D'or, à un cœur de carnation, chargé de trois besans d'argent, posez deux et un, acompagné de trois tête de lévriers de gueules, acolées d'argent, deux en chef et une en pointe.

114. — La communauté des religieux de *Lehons*.

114. — Party de gueules et d'azur, à une croix mi-partie d'argent et d'or, cantonée de quatre têtes de lion affrontées, celles de dextre d'argent et celles de senestre d'or.

ARRAS

SUIVANT L'ORDRE DU REGISTRE 1er

6 *bis*. — N... (Le Mercier) DU CARIEUL, grand bailly des ville et gouvernance d'Arras, et N... son épouse.

Article 6 *bis*. — De sable, à un lévrier d'argent, acolé de gueules et bouclé d'or, acompagné de huit losanges de même posées en orle; *acolé* : d'azur, à une face d'or, acompagnée de trois besans d'argent, chargez chacun d'une merlette de sable, et posez deux en chef et une pointe.

70. — N... DESPREZ (des Prez), sieur de Robancourt (Roclincourt).

70. — D'argent, semé de fleurs d'aubifoin au naturel, et une bordure de sinople, chargée de dix margueritles d'argent.

110 *bis*. — N...; marquis de SALUS (Saluces), et N..., son épouse.

110 *bis*. — D'argent, à un chef d'azur; *acolé* : de gueules, à une face vivrée d'argent, acompagnée de quatre alérions d'or, trois rangez en chef et un en pointe.

167. — Jaques-Onulphe (Onuphre) Ansart, prestre, curé de l'église paroissialle de Saint-Jean.

167. — D'or, à une croix d'azur, chargée de cinq pigeons d'argent, bequez et membrez de gueules et une bordure denticulée aussy d'azur.

168. — La communauté des *Marchands de fer* d'Arras.

168. — D'argent, à une tierce de sable en pal, acompagnée de deux marteaux de même en chef, un de chaque côté, soutenus chacun de deux limes aussy de sable, passées en sautoir.

170. — La communauté des marchands *Drapiers* de la ville d'Arras.

170. — D'azur, à une sainte Barbe, tenant de sa main dextre une palme et senestrée d'une tour, le tout d'or, sur une terrasse de même.

171. — N.. Lothe, procureur du roy de la gouvernance d'Arras.

171. — D'azur, à une face nouée d'or, acompagnée en chef de deux coquilles d'argent et en pointe d'un croissant de même.

173. — La communauté des *Menuisiers* de la ville d'Arras.

173. — D'azur, à une sainte Anne assise et montrant à lire à la sainte Vierge, le tout d'or.

174. — La communauté des *Lingères* de la ville d'Arras.

174. — D'azur, à un mouchoir de sainte Véronique d'argent, chargé d'une face du Sauveur de carnation.

175. — La communauté des *Tailleurs* de la ville d'Arras.

175. — D'azur, à une sainte Trinité d'or.

176. — La communauté des *Serruriers*, *Horlogeurs*, *Graveurs* et *Armuriers* de la ville d'Arras.

176. — D'azur, à un saint Eloy d'or.

177. — La communauté des *Cordonniers* de la ville et cité d'Arras.

177. — D'azur, à un saint Crespin et un saint Crespinien, le tout d'or, sur une terrasse de même.

178. — La communauté des *Fripiers*, *Tisserans*, *Musquiniers* (fabricants de batiste), *Boutonniers* et *Couteliers* de la ville d'Arras.

178. — D'argent, à une croix de gueules, cantonnée au premier canton d'une paire de cizeaux ouverts; au deuxième de deux navettes passées en sautoir; au troisième de six tourteaux ou boutons, posez deux et deux, et au quatrième de deux couteaux passez en sautoir, le tout d'azur.

179. — La communauté des *Chapeliers*, *Teinturiers* et *Marchands de laine* de la ville et cité d'Arras.

179. — D'azur, à deux aulnes d'argent, marquées de sable, passées en sautoir et acompagnées en chef et en pointe de deux chapeaux d'or, et aux flancs de deux chaudières de même.

180. — La communauté des *Meuniers* et *Mandeliers* (fabricants de paniers d'osier) de la ville et cité d'Arras.

180. — Ecartelé au premier et quatrième de sable, à un fer de moulin d'or ; au deuxième et troisième d'azur, à deux chandelles d'argent, passées en sautoir.

181. — La communauté des *Boulangers* de la ville et cité d'Arras.

181. — D'azur, à un saint Honoré d'or.

182. — La communauté des *Charpentiers* et *Tonneliers* de la ville et cité d'Arras.

182. — Coupé d'or sur azur, à une hache et doloire confrontées de gueules, emmanchées d'or et posées en pal sur le tout.

183. — La communauté des *Maréchaux ferrants* et *Cloustiers* de la ville d'Arras.

183. — D'azur, à un saint Eloy d'or, sur une terrasse de même.

184. — La communauté des *Tanneurs* de la ville et cité d'Arras.

184. — Lozangé d'argent et d'azur, à un beuf de gueules passant sur une champagne d'or, maçonnée d'azur.

185. — La communauté des *Cordonniers* en veau de la ville et cité d'Arras.

185. — D'azur, à un saint Crespin et un saint Crespinien, le tout d'or sur une terrasse de même.

186. — La communauté des *Maçons*, *Couvreurs* et *Arpenteurs* de la ville et cité d'Arras.

186. — D'azur, à un saint Louis, tenant de sa main dextre un sceptre et de sa senestre une main de justice, le tout d'or, sur une terrasse de même.

187. — La communauté des *Orfévres*, *Fourbisseurs*, *Etainiers*, *Plombiers* et *Epingliers* de la ville et cité d'Arras.

187. — D'azur, à un saint Eloy d'or, s une terrasse de même.

188. — La communauté des *Selliers* et *Coroyeurs* de la ville et cité d'Arras.

188. — D'azur, à un marteau de sellier d'or, acompagné en chef de deux lunettes d'argent et en pointe de deux pommelles de même.

189. — La communauté des *Cordiers*, *Potiers* de terre et *Fayanciers* de la ville et cité d'Arras.

189. — D'argent, à trois pots rangez de sinople ; coupé de gueules, à trois vases aussy rangez d'argent diaprez d'azur et une filière de l'un en l'autre, cordée de sable et posée en orle.

190. — La communauté des *Bouchers*, *Tripiers* et *Chaircuitiers* de la ville et cité d'Arras.

190. — D'or, à un beuf passant de gueules en chef, et un porc aussy passant de sable en pointe ; et une bordure d'azur, chargée de sept pieds de mouton d'argent.

191. — La communauté des *Taillandiers*, *Charrons*, *Carilloneurs* et *Couturiers* en linge de la ville et cité d'Arras.

191. — D'argent, à deux masses d'azur, emmanchées de gueules et passées en sautoir, acompagnées en chef et en pointe de deux cloches de même, bataillées d'azur, et aux flancs de deux douloires confrontées de même et emmanchées de gueules et une bordure de sable, semée d'aiguilles d'argent.

192. — La communauté des *Pelletiers*, *Peaussiers*, *Matelassiers*, *Gantiers* et *Boureliers* de la ville et cité d'Arras.

192. — D'azur, à deux grandes aiguilles d'argent, passées en sautoir, acompagnées en chef et en pointe de deux paires de cizeaux fermez d'or, ceux du chef les pointes en bas, et aux flancs de deux couteaux à pied de même; et un chef bastillé de trois pièces d'hermines.

193. — La communauté des *Merciers secs* de la ville et cité d'Arras.

193. — D'argent, à deux pals alaisez et composez chacun de cinq rouleaux de rubans d'azur, de gueules, de sinople, de pourpre et de sable, l'un sur l'autre.

194. — La communauté des *Merciers chandeliers* de la ville et cité d'Arras.

194. — D'azur, à un moule à faire la chandelle d'or, surmonté de douze chandelles rangées de même et enfilées à un bâton d'or.

SAINT-OMER

SUIVANT L'ORDRE DU REGISTRE 1er

59. — Baudouin de Labre, prestre, chanoine de la catédralle de Saint-Omer.

59. — D'azur, à une montagne d'or, posée sur une mer ondée d'argent et sommée de trois mas de navire de même, girouetez d'or.

60. — Jea(n) François Des Gardins, chanoine de la catédralle de Saint-Omer.

60. — D'azur, à un chien d'or, assis, acompagné de huit lieux (yeux) d'argent, posez en orle.

81. — Louis Losvelde, prestre, chanoine de la catédralle de Saint-Omer.

81. — De sinople, à une bande d'argent, chargée de trois pattes d'oies de gueules et acompagnée de deux colombes d'argent, volantes en barre, l'une en chef et l'autre en pointe.

93. — François-Louis de Haurech (Hawrech), écuier, sieur de la Merrye.

93. — De sable, à un léopard rampant d'argent, chargé de cinq bandes d'azur, et acompagné de huit lozanges d'argent, posées en orle.

94. — Philippe-Léonard de Haurech, écuier, sieur de Dourœur.

94. — De même que cy-dessus.

95. — Charles-Joseph-Evrard Coupigny, prestre, chanoine de la catédralle de Saint-Omer.

95. — Party dentelé d'argent et de sinople, à trois poissons de l'un en l'autre, posez en face, l'un sur l'autre, et une bordure aussy de l'un en l'autre.

97. — Jaques-Joseph Cardon, prestre, chanoine de la catédralle de Saint-Omer.

97. — D'argent, à un *chardon* de sinople, tigé et feuillé de même et fleury de pourpre, acompagné de trois croissans, mi-partys d'azur et de gueules, deux en chef et un en pointe.

122. — Pierre-François Heudricey, prestre, chanoine de la catédralle de Saint-Omer.

122. — D'argent, à une tête et col de lévrier de sable, acolée d'or et bouclée de gueules, acompagnée en chef de deux massacres de cerf de même et en pointe d'un cor de chasse aussy de gueules, suspendu par son enguichure au col du lévrier.

122 *bis simple*. — La chartreuse *du Val de Sainte-Aldegonde*.

122 *bis simple*. — D'azur, à une croisette d'or, posée en cœur et acompagnée de huit roches d'argent, posées en orle.

125. — François Bart, sieur de Gueldre.

125. — D'or, à un palmier de sinople, chargé sur son feuillage d'une colombe d'argent, et acostée de deux quinte-feuilles de gueules, soutenues chacune d'un croissant d'azur.

126. — Simon Marissal, avocat au conseil d'Artois.

126. — D'azur, à une face vairée d'or et de sable, accompagnée de trois besans d'or, deux en chef et un en pointe, et chargez d'une étoile de sable.

133. — Jaques-Joseph Parisis, avocat.

133. — D'azur, à cinq pommes d'or, posées en croix et une croix, nilée de gueules, brochante sur le tout.

ABBEVILLE

SUIVANT L'ORDRE DU REGISTRE 1er

56. — Le présidial d'*Abbeville*.

56. — D'azur, à trois fleur de lis d'or, deux et une.

60. — Adrien de Boulogne, procureur du roi au présidial d'Abbeville.

60. — De sable, à trois besans d'or, chargez chacun d'une coquille d'azur, surchargée aussy chacunne d'un croissant d'argent, posez deux et un.

94. — N... Bail, receveuse des consignations.

94. — D'azur, à une face componée d'or et de sable de quatre pièces et acompagnée de trois besans d'or, chargez chacun de quatre points équipolez de sable et posez deux en chef et un en pointe.

95. — La communauté des *Marchands de linge* d'Abbeville.

95. — D'azur, à un mouchoir de sainte Véronique d'argent, chargé d'une face du Sauveur de carnation.

113. — Louis Cardon, sieur de la Hestroy, conseiller avocat du roy en la sénéchaussée de Ponthieu.

113. — D'azur, à quatre chardons d'or, mouvans en sautoir des angles de l'écu, et un cœur d'argent, enflamé d'or, posé en abisme.

122. — Jean Tillette, écuier, seigneur de Buigny-Saint-Maclou.

122. — D'azur, à un chevron d'or, et un chef de même, chargé d'un lion passant de sable, lampassé et armé de gueules.

130 *bis*. — Jean-François de Gaude, chevalier, seigneur de Martinneville, et Margueritte de Malluande son épouse.

130 *bis*. — D'or, à un amphistère ou serpent aislé de sable, lampassé et armé de gueules; *acolé* : de sinople, à cinq fers de flèches d'argent, posées 3, 2; les trois du chef les pointes en bas.

160. — La communauté des *Tonneliers* d'Abbeville.

160. — D'azur, à un saint Pierre de carnation, vêtu de gueules et d'azur, ayant à ses pieds des chaînes de sable qui luy tombent des mains.

162. — La communauté des *Bonnetiers* (boutonniers) d'Abbeville.

162. — D'azur, à une roue d'or, acompagnée de douze *boutons* ou besans d'argent, posez deux et un à chaque canton du chef et un et deux à chaque canton de la pointe.

173. — Josse Caron, marchand à Abbeville.

173. — De sable, à une barque d'or, voguant sur une face ondée et abaissée d'argent, accompagnée en chef de trois talens ou besans rangez d'argent, et en pointe d'un cerbère d'or.

176. — Jaques Crignon, juré en charge des marchands d'Abbeville.

176. — D'argent, à une cloche échiquetée d'or et d'azur, bataillée de gueules, et acompagnée en chef d'une paire de balance de même.

177. — Nicolas Briet, conseiller du roy en la sénéchaussée de Ponthieu.

177. — D'argent, à un sautoir de sable, accompagné de huit perroquets de sinople, mis en orle.

184. — N... Danty, veuve de N... Danty, l'un des deux cents chevaux légers de la garde du roy.

184. — Party d'or et de sinople, à deux faces ondées entées de l'un en l'autre.

189. — La communauté des *Tisserans* d'Abbeville.

189. — D'azur, semé de navettes d'or en bande.

193. — Antoine Becquin, conseiller du roy, éleu en l'élection de Ponthieu.

193. — D'argent, à six têtes de corbeaux arrachées et affrontées de sable, posées l'une sur l'autre, trois de chaque costé, celles de la dextre bequées d'azur, et celles de la senestre bequées de gueules.

194. — Barthélemy de Boulogne, prestre, chanoine et curé de Saint-Vulfren d'Abbeville.

194. — De sable, à trois besans d'or, chargez chacun d'une coquille d'azur, surchargées aussy chacune d'un croissant d'argent, posez 2 et 1.

198. — Jean Baptiste Chardon, prestre, chanoine de Saint-Vulfren d'Abbeville.

198. — De sinople, à un écusson d'argent, chargé de quatre chardons de sinople, fleuris de pourpre et mouvans en croix du chef des flancs et de la pointe.

200. — Charles Lannel (Lennel), chantre et chanoine de l'église collégiale de Saint-Vulfren d'Abbeville.

200. — De gueules, à quatre demy-vols, formans deux chevrons, l'un sur l'autre.

202. — François Descaulles (d'Escaules), chanoine de Saint-Vulfren d'Abbeville.

202. — D'argent, à un palmier de sinople, fruité d'or, et acosté de deux têtes de léopard de gueules.

203. — Nicolas Le Fèvre, prestre, chanoine de Saint-Vulfren d'Abbeville.

203. — D'argent, à une croix engreslée de sable, chargée de cinq annelets d'argent.

205. — La communauté des *Teinturiers* de la ville d'Abbeville.

205. — D'azur, à un saint Maurice à cheval, armé de pied en cap et portant un guidon, le tout d'or sur une terrasse de même.

206. — Le prieuré de *Saint-Pierre* d'Abbeville.

206. — D'azur, à un saint Pierre tenant de sa main dextre deux clefs passées en sautoir, le tout d'or, sur une terrasse de même.

Fait par nous, à Paris, le 21 septembre de l'an 1699.

Signé : d'Hozier.

RÉCAPITULATION

AMIENS

Armoiries des			livres.	livres.	
Personnes..	174	à	20. . .	3480	. . . 4055 livres.
Ville..	1	à	. . .	100	
Abbayes.	2	à	50. . .	100	
Corps. / Communautez.	6	à	50. . .	300	
Couvens.	3	à	25. . .	75	

PÉRONNE

Personnes..	41	à	20. . .	820	. . . 995
Ville..	1	à	. . .	50	
Chapitre.	1	à	. . .	25	
Communautez.	3	à	25. . .	75	
Corps.	1	à	. . .	25	

SAINT-OMER

Personnes..	11	à	20. . .	220	. . . 245
Communauté.	1	à	. . .	25	

ARRAS

Personnes..	7	à	20. . .	140	. . . 1340
Communautez.	24	à	50. . .	1200	

ABBEVILLE

Personnes..	16	à	20. . .	320	. . . 495
Corps.	1	à	. . .	25	
Communautez.	5	à	25. . .	125	
Prieuré..	1	à	. . .	25	
	299 armoiries.				7150 livres.

Total : sept mil cent trente livres et le sol pour livre.

Présenté par ledit Vanier à nosseigneurs les commissaires généraux du conseil, à ce qu'attendu il n'a été fourny par les dénomez cy-dessus aucune figure ny explication d'armoiries et qui ont néantmoins payé les droits d'enregistrement, il plaise à nosdits seigneurs leur en acorder en conformité de l'édit du mois de novembre 1696, telles qu'ils jugeront à propos, pour estre ensuite receues et enregistrées à l'armorial général, conformément audit édit et arrests rendus en conséquence.

Fait à Paris, ce 5e jour de février 1699.

Signé : ALEXANDRE et DE LARROC.

Les commissaires généraux deputez par arrest du conseil des 4 décembre 1696 et 29 janvier 1697, pour l'exécution de l'édit du mois de novembre précédent sur le fait des armoiries.

Veu par nous l'estat cy-dessus, nostre ordonnance préparatoire du 10 juillet 1699, portant que les feuilles de présentation des armoiries des dénommez audit estat seront remises au sieur d'Hozier, conseiller du roy, garde de l'armorial général, pour donner son avis sur ce qui peut estre supléé auxdites armoiries pour les mettre en estat d'estre receues et enregistrées à l'armorial général, l'avis dudit sieur d'Hozier du 21 septembre 1699, contenant les pièces, meubles et métaux dont lesdites armoiries peuvent estre composées, autre ordonnance de soit montré du 8 décembre 1699, conclusions du procureur général de la commission, ouy le rapport du sieur de Breteuil, conseiller ordinaire du roy en son conseil d'Estat et intendant des finances, l'un desdits sieurs commissaires.

Nous commissaires susdits en vertu du pouvoir à nous donné par Sa Majesté, conformément à l'avis dudit sieur d'Hozier, ordonnons que les armes des dénommez en l'estat cy-dessus seront composées des pièces, meubles et métaux portez par ledit avis ; en conséquence les avons receues et recevons pour estre enregistrées à l'armorial général et les brevets d'icelles délivrez conformément audit édit et arrests rendus en conséquence, à l'effet de quoy il sera remis audit sieur d'Hozier une expédition de la présente ordonnance et les feuilles de présentation desdites armoiries.

Fait en l'assemblée desdits sieurs commissaires tenue à Paris le vendredy 21e jour de may 1700.

Signé : SENDRAS.

Nous soussignez intéressez au traité des armoiries, etc....., au nombre de deux cent quatre-vingt-dix-neuf, dont la finance principalle montant à sept mil cent trente livres, etc. (voyez page 139).

ÉTAT DES NOMS ET QUALITEZ DES PERSONNNES, ETC..... (voyez page 152), SURCIZE PAR L'ÉTAT DU 9 JUILLET 1700, PARCE QU'ILS, ETC.

GÉNÉRALITÉ D'AMIENS[1]

AMIENS

SUIVANT L'ORDRE DU REGISTRE 1er

Vu par nous Charles d'Hozier, conseiller du roy, etc..., l'ordonnance donnée en conséquence ce 16e jour du mois de septembre 1701..., au nombre de cinq cens seize armoiries, etc. (voyez page 143).

433. — La communauté des *Teinturiers* de la ville d'Amiens.

433. — D'or, à un pal dentelé d'azur.

434. — Pierre FOUBERT, antien capitaine.

434.— D'or, à un pal dentelé de gueules.

435. —La communauté des *Potiers d'étain* de la ville d'Amiens.

435. — D'or, à un pal dentelé de sinople.

436. —La communauté des *Merciers* secs de la ville d'Amiens.

436. — D'or, à un pal dentelé de sable.

437. — La communauté des *Cabaretiers*, *Hosteliers* de la ville d'Amiens.

437. — D'argent, à un pal dentelé d'azur.

[1] A partir de ce cahier, aucun blazon n'ayant été produit, Charles d'Hozier fut obligé d'en fournir, mais pour éviter toute recherche, tout travail, il se contenta de faire des séries d'écussons, presque semblables, avec un pal, une face, une bande pour pièce héraldique, en variant les émaux. Cela prouve la légèreté de ce juge d'armes dans l'exercice de ses fonctions héraldiques, que Pierre d'Hozier, son père, lui avait laissées sans lui léguer en même temps sa science et son mérite. Cette troisième partie nous ferait presque regretter la précédente, où Charles d'Hozier s'était montré badin en voulant faire de l'esprit, et où il avait composé des rébus héraldiques, comme pour : *Revellois*, un coq *réveillant* quatre *oyes* (p. 153, n° 122) ; *Morgan*, deux têtes de *maure* et un *gand* (p. 154, n° 1[illegible]0); *Pinguet*, un *pin* et un *geai; Clarentin*, une *cloche* et du *thym* (p. 158, n° 223 et 230); *Bouche*, un *bouc* et deux *haches*, etc., et une foule du même genre.

438. — La communauté des *Houppiers* de la ville d'Amiens.

438. — D'argent, à un pal dentelé de gueules.

439. — La communauté des maîtres *Sayetiers* de la ville d'Amiens.

439. — D'argent, à un pal dentelé de sinople.

440. — La communauté des maîtres *Hautelisseurs* de la ville d'Amiens.

440. — D'argent, à un pal dentelé de sable.

441. — La communauté des *Boulangers* de la ville d'Amiens.

441. — D'azur, à un pal dentelé d'or.

442. — La communauté des maîtres *Bouchers* de la ville d'Amiens.

442. — D'azur, à un pal dentelé d'argent.

443. — La communauté des *Bonnetiers* de la ville d'Amiens.

443. — De gueules, à un pal dentelé d'or.

444. — La communauté des *Maréchaux* de la ville d'Amiens.

444. — De gueules, à un pal dentelé d'argent.

445. — La communauté des *Vitriers* et *Vanniers* de la ville d'Amiens.

445. — De sinople, à un pal dentelé d'or.

446. — François La Caille, conseiller et procureur du roy en l'amirauté de Saint-Vuallery (Valery).

446. — De sinople, à un pal dentelé d'argent.

447. — Jean François Boitel, marchand bourgeois de la ville d'Amiens.

447. — De sable, à un pal dentelé d'or.

448. — Louise Cornet, fille majeure, bourgeoise d'Amiens.

448. — De sable, à un pal dentelé d'argent.

449. — Claude Feuquel, écuier, sieur de la Vicogne.

449. — D'or, à une fasse dentelée d'azur.

450. — Françoise Roche, fille majeure, bourgeoise d'Amiens.

450. — D'or, à une fasse dentelée de gueules.

451. — Marie Elisabeth Roche, veuve de N... Picard, conseiller du roy, éleu en l'élection d'Amiens.

451. — D'or, à une fasse dentelée de sinople.

452. — François Thiery, sieur de Douis, chevau-léger de la garde ordinaire du roy.

452. — D'or, à une fasse dentelée de sable.

453. — Gabriel Hochedé, marchand, bourgeois de la ville d'Amiens.

453. — D'argent, à une fasse dentelée d'azur. (Voyez le n° 203.)

454. — La communauté des *Cloustiers* et *Serruriers* de la ville d'Amiens.

454. — D'argent, à une fasse dentelée de gueules.

455. — Jean-Baptiste Croquoison, écuier, conseiller du roy, lieutenant en la maréchaussée d'Amiens.

455. — D'argent, à une fasse dentelée de sinople.

456. — Caterine Boullet, fille majeure, bourgeoise d'Amiens.

456. — D'argent, à une fasse dentelée de sable.

457. — Robert Dalloy, seigneur d'Amancourt.

457. — D'azur, à une fasse dentelée d'or.

458. — La communauté des *Tailleurs* d'habits de la ville d'Amiens.

458 — D'azur, à une fasse dentelée d'argent.

459. — La communauté des *Gantiers* et *Pelletiers* de la ville d'Amiens.

459. — De gueules, à une fasse dentelée d'or.

460. — N... du Péron (du Peyroux), écuier.

460. — De gueules, à une fasse dentelée d'argent.

461. — François Desprez, marchand à Amiens.

461. — De sinople, à une fasse dentelée d'or.

462. — Joseph de Cour, contrôleur du bureau des finances d'Amiens.

462. — De sinople, à une fasse dentelée d'argent.

463. — La communauté des maîtres *Cordonniers* de la ville d'Amiens.

463. — De sable, à une fasse dentelée d'or.

465. — La communauté des *Hortillons* et *Jardiniers* de la ville d'Amiens.

465. — De sable, à une fasse dentelée d'argent.

466. — La communauté des *Corroyeurs*, *Selliers* et *Bourliers* de la ville d'Amiens.

466. — D'or, à une bande dentelée d'azur.

467. — Guillain Lucas, sieur de Romeval, bourgeois de la ville d'Amiens.

467. — D'or, à une bande dentelée de gueules.

468. — Michel Simon l'aisné, antien échevin de la ville d'Amiens.

468. — D'or, à une bande dentelée de sinople.

469. — La communauté des *Chaudronniers* de la ville d'Amiens.

469. — D'or, à une bande dentelée de sable.

470. — Pierre Le Maire, sieur de Pommery, bourgeois de la ville d'Amiens.

470. — D'argent, à une bande dentelée d'azur.

471. — La communauté des *Couvreurs* et *Pailloteurs* de la ville d'Amiens.

471. — D'argent, à une bande dentelée de gueules.

472. — Nicolas Choquet, marchand, bourgeois de la ville d'Amiens.

472. — D'argent, à une bande dentelée de sinople.

473. — La communauté des *Paticiers* de la ville d'Amiens.

473. — D'argent, à une bande dentelée de sable.

474. — La communauté des *Apoticaires* et *Vinaigriers* de la ville d'Amiens.

474. — D'azur, à une bande dentelée d'or.

475. — La communauté des *Mesureurs* de bled de la ville d'Amiens.

475. — D'azur, à une bande dentelée d'argent.

476. — Anne Catelet, fille majeure, bourgeoise de la ville d'Amiens.

476. — De gueules, à une bande dentelée d'or.

477. — Jeanne de Halloy, fille majeure, bourgeoise de la ville d'Amiens.

477. — De gueules, à une bande dentelée d'argent.

478. — La communauté des *Tapissiers*, *Cordiers* et *Tisserands* de la ville d'Amiens.

478. — De sinople, à une bande dentelée d'or.

480. — La communauté des *Taillandiers* et *Couteliers* de la ville d'Amiens.

480. — De sinople, à une bande dentelée d'argent.

482. — Jean-Baptiste le Roux, antien échevin de la ville d'Amiens.

482. — De sable, à une bande dentelée d'or.

483. — La communauté des *Charbonniers* de la ville d'Amiens.

483. — De sable, à une bande dentelée d'argent.

486. — La communauté des *Savetiers* de la ville d'Amiens.

486. — D'or, à une bande (barre) dentelée d'azur.

487. — Antoine du Four, sieur de Fretemeule, bourgeois de la ville d'Amiens.

487. — D'or, à une barre dentelée de gueules.

488. — Quentin REGNIER, antien receveur de la terre de Picquigny.

488. — D'or, à une barre dentelée de sinople.

489. — La communauté des *Tondeurs* et *Pareurs* de la ville d'Amiens.

489. — D'or, à une barre dentelée de sable.

491. — Marie Margueritte de MAILLY, femme de N..., comte d'ARREST.

491. — D'argent, à une barre dentelée d'azur.

492. — N... ARLÉ, controlleur au grenier à sel de Saint-Vuallery (Valery).

492. — D'argent, à une barre dentelée de gueules.

493. — N... LE GENDRE, controlleur au bureau des traittes de Saint-Vuallery.

493. — D'argent, à une barre dentelée de sinople.

494. — Madelene LOUVEL, femme de François de BELLEVAL, écuier, sieur de Floriville.

494. — D'argent, à une barre dentelée de sable.

495. — Jaque BOITARD, receveur de la terre de Fallois (La Faloise).

495. — D'azur, à une barre dentelée d'or.

497. — Nicolas DE FAY, écuier, sieur de Carnoy.

497. — D'azur, à une barre dentelée d'argent.

502. — Jean de RÉLY, écuier, sieur de Lescaure.

502. — De gueules, à une barre dentelée d'or.

503. — Jean LE VASSEUR, prestre, curé de la paroisse de Limeu(x).

503. — De gueules, à une barre dentelée d'argent.

504. — Nicolas MOURS, marchand, bourgeois de la ville d'Amiens.

504. — De sinople, à une barre dentelée d'or.

506. — Léonard BITAUT, notaire à Hornoy.

506. — De sinople, à une barre dentelée d'argent.

507. — La communauté des *Brasseurs* de la ville d'Amiens.

507. — De sable, à une barre dentelée d'or.

508 *bis*. — Daniel de BOUBERS, écuier, sieur de Bernatre, et N... (de Sacquespée) sa femme.

508 *bis*. — De sable, à une barre dentelée d'argent; *acolé:* de sinople, à un aigle d'or.

509. — Joseph LE BER, sieur de la Motte, grenetier au grenier à sel de Granvillers.

509. — D'or, à un chevron dentelé d'azur.

512. — Charles (de) CRENY, écuier, sieur de Fontaine-sous-Cateux.

512. — D'or, à un chevron dentelé de gueules.

514. — Gabriel CASSIN, prestre, curé de la paroisse de Fressenneville.

514. — D'or, à un chevron dentelé de sinople.

515. — N..., prestre, curé de la paroisse de *Bouillancourt* sous Miannay.

515. — D'or, à un chevron dentelé de sable.

516. — La communauté des *Procureurs* au bailliage et siége présidial de la ville d'Amiens.

516. — D'argent, à un chevron dentelé d'azur.

518. — Charles FRANÇOIS, bailly et notaire royal à Lignière.

518. — D'argent, à un chevron dentelé de gueules.

519. — Firmin de LA COUR, marchand, bourgeois de la ville d'Amiens.

519. — D'argent, à un chevron dentelé de sinople.

520. — Charle MAILLARD, marchand à Amiens.

520. — D'argent, à un chevron dentelé de sable.

521. — N... DU CROQUET, veuve de N... CAULIÈRE.

521. — D'azur, à un chevron dentelé d'or.

522. — N... de BOURNEL, chevalier, seigneur de Monchy et Namps-au-Mont.

522. — D'azur, à un chevron dentelé d'argent.

524. — Bartélemy LE JEUNE, prestre, curé de Vair(e)-sous-Corbie.

524. — De gueules, à un chevron dentelé d'or.

525. — Jaque de BOISJOLY, écuier.

525. — De gueules, à un chevron dentelé d'argent.

526. — Guillain BAYEUL, curé de Villers-Campsard.

526. — De sinople, à un chevron dentelé d'or.

528. — N... de DOMPIERRE, prestre, curé de la paroisse de Tours.

528. — De sinople, à un chevron dentelé d'argent.

530. — Marie de BEAUMY, veuve de Nicolas d'AIGNEVILLE, écuier, sieur de Boisville.

530. — De sable, à un chevron dentelé d'or.

531. — N... de RIENCOURT, veuve de N... de Forceville.

531. — De sable, à un chevron dentelé d'argent.

532.—Firmin Mimerel, marchand, bourgeois de la ville d'Amiens.

532. — D'or, à deux pals dentelez d'azur.

533. — François Bicorne, marchand, bourgeois de la ville d'Amiens.

533. — D'or, à deux pals dentelez de gueules.

5 535. — L'abaye de *Sery*.

535. — D'or, à deux pals dentelez de sinople.

536. — N... prestre, curé de la paroisse de *Villers-sous-Mareuil*.

536. — D'or, à deux pals dentelez de sable.

537. — Jean le Moine, prestre, curé de Friville.

537. — D'argent, à deux pals dentele d'azur.

538. — Claude de Sarcus, écuier.

538. — D'argent, à deux pals dentelés d gueules.

539. — Caterine de Cour, veuve de N... du Pont, avocat en parlement.

539. — D'argent, à deux pals dentelez de sinople.

540. — La communauté des *Menuisiers* de la ville d'Amiens.

540. — D'argent, à deux pals dentelez d sable.

542.—Charle de Belleval, écuier, sieur de Belleperche.

542. — D'azur, à deux pals dentelez d'or.

543 *bis*. — Marc-Antoine-Augustin de Manay, chevalier, seigneur de Camp, et N... sa femme.

543 *bis*. — D'azur, à deux pals dentele d'argent; *acolé*: d'azur, à un levrier d'argent.

544. — Jean Maton, marchand, bourgeois de la ville d'Amiens.

544. — De gueules, à deux pals dentelez d'or.

545.—Pierre du Rieux, conseiller secrétaire du roy.

545. — De gueules, à deux pals dentelez d'argent.

546. — La communauté des *Fripiers* de la ville d'Amiens.

546. — De sinople, à deux pals dentelez d'or.

548. — Jeanne Pioger, femme de François le Maire, écuier, sieur d'Estoquigny.

548. — De sinople, à deux pals dentelez d'argent.

550. — La prévosté de *Cerisy*.

550. — De sable, à deux pals dentelés d'or.

551. — La prieuré de *Leuilly*.

551. — De sable, à deux pals dentelés d'argent.

552. — Le chapitre de *Piquigny*.

552. — D'or, à deux faces dentelées d'azur.

553. — N..., veuve de N... de Créquy d'Offeu (Offin).

553. — D'or, à deux fasses dentelées de gueules.

554. — N..., prieur de Saint-Nicolas de *Ragny*.

554. — D'or, à deux faces dentelées de sinople.

555. — Jeanne Choquet, fille majeure, bourgeoise de la ville d'Amiens.

555. — D'or, à deux fasses dentelées de sable.

556. — N..., femme de Claude-François de Mons, écuier, sieur d'Hédicourt, trésorier de France au bureau des finances de la généralité d'Amiens.

556. — D'argent, à deux fasses dentelées d'azur.

557. — La communauté des *Charpentiers*, *Charrons* et *Tourneurs* de la ville d'Amiens.

557. — D'argent, à deux fasses dentelées de gueules.

558. — Caterine Jacomel, femme de Jean de Hert(es), sieur de Haille(s), antien conseiller du roy, président au présidial d'Amiens.

558. — D'argent, à deux faces dentelées de sinople.

560. — Martin de Villers, marchand, bourgeois de la ville d'Amiens.

560. — D'argent, à deux faces dentelées de sable.

561. — Jaque Lorel, marchand, bourgeois de la ville d'Amiens.

561. — D'azur, à deux faces dentelées d'or.

562. — Marie de Montmignon, fille majeure, bourgeoise de la ville d'Amiens.

562. — D'azur, à deux faces dentelées d'argent.

564. — Jeanne de Louvencourt, fille majeure, bourgeoise de la ville d'Amiens.

564. — De gueules, à deux fasses dentelées d'or.

566. — Charles Guignon, chanoine du chapitre de Notre-Dame d'Amiens.

566. — De gueules, à deux faces dentelées d'argent.

567. — Antoine Cagnard, chanoine du chapitre de Notre-Dame d'Amiens.

567. — De sinople, à deux faces dentelées d'or.

568. — N... ANSELIN (Ancelin), femme de N... de BERY, marquis d'Isceteaux (Esserteaux).

568. — De sinople, à deux faces dentelées d'argent.

569. — Hiérosme-Alexis de RIBAUCOURT, conseiller du roy, éleu en l'élection d'Amiens.

569. — De sable, à deux faces dentelées d'or.

570. — Charles BACOULT, chanoine du chapitre de Notre-Dame d'Amiens.

570. — De sable, à deux faces dentelées d'argent.

571. — Jaque de VAUX, chanoine du chapitre de Saint-Firmin d'Amiens.

571. — D'or, à deux bandes dentelées d'azur.

572. — François CORNET, conseiller du roy, président en l'élection d'Amiens.

572. — D'or, à deux bandes dentelées de gueules.

573. — François DE GAND, conseiller et procureur du roy en l'élection d'Amiens.

573. — D'or, à deux bandes dentelées de sinople.

574. — Le corps des officiers de l'élection de la ville d'*Amiens*.

574. — D'or, à deux bandes dentelées de sable.

575. — La communauté des *Mussons* de la ville d'Amiens.

575. — D'argent, à deux bandes dentelées d'azur.

576. — Louis-Pierre PINGRÉ, écuier, sieur d'Ambreville.

576. — D'argent, à deux bandes dentelées de gueules.

577. — François GORGUETTE, écuier, sieur du Bus.

577. — D'argent, à deux bandes dentelées de sinople.

579. — Margueritte DU RIEUX, femme de Joseph-François DU BUS.

579. — D'argent, à deux bandes dentelées de sable.

579 (sic). — Claude de LA RUE, écuier, seigneur en partie de Guévauvillers.

579. — D'azur, à deux bandes dentelées d'or.

580. — François LEFEBVRE, marchand, bourgeois de la ville d'Amiens.

580. — D'azur, à deux bandes dentelées d'argent.

581. — Jeanne PIQUET, femme de Claude de LA RUE, écuier, seigneur en partie de Quevauvillers.

581. — De gueules, à deux bandes dentelées d'or.

*582. — Antoine Lefort, marchand, bourgeois de la ville d'Amiens.

582. — De gueules, à deux bandes dentelées d'argent.

583. — La communauté des maîtres *Chirurgiens* et *Perruquiers* de la ville d'Amiens.

583. — De sinople, à deux bandes dentelées d'or.

584. — Marie Mannessier, femme de Pierre le Gillon, sieur du Grotison.

584. — De sinople, à deux bandes dentelées d'argent.

585. — François Hanique (Hannicque), sieur de Ronquerolles.

585. — De sable, à deux bandes dentelées d'or.

586. — N... de Villers, femme de Pierre-Hiacinte Baudouin, écuier, sieur de Fossemanau.

586. — De sable, à deux bandes dentelées d'argent.

587. — La communauté des *Notaires* royaux de la ville d'Amiens.

587. — D'or, à deux barres dentelées d'azur.

590. — Antoine Lefort, l'aisné.

590. — D'or, à deux barres dentelées de gueules.

591. — Antoine Hannique (Hannicque), écuier.

591. — D'or, à deux barres dentelées, de sinople.

592. — N... de Gournay, écuier.

592. — D'or, à deux barres dentelées de sable.

594. — Charlotte Catellet, femme de Martin Baron, conseiller du roy, prévost royal de la ville d'Amiens.

594. — D'argent, à deux barres dentelées d'azur.

596. — Alexis Sernoise, curé de Thieulloy-l'Abbaye.

596. — D'argent, à deux barres dentelées de gueules.

597. — François Oger, marchand, bourgeois de la ville d'Amiens.

597. — D'argent, à deux barres dentelées de sinople.

598. — N .. Le Jeune, prestre, curé de Notre-Dame d'Amiens.

598. — D'argent, à deux barres dentelées de sable.

599. — Augustin Marchand, recevour de la terre de Romancourt.

599. — D'azur, à deux barres dentelées d'or.

600. — Éléonore Mannessier, fille majeure, bourgeoise d'Amiens.

600. — D'azur, à deux barres dentelées d'argent.

601. — Nicolas GRÉVIN, sieur de Préval, conseiller et procureur du roy en la maréchaussée d'Amiens.

601. — De gueules, à deux barres dentelées d'or.

602. — La communauté des *Peintres*, *Sculpteurs* et *Doreurs* de la ville d'Amiens.

602. — De gueules, à deux barres dentelées d'argent.

603. — François CARON, l'aisné, notaire royal à Amiens.

603. — De sinople, à deux barres dentelées d'or.

604. — Cécile de JUIN, veuve de N... DU FRESNE, sieur de la Brosse.

604. — De sinople, à deux barres dentelées d'argent.

605. — Robert LATTAGNAN (Lattaiguant), curé d'Aumont.

605. — De sable, à deux barres dentelées d'or.

606. — Nicolas LE LEU, marchand, bourgeois de la ville d'Amiens.

606. — De sable, à deux barres dentelées d'argent.

607. — François MOREL, marchand, bourgeois de la ville d'Amiens.

607. — D'or, à deux chevrons dentelez d'azur.

609. — Jean LE LEU, prestre, curé de la paroisse de Boisraut.

609. — D'or, à deux chevrons dentelez de gueules.

610. — Jean WAST, marchand, bourgeois de la ville d'Amiens.

610. — D'or, à deux chevrons dentelez de sinople.

612. — Nicolas JOLY, receveur en titre du tabac à Amiens.

612. — D'or, à deux chevrons dentelez de sable.

613. — Jean-Baptiste DOUCHET, marchand à Amiens.

613. — D'argent, à deux chevrons dentelez d'azur.

614. — Michel MARTIN, procureur au présidial d'Amiens.

614. — D'argent, à deux chevrons dentelés de gueules.

615. — François LE BON, écuier, sieur de Betencourt.

615. — D'argent, à deux chevrons dentelez de sinople.

616. — Pierre PERSIN, marchand épicier, bourgeois de la ville d'Amiens.

616. — D'argent, à deux chevrons dentelez de sable.

617. — Marguerritte FLESSELLES, veuve de N... de FRECHANCOURT.

617. — D'azur, à deux chevrons dentelez d'or.

618. — Louis MARIE, marchand, bourgeois de la ville d'Amiens.

618. — D'azur, à deux chevrons dentelez d'argent.

619. — Damien LE COMTE, antien échevin de la ville d'Amiens.

619. — De gueules, à deux chevrons dentelez d'or.

620. — Pierre de LA CROIX, marchand, bourgeois de la ville d'Amiens.

620. — De gueules, à deux chevrons dentelés d'argent.

621. — Anne MOURET, fille majeure, bourgeoise de la ville d'Amiens.

621. — De sinople, à deux chevrons dentelez d'or.

622 *bis*. — N... DACHEU (d'Acheu), écuier, et N..., sa femme.

622 *bis*. — De sinople, à deux chevrons dentelez d'argent; *acolé :* de gueules, à un singe d'or.

624. — Pierre DU FRESNE, commissaire à Amiens.

624. — De sable, à deux chevrons dentelez d'or.

625. — Jean PAILLARD, le jeune, marchand tanneur à Amiens.

625. — De sable, à deux chevrons dentelez d'argent.

626. — Jean PAILLARD, l'aisné, marchand tanneur à Amiens.

626. — D'or, à trois pals dentelez d'azur.

627. — Claude LEFEBVRE, receveur des aydes à Amiens.

627. — D'or, à trois pals dentelez de gueules.

628. — Jean LE RICHE, marchand, bourgeois de la ville d'Amiens.

628. — D'or, à trois pals dentelez de sinople.

629. — Jean LOUCHET, marchand à Amiens.

629. — D'or, à trois pals dentelez de sable.

630. — Charle de MAREUIL, écuier, sieur de Fomains.

630. — D'argent, à trois pals dentelez d'azur.

632. — Louis CARA, bourgeois d'Amiens.

632. — D'argent, à trois pals dentelez de gueules.

633. — Bernard SIMON, marchand, bourgeois de la ville d'Amiens.

633. — D'argent, à trois pals dentelez de sinople.

634. — N... DAUSSY, veuve d'Alexandre ROHAULT, notaire royal à Amiens.

634. — D'argent, à trois pals dentelez de sable.

635. — Romain DUVAL, marchand, bourgeois de la ville d'Amiens.

635. — D'azur, à trois pals dentelez d'or.

636. — Antoinette Le Grand, veuve de Claude Bernaut, bourgeois de la ville d'Amiens.

636. — D'azur, à trois pals dentelez d'argent.

637. — Anne Courtois, veuve de Guy Baudouin, controlleur du taillon à Amiens.

637. — De gueules, à trois pals dentelés d'or.

638. — N... Bridel, marchand, bourgeois de la ville d'Amiens.

638. — De gueules, à trois pals dentelez d'argent.

639. — François Parvillers, avocat au présidial d'Amiens.

639. — De sinople, à trois pals dentelez d'or.

642. — Jean-Baptiste du Fresne, écuier.

642. — De sinople, à trois pals dentelez d'argent.

643. — N... Cavillon, fille majeure, bourgeoise de la ville d'Amiens.

643. — De sable, à trois pals dentelez d'or.

644. — Marie Plé, veuve de Charles Pontrevé, bourgeois d'Amiens.

644. — De sable, à trois pals dentelez d'argent.

645. — Charlotte Filleul, veuve de François Roussel, greffier de l'élection d'Amiens.

645. — D'or, à trois fasses dentelées d'azur.

646. — Caterine Cauroy, veuve de Claude Béquerel, bourgeois d'Amiens.

646. — D'or, à trois fasses dentelées de gueules.

647. — Jean Boschet, écuier, chevau-léger de la garde ordinaire du roy.

647. — D'or, à trois fasses dentelées de sinople.

648. — Paul de Grain, marchand bourgeois de la ville d'Amiens.

648. — D'or, à trois fasses dentelées de sable.

649. — Adrien d'Espaux, marchand, bourgeois de la ville d'Amiens.

649. — D'argent, à trois faces dentelées d'azur.

650. — Noël Frenels, marchand, bourgeois de la ville d'Amiens.

650. — D'argent, à trois faces dentelées de gueules.

651. — Pierre Robbe, receveur et greffier des rôles de Boisrault.

651. — D'argent, à trois faces dentelées de sinople.

652. — Anne Fournier, veuve de Robert de Ville, commissaire à la maréchaussée d'Amiens.

652. — D'argent, à trois faces dentelées de sable.

653. — Charle Cardon, prestre, curé du Quennoy-sur-Ayrenne (Quesnoy-sous-Airaines).

653. — D'azur, à trois faces dentelées d'or.

654. — N... de Fressenneville, écuier.

654. — D'azur, à trois faces dentelées d'argent.

655. — Nicolas Blasset, directeur des aydes à Amiens.

655. — De gueules, à trois fasses dentelées d'or.

656. — Maximilien Filleux, chanoine du chapitre de Notre-Dame d'Amiens.

656. — De gueules, à trois fasses dentelées d'argent.

657. — Anne Viseur, veuve de Noël Rousset, marchand, bourgeois de la ville d'Amiens.

657. — De sinople, à trois fasses dentelées d'or.

658. — Nicolas Prévost, procureur au présidial d'Amiens.

658. — De sinople, à trois fasses dentelées d'argent.

659. — N... Trechot, femme de N... de Famechon, écuier.

659. — De sable, à trois fasses dentelées d'or.

660. — René Chevalier, notaire royal à Amiens.

660. — De sable, à trois faces dentelées d'argent.

661. — Jacques Pias, procureur au présidial d'Amiens.

661. — D'or, à trois bandes dentelées d'azur.

663. — Antoine Piquet, écuier, sieur de Haut.

663. — D'or, à trois bandes dentelées de gueules.

665. — Pierre Paul Vrays (Paulvrays?), procureur au présidial d'Amiens.

665. — D'or, à trois bandes dentelées de sinople.

667. — Pierre La Grené, procureur au présidial d'Amiens.

667. — D'or, à trois bandes dentelées de sable.

668. — François Joly, marchand, bourgeois de la ville d'Amiens.

668. — D'argent, à trois bandes dentelées d'azur.

669. — Louis Alavoine, notaire royal à Amiens.

669. — D'argent, à trois bandes dentelées de gueules.

670. — Jaque du Tilloy, marchand, bourgeois de la ville d'Amiens.

670. — D'argent, à trois bandes dentelées de sinople.

671. — Jaque EMERY, avocat à Amiens.

671. — D'argent, à trois bandes dentelées de sable.

672. — François CARON, le jeune, procureur au présidial d'Amiens.

672. — D'azur, à trois bandes dentelées d'or.

673. — Augustin AUDIQUET, procureur au présidial d'Amiens

673. — D'azur, à trois bandes dentelées d'argent.

674. — N... CAJET, fille majeure.

674. — De gueules, à trois bandes dentelées d'or.

675. — N..., femme de Pierre de FAMECHON, écuier, conseiller du roy, son procureur au bureau des finances d'Amiens.

675. — De gueules, à trois bandes dentelées d'argent.

676. — Louis COURTOIS, procureur au présidial d'Amiens.

676. — De sinople, à trois bandes dentelées d'or.

677. — Lanfrant CAIGNARD, marchand, bourgeois d'Amiens.

677. — De sinople, à trois bandes dentelées d'argent.

678. — Christophe DIEUDONNÉ, marchand à Amiens.

678. — De sable, à trois bandes dentelées d'or.

679. — Antoine GLACHANT, prestre, curé de la paroisse de Saint-Jaque de la ville d'Amiens.

679. — De sable, à trois bandes dentelées d'argent.

680. — Etienne DODERET Dorbendras, bourgeois d'Amiens.

680. — D'or, à trois barres dentelées d'azur.

681. — Jean ASSAUVE, avocat à Amiens.

681. — D'or, à trois barres dentelées de gueules.

682. — Jean DUVAL, marchand de vin à Amiens.

682. — D'or, à trois barres dentelées de sinople.

683. — Elizabeth LUCAS, femme d'Antoine CARON, écuier, sieur du Marieux.

683. — D'or, à trois barres dentelées de sable.

684. — Jeanne d'ESSE, veuve de Pierre AUDIQUET, bourgeois de la ville d'Amiens.

684. — D'argent, à trois barres dentelées d'azur.

685. — Pierre Audiquet, receveur de l'évêché d'Amiens.

685. — D'argent, à trois barres dentelées de gueules.

686. — N... Paillard, conseiller honoraire au présidial d'Amiens.

686. — D'argent, à trois barres dentelées de sinople.

687. — Marie Paillard, fille majeure, bourgeoise d'Amiens.

687. — D'argent, à trois barres dentelées de sable.

688. — Eloy Bernard, greffier criminel du présidial d'Amiens.

688. — D'azur, à trois barres dentelées d'or.

689. — François Quignon, conseiller du roy, substitut en la maréchaussée d'Amiens.

689. — D'azur, à trois barres dentelées d'argent.

690. — François Fournier, procureur au présidial d'Amiens.

690. — De gueules, à trois barres dentelées d'or.

691. — Jean de Bonnaire, prestre, curé de la paroisse de Saint-François.

691. — De gueules, à trois barres dentelées d'argent.

692. — François Roussel, prêtre, curé de la paroisse de Saint-Germain.

692. — De sinople, à trois barres dentelées d'or.

693. — François Carpentier, notaire royal à Amiens.

693. — De sinople, à trois barres dentelées d'argent.

694. — Marie Caron, femme de Jean Le Roy, écuier, conseiller du roy, et son avocat au bureau des finances de la généralité d'Amiens.

694. — De sable, à trois barres dentelées d'or.

695. — Pierre Denys, procureur au baillage et siége présidial d'Amiens.

695. — De sable, à trois barres dentelées d'argent.

696. — Margueritte Piquet, femme de Jaque le Couvreur, conseiller du roy, assesseur au baillage et siége présidial d'Amiens.

696. — D'or, à trois chevrons dentelez d'azur.

697. — N... Burgeaud, cy-devant receveur des aydes à Amiens.

697. — D'or, à trois chevrons dentelez de gueules.

698. — Antoine Fournier, procureur au présidial d'Amiens.

698. — D'or, à trois chevrons dentelez de sinople.

699. — Françoise de LOUVENCOURT, femme de Charles PIQUET de Moyencourt, écuier.	699. — D'or, à trois chevrons dentelez de sable.
700. — Augustin de LE VUARDE, procureur au présidial d'Amiens.	700. — D'argent, à trois chevrons dentelés d'azur.
701. — Claude LEVICARD, notaire royal à Amiens.	701. — D'argent, à trois chevrons dentelez de gueules.
702. — Nicolas CARPENTIER, notaire royal et procureur au présidial d'Amiens.	702. — D'argent, à trois chevrons dentelez de sinople.
703. — Philbert NAUS, marchand, bourgeois de la ville d'Amiens.	703. — D'argent, à trois chevrons dentelez de sable.
704. — Charles de LA HAYE, marchand, bourgeois de la ville d'Amiens.	704. — D'azur, à trois chevrons dentelez d'or.
705. — François de FORCEVILLE, receveur de la terre de Villers-Campsard.	705. — D'azur, à trois chevrons dentelez d'argent.
706. — Charle CARON, sieur de Blangy, avocat en parlement.	706. — De gueules, à trois chevrons dentelez d'or.
707. — Claude COPIN, sieur de Valanpus, bourgeois de la ville d'Amiens.	707. — De gueules, à trois chevrons dentelez d'argent.
708. — Claude TROUVAIN, l'aisné, marchand, bourgeois de la ville d'Amiens.	708. — De sinople, à trois chevrons dentelez d'or.
709. — Nicolas de LATTRE, marchand, bourgeois de la ville d'Amiens.	709. — De sinople, à trois chevrons dentelez d'argent.
710. — Pierre de MAILLY, marchand à Amiens.	710. — De sable, à trois chevrons dentelez d'or.
711. — François de LATTRE, marchand, bourgeois de la ville d'Amiens.	711. — De sable, à trois chevrons dentelez d'argent.
712. — Jean TROUVAIN, marchand, bourgeois de la ville d'Amiens.	712. — D'or, à un pal engrélé d'azur.
713. — Claude TROUVAIN, le jeune, marchand, bourgeois de la ville d'Amiens.	713. — D'or, à un pal engreslé de gueules.

714. — Jeanne Gougeon, veuve d'Antoine de la Cour, marchand, bourgeois de la ville d'Amiens.

714. — D'or, à un pal engreslé de sinople

715. — Claude Masson, notaire royal et procureur à Amiens.

715. — D'or, à un pal engreslé de sable.

716. — Claude Digeon, marchand taneur et bourgeois de la ville d'Amiens.

716. — D'argent, à un pal engreslé d'azur.

717. — Martin de Lattre, marchand, bourgeois de la ville d'Amiens.

717. — D'argent, à un pal engrêlé de gueules.

718. — Pierre Homeau, prestre, curé de la paroisse de Hornoy.

718. — D'argent, à un pal engrêlé de sinople.

719. — Philippe La Lye, marchand, bourgeois de la ville d'Amiens.

719. — D'argent, à un pal engreslé de sable.

720. — Joseph Delcourt, procureur au baillage et siége présidial d'Amiens.

720. — D'azur, à un pal engreslé d'or.

721. — Nicolas Le Sot, procureur au présidial d'Amiens.

721. — D'azur, à un pal engreslé d'argent.

722. — Adrien de Hen, notaire royal à Amiens.

722. — De gueules, à un pal engreslé d'or.

723. — Michel Mercier, prestre, curé de la paroisse de Saint-Michel en Castillon.

723. — De gueules, à un pal engreslé d'argent.

724. — François Paillard, marchand, bourgeois de la ville d'Amiens.

724. — De sinople, à un pal engreslé d'or.

725. — Michel Marchand, procureur au présidial d'Amiens.

725. — De sinople, à un pal engreslé d'argent.

726. — Nicolas Couvreur, procureur au présidial d'Amiens.

726. — De sable, à un pal engreslé d'or.

727. — Margueritte de Saint-Lo, femme de George de Monchy, chevalier, seigneur de Talmas.

727. — De sable, à un pal engreslé d'argent.

728. — Jean du Pont, docteur en médecine à Amiens.

728. — D'or, à une face engreslée d'azur.

729. — Antoine d'Estrée.

729. — D'or, à une face engrelée de gueules.

730. — Antoine Cuignet, procureur au présidial d'Amiens.

730. — D'or, à une face engreslée de sinople.

731. — Antoine de Baco, notaire royal et procureur au présidial d'Amiens.

731. — D'or, à une face engreslée de sable.

732. — Louis-Fleur de Montagne, procureur au présidial d'Amiens.

732. — D'argent, à une face engrelée d'azur.

733. — N... Roger, prestre, curé de la paroisse de Fluy.

733. — D'argent, à une face engrelée de gueules.

734. — Jean-Baptiste Vuitasse (Vitasse), marchand, bourgeois de la ville d'Amiens.

734. — D'argent, à une fasse engrelée de sinople.

735. — François Dangest, notaire royal et procureur au présidial d'Amiens.

735. — D'argent, à une face engrelée de sable.

736. — Jaque de Beauvais, marchand, bourgeois de la ville d'Amiens.

736. — De sable, à six chaussetrapes d'argent, 3, 2, 1.

737. — Pierre d'Amiens, marchand, bourgeois de la ville d'Amiens.

737. — D'azur, à une fasse engrelée d'or.

738. — Pierre Mouret, prestre, curé de la paroisse de Genneville.

738. — D'azur, à une fasse engrelée d'argent.

739. — Antoine-Joseph Poullain, marchand, bourgeois de la ville d'Amiens.

739. — De gueules, à une fasse engrelée d'or.

740. — François de la Cour, marchand, bourgeois de la ville d'Amiens.

740. — De gueules, à une fasse engrelée d'argent.

741. — Jean-Baptiste Tavernier, greffier à Amiens.

741. — De sinople, à une face engrelée d'or.

742. — Claude L'Hoste, procureur à Amiens.

742. — De sinople, à une fasse engrelée d'argent.

743. — Jean CHEVALLIER, prestre, curé de la paroisse de Mézicourt.

743. — De sable, à une face engreslée d'or.

744. — Louis de BRAY, marchand, bourgeois de la ville d'Amiens.

744. — De sable, à une fasse engreslée d'argent.

745. — Adrien RINGARD, marchand, bourgeois de la ville d'Amiens.

745. — D'or, à une bande engreslée d'azur.

746. — Marie POSTEL, veuve d'Antoine GAUCHY, marchand, bourgeois de la ville d'Amiens.

746. — D'or, à une bande engreslée de gueules.

747. — Charle LE FEBVRE, procureur au présidial d'Amiens.

747. — D'or, à une bande engreslée de sinople.

748. — Françoise DU FRESNE, femme de N... DESCHAMPS, écuier, sieur d'Iseux.

748. — D'or, à une bande engreslée de sable.

749. — François POULLAIN, marchand, bourgeois de la ville d'Amiens.

749. — D'argent, à une bande engrelée d'azur.

750. — N... GUY, chanoine du chapitre de Saint-Firmin de la ville d'Amiens.

750. — D'argent, à une bande engreslée de gueules.

751. — Jean-Baptiste COCHEPIN, greffier de la juridiction des consuls de la ville d'Amiens.

751. — D'argent, à une bande engreslée de sinople.

753. — Jean-Baptiste de NULLY, avocat au présidial d'Amiens.

753. — D'argent, à une bande engreslée de sable.

754. — N..., veuve de François BEUVIN, receveur de Drosménil.

754. — D'azur, à une bande engreslée d'or.

755. — Anne TRUDAINE de Tartigny, fille majeure, noble.

755. — D'azur, à une bande engreslée d'argent.

756. — Claude LE FORT, commissaire et procureur au présidial d'Amiens.

756. — De gueules, à une bande engreslée d'or.

757. — François de BACQ, greffier au présidial d'Amiens.

757. — De gueules, à une bande engreslée d'argent.

758. — Jean Boudequin, procureur au présidial d'Amiens.

758. — De sinople, à une bande engreslée d'or.

759. — Marie Dragon, veuve de Jean Pingré, sieur du Quennoy.

759. — De sinople, à une bande engreslée d'argent.

760. — Augustin de Gouffier, chevalier, comte de Rozamel.

760. — De sable, à une bande engrelée d'or.

761. — Marie-Françoise Eudel, femme de Jean Trudaine, écuier, sieur du Quennoy (Quesnoy).

761. — De sable, à une bande engrelée d'argent.

763. — N... Pièce, fils, bourgeois de la ville d'Amiens.

763. — D'or, à une barre engreslée d'azur.

764. — Antoine Rogeau, commissaire à Amiens.

764. — D'or, à une barre engreslée d'argent.

765. — Margueritte Morel, femme de Louis Trudaine, écuier, sieur de Dreuil.

765. — D'or, à une barre engreslée de sinople.

766. — Jeanne Pillard, fille, marchande, bourgeoise d'Amiens.

766. — D'or, à une bande engrelée de sable.

767. — Louis-Nicolas Caron, procureur au présidial d'Amiens.

767. — D'argent, à une barre engrelée d'azur.

768. — Augustin Boulle, procureur au présidial d'Amiens.

768. — D'argent, à une barre engreslée de gueules.

769. — Pierre Turquet, prestre, curé de Saint-Firmin le Confesseur.

769. — D'argent, à une barre engreslée de sinople.

770. — Claude de Brecq, marchand à Amiens.

770. — D'argent, à une barre engrelée de sable.

771. — Louis Jolly, commissaire à Amiens.

771. — D'azur, à une barre engreslée d'or.

772. — Nicolas Barbereau, prêtre, curé de la paroisse de Saint-Leu.

772. — D'azur, à une barre engreslée d'argent.

773. — Henry Louest, notaire royal et procureur à Amiens.

773. — De gueules, à une barre engreslée d'or.

774. — Françoise Cornet, veuve d'Augustin d'Amiens, bourgeoise de la ville d'Amiens.

774. — De gueules, à une barre engreslée d'argent.

775. — Jaque Rogé, prestre, curé d'Audinville.

775. — De sinople, à une barre engrelée d'or.

776. — La communauté des *Huissiers* à masse d'Amiens.

776. — De sinople, à une barre engrelée d'argent.

777. — Jean d'Aboval, prestre, curé de la paroisse de Chépy.

777. — De sable, à une barre engreslée d'or.

778. — Jeanne d'Amerval, veuve de François Polhoel (Polhoy), écuier, sieur d'Offoel (Offoy).

778. — De sable, à une barre engreslée d'argent.

780. — Nicolas Broyart, marchand linger à Amiens.

780. — D'or, à un chevron engrelé d'azur.

781. — Louis Joly, marchand, bourgeois de la ville d'Amiens.

781. — D'or, à un chevron engreslé de gueules.

782. — Antoine du Bos, sieur de Flers.

782. — D'or, à un chevron engrelé de sinople.

784. — Le prieuré d'*Ayrenne* (Airaines).

784. — D'or, à un chevron engrelé de sable.

785 *bis*. — Pierre La Grené, écuier, sieur de la Motte, et N..., sa femme.

785 *bis*. — D'argent, à un chevron engrelé d'azur; *acoïé:* de gueules, à un aygle d'or.

786. — Jaque Godquin, procureur au présidial d'Amiens.

786. — D'argent, à un chevron engrelé de gueules.

787. — La communauté des *Médecins* d'Amiens.

787. — D'argent, à un chevron engrelé de sinople.

790. — Alexandre du Fresne, curé de la paroisse de Saint-Remy.

790. — D'argent, à un chevron engrelé de sable.

791. — Pierre Godquin, procureur au présidial d'Amiens.

791. — D'azur, à un chevron engrelé d'or.

792. — François Le Sot, procureur au présidial d'Amiens.

792. — D'azur, à un chevron engrelé d'argent.

793. — Nicolas CLÉMENT DE VAUX (du Wault), écuier, sieur de Plainville. (Voyez p. 56.)

793. — De gueules, à un chevron engrelé d'or.

794. — Antoine PREUVOST, procureur au présidial d'Amiens.

794. — De gueules, à un chevron engrelé d'argent.

795. — Geneviève OGIER, fille majeure, bourgeoise de la ville d'Amiens.

795. — De sinople, à un chevron engreslé d'or.

796. — Jean-Baptiste MAILLARD, marchand, bourgeois de la ville d'Amiens.

796. — De sinople, à un chevron engreslé d'argent.

797. — Adrien de BRAY, marchand, bourgeois de la ville d'Amiens.

797. — De sable, à un chevron engrelé d'or.

798. — Claire FONTAINE, veuve de François de PONTREVÉ, bourgeois de la ville d'Amiens.

798. — De sable, à un chevron engrelé d'argent.

799. — Caterine LE CARON, femme de Jaque MOREL, écuier, sieur de Pommery.

799. — D'or, à deux pals engrelés d'azur.

800. — Margueritte PINGRÉ, femme de Vincent LE GUION, écuier, sieur de la Mairie.

800. — D'or, à deux pals engrelés de gueules.

801. — Louise BERNARD, femme de Claude MARIE, conseiller du roy, receveur général du domaine de Picardie.

801. — D'or, à deux pals engrelés de sinople.

802. — Jullien MARIE, prestre.

802. — D'or, à deux pals engrelés de sable.

803. — François SOYER, receveur de la terre de Bouzencourt.

803. — D'argent, à deux pals engrelés d'azur.

806. — N... CORNET, femme de Barthélemy d'AMIENS, écuier.

806. — D'argent, à deux pals engrelés de gueules.

807. — Margueritte d'AMIENS, femme de Pierre d'INCOURT, écuier.

807. — D'argent, à deux pals engrelés de sinople.

810. — Jean LE BOUCHER, notaire royal et procureur au présidial d'Amiens.

810. — D'argent, à deux pals engrelés de sable.

811. — Pierre Boulanger, cy-devant receveur de la terre de Dargies.

811. — D'azur, à deux pals engrelés d'or.

812. — Nicolas Perdu, prestre, curé de la paroisse d'Agnières.

812. — D'azur, à deux pals engrelés d'argent.

813. — N... Testu, prestre, curé de Saint-Denis à Ayrenne (Ayraines).

813. — De gueules, à deux pals engreslés d'or.

814. — François de Ponthieu, bailly de Saint-Vallery.

814. — De gueules, à deux pals engrelés d'argent.

815. — N..., prestre, curé de la paroisse d'*Aumattre*.

815. — De sinople, à deux pals engreslés d'or.

816. — N.., du Quesnel, bourgeois de Saint-Wallery (Saint-Valery).

816. — De sinople, à deux pals engreslez d'argent.

817. — N..., prestre, curé de la paroisse de *Cayeux*.

817. — De sable, à deux pals engrelés d'or.

818. — N..., prestre, curé de la paroisse de *Feuquières*.

818. — De sable, à deux pals engrelés d'argent.

819. — N..., prestre, curé de la paroisse de *Nelle l'Hôpital* (Nesle).

819. — D'or, à deux faces engrelées d'azur.

820. — N..., prestre, curé de la paroisse d'*Allery*.

820. — D'or, à deux faces engrelées de gueules.

821. — N..., veuve de N... Danzelle (Danzel), écuier.

821. — D'or, à deux faces engrelées de sinople.

822. — Louis Chenel, conseiller du roy, juge des traittes de Saint-Wallery (Valery).

822. — D'or, à deux fasses engrelées de sable.

823. — La ville de *Saint-Wallery* (Valery).

823. — D'argent, à deux fasses engrelées d'azur.

824. — Le chapitre de l'église collégiale de *Gamache*.

824. — D'argent, à deux faces engrelées de gueules.

825. — Jean Bernard, prestre, curé de la paroisse de Beauchamp.

825. — D'argent, à deux fasses engrelées de sinople.

826. — La communauté des religieux de l'abaye de *Saint-Vualery* (Valery).

826. — D'argent, à deux faces engrelées de sable.

827. — N... Houppin, receveur de la terre de Fremyval.

827. — D'azur, à deux fasses engreslées d'or.

828. — N..., veuve de François de Gomer, écuier, sieur de Quevauvillers.

828. — D'azur, à deux faces engrelées d'argent.

829. — N..., prestre, curé de la paroisse de *Moyencourt*.

829. — De gueules, à deux faces engrelées d'argent.

830. — Antoine Lescadieu, receveur de la terre du Chaussoy.

830. — De gueules, à deux faces engrelées d'argent.

831. — N..., curé de Guisencourt.

831. — De sinople, à deux faces engrelées d'or.

832. — Le prieuré de *Saint-Denis de Poix*.

832. — De sinople, à deux faces engrelées d'argent.

833. — François Hesse, prestre, curé de la paroisse du Chaussoy.

833. — De sable, à deux fasses engrelées d'or.

834. — François de Conty, écuier, sieur de Coutre.

834. — De sable, à deux faces engrelées d'argent.

835. — N... Gelée, prestre, curé de la paroisse du Boquet.

835. — D'or, à deux bandes engrelées d'azur.

836. — François-Girard de Sarcus, écuier, seigneur de Courcelles.

836. — D'or, à deux bandes engrelées de gueules.

837. — N... Courtin, prestre, curé de Thieulloy-la-Ville.

837. — D'or, à deux bandes engrelées de sinople.

838. — N... de Gauffecourt, receveur de la terre de Poix.

838. — D'or, à deux bandes engrelées de sable.

839. — N... d'Ypres, prestre, curé de la paroisse de Courcelles.

839. — D'argent, à deux bandes engrelées d'azur.

840. — N... Harnas, prestre, curé de la paroisse de Sarcus.

840. — D'argent, à deux bandes engrelées de gueules.

841. — N..., prestre, curé de la paroisse de *Champuy*.

841. — D'argent, à deux bandes engrelées de sinople.

842. — François Labit, curé de Saint-Romain.

842. — D'argent, à deux bandes engrelées de sable.

843. — N... Lalleman, prestre, curé de la paroisse d'Esquennes (Equennes).

843. — D'azur, à deux bandes engrelées d'or.

844. — Antoine Sandras, conseiller du roy, grenetier du grenier à sel de Saint-Wallery.

844. — D'azur, à deux bandes engrelées d'argent.

845. — Charles Mallet, conseiller du roy, président au grenier à sel de Saint-Wallery.

845. — De gueules, à deux bandes engrelées d'or.

846. — François Saunier, bailly de la commanderie de Saint-Maulvis.

846. — De gueules, à deux bandes engrelées d'argent.

848. — Antoine Magnier, prestre curé de la paroisse d'Esserteaux.

848. — De sinople, à deux bandes engrelées d'or.

848. — François Patru, prêtre, curé de la paroisse de Floury (Fleury).

848. — De sinople, à deux bandes engreslées d'argent.

849. — Bon Fontaine, prêtre, curé de la paroisse d'Oresmeaux.

849. — De sable, à deux bandes engrelées d'or.

850. — Martin de Hérissart, notaire et procureur à Grandvillers.

850. — De sable, à deux bandes engrelées d'argent.

851. — Pierre Assaulle, lieutenant en la justice de Grandvillers.

851. — D'or, à deux bandes engrelées d'azur.

852. — Le prieuré de *Cayeux*.

852. — D'or, à deux barres engrelées de gueules.

853. — N... d'Ervelois, prévost en la prevosté de Grandvillers.

853. — D'or, à deux barres engrelées de sinople.

854. — Jaque Caperon, prestre, curé de la paroisse de Saint-Maxent.

854. — D'or, à deux barres engrelées de sable.

855. — Jean le Dien, prestre, curé de la paroisse de Huppy-Poullière.

855. — D'argent, à deux barres engrelées d'azur.

856. — Louis La Postolle (Lapostolle), prêtre, curé de la paroisse de Lignières.

856. — D'argent, à deux barres engrelées de gueules.

857. — Charle de LA MASSONNIÈRE, greffier de Piquigny (Picquigny).

857. — D'argent, à deux barres engrelées de sinople.

858. — Jean TESTARD, prestre, curé de la paroisse de Bourseville.

858. — D'argent, à deux barres engrelées de sable.

859. — Mathieu FRANCIÈRE, prêtre, curé de la paroisse de Bacouel.

859. — De gueules, à deux barres engrelées d'or.

860. — Pierre AUS (Avet?), notaire royal à Airenne (Airaines).

860. — De gueules, à deux barres engrelées d'argent.

861. — L'abbaye du *Lieu-Dieu*.

861. — De sinople, à deux barres engrelées d'or.

862. — La communauté des religieux de l'abaye du *Lieu-Dieu*.

862. — De sinople, à deux barres engrelées d'argent.

863. — Nicolas EVRACHE, chanoine de l'église Notre-Dame d'Amiens.

863. — De sable, à deux barres engrelées d'or.

864. — Charle de MAILLY, prestre, curé de la paroisse du Hamel.

864. — De sable, à deux barres engrelées d'argent.

865. — Jean GUÉRIN, conseiller du roy, receveur des tailles à Saint-Valery.

865. — D'azur, à deux barres engrelées d'or.

866. — La communauté des *Batteliers* et *Poissonniers* de la ville d'Amiens.

866. — D'azur à deux barres engrelées d'argent.

867. — N... CLECH, receveur des aydes à Saint-Wallery.

867. — D'or, à deux chevrons engrelez d'azur.

868. — Pierre FOURNIER, prestre, curé de la paroisse d'Acheu en Vineux.

868. — D'or, à deux chevrons engrelés de gueules.

869. — N... GRIGAUT, prestre, curé de la paroisse de la Ferrière.

869. — D'or, à deux chevrons engrelés de sinople.

870. — N..., prêtre, curé de la paroisse de *Ramburelles*.

870. — D'or, à deux chevrons engrelés de sable.

871. — François BAVIN (Bauin?), receveur de la terre de Zambuon.

871. — D'argent, à deux chevrons engrelez d'azur.

872.— Géneviève de SACHY, femme de Philippe DU BOS, écuier, seigneur de Diancourt, conseiller du roy, président trésorier de France, général des finances en la généralité de Picardie.

872. — D'argent, à deux chevrons engrelez de gueules.

875. — N... LANGEVIN, marchand au lieu de Saint-Vuat (Vaast).

875. — D'argent, à deux chevrons engreslés de sinople.

876. — N..., prestre, curé de *Serizy-Gailly* (Cerisy-Gailly).

876. — D'argent, à deux chevrons engrelés de sable.

877. — N..., prestre, curé de la paroisse de *Berny*.

877. — D'azur, à deux chevrons engrelés d'or.

878.— Marie DU JUIN, femme de N... de BLANGY.

878. — D'azur, à deux chevrons engrelés d'argent.

879. — N... VUALS (Wals), prestre, curé de la paroisse de Tennes (Thennes).

879. — De gueules, à deux chevrons engrelés d'or.

880. — N... LIGNIÈRE DOMARE, dame.

880. — De gueules, à deux chevrons engrelés d'argent.

881. — N..., prestre, curé de *Villers-Bretonneux*.

881. — De sinople, à deux chevrons engrelez d'or.

882. — François DENYS, procureur au présidial d'Amiens.

882. — De sinople, à deux chevrons engreslés d'argent.

883. — N... de RIQUEBOURQ (Ricquebourg), chanoine du chapitre de Fouilloy.

883. — De sable, à deux chevrons engrelés d'or.

884. — N... duchesse d'AURAY (Havrech).

884. — De sable, à deux chevrons engrelés d'argent.

886. — N... de FLEXELLES, prestre, curé de l'église de Saint-Michel de la ville d'Amiens.

886. — D'or, à trois pals engrelés d'azur.

887. — N... LOUETTE, damoiselle.

887. — D'or, à trois pals engrelés de gueules.

888. — N..., prestre, curé de la paroisse de *Tilloy*

888. — D'or, à trois pals engrelés de sinople.

889. — N... GELÉE, receveur de la terre de Neuville.

889. — D'or, à trois pals engrelés de sable.

890. — N... du HOURDEL, bailly de la justice de Couly.

890. — D'argent, à trois pals engrelés d'azur.

892. — Charle-Louis CLERENTIN, chanoine du chapitre de Notre-Dame d'Amiens.

892. — D'argent, à trois pals engrelez de gueules.

893. — N... HABOURY, marchand bourgeois de la ville d'Amiens.

893. — D'argent, à trois pals engrelés de sinople.

ABBEVILLE

SUIVANT L'ORDRE DU REGISTRE Ier

212. — Nicolas de DOMPERRE (Dompierre), antien majeur de la ville d'Abbeville.

212. — D'azur, à trois faces d'argent et un pal aiguisé de gueules, brochant sur le tout.

213. — N..., veuve de François TOULLET, bourgeois de la ville d'Abbeville.

213. — D'argent, à trois pals engrelés de sable.

214. — Marie FUZELLIER, fille.

214. — D'azur, à trois pals engrelez d'or.

223. — Jaques LE PRESTRE, baillif prévostal de Cressy.

223. — D'azur, à trois pals engrelés d'argent.

224. — Nicolas BARANGUE, prêtre, curé de la paroisse de Long.

224. — De gueules, à trois pals engrelés d'or.

225. — N... BONNET, prestre, curé de la paroisse de Francleu (Franleu).

225. — De gueules, à trois pals engrelés d'argent.

229. — Jean de LEGORGUE (Delegorgue), marchand drapier, bourgeois de la ville d'Abbeville.

229. — De sinople, à trois pals engrelés d'or.

230. — N... MARIVAUX, doyen de Longpré.

230. — De sinople, à trois pals engrelés d'argent.

235. — La communauté des *Notaires* royaux de la ville d'Abbeville.

235. — De sable, à trois pals engrelés d'or.

239. — N... du CHAUSSOY, curé de la paroisse de Saint-Paul d'Abbeville.

239. — De sable, à trois pals engrelés d'argent.

241. — Louis SANSON de Béquerel, chanoine du chapitre de Saint-Vulfran d'Abbeville.

241. — D'or, à trois fasses engrelées d'azur.

242. — Jaque HEQUET, marchand et bourgeois de la ville d'Abbeville.

242. — D'or, à trois faces engrelées de gueules.

243. — Nicolas HEQUET, marchand, bourgeois de la ville d'Abbeville.

243. — D'or, à trois faces engrelées de sinople.

244. — Antoine HEQUET, doyen du chapitre de Saint-Vulfran d'Abbeville.

244. — D'or, à trois faces engrelées de sable.

245. — Philippe CARDEL, bourgeois de la ville d'Abbeville.

245. — D'argent, à trois faces engrelées d'azur.

256. — Antoine LAVERNIER, marchand et bourgeois de la ville d'Abbeville.

256. — D'argent, à trois fasses engrelées de gueules.

257. — François OBRY, marchand et bourgeois de la ville d'Abbeville.

257. — D'argent, à trois faces engrelées de sinople.

262. — Jaque de CALONNE, chanoine du chapitre de Saint-Vulfran d'Abbeville.

262. — D'argent, à trois faces engrelée s de sable.

263. — La communauté des *Massons, Chaufouriers, Briquetiers, Charpentiers, Scieurs d'ais, Couvreurs, Plaqueurs, Menuisiers, Monteurs d'affuts* et *Chapeliers* de la ville d'Abbeville.

263. — D'azur, à trois fasses engrelées d'or.

265. — La communauté des *Perruquiers* de la ville d'Abbeville.

265. — D'azur, à trois faces engrelées d'argent.

266. — La communauté des *Marchands de vin* et *Brasseurs* de la ville d'Abbeville.

266. — De gueules, à trois faces engrelées d'or.

267. — N..., veuve de Jean du Vanel, marchand brasseur, et bourgeois de la ville d'Abbeville.	267. — De gueules, à trois fasses engrelées d'argent.
271. — Nº. Cet article n'est icy tiré que pour mémoire, attendu que c'est un curé à portion congrue, auquel l'argent a été rendu par ordonnance de M. l'intendant du...	
274. — Michel Hourdel, conseiller, procureur du roy au baillage de Cressy.	274. — De sinople, à trois fasses engrelées d'argent.
275. — Jean Calippe, antien notaire, et bourgeois de la ville d'Abbeville.	275. — De sable, à trois fasses engrelées d'or.
277. — Jean-Baptiste Le Prestre, curé de la paroisse de Doucat.	277. — De sable, à trois faces engrelées d'argent.
284. — Nicolas de Forceville, prestre, curé de la paroisse de Frenneville.	284. — D'or, à trois bandes engrelées d'azur.
285. — Philippe Renaut, prestre, curé de la paroisse de Saint-Aubin.	285. — D'or, à trois bandes engrelées de gueules.
286. — Claude Patte, bailly prévostal de Vuaben.	286. — D'or, à trois bandes engrelées de sinople.
290. — Jaques Hommasel, marchand, bourgeois de la ville d'Abbeville.	290. — D'or, à trois bandes engrelées de sable.
291. — N..., veuve de N... Bilhault, bourgeois de la ville d'Abbeville.	291. — D'argent, à trois bandes engrelées d'azur.
292. — François Raout (Raoult), sieur du Violier, bourgeois de la ville d'Abbeville.	292. — D'argent, à trois bandes engrelées de gueules.
293. — N..., veuve de N... Robart, marchand mercier à Abbeville.	293. — D'argent, à trois bandes engrelées de sinople.
294. — N..., veuve de François Gatte, marchand drapier à Abbeville.	294. — D'argent, à trois bandes engrelées de sable.

295. — Louis Lescarmoutier, controlleur au grenier à sel d'Abbeville.

295. — D'azur, à trois bandes engrelées d'or.

296. — Clément Huguet, docteur en médecine à Abbeville.

296. — D'azur, à trois bandes engrelées d'argent.

297. — Charle Relard, docteur en médecine à Abbeville.

297. — De gueules, à trois bandes engrelées d'or.

298. — N..., veuve de N... Fouque, antien mayeur d'Abbeville.

298. — De gueules, à trois bandes engrelées d'argent.

305. — Jaque Dacheu, prestre, curé de la paroisse d'Abbeville.

305. — De sinople, à trois bandes engrelées d'or.

306. — Nicolas Huchon, marchand, bourgeois de la ville d'Abbeville.

306. — De sinople, à trois bandes engrelées d'argent.

310. — François du Vannel, marchand brasseur à Abbeville.

310. — De sable, à trois bandes (engrelées d'or).

311. — Nicolas Meurier, marchand drapier à Abbeville.

311. — De sable, à trois bandes engrelées d'argent.

312. — Charle Roy, écuier, sieur de Camelun.

312. — D'or, à trois barres engrelées d'azur.

313. — N... Maillet, fille.

313. — D'or, à trois barres engrelées de gueules.

317. — Nicolas Gatte, marchand, bourgeois de la ville d'Abbeville.

317. — D'or, à trois barres engrelées de sinople.

318. — N..., veuve d'Alexandre Despréaux, marchand drapier à Abbeville.

318. — D'or, à trois barres engrelées de sable.

319. — Charle Aliamet, marchand mercier à Abbeville.

319. — D'argent, à trois barres engrelées d'azur.

323. — N..., veuve de Jean Gasse, commissaire général de la maréchaussée de Picardie.

323. — D'argent, à trois barres engrelées de gueules.

824 (324). — Charle du Pont, prestre, curé du Châtel-Abbeville.

824 (324). — D'argent, à trois barres engrelées de sinople.

825 (325). — Jean du Pont, bourgeois de la ville d'Abbeville.

825 (325). — D'argent, à trois barres engrelées de sable.

326. — Nicolas VUARRE, marchand, bourgeois de la ville d'Abbeville.

326. — D'azur, à trois barres engrelées d'or.

327. — Gabriel DAILLY, marchand, bourgeois de la ville d'Abbeville.

327. — D'azur, à trois barres engrelées d'argent.

329. — Etienne VUARRE, marchand, bourgeois de la ville d'Abbeville.

329. — De gueules, à trois barres engrelées d'or.

331. — Louis LESNEL, marchand, bourgeois de la ville d'Abbeville.

331. — De gueules, à trois barres engrelées d'argent.

332. — François PIGNIER, le jeune, marchand, bourgeois de la ville d'Abbeville.

332. — De sinople, à trois barres engrelées d'or.

333. — Josse DU MARC, marchand, bourgeois de la ville d'Abbeville.

333. — De sinople, à trois barres engrelées d'argent.

334. — Françoise POULLIER, veuve de Nicolas MICHAU, bourgeois de la ville d'Abbeville.

334. — De sable, à trois barres engrelées d'or.

336. — Nicolas HUQUET, marchand, bourgeois de la ville d'Abbeville.

336. — De sable, à trois barres engrelées d'argent.

337. — Noël GAMBAR, marchand, bourgeois d'Abbeville.

337. — D'or, à trois chevrons engrelez d'azur.

339. — Robert MAILLET, marchand, bourgeois de la ville d'Abbeville.

339. — D'or, à trois chevrons engrelez de gueules.

341. — Pierre FROISSARD, marchand, bourgeois de la ville d'Abbeville.

341. — D'or, à trois chevrons engrelez de sinople.

343. — N... ALIAMET, marchand, bourgeois de la ville d'Abbeville.

343. — D'or, à trois chevrons engrelez de sable.

345. — N..., veuve de N... BEAUVARLET, bourgeois d'Abbeville.

345. — D'argent, à trois chevrons engrelez d'azur.

346. — Charlemagne LEFEBVRE, marchand, bourgeois de la ville d'Abbeville.

346. — D'argent, à trois chevrons engrelez de gueules.

347. — Adrien LE VILLARD, marchand, bourgeois de la ville d'Abbeville.

347. — D'argent, à trois chevrons engreslés de sinople.

348. — Nicolas ALIAMET, notaire royal à Abbeville.

348. — D'argent, à trois chevrons engreslés de sable.

350. — Louis BUTTEUX, marchand, bourgeois de la ville d'Abbeville.

350. — D'azur, à trois chevrons engreslés d'or.

353. — N... de GRIBEMESNIL (Guibermesnil), fille.

353. — D'azur, à trois chevrons engreslés d'argent.

355. — Jean DU MONT, notaire royal à Abbeville.

355. — De gueules, à trois chevrons engreslés d'or.

356. — Guillaume SANDRAP, marchand drapier à Abbeville.

356. — De gueules, à trois chevrons en greslés d'argent.

357. — N..., veuve d'Antoine ROULLET, bourgeois de la ville d'Abbeville.

357. — De sinople, à trois chevrons engreslez d'or.

358. — Jaque Charle de CAILLY, marchand, bourgeois de la ville d'Abbeville.

358. — De sinople, à trois chevrons engreslez d'argent.

359. — N... VALLORIS, fille majeure, bourgeoise d'Abbeville.

359. — De sable, à trois chevrons engreslez d'or.

360. — Jean VAUQUET, marchand, bourgeois de la ville d'Abbeville.

360. — De sable, à trois chevrons engreslés d'argent.

361. — La communauté des *Paticiers* non mesureurs de la ville d'Abbeville.

361. — D'or, à un pal cannelé d'azur.

364. — N..., veuve de Gabriel FUZILLIER, bourgeois de la ville d'Abbeville.

364. — D'or, à un pal cannelé de gueules.

365. — N..., veuve de N... LANDRIEUX, bourgeois de la ville d'Abbeville.

365. — D'or, à un pal cannelé de sinople.

366. — N..., veuve de N... DAZIE (d'Azie), bourgeois de la ville d'Abbeville.

366. — D'or, à un pal cannelé de sable.

367. — La communauté des *Chapelains* de *Saint-Jean Desprez* (des Prés) d'Abbeville.

367. — D'argent, à un pal cannelé d'azur.

369. — Charles de GRICOURT, maître chirurgien à Abbeville.

369. — D'argent, à un pal cannelé de gueules.

370. — La communauté des *Chirurgiens* de la ville d'Abbeville.

370. — D'argent, à un pal cannelé de sinople.

371. — Jean MATHIEU, maître des carosses d'Abbeville.

371. — D'argent, à un pal cannelé de sable.

373. — Charle DU FLOS, marchand, bourgeois de la ville d'Abbeville.

373. — D'azur, à un pal cannelé d'or.

374. — Paul BEAUVARLET, marchand, bourgeois de la ville d'Abbeville.

374. — D'azur, à un pal cannelé d'argent.

375. — N..., veuve de N... HAUTTE, marchand, bourgeois de la ville d'Abbeville.

375. — De gueules, à un pal cannelé d'or.

376. — La communauté des *Mesureurs de grains* de la ville d'Abbeville.

376. — De gueules, à un pal cannelé d'argent.

377. — Jaque DU FLOS, marchand, bourgeois de la ville d'Abbeville.

377. — De sinople, à un pal cannelé d'or.

379. — Jean de TUNE, maître chirurgien à Abbeville.

379. — De sinople, à un pal cannelé d'argent.

380. — Charlotte LE FEBURE, femme de Hugues D'AULT, écuier, sieur du Minil.

380. — De sable, à un pal cannelé d'or.

381. — Marguerritte de MOUTTY, femme de N... LERMINIER, magistrat de la ville d'Abbeville.

381. — De sable, à un pal cannelé d'argent.

382. — Dominique de GUEVAUVILLERS (Quevauvilliers), marchand, bourgeois de la ville d'Abbeville.

382. — D'or, à une fasse cannelée d'azur.

386. — La communauté des *Laboureurs*, *Charons*, *Maréchaux*, *Éperonniers*, *Selliers* et *Violons* de la ville d'Abbeville.

386. — D'or, à une fasse cannelée de gueules.

391. — La communauté des *Orfévres*, *(H)Orlogeurs*, *Graveurs en cachets* et *Graveurs en taille douce* de la ville d'Abbeville.

391. — D'or, à une fasse cannelée de sinople.

392. — Barbe Caurois, fille majeure, bourgeoise d'Abbeville.

392. — D'or, à une fasse cannelée de sable.

393. — Claude du Bourguier, bourgeois de la ville d'Abbeville.

393. — D'argent, à une fasse cannelée d'azur.

396. — N... Sifflet, prestre, curé d'Ayron-Notre-Dame.

396. — D'argent, à une fasse cannelée de gueules.

401. — Augustin Vallet, prestre, curé de la paroisse de Pontdormy.

401. — D'argent, à une fasse cannelée de sinople.

403. — Pierre d'Amiens, prestre, curé de la paroisse de Pandé.

403. — D'argent, à une fasse cannelée de sable.

405. — Antoine Delgorge (Delegorgue), marchand, bourgeois de la ville d'Abbeville.

405. — D'azur, à une fasse cannelée d'or.

406. — Charle Grignon, prestre, curé de la paroisse de Saint-Gilles.

406. — D'azur, à une fasse cannelée d'argent.

408. — Jean du Mannay, prestre, chanoine et trésorier de l'église Saint-Vulfran d'Abbeville.

408. — De gueules, à une fasse cannelée d'or.

409. — Nicolas Pichon, prestre, curé de la paroisse de Coullonvillier.

409. — De gueules, à une fasse cannelée d'argent.

410. — Louis Dergnies, greffier au baillage de Cressy.

410. — De sinople, à une fasse cannelée d'or.

411. — N... Prache, curé de la paroisse de Saint-Jean-lez-Brocourt.

411. — De sinople, à une fasse cannelée d'argent.

412. — N... Bigot, bailly prévostal de Rue.

412. — De sable, à une fasse cannelée d'or.

Fait par nous à Paris le 20e jour du mois de décembre de l'an 1701.

Signé : d'Hozier.

RÉCAPITULATION

AMIENS

Armoiries des			livres.	livres.	
Personnes	359	à	20	7180	
Communautez	40	à	50	2000	
Ville	1	à		50	
Corps	1	à		50	
Abayes	2	à	50	100	9605
Prieurez	4	à	25	100	
Chapitres	2	à	25	50	
Couvens	2	à	25	50	
Prevosté	1	à		25	

ABBEVILLE

Personnes	94	à	20	1880	2130
Communautez	10	à	25	250	
	516 armoiries.				11735 livres.

Total : unze mil sept cens trente et cinq livres et les deux sols pour livre.

Présenté par ledit Vanier, etc. (voyez page 178).

Fait à Paris ce 17e jour de juin 1701.

Signé : Accault et de Larroc.

Les commissaires généraux députez, etc. (voyez page 179);

Veu par nous l'état cy-dessus, nostre ordonnance préparatoire du 16 décembre 1701,..... l'avis du sieur d'Hozier du 20 décembre 1701.....

Nous commissaires susdits en vertu du pouvoir, etc. (voir page 179).

Fait en l'assemblée desdits sieurs commissaires tenue à Paris le 13e janvier 1702.

Signé : Sendras.

Nous soussignez intéressez, etc. (voir page 139).

Fait à Paris le 10 février 1702.

Signé : Carqueville.

ÉTAT DES NOMS ET QUALITEZ DES PERSONNES, ETC. (voyez page 180).

GÉNÉRALITÉ D'AMIENS

AMIENS

SUIVANT L'ORDRE DU REGISTRE Ier DE L'ÉTAT DU 9 JUILLET 1701

Veu par nous Charles d'Hozier, etc., et l'ordonnance donnée en conséquence le 13e jour du mois de décembre de l'an 1703, etc. (voir page 143).

563. — Pierre MICHEL, marchand, bourgeois de la ville d'Amiens.

563. — D'or, party d'azur, à deux treffles posez en fasse l'un sur (en) l'autre.

808. — Antoine BOURSE, bailli roial en la prévosté d'Ayraine(s).

808. — D'or, à une fasse de gueules, chargée d'un treffle d'argent.

874. — Marie de HOLLANDE, femme de Pantaléon PINGRÉ, écuier, sieur de Fricamp(s).

874. — D'or, coupé de sinople à deux treffles posez en pal de l'un en l'autre.

891. — Jeanne CLEREMIN, femme de N... de SACHY, conseiller du roy, président trésorier de France au bureau des finances de la généralité d'Amiens.

891. — D'or, à un pal de sable, chargé d'un treffle d'argent.

DE L'ÉTAT DU.... 170..

895. — N..., prestre, curé de la paroisse de *Fromeris* (Formerie?).

895. — D'argent, taillé d'azur, à deux treffles posez en pal de l'un en l'autre.

896. — André Le Fort, greffier au grenier à sel de Grandvillers.

896. — D'argent, à une bande de gueules, chargée d'un treffle d'or.

897. — N... de Gaumer de Quevauville(rs).

897. — D'argent, tranché de sinople, à deux treffles posez en pal de l'un en l'autre.

898. — Marie de Louvencourt, femme de N... Perdu d'Obvillers (Aubvillers), contrôleur au bureau des finances de la généralité d'Amiens.

898. — D'argent, à une barre de sable chargée d'un treffle d'or.

899. — Charlotte Daguesseau (d'Aguesseau), femme de N... de Court, contrôleur au bureau des finances de la généralité d'Amiens.

899. — D'azur, party d'or, à deux cœurs posez en fasse de l'un en l'autre.

900. — La communauté des religieux de l'Abbaye du *Gard*.

900. — D'azur, à une fasse d'argent chargée d'un cœur de gueules.

901. — N..., prêtre, curé de la paroisse de *Blargies*.

901. — De gueules coupées d'or, à deux cœurs, posez en pal de l'un en l'autre.

902. — N..., prêtre, curé de la paroisse de *la Chaussée* prez Pecquigny.

902. — De gueules, à un pal d'argent, chargé d'un cœur d'azur.

903. — N..., prêtre, curé de la paroisse de *Grandvillers*.

903. — De sinople, taillé d'or, à deux cœurs posez en pal de l'un en l'autre.

904. — N... de Baudreuil de Molliens.

904. — De sinople, à une bande d'argent, chargé d'un cœur de sable.

905. — N..., prêtre, curé de la paroisse de *Sarnoy* (Sarnois).

905. — De sable tranché d'or, à deux cœurs posez en pal de l'un en l'autre.

906. — Ignace Ricard du Rozel.

906. — De sable, à une barre d'argent, chargée d'un cœur de sinople.

907. — François Lattagnan, procureur à Amiens.

907. — D'azur, à une licorne d'argent.

908. — Elizabeth Gorguette, femme de N... de Fraucourt (Friaucourt).

908. — De gueules, à un flambeau d'argent.

909. — N..., prêtre, curé de la paroisse de *Thezy-Glimont*.

909. — D'or, party d'azur, à deux rustres, posez en fasse de l'un en l'autre.

910. — Feue Marie SIMON, dame de Brosses.

910. — D'or, à une fasse de gueules, chargée d'un rustre d'argent.

911. — Le prieuré de *Saint-Pierre* à Gouy.

911. — D'or, coupé de sinople, à deux rustres posez en pal de l'un en l'autre.

912. — N... THÉRON, prêtre, curé de la paroisse d'Aoust.

912. — D'or, à un pal de sable, chargé d'un rustre d'argent.

913. — N... SAGNIER, receveur de Sesseval (Saisseval).

913. — D'argent, taillé d'azur à deux rustres posez en pal de l'un en l'autre.

914. — N... de SESSEVAL (Saisseval) de Flers.

914. — D'argent, à une bande de gueules chargée d'un rustre d'or.

915. — La commanderie de *Sommereux*.

915. — D'argent tranché de sinople, à deux rustres posez en pal de l'un en l'autre.

916. — N... de MENIÈRE de Warlu(s).

916. — D'argent, à une barre de sable, chargé d'un rustre d'or.

917. — François BACQUET, receveur d'Hocquincourt.

917. — D'azur, party d'or, à deux étoiles posez en fasse de l'un en l'autre.

918. — N... de la TOUR-DE-NEUVILLE-AU-BOIS.

918. — D'azur, à une fasse d'argent chargée d'une étoile de gueules.

919. — N... de TEUFLES (Tœufles).

919. — De gueules coupé d'or, à deux étoiles posez en pal de l'un en l'autre

920. — Rachel de BOUBERT (Boubers), demoiselle.

920. — De gueules, à un pal d'argent, chargé d'une étoile d'azur.

PÉRONNE

SUIVANT L'ORDRE DU REGISTRE Ier

117. — Marc-Antoine COUSIN, prestre, chanoine régulier de Saint-Augustin de la Congrégation de France, prieur curé de la paroisse de Saint-Quentin-en-l'Eaue, faubourg de Péronne.

117. — De sinople, taillé d'or, à deux étoiles posez en pal de l'un en l'autre.

118. — Gilbert YVERNEL, conseiller du roy, receveur au grenier à sel de Noyon et Péronne, intéressé dans les affaires de Sa Majesté et receveur des armoiries en l'élection de Péronne.

118. — De sable, à une bande d'argent, chargée d'une étoile de sable.

119. — Jaque PEZÉ D'AGLINCOURT, conseiller du roy, assesseur éleu en l'élection de Péronne.

119. — De sable, tranché d'or, à deux étoiles posées en pal de l'un en l'autre.

120. — Jaque L'ESCUYER, conseiller du roy, éleu en l'élection de Péronne.

120. — De sable, à une barre d'argent, chargée d'une étoile.

121. — Margueritte DES JARDINS, fille majeure.

121. — D'or, party d'azur, à deux lozanges posez en fasse de l'un en l'autre.

122. — Étienne de VILLERS, conseiller du roy au baillage de Péronne.

122. — D'or, à une fasse de gueules, chargée d'une lozange d'argent.

123. — Jaque de JENLIS, chanoine de l'église royale de Saint-Fursy de Péronne.

123. — D'or, coupé de sinople à deux lozanges posées en pal de l'un en l'autre.

124. — Jean VICALET, conseiller et procureur du roy de la ville et communauté de Péronne.

124. — D'or, à un pal de sable, chargé d'une lozange d'argent.

125. — Pierre HUET, conseiller du roy, substitut de ses avocat et procureur aux siéges royaux de Péronne, adjoint aux enquestes, notaire royal et apostolique audit lieu.

125. — D'argent, taillé d'azur, à deux lozanges posées en pal, de l'un en l'autre.

126. — Jean TATEGRAIN, greffier de la ville et communauté de Péronne.

126. — D'argent, à une bande de gueules, chargé d'une lozange d'or.

127. — Paul VIELLE, bourgeois de la ville de Péronne, cy-devant commissaire examinateur en l'élection de ladite ville.

127. — D'argent, tranché de sinople, à deux lozanges posées en pal de l'un en l'autre.

128. — Louis-François d'ALEQUES, sieur de Famechon, ayde-major du faubourg de Bretagne de Péronne.

128. — D'argent, à une barre de sable, chargée d'une lozange d'or.

129. — Charles VINCHON, conseiller du roy, éleu en l'élection de Péronne.

129. — D'azur, party d'or, à deux croissans posez en fasse de l'un en l'autre.

130. — Jean TICQUET (Ticquette), avocat en parlement et aux siéges royaux de Péronne.

130. — D'azur, à une fasse d'argent, chargée d'un croissant de gueules.

131. — Eléonore EUDEL, veuve de Charles FOURNIER, bourgeois de la ville de Péronne.

131. — De gueules, coupé d'or, à deux croissans posez en pal de l'un en l'autre.

132. — Charles MERLEUX, avocat en parlement et aux siéges royaux de la ville de Péronne.

132. — De gueules, à un pal d'argent, chargé d'un croissant d'azur.

133. — François AUBERLIQUE, fils, bourgeois de la ville de Péronne.

133. — De sinople, taillé d'or, à deux croissans posez en pal de l'un en l'autre.

134. — Robert BOUTTEVILLE, avocat en parlement et aux siéges royaux de Péronne.

134. — De sinople, à une bande d'argent chargée d'un croissant de sable.

135. — Charles RABACHE DE FRÉVILLE, bourgeois de la ville de Péronne.

135. — De sable, tranché d'or, à deux croissans posez en pal de l'un en l'autre.

136. — Elizabeth de VILLERS, veuve de Charles VAILLANT, conseiller du roy, éleu en l'élection de Péronne.

136. — De sable, à une barre d'argent, chargée d'un croissant de sinople.

137. — Claude-Louis LE CARON, prêtre, chapelain de l'église royalle de Saint-Fursy, et curé de l'hôtel-Dieu de Péronne.

137. — D'or, party d'azur, à deux billettes posez en fasse de l'un en l'autre.

138. — La communauté des *Chapelains* de l'église roiale de *Saint-Fursy* de Péronne.

138. — D'or, à un chef d'azur, chargé d'une molette d'argent.

139. — François BOUTTEVILLE, chapelain de l'église royalle et collégialle de Saint-Fursy de Péronne.

139. — D'or, à une fasse écartelée de gueules et d'argent.

140. — Jean-Romain BOUTTEVILLE, chanoine de Saint-Léger, aggrégé à Saint-Fursy de Péronne.

140. — D'or, à un pal de sinople, chargé d'une croisette d'argent.

141. — La communauté des maîtres *Taillandiers* et *Vitriers* de la ville de Péronne.

141. — D'or, à une bande de sable, chargée d'une merlette d'argent.

142. — La communauté des maîtres *Boulangers* de la ville de Péronne.

142. — D'argent, à une barre d'azur, chargée d'une macle d'or.

143. — La communauté des maîtres *Serruriers* de la ville de Péronne.

143. — D'argent, à un chevron de gueules, chargé de deux billettes d'or.

144. — La communauté des maîtres *Tailleurs* de la ville de Péronne.

144. — D'argent, à une croix de sinople, chargée en cœur d'un annelet d'or.

145. — La communauté des maîtres *Menuisiers* de la ville de Péronne.

145. — D'argent, à un sautoir palé de six pièces de sable et d'or.

146. — Louis Goyel, chanoine de Saint-Léger, aggrégé à l'église roialle et collégialle de Saint-Fursy de Péronne.

146. — D'azur, à une fasse d'or, chargée d'une molette de gueules.

147. — Fursy Laffite, chanoine de l'église roiale et collégialle de Saint-Fursy de Péronne.

147. — D'azur, à un pal écartelé d'argent et de gueules.

148. — La communauté des maîtres *Couvreurs* de la ville de Péronne.

148. — De gueules, à une bande d'or, chargée d'une croisette d'azur.

149. — La communauté des maîtres *Orphèvres*, *Chaudronniers* et *Chapeliers* de la ville de Péronne.

149. — De gueules, à une barre d'argent, chargée d'une merlette d'azur.

150. — Charles Wargnier, greffier de l'élection de Péronne.

150. — De sinople, à un chevron d'or, chargé à la pointe d'une macle de sable.

151. — La communauté des maîtres *Bouchers* de la ville de Péronne.

151. — De sinople, à une croix d'argent, chargée de cinq billettes de sable.

152. — La communauté des maîtres *Manneliers* et *Tourneurs* de la ville de Péronne.

152. — De sable, à un sautoir d'or, chargé en cœur d'un annelet de sinople.

153. — La communauté des maîtres *Bourliers*, *Selliers* et *Gantiers* de la ville de Péronne.

153. — De sable, à un chef bandé d'argent et de sinople de six pièces.

154. — La communauté des *Poissonniers* d'eau douce de la ville de Péronne.

154. — D'or, à un pal d'azur, chargée d'une molette d'argent.

155. — La communauté des *Hosteliers* et *Cabaretiers* de la ville de Péronne.

155. — D'or, à une bande écartelée de gueules et d'argent.

156. — Claude de Montigny, conseiller du roy, assesseur en l'hôtel de ville de Péronne.

156. — D'or, à une barre de sinople, chargée d'une croisette d'argent.

157. — La communauté des maîtres *Musquiniers* et *Tisserans* de la ville de Péronne.

157. — D'or, à un chevron de sable, chargé en pointe d'une merlette d'argent.

158. — La communauté des maîtres *Cuisiniers*, *Pâtissiers* et *Rôtisseurs* de la ville de Péronne.

158. — D'argent, à une croix d'azur, chargée en cœur d'une macle d'or.

159. — N... d'Osselin, commissaire ordinaire de l'artillerie à Péronne.

159. — D'argent, à un sautoir de gueules, chargé de cinq billettes d'or.

160. — La communauté des maîtres *Cordonniers* de la ville de Péronne.

160. — D'argent, à un chef de sinople, chargé d'un annelet d'or.

161. — La communauté des maîtres *Maréchaux* et *Charrons* de la ville de Péronne.

161. — D'argent, à une fasse bandée de sable et d'or de six pièces.

162. — La communauté des maîtres *Charpentiers*, *Cordiers* et *Savetiers* de la ville de Péronne.

162. — D'azur, à une bande d'or, chargée d'une molette de gueules.

163. — Antoinette Lescuyer, veuve de Jean Tiquet (Ticquette), bourgeois de la ville de Péronne.

163. — D'azur, à une barre écartelée d'argent et de gueules.

164. — Simon Begard, greffier de la maréchaussée de Péronne.

164. — De gueules, à un chevron d'or, chargé en pointe d'une croisette d'azur.

165. — Robert Lescart, chanoine de l'église royale et collégiale de Saint-Fursy de Péronne.

165. — De gueules, à une croix d'argent, chargée en cœur d'une merlette d'azur.

166. — Robert Caron, chanoine de l'église roiale et collégialle de Saint-Fursy de Péronne.

166. — De sinople, à un sautoir d'or, chargé en cœur d'une macle de sable.

167. — Pierre Prévost, marchand, bourgeois de la ville de Péronne.

167. — De sinople, à un chef d'argent, chargé de trois billettes de sable.

168. — Ambroise Cottin, chanoine de l'église roialle et collégiale de Saint-Fursy de Péronne.

168. — De sable, à une fasse d'or, chargée d'un annelet de sinople.

169. — Charles Le Leu, chanoine de l'église royalle et collégialle de Saint-Fursy de Péronne.

169. — De sable, à un pal bandé d'argent et de sinople, de six pièces.

170. — François Postel, conseiller du roy, vérifficateur des deffauts de la ville de Péronne.

170. — D'or, à une barre d'azur, chargée d'une molette d'argent.

171. — François Testart, médecin à Péronne.

171. — D'or, à un chevron écartelé de gueules et d'argent.

172. — Didier Rabache, conseiller du roy, éleu en l'élection de Péronne.

172. — D'or, à une croix de sinople, chargée d'une croisette d'argent.

173. — Remy le Breton, chanoine de Saint-Léger et aggrégé à l'église royalle et collégialle de Saint-Fursy de Péronne.

173. — D'or, à un sautoir de sable, chargé en cœur d'une merlette d'argent.

174. — Claude de Taillevis (Tailleris), aide-major et capitaine des portes de la ville de Péronne.

174. — D'argent, à un chef d'azur, chargé d'une macle d'or.

175. — Catherine Scorion, fille majeure.

175. — D'argent, à une fasse de gueules, chargée de trois billettes d'or.

176. — Martin du Fresnoy, conseiller du roy, receveur des tailles de l'élection de Péronne.

176. — D'argent, à un pal de sinople, chargé d'un annelet d'or.

177. — Guillaume Quenu, chanoine de l'église royalle et collégialle de Saint-Fursy de Péronne.

177. — D'argent, à une bande palée de sable et d'or de six pièces.

178. — Henry DE LA RUE, chanoine de l'église royalle et collégialle de Saint-Fursy de Péronne.

178. — D'azur, à un chevron d'or, chargé d'une molette de gueules.

179. — Louis LESCUIER, chanoine de l'église royalle et collégialle de Saint-Fursy de Péronne.

179. — D'azur, à une croix écartelée d'argent et de gueules.

180. — Guillain MASSE, chanoine de l'église royalle et collégialle de Saint-Fursy de Péronne.

180. — De gueules, à un sautoir d'or, chargé en cœur d'une croisette d'azur.

181. — Pierre GUILLEMONT, prêtre, curé de la paroisse de Bussu.

181. — De gueules, à un chef d'argen chargé d'une merlette d'azur.

182. — Michel HUTELIER, chanoine de l'église roialle et collégialle de Saint-Fursy de Péronne.

182. — De sinople, à une fasse d'or, chargée d'une macle de sable.

183. — La communauté des maîtres *Chirurgiens* de la ville de Péronne.

183. — De sinople, à un pal d'argent, chargé de trois billettes de sable.

184. — Fursy DOURNEL, avocat en parlement et aux siéges royaux de Péronne.

184. — De sable, à une bande d'or, chargée d'un annelet de sinople.

185. — Jean VAILLANT, sieur de Boissel, bourgeois de la ville de Péronne.

185. — De sable, à une barre palée d'argent et de sinople de six pièces.

186. — Le corps des officiers de l'élection de la ville de *Péronne.*

186. — D'or, à une croix d'azur, chargée d'une molette d'argent.

187. — Laurent de SERRE, prêtre, curé de la paroisse de Comble.

187. — D'or, à un sautoir écartelé de gueules et d'argent.

188. — François CARON, prêtre, curé de la paroisse de Berleux.

188. — D'or, à un chef de sinople, chargé d'une croisette d'argent.

189. — Françoise HÉMARD, veuve de Jean BEDU, conseiller et procureur du roy en l'élection de Péronne.

189. — D'or, à une fasse de sable, chargée d'une merlette d'argent.

190. — Denis ESMERY, chanoine de l'église roiale et collégialle de Saint-Fursy de Péronne.

190. — D'argent, à un pal d'azur, charg d'une macle d'or.

191. — La communauté des maîtres *Massons* de la ville de Péronne.

191. — D'argent, à une bande de gueules chargée de trois billettes d'or.

192. — Louis COLOMBEL, bourgeois de la ville de Péronne.

192. — D'argent, à une bande de sinople, chargée d'un annelet d'or.

193. — Geneviève de L'EVESQUE, femme de Louis de LA PORTE, écuier, commissaire provincial de l'artillerie de France à la résidence de Péronne.

193. — D'argent, à un chevron fassé de sable et d'or de six pièces.

194. — François Abraham HUET, chanoine en l'église royalle et collégialle de Saint-Fursy de Péronne.

194. — D'azur, à un sautoir d'or, chargé d'une molette de gueules.

195. — Philippe GERMAIN, prêtre, curé de la paroisse de Flécourt.

195. — D'azur, à un chef écartelé d'argent et de gueules.

196. — La communauté des maîtres *Brasseurs* de la ville de Péronne.

196. — De gueules, à une fasse d'or, chargée d'une croisette d'azur.

197. — Nicolas VINCHON, notaire et procureur aux siéges de Péronne.

197. — De gueules, à un pal d'argent, chargé d'une merlette d'azur.

198. — Guillain NEPVEUX, prêtre, chanoine de l'église royalle et collégialle de Saint-Fursy de Péronne.

198. — De sinople, à une bande d'or, chargée d'une macle de sable.

199. — Marie LE LEU, veuve de Claude DU CROS, marchand, bourgeois de la ville de Péronne.

199. — De sinople, à une barre d'argent, chargée de trois billettes de sable.

200. — François MARTINE, cy-devant contrôleur des exploits à Péronne.

200. — De sable, à un chevron d'or, chargé d'un annelet de sinople.

201. — Jaque GERAULT, notaire royal et procureur aux siéges de Péronne.

201. — De sable, à une croix échiquetée d'argent et de sinople.

202. — Madeleine BONNIET, fille majeure.

202. — D'or, à un ancre d'azur.

203. — Jean REYNARD, écuier, sieur de Bussy.

203. — D'or, à un chef de gueules, chargé d'une molette d'argent.

204. — Clément Le Noir, résident à Feuillère.

204. — D'or, à une fasse écartelée de sinople et d'argent.

205. — Toussaint Marquant, prêtre, curé de la paroisse de Lieramont.

205. — D'or, à un pal de sable, chargé d'une croisette d'argent.

206. — Denis Flourt, prêtre, curé de la paroisse de Dompierre.

206. — D'argent, à une bande d'azur, chargée d'une merlette d'or.

207. — Simon Chevrin, prêtre, curé de Longavenne, Guiencourt et Saucourt.

207. — D'argent, à une barre de gueules, chargée d'une macle d'or.

208. — Henry Regnard, prêtre, curé de Fay et Asseville.

208. — D'argent, à un chevron de sinople, chargé de deux billettes d'or.

209. — Adrien Soyer, prêtre, curé de Deviecourt et Estrées.

209. — D'argent, à une croix de sable, chargée en cœur d'un annelet d'or.

210. — François Esnaust, prêtre, prieur, curé de la paroisse de Fincourt.

210. — D'azur, à un sautoir palé d'or et de gueules de six pièces.

211. — N... de Cellemaud-Herville, fille majeure.

211. — D'azur, à une fasse d'argent, chargée d'une molette de gueules.

212. — N... Guyot, prêtre, curé de la paroisse de Hamerville.

212. — De gueules, à un pal écartelé d'or et d'azur.

213. — Antoine Hurier, prêtre, curé de Roussy et Templeux-le-Guerard.

213. — De gueules, à une bande d'argent, chargée d'une croisette d'azur.

214. — Marie-Anne de La Simonne, femme de Jean de Grimberg, chevalier, seigneur de Torcy.

214. — De sinople, à une barre d'or, chargée d'une merlette de sable.

215. — Honoré Heduin, prêtre, curé de la paroisse de Matigny.

215. — De sinople, à un chevron d'argent, chargé en pointe d'une macle de sable.

216. — N... Billon, prêtre, curé de Bucourt et Feuillère.

216. — De sable, à une croix d'or, chargée de cinq billettes de sinople.

217. — La communauté des *Tanneurs* et *Tonneliers* de la ville de Péronne.

217. — De sable, à un sautoir d'argent, chargé en cœur d'un annelet de sinople.

218. — Marie de PATERNAY (Parthenay), femme de N... de Race de (FONTAINE de) Chuignolle.

218. — D'or, à un pal de gueules, chargé d'une molette d'argent.

219. — Charles LE FÈVRE, prêtre, curé de la paroisse de Chuignolle.

219. — D'or, à un pal de gueules, chargé d'une molette d'argent.

220. — Philippe DESMARDEAUX, prestre, curé de Curlu et Furgny.

220. — D'or, à une bande écartelée de sinople et d'argent.

221. — Paul BERNARD, prêtre, prieur de Dohem.

221. — D'or, à une barre de sable, chargée d'une croisette d'argent.

222. — Pierre BRUSLÉ, prêtre, curé de la paroisse de Cartigny.

222. — D'argent, à un chevron d'azur, chargé en pointe d'une merlette d'or.

223. — Pierre HEUDIART, prêtre, curé de la paroisse de Cappy.

223. — D'argent, à une croix de gueules, chargée en cœur d'une macle d'or.

224. — Florent CARON, prestre, curé de la paroisse de Hattencourt.

224. — D'argent, à un sautoir de sinople, chargé de cinq billettes d'or.

225. — Alexis THUROTTE, prêtre, curé de la paroisse de Quivière.

225. — D'argent, à un chef de sable, chargé d'un annelet d'or.

226. — Jean FOUGERET, visiteur des traites foraines à Péronne.

226. — D'azur, à une fasse bandée d'or et de gueules de six pièces.

227. — Marie VARANGUIEN, prêtre, curé de la paroisse de Bray.

227. — D'azur, à une bande d'argent, chargée d'une molette de gueules.

228. — Jean MASSON, conseiller du roy, commissaire aux reveues de la ville de Bray.

228. — De gueules, à une barre écartelée d'or et d'azur.

229. — La communauté des maîtres *Apotiquaires* et *Perruquiers* de la ville de Péronne.

229. — De gueules, à un chevron d'argent, chargé à la pointe d'une croisette d'azur.

230. — N... DALONGEVILLE, prêtre, curé de la paroisse de Proyart.

230. — De sinople, à une croix d'or, chargée en cœur d'une merlette de sable.

231. — Vaast BONNAY, prêtre, curé de la paroisse de Méricourt-sur-Somme.

231. — De sinople, à un sautoir d'argent, chargé en cœur d'une macle de sable.

232. — Nicolas MOMIL, prêtre, curé de la paroisse Saint-Pierre-d'Alenne.

232. — De sable, à un chef d'or, chargé de trois billettes de sinople.

233. — François-Joseph Chappé, contrôleur au bureau des fermes du roy à Bray.

233. — De sable, à une fasse d'argent chargée d'un annelet de sinople.

234. — Charle Torchon, prêtre, curé de la paroisse de Fresne et Mazencourt.

234. — D'or, à un pal bandé d'azur et d'argent de six pièces.

235. — Gilles Wilbert, prêtre, curé de la paroisse de Notre-Dame de Villers-Faucon.

235. — D'or, à une barre de gueules, chargée d'une molette d'argent.

236. — Sebastien Poupart, prêtre, curé de l'église Saint-Pierre de Mons en Canchie.

236. — D'or, à un chevron, écartelé de sinople et d'argent.

237. — Jean Roquet, prêtre, curé de l'église de Saint-Martin de Belloy.

237. — D'or, à une croix de sable, chargée en cœur d'une croisette d'argent.

238. — François Quignon, prêtre, curé de Saint-Remy de Portain.

238. — D'argent, à un sautoir d'azur, chargé en cœur d'une merlette d'or.

239. — Simon Bernard, bourgeois et maître de la poste à Herbonnière.

239. — D'argent, à un chef de gueules, chargé d'une macle d'or.

240. — Henry Fournet, prêtre, curé de la paroisse de Faucocourt.

240. — D'argent, à une fasse de sinople, chargée de trois billettes d'or.

241. — Simon Bernard, notaire royal à Herbonnière.

241. — D'argent, à un pal de sable, chargé d'un annelet d'or.

242. — Gabriel de Ham, chanoine de Saint-Léger, aggregé à l'église royalle et collégiale de Saint-Fursy de Péronne.

242. — D'azur, à une bande palée d'or et de gueules de six pièces.

243. — Nicolas de Lisle (l'Isle), prêtre et prieur de Vraine.

243. — D'azur, à un chevron d'argent, chargé d'une molette de gueules.

244. — Jean Baclez, prêtre, curé de la paroisse de Herbonnière.

244. — De gueules, à une croix écartelée d'or et d'azur.

245. — Jacques Bigorgne, prêtre, curé de la paroisse de Herleville.

245. — De gueules, à un sautoir d'argent, chargé en cœur d'une croisette d'azur.

246. — Martin Goret, prêtre, curé de la paroisse de Lihons.

246. — De sinople, à un chef d'or, chargé d'une merlette de sable.

248. — N... de BERLANCOURT, prêtre, curé de la paroisse de Croix et Hy (Huy).

248. — De sinople, à une fasse d'argent, chargée d'une macle de sable.

249. — N... de SAINT FRÉJUS DE MONTCHOISY, demeurant à Herbonnière.

249. — De sable, à un pal d'or, chargé de trois billettes de sinople.

250. — Antoine BERTHE, prêtre, curé de la paroisse de Misery.

250. — De sable, à une bande d'argent, chargée d'un annelet de sinople.

251. — N... DU CASTEL, prêtre, curé de la paroisse de Manencourt.

251. — D'or, à une barre pallée d'azur et d'argent de six pièces.

252. — Françoise D'ESTRU, veuve de N... de CUIRY, garde du corps du roy.

252. — D'or, à une croix de gueules, chargée en cœur d'une molette d'argent.

253. — Antoine DU BOIS, prêtre, curé de l'église et paroisse de Mouchy-la-Gache.

253. — D'or, à un sautoir écartelé de sinople et d'argent.

254. — François MALLET, prêtre, curé de Landevoisin et Quiery.

254. — D'or, à un chef de sable, chargé d'une croisette d'argent.

255. — N... BRUGNARD, prêtre, curé de la paroisse de Moilains.

255. — D'argent, à une fasse d'azur, chargée d'une merlette d'or.

256. — Le prieuré de *Lihons*.

256. — D'argent, à un pal de gueules, chargé d'une macle d'or.

257. — Jean FOURIER, prêtre, curé de Notre-Dame de Verlu (Nerlu?).

257. — D'argent, à une bande de sinople, chargée de trois billettes d'or.

258. — Jean PELÉ, prêtre, curé de la paroisse du Casse de Chaulnes.

258. — D'argent, à une barre de sable, chargée d'un annelet d'or.

259. — Louis de LA COUR, prêtre, curé de Mouchy-la-Gache.

259. — D'azur, à un chevron fassé d'or et de gueules de six pièces.

260. — N... GRANDSIRE, prêtre, curé de la paroisse de Heudicourt.

260. — D'azur, à un sautoir d'argent, chargé en cœur d'une molette de gueules.

261. — Antoine LE ROUX, prêtre, curé de la paroisse de Chuigne.

261. — De gueules, à un chef écartelé d'or et d'azur.

262. — François MAILLE, prêtre, curé de la paroisse de Montauban.

262. — De gueules, à une fasse d'argent, chargée d'une croisette.

263. — Guillain FONDRAINE, prêtre, curé de la paroisse de Villers-aux-Flots (Flos).

263. — De sinople, à un pal d'or, chargé d'une merlette de sable.

264. — Antoine BAIL, prêtre, curé de Villers-le-Vert.

264. — De sinople, à une bande d'argent, chargée d'une macle de sable.

265. — Nicolas de BLOZIÈRES de Morlancourt, chevalier, et ci-devant caporal au régiment de Navarre.

265. — De sable, à une bande d'or, chargée de 3 billettes de sinople.

266. — Philippe LE MOINE, prêtre, curé de la paroisse de Santin.

266. — De sable, à un chevron d'argent, chargé à la pointe d'un annelet de sinople.

267. — Le prieuré de *Cappy*.

267. — D'or, à une croix échiquetée d'azur et d'argent.

269. — Daniel MASSE DU PERRIER, cy-devant capitaine des milices de Picardie.

269. — D'or, à une ancre gueules.

270. — La communauté des religieuses de l'abbaye royale de *Biache*.

270. — D'or, à un chef de sinople, chargé d'une molette d'azur.

271. — N... DEVAUX, prêtre, curé de la paroisse de Puzeau.

271. — D'or, à une fasse écartelée de sable et d'argent.

272. — Adrien GELÉE, prêtre, curé de la paroisse de Cléry.

272. — D'argent, à un pal d'azur, chargé d'une croisette d'or.

273. — Nicolas HUET, prêtre, curé de la paroisse d'Onnecourt.

273. — D'argent, à une bande de gueules, chargée d'une merlette d'or.

274. — Louis MASSE, prêtre, curé de la paroisse de Fouche.

274. — D'argent, à une barre de sinople, chargée d'une macle d'or.

275. — N... de SAINT-AUBIN, prêtre, curé de la paroisse d'Albert.

275. — D'argent, à un chevron de sable, chargé de deux billettes d'or.

276. — Guillain GELLÉ, seigneur de Boulan.

276. — D'azur, à une croix d'or, chargée en cœur d'un annelet de gueules.

277. — Le prieuré d'*Albert*.

277. — D'azur, à un sautoir palé d'argent et de gueules de six pièces.

278. — N... DUPRÉ (du Pré), conseiller du roi, receveur des traittes au bureau de Bray.

278. — De gueules, à une fasse d'or, chargée d'une molette d'azur.

279. — François-Bernard Brunel, écuyer, seigneur de Bertrancourt, chevau-léger de la garde du roy.

279. — De gueule, à un pal écartelé d'argent et d'azur.

280. — Adrien Latiffy, notaire royal et procureur fiscal à Albert.

280. — De sinople, à une bande d'or, chargée d'une croisette de sable.

281. — Gabrielle-Roberte Dully, femme de N... de Chipilly.

281. — De sinople, à une barre d'argent, chargée d'une merlette de sable.

282. — Jean de Bray, prêtre, curé de la paroisse d'Étinchen.

282. — De sable à un chevron d'or, chargé à la pointe d'une macle de sinople.

283. — Jean Charlet, prêtre, curé de la paroisse de Puchevillé.

283. — De sable, à une croix d'argent, chargée de cinq billettes de sinople.

284. — Laurent Oyon, prêtre, curé de la paroisse de Brié.

284. — D'or, à un sautoir d'azur, chargé en cœur d'un annelet d'argent.

285. — Nicolas Mamets, avocat au Parlement.

285. — D'or, à un chef bandé de gueules et d'argent de six pièces.

286. — François Le Grand, greffier des traittes et foraines pour les entrées et sorties de la ville de Péronne.

286. — D'or, à un pal de sinople, chargé d'une molette d'argent.

287. — Vincent Cordier, greffier civil au baillage de Péronne.

287. — D'or, à une bande écartelée de sable et d'argent.

288. — François Roguet, prêtre, curé de la paroisse de Miraumont.

288. — D'argent, à une barre d'azur, chargée d'une croisette d'or.

289. — Marie Aubé, femme de Pierre Dufaux, écuier, lieutenant-colonel au régiment de cavalerie d'Immécourt, cy-devant Montgommery.

289. — D'argent, à un chevron de gueules, chargé en pointe d'une merlette d'or.

290. — Pierre de Rhaye, prêtre, curé de Drelincourt et Curchy.

290. — D'argent, à une croix de sinople, chargée en cœur d'un macle d'or.

291. — Hiérosme Testard, prêtre, curé de la paroisse de Rhétonvillé.

291. — D'argent, à un sautoir de sable, chargé de cinq billettes d'or.

292. — Nicolas Bellot, prêtre, clerc de l'église de Nelle et curé de la paroisse de Saint-Léonnard.

292. — D'azur, à un chef d'or, chargé d'un annelet de gueules.

293. — Réné de QUERECQUES de Forceville, prieur dudit lieu.

293. — D'azur, à une fasse bandée d'argent et de gueules de six pièces.

294. — N... du HAMEL, prêtre, curé de la paroisse de Sailly-Sel.

294. — De gueules, à une bande d'or, chargée d'une molette d'azur.

295. — Claude PREVOST, procureur et notaire apostolique à Péronne.

295. — De gueules, à une barre écartelée d'argent et d'azur.

296. — André DELECOURT, prêtre, curé de la paroisse de Bertrancourt.

296. — De sinople, à un chevron d'or, chargé à la pointe d'une croisette de sable.

297. — Charle DU HAMEL, prêtre, curé de la paroisse de Billancourt.

297. — De sinople, à une croix d'argent, chargée *en* cœur d'une merlette de sable.

298. — Jean DESCALONGUE, receveur des traittes à Albert.

298. — De sable à un sautoir d'or, chargé en cœur d'une macle de sinople.

299. — Fursy POSTEL, notaire royal et procureur à Péronne.

299. — De sable, à un chef d'argent, chargé de trois billettes de sinople.

300. — Charles DESFOSSEZ, écuyer, seigneur de Pottes.

300. — D'or, à une fasse d'azur, chargée d'un annelet d'argent.

301. — Marie DESJARDINS, femme de N... NEPVEUX, seigneur de Longavenne et maréchal des logis, et major des chevau-légers de la garde du roy.

301. — D'or, à un pal bandé de gueules et d'argent de six pièces.

302. — Pierre CAUDRON, notaire royal et procureur à Péronne.

302. — D'or, à une barre de sinople, chargée d'une molette d'argent.

303. — Jacques de LA RIVIÈRE, seigneur de Mémont.

303. — D'or, à un chevron écartelé de sable et d'argent.

304. — Clément PEZÉ, greffier en chef criminel au baillage de Péronne.

304. — D'argent, à une croix d'azur, chargée en cœur d'une croisette d'or.

305. — Margueritte CHERRIER, femme de Joseph-Paul de GUIBERT, écuier, seigneur de Vaubonne.

305. — D'argent, à un sautoir de gueules, chargé en cœur d'une merlette d'or.

306. — Fursy CAPRON, notaire royal et procureur à Péronne.

306. — D'argent, à un chef de sinople, chargé d'une macle d'or.

307. — Jean-Frasy LE BRETHON, avocat au parlement et au siége de Péronne.

307. — D'argent, à une fasse de sable, chargée de trois billettes d'or.

308. — Éléonore D'EY (d'Y), femme de Claude VITASSE, écuier, seigneur de Vermandovillé.

308. — D'azur, à un pal d'or, chargé d'un annelet de gueules.

309. — Le corps des officiers des traittes foraines de la ville de *Péronne*.

309. — D'azur, à une bande palée d'argent et de gueules de six pièces.

310. — Louis RABACHE, notaire royal et procureur aux siéges roiaux de Péronne.

310. — De gueules, à un chevron d'or, chargé d'une molette d'azur.

311. — Pierre LEROUX, prêtre, curé et chapelain de Saint-Quentin de Fricourt.

311. — De gueules, à une croix écartelée d'argent et d'azur.

312. — N..., prêtre, curé de la paroisse de Suzanne.

312. — De sinople, à un sautoir d'or, chargé en cœur d'une croisette de sable.

313. — Philippe MONNET DE LA MARQUE, seigneur de Bazentin, fils, et Madeleine de (LYONNE) Serveau (Servon), sa femme.

313. — De sinople, à un chef d'argent, chargé d'une merlette de sable; *acolé* de : bandé d'hermine et d'azur de six pièces.

314. — Jean de GUILLEBON, écuier, sieur de Vigneuil.

314. — De sable, à une fasse d'or, chargée d'un macle de sinople.

315. — Claude-Joseph de HERLEVILLE, chevalier, seigneur dudit lieu, capitaine au régiment royal de la marine.

315. — De sable, à un pal d'argent, chargé de trois billettes de sinople.

316. — La compagnie des *Arquebusiers* de la ville de Péronne.

316. — D'or, à une bande d'azur, chargée d'un annelet d'argent.

317. — Edouard FOURNIER, contrôleur au bureau des traittes de Péronne.

317. — D'or, à une barre palée de gueules et d'argent de six pièces.

318. — Marguerite SCOURION, veuve de Simon SAMIER, lieutenant criminel de robbe-courte à Péronne.

318. — D'or, à une croix de sinople, chargée en cœur d'une molette d'argent.

319. — Ignace MASSE, sieur de la Barre, conseiller du roy, éleu en l'élection de Péronne.

319. — D'or, à un sautoir écartelé de sable et d'argent.

320. — Abraham Le Breton, notaire royal et procureur aux siéges de Péronne.

320. — D'argent, à un chef d'azur, chargé d'une croisette d'or.

ARRAS

SUIVANT L'ORDRE DU REGISTRE 1er

196. — La confrérie des *Apoticaires* de la ville d'Arras.

196. — D'azur, une fasse de gueules, chargé d'une merlette d'or.

199 *bis*. — N... de Runne, et N..., sa femme.

199 *bis*. — D'argent, à un pal de sinople, chargé d'une macle d'or; *acolé* : d'argent, à trois pals ondez de gueules.

200. — N... Beauvais, chanoine et pénitencier de l'église catédralle d'Arras.

200. — D'argent, à une bande de sable, chargée de trois billettes d'or.

201. — N... Paillart, grand vicaire de l'évêché d'Arras.

201. — D'azur, à une barre d'or, chargée d'un annelet de gueules.

203. — N... Sévin, chanoine de l'église catédralle d'Arras.

203. — D'azur, à un chevron fascé d'argent et de gueules de six pièces.

211. — N... Galaud, chanoine de l'église catédrale d'Arras.

211. — De gueules, à un sautoir d'or, chargé en cœur d'une molette d'azur.

212. — Jean Albert, chanoine de l'église catédralle d'Arras.

212. — De gueules, à un chef écartelé d'argent et d'azur.

217 *bis*. — N... Chasse, argentier de la cité d'Arras, et N..., sa femme.

217 *bis*. — De sinople, à une fasce d'or, chargée d'une croisette de sable; *acolé* : de gueules à un levrier courant d'argent.

218. — N... Bosquet, marchand et echevin de la ville d'Arras.

218. — De sinople, à un pal d'argent, chargé d'une merlette de sable.

219 *bis*. — N... de Bochet, officier, et N..., sa femme.

219 *bis*. — De sable, à une bande d'or, chargée d'une macle de sinople; *acolé* : d'azur à un bêche d'argent.

220. — N... de Gouve.

220. — De sable à une barre d'argent, chargée de trois billettes de sinople.

221. — N... de Chairte, rentier et bourgeois de la ville d'Arras.

221. — D'or, à un chevron d'azur, chargé à la pointe d'un annelet d'argent.

223. — Claude Blair, rentier et bourgeois de la ville d'Arras.

223. — D'or, à une croix échiqueté de gueules et d'argent.

224. — Hiérosme Le Tout, marchand, bourgeois de la ville d'Arras.

224. — D'or, à un ancre de sinople.

225. — N... Stippe, rentier et bourgeois de la ville d'Arras.

225. — D'or, à un chef de sable, chargé d'une molette d'argent.

227. — N... Desmarest, docteur en médecine à Arras.

227. — D'argent, à une fasse écartelée d'azur et d'or.

228. — François de La Croix, marchand drapier et bourgeois de la ville d'Arras.

228. — D'argent, à un pal de gueules, chargé d'une croisette d'or.

229. — N... Gonfray, marchand, bourgeois de la ville d'Arras.

229. — D'argent, à une bande de sinople, chargée d'une merlette d'or.

230. — N... Lefos, marchand de vins et bourgeois de la ville d'Arras.

230. — D'argent, à une barre de sable, chargée d'une macle d'or.

231. — Charles Bruyant, marchand, bourgeois de la ville d'Arras.

231. — D'azur, à un chevron d'or, chargé de deux billettes de gueules.

232. — N..., veuve de N... Bécourt, bourgeois de la ville d'Arras.

232. — D'azur, à une croix d'argent, chargée en cœur d'un annelet de gueules.

233. — N... de Lignac, bourgeois de la ville d'Arras.

233. — De gueules, à un sautoir palé d'or et d'azur de six pièces.

234. — Henry Jaques, marchand, bourgeois de la ville d'Arras.

234. — De gueules, à une fasce d'argent, chargée d'une molette d'azur.

235. — N... François, marchand drapier et bourgeois de la ville d'Arras.

235. — De sinople, à un pal écartelé d'or et de sable.

236. — N... Stippe, ancien échevin de l'hôtel de ville d'Arras.

236. — De sinople, à une bande d'argent, chargée d'une croisette de sable.

237. — Philippe Théry, bourgeois de la ville d'Arras.

237. — De sable, à une barre d'or, chargée d'une merlette de sinople.

238. — Antoine Page, marchand bourgeois de la ville d'Arras.

238. — De sable, à un chevron d'argent, chargé à la pointe d'une macle de sinople.

239. — N..., veuve de N... PONNIOU, rentier et bourgeois de la ville d'Arras.

239. — D'or, à une croix d'azur, chargée de cinq billettes d'argent.

240. — N..., veuve de Vaast BRON, marchand, bourgeois de la ville d'Arras.

240. — D'or, à un sautoir de gueules, chargé en cœur d'un annelet d'argent.

241. — N... COUTURIER, chanoine de l'église collégialle de Lens.

241. — D'or, à un chef bandé de sinople et d'argent de six pièces.

242. — N... GALLOT, chanoine de l'église collégialle de Lens.

242. — D'or, à un pal de sable, chargé d'une mollette d'argent.

243. — Le chapitre de l'église collégiale de *Lens*.

243. — D'argent, à une bande écartelée d'azur et d'or.

244. — La communauté des chapelains de la ville de *Lens*.

244. — D'argent, à une barre de gueule, chargée d'une croisette d'or.

245. — N... PAGES, doyen de l'église collégialle de Lens.

245. — D'argent, à un chevron de sinople, chargé en pointe d'une merlette d'or.

246. — N... COLBAULT, chanoine de l'église collégialle de Lens.

246. — D'argent, à une croix de sable, chargée en cœur d'une macle d'or.

247. — N... CASTELIN, chanoine de l'église collégialle de Lens.

247. — D'azur, à un sautoir d'or, chargé de cinq billettes de gueules.

248. — N... PUICHON, chanoine de l'église collégialle de Lens.

248. — D'azur, à un chef d'argent, chargé d'un annelet de sinople.

249. — N... DUCRION, chanoine de l'église collégialle de Lens.

249. — De gueules, à une fasse bandée d'or et d'azur de six pièces.

250. — N... THOBRIL, chanoine de l'église collégialle de Lens.

250. — De gueules, à une bande d'argent, chargée d'une molette d'azur.

251. — N... DELCOURT, chanoine de l'église collégiale de Lens.

251. — De sinople, à une barre écartelée d'or et de sable.

252. — N... BEAUVOIR, l'aisné, chanoine de l'église collégialle de Lens.

252. — De sinople, à un chevron d'argent, chargé à la pointe d'une croisette de sable.

253. — N... BEAUVOIR Du Buist, chanoine de l'église collégialle de Lens.

253. — De sable, à une croix d'or, chargée en cœur d'une merlette de sinople.

254. — Le prieuré de *Houdin*.

254. — De sable, à un sautoir d'argent, chargé en cœur d'une macle de sinople.

255 *bis*. — N... LUTARD de Campeau, et N..., sa femme.

255 *bis*. — D'or, à un chef d'azur, chargé de trois billettes d'argent; *acolé :* de sable à un lut d'or.

256. — François THOBRIS, marchand, bourgeois de la ville de Lens.

256. — D'or, à une fasse de gueules, chargée d'un annelet d'argent.

258. — N... OLONNE, garde-marteau en la maîtrise des eaux et forests d'Arras.

258. — D'or, à un pal bandé de sinople et d'argent de six pièces.

262. — N... LE GRAND, rentier et bourgeois de la ville d'Arras.

262. — D'or, à une barre de sable, chargée d'une molette d'argent.

263. — N... VUARNIE (Warnier?), procureur à Arras.

263. — D'argent, à un chevron écartelé d'azur et d'or.

264. — Jean REGNAULT, marchand drapier et bourgeois de la ville d'Arras.

264. — D'argent, à une croix de gueules, chargée en cœur d'une croisette d'or.

267. — N... DUPUIS, avocat au parlement et au conseil d'Artois.

267. — D'argent, à un sautoir de sinople, chargé en cœur d'une merlette d'or.

268. — Louis TAGUERET, marchand, bourgeois de la ville d'Arras.

268. — D'argent, à un chef de sable, chargé d'une macle d'or.

269. — N... DU FOUR, maître apotiquaire à Arras.

269. — D'azur, à une fasce d'or, chargée de trois billettes de gueules.

270. — N... GUILLAIN, marchand, bourgeois de la ville d'Arras.

270. — D'azur, à un pal d'argent, chargé d'un annelet de gueules.

271. — N..., veuve de N... de LIGNY (Deligny), marchand de fer à Arras.

271. — De gueules, à une bande palée d'or et d'azur de six pièces.

272. — N... TABARY, bourgeois de la ville d'Arras.

272. — De gueules, à un chevron d'argent, chargé d'une molette d'azur.

273. — N... CRANDAT, docteur en médecine en la ville d'Arras.

273. — De sinople, à une croix écartelée d'or et de sable.

274. — N... de BEAURAIN, chanoine de l'église catédrale d'Arras.

274. — De sinople, à un sautoir d'argent, chargé en cœur d'une croisette de gueules.

275. — N... Crepet, marchand de laines et bourgeois de la ville d'Arras.

275. — De sable, à un chef d'or, chargé d'une merlette de sinople.

276. — N... Le Fevre, avocat au conseil souverain d'Artois.

276. — D'or, à un pal d'azur, chargé de trois billettes d'argent.

277. — N... Hurtret, marchand de fer et bourgeois de la ville d'Arras.

277. — D'or, à un pal d'azur, chargé de trois billettes d'argent.

278. — N..., veuve de N... Feragut, dit La Roze.

278. — D'or, à une bande de gueules, chargée d'un annelet d'argent.

279. — N... Merselle, fille, bourgeoise de la ville d'Arras.

279. — D'or, à une barre pallée de sinople et d'argent de six pièces.

280. — N... Masson, chanoine de l'église cathédrale d'Arras.

280. — D'or, à une croix de sable, chargée en cœur d'une molette d'argent.

281. — N... Majout, conseiller du roi, assesseur en l'hôtel de ville d'Arras.

281. — D'argent, à un sautoir écartelé d'azur et d'or.

282. — Le prieuré d'*Aubigny*.

282. — D'argent, à un chef de gueules chargé d'une croisette d'or.

283. — N... Colbault, greffier du baillage de Lens.

283. — D'argent, à une fasce de sinople, chargée d'une merlette d'or.

284. — N... Vualquenart, procureur au baillage de Lens.

284. — D'argent, à un pal de sable, chargé d'une macle d'or.

286. — N... Crugeot, avocat au parlement et ancien mayeur de la ville de Lens.

286. — D'azur, à une bande d'or, chargée de trois billettes de gueules.

287. — La communauté des *Merciers secs* de la ville de Bapaume.

287. — D'azur, à une barre d'argent, chargée d'un annelet de gueules.

288. — La communauté des marchands *Drapiers* de la ville de Bapaume.

288. — De gueules, à un chevron fassé d'or et d'azur de six pièces.

289. — La communauté des *Boulangers* de la ville de Bapaume.

289. — De gueules, à un sautoir d'argent, chargé en cœur d'une molette d'azur.

290. — La communauté des *Cordonniers* de la ville de Bapaume.

290. — De sinople, à un chef écartelé d'or et de sable.

291. — N... de NAQUEFORT, procureur et notaire à Bapaume.

291. — De sinople, à une fasce d'argent, chargée d'une croisette de sable.

292 *bis*. — N... BÉCOURT, conseiller du roy, son procureur au baillage de Bapaume, et N... sa femme.

292 *bis*. — De sable, à un pal d'or, chargé d'une merlette de sinople; *acolé* : à un pal bretessé de gueules.

293 *bis*. — N... BONIFACE, conseiller du roi, grand bailly de Bapaume, et N..., sa femme.

293 *bis*. — De sable, à une bande d'argent, chargée d'une macle de sinople; *acolé* : de gueules, à un bonnet à la dragonne d'or.

294. — N... PEUJAYE, procureur au baillage de Lens.

294. — D'or, à une barre d'azur, chargée de trois billettes d'argent.

295. — N... WALLET, argentier de la ville de Lens.

295. — D'or, à un chevron de gueules, chargé en pointe d'un annelet d'argent.

296. — Jean-Baptiste LILLERS, échevin de l'hôtel de ville de Lens.

296. — D'or, à une croix échiquetée de sinople et d'argent.

297. — N... LELEU, conseiller du roi, assesseur en l'hôtel de ville d'Arras.

297. — D'or, à un ancre de sable.

298. — N... LAVERDURE, prêtre, curé de la paroisse de Saint-Géry.

298. — D'argent, à un chef d'azur, chargé d'une molette d'or.

303. — N... ROUVILLE, échevin de la ville d'Arras.

303. — D'argent, à une fasse écartellée de gueules et d'or.

304. — N... CHARITE, avocat au parlement et échevin de la ville d'Arras.

304. — D'argent, à un pal de sinople, chargé d'une croisette d'or.

305. — N... GAMAUD, conseiller du roi, assesseur en l'hôtel de ville d'Arras.

305. — D'argent, à une bande de sable, chargée d'une merlette d'or.

306. — N... HERIGUET, prêtre, curé de la Margueritte d'Arras.

306. — D'azur, à une barre d'or, chargée d'une macle de gueules.

307. — N... VUAILLY, avocat au conseil souverain d'Artois.

307. — D'azur, à un chevron d'argent, chargé de deux billettes de gueules.

309. — N... GUÉRARD, avocat au conseil provincial d'Artois.

309. — De gueules, à une croix d'or, chargée en cœur d'un annelet d'azur.

310. — N... ROLE, échevin de la ville d'Arras.

310. — De gueules, à un sautoir palé d'argent et d'azur de six pièces.

311. — N... ENEZART, avocat au conseil provincial d'Artois.

311. — De sinople, à une fasse d'or, chargée d'une molette de sable.

312. — N... THIÉBAUT, conseiller du roi, assesseur en l'hôtel de ville d'Arras.

312. — De sinople, à un pal écartelé d'argent et de sable.

313. — La confrérie des *Archers* sous la bannière de Saint-Sébastien de la ville d'Arras.

313. — De sable, à une bande d'or, chargée d'une croisette de sinople.

315. — N... (le) PIPRE, conseiller du roi, son procureur en l'élection d'Arras.

315. — De sable, à une barre d'argent, chargée d'une merlette de sinople.

316. — Le couvent des religieux *Mathurins* de la ville d'Arras.

316. — D'or, à un chevron d'azur, chargé à la pointe d'une macle d'argent.

317. — N... CARDEVAQUE, lieutenant de la ville d'Arras.

317. — D'or, à une croix de gueules, chargée de cinq billettes d'argent.

318. — N... de LIGNY, fermier à Arras.

318. — D'or, à un sautoir de sinople, chargé en cœur d'un annelet d'argent.

319. — N... du RICISIER, avocat au parlement et échevin de la ville d'Arras.

319. — D'or, à un chef bandé de sable et d'argent de six pièces.

320. — N... de CASTRE, procureur au conseil provincial d'Artois.

320. — D'argent, à un pal d'azur, chargé d'une molette d'or.

321. — Le corps des officiers de la juridiction des eaux et forests d'*Arras*.

321. — D'argent, à une bande écartelée de gueules et d'or.

322. — N... DENIS, conseiller du roi, lieutenant en la maîtrise des eaux et forests d'Arras.

322. — D'argent, à une barre de sinople, chargée d'une croisette d'or.

325. — L'abbaye de *Moreul* (Moreuil).

325. — D'argent, à un chevron de sable, chargé en pointe d'une molette d'or.

326. — La communauté des religieux de l'abbaye de *Moreul* (Moreuil).

326. — D'azur, à une croix d'or, chargée en cœur d'une macle de gueules.

327. — André de BEAUFORT, procureur au conseil provincial d'Artois.

327. — D'azur, à un sautoir d'argent, chargé de cinq billettes de sinople.

328. — N... de BRET, bourgeois de la ville d'Arras.

328. — De gueules, à un chef d'or, chargé d'un annelet d'azur.

329. — N... CAVONNE, avocat en parlement et échevin de la ville d'Arras.

329. — De gueules, à une fasse bandée d'argent et d'azur de six pièces.

330. — N... DESLAVIE, avocat au conseil provincial d'Artois.

330. — De sinople, à une bande d'or, chargée d'une molette de sable.

331. — N... VASSEUR, procureur au conseil provincial d'Artois.

331. — De sinople, à une barre écartelée d'argent et de sable.

332. — N... CUVILLIER, procureur au conseil provincial d'Artois.

332. De sable, à un chevron d'or, chargé à la pointe d'une croisette de sinople.

333. — Le corps des officiers de la *Maréchaussée* d'Arras.

333. — De sable, à une croix d'argent, chargée en cœur d'une merlette de sinople.

334. — Pie de BEAUFORT, procureur au conseil provincial d'Artois.

334. — D'or, à un sautoir d'azur, chargé en cœur d'une macle d'argent.

335. — La maison des *Jésuites* de la ville d'Arras.

335. — D'or, à un chef de gueules, chargé de trois billettes d'argent.

336. — N... PRILOUT, échevin de l'hôtel de ville d'Arras.

336. — D'or, à une fasce de sinople chargée d'un annelet d'argent.

337. — N... CAUDERN, avocat au conseil provincial d'Artois.

337. — D'or, à un pal bandé de sable et d'argent de six pièces.

338. — N... MORET, procureur au conseil provincial d'Artois.

338. — D'argent, à une barre d'azur, chargée d'une molette d'or.

339. — N... GUFFROY, officier de la maréchaussée d'Arras.

339. — D'argent, à un chevron écartelé de gueules et d'or.

341. — N... BAUDELET, avocat au conseil provincial d'Artois.

341. — D'argent, à une croix de sinople, chargée en cœur d'une croisette d'or.

342. — N... TABARY, conseiller du roi, lieutenant en la maréchaussée d'Arras.

342. — D'argent, à un sautoir de sable, chargé en cœur d'une molette d'or.

344. — N... MACREL, procureur au conseil provincial d'Artois.

344. — D'azur, à un chef d'or, chargé d'une macle de gueules.

345. — N... BOSQUET, procureur à Arras.

345. — D'azur, à une fasce d'argent, chargée de trois billettes de gueules.

346. — N... de SAINT-POL, avocat et échevin de la ville d'Arras.

346. — De gueules, à un pal d'or, chargé d'un annelet d'azur.

347. — N... DOBY, procureur au conseil provincial d'Artois.

347. — De gueules, à une bande, pallée d'argent et d'azur de six pièces.

348. — N... MAJOUT (Mayoul), procureur au conseil provincial d'Artois.

348. — De sinople, à un chevron d'or, chargé d'une molette de sable.

351. — N... LAYNCOUT, procureur au conseil provincial d'Artois.

351. — De sinople, à une croix, écartelée d'argent et de sable.

352. — N... DELSOUIX, greffier à Bapaume.

352. — De sable, à un sautoir d'or, chargé en cœur d'une croisette de sinople.

SAINT-OMER

SUIVANT L'ORDRE DU REGISTRE Ier

146 *bis*. — Maximilien-Thomas de CROIX, seigneur de Malaunoy, et Marie-Anne-Josèphe ERAMET, sa femme.

146 *bis*. — De sable, à un chef d'arg. chargé d'une merlette de sinople; *acolé* : d'argent, à une araignée de sable.

147. — Le séminaire des *Jésuistes* anglais de la ville de Saint-Omer.

147. — D'or, à une fasse d'azur, chargée d'une macle d'argent.

148. — Jean DRINCQBIS (Drincbier), greffier du crime de la ville de Saint-Omer.

148. — D'or, à un pal de gueules, chargé de trois billettes d'argent.

149. — La ville d'*Audruicq*.

149. — Cet article n'est ici employé que pour mémoire, attendu que c'est le double emploi de l'article 100, employé dans l'état du 8 avril 1698.

150. — François de GONRAN, sieur de Mazon, gentilhomme.

150. — D'or, à une bande de sinople, chargée d'un annelet d'argent.

151. — N... DUCHESNE, échevin juré au conseil de la ville de Saint-Omer.

151. — D'or, à une barre pallée de sable et d'argent de six pièces.

152. — Charles-Robert de VIFFOY (Vifroy), avocat et ancien échevin de la ville de Saint-Omer.

152. — D'argent, à une croix d'azur, chargée en cœur d'une molette d'or.

153. — Guillaume HOCDT, conseiller du roy, son procureur au baillage d'Audruicq.

153. — D'argent, à un sautoir écartelé de gueules et d'or.

154. — Jean du BROONCQ, maire de la ville et banlieue d'Audruicq.

154. — D'argent, à un chef de sinople, chargé d'une croisette d'or.

155. — Baudouin PECQUEUT, échevin juré au conseil de la ville de Saint-Omer et receveur général des impositions d'Artois.

155. — D'argent, à une fasce de sable, chargée d'une merlette d'or.

156. — Nicolas MARCOTTE, à son tour échevin de la ville de Saint-Omer.

156. — D'azur, à un pal d'or, chargé d'une macle de gueules.

157. — Guillaume MARCOTTE, fils, échevin juré au conseil de la ville de Saint-Omer.

157. — D'azur, à une bande d'argent, chargée de trois billettes de gueules.

158. — Jacques DAUVERGNE, écuyer, sieur de Quemy.

158. — De gueules, à une barre d'or, chargée d'un annelet d'azur.

159. — Jacques-Louis HOURDEL, avocat et échevin à son tour de la ville de Saint-Omer.

159. — De gueules, à un chevron fascé d'argent et d'azur de six pièces.

160. — Georges-Louis WERBIER, grand bailly du marquisat de Renty.

160. — De sinople, à un sautoir d'or, chargé d'une molette de sable.

161. — Guillaume FAUTREL, échevin en charge de la ville de Saint-Omer.

161. — De sinople, à un chef écartelé d'argent et de sable.

162. — N... ROBELIN, ingénieur du roy à Saint-Omer.

162. — De sable, à une fasce d'or, chargée d'une croisette de sinople.

163. — Pierre de PORTE, marchand tanneur et bourgeois de la ville de Saint-Omer.

163. — De sable, à un pal d'argent, chargé d'une merlette de sinople.

164. — Paul MARCOTTE, marchand tanneur et bourgeois de la ville de Saint-Omer.

164. — D'or, à une bande d'azur, chargée d'une macle d'argent.

165. — Jean-Baptiste Boone, orfèvre et bourgeois de la ville de Saint-Omer.

165. — D'or, à une barre de gueules, chargée de trois billettes d'argent.

166. — Louis du Rielz, échevin à son tour et bourgeois de la ville de Saint-Omer.

166. — D'or, à un chevron de sinople, chargé à la pointe d'un annelet d'argent.

167. — Guillaume le Corgne, greffier principal de la ville de Saint-Omer.

167. — D'or, à une croix échiquetée de sable et d'argent.

168. — Jean-Baptiste Hielle, marchand tanneur et bourgeois de la ville de Saint-Omer.

168. — D'argent, à un ancre d'azur.

169. — Antoine Hielle, marchand tanneur et bourgeois de la ville de Saint-Omer.

169. — D'argent, à un chef de gueules, chargé d'une molette d'or.

170. — Louis Marcotte, marchand; bourgeois de la ville de Saint-Omer.

170. — D'argent, à une fasse écartelée de sinople et d'or.

171. — Inglebert le Porcq, docteur en médecine à Saint-Omer.

171. — D'argent, à un pal de sable, chargé d'une croisette d'or.

173. — Jean Cardon, échevin à son tour de la ville de Saint-Omer.

173. — D'azur, à une bande d'or, chargée d'une merlette de gueules.

174. — Paul Dartois (d'Artois), prêtre, curé du village de Tilque.

174. — D'azur, à une barre d'argent, chargée d'une macle de gueules.

175. — Gabriel Galliet, échevin en charge de la ville de Saint-Omer.

175. — De gueules, à un chevron d'or, chargé de deux billettes d'azur.

176. — Jean Becart, prêtre, curé de l'église paroissialle de Sainte-Aldegonde à Saint-Omer.

176. — De gueules, à une croix d'argent, chargée en cœur d'un annelet d'azur.

177. — François du Vivier, sous-fermier du domaine du roy à Saint-Omer.

177. — De sinople, à un sautoir palé d'or et de sable de six pièces.

178. — Philippe de la Caurie, prêtre, curé de Saint-Jean à Saint-Omer.

178. — De sinople, à une fasce d'argent, chargée d'une molette de sable.

179. — Ignace-Dominique de MAMETZ, échevin de la ville de Saint-Omer.

179. — De sable, à un pal écartelé d'or et de sinople.

180. — La communauté des maîtres *Tisserands* et *Mandeliers* de la ville de Saint-Omer.

180. — De sable, à une bande d'argent, chargée d'une croisette de sinople.

181. — La communauté des maîtres *Brasseurs* de la ville de Saint-Omer.

181. — D'or, à une barre d'azur, chargée d'une merlette d'argent.

182. — La communauté des maîtres *Tanneurs* de la ville de Saint-Omer.

182. — D'or, à un chevron de gueules, chargé à la pointe d'un macle d'argent.

183. — Antoine LART, prêtre, curé de la paroisse de Saint-Martin à Saint-Omer.

183. — D'or, à une croix de sinople, chargée de cinq billettes d'argent.

184. — Jean JOYEUX, marchand tanneur et bourgeois de la ville de Saint-Omer.

184. — D'or, à un sautoir de sable, chargé d'un annelet d'argent.

185. — Prosper-Joseph TRESCA, marchand, et à son tour échevin de la ville de Saint-Omer.

185. — D'argent, à un chef bandé d'azur et d'or de six pièces.

186. — La communauté des maîtres *Tourneurs* et *Tonneliers* de la ville de Saint-Omer.

186. — D'argent, à un pal de gueules, chargé d'une molette d'or.

187. — Louis VANDERSTRAETEN (Van der Stratten), marchand, bourgeois de la ville de Saint-Omer.

187. — D'argent, à une bande écartelée de sinople et d'or.

188. — Valentin MARTIN, prêtre, curé de l'église paroissiale de Sainte-Marguerite à Saint-Omer.

188. — D'argent, à une barre de sable, chargée d'une croisette d'or.

189. — Le couvent des religieuses de *Sainte-Catherine* de la ville de Saint-Omer.

189. — D'azur, à un chevron d'or, chargé à la pointe d'une merlette de gueules.

190. — Robert PAGART, rentier et bourgeois de la ville de Saint-Omer.

190. — D'azur, à une croix d'argent, chargée en cœur d'une macle de gueules.

191. — Jean-François Deschamps, sieur de Lescadre.

191. — De gueules, à un sautoir d'or, chargé de cinq billettes d'azur.

192. — La communauté des maîtres *Faiseurs de bateaux* et *Bateliers* de la ville de Saint-Omer.

192. — De gueules, à un chef d'argent, chargé d'un annelet d'azur.

193. — La communauté des marchands *Savetiers* de la ville de Saint-Omer.

193. — De sinople, à une fasse bandée d'or et de sable de six pièces.

194. — La communauté des maîtres *Cordonniers* de la ville de Saint-Omer.

194. — De sinople, à une bande d'argent, chargée d'une molette de sable.

195. — La communauté des maîtres *Pelletiers* et *Chapeliers* de la ville de Saint-Omer.

195. — De sable, à une barre écartelée d'or et de sinople.

196. — Le couvent des religieuses *Urbanistes* de la ville de Saint-Omer.

196. — De sable, à un chevron d'argent, chargé à la pointe d'une croisette de sinople.

197. — La communauté des maîtres *Corroyeurs*, *Scelliers* et *Bourliers* de la ville de Saint-Omer.

197. — D'or, à une croix d'azur, chargée en cœur d'une merlette d'argent.

198. — La communauté des maîtres *Massons*, *Sculpteurs*, *Peintres* et *Doreurs* de la ville de Saint-Omer.

198. — D'or, à un sautoir de gueules, chargé en cœur d'une macle d'argent.

199. — La communauté des maîtres *Boulangers* de la ville de Saint-Omer.

199. — D'or, à un chef de sinople, chargé de trois billettes d'argent.

200. — La communauté des maîtres *Serruriers* et *Maréchaux* de la ville de Saint-Omer.

200. — D'or, à une fasse de sable, chargée d'un annelet d'argent.

201. — La communauté des maîtres *Graissiers* de la ville de Saint-Omer.

201. — D'argent, à un pal bandé d'azur et d'or de six pièces.

202. — La communauté des *Mesureurs*, *Porteurs au sacq* et *Brouëteurs* de la ville de Saint-Omer.

202. — D'argent, à une barre de gueules, chargée d'une molette d'or.

203. — La communauté des maîtres *Cuisiniers* et *Chaudronniers* de la ville de Saint-Omer.

203. — D'argent, à un chevron écartelé de sinople et d'or.

204. — La communauté des maîtres *Charpentiers* et *Menuisiers* de la ville de Saint-Omer.

204. — D'or, à une croix de sable, chargée en cœur d'une croisette d'or.

205. — La communauté des *Hosteliers* de la ville de Saint-Omer.

205. — D'azur, à un sautoir d'or, chargé en cœur d'une merlette de gueules.

206. — La communauté des maîtres *Musniers* de la ville de Saint-Omer.

206. — D'azur, à un chef d'argent, chargé d'une macle de gueules.

207. — Le couvent des religieuses *Conceptionistes* de la ville de Saint-Omer.

207. — De gueules, à une fasse d'or, chargée de trois billettes d'azur.

208. — Le corps des officiers du baillage de *Saint-Omer*.

208. — De gueules, à un pal d'argent, chargé d'un annelet d'azur.

209. — Le couvent des religieuses *Pénitentes* de la ville de Saint-Omer.

209. — De sinople, à une bande palée d'or et de sable de six pièces.

210. — La communauté des maîtres *Cordiers*, *Fourbisseurs* et *Vitriers* de la ville de Saint-Omer.

210. — De sinople, à un chevron d'argent, chargé d'une molette de sable.

211. — Maximilien de Pau (Pan), avocat en parlement et échevin juré au conseil de la ville de Saint-Omer.

211. — De sable, à une croix écartelée d'or et de sinople.

212. — Le couvent des religieuses de *Sainte-Marguerittе* de la ville de Saint-Omer.

212. — De sable, à un sautoir d'argent, chargé en cœur d'une croisette de sinople.

213. — Michel-Joseph Roberty, écuier.

213. — D'or, à un chef d'azur, chargé d'une merlette d'argent.

214. — N... Moronval, docteur en médecine à Saint-Omer.

214. — D'or, à une fasse de gueules, chargée d'une macle d'argent.

215. — Gilles Maes, avocat et procureur du roy des eaux et forests de Rihout à Saint-Omer.

215. — D'or, à un pal de sinople, chargé de trois billettes d'argent

216. — La communauté des maîtres *Bouchers* de la ville de Saint-Omer.

216. — D'or, à une bande de sable, chargée d'un annelet d'argent.

217. — Jean-François-Louis, baron de CAUVERGNE.

217. — D'argent, à une barre palée d'azur et d'or de six pièces.

218. — La communauté des maîtres *Tailleurs d'habits, Fripiers* et *Tapissiers* de la ville de Saint-Omer.

218. — D'argent, à une croix de gueules, chargée en cœur d'une molette d'or.

219. — La communauté des maîtres *Orphévres* de la ville de Saint-Omer.

219. — D'argent, à un sautoir écartelé de sinople et d'or.

220. — La communauté des maîtres *Apotiquaires* de la ville de Saint-Omer.

220. — D'argent, à un chef de sable, chargé d'une croisette d'or.

ABBEVILLE

SUIVANT L'ORDRE DU REGISTRE Ier DE L'ÉTAT DU 9 JUILLET 1700.

248. — La grande communauté des chapelains du grand autel de *Saint-Wlfran* de la ville d'Abbeville.

248. — D'azur, à une fasse d'or, chargée d'une merlette de gueules.

259. — Charles MAILLART, sieur d'Obincourt, garde du roy.

259. — D'azur, à un pal d'argent, chargé d'une macle de gueules.

303. — N... FRAMERY, fille.

303. — De gueules, à une bande d'or, chargée de trois billettes d'azur.

315. — Jean LE GRIS, marchand linger et bourgeois de la ville d'Abbeville.

315. — De gueules, à une barre d'argent, chargée d'un annelet d'azur.

414. — Nicolas DANZEL, juge des marchands et en charge de la ville d'Abbeville.

414. — De sinople, à un chevron fassé d'or et de sable de six pièces.

415. — François DANZEL, marchand, bourgeois de la ville d'Abbeville.

415. — De sinople, à un sautoir d'argent, chargé en cœur d'une molette de sable.

416. — Pierre-Eustache de Cailly, marchand, bourgeois de la ville d'Abbeville.

416. — De sable, à un chef écartelé d'or et de sinople.

417. — Gabriel Fuzellier, marchand drapier et bourgeois de la ville d'Abbeville.

417. — De sable, à une fasse d'azur, chargée d'une croisette de sinople.

418. — Nicolas Poultrain, avocat au parlement, greffier en chef de l'hôtel commun de la ville d'Abbeville.

418. — D'or, à un pal d'azur, chargé d'une molette d'argent.

419. — Margueritte de Campagne, fille.

419. — D'or, à une bande de gueules, chargée d'une macle d'or.

420. — Nicolas le Vasseur, marchand, bourgeois de la ville d'Abbeville.

420. — D'or, à une barre de sinople, chargée de trois billettes d'argent.

421. — Hugues le Vasseur, marchand, bourgeois et échevin en charge de la ville d'Abbeville.

421. — D'or, à un chevron de sable, chargé à la pointe d'un annelet d'argent.

422. — Louise-Françoise du Quesnay, femme de Joseph-Pierre le Roy, écuier, seigneur de Pottonville, Chaudry et autres lieux.

422. — D'argent, à une croix échiquetée d'azur et d'or.

423. — François Fontaine, prêtre, curé de la paroisse de Fontaine-sur-Somme.

423. — D'argent, à une ancre de gueules.

424. — Madeleine-Charlotte de Chevistre, femme de François le Roy, écuier, seigneur de Bezancourt.

424. — D'argent, à un chef de sinople, chargé d'une molette d'or.

425. — Michel de Gory, marchand, bourgeois de la ville d'Abbeville.

425. — D'argent, à une fasse écartelée de sable et d'or.

426. — Marie Tutelle, veuve de Charles le Blond, écuier, sieur du Marsy.

426. — D'azur, à un pal d'or, chargé d'une croisette de gueules.

428. — Robert Le Cat, prêtre, curé du village de Mesneslie(r).

428. — D'azur, à une bande d'argent, chargé d'une merlette de gueules.

429. — N... Lavendier, prêtre, curé de la paroisse de Villiers-sur-Authie.

429. — De gueules, à une barre d'or, chargé d'une macle d'azur.

430. — Pierre-Joseph Lefebure, prêtre, curé de la paroisse de Cambron.

430. — De gueules, à un chevron d'argent, chargé de trois billettes d'azur.

431. — Marie de Farsy (Farcy), femme de Jean Tillette, écuier, seigneur de Buigry, Saint-Maclou.

431. — De sinople, à une croix d'or, chargée en cœur d'un annelet de sable.

432. — André Vincent, écuier, seigneur d'Hanlecourt.

432. — De sinople, à un sautoir palé d'argent et de sable de six pièces.

433. — Pierre Pulleux, prêtre, curé de la paroisse de Grebaumenil.

433. — De sable, à une fasse d'or, chargée d'une molette de sinople.

434. — François Moisnel, sieur des Essars, avocat au parlement et bourgeois de la ville d'Abbeville.

434. — De sable, à un pal écartelé d'argent et de sinople.

435. — N... Moisnel, fille, bourgeoise de la ville d'Abbeville.

435. — D'or, à une bande d'azur, chargée d'une croisette d'argent.

436. — François Dailly, marchand, bourgeois de la ville d'Abbeville.

436. — D'or, à une barre de gueules, chargée d'une merlette d'argent.

437. — Eloy Gomart, marchand, bourgeois de la ville d'Abbeville.

437. — D'or à un chevron de sinople, chargé à la pointe d'une macle d'argent.

438. — Jean Gatte, marchand, bourgeois de la ville d'Abbeville.

438. — D'or, à une croix de sable, chargée de cinq billettes d'argent.

439. — Charles Dennel, marchand, bourgeois de la ville d'Abbeville.

439. — D'argent, à un sautoir d'azur, chargé en cœur d'un annelet d'or.

440. — Louis Cajeux, marchand, bourgeois de la ville d'Abbeville.

440. — D'argent, à un chef bandé de gueules et d'or de six pièces.

441. — Charles Gouchon, marchand, bourgeois de la ville d'Abbeville.

441. — D'argent, à un pal de sinople, chargé d'une molette d'or.

442. — Robert Gaillart, marchand, bourgeois de la ville d'Abbeville.

442. — D'argent, à une bande écartelée de sable et d'or.

443. — Louis PERACHE, marchand, bourgeois de la ville d'Abbeville.

443. — D'azur, à une barre d'or, chargée d'une croisette de gueules.

444. — Robert de LATTRE, marchand, bourgeois de la ville d'Abbeville.

444. — D'azur, à un chevron d'argent, chargé à la pointe d'une merlette de gueules.

445. — Adrien HERVY, marchand, bourgeois de la ville d'Abbeville.

445. — De gueules, à une croix d'or, chargée en cœur d'une macle d'azur.

446. — Nicolas GLACHAND, marchand, bourgeois de la ville d'Abbeville.

446. — De gueule, à un sautoir d'argent, chargé de cinq billettes d'azur.

447. — Jean de MIANNAY, marchand, bourgeois de la ville d'Abbeville.

447. — De sinople, à un chef d'or, chargé d'un annelet de sable.

448. — Jaque LEFEBURE, marchand, bourgeois de la ville d'Abbeville.

448. — De sinople, à une fasse bandée d'argent et de sable de six pièces.

449. — Jacques de QUEVAUVILLERS, marchand, bourgeois de la ville d'Abbeville.

449. — De sable, à une bande d'or, chargée d'une molette de sinople.

450. — Jean LEVESQUE, marchand, bourgeois de la ville d'Abbeville.

450. — De sable, à une barre écartelée d'argent et de sinople.

451. — Robert LANGAIGNE, notaire et procureur au siége d'Abbeville.

451. — D'or, à un chevron d'azur, chargé à la pointe d'une croisette d'argent.

452. — Robert de LANGAIGNE, fils, bourgeois de la ville d'Abbeville.

452. — D'or, à une croix de gueules, chargée en cœur d'une merlette d'argent.

453. — Robert LE BOUCHER DAILLY, écuier, capitaine au régiment de carabiniers du roy.

453. — D'or, à un sautoir de sinople, chargé en cœur d'une macle d'argent.

454. — N... PIOGER, femme de N... de SAINT-ELIER, conseiller du roy en la sénéchaussée de Ponthieu.

454. — D'or, à un chef de sable, chargé de trois billettes d'argent.

455. — Jean-Baptiste DU CHANTOY, conseiller du roy, assesseur en l'hôtel de ville d'Abbeville.

455. — D'argent, à une fasse d'azur, chargée d'un annelet d'or.

456. — Jean Calippe, prêtre, curé de Mareuil.

456. — D'argent, à un pal bandé de gueules et d'or de six pièces.

457. — Louis Maupin, conseiller du roy, son procureur au baillage de Rüe.

457. — D'argent, à une barre de sinople, chargée d'une molette d'or.

458 *bis*. — Jaque Gaillard, seigneur de Lannoy et autres lieux, conseiller du roy en la sénéchaussée de Ponthieu et siége présidial d'Abbeville, et Marie Michault sa femme.

458 *bis*. — D'argent, à un chevron écartelé de sable et d'or; *acolé :* d'azur, à une main apaumée d'argent.

459. — Charle le Sergeant, sieur de Bernavillé, avocat en parlement.

459. — D'azur, à une croix d'or, chargée en cœur d'une croisette de gueules.

460. — Nicolas Danzel, écuier, sieur d'Olfoy.

460. — D'azur, à un sautoir d'argent, chargé en cœur d'une molette de gueules.

461. — François Loevillier, prêtre, curé de la paroisse de Behen.

461. — De gueules, à un chef d'or, chargé d'une macle d'azur.

462. — Jean Lefebure, prêtre, curé de la paroisse de Hélicourt.

462. — De gueules, à une fasse d'argent, chargée de trois billettes d'azur.

463. — Augustin Le Vasseur, écuier, seigneur de Courtieux.

463. — De sinople, à un pal d'or, chargé d'un annelet de sable.

464. — Pierre Le Vasseur, écuier, sieur d'Andainville.

464. — De sinople, à une bande palée d'argent et de sable de six pièces.

465. — Charles de Belleval, écuier, sieur de la Neufville-Bois-Robert.

465. — De sable, à un chevron d'or, chargé d'une molette de sinople.

466. — Charles de Cacheleu, écuier, seigneur de Bouillancourt.

466. — De sable, à une croix écartelée d'argent de sinople.

467. — N... Danzel, fille, demoiselle.

467. — D'or, à un sautoir d'azur, chargé en cœur d'une croisette d'argent.

468. — N..., veuve de Pierre Poultier, bourgeois de la ville d'Abbeville.

468. — D'or, à un chef de gueules, chargé d'une merlette d'argent.

469. — Marie Danzel, fille, demoiselle.

469. — D'or, à une fasse de sinople, chargée d'une macle d'argent.

470. — Adrien Danzel, marchand, bourgeois de la ville d'Abbeville.

470. — D'or, à un pal de sable, chargé de trois bilettes d'argent.

471. — Jean Foucque, prêtre, curé de la paroisse de Saint-Jean-lez-Rüe.

471. — D'argent, à une bande d'azur, chargée d'un annelet d'or.

472. — Jean Bellier, prêtre, curé de la parôisse de Visme.

472. — D'argent, à une barre palée de gueules et d'or de six pièces.

473. — Jean-Baptiste de Montmignon, conseiller du roy au siége présidial et sénéchaussée de Ponthieu.

473. — D'argent, à une croix de sinople, chargée en cœur d'une molette d'or.

474. — Jean Carbonnier, marchand, bourgeois de la ville d'Abbeville.

474. — D'argent, à un sautoir écartelé de sable et d'or.

475. — François de Bouge, marchand, bourgeois de la ville d'Abbeville.

475. — D'azur, à un chef d'or, chargé d'une croisette de gueules.

476. — Jean-Charles Michault, marchand, bourgeois de la ville d'Abbeville.

476. — D'azur, à une fasse d'argent, chargée d'une merlette de gueules.

477. — Antoine Macqueron, marchand, bourgeois de la ville d'Abbeville.

477. — De gueules, à un pal d'or, chargé d'une macle d'azur.

478. — Thomas Firmin, marchand, bourgeois de la ville d'Abbeville.

478. — De gueules, à une bande d'argent, chargée de trois billettes d'azur.

479. — Nicolas Vincent, marchand, bourgeois de la ville d'Abbeville.

479. — De sinople, à une barre d'argent, chargée d'un annelet de sable.

480. — Nicolas du Vannel, marchand, bourgeois de la ville d'Abbeville.

480. — De sinople, à un chevron fassé d'argent et de sable de six pièces.

481. — Charles Darnault (d'Arnault), bourgeois de la ville d'Abbeville.

481. — De sable, à un sautoir d'or, chargé en cœur d'une molette de sinople.

482. — Jaque le Sergean(t), docteur en médecine à Abbeville.

482. — De sable, à un chef écartelé d'argent et de sinople.

483. — Charles Lucas, docteur en médecine et conseiller du roy, receveur des consignations à Abbeville.

483. — D'or, à une fasse d'azur, chargée d'une croisette d'argent.

484. — Jean du Ménil, marchand drapier et bourgeois de la ville d'Abbeville.

484. — D'or, à un pal de gueules, chargé d'une merlette d'argent.

485. — Marie-Jacqueline Vaillant, femme de N... Descaulles (d'Escaules) du Minil, écuyer.

485. — D'or, à une bande de sinople, chargée d'une macle d'argent.

486. — Jean Goret, prêtre, curé de la paroisse de Marteigneville.

486. — D'or, à une barre de sable, chargée de trois billettes d'argent.

487. — Nicolas Michault, marchand, bourgeois de la ville d'Abbeville.

487. — D'argent, à un chevron d'azur, chargé à la pointe d'un annelet d'or.

488. — Nicolas Pennel, prêtre, curé de la paroisse d'Arrest.

488. — D'argent, à une croix échiquetée de gueules et d'or.

489. — Claude Hermant, bourgeois de la ville d'Abbeville.

489. — D'argent, à une ancre de sinople.

490. — N... Lefebure de Cressy, fille.

490. — D'argent, à un chef de sable, chargé d'une molette d'or.

491. — Charles Papin, sieur Desfontaine, avocat en la sénéchaussée de Ponthieu et échevin en charge de la ville d'Abbeville.

491. — D'azur, à une fasse écartelée d'or et de gueules.

492. — Jean Foucque, bourgeois de la ville d'Abbeville.

492. — D'azur, à un pal d'argent, chargé d'une croisette de gueules.

493. — Charles Nourtier, prêtre, curé de la paroisse d'Huchesneville.

493. — De gueules, à une bande d'or, chargée d'une merlette d'azur.

494 *bis*. — Henry-Louis de Boubert (Boubers), écuier, sieur de Mannay et de Bernattre, et Madeleine Dorthe, sa femme.

494 *bis*. — De gueules, à une barre d'argent, chargée d'une macle d'azur; *acolé* : d'or, à une bande lozangée de gueules.

495. — Claude Meurice, bourgeois de la ville d'Abbeville.

495. — De sinople, à un chevron d'or, chargé de deux billettes de sable.

496. — Jean BOUJONNIER, procureur en la sénéchaussée de Ponthieu.

496. — De sinople, à une croix d'argent, chargée en cœur d'un annelet de sable.

497. — Jacque LE SOT, sieur de Roquemont, bourgeois de la ville d'Abbeville.

497. — D'argent, à un homme vêtu en meunier et monté sur un âne, passant sur une terrasse, l'homme à demy courbé et embrassant un gros sac noué vers la bouche, qu'il porte sur son dos et sur sa tête, le tout au naturel.

498. — Marie de COURT, femme de Pierre de GALETTE, écuier, seigneur de Neuilly.

498. — De sable, à un sautoir palé d'or et de sinople de six pièces.

499. — Antoine FORMENTIN, prêtre, curé de la paroisse de Sainte-Catherine de la ville d'Abbeville.

499. — De sable, à une fasse d'argent, chargée d'une molette de sinople.

500. — André HOCQUET, marchand, brasseur et bourgeois de la ville d'Abbeville.

500. — D'or, à un pal écartelé d'azur et d'argent.

501. — Jaque ANGER, marchand, bourgeois de la ville d'Abbeville.

501. — D'or, à une bande de gueules, chargée d'une croisette d'argent.

502. — Philippe MICHAULT, marchand, bourgeois et échevin en charge de la ville d'Abbeville.

502. — D'or, à une barre de sinople, chargée d'une merlette d'argent.

503. — Jean PLANTARD, marchand de vins et bourgeois de la ville d'Abbeville.

503. — D'or, à un chevron de sable, chargé à la pointe d'une macle d'argent.

504. — Jean du VANNEL, marchand de vins et bourgeois de la ville d'Abbeville.

504. — D'argent, à une croix d'azur, chargée de cinq billettes d'or.

505. — André MICHAULT, marchand, bourgeois de la ville d'Abbeville.

505. — D'or, à un sautoir de gueules, chargé en cœur d'un annelet d'or.

506. — La communauté des *Cabaretiers* à bierre de la ville d'Abbeville.

506. — D'argent, à un chef bandé de sinople et d'or de six pièces.

507. — Pierre FIRMIN, marchand, bourgeois de la ville d'Abbeville.

507. — D'argent, à un pal de sable, chargé d'une molette d'or.

508. — André de Lignière, marchand brasseur et bourgeois de la ville d'Abbeville.

508. — D'azur, à une bande écartelée d'or et de gueules.

509. — André de Lignière, marchand, bourgeois de la ville d'Abbeville.

509. — D'azur, à une barre d'argent, chargée d'une croisette de gueules.

510. — N... Assegond, marchand, bourgeois de la ville d'Abbeville.

510. — De gueules, à un chevron d'or, chargé à la pointe d'une merlette d'azur.

511. — N..., veuve de Robert Delcourt, bourgeois de la ville d'Abbeville.

511. — De gueules, à une croix d'argent, chargée en cœur d'une macle d'azur.

512. — François du Val, marchand, bourgeois de la ville d'Abbeville.

512. — De sinople, à un sautoir d'or, chargé de cinq billettes de sable.

513. — Antoine Obry, marchand, bourgeois de la ville d'Abbeville.

513. — De sinople, à un chef d'argent, chargé d'un annelet de sable.

514. — Blaise du Val, marchand, bourgeois de la ville d'Abbeville.

514. — De sable, à une fasse bandée d'or et de sinople de six pièces.

515. — N... Hermant, veuve de N... de Miraumont, bourgeois de la ville d'Abbeville.

515. — De sable, à une bande d'argent, chargée d'une molette de sinople.

516. — N... de Guevauvillier (Quevauvillier), prêtre, chanoine de Saint-Vulfran de la ville d'Abbeville.

516. — D'or, à une barre écartelée d'azur et d'argent.

517. — Élisabeth-Françoise Michault, fille, bourgeoise de la ville d'Abbeville.

517. — D'or, à un chevron de gueules, chargé à la pointe d'une croisette d'argent.

518. — Anne Sanson, fille, bourgeoise de la ville d'Abbeville.

518. — D'or, à une croix de sinople, chargée en cœur d'une merlette d'argent.

519. — N... Le Berger, prêtre, curé de la paroisse de Saint-Vulfran de la ville d'Abbeville.

519. — D'or, à un sautoir de sable, chargé en cœur d'une macle d'argent.

520. — Nicolas de Boulogne, conseiller du roy et son procureur en l'amirauté d'Abbeville.

520. — D'argent, à un chef d'azur, chargé de 3 billettes d'or.

521. — Antoine RICOUART, marchand et bourgeois de la ville d'Abbeville.

521. — D'argent, à une fasse de gueules, chargée d'un annelet d'or.

522. — Henry de HERTE, prêtre, curé de la paroisse de Quend.

522. — D'argent, à un pal bandé de sinople et d'or de six pièces.

523. — Honoré LE ROY, marchand, bourgeois de la ville d'Abbeville.

523. — D'argent, à une barre de sable, chargée d'une molette d'or.

524. — Adrien GALLET, le jeune, avocat en la sénéchaussée de Ponthieu, au siége présidial d'Abbeville.

524. — D'azur, à un chevron écartelé d'or et de gueules.

525. — Marie DU MAISNIEL, veuve de N... de FORTONVAL, bourgeois de la ville d'Abbeville.

525. — D'azur, à une croix d'argent, chargée en cœur d'une croisette de gueules.

526. — Philippe de BROULELLE (Broulette), sieur de Cocquerel, bourgeois de la ville d'Abbeville.

526. — De gueules, à un sautoir d'or, chargé en cœur d'une merlette d'azur.

527. — Élisabeth-Ursule LE CLERQ, femme de François-Léonor DU FOUR, écuier, seigneur de Thub(e)auville.

527. — De gueules, à un chef d'argent, chargé d'une macle d'azur.

528. — Marie du MAISNIEL, femme de N.(Louis) de NIENCOURT (Riencourt).

528. — De sinople, à une fasse d'or, chargée de trois billettes de sable.

529. — N..., prêtre, curé du Crottoy.

529. — De sinople, à un pal d'argent, chargé d'un annelet de sable.

530. — N... ROUSSEL, prêtre, curé de la paroisse de Saint-Firmin.

530. — De sable, à une bande palée d'or et de sinople de six pièces.

531. — N... LE GRAND, prêtre, curé de la paroisse de Cocquerel.

531. — De sable, à un chevron d'argent, chargé d'une molette de sinople.

532. — N... de PONTHIEUX, prêtre, curé de la paroisse de Tilher.

532. — D'or, à une croix écartelée d'azur et d'argent.

533. — N... VALLABLED, prêtre, curé de la paroisse d'Onvilliers.

533. — D'or, à un sautoir de gueules, chargé en cœur d'une croisette d'argent.

534. — N... ACLOQUE, prêtre, curé de la paroisse de Genvillers (Genville).

534. — D'or, à un chef de sinople, chargé d'une merlette d'argent.

535. — N... VAILLANT, prêtre, curé de Noyelle et Escourt (Ecourt).

535. — D'or, à une fasse de sable, chargée d'une macle d'argent.

536. — N... de BROCQUEVILLERS, prêtre, curé de Gapenne(s).

536. — D'argent, à un pal d'azur, chargé de trois billettes d'or.

537. — N... GUEVAL, prêtre, curé de la Broye.

537. — D'argent, à une bande de gueules, chargée d'un annelet d'or.

538. — N... BARBIER, prêtre, curé de la paroisse de Canchy.

538. — D'argent, à une barre pallée de sinople et d'or de six pièces.

BOULOGNE

SUIVANT L'ORDRE DU REGISTRE Ier

185. — Le prieuré du (de) *Vaast*.

185. — D'argent, à une croix de sable, chargée en cœur d'une molette d'or.

189. — Le séminaire de *Boulogne*.

189. — D'azur, à un sautoir écartelé d'or et de gueules.

191. — Marguerítte LE CAMUS DU LUQUET, demoiselle.

191. — D'azur, à un chef d'argent, chargé d'une croisette de gueules.

192. — Jaque-Antoine MOREL, chanoine de l'église cathédrale de Boulogne.

192. — De gueules, à une fasse d'or, chargée d'une merlette d'azur.

194. — Baltazard FLAHAULT, chanoine de l'église catédralle Notre-Dame de Boulogne.

194. — De gueules, à un pal d'argent, chargé d'une macle d'azur.

195. — François CANNET, chanoine de l'église catédralle Notre-Dame de Boulogne.

195. — De sinople, à une bande d'or, chargée de trois billettes de sable.

198. — Jaque DU CROCQ, chanoine de l'église catédralle Notre-Dame de Boulogne.

198. — De sinople, à une barre d'argent, chargée d'un annelet de sable.

199. — Louis GENEAU, receveur de l'abbaye de Samer.

199. — De sable, à un chevron fassé d'or et de sinople de six pièces.

200. — Charle Retard, grand chantre de l'église catédralle Notre-Dame de Boulogne et curé de Saint-Joseph.

200. — De sable, à un sautoir d'argent, chargé en cœur d'une molette de sinople.

201. — Claude Flahault, prêtre, curé de la paroisse de Samer.

201. — D'or, à un chef écartelé d'azur et d'argent.

202. — Pierre de Framery, chanoine théologal de l'église catédralle Notre-Dame de Boulogne.

202. — D'or, à une fasse de gueules, chargée d'une croisette d'argent.

203. — Marie des Essars, veuve de N... de Belle Isle, écuier.

203. — D'or, à un pal de sinople, chargé d'une merlette d'argent.

205. — Philippe Clerc, prêtre, curé d'Hodinghan.

205. — D'or, à une bande de sable, chargée d'une macle d'argent.

207. — La communauté des *Chapelains* de l'église catédralle Notre-Dame de Boulogne.

207. — D'argent, à une barre d'azur, chargée de trois billettes d'or.

208. — Nicolas Sandron, bourgeois de la ville de Boulogne.

208. — D'argent, à un chevron de gueules, chargé à la pointe d'un armelet d'or.

210. — Pierre Miellet, notaire royal et bailly de Samer.

210. — D'argent, à une croix échiquetée de sinople et d'or.

211. — N... de Roussel, prêtre, curé d'Audembert.

211. — D'argent, à un ancre de sable.

212. — Jean le Porcq, avocat au parlement.

212. — D'azur, à un chef d'or, chargé d'une molette de gueules.

213. — Philippes Roche, prêtre, curé de la paroisse de Wissan(t).

213. — D'azur, à une fasse écartelée d'argent et de gueules.

217. — François Carinne, prêtre, curé de la paroisse de Terdingan.

217. — De gueules, à un pal d'or, chargé d'une croisette d'azur.

218. — N... Bardet, prêtre, curé de la paroisse de Bourthes.

218. — De gueules, à une bande d'argent, chargée d'une molette d'azur.

219. — N..., prêtre, curé et doyen de Tienbrone (Thiembronne).

219. — De sinople, à une barre d'or, chargée d'une macle de sable.

220. — N... de LA FOLIE, écuier, seigneur de la paroisse d'Ardingham (Hardinghen).

220. — De sinople, à un chevron d'argent, chargé de deux billettes de sable.

222. — La communauté des religieux de l'abbaye de *Samer*.

222. — De sable, à une croix d'or, chargée en cœur d'un annelet de sinople.

223. — Marie CRANDALE (Crendalle), veuve d'Antoine de LATTRE, écuier, sieur de Menegard.

223. — De sable, à un sautoir palé d'argent et de sinople de six pièces.

226. — N..., prêtre, curé de la paroisse d'Ergny.

226. — D'or, à une fasse d'azur, chargée d'une molette d'argent.

227. — N... PETIT, doyen d'Alette.

227. — D'or, à un pal écartelé de gueules et d'argent.

228. — N..., prêtre, curé de la paroisse d'Autreau (Outreau).

228. — D'or, à une bande de sinople, chargée d'une croisette d'argent.

229. — N..., prêtre, curé de la paroisse de Camier(s).

229. — D'or, à une barre de sable, chargée d'une merlette d'argent.

230. — N..., prêtre, curé de la paroisse de Dannes.

230. — D'argent, à un chevron d'azur, chargé à la pointe d'une macle d'or.

232. — Toussaint ONGLEVERT, avocat à Boulogne.

232. — D'argent, à une croix de gueules, chargée de cinq billettes d'or.

234. — N... BRUXELLES, prêtre, curé de la paroisse de Neufchâtel.

234. — D'argent, à un sautoir de sinople, chargé en cœur d'un annelet d'or.

235. — N..., prêtre, curé de la paroisse de Binchin (Bainethun).

235. — D'argent, à un chef bandé de sable et d'or de six pièces.

238. — Jean STRICQ, ancien mayeur de la ville de Boulogne.

238. — D'azur, à un pal d'or, chargé d'une molette de gueules.

239. — N..., prêtre, curé de la paroisse d'Aisque (Isque).

239. — D'azur, à une bande écartelée d'argent et de gueules.

241. — André CARMIER, marchand, bourgeois de la ville de Boulogne.

241. — De gueules, à une barre d'or, chargée d'une croisette d'azur.

242. — N... DU VAL, marchand, échevin de la ville de Boulogne.

242. — De gueules, à un chevron d'argent, chargé à la pointe d'une merlette d'azur.

243. — Adrienne FLAHAULT, fille.

243. — De sinople, à une croix d'or, chargée en cœur d'une macle de sable.

244. — N..., prêtre, curé de la paroisse d'Herly.

244. — De sinople, à un sautoir d'argent, chargé de cinq billettes de sable.

246. — N..., prêtre, curé de la paroisse de Landret(h)un.

246. — De sable, à un chef d'or, chargé d'un annelet de sinople.

247. — N... LE CAT, prêtre, curé de la paroisse de Wimille.

247. — De sable, à une fasse bandée d'argent et de sinople de six pièces.

248. — François CASIN, marchand, bourgeois de la ville de Boulogne.

248. — D'or, à une bande d'azur, chargée d'une molette d'argent.

249. — Hugues LE PORCQ d'Imbertun, avocat au parlement aux siéges de Boulogne.

249. — D'or, à une barre écartelée de gueules et d'argent.

251. — Robert OUVRIANT fils, marchand, bourgeois de la ville de Boulogne.

251. — D'or, à un chevron de sinople, chargé à la pointe d'une croisette d'argent.

252. — N... d'ANDRUY, avocat au parlement et aux siéges de Boulogne.

252. — D'or, à une croix de sable, chargée en cœur d'une merlette d'argent.

253. — N... de ROQUIGNY Palcheux, écuier, chanoine de l'église catédrale Notre-Dame de Boulogne.

253. — D'or, à un sautoir d'azur, chargé en cœur d'une macle d'or.

254. — N... de MONCHY, écuier, chanoine de l'église catédrale Notre-Dame de Boulogne.

254. — D'argent, à un chef de gueules, chargé de trois billettes d'or.

255. — N... BLONDET, chanoine de l'église catédrale Notre-Dame de Boulogne.

255. — D'argent, à une fasse de sinople, chargée d'un annelet d'or.

256. — N... DES FOURNEAUX, chanoine de l'église catédralle Notre-Dame de Boulogne.

256. — D'argent, à un pal bandé de sable et d'or de six pièces.

257. — N..., prêtre, curé de la paroisse de Loteux.

257. — D'azur, à une barre d'or, chargée d'une molette de gueules.

258. — N... CUVILLIER, marchand, bourgeois de la ville de Boulogne.

258. — D'azur, à un chevron écartelé d'argent et de gueules.

259. — Robert WIANT père, marchand, bourgeois de la ville de Boulogne.

259. — De gueules, à une croix d'or, chargée en cœur d'une croisette d'azur.

261. — Oudart de LASTRES, sieur de Legnes, conseiller du roy, lieutenant criminel au siége royal de Boulogne.

261. — De gueules, à un sautoir d'argent, chargé en cœur d'une merlette d'azur.

263. — Charles LADMIRAUD, bourgeois de la ville de Boulogne.

263. — De sinople, à un chef d'or, chargé d'une macle de sable.

266. — Claude MONTEWIS, receveur des traittes au bureau de Surennes.

266. — De sinople, à une fasse d'argent, chargée de trois billettes de sable.

267. — François CAMAJOR, prêtre, curé de la paroisse de Saint-Étienne.

267. — De sable, à un pal d'or, chargé d'un annelet de sinople.

269. — Antoine MORAULT, sieur de Vernicourt, ancien garde du corps du roy.

269. — De sable, à une bande palée d'argent et de sinople de six pièces.

270. — Christophe BRACBIEN, prêtre, curé de la paroisse de Rinxen(t) et Hidrequen (Hydrequent).

270. — D'or, à un chevron d'azur, chargé à la pointe d'une molette d'argent.

271. — François de BEAUSSART, prêtre, curé de la paroisse de Wirwi(g)ne(s).

271. — D'or, à une croix écartelée de gueules et d'argent.

275. — N... PETIT, prêtre, curé de la paroisse de Neuville.

275. — D'or, à un sautoir de sinople, chargé en cœur d'une croisette d'argent.

276. — Clozze de ROUSSAN(T), prêtre, curé de la paroisse de Tingry.

276. — D'or, à un chef de sable, chargé d'une merlette d'argent.

277. — La ville de *Boulogne*.

277. — D'argent, à une fasse d'azur, chargée d'une macle d'or.

278. — Victor LE PORCQ, écuier, seigneur d'Ausque.

278. — D'argent, à un pal de gueules, chargé de 3 billettes d'or.

280. — N... DAUPHIN, bourgeois et marchand de la ville d'Estappes (Etaples).

280. — D'argent, à une bande de sinople, chargée d'un annelet d'or.

281. — Adrien d'AUCELLE, prêtre, curé de la paroisse de Nédonchelle.

281. — D'argent, à une barre palée de sable et d'or de six pièces.

283. — La communauté des maîtres *Boulangers*, *Serruriers*, *Fourbisseurs*, *Chaudronniers* et *Taillandiers* de la ville de Boulogne.

283. — D'azur, à une croix d'or, chargée en cœur d'une molette de gueules.

284. — La communauté des maîtres *Cordonniers*, *Talonniers*, *Chapeliers*, *Savetiers*, *Potiers* d'étain et de terre de la ville de Boulogne.

284. — D'azur, à un sautoir écartelé d'argent et de gueules.

285. — La communauté des *Hôteliers*, *Bouchers*, *Lardiers* et *Cuisiniers* de la ville de Boulogne.

285. — De gueules, à un chef d'or, chargé d'une croisette d'azur.

286. — La communauté des maîtres *Tanneurs*, *Scelliers*, *Bourliers* et *Gantiers* de la ville de Boulogne.

286. — De gueules, à une fasse d'argent, chargée d'une merlette d'azur.

287. — La communauté des maîtres *Chirurgiens*, *Apotiquaires*, *Barbiers* et *Peruquiers* de la ville de Boulogne.

287. — De sinople, à un pal d'or, chargé d'une macle de sable.

288. — N... de CANDAL, prêtre, curé de Franc.

288. — De sinope, à une bande d'argent, chargé de trois billettes de sable.

289. — Charle GRESSIER, cy-devant controlleur des exploits à Boulogne.

289. — De sable, à une barre (d'or), chargée d'un annelet de sinople.

290. — N... GIRARD, chanoine de l'église catédralle Notre-Dame de Boulogne.

290. — De sable, à un chevron fassé d'argent et de sinople de six pièces.

291. — N... BACHELIER, chanoine de l'église catédralle Notre-Dame de Boulogne.

291. — D'or, à un sautoir d'azur, chargé en cœur d'une molette d'argent.

292. — N... MOLMY, notaire royal et procureur à Surenne.

292. — D'or, à un chef écartelé de gueules, et d'argent.

293. — La communauté des marchands *Drapiers* et *Merciers* de la ville de Boulogne.

293. — D'or, à une fasse de sinople, chargée d'une croisette d'argent.

294. — N... HACHE, sieur d'Erval, bourgeois de la ville de Boulogne.

294. — D'or, à un pal de sable, chargé d'une merlette d'argent.

295. — Henry VITEUX, échevin de la ville de Boulogne.

295. — D'argent, à une bande d'azur, chargée de (d'une) macle d'or.

296. — N... ROUTIER, avocat en parlement et aux siéges de Boulogne.

296. — D'argent, à une bande de gueules, chargée de trois billettes d'or.

297. — N... Le Porcq, marchand, bourgeois de la ville de Boulogne.

297. — D'argent, à un chevron de sinople, chargé à la pointe d'un annelet d'or.

298. — N... Grandal, conseiller du roy, substitut de son procureur au siége de Boulogne.

298. — D'argent, à une croix échiquetée de sable et d'or.

299. — N... Routtier, marchand, négotiant et bourgeois de la ville de Boulogne.

299. — D'azur, à une ancre d'or.

300. — N... de Niel, prêtre, curé d'Alinct(h)un.

300. — D'azur, à un chef d'argent, chargé d'une molette de gueules.

301. — N... le Maitre, chanoine de l'église catédrale Notre-Dame de Boulogne.

301. — De gueules, à une fasse écartelée d'or et d'azur.

302. — Barbe du Blaizel, veuve de N... du Blaizel, écuier.

302. — De gueules, à un pal d'argent, chargé d'une croisette d'azur.

303. — N... Quennequin, procureur et notaire à Surenne.

303. — De sinople, à une bande d'or, chargée d'une merlette de sable.

304. — Antoinette Danique, dame Du Manoir.

304. — De sinople, à une barre d'argent, chargé d'une macle de sable.

305. — Renné Le Grand, veuve de N... de Fromessan.

305. — De sable, à un chevron d'or, chargé de deux billettes de sin[illegible]

306. — Elisabeth de Roussel, veuve de N... (Patras) de Campagno, écuier, dame d'Aubaugue.

306. — De sable, à [illegible] oix d'argent, chargée en cœur d'un an[illegible] de sinople.

307. — N... Vassal, prêtre, curé de la paroisse de Colembert.

307. — D'or, à un sautoir palé d'azur, et d'argent de six pièces.

308. — N... Dagbert, prêtre, curé de la paroisse de Saint-Nicolas de la basse ville de Boulogne.

308. — D'or, à une fasse de gueules, chargée d'une molette d'argent.

309. — N... Bachilier, prêtre, curé de la paroisse du Rély.

309. — D'or, à un pal écartelé de sinople et d'argent.

311. — N... Wiart, marchand et ancien mayeur de la ville d'Estappes (Etaples).

311. — D'or, à une bande de sable, chargée d'une croisette d'argent.

313. — N... du Plessy, écuier, sieur d'Enneveux (Henneveux).

313. — D'argent, à une barre d'azur, chargé d'une molette d'or.

314. — N... du Mets, prêtre, curé de la paroisse de Nouvillers.

314. — D'argent, à un chevron de gueules, chargé à la pointe d'une macle d'or.

315. — N... Masteau, receveur des traittes au bureau d'Estappes (Etaples).

315. — D'argent, à une croix de sinople, chargée de cinq billettes d'or.

316. — N... Blondet, docteur en médecine en la ville de Boulogne.

316. — D'argent, à un sautoir de sable, chargé en cœur d'un annelet d'or.

318. — N... Leveux, trésorier de l'église catédralle Notre-Dame de Boulogne.

318. — D'azur, à un chef bandé d'or et de gueules de six pièces.

319. — Le corps des officiers de la maréchaussée de *Boulogne*.

319. — D'azur, à un pal d'argent, chargé d'une molette de gueules.

320. — Le corps des officiers de la sénéchaussée de *Boulogne*.

320. — [illegible] gueules, à une bande écartelée d'or et [illegible]zur.

321. — N... de Lattre, écuier, sieur de Menegard.

321. — De gueules, à une barre d'argent, chargée d'une croisette d'azur.

322. — Le corps des officiers de la maîtrise des eaux et forestz de *Boulogne*.

322. — De sinople, à un chevron d'or, chargé à la pointe d'une merlette de sable.

323. — [illegible] Magnon, procureur, notaire et receveur des consignations en la sénéchaussée de Boulogne.

323. — De sinople, à une croix d'argent, chargée en cœur d'une macle de sable.

324. — N... du Buison, marchand, bourgeois de la ville de Boulogne.

324. — De sable, à un sautoir d'or, chargé de cinq billettes de sinople.

325. — N... du Monchet (Monchel), écuier, major au régiment de la Vallière, cavalerie.

325. — De sable, à un chef d'argent, chargé d'un annelet de sinople.

326. — N... prieur d'*Herly*.

326. — D'or, à une fasse bandée d'azur et d'argent de six pièces.

327. — N... Huet, conseiller du roy, lieutenant en la maîtrise des eaux et forest de Boulogne.

327. — D'or, à une bande de gueules, chargée d'une molette d'argent.

328. — N... Balno, garde magasin Boulogne.

328. — D'or, à une barre écartelée de sinople et d'argent.

329. — N... Hubert, receveur au bureau des aydes de Boulogne.

329. — D'or, à un chevron de sable, chargé à la pointe d'une croisette d'argent.

330. — N... du Valoy, avocat en la sénéchaussée de Boulogne.

330. — D'argent, à une croix d'azur, chargée en cœur d'une merlette d'or.

331. — N... Léotté, fille majeure.

331. — D'argent, à un sautoir de gueules, chargé en cœur d'une macle d'or.

332. — N... de Lomerard, avocat au parlement et en la sénéchaussée de Boulogne.

332. — D'argent, à un chef de sinople, chargé de trois billettes d'or.

333. — N... du Crocq, greffier de l'amirauté de Boulogne.

333. — D'argent, à une fasse de sable, chargée d'un annelet d'or.

AIRE

SUIVANT L'ORDRE DU REGISTRE Ier

32. — La communauté des religieuses pénitentes de la ville d'*Aire*.

32. — D'azur, à un pal bandé d'or et de gueules de 6 pièces.

33. — La communauté des maîtres *Brasseurs* de la ville d'Aire.

33. — D'azur, à une barre [illegible]nt, chargée d'une molette d'or.

34. — N... Hirmez, échevin à son tour de la ville d'Aire.

34. — De gueules, à un chevron écartelé d'or et d'azur.

35. — La communauté des *Hosteliers* et *Cabaretiers* de la ville d'Aire.

35. — De gueules, à une croix d'argent, chargée en cœur d'une croisette d'azur.

36. — La communauté des maître *Tonneliers* et *Charpentiers* de la ville d'Aire.

36. — De sinople, à un sautoir d'or, chargé en cœur d'une merlette de sable.

37. — La communauté des maîtres *Maçons*, *Couvreurs*, *Potiers* de terre et marchands de pots de la ville d'Aire.

37. — De sinople, à un chef d'argent, chargé d'une macle de sable.

38. — La communauté des marchands de *fer* de la ville d'Aire.

38. — De sable, à une fasse d'or, chargée de trois billettes de sinople.

39. — La communauté des marchands *Serruriers*, *Maréchaux*, *Selliers* et *Fourbisseurs* de la ville d'Aire.

39. — De sable, à un pal d'argent, chargé d'un annelet de sinople.

40. — La communauté des maîtres *Orphèvres*, *Chaudronniers* et *Quincaillers* de la ville d'Aire.

40. — D'or, à une bande palée d'azur et d'argent de 6 pièces.

41. — La communauté des religieuses *Béguines* de la ville d'Aire.

41. — D'or, à un chevron de gueules, chargé à la pointe d'une molette d'argent.

42. — La communauté des *Aubergistes*, *Cuisiniers*, *Vinaigriers* et *Satiniers* de la ville d'Aire.

42. — D'or, à une croix écartelée de sinople et d'argent.

43. — La communauté des maîtres *Mandeliers*, *Peintres* et *Vitriers* de la ville d'Aire.

43. — D'or, à un sautoir de sable, chargé en cœur d'une croisette d'argent.

44. — La communauté des maîtres *Savetiers* de la ville d'Aire.

44. — D'argent, à un chef d'azur, chargé d'une merlette d'or.

45. — La commnnauté des maîtres *Batteliers* de la ville d'Aire.

45. — D'argent, à une fasse de gueules, chargée d'une macle d'or.

46. — La communauté des maîtres *Tanneurs* de la ville d'Aire.

46. — D'argent, à un pal de sinople, chargé de trois billettes d'or.

47. — La communauté des maîtres *Cordonniers* de la ville d'Aire.

47. — D'argent, à une bande de sable, chargée de trois annelets d'or.

48. — La communauté des maîtres *Corroyers* et *Pelletiers* de la ville d'Aire.

48. — D'or, à une barre palée d'or et de gueules de 6 pièces.

49. — La communauté des maîtres *Graissiers* de la ville d'Aire.

49. — D'azur, à une croix d'argent, chargée en cœur d'une molette de gueules.

50. — La communauté des marchands de *Toille* et *Tisserands* de la ville d'Aire.

50. — De gueules, à un sautoir écartelé d'or et d'azur.

51. — N... Le Bailly, demoiselle.

51. — De gueules, à un chef d'argent, chargé d'une croisette d'azur.

52. — La communauté des *Drapiers* de la ville d'Aire.

52. — De sinople, à une fasse d'or, chargée d'une merlette de sable.

53. — N... de Béchet, dame.

53. — De sinople à un pal d'argent, chargé d'une macle de sable.

54. — La communauté des *Apotiquaires* de la ville d'Aire.

54. — De sable à une bande d'or, chargée de 3 billettes de sinople.

55. — La communauté des maîtres *Boulangers* et *Merciers* de la ville d'Aire.

55. — De sable, à une barre d'argent, chargée d'un annelet de sinople.

56. — N... Théry, chanoine de l'église collégialle de Saint-Pierre d'Aire.

56. — D'or, à un chevron fassé d'azur, et d'argent de six pièces.

57. — N... le Leu, recéveur des États d'Artois et échevin de la ville d'Aire.

57 — D'or, à un sautoir de gueules, chargé en cœur d'une molette d'argent.

58 *bis.* — François de Brandt, écuier, sieur de Marconne, mayeur à son tour de la ville d'Aire et Marie Isabelle de Salperwicq, sa femme.

58 *bis.* — D'or, à un chef écartelé de sinople et d'argent; *acolé :* de gueules, à une salière d'or.

59. — N... Prévost, chanoine de l'église collégialle de Saint-Pierre d'Aire.

59. — D'or, à une fasse de sable, chargée d'une croisette d'argent.

60. — N... Hersin, chanoine de l'église collégiale de Saint-Pierre d'Aire.

60. — D'argent, à un pal d'azur, chargé d'une molette d'or.

61. — N... Bernard, écolastre et chanoine de l'église collégiale de Saint-Pierre d'Aire.

61. — D'argent, à une bande de gueules, chargée d'une macle d'or.

62. — N... Craissin, doyen de l'église collégialle de Saint-Pierre d'Aire.

62. — D'argent, à une barre de sinople, chargée de trois billettes d'or.

63. — N... Carpentier, échevin à son tour de la ville d'Aire.

63. — D'argent, à un chevron de sable, chargé à la pointe d'un annelet d'or.

64. — N... Courtin, échevin de la ville d'Aire.

64. — D'azur, à une croix échiquetée d'or et de gueules.

65. — N... Cordonnier, échevin de la ville d'Aire.

65. — D'or, à une ancre d'argent.

66. — N... BOUDENOT, chanoine de l'église collégialle de Saint-Pierre d'Aire.

66. — De gueules, à un chef d'or, chargé d'une molette d'azur.

67. — N... BRUNEL, chanoine de l'église collégiale de Saint-Pierre d'Aire.

67. — D'azur, à une fasse écartelée d'argent et d'azur.

68. — N... COCUD, échevin de la ville d'Aire.

68. — De sinople, à un pal d'or, chargé d'une croisette de sable.

69. — N... HANICOTTE, échevin à son tour de la ville d'Aire.

69. — De sinople, à une bande d'argent, chargée d'une merlette de sable.

70. — N... DU CROCQ, échevin à son tour de la ville d'Aire.

70. — De sable, à une barre d'or, chargée d'une macle de sinople.

71. — N... LE PETIT, chanoine de l'église collégialle de Saint-Pierre de la ville d'Aire.

71. — De sable, à un chevron d'argent, chargé de deux billettes de sinople.

72. — N... CHELERS, chanoine de l'église collégiale de Saint-Pierre de la ville d'Aire.

72. — D'or, à une croix d'azur, chargée en cœur d'un annelet d'argent.

73. — François FLAMER, échevin à son tour de la ville d'Aire.

73. — D'or, à un sautoir palé de gueules et d'argent de six pièces.

74. — N... CROISSY, chanoine de l'église collégialle de Saint-Pierre d'Aire.

74. — D'or, à une fasse de sinople, chargée d'une molette d'argent.

75. — N... DAMAN, chanoine de l'église collégialle de Saint-Pierre d'Aire.

75. — D'or, à un pal écartelé de sable et d'argent.

76. — N... VÉRAUD, chanoine de l'église collégialle de Saint-Pierre d'Aire.

76. — D'argent, à une bande d'azur, chargée d'une croisette d'or.

77. — N... BARBAUT, médecin et échevin à son tour de la ville d'Aire.

77. — D'argent, à une barre de gueules, chargée d'une merlette d'or.

78. — N... SÉNÉCHAL, échevin de la ville d'Aire.

78. — D'argent, à un chevron de sinople, chargé à la pointe d'une macle d'or.

79. — N... WANIN LEVIEL, chanoine de l'église collégialle de Saint-Pierre d'Aire.

79. — D'argent, à une croix de sable, chargée de cinq billettes d'or.

HESDIN

SUIVANT L'ORDRE DU REGISTRE 1er

42. — François LEVASSEUR, écuyer, sieur de Montigny.

42. — D'azur, à un sautoir d'or, chargé en cœur d'un annelet de gueules.

43 *bis*. — François de RAINCHEVAL, écuyer, seigneur d'Harponville, Vise et Ponchelle en partie et Marie-Madeleine de BOUBERT (Boubers), sa femme.

43 *bis*. — D'azur, à un chef bandé d'argent et de gueules de six pièces; *acolé :* de gueules, à une poupée d'argent.

44. — Catherine COUCHOUT (Couchaut), veuve d'Adrien OUSSELIN, seigneur de Torfontaine (Tortefontaine).

44. — De gueules, à un pal d'or, chargé d'une molette d'azur.

SAINT-POL

SUIVANT L'ORDRE DU REGISTRE 1er

12. — Englebert Frédéric, comte de BRIAS (Bryas).

12. — De gueules, à une bande écartelée d'argent et d'azur.

13. — Willermaine de MÉRODES, femme d'Englebert Frédéric, comte de BRIAS (Bryas).

13. — De sinople, à une barre d'or, chargée d'une croisette de sable.

15. — Le Prieuré de *Beaurainville*.

15. — De sinople, à un chevron d'argent, chargé à la pointe d'une merlette de sable.

17. — Maximilien Désiré de WIGNACOURT, chevalier, marquis dudit lieu.

17. — De sable, à une croix d'or, chargée en cœur d'une macle de sinople.

44. — Louis Antoine de QUÉROUVAL (Le Vasseur de Guernonval), écuyer, seigneur du Valhuon.

44. — De sable, à un sautoir d'argent, chargé de cinq billettes de sinople.

45 *bis*. — Philibert Albert de SAINTE-ALDEGONDE, chevalier, baron de Bours et N..., sa femme.

45 *bis*. — D'or, à un chef d'azur, chargé d'un annelet d'argent; *accolé :* de gueules, à un pal lozangé d'argent.

56. — Le chapitre de l'église collégiale de la ville de *Saint-Pol*.

56. — D'or, à une fasse bandée de gueules et d'argent de six pièces.

58. — Le Prieuré de *Fronnecourt* (Framecourt).

58. — D'or, à une bande de sinople, chargée d'une molette d'argent.

59. — La ville de *Pernes*.

59. — D'or, à une barre écartelée de sable et d'argent.

60. — Le corps du magistrat du bourg de *Frévent*.

60. — D'argent, à un chevron d'azur, chargé à la pointe d'une croisette d'or.

61. — Antoine Rogier, bailly d'Auchy.

61. — D'argent à une croix de gueules, chargée en cœur d'une merlette d'or.

62. — Philippe de Célers, prêtre religieux de Dommartin et curé de la paroisse de Werchin.

62. — D'argent, à un sautoir de sinople, chargé en cœur d'une macle d'or.

63. — N... De Coupigny d'Hervé (Hénu).

63. — D'argent, à un chef de sable, chargé de trois billettes d'or.

64. — N... de Pars (Partz), sieur d'Esquire moderne.

64. — D'azur, à une fasse d'or, chargée d'un annelet de gueules.

65. — Pierre Planchon, ancien majeur du bourg de Frévent.

65. — D'azur, à un pal bandé d'argent et de gueules de six pièces.

66. — Michel Ausselin, ancien majeur du bourg de Frévent.

66. — De gueules, à une barre d'or, chargée d'une molette d'azur.

67. — Martin de Villiers, notaire et ancien maïeur du bourg de Frévent.

67. — De gueules, à un chevron écartelé d'argent et d'azur.

68. — Estors Sonnier, ancien majeur du bourg de Frévent.

68. — De sinople, à une croix d'or, chargée en cœur d'une croisette de sable.

69. — Géry Le Jeune, prêtre, prieur, curé de la paroisse de Goüy Ternas.

69. — De sinople, à un sautoir d'argent, chargé en cœur d'une merlette de sable.

70. — N... prestre, prieur, curé du grand *Rullecourt*.

70. — De sable, à un chef d'or, chargé d'une macle de sinople.

71. — Noel Bourel, bailly de Suz-Saint-Léger.

71. — De sable, à une fasse d'argent, chargée de trois billettes de sinople.

72. — Louis de MONCHEAUX, sieur d'Estoivre.

72. — D'or, à un pal d'azur, chargé d'un annelet d'argent.

73. — Jean DAMIENS, lieutenant de la principauté de Croisette.

73. — D'or, à une bande palée de gueules et d'argent de six pièces.

74. — Le prieuré de *Pas*.

74. — D'or, à un chevron de sinople, chargé à la pointe d'une molette d'argent.

75. — N... DU BRIS, bailly de Pas.

75. — D'or, à une croix écartelée de sable et d'argent.

76. — François de MANEZ, prêtre, curé de la paroisse de Pas.

76. — D'argent, à un sautoir d'azur, chargé en cœur d'une croisette d'or.

77. — André BILLIAU, bailly du lieu de Croix.

77. — D'argent, à un chef de gueules, chargé d'une merlette d'or.

78. — Nicolas DESPLANQUES, bailly de Magnicourt-sur-Couche.

78. — D'argent, à une fasse de sinople, chargée d'une macle d'or.

79. — Anne-Françoise SOUILLART, demoiselle.

79. — D'argent à un pal de sable, chargé de trois billettes d'or.

80. — Jean BAILLY, bailly de Goüy-Ternas.

80. — D'azur, à une bande d'or, chargée d'un annelet de gueules.

81. — Le Prieuré de *Sertan* (*Sarton*).

81. — D'azur, à une barre palée d'argent et de gueules de six pièces.

82. — Michel de CHELERS, bailly d'Aubin.

82. — De gueules, à une croix d'or, chargée en cœur d'une molette d'azur.

83. — Philippe BLAUD, rentier et lieutenant à Goüy-Saint-André.

83. — De gueules, à un sautoir écartelé d'argent et d'azur.

84. — Louis LE RIS, avocat au conseil d'Artois, conseiller du roi, assesseur en l'hôtel de ville de Saint-Pol.

84. — De sinople, à un chef d'or, chargée d'une croisette de sable.

85. — Jaque THOMAS, lieutenant de Foufflin.

85. — De sinople, à une fasse d'argent, chargée d'une merlette de sable.

86. — N... femme de Jaque-François DUPUICH, écuier, sieur d'Angre(s).

86. — De sable, à un pal d'or, chargé d'une macle de sinople.

87. — Louis PIEDFORD, lieutenant de Tencur.

87. — De sable, à une bande d'argent, chargée de trois billettes de sinople.

BÉTHUNE[1]

SUIVANT L'ORDRE DU REGISTRE Ier

1. — Jean Claude Du Bus, écuier, sieur de la Motte Dorée, du Maret, La Droye et autres lieux.

1. — D'or, à une barre d'azur, chargée d'un annelet d'argent.

2. — Jean de La Haye, sieur de la Trameryе, avocat au conseil d'Artois.

2. — D'or, à un chevron fassé de gueules et d'argent de six pièces.

3. — François de Beaufremez, écuier, sieur de Rougeville.

3. — D'or, à un sautoir de sinople, chargé en cœur d'une molette d'argent.

4. — François Villers-au-Terte, (Villers au Tertre), chevalier, écuier, seigneur de Cambrin.

4. — D'or, à un chef écartelé de sable et d'argent.

5. — Antoine de Brugnier, écuier, seigneur du Perrier (Porrier).

5. — D'argent, à une fasse d'azur, chargée d'une croisette d'or.

6. — Procope Le Ricque, écuier, seigneur d'Allenes.

6. — D'argent, à un pal de gueules, chargé d'une merlette d'or.

7. — Nicolas de La Haye, prêtre, chanoine et chantre de l'église collégiale de Saint-Barthélemy de Béthune et notaire apostolique.

7. — D'argent, à une bande de sinople, chargée d'une macle d'or.

8. — Adrien-François Segon, écuier, seigneur d'Hauteloge et autres lieux.

8. — D'argent, à une barre de sable, chargée de trois billettes d'or.

9. — Vaast Le Josne, écuier.

9. — D'azur, à un chevron d'or, chargé à la pointe d'un annelet de gueules.

10 *bis*. — Jean-François Damiens, écuier, sieur de Waringhem et autres lieux, et Marie-Iolante Denis, sa femme.

10 *bis*. — D'azur, à une croix échiquetée d'argent et de gueules; *acolé :* de sable à un dez à coudre d'or.

[1] Il est à remarquer que dans ce bailliage et dans d'autres qui vont suivre il n'y avait pas eu d'armoiries fournies par les familles. On semble même avoir négligé d'ouvrir le bureau et de s'être contenté de donner d'office des blasons uniquement pour percevoir l'impôt.

11 *bis*. — François de Coupigny, seigneur d'Estringhem et Marie Le Maistre, sa femme.

11 *bis*. — De gueules, à un ancre d'or; *acolé* : d'azur, à un foudre d'argent.

12 *bis*.— Jean-Louis Cochet, écuier, sieur de Corbeaumont, et Jolante-Walerande de Haubourdin, sa femme.

12 *bis*. — De gueules, à un chef d'argent, chargé d'une molette d'azur; *acolé* : d'azur, à un bourdon d'or.

13. — Pierre Maillet, écuier, sieur du Verbois.

13. — De sinople, à une fasse écartelée d'or et de sable.

14. — Jean-Antoine Segon, écuier, sieur du Hamel.

14. — De sinople, à un pal d'argent, chargé d'une croisette de sable.

15 *bis*.— Henri-Philippe de Haynin, chevalier, seigneur baron de Bernieulles et autres lieux, et N... sa femme.

15 *bis*. — De sable, à une bande d'or chargée d'une merlette de sinople; *acolé* : de gueules, à un hareng d'argent.

17. — La prévosté de la *Bœurrière*.

17. — De sable, à une barre d'argent. chargée d'une macle de sinople.

18. — Paul Bousquet (Bouquel), écuier, sieur de Villiers-Siresimont (Villers-Sire-Simon).

18. — D'or, à un chevron d'azur, chargé de deux billettes d'argent.

19. — Jean-Maximilien de Croix, écuier, sieur d'Estrasselles.

19. — D'or, à une croix de gueules, chargée en cœur d'un annelet d'argent.

20. — Nicolas de Baillencourt, dit Courcol, à son tour prévost et premier échevin de la ville de Béthune.

20. — D'or, à un sautoir palé de sinople et d'argent de six pièces.

21 *bis*. — Feu François-Philippe du Pont, écuier, seigneur de Taigneville, et Marie-Florence de Croix, sa veuve.

21 *bis*. — D'or, à une fasse de sable, chargée d'une molette d'argent; *acolé* : d'azur, à une croix pattée d'argent.

22 *bis*. — Joseph-Charles-François du Pont, écuier, seigneur de Taigneville, Villiers, Cagnicourt, et Marie-Claire de Pisseleu, sa femme.

22 *bis*.— D'argent, à un pal écartelé d'azur et d'or; *acolé* : de sable, à une femme d'argent, tenant de sa main dextre un pot de chambre de même, et de sa main senestre un chandelier d'or, dans lequel est une chandelle d'argent, allumée au naturel.

23. — Alexandre du Pont, écuier, seigneur des Lobbes, Plouich et autres lieux.

23. — D'argent, à une bande de gueules, chargée d'une croisette d'or.

24. — L'abbaye de *Chocques*.

24. — D'argent, à une barre de sinople, chargée d'une merlette d'or.

25 *bis*. — Feu Jean-François GALDART, écuier, sieur de Bertignoville, et Marie-Antoinette ENLART, sa veuve.

25 *bis*. — D'argent, à un chevron de sable, chargé à la pointe d'une macle d'or; *acolé :* d'azur à une cornière d'or.

26 *bis*. — Leonnord de MASSON, écuier, sieur de Boncourt, conseiller du roy, commissaire des guerres à la résidence de Béthune et gouverneur d'Armentièr(es), et Marie-Marguerite POTTIER, sa femme.

26 *bis*. — D'azur, à une croix d'or, chargée de cinq billettes de gueules; *acolé :* de gueules, à un pot d'argent.

27 *bis*. — Jaque-François DAMIENS, écuier, sieur de la Ferté, et Jeanne-Elisabeth-Sabine DUPUIS, sa femme.

27 *bis*. — D'azur, à un sautoir d'argent, chargé en cœur d'un annelet de gueules; *acolé :* de gueules, à un puis d'argent.

29. — Florent de JONGLET, écuier, seigneur de Muret.

29. — De gueules, à un chef bandé d'or et d'azur de six pièces.

30 *bis*. — François-Guilbert-Joseph DU CHASTEL, comte de Blangerval, marquis de Rolleghen, seigneur d'Annequin, et Anne-Françoise-Michelle de VARENNE, comtesse de Blengerval, sa femme.

30 *bis*. — De gueules, à un pal d'argent, chargé d'une molette d'azur; *acolé :* de sable, à une fasse de vair.

31. — Le prieuré de *Saint-Pry*.

31. — De sinople, à une bande écartelée d'or et de sable.

32. — Ferdinand de COLUTIO, argentier de la ville de Béthune.

32. — De sinople, à une bande d'argent, chargée d'une croisette de sable.

33. — Antoine LOYEZ, prêtre, chanoine de l'église collégiale de Saint-Barthélemy de Béthune et protonotaire apostolique.

33. — De sable, à un chevron d'or, chargé à la pointe d'une molette de sinople.

34. — Louis-François-Joseph de HOUCHIN, chevalier, marquis de Longastre, vicomte de Haubourdin et Emmerin.

34. — De sable, à une croix d'argent, chargée en cœur d'une macle de sinople.

35. — Antoine PAMART, bourgeois de la ville de Béthune.

35. — D'or, à un sautoir d'azur, chargé de cinq billettes d'argent.

36. — Louis de LANGLOIS, conseiller du roi, maire perpétuel de la ville de la Bassée.

36. — D'or, à un chef de gueules, chargé d'un annelet d'argent.

37 *bis*. — Octave-Eugène marquis d'Assignies, et Marie-Florence de Marquais, sa femme.

37 *bis*. — D'or, à une fasse bandée de sinople et d'argent de six pièces; *acolé* : d'azur, à une couronne de marquis d'or.

39. — François-Antoine Danvin, seigneur de Noyelles, le Mesnil et Fresnoy, receveur des Etats d'Artois au quartier de Béthune.

39. — D'or, à une bande de sable, chargée d'une molette d'argent.

40 *bis*. — Joseph-Philippe Dormy, écuier, sieur de la Motte, ayde-mayor de Béthune, et Jeanne Chapellain, sa femme.

40 *bis*. — D'argent, à une barre écartelée d'azur et d'or; *acolé* : de gueules, à une chapelle d'argent.

41. — Louis-Bon d'Arneuse, ingénieur ordinaire du roy à la résidence de Béthune.

41. — D'argent, à un chevron de gueules, chargé à la pointe d'une croisette d'or.

42. — La prévosté de *Gorres*.

42. — D'argent, à une croix de sinople, chargée en cœur d'une merlette d'or.

43. — Alexandre du Pere, écuier, seigneur de Torlingthun et autres lieux.

43. — D'argent, à un sautoir de sable, chargé en cœur d'une macle d'or.

44. — Nicolas-Alexandre, chevalier, baron du Pire et d'Hinges, grand bailly héréditaire des ville, gouvernance et advouerie de Béthune.

44. — D'azur, à un chef d'or, chargé de trois billettes de gueules.

45. — Barthélemy-Joseph de Genevier(e)s, écuier, sieur de la Mellery.

45. — D'azur, à une fasse d'argent, chargée d'un annelet de gueules,

46. — Jean-Baptiste de Genevier(e)s, écuier, sieur de la Vacherie.

46. — De gueules, à un pal bandé d'or et d'azur de six pièces.

47. — Jeanne-Isabelle de Genevièr(e)s, veuve de François de Saint-Vaast, écuier, seigneur de Fontenelle et d'Anblinghen en partie.

47. — De gueules, à une barre d'argent, chargée d'une molette d'azur.

48. — Guislaine-Thérèse Briois, femme de Nicolas-Alexandre, chevalier, baron du Pire et d'Hinges, grand bailly héréditaire des ville, gouvernance et advouerye de Béthune.

48. — De sinople, à un chevron écartelé d'or et de sable.

49 *bis*. — Louis DARNAUD, écuier, lieutenant colonel du régiment de Puynormand, et Isabelle de GRUZON, sa femme.

49 *bis*. — De sinople, à une croix d'argent, chargée en cœur d'une croisette de sable; *acolé* : d'azur à une grüe d'argent.

50 *bis*. — Edme PETIT, commissaire provincial d'artillerie à la résidence de Béthune, et Laurence LINARS sa femme.

50 *bis*. — De sable, à un sautoir d'or, chargé en cœur d'une merlette de sinople; *acolé* : d'or, à une fleur de lis au naturel, tigée et feuillée de même.

51. — Adrienne-Florence LE COCILE, femme de Jean-Charles DU BUS, écuier, sieur de la Motte d'or.

51. — D'azur, à un chevron d'or, chargé d'un coq de sable, crêté, béqué, barbé et onglé de gueules, et acompagné de trois molettes d'or, posées deux en chef et une en pointe.

52. — Charles DU FRESNE, ancien prévost de la ville de Béthune, procureur et notaire audit lieu.

52. — De sable, à un chef d'argent, chargé d'une macle de sinople.

53. — Le couvent des religieuses *Annonciades* de la ville de Béthune.

53. — D'or, à une fasce d'azur, chargée de trois billettes d'argent.

54. — La communauté des maîtres *Savetiers* de la ville de Béthune.

54. — D'or, à un pal de gueules, chargé d'un annelet d'argent.

55. — Florence LE MARTIN, veuve de N... de l'ESTOILLE, conseiller, procureur du roi de la ville de Béthune.

55. — D'or, à une bande palée de sinople et d'argent de six pièces.

56. — Pierre des GROISIL(L)IERS, marchand, bourgeois de la ville de Béthune.

56. — D'or, à un chevron de sable, chargé à la pointe d'une molette d'argent.

57. — Le couvent des Chartreux de *Gosnay*.

57. — D'argent, à une croix écartelée d'azur et d'or.

58. — Le couvent des religieuses *Bénédictines* de la Paix de Béthune.

58. — D'argent, à un sautoir de gueules, chargé en cœur d'une croisette d'or.

59. — La communauté des maîtres *Cordiers* et *Charpentiers* de la ville de Béthune.

59. — D'argent, à un chef de sinople, chargé d'une merlette d'or.

60. — La communauté des maîtres *Tisserands* de la ville de Béthune.

60. — D'argent, à une fasse de sable, chargée d'une macle d'or.

61. — La communauté des maîtres *Serruriers* et *Maréchaux* de la ville de Béthune.

61. — D'azur, à un pal d'or, chargé de trois billettes de gueules.

62. — George Tresca, marchand, bourgeois de la ville de Béthune.

62. — D'azur, à une bande d'argent, chargée d'un annelet de gueules.

63. — La communauté des maîtres *Tailleurs d'habits* de la ville de Béthune.

63. — De gueules, à une barre palée d'or et d'azur de six pièces.

64. — Léonord Rameau, avocat au parlement de Paris et directeur des postes à Béthune.

64. — De gueules, à une croix d'argent, chargée en cœur d'une molette d'azur.

65. — Jeanne-Françoise de Rougemont, veuve de N... d'Assonval.

65. — De sinople, à un sautoir écartelé d'or et de sable.

66. — Marie Fransot, veuve de Michel Lecocq, bourgeois de la ville de Béthune.

66. — De sinople, à un chef d'argent, chargée d'une croisette de sable.

67. — La communauté des maîtres *Tanneurs*, *Bodonniers* et *Corroyeurs* de la ville de Béthune.

67. — De sable, à une fasse d'or, chargée d'une merlette de sinople.

68. — Pierre Joly, sieur de la Voulte, bourgeois de la ville de Béthune.

68. — De sable, à un pal d'argent, chargé d'une macle de sinople.

69. — Augustin de Serecin, procureur, notaire et échevin de la ville de Béthune.

69. — D'or, à une bande d'azur, chargée de trois billettes d'argent.

70. — La communauté des *Port au sac* de la ville de Béthune.

70. — D'or, à une barre de gueules, chargée d'un annelet d'argent.

71. — Jean-François de Lestrière, conseiller du roy, lieutenant général des ville et gouvernance de Béthune.

71. — D'or, à un chevron fassé de sinople et d'argent de six pièces.

72. — Jean-Baptiste de Leticle (Lehelle) de Matringuen (Matringhem).

72. — D'or, à un sautoir de sable, chargé en cœur d'une molette d'argent.

73. — Jaques-François de Leticle (Lehelle) Mame(t)z.

73. — D'argent, à un chef écartelé d'azur et d'or.

74. — Le couvent des religieuses de la *Conception* de la ville de Béthune.

74. — D'argent à une fasse de gueules, chargée d'une croisette d'or.

75. — La communauté des maîtres *Chirurgiens* de la ville de Béthune.

75. — D'argent, à un pal de sinople, chargé d'une merlette d'or.

76. — La communauté des maîtres *Bouchers* de la ville de Béthune.

76. — D'argent, à une bande de sable, chargée d'une macle d'or.

77 *bis*. — N... de LOSINGUEN et N... sa femme.

77 *bis*. — D'azur, à une bande d'or, chargée de trois billettes de gueules; *acolé* : d'argent, à cinq lozanges d'azur, posés en croix.

78 *bis*. — N.. . de ROMBLAY et N... sa femme.

78 *bis*. — D'azur, à un chevron d'argent, chargé à la pointe d'un annelet de gueules; *acolé* : de sable, à une bande vuidée d'or.

79. — La communauté des *Marchands de drap* de la ville de Béthune.

79. — De gueules, à une croix échiquetée d'or et d'azur.

80. — Le chapitre de l'église collégiale de *Saint-Bartélemy* de la ville de Béthune.

80. — De gueules, à un ancre d'argent.

81. — Guy JOYE, avocat au conseil d'Artois et échevin de la ville de Béthune.

81. — De sinople, à un chef d'or, chargé d'une molette de sable.

82.—Françoise-Philippe de BACQUEHEN, veuve de N... de FONTAINE.

82. — De sinople, à une fasse écartelée d'argent et de sable,

83. — François PRUVOST, prêtre, religieux de Chagnes et curé de la paroisse de Montbernanchon.

83. — De sable, à un pal d'or, chargé d'une croisette de sinople.

84. — Guillain SALMON, prêtre, religieux de Cho(c)ques et curé de Gounchen (Gonnehem).

84. — De sable, à une bande d'argent, chargée d'une merlette de sinople.

85. — Crestien de SAULSOIR, prêtre, curé de la paroisse de Robecq.

85. — D'or, à une barre d'azur, chargée d'une macle d'argent.

86. — La communauté des *Avaleurs de vin* et *Jaugeurs de foin* de la ville de Béthune.

86. — D'or, à un chevron de gueules, chargé de deux billettes d'argent.

87. — Augustin de FROMENTEL, avocat.

87. — D'or, à une croix de sinople, chargée en cœur d'un annelet d'argent.

88. — Jeanne VARLET, veuve de N... MAILLET, écuier, sieur de Verbois.

88. — D'or, à un sautoir palé de sable et d'argent de six pièces.

89 *bis*. — Feu N... DE LA BU(I)SSIÈRE et N... sa veuve.

89 *bis*. — D'argent, à une fasse d'azur, chargée d'une molette d'or; *acolé :* d'or, à un buisson de sinople.

90. — Eugène-François de BÉTHUNE, marquis d'Hesdigneul, et Camille-Marie-Guillaine de PIETRASANTA, sa femme.

90. — D'argent, à un pal écartelé de gueules et d'or; *acolé :* d'azur à une croix haussée et abaissée d'argent, posée sur un piédestal de même.

91. — Jean PERVES, marchand, bourgeois de la ville de Béthune.

91. — D'argent, à une bande de sinople, chargée d'une croisette d'or.

92. — N... BOUGUIÉ (Bouguier), demoiselle.

92. — D'argent à une barre de sable, chargée d'une merlette d'or.

93. — Jean DAIQUEMONT, chanoine de l'église collégiale de Saint-Bartelemy de Béthune.

93. — D'azur, à un chevron d'or, chargé à la pointe d'une macle de gueules.

94. — Jean CREUSEL, prêtre, curé de la paroisse de Vaudricourt.

94. — D'azur, à une croix d'argent, chargée de cinq billettes de gueules.

95. — Adrien de LOBOY, prêtre, curé de la paroisse d'Hersin.

95. — De gueules, à un sautoir d'or, chargé en cœur d'un annelet d'azur.

96. — Jean LUCAS, prêtre, curé de la paroisse de la Vieille-Chapelle.

96. — De gueules, à un chef bandé d'or et d'azur de six pièces.

97. — Martin d'ATH, prêtre, curé de la paroisse de Lestrel.

97. — De sinople, à un pal d'or, chargé d'une molette de sable.

98. — La maison des *Jésuites* de la ville de Béthune.

98. — De sinople, à une bande écartelée d'argent et de sable.

99. — Robert BERTHAULT, prêtre, curé de la paroisse de Frétules (Frethun).

99. — De sable, à une bande d'or, chargée d'une croisette de sinople.

100. — Marie-Jacqueline RUYANT, fille, bourgeoise de la ville de Béthune.

100. — De sable, à un chevron d'argent, chargé à la pointe d'une merlette de sinople.

101. — N... de GENEVIER(E)S, veuve de N... (Duval) de BERLIS, écuier.

101. — D'or, à une croix d'azur, chargée en cœur d'une macle d'argent.

102. — N... (MENCHÉ), veuve de N... FOULER(s), major de la ville de Béthune.

102. — D'or, à un sautoir de gueules, chargé de cinq billettes d'argent.

CALLAIS

SUIVANT L'ORDRE DU REGISTRE 1er

1 *bis.* — Henry de GARANTE, seigneur et baron de Montestruc et de la Tour, commandant au gouvernement de Calais, brigadier des armées du roy, et N..., sa femme.

1 *bis.* — D'or, à un chef de sinople, chargé d'un annelet d'argent; *acolé :* d'azur, à un écusson d'or, fretté de gueules.

2. — Eustache MOLÉ, chevalier, seigneur de Villy et Vilmereuil, lieutenant pour le roy au gouvernement de Callais, chevalier de l'ordre de Saint-Louis.

2. — D'or, à une fasse bandée de sable et d'argent de six pièces.

3 *bis.* — Bertrand-Charle DU PUGET, chevalier, major au gouvernement de Calais, et N..., sa femme.

3 *bis.* — D'argent, à une bande d'azur, chargée d'une molette d'or; *acolé :* de gueules, à un lion d'argent.

4. — Siquerre de L'HERMITE, chevalier de justice dans l'ordre de Notre-Dame de Montcarmel et de Saint-Lazare de Jérusalem, écuier, seigneur de Lanty et de la Meynardie, aide major au gouvernement de Callais.

4. — D'argent, à une barre écartelée de gueules et d'or.

5. — Edouard CARONDAS, seigneur de Canly, chevalier, conseiller du roy, commissaire des guerres au département de Calais.

5. — D'argent, à un chevron de sinople, chargé à la pointe d'une croisette d'or.

6. — N... LABBÉ, chevalier, seigneur de Clerebourg, lieutenant du roy de la citadelle de Callais.

6. — D'argent, à une croix de sable, chargée en cœur d'une merlette d'or.

7. — N... Durand, major de la citadelle de Callais.

7. — D'azur, à un sautoir d'or, chargé en cœur d'une macle de gueules.

8. — Marguerite Leroy, veuve de Hercule-Louis Framery, lieutenant général à Ardres.

8. — D'azur, à un chef d'argent, chargé de trois billettes de gueules

9. — François de Thosse, conseiller du roy, président, juge général de la justice de Callais et pays conquis et reconquis, lieutenant en l'amirauté desdits lieux.

9. — De gueules, à une fasse d'or, chargée d'un annelet d'azur.

10. — Charles Abot de Bourgneuf, conseiller du roy, lieutenant particulier, assesseur criminel en la justice de Callais.

10. — De gueules, à un pal bandé d'argent et d'azur de six pièces.

11. — Antoine Lemoine, écuier, sieur de Blangermont.

11. — De sinople, à une barre d'or, chargée d'une molette de sable.

12. — Mathurin Le Marchant, écuier, sieur du Pereux, major pour le roy au fort de Nieulay (Nielles)-lez-Callais.

12. — De sinople, à un chevron écartelé d'argent et de sable.

13. — Catherine Amplement (Ampleman), Veuve de Pierre de Vins, écuyer, sieur de Bussy.

13. — De sable, à une croix d'or, chargée en cœur d'une croisette de sinople.

14. — Antoine de Campagne, écuier, sieur de Bussy.

14. — De sable, à un sautoir d'argent, chargé en cœur d'une merlette de sinople.

15. — Florimond de Beaulieu, écuier, sieur de Caresse.

15. — D'or, à un chef d'azur, chargé d'une macle d'argent.

16. — Jean Fontaine, conseiller du roy, son procureur au siége royal de la justice ordinaire de Callais et pays reconquis.

16. — D'or, à une fasse de gueules, chargée de trois billettes d'argent.

17. — Henry-Jaque de Caboche, écuier, sieur du Fossé.

17. — D'or, à un pal de sinople, chargé d'un annelet d'argent.

18. — Louis de Rogghes, écuier, sieur de Comberson.

18. — D'or, à une bande palée de sable et d'argent de six pièces.

19. — Thomas du Prat, écuier, sieur de Tournadon, lieutenant pour le roy au gouvernement d'Ardre.

19. — D'argent, à un chevron d'azur, chargé à la pointe d'une molette d'or.

20. — Charles-Louis de Neufville, écuier, sieur de Brungnobois, premier capitaine de cavalerie au régiment d'Aumont.

20. — D'argent, à une croix écartelée de gueules et d'or.

21. — Thomas le Secq de Launaye, baron de Balingan, seigneur de Saint-Martin.

21. — D'argent, à un sautoir de sinople, chargé en cœur d'une croisette d'or.

22. — Louis des Essars, seigneur de Brimeur, Magneux.

22. — D'argent, à une fasse de sable, chargée d'une merlette d'or.

23. — Jaquèle Pigault, sieur de Vert-Salle, bourgeois de la ville de Dunkerque.

23. — D'azur, à une fasse d'or, chargée d'une macle de gueules.

24. — Pierre du Flos-le-Plessy, bourgeois de la ville de Callais.

24. — D'azur, à un pal d'argent, chargé de trois billettes de gueules.

25. — Le couvent des religieux de de l'abbaye Nôtre-Dame de *Lique* (Licques).

25. — De gueules, à une bande d'or, chargée d'un annelet d'azur.

26. — Charles de Cancer, chevalier, seigneur de Pignan.

26. — De gueules, à une barre palée d'argent et d'azur de six pièces.

27. — Jacob de Chièvre, écuier, sieur de Rochemoure.

27. — De sinople, à une croix d'or, chargée en cœur d'une molette de sable.

28. — Louis Le Cambier, écuier, seigneur de Be(r)traucourt.

28. — De sinople, à un sautoir écartelé d'argent et de sable.

29. — René de Jacomel, écuier, sieur d'Aly, gentilhomme choisi par Sa Majesté pour la capitation des gouvernements de Calais et d'Ardre.

29. — De sable, à un chef d'or, chargé d'une croisette de sinople.

30 *bis*. — Antoine de Brussy, écuier, sieur de Château-Dureau (du Réau), Persil, et Anne-Elisabeth de Sarcus, sa femme.

30 *bis*. — De sable, à une fasse d'argent, chargée d'une merlette de sinople; *acolé:* d'azur, à une serpe d'or.

31. — Gilles de JACOMEL, écuier, sieur de Bartres.

31. — D'or, à un pal d'azur, chargé d'une macle d'argent.

32. — Nicolas de BONNAFAU, écuier, sieur de Villiers.

32. — D'or, à une bande de gueules, chargée de trois billettes d'argent.

33. — Antoine de JACOMEL, écuier, sieur de Milles, major dans les troupes du pays Boulonnois.

33. — D'or, à une barre de sinople, chargée d'un annelet d'argent.

34. — Jaque D'ARRAS, ancien mayeur de la ville de Callais.

34. — D'or, à un chevron fassé de sable et d'argent de six pièces.

35. — Nicolas de CAMPREVIER, sieur de Montbraut.

35. — D'argent, à un sautoir d'azur, chargé en cœur d'une molette d'or.

36 *bis*. — Louis de VERDUSAN, écuier, seigneur de Colomel, chevalier de l'ordre militaire de Saint-Louis, commandant pour le roy au fort de Nieulay et cy devant premier capitaine au régiment dauphin, et N..., sa femme.

36 *bis*. — D'argent, à un chef écartelé de gueules et d'or; *acolé* : d'or, à un chesne de sinople.

37. — Fursy-Léon de LA PLANCHE, écuier, sieur du Monthamel.

37. — D'argent, à une fasse de sinople, chargée d'une croisette d'or.

38. — Henry de BAUDART, écuier, sieur du Buisson.

38. — D'argent, à un pal de sable, chargé d'une merlette d'or.

39. — Michel de ROUSSÉ, chevalier, marquis d'Alembon, baron d'Ervelinghen (Hermelinghen), conétable héréditaire du comté de Guine(s).

39. — D'azur, à une bande d'or, chargée d'une macle de gueules.

40. — Louis de MUNIER, écuier, sieur de Spinefort, premier colonel au régiment d'infanterie du Boulonois.

40. — D'azur, à une barre d'argent, chargée de trois billettes de gueules.

41. — Hercule-César LE PREVOST, écuier, sieur de Surcan (Surcamps), cy devant lieutenant de cavalerie et à présent capitaine de la milice de Callais.

41. — De gueules, à un chevron d'or, chargé à la pointe d'un annelet d'azur.

42. — Catterine de CALONNE DE COURTEBOURNE, fille, demoiselle.

42. — De gueules, à une croix échiquetée d'argent et d'azur.

43. — Louis Le Guin, écuier, sieur de la Boissière, major de la ville d'Ardre.

43. — De sinople, à une ancre d'or.

44. — La ville de *Callais*.

44. — De sinople, à un chef d'argent, chargé d'une molette de sable.

45. — La ville d'*Ardre*.

45. — De sable, à une fasse écartelée d'or et de sinople.

46. — Dominique-François de Lattre, écuier, sieur de la basse Boulogne, ingénieur ordinaire du roy et employé aux fortifications de...

46. — De sable, à un pal d'argent, chargé d'une croisette de sinople.

47. — N... Maré, écuier, sieur de Rominghem.

47. — D'or, à une bande d'azur, chargée d'une merlette d'argent.

49. — Philippe Lecomte, prêtre, curé de la paroisse de Rodelinghem.

49. — D'or, à une barre de gueules, chargée d'une macle d'argent.

51. — Antoine de Grez, prêtre, curé de la paroisse de Nouvelle Église.

51. — D'or, à un chevron de sinople, chargé de deux billettes d'argent.

52. — Louis Raoult, prêtre, curé et doyen de Guines.

52. — D'or, à une croix de sable, chargée en cœur d'un annelet d'argent.

53. — Jean du Fourmenoir, prêtre, curé de la paroisse de Balinghen.

53. — D'argent, à un sautoir palé d'azur et d'or de six pièces.

55. — Pierre d'Arcy, prêtre, curé, de la paroisse de Freshem (Frethun).

55. — D'argent, à une fasse de gueules, chargée d'une molette d'or.

56. — N... de Lannoy, prêtre, curé de la paroisse d'Andre(s).

56. — D'argent, à un pal écartelé de sinople et d'or.

58. — Jean Caron, prêtre, curé de la paroisse de Pihen.

58. — D'argent, à une bande de sable, chargée d'une croisette d'or.

59. — André Ponthon, prêtre, curé de la ville de Callais.

59. — D'azur, à une barre d'or, chargée d'une merlette de gueules.

60. — Louis Bouchel, prêtre, curé de la paroisse de Vieileglise.

60. — D'azur, à un chevron d'argent, chargé à la pointe d'une macle de gueules.

61. — François Mareschal, médecin à Callais.

61. — De gueules, à une croix d'or, chargée de cinq billettes d'azur.

62. — Michel LEFEBURE, prêtre, curé de la paroisse de Marcq.

62. — De gueules, à un sautoir d'argent, chargé en cœur d'un annelet d'azur.

63. — Pierre MAHIEU, mayeur de la ville de Callais.

63. — De sinople, à un chef bandé d'or et de sable de six pièces.

64. — Antoine DU FLOS, trésorier de la maison de la ville de Callais.

64. — De sinople, à un pal d'argent, chargé d'une molette de sable.

65. — Gaspard MOLLIEN, bourgeois de la ville de Callais.

65. — De sable, à une bande écartelée d'or et de sinople.

66. — Jaque PORQUET, père, bourgeois de la ville de Callais.

66. — De sable, à une barre d'argent, chargée d'une croisette de sinople.

67. — Philippe OUSSELIN, prêtre, curé de la paroisse d'Offequerque.

67. — D'or, à un chevron d'azur, chargé à la pointe d'une merlette d'argent.

69. — Henry-QUIENNOT, marchand, bourgeois de la ville de Callais.

69. — D'or, à une croix de gueules, chargée en cœur d'une macle d'argent.

70. — Jaque PORQUET, fils, bourgeois de la ville de Callais.

70. — D'or, à un sautoir de sinople, chargé de cinq billettes d'argent.

71. — Dominique LEGRAND, marchand, bourgeois de la ville de Callais.

71. — D'or, à un chef de sable, chargé d'un annelet d'argent.

72. — Jean DELDICQ, échevin en charge de la ville de Callais.

72. — D'argent, à une fasse bandée d'azur et d'or de six pièces.

73. — Rose VASE, prêtre, curé de la paroisse de Bouvelinghen.

73. — D'argent, à une bande de gueules, chargée d'une molette d'or.

74. — François CAVE, bourgeois de la ville de Callais.

74. — D'argent, à une barre écartelée de sinople et d'or.

75. — Fursy DE FOURMANOIR, prêtre, curé de la paroisse de Saint-Tricat.

75. — D'argent, à un chevron de sable, chargé à la pointe d'une croisette d'or.

76. — Guillaume PIGAULT, bourgeois de la ville de Callais.

76. — D'azur, à une croix d'or, chargée en cœur d'une merlette de gueules.

77. — N..., veuve de N... LA BARRE, bourgeois de la ville de Callais.

77. — D'azur, à un sautoir d'argent, chargée en cœur d'une macle de gueules.

78. — Guillaume MONTMIGNON, prêtre, curé d'Ardres.

78. — De gueules, à un chef d'or, chargé de trois billettes d'argent.

79. — Michel Sauvage, curé de la paroisse de Boucault.

79. — De gueules, à une fasse d'argent, chargée d'un annelet d'azur.

80. — La communauté des *Cabaretiers* de la ville de Callais.

80. — De sinople, à un pal bandé d'or et de sable de six pièces.

81. — Jeannne Charpentier, veuve d'Alexis Guilebert, bourgeois de la ville de Callais.

81. — De sinople, à une bande d'argent, chargée d'une molette de sable.

82. — La communauté des *Boulangers* de la ville de Callais.

82. — De sable, à un chevron écartelé d'or et de sinople.

83. — La communauté des *Meusniers* de la ville de Callais.

83. — De sable, à une croix d'argent, chargée en cœur d'une croisette de sinople.

84.— Guillaume Tribou, bourgeois de la ville de Callais.

84. — D'or, à un sautoir d'azur, chargé en cœur d'une merlette d'argent.

85. — Michel Lonthier, bourgeois de la ville de Callais.

85. — D'or, à un chef de gueules, chargé d'une macle d'argent.

86.— Étienne Bridault, marchand, bourgeois de la ville de Callais.

86. — D'or, à une fasse de sinople, chargée de trois billettes d'argent.

87. — Jean Maréchal, marchand, bourgeois de la ville de Callais.

87. — D'or, à un pal de sable, chargé d'un annelet d'argent.

88. — La communauté des *Brasseurs* de la ville de Callais.

88. — D'argent, à une bande palée d'azur et d'or de six pièces.

89. — Jaque Mahieu, bourgeois de la ville de Callais.

89. — D'argent, à un chevron de gueules, chargé à la pointe d'une molette d'or.

90. — Blaize Le Sage, visiteur au grand bureau de la ville de Callais.

90. — D'argent, à une croix écartelée de sinople et d'or.

91. — Estienne Milnoel Danconne, contrôleur, visiteur au grand bureau de la ville de Callais.

91. — D'argent, à un sautoir de sable, chargé en cœur d'une croisette d'or.

92. — Pierre Huguet, sieur du Haillier, receveur du bureau des traittes de Callais.

92. — D'azur, à un chef d'or, chargé d'une merlette de gueules.

94. — La communauté des *Battetiers* de la ville de Callais.

94. — D'azur, à une fasse d'argent, chargée d'une macle de gueules.

95. — La communauté des *Fourbisseurs*, *Vitriers*, *Chaudronniers* et *Charretiers* de rivière de la ville de Callais.

95. — De gueules, à un pal d'or, chargé de trois billettes d'azur.

MONTREUIL

SUIVANT L'ORDRE DU REGISTRE Ier

1. — Adrien de CAMPAGNE, écuier, sieur de Longueville, major du régiment de Godméan et capitaine de la coste du gouvernement de Montreuil.

1. — De gueules, à une bande d'argent, chargée d'un annelet d'azur.

2. — L'abbaye de *Valloir(es)*.

2. — De sinople, à une barre palée d'or et de sable de six pièces.

3. — La communauté des religieux de l'abbaye de *Valloir(es)*.

3. — De sinople, à une croix d'argent, chargée en cœur d'une molette de sable.

4. — Louis DURE (d'Urre), écuier, seigneur d'Hurmot.

4. — De sable, à un sautoir écartelé d'or et de sinople.

5. — Charles WALART, seigneur d'Estrées.

5. — De sable, à un chef d'argent, chargé d'une croisette de sinople.

6. — François ENLART, seigneur de Romont.

6. — D'or, à une fasse d'azur, chargée d'une merlette d'argent.

7. — N... DURRE (d'Urre), seigneur de Beaurepaire.

7. — D'or, à un pal de gueules, chargé d'une macle d'argent.

8. — N..., veuve de N... DE LA SUZE, lieutenant de roy de la citadelle de Montreuil.

8. — D'or, à une bande de sinople, chargée de trois billettes d'argent.

9. — N... DE FRÉMICOURT.

9. — D'or, à une barre de sable, chargée d'un annelet d'argent.

10. — N... DE POITTIER, demoiselle.

10. — D'argent, à un chevron fassé d'azur et d'or de six pièces.

11. — L'abbaye des religieuses de *Sainte-Austreberte*.

11. — D'argent, à un sautoir de gueules, chargé en cœur d'une molette d'or.

12. — N... DE LA ROCQUE, gentilhomme.

12. — D'argent, à un chef écartelé de sinople et d'or.

13. — Jaque LE FUZELLIER, écuier, sieur de Dumes.

13. — D'argent, à une fasse de sable, chargée d'une croisette d'or.

14. — N... DUTEILLE, écuier, seigneur du Pécé.

14. — D'azur, à un pal d'or, chargé d'une merlette de gueules.

15. — N..., veuve de N... d'HILBERT.

15. — D'azur, à une bande d'argent, chargée d'une macle de gueules.

16. — N..., veuve de N... DU BOSQUEL.

16. — De gueules, à une barre d'or, chargée de trois billettes d'azur.

17. — N... DE WAILLY, seigneur dudit lieu.

17. — De gueules, à un chevron d'argent, chargé à la pointe d'un annelet d'azur.

18. — N... DE LA HOMIÈRE, dame.

18. — De sinople, à une croix échiquetée d'or et de sable.

19. — N... DE VAUCOUR.

19. — De sinople, à un ancre d'argent.

20. — N... LE NOIR D'AILLE.

20. — De sable, à un chef d'or, chargé d'une molette de sinople.

21. — N... LE NOIR, écuier, seigneur de Dignoprez.

21. — De sable, à une fasse écartelée d'argent et de sinople.

22. — N... LE NOIR, vicomte de Montreuil.

22. — D'or, à un pal d'azur, chargé d'une croisette d'argent.

23. — N... DU MURET, sub-délégué de l'intendance de Picardie et Artois, à Montreuil.

23. — D'or, à une bande de gueules, chargée d'une merlette d'argent.

24. — N... D'HAUTYE, gentilhomme,

24. — D'or, à une barre de sinople, chargée d'une macle d'argent.

25. — N... D'HEURTEVAUT, gentilhomme.

25. — D'or, à un chevron de sable, chargé de billettes d'argent.

26. — N... (Duval) DE CONTEVAL, gentilhomme.

26. — D'argent, à une croix d'azur, chargée en cœur d'un annelet d'or.

27. — N... DE CAUX, écuier, sieur de Vaucour.

27. — D'argent, à un sautoir palé de gueules et d'or de six pièces.

28. — N... IMBERT, bourgeois de la ville de Montreuil.

28. — D'argent, à une fasse de sinople, chargée d'une molette d'or.

29. — Claude-Alexis Le Clerc des Aleux, bourgeois de la ville de Montreuil.

29. — D'argent, à un pal écartelé de sable et d'or.

30. — Claude Fontaine, sieur de Cormain, bourgeois de la ville de Montreuil.

30. — D'azur, à une bande d'or, chargée d'une croisette de gueules.

31. — Antoine de Guizelain, chevalier, seigneur de l'Épinoy.

31. — D'azur, à une barre d'argent, chargée d'une merlette de gueules.

32. — N... Chauvet, contrôleur au grenier à sel de Montreuil.

32. — De gueules, à un chevron d'or, chargé à la pointe d'une macle d'argent.

33. — N... du Breil de Pontbrian(t), gentilhomme.

33. — De gueules, à une croix d'argent, chargée de cinq billettes d'azur.

34. — N... du Hamel, gentilhomme.

34. — De sinople, à un sautoir d'or, chargé en cœur d'un annelet de sable.

35. — N... de Lengaigne, conseiller du roy, lieutenant criminel au baillage de Montreuil.

35. — De sinople, à un chef bandé d'argent et de sable de six pièces.

36. — N... Giraux d'Alquine, demoiselle.

36. — De sable, à un pal d'or, chargé d'une molette de sinople.

37. — N..., prêtre, curé de la paroisse d'*Alquine(s)*.

37. — De sable, à une bande écartelée d'argent et de sinople.

38. — N..., prêtre, curé de la paroisse de *Verton*.

38. — D'or, à une barre d'azur, chargée d'une croisette d'argent.

39. — La communauté des marchands de la ville de *Montreuil*.

39. — D'or, à un chevron de gueules, chargé à la pointe d'une merlette d'argent.

40. — Jaque Fusquel, greffier des rolles des tailles de la ville de Montreuil.

40. — D'or, à une croix de sinople, chargée en cœur d'une macle d'argent.

41. — Jaque Hertault, bourgeois de la ville de Montreuil.

41. — D'or, à un sautoir de sable, chargé de cinq billettes d'argent.

42. — N... De la Motte-Hoie, bourgeois de la ville de Montreuil.

42. — D'argent, à un chef d'azur, chargé d'un annelet d'or.

43. — La communauté des maîtres *Tanneurs* de la ville de Montreuil.

43. — D'argent, à une fasse bandée de gueules et d'or de six pièces.

44. — La communauté des maîtres *Gantiers* et *Mégissiers* de la ville de Montreuil.

44. — D'argent, à une bande de sinople, chargée d'une molette d'or.

45. — Le Prieuré de *Beussen(t)*.

45. — D'argent, à une barre écartelée de sable et d'or.

46. — N... de Belleval de Wailly, gentilhomme.

46. — D'azur, à un chevron d'or, chargé à la pointe d'une croisette de gueules.

47. — N..., prêtre, curé de la paroisse de *Véron*.

47. — D'azur, à une croix d'argent, chargée en cœur d'une merlette de gueules.

48. — Nicolas de Fontaine, seigneur de la Neuville.

48. — De gueules, à un sautoir d'or, chargé en cœur d'une macle d'azur.

49. — N..., prêtre, curé de la paroisse d'*Argoulles*.

49. — De gueules, à un chef d'argent, chargé de trois billettes d'azur.

50. — La communauté des *Bouchers* de la ville de Montreuil.

50. — De sinople, à une fasse d'or, chargée d'un annelet de sable.

51. — La communauté des *Boulangers* de la ville de Montreuil.

51. — De sinople, à un pal bandé d'argent et de sable de six pièces.

52. — N... Forestier, prêtre, curé de la paroisse de Brimeu.

52. — De sable, à une barre d'or, chargée d'une molette de sinople.

53. — N... Gaudimez, gentilhomme.

53. — De sable, à un chevron écartelé d'argent et de sinople.

54. — N... de Belledame, gentilhomme.

54. — D'or, à une croix d'azur, chargée en cœur d'une croisette d'argent.

55. — N... Pasquier, conseiller du du roy, receveur de consignation au siége de Montreuil.

55. — D'or, à un sautoir de gueules, chargé en cœur d'une merlette d'argent.

56. — N... Fierrard, marchande et bourgeoise de la ville de Montreuil.

56. — D'or, à un chef de sinople, chargé d'une macle d'argent.

57. — N... de Laumel (Delhomel), fille, bourgeoise de la ville de Montreuil.

57. — D'or, à une fasse de sable, chargée de trois billettes d'argent.

58. — La communauté des maîtres marchands *Cloutiers* de la ville de Montreuil.

58. — D'argent, à un pal d'azur, chargé d'un annelet d'or.

59. — La communauté des maîtres *Brasseurs* de la ville de Montreuil.

59. — D'argent, à une bande palée de gueules et d'or de six pièces.

60. — La communauté des marchands de *Draps* de la ville de Montreuil.

60. — D'argent, à un chevron de sinople, chargé à la pointe d'une molette d'or.

61. — La communauté des maîtres *Couvreurs* et *Potiers* de terre de la ville de Montreuil.

61. — D'argent, à une croix écartelée de sable et d'or.

62. — N... Pierret, égard (inspecteur) de la communauté des *Tanneurs* et *Vanniers* de la ville de Montreuil.

62. — D'azur, à un sautoir d'or, chargé en cœur d'une croisette de gueules.

63. — La communauté des maîtres *Chirurgiens*, *Barbiers* et *Perruquiers* de la ville de Montreuil.

63. — D'azur, à un chef d'argent, chargé d'une merlette de gueules.

64. — La communauté des maîtres *Cordiers* de la ville de Montreuil.

64. — De gueules, à une fasse d'or, chargée d'une macle d'azur.

65. — Antoine Plançon, maître charron et bourgeois de la ville de Montreuil.

65. — De gueules, à un pal d'argent, chargé de trois billettes d'azur.

66. — La communauté des maîtres *Chaudronniers* de la ville de Montreuil.

66. — De sinople, à une bande d'or, chargée d'un annelet de sable.

67. — La communauté des maîtres *Cordonniers* de la ville de Montreuil.

67. — De sinople, à une barre palée d'argent et de sable de six pièces.

68. — La communauté des *Maréchaux* de la ville de Montreuil.

68. — De sable, à une croix d'or, chargée en cœur d'une molette de sinople.

69. — La communauté des *Savetiers* de la ville de Montreuil.

69. — De sable, à un sautoir écartelé d'argent et de sinople.

70. — La communauté des *Tailleurs* de la ville de Montreuil.

70. — D'or, à un chef d'azur, chargé d'une croisette d'argent.

71. — La communauté des *Linger(e)s* de la ville de Montreuil.

71. — D'or, à une fasse de gueules, chargée d'une merlette d'argent.

72. — Antoine Jay, bourgeois de la ville de Montreuil.

72. — D'or, à un pal de sinople, chargé d'une macle d'argent.

73. — La communauté des maîtres *Bonnetiers* et *Chapeliers* de la ville de Montreuil.

73. — D'or, à une bande de sable, chargée de trois billettes d'argent.

74. — Pierre BARRÉ, égard des maîtres maçons de la ville de Montreuil.

74. — D'argent, à une barre d'azur, chargée d'un annelet d'or.

75. — La communauté des *Sergers* de la ville de Montreuil.

75. — D'argent, à un chevron fassé de gueules et d'or de six pièces.

76. — La communauté des *Menuisiers* de la ville de Montreuil.

76. — D'argent, à un sautoir de sinople, chargé en cœur d'une molette d'or.

77. — N..., veuve de N... de QUÉVAL (Guéval), docteur en médecine à Montreuil.

77. — D'argent, à un chef écartelé de sable et d'or.

78. — N... LE MOINE, bourgeois de la ville de Montreuil.

78. — D'azur, à une fasse d'or, chargée d'une croisette de gueules.

79. — N... BOUCHÉ, ancien maire de la ville de Montreuil.

79. — D'azur, à un pal d'argent, chargé d'une merlette de gueules.

80. — La communauté des maîtres *Bourreliers* et *Scelliers* de la ville de Béthune.

80. — De gueules, à une bande d'or, chargée d'une macle d'azur.

81. — N... de THUB(E)AUVILLE, écuier, seigneur de Monthévy.

81. — De gueules, à une barre d'argent, chargée de trois billettes d'azur.

82. — Claude LE GAYE, prêtre, curé de la paroisse de Wailly.

82. — De sinople, à un chevron d'or, chargé à la pointe d'un annelet de sable.

83. — La communauté des *Cuisiniers*, *Patissiers* et *Chaircutiers* de la ville de Montreuil.

83. — De sinople, à une croix échiquetée d'argent et de sable.

84. — La ville de *Montreuil*.

84. — De sable, à une ancre d'or.

MONTDIDIER

SUIVANT L'ORDRE DU REGISTRE Ier

1. — François LANDY DE SÉRICOURT, directeur des aydes de l'élection de Mon(t)didier.

1. — De sable, à un chef d'argent, chargé d'une molette de sinople.

2. — Louis BOSQUILLON, seigneur de Bouchoir en partie, conseiller du roy, receveur des tailles de l'élection de Mon(t)didier.

2. — D'or, à une fasse écartelée d'azur et d'argent.

3. — Pierre MILLON, écuier, sieur de la Morlière, gouverneur de la ville de Mon(t)didier.

3. — D'or, à un pal de gueules, chargé d'une croisette d'argent.

4. — Le corps des officiers du baillage de *Mon(t)didier*.

4. — D'or, à une bande de sinople, chargée d'une merlette d'argent.

5. — Maximilien de CAMBRAY, chevalier, seigneur de Villers-aux-Érables.

5. — D'or, à une barre de sable, chargée d'une macle d'argent.

6. — Marguerite de CAMBRAY, veuve de Charles de FONTAINE, seigneur de Caix.

6. — D'argent, à un chevron d'azur, chargé de deux billettes d'or.

7. — Philippe de CAMBRAY, écuier, seigneur de la Neufville, Quiry-le-Vert et autres lieux.

7. — D'argent, à une croix de gueules, chargée en cœur d'un annelet d'or.

8. — Charles de HENNAULT, écuier.

8. — D'argent, à un sautoir palé de sinople et d'or de six pièces.

9. — Le couvent des religieuses de l'*Annonciade* de la ville de Roye.

9. — D'argent, à une fasse de sable, chargée d'une molette d'or.

10. — Charles SOUCANIE, conseiller du roy, prévost royal de la ville de Roye.

10. — D'azur, à un pal écartelé d'or et de gueules.

11. — Henry-Pierre HANNIQUE, écuier, conseiller du roy, lieutenant-criminel de robe courte aux baillage

11. — D'azur, à une bande d'argent, chargée d'une croisette de gueules.

et gouvernement des villes de Péronne, Mondidier et Roye.

12. — François CABAILLE, gentilhomme ordinaire de la grande vennerie de France.

12. — De gueules, à une barre d'or, chargée d'une merlette d'azur.

13. — Louise de MENELACHAUSSÉE, veuve de Louis AUBÉ, écuier, sieur de Bracquemont.

13. — De gueules, à un chevron d'argent, chargé à la pointe d'une macle d'argent.

14. — Philippe AUBÉ, écuier, sieur de Bracquemont, servant actuellement dans la seconde compagnie des mousquetaires du roy.

14. — De sinople, à une croix d'or, chargée de cinq billettes de sable.

15. — Louis-Pierre BUTIN, sieur de la Fosse, conseiller du roy, maire perpétuel de la ville de Roye.

15. — De sinople, à un sautoir d'argent, chargé en cœur d'un annelet de sable.

16. — Le corps des officiers de la ville et mairie de *Roye*.

16. — De sable, à un chef bandé d'or et de sinople de six pièces.

17. — Louis-François DU FOS, chevalier, seigneur de Méry, la Taulle et autres lieux.

17. — De sable, à un pal d'argent, chargé d'une molette de sinople.

18. — Le corps des officiers de l'élection de la ville de *Mon(t)didier*.

18. — D'or, à une bande écartelée d'azur et d'argent.

19. — Léonor-Réné de RIENCOURT, chevalier, seigneur de Monthelon.

19. — D'or, à une barre de gueules, chargée d'une croisette d'argent.

20. — François d'INVAL, écuier, sieur de Filescamps.

20. — D'or, à un chevron de sinople, chargé en pointe d'une molette d'argent.

21, 22. — François DESFRICHES DORIA, chevalier, seigneur de Cayeu(x), et Anne DU FOS, sa femme.

21, 22. — D'or, à une croix de sable, chargée en cœur d'une macle d'argent; *acolé :* d'azur, à une faux d'or.

23. — Pierre TRUDAINE, écuier, seigneur de Tartigny.

23. — D'argent, à un sautoir d'azur, chargé de cinq billettes d'or.

24. — Réné de BOUFFLERS, chevalier, seigneur de Cuigy (Cagny) et du Plessier Rauleyé (Rosainvillers).

24. — D'argent, à un chef de gueules, chargé d'un annelet d'or.

25, 26. — Charles de FAVIER, chevalier seigneur de Bains, Boulogne, Inville et autres lieux, et Catherine de SOMMIÈVRE, sa femme.

25, 26. — D'argent, à une fasse bandée de sinople et d'or de six pièces; *acolé :* de gueules, à un chevron d'or, sommé d'une croix pattée de même.

27. — Adrien de GUIÉRET (Quieret), écuier, sieur de Rionville.

27. — D'argent, à une bande de sable, chargée d'une molette d'or.

28, 29. — Antoine-Germain de CONTI, chevalier, seigneur d'Hargicourt, Gaucourt, Le Quesnoy et autres lieux, et Jaqueline-Françoise de VENDEUIL, sa femme.

28, 99. — D'azur, à une barre écartelée d'or et de gueules; *acolé :* de gueules, à un van d'or.

30. — Edmond DUCHÉ, sieur de Fleurac, premier capitaine commandant le grand bataillon de l'Isle-de-France.

30. — D'azur, à un chevron d'argent, chargé à la pointe d'une croisette de gueules.

31. — Antoine de CABOCHE, écuier, sieur d'Etilly.

31. — De gueules, à une croix d'or, chargée en cœur d'une merlette d'azur.

32. — Antoine de LANCRY, écuier, seigneur de la Berlière.

32. — De gueules, à un sautoir d'argent, chargé en cœur d'une macle d'azur.

33. — Marguerite de SUIN, veuve de Claude MOREL, seigneur de Crémery.

33. — De sinople, à un chef d'or, chargé de trois billettes de sable.

34. — Étienne-François de LOUVEL, chevalier, seigneur de Warviller et autres lieux.

34. — De sinople, à une fasse d'argent, chargée d'un annelet de sable.

35. — Claude DU MESNIL, écuier, seigneur de Montreuil, Vendeuil et autres lieux.

55. — De sable, à un pal bandé d'or et de sinople de six pièces.

36. — Jean-Édouard de LA VILLETTE, avocat au parlement et au baillage de Mondidier.

36. — De sable, à une barre d'argent, chargée d'une molette de sinople.

37. — Le couvent des religieuses du prieuré Notre-Dame de la ville de *Mondidier*.

37. — D'or, à un chevron écartelé d'azur et d'argent.

38. — François de RANGUEUIL, écuier, sieur des Moisons, capitaine d'infanterie au régiment de Cauvie.

38. — D'or, à une croix de gueules, chargée en cœur d'une croisette d'argent.

39. — La ville de *Mon(t)didier*.

39. — D'or, à un sautoir de sinople, chargé en cœur d'une merlette d'argent.

40. — Le couvent des religieuses *Ursulines* de la ville de Mondidier.

40. — D'or, à un chef de sable, chargé d'une macle d'argent.

41. — Antoine de SAINT-FUSSIEN, conseiller du roy, prévost royal et maire perpétuel de la ville de Mondidier.

41. — D'argent, à une fasse d'azur, chargé de trois billettes d'or.

42. — André-Édouard de SAINT-FUSSIEN, conseiller du roy au baillage de Mondidier.

42. — D'argent, à un pal de gueules, chargé d'un annelet d'or.

43. — Jean BOULLÉ DE LA VALLÉE, bourgeois de la ville de Mondidier.

43. — D'argent, à une bande palée de sinople et d'or de six pièces.

44. — Henry-François BOULLÉ, prêtre, diacre de la paroisse de Saint-Pierre de Mondidier.

44. — D'argent, à un chevron de sable, chargé d'une molette d'or.

45. — Firmin LE BOUCHER, conseiller du roy et son procureur en la prévosté de Mondidier.

45. — D'azur, à une croix écartelée d'or et de gueules.

46. — Étienne COCQUEREL, doyen et curé de l'église du Saint-Sépulcre de Mondidier.

46. — D'azur, à un sautoir d'argent, chargé en cœur d'une croisette de gueules.

47. — Louis FAGUIER, conseiller du roy en l'élection de Mondidier.

47. — De gueules, à un chef d'or, chargé d'une merlette d'azur.

48. — Mathieu COTTON, écuier, sieur d'Athies.

48. — De gueules, à une fasse d'argent, chargée d'une macle d'azur.

49. — Antoine CAUVEL, conseiller du roy en l'élection de Mondidier.

49. — De sinople, à un pal d'or, chargé de trois billettes de sable.

50. — Françoise de GRÉSILLEMONT, veuve d'Antoine LE FRANÇOIS, sieur du Caurel.

313. — De sinople, à une bande d'argent, chargée d'un annelet de sable.

51. — Florent Hadou, officier de la maison du roy.

51. — De sable, à une barre palée d'or et de sinople de six pièces.

52. — Jean-Baptiste Gambart, docteur en médecine à Mondidier.

52. — De sable, à une croix d'argent, chargée en cœur d'une molette de sinople.

53. — Françoise Le Caron, veuve de Charles Cousin, sieur de Genlis, conseiller du roy en l'élection de Mondidier.

53. — D'or, à un sautoir écartelé d'azur et d'argent.

54. — Louis Le Caron, sieur du Plessis, officier de la feue reine.

54. — D'or, à un chef de gueules, chargé d'une croisette d'argent.

55. — Louise Verrel, veuve de Nicolas Scourion, écuier, seigneur de la Houssoie, trésorier de France de la généralité de Paris.

55. — D'or, à une fasse de sinople, chargée d'une merlette d'argent.

56. — Louis de Battret, écuier.

56. — D'or, à un pal de sable, chargé d'une macle d'argent.

57. — Robert de Bouchart, chevalier, seigneur de Ravenel et autres lieux.

57. — D'argent, à une bande d'azur, chargée de trois billettes d'or.

58. — Jaque d'Inval, écuier, seigneur de Frestoy.

58. — D'argent, à une barre de gueules, chargée d'un annelet d'or.

59. — François Fournier, conseiller du roy, receveur des tailles de l'élection de Mondidier.

59. — D'argent, à un chevron fassé de sinople et d'or de six pièces.

60. — Jean Coquerel, conseiller du roy en l'élection de Mondidier.

60. — D'argent, à un sautoir de sable, chargé en cœur d'une molette d'or.

61. — François Le Normant, officier du roy.

61. — D'azur, à un chef écartelé d'or et de gueules.

62. — Isaac Grandvalet, conseiller du roy, commissaire et receveur de ses troupes en la ville de Mondidier.

62. — D'azur, à une fasse d'argent, chargée d'une croisette de gueules.

63. — Pierre Cauvel, conseiller du roy, son procureur en la ville de Mondidier.

63. — De gueules, à un pal d'or, chargé d'une molette d'azur.

64. — Louis FOURMENT, conseiller du roy en l'élection de Mondidier.

64. — De gueules, à une bande d'argent, chargée d'une macle d'azur.

65. — Jean COUSIN, conseiller du roy, éleu en l'élection de Mondidier.

65. — De sinople, à une barre d'or, chargée de trois billettes de sable.

66. — Jean BOULLÉ, conseiller du roy, son procureur au grenier à sel de Mondidier, officier de feu S. A. R. M. le duc d'Orléans.

66. — De sinople, à un chevron d'argent, chargé à la pointe d'un annelet de sable.

67. — Joseph OGIER DE CAVOÏE, chevalier, seigneur de Beaufort, Bouchoir, Bus-de-Villiers et autres lieux.

67. — De sable à une croix échiquetée d'or et de sinople.

68. — Guillaume LE CLERCQ, conseiller du roy, commissaire enquêteur au baillage de Mondidier.

68. — De sable, à une ancre d'argent.

69. — François LE BASTIER, écuier, sieur de Mailly.

69. — D'or, à un maillet d'azur.

70. — Jean de FAY, écuier, sieur d'Ameline.

70. — D'or, à un quartefeuille de gueules.

71. — Le corps des officiers du grenier à sel de *Mondidier*.

71. — D'or, à une cloche de sinople.

72. — Alexandre l'EMPEREUR, conseiller du roy au baillage de Mondidier.

72. — D'or, à une bouterolle de sable.

73. — François CHRESTIEN, conseiller du roy, éleu en l'élection de Mondidier.

73. — D'argent, à un bourdon d'azur.

74. — François-Roger de FRANSURE, écuier, seigneur de Villiers-Tournelles.

74. — D'argent, à une perle de gueules.

75. — Pierre-Thimoléon de VANDEUIL, mestre de camp d'un régiment de cavalerie, chevalier, seigneur du Crocq, Cormeille, Écalle et autres lieux.

75. — D'argent, à une coquille de sinople.

76. — Claude Le Caron, sieur de l'Épron, conseiller du roy, président en l'élection de Mondidier.

76. — D'argent, à une croisette pattée et alaizée de sable.

77. — François de Bertin, écuier, sieur de Gannes.

77. — D'azur, à un chevron alaizé d'or.

78. — François de Bertin, écuier, sieur d'Inneville, lieutenant général au gouvernement de Péronne, Mondidier et Roye.

78. — D'azur, à une pelle d'argent.

79. — Le couvent des religieuses de l'abbaye de *Breteuil*.

79. — De gueules, à un fermail d'or.

80. — Michel de Lancry, écuier, seigneur de Bét(h)ancourt.

80. — De gueules, à une feuille de chou d'argent.

81. — Nicolas de Nully, prêtre, curé de la paroisse de Reuil-sur-Bresche.

81. — De sinople, à une pomme de pin d'or.

82. — Louis de Guillebon, écuier, seigneur de Beaurevoir.

82. — De sinople, à une moucheture d'hermines d'argent.

83. — Anne Trouvain, veuve de Jaque Boullé, prévost de Mondidier.

83. — D'or, à un maillet de gueules.

84. — Jaque Rappellet, conseiller du roy, maire perpétuel du bourg de Breteuil.

84. — D'or, à une quartefeuille de sinople.

85. — Charles de Lye, sieur de Lirots, chef du gobelet de S. A. R. Monsieur.

85. — D'or, à une cloche de sable.

86. — Le corps des officiers de la prévosté royale de *Mon(t)didier*.

86. — D'argent, à une bouterolle d'azur.

87. — Jean-Baptiste Le Caron, conseiller du roy, son procureur général au baillage de Mondidier.

87. — D'argent, à un bourdon de gueules.

88. — La communauté des marchands *Drapiers* et *Merciers* de la ville de Mondidier.

88. — D'argent, à une perle de sinople.

89. — N..., veuve de N..., MATHON.

89. — D'argent, à une coquille de sable.

90. — Jaque-Fussien CAUVEL, conseiller du roy, son avocat au baillage et prévosté de Mondidier.

90. — D'azur, à une croisette pattée et alaizée d'or.

91. — Antoine-Ignace DU FRANC, écuier, seigneur de Bacouël, expartie.

91. — D'azur, à un chevron alaizé d'argent.

92. — Marie d'INVAL, veuve de N..., de MARGILLEMONT.

92. — De gueules, à une pelle d'or.

93. — Madeleine MALLET, femme de Pierre MILLON, écuier, sieur de la Morlière, gouverneur de la ville de Mondidier.

93. — De gueules, à un fermail d'argent.

94. — Louis d'AMFREVILLE, chevalier, seigneur de Troussancourt, lieutenant-colonel au régiment d'Ourches.

94. — De sinople, à une feuille de hou d'or.

95. — Le prieuré de *Saint-Faron* d'Esclainvillier.

95. — De sinople, à une pomme de pin d'argent.

96. — Louise de STAVOYE, veuve d'Antoine DES FOSSEZ, seigneur de Mézières Le Bus.

96. — De sable, à une moucheture d'hermine d'or.

97. — Pierre GRANDVALET, sieur de Méricourt, fourrier des logis du corps de feue Madame la Dauphine.

97. — D'or, à un maillet de sinople.

98. — Marie d'ABANCOURT, veuve d'Isaac de LANCRY, écuier, seigneur de Promleroy.

98. — D'or, à une quartefeuille de sable.

99. — Alexis DOBBÉ, conseiller du roy en la mairie de Mondidier.

99. — D'argent, à une cloche d'azur.

100. — Isabelle de PILLE, veuve de Florent COTELLE, officier du roy.

100. — D'argent, à une bouterolle de gueules.

101. — François WALLET, greffier en chef de la mairie de Mondidier.

101. — D'argent, à un bourdon de sinople.

102. — Marie Fourment, veuve d'Antoine de Bertin, écuier, sieur d'Avesne.

102. — D'argent, à une perle de sable.

103. — Nicolas Pinguet, sieur de Passemence, conseiller du roy, lieutenant assesseur au baillage de Mondidier.

103. — D'azur, à une coquille d'or.

104. — Françoise L'Empereur, veuve de Pierre Mallet, avocat au parlement.

104. — D'azur, à une croisette pattée et alaizée d'argent. (D'azur à 3 trèfles d'or, 2 et 1.)

105. — Eugène Le Sueur, sieur de Champeaux.

105. — De gueules, à un chevron alaizé d'or.

106. — Charles Louvel, écuier, sieur de Bretancourt.

106. — De gueules, à une pelle d'argent.

107. — Auguste Lesné, officier de la veunerie de Monsieur.

107. — De sinople, à un fermail d'or.

108. — Le chapitre de l'église collégiale de *Rollot*.

108. — De sinople, à une feuille de hou d'argent.

109. — Marie-Anne de Frémicourt, veuve de Pierre Maillart, conseiller du roy, lieutenant civil en l'élection de Mondidier.

109. — De sable, à une pomme de pin d'or.

110. — Daniel Bosquillon de Bouchoir, ancien conseiller du roy, éleu en l'élection de Mondidier.

110. — De sable, à une moucheture d'hermines d'argent.

111. — Jaque Le Prevost, receveur de Sains, intéressé dans les affaires du roy.

111. — D'or, à un maillet de sable.

112. — Eugène du Plessier, écuier, sieur du Plessier.

112. — D'argent, à une quartefeuille d'azur.

113. — Antoine de Jombourg, écuier, sieur de Montrelet.

113. — D'argent, à une cloche de gueules.

114. — Adrien de Fresches, écuier, seigneur de Courcelles-sur-Noie.

114. — D'argent, à une bouterolle de sinople.

115. — Catherine de CABOCHE, veuve de N... de LA ROCHETTE.

115. — D'argent, à un bourdon de sable.

116. — François BOSQUILLON, conseiller du roi, receveur des deniers patrimoniaux de la ville de Mondidier.

116. — D'azur, à une perle d'or.

117. — Pierre BOULLÉ, conseiller du roy, assesseur en la mairie de Mondidier.

117. — D'azur, à une coquille d'argent.

118. — Charles de GOUSSANCOURT, chevalier, seigneur de Grivesne, Cantignies et autres lieux.

118. — De gueules, à une croisette pattée et alaizée d'or.

119. — Marie de COULLANGES, veuve de Charles de GOUSSANCOURT, chevalier, seigneur de Grivesnes, Cantignies et autres lieux.

119. — De gueules, à un chevron alaizé d'argent.

120. — Jolande de GOUSSANCOURT, veuve de N... de HERTE, chevalier, seigneur de Tertry et Septoutre.

120. — De sinople, à une pelle d'or.

121. — Marie-Rénée de GOUFFIER, dame d'Espagny.

121. — De sinople, à un fermail d'argent.

122. — Charlotte de SÉRICOURT, veuve de Louis de VANDEUIL, chevalier, seigneur du Crocq, Cormeilles et autres lieux, maréchal des camps et armées du roy et lieutenant pour le roy des ville et citadelle de Doullens.

122. — De sable, à une feuille de hou(x) d'or.

123, 124. — Antoine PINGRÉ, seigneur du Chaussoy, et Angélique de BLOTTEFIERE, sa femme.

123, 124. — De sable, à une pomme de pin d'argent. (Il aurait au moins fallu deux écussons ici.)

125. — Claude de SENICOURT, écuier.

125. — D'or, à une moucheture d'hermines d'azur.

126. — Gilbert DU MESNIEL (Maisniel), chevalier, seigneur de Longuemort et Verly.

126. — D'argent, à un maillet d'azur.

127. — N... BUCQUET, femme de Jean-Baptiste de ROMANET, écuier, trésorier de France.

127. — D'argent, à une quartefeuille de gueules.

128.— Alophe de VERNY, chevalier, seigneur de Grandviller(s), premier capitaine, commandant du régiment de cavalerie royale Roussillon.

128. — D'argent, à une cloche de sinople.

129. — La communauté des *Cabaretiers* et *Tonneliers* de la ville de Mondidier.

129. — D'argent, à une bouterolle de sable.

130. — La communauté des *Boulangers* et *Patissiers* de la ville de Mondidier.

130. — D'azur, à un bourdon d'or.

131. — La communauté des marchands *Lingers* et *Tisserands* de la ville de Mondidier.

131. — D'azur, à une perle d'argent.

132. — La communauté des marchands *Mandeliers*, *Vanniers* et *Jardiniers* de la ville de Mondidier.

132. — De gueules, à une coquille d'or.

133. — La communauté des maîtres *Menuisiers*, *Tourneurs* et *Vitriers* de la ville de Mondidier.

133. — De gueules, à une croisette pattée et alaizée d'argent.

134. — La communauté des maîtres *Chapeliers*, *Peigneurs de laine*, *Tailleurs d'habits* et *Teinturiers* de la ville de Mondidier.

134. — De sinople, à un chevron alaizé d'or.

135. — La communauté des *Bourreliers*, *Taillandiers* et *Chaudronniers* de la ville de Mondidier.

135. — De sinople, à une pelle d'argent.

136. — La communauté des maîtres *Tanneurs* et *Corroyeurs* de la ville de Mondidier.

136. — De sable, à un fermail d'or.

137. — La communauté des maîtres *Cordonniers* en neuf et en vieil de la ville de Mondidier.

137. — De sable, à une feuille de hou d'argent.

138. — La communauté des maîtres *Bouchers* et *Gantiers* de la ville de Mondidier.

138. — D'or, à une pomme de pin d'azur.

139. — La communauté des maîtres *Massons* et *Charpentiers* de la ville de Mondidier.

139. — D'or, à une moucheture d'hermines de gueules.

140. — Anne de Fevin, veuve de Jean Aubé, avocat en parlement.

140. — D'argent, à un maillet de gueules.

141, 142. — N..., seigneur de Boisrenaud, et N... sa femme.

141, 142. — D'argent, à une quartefeuille de sinople; *acollé :* d'or, à un bois de sinople.

143. — Madeleine Sagnier, veuve de N... Ruamel, ancien conseiller du roy, président au grenier à sel de Mondidier.

143. — D'argent, à une cloche de sable.

144. — Nicolas Gérault, conseiller en la mairie de Mondidier.

144. — D'azur, à une bouterolle d'or.

145. — La communauté des *Apotiquaires* et *Chirurgiens*, *Barbiers* et *Perruquiers* de la ville de Mondidier.

145. — D'azur, à un bourdon d'argent.

146. — Suzanne de la Villette, femme de Jacques d'Inval, écuier, seigneur du Frestoy.

146. — De gueules, à une perle d'or.

147. — La communauté des *Etenniers* (Etainiers), *Marchands de fer*, *Maréchaux-ferrand en serrurerie* de la ville de Mondidier.

147. — De gueules, à une coquille d'argent.

148. — Jean-François du Mesnil, écuier, seigneur de Vaux.

148. — De sinople, à une croisette pattée et alaizée d'or.

149. — Adrien du Bois, bailly de l'abbaye de Breteuil.

149. — De sinople, à un chevron alaizé d'argent.

150. — Françoise de Hémon, veuve de N.., seigneur de Beauvoir.

150. — De sable, à une pelle d'or.

151. — Pierre de Baillon, conseiller du roy au baillage de Mondidier.

151. — De sable, à un fermail d'argent.

152. — Pierre de la Morlière, conseiller du roy au baillage de Mondidier.

152. — D'or, à une feuille de hou d'azur.

153. — Jean Le Caron, sieur de Pe(s)tmailly, greffier en chef du grenier à sel de Mondidier.

153. — D'or, à une pomme de pin de gueules.

154. — François Michault, conseiller du roy, assesseur en la mairie de Mondidier.

154. — D'or, à une moucheture d'hermines de sinople.

155. — Edouard-Robert de la Villette, sieur de Lislebrune, ancien conseiller du roy, lieutenant criminel au baillage de Mondidier.

155. — D'argent, à un maillet de sinople.

156. — Claude Cavé, sieur d'Audecourt, contrôleur au grenier à sel de Mondidier.

156. — D'argent, à une quartefeuille de sable.

157. — François Froissant, conseiller du roy, conseiller aux saisies réelles de Mondidier.

157. — D'azur, à une cloche d'or.

158. — Rodolphe Le Clercq, sieur de Cerancour (Serancourt), conseiller du roy, lieutenant particulier au baillage de Mondidier.

158. — D'azur, à une bouterolle d'argent.

159. — François Mathon, sieur du Voyeux, ancien officier du roy.

159. — De gueules, à un bourdon d'or.

160. — Nicolas-Charle Coquerel, conseiller du roy, garde scel au baillage de Mondidier.

160. — De gueules, à une perle d'argent.

161. — N..., femme de Pierre de Trudaine, écuier, seigneur de Tartigny.

161. — De sinople, à une coquille d'or.

162. — André de la Morlière, grainetier au grenier à sel de Mondidier.

162. — De sinople, à une croisette pattée et alaizée d'argent.

163. — Marie Masse, veuve de Charles Mouret, officier du roy.

163. — De sable, à un chevron alaizé d'or.

164. — Louis Le Clercq, sieur de Cerancour (Serancourt), conseiller du roy, receveur des gabelles de Mondidier.

164. — De sable, à une pelle d'argent.

165. — Claude Le Caron, sieur de Pestmailly, conseiller du roy au baillage de Mondidier.

165. — D'or, à un fermail d'azur.

166. — Louis Maillet, sieur du Cailloüet, conseiller du roy, lieutenant criminel en la prevosté royalle de Mondidier.

166. — D'or, à une feuille de hou de gueules.

167. — Anne de Saint-Fussien, veuve de N... de Saint-George, écuier.

167. — D'or, à une pomme de pin de sinople.

168. — Jean de Bille, écuier, chef du gobelet du roy.

168. — D'or, à une moucheture d'hermines.

169. — Louis de la Morlière, fourrier de S. A. R. Monsieur.

169. — D'argent, à un maillet de sable.

170. — La communauté des *Procureurs* au baillage et prévosté de Mondidier.

170. — D'azur, à une quartefeuille d'or.

171. — Marc-Antoine Benoist, procureur aux siéges royaux de Mondidier.

171. — D'azur, à une cloche d'argent.

172. — Édouard Bosquillon, procureur au baillage de Mondidier.

172. — De gueules, à une bouterolle d'or.

173. — Hipolite Mouret, fourrier de la petite écurie du roy.

173. — De gueules, à un bourdon d'argent.

174. — Pierre Cavé, procureur au baillage de Mondidier.

174. — De sinople, à une perle d'or.

175. — Gabriel Cotelle, procureur au baillage de Mondidier.

175. — De sinople, à une coquille d'argent.

176. — Adrien Trudelle, procureur au baillage et prévosté de Mondidier.

176. — De sable, à une croisette pattée et alaizée d'or.

177. — Toussaint Boullet, receveur des aydes de l'élection de Mondidier.

177. — De sable, à un chevron alaizé d'argent.

178. — François du Flos, procureur au baillage et prévosté de Mondidier.

178. — D'or, à une perle d'azur.

179. — François Martinot, procureur au baillage et prevosté de Mondidier.

179. — D'or, à un fermail de gueules.

180. — Daniel de Parviller, notaire royal à Mondidier.

180. — D'or, à une feuille de hou de sinople.

181. — Richard du Fournet, directeur des aydes de l'élection de Mondidier.

181. — D'or, à une pomme de pin de sable.

182. — Pierre Aubert, conseiller du roy au baillage de Mondidier.

182. — D'argent, à une moucheture d'hermine d'azur.

183. — Jean Martinot, procureur au baillage et prevosté de Mondidier.

183. — D'azur, à un maillet d'or.

184. — Antoine Berthelemy, receveur des épices des juridictions de Mondidier.

184. — D'azur, à une quintefeuille d'argent.

185. — Charle Martinot, sieur de Courvilliers, officier de la milice bourgeoise de la ville de Mondidier.

185. — De gueules à une cloche d'or.

186. — N... Richelieu, capitaine de la milice bourgeoise de la ville de Mondidier.

186. — De gueules, à une bouterolle d'argent.

187. — Jean-Baptiste Vuarme, officier du roy.

187. — De sinople, à un bourdon d'or.

188. — Claude Bruhier, habitant d'Halluin.

188. — De sinople, à une perle d'argent

189. — Simon du Nesme, officier du roy.

189. — De sable, à une coquille d'or.

190. — Jaque Houpin, prêtre, curé de la paroisse de Gannes.

190. — De sable, à une croisette pattée et alaizée d'argent.

191. — Pierre de Haizecourt, gouverneur à Mondidier.

191. — D'or, à un chevron alaizé d'azur

192. — François MATHON, procureur aux sièges royaux de Mondidier.

192. — D'or, à une pelle de gueules.

193. — Jean-Baptiste de COMBES, prieur de Moyenneville.

193. — D'or, à un fermail de sinople.

DOULLENS

SUIVANT L'ORDRE DU REGISTRE 1er

1. — N... de LAYRANT, lieutenant pour le roy de la ville de Doullens.

1. — D'or, à une feuille de hou de sable.

2. — Arnoult de FONTENAY, major de la ville de Doullens.

2. — D'argent, à une pomme de pin d'azur.

3. — Jean de BROSSART, écuier, sieur de Grosménil.

3. — D'argent, à une moucheture d'hermines de gueules.

4. — François LE FOURNIER, chevalier, seigneur de Vargemont (Wargimont) et de Rib(e)aucourt.

4. — D'azur, à un maillet d'argent.

5. — Suzanne de MIFFAUT, femme de Jean de BROSSART, écuier, sieur de Grosménil.

5. — De gueules, à une quartefeuille d'or.

6. — Jaque de CARPENTIN, chevalier, seigneur de Cumont.

6. — De gueules, à une cloche d'argent.

7. — Louis de BROSSARD, écuier, sieur de Manhüe (Monthue) et de Prouville.

7. — De sinople, à une bouterolle d'or.

8. — Louis DAVERHOUD (d'Averhoult), écuier, seigneur de Reminy (Remaisnil).

8. — De sinople, à un bourdon d'argent.

9. — Marie-Madeleine de LA PORTE, femme de Louis DAVERHOUD (Averhoult), écuier, seigneur de Reminy.

9. — De sable, à une perle d'or.

10. — Le corps des officiers de l'élection de *Doullens*.

10. — De sable, à une coquille d'argent.

11. — L'abbaye de *Saint-Riquier*.

11. — D'or, à une croisette pattée et alaizée d'azur.

12. — La communauté des religieux de l'abbaye de *Saint-Riquier*.

12. — D'or, à un chevron alaizé de gueules.

13. — Louis (le) PREVOST, sieur de Séronville, conseiller du roy, président en l'élection de Doullens.

13. — D'or, à une pelle de sinople.

14. — Simon le PREVOST, écuier, sieur de Fertin.

14. — D'or, à un fermail de sable.

15. — La ville de *Doullens*.

15. — D'argent, à une feuille de hou d'azur.

16. — Claude de CACHELEU, écuier, sieur de Thoras, seigneur de Saint-Léger-les-Athyes (Authies).

16. — D'argent, à une pomme de pin de gueules.

17. — Jean de LA HOUSSAYE, chevalier, seigneur de Mézicourt (Maizicourt).

17. — D'argent, à une moucheture d'hermine de sinople.

18. — Claude-Gabriel FOURNEL, chevalier, seigneur de Courcelle(s).

18. — De gueules, à un maillet d'or.

19. — Louis LE PREVOST, écuier, sieur de Sanguin.

19. — De gueules, à une quartefeuille d'argent.

20. — La communauté des maîtres *Chapeliers*, *Peigneurs de laine*, *Tisserands*, *Cordiers* et *Sabotiers* de la ville de Doullens.

20. — De sinople, à une cloche d'or.

21. — La communauté des marchands *Drapiers*, *Lingers*, *Tailleurs d'habits* de la ville de Doullens.

21. — De sinople, à une bouterolle d'argent.

22. — La communauté des maîtres *Tanneurs*, *Corroyeurs*, *Cordonniers* et *Savetiers* de la ville de Doullens.

22. — De sable, à un bourdon d'or.

23. — La communauté des marchands *Merciers* de la ville de Doullens.

23. — De sable, à une perle d'argent.

24. — La communauté des maîtres *Serruriers*, *Armuriers*, *Taillandiers*, *Maréchaux*, *Selliers* et *Bourreliers* de la ville de Doullens.

24. — D'or, à une coquille d'azur.

25. — Alphonse Robert, prêtre, curé de la paroisse de Sauthaze.

25. — D'or, à une croisette pattée et alaizée de gueules.

26. — La communauté des maîtres *Charpentiers*, *Menuisiers*, *Tonneliers*, *Charrons*, *Celliers*, *Massons*, *Couvreurs*, *Pailloteurs* et *Vitriers* de la ville de Doullens.

26. — D'or, à un chevron alaizé de gueules.

27. — La communauté des maîtres *Brasseurs*, *Boulangers* et *Meuniers* de la ville de Doullens.

27. — D'or, à une pelle de sable.

28. — La communauté des *Fermatiens* (pharmaciens), *Chirurgiens* et *Perruquiers* de la ville de Doullens.

28. — D'argent, à un fermail d'azur.

29. — La communauté des *Bouchers* et *Chaircutiers* de la ville de Doullens.

29. — D'argent, à une feuille de hou de gueules.

30. — La communauté des *Hostelliers* et *Cabaretiers* de la ville de Doullens.

30. — D'argent, à une pomme de pin de sinople.

31. — Jean Balledens, de B(e)auval.

31. — D'argent, à une moucheture d'hermine.

32. — Louis Chantin, prêtre, curé de la paroisse de B(e)auval.

32. — De gueules, à un maillet d'argent.

33. — N... de Chamberry.

33. — De sinople, à une quartefeuille d'or.

34. — Étienne Mesnel, bourgeois de la ville de Doullens.

34. — De sinople, à une cloche d'argent.

ROYE

SUIVANT L'ORDRE DU REGISTRE 1er

1. — N..., prêtre, doyen et chanoine de l'église royalle et collégialle de *Saint-Florent* de Roye.

1. — De sable, à une bouterolle d'or.

2. — Charle Le Blanc, chanoine de l'église royalle et collégialle de Saint-Florent de Roye.

2. — De sable, à un bourdon d'argent.

3. — Louis Lombard, chanoine de l'église royalle et collégialle de Saint-Florent de Roye.

3. — D'or, à une perle d'azur.

4. — Jean de La Porte, chanoine de l'église royalle et collégialle de Saint-Florent de Roye.

4. — D'or, à une coquille de gueules.

5. — Charle Billiart, chanoine de l'église royalle et collégialle de Saint-Florent de Roye.

5. — D'or, à une croisette pattée et alaizée de sinople.

6. — Nicolas Parmentier, chanoine de l'église royalle et collégialle de Saint-Florent de Roye.

6. — D'or, à un chevron alaizé de sable.

7. — Gaspard Meluras, chanoine de l'église royalle et collégialle de Saint-Florent de Roye.

7. — D'argent, à une pelle d'azur.

8. — Charle-Antoine Le Blanc, chanoine de l'église royalle et collégialle de Saint-Florent de Roye.

8. — D'argent, à un fermail de gueules.

9. — Florem-Marie Dreüe, chanoine de l'église royalle et collégialle de Saint-Florent de Roye.

9. — D'argent, à une feuille de hou de sinople.

10. — Jaque Chevy, chanoine de l'église royalle et collégialle de Saint-Florent de Roye.

10. — D'argent, à une pomme de pin de sable.

11. — Louis Tricot, chanoine de l'église royalle et collégialle de Saint-Florent de Roye.

11. — D'argent, à une moucheture d'hermine d'or.

12. — Louis de Bonnaire (Debonnaire), chanoine de l'église royalle et collégialle de Saint-Florent de Roye.

12. — De sinople, à un maillet d'or.

13. — Philipe Prevost, chanoine de l'église royalle et collégialle de Saint-Florent de Roye.

13. — De sinople, à une quartefeuille d'argent.

14. — François Gérard, prêtre, curé de la paroisse de Saint-Pierre de la ville de Roye.

14. — De sable, à une cloche d'or.

15. — Pierre Douvry, prêtre, curé de la paroisse de Saint-Gilles de la ville de Roye.

15. — De sable, à une bouterolle d'argent.

16. — Charles Billecot, prêtre, curé de la paroisse de Saint-Georges de la ville de Roye.

16. — D'or, à un bourdon d'azur.

17. — Louis Billecoq, prêtre, curé de la paroisse de Saint-Médart de la ville de Roye.

17. — D'or, à une perle de gueules.

18. — Philippe Froissan, conseiller du roy, président, lieutenant général au baillage de Roye.

18. — D'or, à une coquille de sinople.

19. — Antoine Prevost, conseiller du roy, son avocat au baillage de Roye.

19. — D'or, à une croisette pattée et alaizée de sable.

20. — Louis Cordier, procureur au baillage et assesseur en l'hôtel de ville de Roye.

20. — D'argent, à un chevron alaizé d'azur.

21. — Antoine Aubert, conseiller du roy, grenetier au grenier à sel de Roye.

21. — D'argent, à une pelle de gueules.

22. — Éloy d'Hervilly, greffier du grenier à sel de Roye.

22. — D'argent, à un fermail de sinople.

23. — Blaize CHIROLLE, receveur au grenier à sel de Roye.	23. — D'argent, à une feuille de hou de sable.
24. — Gabriel JOBART, ayde de panneterie chez le roy.	24. — D'azur, à une pomme de pin d'or.
25. — N... de TERNAU, dame de Goyencourt.	25. — D'azur, à une moucheture d'hermine d'argent.
26. — N..., prêtre, curé de la paroisse de *Parvillers*.	26. — De sinople, à un maillet d'argent.
27. — N..., prêtre, curé de la paroisse de *Fresnoy*.	27. — De sable, à une quartefeuille d'or.
28. — N..., prêtre, curé de la paroisse de *Savalle*.	28. — De sable, à une cloche d'argent.
29. — Le chapitre de l'église royalle et collégialle de Saint-Florent de Roye.	29. — D'or, à une bouterolle d'azur.
30. — Le corps des officiers du *grenier à sel de Roye*.	30. — D'or, à un bourdon de gueules.
31. — Le corps des officiers du *baillage royal de Roye*.	31. — D'or, à une perle de sinople.
32. — La communauté des maîtres *Tanneurs* de la ville de Roye.	32. — D'or, à une coquille de sable.
33. — La communauté des marchands *Drapiers* de la ville de Roye.	33. — D'argent, à une croisette pattée et alaizée d'azur.
34. — La communauté des maîtres *Chirurgiens* de la ville de Roye.	34. — D'argent, à un chevron alaizé de gueules.
35. — La communauté des *Menuisiers* de la ville de Roye.	35. — D'argent, à une pelle de sinople.
36. — Louis CORDIER, avocat en parlement et au baillage de Roye.	36. — D'argent, à un fermail de sable.
37. — Geneviève de CAVOÏE, veuve de N... de LONGUEMORT.	37. — D'azur, à une feuille de hou d'or.

SAINT-QUENTIN

SUIVANT L'ORDRE DU REGISTRE Ier DE L'ÉTAT DU 9 JUILLET 1700.

20. — Simon Ferot, conseiller du roy, éleu en l'élection de Saint-Quentin.

20. — D'azur, à une pomme de pin d'argent.

79. — L'abbaye Notre-Dame de *Vermand*, ordre de Prémontré.

79. — De gueules, à une moucheture d'hermine d'or.

86. — Charle Larbouillart du Plessis, prêtre, chanoine de l'église royale de Saint-Quentin.

86. — De sable, à un maillet d'or.

107. — Guillaume Polignier, prêtre, religieux prieur d'Offoy.

107. — De sable, à une quartefeuille d'argent.

148. — Quentin Philippy, conseiller du roy, éleu en l'élection de Saint-Quentin.

148. — D'or, à une cloche d'azur.

DE L'ÉTAT DU.... 170..

152. — Nicolas Bosquillon, prêtre, curé de la paroisse de Saint-Éloy.

152. — D'or, à une bouterolle de gueules.

153. — L'abbaye des religieux d'*Honnecourt*.

153. — D'or, à un bourdon de sinople.

154. — Simon Gallois, conseiller du roy, receveur des bailles de l'élection de Saint-Quentin.

154. — D'or, à une pelle de sable.

155. — Paul-Henry Caignart de Marsy, avocat au parlement.

155. — D'argent, à une coquille d'azur.

156. — Claude Le Tellier, prestre, chanoine de l'église royale de Saint-Quentin.

156. — D'argent, à une croisette pattée et alaizée de gueules.

157. — Jean Du Bois, prestre, chanoine de l'église royale de Saint-Quentin.

157. — D'argent, à un chevron alaizé de sable.

158. — Martin GRANDIN, prêtre, curé de l'église et paroisse de Sainte-Marguerite de la ville de Saint-Quentin.

158. — D'argent, à une pelle de sable.

159. — Jean WATIER, notaire royal au baillage de Vermandois à Saint-Quentin.

159. — D'azur, à un fermail d'or.

160. — Nicolas POURIER, bourgeois de la ville de Saint-Quentin.

160. — D'azur, à une feuille de hou d'argent.

161. — Jaque-François DEY, procureur ès siéges royaux de Saint-Quentin.

161. — De gueules, à une pomme de pin d'or.

162. — Alexandre-François de GROUCHY, directeur des aydes de l'élection de Saint-Quentin.

162. — De gueules, à une moucheture d'hermine d'argent.

163. — Bernard LOYSEAU, prêtre, chapelain de l'église royale de Saint-Quentin.

163. — De sable, à un maillet d'argent.

164. — N..., femme de Jean BOUTILLIER le Jeune, écuier.

164. — D'or, à une quartefeuille d'azur.

165. — La communauté des *Mandeliers*, *Cordiers* et *Chaudronniers* de la ville de Saint-Quentin.

165. — D'or, à une cloche de gueules.

166. — Antoine CHARLES, prêtre, curé de l'église et paroisse de Saint-Jean de Saint-Quentin.

166. — D'or, à une bouterolle de sinople.

167. — Charles ROHART, conseiller du roy, éleu en l'élection de Saint-Quentin.

167. — D'or, à un bourdon de sable.

168. — Claude MOISET, conseiller du roy, lieutenant en l'élection de Saint-Quentin.

168. — D'argent, à une perle d'azur.

169. — Antoine LONGUET, marchand bourgeois de la ville de Saint-Quentin.

169. — D'argent, à une coquille de gueules.

170. — Quentin CHARPENTIER, prestre, chapelain de l'église royalle de Saint-Quentin et chanoine de Sainte-Périnne.

170. — D'argent, à une croisette pattée et alaizée de sinople.

171. — Quentin CHARPENTIER, conseiller du roy, lieutenant particulier au baillage de Saint-Quentin.

171. — D'argent, à un chevron alaizé de sable.

172. — N... CHARPENTIER, fille, bourgeoise de la ville de Saint-Quentin.

172. — D'azur, à une pelle d'or.

173. — Philibert PHILIPPY, prestre, chanoine de l'église royalle de Saint-Quentin.

173. — D'azur, à un fermail d'argent.

174. — Charle PINCEPRÉ, conseiller du roy, receveur des deniers patrimoniaux de la ville de Saint-Quentin.

174. — De gueules, à une feuille de hou d'or.

175. — N... CHARPENTIER, veuve de Jean de CHALVOIX, avocat au parlement et ancien mayeur de la ville de Saint-Quentin.

175. — De gueules, à une pomme de pin d'argent.

176. — N... CAUVRY, fille et bourgeoise de la ville de Saint-Quentin.

176. — De sinople, à une moucheture d'hermine d'or.

177. — Pierre CLUQUART, prêtre, curé de la paroisse de Segnehart.

177. — D'azur, à trois grillets d'or, posez 2 et 1.

178. — La communauté des maîtres *Charpentiers*, *Charons*, *Ardoisiers* de la ville de Saint-Quentin.

178. — De gueules, à une hache d'or.

179. — La communauté des maitres *Serruriers*, *Fourbisseurs* et *Taillandiers* de la ville de Saint-Quentin.

179. — De sable, à une clef d'or.

180. — Quentin GALLOIS, conseiller du roy, receveur au grenier à sel de Saint-Quentin.

180. — De sinople, à un coq d'or.

181. — N..., femme d'Alexandre CHAUVENET, écuier, seigneur de Lesdin.

181. — D'argent, à une chauve-souris de sable.

182. — La communauté des religieux de l'abbaye de *Saint-Quentin* en l'Ille.

182. — Cinq points d'argent équipolez à quatre d'azur, à neuf macles de l'un en l'autre.

183. — Le corps des officiers de la *Maréchaussée* de Saint-Quentin.

183. — D'azur, à une main de Justice d'argent.

184. — Louise de FONSOMME, dame.

184. — D'azur à une fontaine d'argent.

Fait par nous, à Paris, le 19 décembre 1703.

Signé : D'HOZIER.

RÉCAPITULATION

AMIENS

Armoiries des			livres.	livres.	
Personnes	27	à	20	540	615 livres.
Couvent	1	à		25	
Commanderie	1	à		25	
Prieuré	1	à		25	

PÉRONNE

Personnes	173	à	20	3460	4210
Corps	2	à	25	50	
Couvent	1	à		25	
Prieurés	3	à	25	75	
Communautés	24	à	25	600	

ARRAS

Personnes	112	à	20	2240	2740
Abaye	1	à		50	
Chapitres	1	à		50	
Corps	2	à	50	100	
Couvens	3	à	25	75	
Confréries	2	à	25	50	
Prieurez	2	à	25	50	
Communautez	5	à	25	125	

A reporter. . . 361 armoiries. 7565

De l'autre part. . . 361 armoiries. 7565

SAINT-OMER

Personnes.	44	à	20. . .	880	
Communautez.	24	à	50. . .	1200	. . . 2230
Couvens.	5	à	25. . .	125	
Séminaire.	1	à	. . .	25	

ABBEVILLE

Personnes.	128	à	20. . .	2560	. . . 2610
Communautez.	2	à	25. . .	50	

BOULOGNE

Personnes.	99	à	20. . .	1980	
Ville.	1	à	. . .	100	
Corps.	3	à	50. . .	150	
Communautez.	6	à	50. . .	300	. . . 2630
Couvens.	1	à	. . .	25	
Prieuré.	1	à	. . .	25	
Communautez.	2	à	25. . .	50	

AIRE

Personnes.	28	à	20. . .	560	
Couvens.	1	à	. . .	25	. . . 1085
Communautez.	20	à	25. . .	500	

HESDIN

Personnes.	4	à	20.		80

SAINT-POL

Personnes.	31	à	20. . .	620	
Ville.	1	à	. . .	50	
Chapitre.	1	à	. . .	25	. . . 820
Corps.	1	à	. . .	25	
Prieurez.	4	à	25. . .	100	

BÉTHUNE

Personnes.	96	à	20. . .	1920	
Abaye.	1	à	. . .	50	
Chapitre.	1	à	. . .	25	
Prévotez.	2	à	25. . .	50	. . . 2470
Couvens.	5	à	25. . .	125	
Prieuré.	1	à	. . .	25	
Communautez.	11	à	25. . .	275	

A reporter. . . 886 armoiries. 19490

De l'autre part. . .	886 armoiries.				19430

CALLAIS

Personnes.	84	à	20. . .	1680	
Villes.	2	à	50. . .	100	
Communautez.	6	à	50. . .	300	. . . 2105
Couvent.	1	à	. . .	25	

MONTREUIL

Personnes.	57	à	20. . .	1140	
Ville.	1	à	. . .	50	
Abbayes.	2	à	50. . .	100	
Couvent.	1	à	. . .	25	. . . 1890
Prieuré.	1	à	. . .	25	
Communautez.	22	à	25. . .	550	

MONDIDIER

Personnes.	166	à	20. . .	3320	
Ville.	1	à	. . .	50	
Chapitre.	1	à	. . .	25	
Prieuré.	1	à	. . .	25	. . . 4020
Corps.	5	à	25. . .	125	
Couvens.	4	à	25. . .	100	
Communautez.	15	à	25. . .	375	

DOULLENS

Personnes.	20	à	20. . .	400	
Ville.	1	à	. . .	50	
Abbaye.	1	à	. . .	50	
Corps.	1	à	. . .	25	. . . 800
Couvent.	1	à	. . .	25	
Communautez.	10	à	25. . .	250	

ROYE

Personnes.	30	à	20. . .	600	
Chapitre.	1	à	. . .	25	
Corps.	2	à	25. . .	50	. . . 775
Communautez.	4	à	25. . .	100	

SAINT-QUENTIN

Personnes.	31	à	20. . .	620	
Abbayes.	2	à	50. . .	100	
Couvent.	1	à	. . .	25	. . . 845
Corps.	1	à	. . .	25	
Communautez.	3	à	25. . .	75	
	1365 armoiries.				29925 livres.

Total : vingt neuf mil neuf cens vingt-cinq livres et les deux sols pour livre.

Présenté par ledit Vannier à nos seigneurs les commissaires généraux du conseil à ce qu'attendu qu'il n'a été fourni par les dénommés cy-dessus aucune figure, ni explication d'armoiries et qui ont néantmoins payé les droits d'enregistrement d'icelles. Il plaise à nosdits seigneurs leur en accorder en conformité de l'édit du mois de novembre 1696, telles qu'ils jugeront à propos, pour être ensuite receues et enregistrées à l'armorial général, conformément auxdits édit et arrêts rendus en conséquence.

Fait à Paris, ce quatrième jour de décembre 1703.

Signé : De Larroc et Quentin.

Contresigné : Delacroix et Baudouin.

Les commissaires généraux députés par Sa Majesté par arrêt du conseil du 4 décembre 1696 et 29 janvier 1697 pour l'exécution de l'édit du mois de novembre précédent sur le fait des armoiries.

Veu par nous l'estat cy-dessus, nostre ordonnance préparatoire du 14 du mois portant qu'il sera remis au sieur d'Hozier, conseiller du roy, garde de l'armorial général pour donner son avis sur les armoiries qui pourront être accordées aux dénommés aux estats laissés audit sieur d'Hozier aujourd'hui, conclusion du procureur général de la commission, ouy le rapport du sieur de Breteuil, conseiller ordinaire du roy en son conseil d'Estat, l'un des sieurs commissaires.

Nous, commissaires susdits, en vertu du pouvoir à nous donné par Sa Majesté, conformément à l'avis dudit sieur d'Hozier, ordonnons que les armes de chacun des dénommés dans l'estat cy-dessus seront composées des pièces, meubles et métaux portés par ledit avis. En conséquence les avons receues et recevons pour les enregistrer à l'Armorial général, ainsi qu'elles sont expliquées par ledit avis et les brevets d'icelles, délivrés conformément à l'édit du mois de novembre et arrêts rendus en exécution, à l'effet de quoi il sera remis audit sieur d'Hozier une expédition de la présente ordonnance et les feuilles qui contiennent les noms et qualités des dénommés audit estat.

Fait en l'assemblée desdits sieurs commissaires, tenue à Paris le 20 décembre 1703.

Signé : Sendras.

Nous soussignez, intéressez au traitté des armoiries, nommez par délibération de la compagnie pour retirer les brevets desdites armoiries, reconnaissons que M. d'Hozier nous a cejourd'huy remis ceux mentionnez au présent estat, au nombre de treize cent soixante-cinq armoiries. La finance principale desquelles montant à 29,925 livres, prometons payer au trésor royal, conformément au traitté que nous avons fait avec Sa Majesté.

Fait à Paris, le 25 décembre 1703.

ÉTAT DES NOMS ET QUALITEZ DES PERSONNES ET COMMUNAUTEZ, ETC. (Voyez p. 152.)

GÉNÉRALITÉ D'AMIENS

AMIENS

SUIVANT L'ORDRE DU REGISTRE Ier DE L'ÉTAT DU 8 AOUST 1698

Vû par nous, Charles d'Hozier, conseiller du roy, généalogiste de sa maison, juge général des armes et des blasons, garde de l'armorial général de France, chevalier de la Religion et des ordres militaires de Saint-Maurice et de Saint-Lazare de Savoie, le présent état de supplément d'armoiries et l'ordonnance donnée en conséquence le 19e jour du mois de novembre de l'an 1707 par MM. lesdits commissaires généraux du conseil à ce députés par laquelle il nous est enjoint de donner notre avis sur les armoiries qui peuvent être accordées ou suppléées à chacune des personnes et autres dénommées dans le présent état et dans les conclusions de M. le procureur général de ladite commission au nombre de 103 armoiries, nous estimons que l'on peut leur régler et disposer en cette sorte lesdites armoiries ainsi qu'il ensuit.

158. — Charles BERNARD, marchand bourgeois de la ville d'Amiens.

158. — D'or, à un chef d'azur; écartelé de sable.

184. — Antoine BOISTEL, échevin en charge de la ville d'Amiens.

184. — D'or, à une fasse de gueules; écartelé de sinople.

DE L'ÉTAT DU 9 JUILLET 1700

623. — Gervais LAVAUD, maître expert juré de la ville d'Amiens.

623. — D'or, à un pal de sinople; écartelé de gueules.

783. — Jean-Louis DU BOS, écuier, sieur de Cartigrenon.

783. — D'or, à une bande de sable; écartelé d'azur.

784. — Jeanne-Françoise MOREL, femme de Pantaléon PINGRÉ, écuier, seigneur de Fricamps, conseiller du roy, trésorier de France, au bureau des finances de la généralité d'Amiens.

784. — D'azur, à trois glands d'or, posez deux en chef et un en pointe.

ABBEVILLE

SUIVANT L'ORDRE DU REGISTRE Ier DE L'ÉTAT DU 9 JUILLET 1700

320. — Marie PASCAL, dame de Saucourt, veuve d'André QUESNOY, chevalier, marquis de Saucourt, Saint-Martin et autres lieux.

320. — D'or, à une bande d'azur.

427. — François SAIN, prêtre, curé de Rambure.

427. — Cet article n'est icy employé que pour mémoire, attendu la restitution qui a esté faite du droit par ordonnance du 10 mars 1705.

BOULOGNE

SUIVANT L'ORDRE DU REGISTRE Ier DE L'ÉTAT DU 8 AOUST 1698

45. — Françoise de BRUNEL, veuve de Louis de CHINOT, écuier, sieur du Quesnoy et autres lieux.

45. — D'argent, à un chevron d'azur.

PÉRONNE

SUIVANT L'ORDRE DU REGISTRE Ier DE L'ÉTAT DU 8 AOUST 1698

1. — Gabriel DU BOULET, écuier, seigneur de la Broüe et autres lieux, lieutenant de roy au gouvernement de Péronne.

1. — D'or, à une bande d'azur, accompagnée en chef d'une merlette de sable, la bande chargée de deux boules d'or; et un chef d'azur, chargé d'une autre boulle d'or.

5. — N... (Madeleine de LYONNE), femme de Philippe MONNET DE LA MARQUE, chevalier, seigneur de Saint-Martin, Bazentin le Grand et le Petit, de Hamel, fief de Hochcrot (Hochecoq), chevalier de l'ordre militaire de Saint-Louis, commandant pour le roy en la ville et château de Dinan, pensionnaire de Sa Majesté.

5. — D'argent, à une barre d'azur; écartelé de sable.

15. — Ange-Alphonse de FLEURETEAU AUDEBERT, écuier.

15. — D'azur, à une fasse d'or, chargée d'un écusson d'azur, à trois roses d'argent, 2 et 1, surmontées d'une étoile d'or; la fasse accompagnée de 3 alouettes d'or, posées une sur l'écusson et les deux autres sur la fasse.

DE L'ÉTAT DU 21 MAI 1700

247. — Antoine CENSIER, prêtre, curé de Vauvillé.

247. — Cet article n'est icy employé que pour mémoire attendu la restitution qui a été faite du droit par ordonnance de M. l'intendant du

268. — Jean-Baptiste GARLE, prêtre, curé de Gœudecourt et les Bœufs.

268. — Cet article n'est icy employé que pour mémoire attendu la restitution qui a été faite du droit par ordonnance de M. l'intendant du (sic).

SAINT-OMER

SUIVANT L'ORDRE DU REGISTRE 1er DE L'ÉTAT DU 20 DÉCEMBRE 1705

172. — Pierre-Ignace VANCAESTER, curé de Saint-Folquin, païs de Langle.

172. — Cet article n'est icy employé que pour mémoire attendu la restitution qui a été faite du droit par ordonnance de M. l'intendant du

---

ARRAS

SUIVANT L'ORDRE DU REGISTRE 1er DE L'ÉTAT DU 8 AOUST 1698

41 *bis*. — Feu Joseph BAUDART

41 *bis*. — D'azur, à trois coquilles d'ar-

(Boudart), chevalier, seigneur de Cousturelle, Warlincourt et autres lieux, et Valentine du Bus, sa veuve.

gent, deux en chef et une en pointe, et un croissant d'or, posé en abîme; *acolé* : d'azur, à un écusson d'argent.

131. — Antoine Pelet, écuier, seigneur de Chemencourt (Simencourt).

131. — D'azur, à une bordure engreslée d'or.

136. — Robert Pelet, écuier, sieur du Sartel.

136. — De même.

SAINT-POL

SUIVANT L'ORDRE DU REGISTRE 1er DE L'ÉTAT DU 20 DÉCEMBRE 1703

40 *bis*. — Baltazard-Joseph de Croy, marquis de Mollambaix, et Marie-Philippe de Créquy, marquise de Mollambaix, sa femme.

40 *bis*. — D'argent, à trois fasses de gueules; écartelé d'argent, à trois haches d'armes de gueules, posées deux en chef, l'une en bande et l'autre en barre, et la 3e en pointe, posée en bande; sur le tout : d'azur, écartelé de gueules; et sur le tout du tout : d'hermines; *acolé* : d'or, à un créquier de gueules.

SAINT-QUENTIN

SUIVANT L'ORDRE DU REGISTRE 1er DE L'ÉTAT DU 20 DÉCEMBRE 1703

185. — La communauté des marchands *Drapiers* de la ville de Saint-Quentin.

185. — D'argent, à un chevron de gueules; écartelé de sinople.

186. — La communauté des *Merciers* de la ville de Saint-Quentin.

186. — D'argent, à une croix de sinople; écartelé de gueules.

187. — La communauté des religieux de l'abaye de *Saint-Prix*, à Saint-Quentin.

187. — D'argent, à un sautoir de sable, écartelé d'azur.

188. — La communauté des religieux Prémontrez de l'abaye de *Saint-Martin*.

188. — D'azur, à un chef d'or; écartelé d'argent.

189. — Le chapitre de l'église collégiale de *Sainte-Pécinne* de la ville de Saint-Quentin.

189. — D'azur, à une fasse d'argent; écartelé d'or.

190. — Le corps des *officiers de l'hôtel de ville* et juridiction de la police de la ville de *Saint-Quentin*.

190. — De gueules, à un pal d'or; écartelé d'argent.

191. — Le corps des *officiers de la maréchaussée* de la ville de *Saint-Quentin*.

191. — De gueules, à une bande d'argent; écartelé d'or.

192. — N... de Chambelis, chanoine de l'église roiale de Saint-Quentin.

192. — De sinople, à une barre d'or; écartelé d'argent.

193. — N... Le Ragois, chanoine de l'église roialle de Saint-Quentin.

193. — De sinople, à un chevron d'argent; écartelé d'or.

194. — N... Soucany, chanoine de l'église roiale de Saint-Quentin.

194. — De sable, à une croix d'or; écartelé d'argent.

195. — N... Lefevre, chanoine de l'église roiale de Saint-Quentin.

195. — De sable, à un sautoir d'argent; écartelé d'or.

196. — N... Maillet, prestre, curé de la paroisse de Saint-Jaque à Saint-Quentin.

196. — D'or, à une fasse d'azur; écartelé de sable.

197. — N..., prêtre, curé de la paroisse de *Gauchy*.

197. — D'or, à un pal de gueules; écartelé de sinople.

198. — N..., prêtre, curé de la paroisse de *Vergy*.

198. — D'or, à une bande de sinople; écartelé de gueules.

199. — N... Maubreul, chapelain de l'église royalle de Saint-Quentin.

199. — D'or, à une bande de sable; écartelée d'azur.

200. — N... (Françoise de Béthune), femme de N... (François Armand) de Caulincourt (Caulaincourt), écuier, seigneur dudit lieu.

200. — D'argent, à un chevron d'azur; écartelé de sable.

201. — N... Dostat, écuier.

201. — D'argent, à une croix de gueules; écartelé de sinople.

202. — N..., femme de N... Boutillier père, écuier.

202. — D'argent, à un sautoir de sinople; écartelé de gueules.

203. — N..., femme de N... BOUTILLIER fils, écuier.

203. — D'argent, à un chef de sable; écartelé d'azur.

204. — N... LESCOT, conseiller du roy au baillage de Saint-Quentin.

204. — D'azur, à une fasse d'or; écartelé d'argent.

205. — N... de MAUBREUL, greffier de la prévosté roialle de Saint-Quentin.

205. — D'azur, à un pal d'argent; écartelé d'or.

206. — N... WATIER, conseiller du roy, juge des traites foraines de la ville de Saint-Quentin.

206. — De gueules, à une bande d'or; écartelé d'argent.

207. — N..., femme de N... CROMELIN, sieur de Senancourt, échevin de la ville de Saint-Quentin.

207. — De gueules, à une barre d'argent; écartelé d'or.

208. — N... de VALLOIS, avocat en parlement et au baillage de Saint-Quentin.

208. — De sinople, à un chevron d'or; écartelé d'argent.

209. — N... MUYAU, avocat en parlement et au baillage de Saint-Quentin.

209. — De sinople, à une croix d'argent; écartelé d'or.

210. — N... FOUQUIER, procureur au baillage de Saint-Quentin.

210. — De sable, à un sautoir d'or; écartelé d'argent.

211. — N... DACHERY, maître apoticaire à Saint-Quentin.

211. — De sable, à un chef d'argent; écartelé d'or.

212. — N..., veuve de N... BROUDON, marchand, bourgeois de la ville de Saint-Quentin.

212. — D'or, à un pal d'azur; écartelé de sable.

213. — Louis GALONDE, marchand, bourgeois de la ville de Saint-Quentin.

213. — D'or, à une bande de gueules; écartelé de sinople.

214. — N... EMINERÉ, marchand, bourgeois de la ville de Saint-Quentin.

214. — D'or, à une barre de sinople; écartelé de gueules.

215. — N... MARGERIN, marchand, bourgeois de la ville de Saint-Quentin.

215. — D'or, à un chevron de sable; écartelé d'azur.

216. — N..., veuve de N... DACHERY, marchand, bourgeois de la ville de Saint-Quentin.

216. — D'argent, à une croix d'azur; écartelé de sable.

217. — N... Charpentier, marchand, bourgeois de la ville de Saint-Quentin.

217. — D'argent, à un sautoir, de gueules; écartelé de sinople.

218. — N... Éloy, marchand, bourgeois de la ville de Saint-Quentin.

218. — D'argent, à un chef de sinople; écartelé de gueules.

219. — N..., veuve d'Alexis Blondel, marchand, bourgeois de la ville de Saint-Quentin.

219. — D'argent, à une fasse de sable; écartelé d'azur.

220. — N..., veuve de N... Tabary, marchand, bourgeois de la ville de Saint-Quentin.

220. — D'azur, à un pal d'or; écartelé d'argent.

221. — N... Watier, marchand, bourgeois de la ville de Saint-Quentin.

221. — D'azur, à une bande d'argent; écartelé d'or.

222. — N... Guillaume, marchand, bourgeois de la ville de Saint-Quentin.

222. — De gueules, à une barre d'or; écartelé d'argent.

223. — N... Charpentier, marchand, bourgeois de la ville de Saint-Quentin.

223. — De gueules, à un chevron d'argent; écartelé d'or.

224. — N... Cambronne, courtier et bourgeois de la ville de Saint-Quentin.

224. — De sinople, à une croix d'or; écartelé d'argent.

225. — N... Descarrières, marchand, bourgeois de la ville de Saint-Quentin.

225. — De sinople, à un sautoir d'argent; écartelé d'or.

226. — N... Moiset, marchand, bourgeois de la ville de Saint-Quentin.

226. — De sable, à un chef d'or; écartelé d'argent.

227. — N... Malésieux, marchand, bourgeois de la ville de Saint-Quentin.

227. — De sable, à une fasse d'argent; écartelé d'or.

228. — N..., veuve de N... La Marlière, bourgeois de la ville de Saint-Quentin.

228. — D'or, à une bande d'azur; écartelé de sable.

229. — N... Tabary, marchand, bourgeois de la ville de Saint-Quentin.

229. — D'or, à une barre de gueules; écartelé de sinople.

230. — N... Tabary, marchand, bourgeois de la ville de Saint-Quentin.

230. — D'or, à un chevron de sinople, écartelé de gueules.

231. — N... Cambronne, marchand, bourgeois de la ville de Saint-Quentin.

231. — D'or, à une croix de sable; écartelé d'azur.

232. — N... Blondel, courtier et marchand, bourgeois de la ville de Saint-Quentin.

232. — D'argent, à un sautoir d'azur; écartelé de sable.

233. — Adrien Charpentier, marchand, bourgeois de la ville de Saint-Quentin.

233. — D'argent, à un chef de gueules; écartelé de sinople.

234. — N... Charpentier, marchand, bourgeois de la ville de Saint-Quentin.

234. — D'argent, à une fasse de sinople; écartelé de gueules.

235. — N... Partel, marchand, bourgeois de la ville de Saint-Quentin.

235. — D'argent, à un pal de sable; écartelé d'azur.

236. — N... Blondel, marchand, bourgeois de la ville de Saint-Quentin.

236. — D'azur, à une bande d'or; écartelé d'argent.

237. — Robert Watier, marchand, bourgeois de la ville de Saint-Quentin.

237. — D'azur, à une barre d'argent; écartelé d'or.

238. — N... Hulin, marchand, bourgeois de la ville de Saint-Quentin.

238. — De gueules, à un chevron d'or; écartelé d'argent.

239. — Adrien Fournier, marchand, bourgeois de la ville de Saint-Quentin.

239. — De gueules, à une croix d'argent; écartelé d'or.

240. — N... Margerin, marchand, bourgeois de la ville de Saint-Quentin.

240. — De sinople, à un sautoir d'or; écartelé d'argent.

241. — N... Dauchelle, marchand, bourgeois de la ville de Saint-Quentin.

241. — De sinople, à un chef d'argent; écartelé d'or.

242. — N... Pontartin, marchand, bourgeois de la ville de Saint-Quentin.

242. — De sable, à une fasse d'or; écartelé d'argent.

243. — N..., veuve de N... de Rassand, marchand, bourgeois de la ville de Saint-Quentin.

243. — De sable, à un pal d'argent; écartelé d'or.

244. — N... CROMELIN, marchand, bourgeois de la ville de Saint-Quentin.

244. — D'or, à une barre d'azur; écartelé de sable.

245. — Quentin WATIER l'aisné, marchand, bourgeois de la ville de Saint-Quentin.

245. — D'or, à un chevron de gueules; écartelé de sinople.

246. — Quentin WATIER fils, marchand, bourgeois de la ville de Saint-Quentin.

246. — D'or, à une croix de sinople; écartelé de gueules.

247. — N... WATIER l'aisné, marchand, bourgeois de la ville de Saint-Quentin.

247. — D'or, à un sautoir de sable; écartelé d'azur.

248. — N... POITEVIN, marchand, bourgeois de la ville de Saint-Quentin.

248. — D'argent, à un chef d'azur; écartelé de sable.

249. — N... VIOLETTE, marchand, bourgeois de la ville de Saint-Quentin,

249. — D'argent, à une fasse de gueules; écartelé de sinople.

250. — N..., veuve de N... FERROT, marchand, bourgeois de la ville de Saint-Quentin.

250. — D'argent, à un pal de sinople; écartelé de gueules.

251. — N... CHATELAIN, marchand, bourgeois de la ville de Saint-Quentin.

251. — D'argent, à une bande de sable; écartelé d'azur.

252. — N... DU MESNIL, marchand, bourgeois de la ville de Saint-Quentin.

252. — D'azur, à une bande d'or; écartelé d'argent.

253. — N... JONCOURT, marchand, bourgeois de la ville de Saint-Quentin.

253. — D'azur, à un chevron d'argent; écartelé d'or.

254. — N... MULERT, marchand, bourgeois de la ville de Saint-Quentin.

254. — De gueules, à une croix d'or; écartelé d'argent.

255. — N... DE LA HAÏE fils, marchand, bourgeois de la ville de Saint-Quentin.

255. — De gueules, à un sautoir d'argent; écartelé d'or.

256. — N... DU BOIS, marchand, bourgeois de la ville de Saint-Quentin.

256. — De sinople, à un chef d'or; écartelé d'argent.

257. — N..., veuve de N... LIEURARD, marchand, bourgeois de la ville de Saint-Quentin.

257. — De sinople, à une fasse d'argent; écartelé d'or.

258. — N... de LA MEZANVILLE, marchand, bourgeois de la ville de Saint-Quentin.

258. — De sable, à un pal d'or; écartelé d'argent.

259. — N... de JONCOURT, marchand, bourgeois de la ville de Saint-Quentin.

259. — De sable, à une bande d'argent; écartelé d'or.

260. — N... SAUNIER père, marchand, bourgeois de la ville de Saint-Quentin.

260. — D'or, à un chevron d'azur; écartelé de sable.

261. — N... BRULÉ, marchand, bourgeois de la ville de Saint-Quentin.

261. — D'or, à une croix de gueules; écartelé de sinople.

262. — N... HAGUET, officier du roy et marchand, bourgeois de la ville de Saint-Quentin.

262. — D'or, à un sautoir de sinople; écartelé de gueules.

263. — N... DES LANDES, marchand, bourgeois de la ville de Saint-Quentin.

263. — D'or, à un chef de sable; écartelé d'azur.

264.—N... SEURCHALLE, fille, bourgeoise de la ville de Saint-Quentin.

264. — D'argent, à une fasse d'azur; écartelé de sable.

265. — N... WATIER, marchand, bourgeois de la ville de Saint-Quentin.

265. — D'argent, à un pal de gueules; écartelé de sinople.

266. — La communauté des *Meuniers* de la ville de Saint-Quentin.

266. — D'argent, à une bande de sinople; écartelé de gueules.

267. — La communauté des marchands *Bouchers* de la ville de Saint-Quentin.

267. — D'argent, à une barre de sable; écartelé d'azur.

268. — La communauté des *Blanchisseurs de toile* de la ville de Saint-Quentin.

268. — D'azur, à un chevron d'or; écartelé d'argent.

269. — La communauté des *Massons*, *Plaqueurs* et *Paveurs* de la ville de Saint-Quentin.

269. — D'azur, à une croix d'argent; écartelé d'or.

270. — La communauté des *Tisserands* et *Cordonniers en vieil* de la ville de Saint-Quentin.

270. — De gueules, à un sautoir d'or; écartelé d'argent.

CORBIE

SUIVANT L'ORDRE DU REGISTRE 1er DE L'ÉTAT DU 20 DECEMBRE 1705

1. — La communauté des religieux Bénédictins de l'abbaye de *Corbie*.

1. — De gueules, à un chef d'argent; écartelé d'or.

Fait par nous, à Paris, le 5 janvier 1708.

Signé : D'HOZIER.

RÉCAPITULATION

			AMIENS			
Armoiries des			livres.			
Personnes.	5	à	20. . .		. . .	100 livres.
			ABBEVILLE			
Personnes.	1	à	. . .		. . .	20
			BOULOGNE			
Personnes	1	à	. . .		. . .	20
			PÉRONNE			
Personnes.	3	à	20. . .		. . .	60
			ARRAS			
Personnes.	4	à	20. . .		. . .	80
			SAINT-POL			
Personnes.	2	à	20. . .		. . .	40
			SAINT-QUENTIN			
Personnes.	74	à	20. . .	1480		
Couvens.	2	à	25. . .	50		
Communautez.	7	à	25. . .	175	. . .	1780
Corps.	2	à	25. . .	50		
Chapitre.	1	à	. . .	25		
A reporter. . . .	102 armoiries.					2100

De l'autre part. . .	102 armoiries.	2100
	CORBIE	
Couvent.	1 à	25
	103 armoiries.	2125 livres.

Total : deux mil cent vingt-cinq livres et les deux sols pour livre.

Présenté par ledit Vanier à nos seigneurs les commissaires généraux du conseil, à ce qu'attendu qu'il n'a été fourny par les dénommez cy-dessus aucune figure ny explication d'armoiries et qui ont néantmoins payé les droits d'enregistrement d'icelles, il plaise à nosdits seigneurs leur en accorder, en conformité de l'édit du mois de novembre 1696, telles qu'ils jugeront à propos pour être ensuite receues et enregistrées à l'armorial général, conformément audit édit et aux arrests rendus en conséquence.

Fait à Paris, ce premier jour de novembre 1704.

Signé : Accault et Quentin.

Contresigné : Accault et Alexandre.

Les commissaires généraux députez par Sa Majesté par arrest du conseil des 4 décembre 1696, 29 janvier 1697 et 7 juillet 1705, sur le fait des armoiries.

Veu par nous l'estat cy-dessus, nostre ordonnance préparatoire du 19 novembre 1707, l'avis du sieur d'Hozier, garde de l'armorial général, etc., conclusions du procureur général de la commission ; ouy le rapport du sieur Bignon de Blanzy, conseiller d'Estat ordinaire et intendant des finances.

Nous commissaires susdits en vertu du pouvoir à nous donné par Sa Majesté, conformément à l'avis dudit sieur d'Hozier, nous ordonnons que les armes desdits dénommez dans l'estat cy-dessus seront composées des pièces, meubles et mestaux portez par ledit avis ; en conséquence les avons receues et recevons pour estre enregistrées à l'armorial général ainsy qu'elles sont expliquées par ledit avis et les brevets d'icelles délivrez conformément à l'édit du mois de novembre et arrests rendus en conséquence, à l'effet de quoy il sera remis audit sieur d'Hozier une expédition de la présente ordonnance et les feuilles qui contiennent les noms et qualitez desdits dénommez audit estat.

Fait et arresté en l'assemblée desdits sieurs commissaires, tenue à Paris le 15 febvrier 1709.

Signé : Sendras.

Nous soussignez, intéressez au traitté des armoiries nommez par délibération de la compagnie du 29 aoust 1691 pour retirer les brevets desdites armoiries, reconnoissons que M. d'Hozier nous a cejourd'hui remis ceux mentionnez au présent; la finance desquels montant à deux mil cent vingt-cinq livres, nous promettons payer au trésor royal conformément au traitté que nous en avons fait avec Sa Majesté.

Fait au bureau général, le vingtième avril mil sept cent dix.

Signé : CARQUEVILLE.

DERNIER CAHIER DU VOLUME 27.

TABLE DES NOMS

CONTENUS

DANS L'ARMORIAL D'ARTOIS ET DE PICARDIE

GÉNÉRALITÉ D'AMIENS

A

B

C

D

N

O

P

Q

R

S

St Jean d'Amiens 136
St André au bois 108

Y

TABLE DES NOMS DE TERRE

CONTENUS

DANS L'ARMORIAL D'ARTOIS ET DE PICARDIE

GÉNÉRALITÉ D'AMIENS

A

B

C

D

E

H

I

J

L

N

O

P

Q

R

S

T

V

W

Y

Z

DEUXIÈME PARTIE

NOBILIAIRE DE FLANDRE

ET

D'ARTOIS

NOBILIAIRE DE FLANDRE

ET

D'ARTOIS

Lors de la division de l'empire de Charlemagne, l'Artois fit partie des Etats des comtes de Flandre, jusqu'à ce qu'il eût été donné, en 1180, comme dot d'Isabelle de Hainaut, fille d'Isabelle d'Alsace, au roi Philippe-Auguste. Il fut alors réuni à la couronne, et saint Louis l'érigea en comté pour son frère puîné Robert.

Après de nombreuses vicissitudes, ces deux grands fiefs se trouvèrent de nouveau réunis en 1361 et ils furent apportés en mariage, par Marguerite de Flandre, à Philippe le Hardi, duc de Bourgogne, dont la descendance mâle s'éteignit à la mort de Charles le Téméraire en 1477. Marie de Bourgogne, fille unique et héritière de ce prince, fit passer les comtés de Flandre et d'Artois dans la maison d'Autriche par son union avec l'archiduc Maximilien. En 1526, le traité de Madrid les détacha complétement de la France, à laquelle ils étaient encore unis par des liens de vassalité, et Charles-Quint les incorpora au cercle de Bourgogne ou des Pays-Bas.

En 1659, le traité des Pyrénées rendit à Louis XIV quelques villes de ces deux provinces, et, en 1678, celui de Nimègue assura à sa couronne l'annexion définitive de tout l'Artois et de la Flandre française.

Sans avoir une existence entièrement distincte, ces deux comtés ont eu des destinées différentes et ont été soumis à des lois et des juridictions particulières.

En Flandre, avant la réunion de cette province à la couronne de France, le conseil provincial était chargé de surveiller, de redresser les abus en matière de noblesse, et de rechercher et de poursuivre ceux qui s'attribuaient des qualités et des titres auxquels ils n'avaient pas droit (voyez les lettres du conseil privé des archiducs à celui de Flandre des 24 et 29 février 1664). Il y avait au-dessus de cette juridiction le conseil suprême des Pays-Bas, qui jugeait en dernier ressort toutes les questions héraldiques, et qui avait seul autorité pour confirmer les priviléges et titres de noblesse.

Il n'y a jamais existé ni cour des aides, ni siége d'élection en Flandre et dans le Hainaut. Une chambre des comptes, instituée à Lille par Philippe le Hardi, duc de Bourgogne, en 1385, étendait sa compétence sur les provinces de Flandre, d'Artois, du Hainaut, de Namur, de Tournai, du Cambrésis et de la seigneurie de Malines. Elle était chargée de recevoir les aveux et dénombrements, les actes de foi et hommage, d'enregistrer les lettres d'anoblissement, de chevalerie, d'érections de terre en fiefs de dignité. Elle existait encore lorsque Louis XIV fit la conquête des Pays-Bas. Après la prise de Lille, la plupart des officiers de cette cour suivirent le roi d'Espagne, qui les rétablit à Bruges et ensuite à Bruxelles. Par un édit du 11 septembre 1691, Louis XIV la remplaça par un bureau des finances, dont les officiers jouirent des mêmes honneurs, dignités et priviléges que ceux du bureau des finances de Paris et du parlement de Flandre. Un des plus importants de ces priviléges était la *noblesse au premier degré*, c'est-à-dire celle qui était acquise et parfaite dans la personne des enfants et descendants, lorsque le père mourait revêtu de sa charge ou qu'il l'avait exercée pendant vingt ans accomplis. La *noblesse graduelle*, au contraire, appartenait bien à l'officier tant qu'il restait en fonctions, mais elle ne passait à sa postérité que dans le cas où sa charge avait été remplie successivement par deux générations. La noblesse au premier degré, concédée aux officiers du bureau des finances de Paris, fut révoquée par un édit du mois d'août 1715 et rétablie par un autre du mois de septembre 1720. Dans l'un et l'autre cas, il ne fut pas question des officiers du bureau des finances de Lille, ce qui a fait croire que la noblesse de ces derniers n'avait jamais été réellement reconnue.

Le bureau des finances de Lille eut la même compétence que la cour des comptes qu'elle remplaçait, et sa juridiction s'étendit sur le comté d'Artois, le ressort du parlement de Tournai et cour souveraine de Mons, le gouvernement de Dunkerque, Gravelines et Bourbourg, et pays situés entre Sambre et Meuse.

Il siégeait à Lille et se composait de deux présidents; un chevalier d'honneur (créé en 1702); douze conseillers trésoriers de France; un garde-scel; un procureur du roi et son substitut; un receveur payeur des gages; un greffier principal et son commis; un huissier garde-meuble et trois autres huissiers; six procureurs postulants. Mais la noblesse n'était attribuée qu'aux présidents, au chevalier d'honneur, aux douze trésoriers de France, au procureur du roi, à son substitut et au greffier en chef.

Les bureaux des finances du royaume ayant été supprimés par l'art. 10 de la loi du 7 septembre 1790, celui de Lille partagea le sort général, et tous les officiers qui le composaient alors peuvent être considérés, d'après la jurisprudence nobiliaire, comme s'ils étaient morts en charge.

Voyons maintenant par quelle législation était régie la noblesse de Flandre. La première ordonnance en pareille matière fut, pour ce pays, celle rendue le 23 septembre 1595 par Philippe II, roi d'Espagne, contre les personnes qui usurpaient la noblesse, les titres d'honneur, etc., ou timbraient indûment leurs armoiries. Elle s'étendait à toutes les provinces gouvernées par les Espagnols, au nord et à l'est de la France. Elle fut confirmée et commentée par celle des archiducs des Pays-Bas, en date du 14 novembre 1616.

Il est à remarquer que cette dernière ordonnance fut promulguée presque en même temps que celle de Louis XIII, du mois de juin 1615, par laquelle le roi créait un juge d'armes pour satisfaire aux plaintes contenues dans les cahiers de doléances de la noblesse, à l'assemblée des états généraux de 1614.

La *Jurisprudence du Hainaut français*, par Dumées, a donné une analyse incomplète des principales prescriptions de l'édit des archiducs. Nous le publierons plus loin textuellement et en entier (voyez pièce justificative n° 6); cette ordonnance resta en vigueur en Flandre jusqu'à la *réunion définitive* de ce pays à la couronne de France. Le reste du royaume était alors régi par les règlements des tailles des années 1600, 1634 et 1643, et par les arrêts et déclarations de Sa Majesté, donnés en conséquence pour la recherche de la noblesse, les 8 février 1661 et 22 juin 1664. Postérieurement, cette législation avait été renouvelée par la déclaration du 4 septembre 1696 et par l'arrêt du conseil du 26 février 1697.

Mais ces dispositions étant nouvelles pour les provinces de Flandre, d'Artois et de Hainaut, les ordonnances des rois catholiques étaient restées en vigueur dans ces trois pays. Ce fut pour régulariser cet état de choses que le roi Louis XIV donna, le 8 décembre 1699, une déclaration relative à la recherche des usurpateurs de noblesse, qui a été résumée imparfaitement dans l'abrégé chronologique de Chérin et que nous publierons textuellement plus loin dans les pièces justificatives (voyez n° 7).

La Flandre rentra alors complétement dans le droit commun et général de la France pour toutes les questions nobiliaires. Quelques usages antérieurs furent cependant conservés. Non-seulement, par exemple, on maintint l'existence des anciens chevaliers héréditaires, mais on en créa de nouveaux. C'est ainsi qu'un édit du roi, du mois de novembre 1702, porta création et établissement de deux cents chevaliers héréditaires dans les provinces de Flandre, Artois et Hainaut, en faveur des gentilshommes qui se seront les plus distingués par leur mérite et par leurs services. Nos rois accordèrent aussi assez fréquemment à des personnes nobles le droit de porter des couronnes de duc, de marquis ou de comte sans en avoir le titre. Mais si, dans le reste de la France, de pareilles concessions étaient inusitées, il faut ajouter, comme explication complète, que chacun y semblait autorisé par la coutume à timbrer ses armes de la couronne qui lui convenait. C'est donc une erreur profonde que de croire qu'une personne avait droit à un titre, parce qu'elle en possédait la couronne même par une collation régulière.

L'Artois, tout en subissant à peu près les mêmes destinées que la Flandre française, conserva néanmoins quelques franchises et quelques institutions qui lui étaient particulières. On doit citer entre autres l'établissement de l'élection d'Artois, véritable cour des aides, qui jugeait en première instance et par privilége toutes les affaires de la noblesse. C'était un tribunal permanent, chargé spécialement de la recherche et de la poursuite des usurpateurs de la noblesse. Il en avait été reconnu investi dès les premières ordonnances rendues en cette matière, dont la plus ancienne, celle du 17 février 1576, dit formellement : « La connoissance de tels cas et matières appartiennent aux eslus d'Artois. » (Voyez pièce justificative n° 4.)

Ainsi, en Artois, il n'y avait pour les usurpations, en matière de noblesse, d'armoiries, de qualifications de personnes ou de terres titrées, d'autres juges que les membres de l'élection réunis en tribunal, avec appel au conseil d'Artois, espèce de cour souveraine établie à Arras, en 1530, par l'empereur Charles-Quint. Les placards et les édits des archiducs reconnurent et confirmèrent, comme celui de 1576, une telle organisation.

MM. les élus d'Artois, en vertu de cette compétence, firent eux-mêmes, le 28 mars 1665, une ordonnance qui obligeait tous les nobles artésiens à justifier leurs qualités et à faire enregistrer leurs armoiries au tribunal de l'élection, où des registres spéciaux furent établis dans ce but.

Tel était l'état des choses et de la législation nobiliaire en Artois, lorsque cette province fut réunie à la couronne par les traités de 1659 et de 1678. Par l'édit de novembre 1696, Louis XIV ordonna la création de l'Armorial général, recueil officiel où devaient être enregistrées les armoiries de toutes les familles de France. L'Artois, en vertu de la capitulation de 1640, refusa de se soumettre à cette mesure.

Les commissaires, départis pour l'exécution de l'édit dans la généralité d'Amiens, invitèrent les gentilshommes artésiens à se présenter à leurs bureaux. Mais les fonctionnaires publics, les bourgeois des villes et quelques membres peu nombreux de la noblesse du pays répondirent seuls à cet appel. Dans les bailliages de Béthune, de Calais et dans plusieurs autres, ils ne donnèrent même pas signe de vie, et d'Hozier fut obligé d'imposer d'office et en masse un blason aux récalcitrants. (Voyez plus haut, pages 180 et 274.)

Cette abstention presque universelle en Artois explique pourquoi une province aussi considérable n'est même pas représentée dans la collection de l'Armorial de 1696 par un registre particulier, et se trouve confondue avec la généralité d'Amiens, dont elle semble être une annexe tout à fait secondaire.

La déclaration du roi, du 8 décembre 1699, pour étendre à la Flandre, au Hainaut et à l'Artois la poursuite des usurpateurs du titre de noblesse, causa un grand trouble dans cette dernière province, où l'élection avait ouvert des registres publics pour l'inscription des nobles et l'enregistrement des armoiries, et avait établi, par conséquent, une espèce de recherche permanente Les États refusèrent d'y adhérer et d'en consentir l'exécution. Une assemblée générale, tenue à Arras en 1700, réclama contre cette déclaration qui blessait les usages et les priviléges du pays maintenus par les traités des Pyrénées et de Nimègue. Il intervint même, à ce sujet, le 21 février 1702 et le 16 janvier 1703, deux arrêts du conseil d'État par lesquels il fut interdit aux préposés à ce commis de faire dans l'Artois aucune recherche de la noblesse, traités ni recouvrements, soit pour usurpation, réhabilitation, confirmation ou autrement. En compensation de ce privilége, et par une espèce de rachat ou de composition, les États généraux de la province payèrent une somme de quarante mille livres, plus le décime. (Édits de Chérin.)

A la question de noblesse se rattachaient naturellement celles de l'exemption et de la perception des impôts, qui ressortissaient aussi à l'élection provinciale d'Artois. Les officiers du magistrat des villes et des bailliages du pays attaquèrent à diverses reprises cette double juridiction. Un arrêt du conseil, du 5 avril 1723, avait saisi l'élection des contestations relatives à la ferme des tabacs. Le magistrat d'Arras adressa, le 27 avril 1728, une requête pour être reçu comme opposant à cet arrêt. Les lenteurs judiciaires prolongèrent ces débats, qui ne furent clos que le 16 novembre 1744, par la promulgation des lettres patentes données sur arrêt contradictoire du conseil d'État pour maintenir « les élus d'Artois dans le droit et possession de connaître en première instance tant des contestations nées et à naître au sujet des impositions et octrois, que du fait de la noblesse en la province d'Artois. »

Ainsi, par les arrêts du conseil du 21 février 1702 et du 16 janvier 1703, et par les lettres patentes du 16 novembre 1743, se trouva fixée en Artois la compétence en matière nobiliaire, et le tribunal de l'élection d'Arras fut maintenu dans le droit exclusif de poursuivre les usurpateurs de titres de noblesse, de statuer, avec appel au conseil d'Artois, sur les questions relatives à cette matière, et d'enregistrer les armoiries des familles.

Malheureusement les registres de ce tribunal ont été brûlés à Arras, en 1793, par ordre de Robespierre. Un seul a échappé aux flammes[1], et il existe encore aux archives du département du Pas-de-Calais; mais il est insuffisant pour établir l'Armorial d'Artois, et, afin d'y suppléer autant que possible, nous croyons utile de reproduire ici quelques documents authentiques, qui feront connaître la noblesse d'Artois à diverses époques, et que nous ferons suivre de quelques autres pièces justificatives.

Du reste, les avantages attachés à la qualité de noble étaient très-restreints en cette province, et se réduisaient à l'exemption du droit de franc-fief et de nouvel acquêt et à celle des aides et impositions. Le partage des biens, les charges de la tutelle et de la curatelle, le payement de la taille, au moins en partie, étaient les mêmes pour la noblesse et la roture. Les gentilshommes, ayant droit de siéger aux États d'Artois, jouissaient seuls de priviléges politiques et administratifs de quelque importance. Nul ne pouvait y être admis, s'il ne justifiait de la possession d'une *terre à clocher*, située dans la province. Une décision des États, rendue en 1666, imposa, en outre, l'obligation de faire preuve de quatre degrés de noblesse.

Après la prise d'Arras en 1477, le roi Louis XI, pour la punir de sa résistance et de ses insultes, changea son nom en celui de *Franchise*, qu'elle conserva jusqu'à l'avénement du roi Charles VIII. Il voulut en même temps renouveler la population de cette ville en exilant ses habitants et les remplaçant par des colons. Pour y attirer les bourgeois des autres grandes cités, il accorda à *Franchise*, autrefois *Arras*, un grand nombre de priviléges, et, entre autres, celui de la noblesse héréditaire pour ses échevins (article XXIII). Cette charte, complétement omise dans l'abrégé chronologique des édits publiés par Chérin et par Loiseau-Grandmaison, a été imprimée dans le tome XVIII des Ordonnances des rois de France, page 643. Il est donc inutile de la reproduire ici.

Dans l'Artois, la Flandre, le Ponthieu et quelques autres pays voisins, certaines terres étaient appelées *vicomtières*; dénomination qui a pu faire croire quelquefois que leurs propriétaires avaient droit au titre de vicomte. Cette

[1] Nous publions sous le n° 13, aux pièces justificatives, une copie par extrait de ces registres.

épithète indiquait seulement que les seigneurs de ces fiefs possédaient *moyenne justice*. Ils pouvaient avoir fourches patibulaires pour les larrons et leur compétence, suivant les articles 4 et 85 de la coutume d'Artois, s'étendait à la connaissance, judicature et punition de sang jusqu'à 60 sous exclusivement. Des rejetons de famille, qui avaient possédé autrefois des terres vicomtières, se sont adressés, depuis la loi du 28 mai 1858, au conseil du sceau pour obtenir la confirmation du titre auquel ils prétendaient avoir droit comme issus d'anciens vicomtes; mais leurs demandes n'ont pu être prises en considération.

DOCUMENTS

ET

PIÈCES JUSTIFICATIVES

N° 1.

LISTE DES GENS D'ARMES ARTÉSIENS

QUI ONT ASSISTÉ AU SIÉGE ET A L'INCENDIE D'OISY, EN 1254.

La guerre ayant éclaté entre le comte de Hollande et Marguerite, comtesse de Flandre, cette princesse appela à son secours Charles d'Anjou, frère de saint Louis, et lui offrit la cession de Valenciennes et de tout le Hainaut. Le seigneur de Lisques leva en Artois une troupe de gens d'armes, et à leur tête il dévasta tout sur son passage. La noble ville d'Oisy, qui avait trente-sept pays, *pagi*, sous sa domination, fut complétement brûlée, sauf la citadelle. Un rôle en parchemin, conservé dans les archives d'Arras et produit juridiquement en 1583, a été publié dans un mémoire pour MM. de Briois d'Angre contre MM. de Briois d'Hulluch en 1780. On y trouve la liste des compagnons d'armes du seigneur de Lisques, comme il suit :

CEUX QUI FURENT PRÉSENTS AU BRUSLEMENT D'OISY, L'AN 1254, SOUS LE SEIGNEUR DE LISQUES

CHE SONT LES CHIEVALIERS :

Li sire de Lisques,
Li sire de Nedonciel,
Li sire de Happonlieu,
Li sire de Wancourt,

Li sire de Hiestrus,
Li sire d'Ivregny,
Li sire d'Andrehem,
Li sire de Wixlette,
Messire de Rely,
M. Flourens de Hangiest,
M. Rans de Maillelers,
M. Jehan dou Mont,
M. Jehan Fay,
M. Sanse de Chepon,
M. Wautiers de S. Bertin (ou S. Martin),
M. Ansiaus d'Annaing,
Li chastelain d'Arras,
Messire Jean de Le Laghe,
Messire Flourens de Le Motte,
M. Willeme de Hautinval,
M. Wistasse de Coucove,
M. Jehan de Sapigny,
M. Biertons de Trehaucourt,
M. Jehan de Hieseke,
M. Alard de Waudringuehem.

CHE SONT LY ESCUYERS :

Primes : Robiers de Hénin, dit Macefer.
Wautiers de Lisques,
Alard de Nieles,
Jehan de Rodelinghehem,
Jehan Daullé,
Willaume de Beauprez,
Jehan, son frère,
Baudin Pikelange,
Grignon, son frère,
Jehan Foukes,
David de Sainte Audegonde,
(Deux noms illisibles),
Willeme d'Alebon (Alembon),
Tassart de Hautecloque,
Willaume de Boubiertz,
Jacquemins de Tilloeil,
Hanon de le Motte,
Jehan ly Fauconnier,
Guzelin de le Tiuloye,
Jehan de Haucourt,
Jehan de Morienneville,
Gilles de Sailly,
Enguerrand de Fontaines,
Tassart d'Outreliauwe,
Jehan de Pikendale,
Mahieu de Contes,
Jehan le Long,
Gilles de Hénin,
Soudans de Contes,
Willame de Fruges,
Boulès de Rouc,
Jehan de Waudringhehem,
Engrant dou Pont-Remy,
Groigniart de Briast,
Mahieu de le Fontenielle,
Willaume ly fauconnier,
Pierre de Beausamis,
Hostin de Henencourt,
Baude dy Guediempré,
Robiers Desplancques,
Pierre dou Mont,
Pierre de Hersin,
Gilles li Allemans,
Willeme de le Laghe,
Collart d'Annay,

Jehan Rotelos,
Jehan de Ricquebourg,
Pierre Hames,
Nicaise de Faskes,
Jehan de Killem,
Thumas de Biellebrone,
Bauduin de Boringhe.
Tassart de... (surnom illisible),
Desrams de Liestes,
Robiers de Liestes,
Soyer de Fontaines,
Hue du Castelet,
Alars de Warneke,
Jehan de Wavrans,
Jehan de Bléty,
Grars de Mollinghem,
Willame dou Bruée,
Bridin d'Estracielles,
Hurins de Lescaghe,
Jehan Bauduin,
Gillebins de Nidonciel,
Warchare de..: (surnom illisible),
Coisme Bakest,
Jackemins Briois,
Gillekins de Fontaines,
Grignart ... (surnom illisible),
Wauthier Merlet,
Pierre de Magnicourt,
Hues de Langlée,
Jehan de Ronc,
Jehan Tarte,
Robin de Mollinghehem,
Chanchions de Lannoy,
N... Quatresols,
Jehans de Langlée,
Jehan Testars,
Rogiers de Dours,
Enguerrand d'Annay,
Willame d'Annay,
Ridians de la Beuvrière,
Bauduin d'Anekin,
Pierre Makenaux,
Ansiaux Makenaux,
Li Bastard de Lianne,
Jehan de Chartres,
Martin Castelés,
Mahius Wautiers,
Jehans li Noirs,
Jehan de Loievake,
Li Engles de Loievake,
Mahius de Loievake,
Grars de Lagnicourt,
Willame Pikette,
Jehan Biekars,
Wion de Nans,
Simon, seu fius (fils),
Pierre Bizes,
Candelliers de Croisilles,
Li fius Candelliers,
Jehans li Maistres,
Tierry de Maville (Mauville?),
Willame de Buisines,
Li Englés de Nans,
Willame li Lons,
Gilles li Lons.

RESTORES :

Pierre dou Castel, Pierre de Buisines, Jehans Crespins, Gobins de Buisines, Herins, Gilles Basse, Hanos li fius Estievenon, Nicaize Coutiaus.

Li trompette et X hommes d'armes qui vinrent auvec Mons. Willeme de Hautinval et IV avec Mons. de Coucove.

Au revers est écrit ce que s'ensuit.

Ce sont ly noms des gens d'armes qui ont esté à Oisy en 1254.

N° 2.

LISTE DES GENTILSHOMMES ARTÉSIENS

CONVOQUÉS PAR JEAN SANS PEUR AUX ÉTATS TENUS A ARRAS LE 2 MARS 1414 POUR LA LEVÉE D'UN SUBSIDE DE GUERRE.

Affines ou Affringues (Galois d),
Aix (Elias d'),
Allewaigne (Jean d'),
Auxy (Le seigneur et Jacques d'),
Averhoult (David et Testart),
Azincourt(Le seigneur et Guillaume d'),
Bailleul (Le seigneur de),
Beauffort (Le seigneur et Jacques de),
Belleforière (Jean de),
Berlettes (Gilles de),
Bernieules (Andrieu de),
Bethencourt (Jean et Guillaume de),
Beutin (Pierre de),
Bois-Bernard (Le seigneur de),
Boncourt (Jean de),
Bonnières (Guillaume de),
Bos (Baudouin du),
Bournonville (Robinet de),
Bristel (Baudouin de),
Bryas (Le seigneur de),
Buleux (Alcaume de),
Canteleu (Agnieux de), Picard,
Carnin (Jean de),
Cayeu (Le seigneur et Payen de),
Cohen (Le seigneur et Jean de),
Contes (Le seigneur et Michel de),
Coupigny (Jean de),
Créquy (Pierre et Louis de),
Crésecques (Jean de),
Cunchy (Le Brun de),
Divion (Guillaume de),
Douvrin (Le seigneur de),
Eps (Baudouin d'),
Fléchin (Jean de),
Fosseux (Le seigneur de),
Grandsart (Lancelot de),
Habarcq (Le seigneur et le Borgne de),
Hauteclocque (Colard et Baudouin d'),
Helfaut (Le seigneur de),
Héricourt (Baudouin d'),
Heuchin (Le seigneur de),
Houchin (Jean de),
Humbercourt (Le seigneur de),
Humières (Le seigneur et Jean de),
Lannoy (Lamoral de), Flamand,
Lens (Le châtelain de),

Licques (Le seigneur et Lancelot de),
Liancourt (Robert de), Picard,
Lion (Milon de),
Longpré (Aleaume de),
Louvers (Bertrand de),
Mailly (le Bègue et Renaud de),
Mamez (Pierre de),
Markais (Jean et Philippe de),
Moncheaux (Simon de),
Mont (Roland du),
Morbeke (Le seigneur de), Flamand,
Nédonchel (Le seigneur, Agnieux et Pierre de),
Neufville (Le seigneur de),
Nordkerque ou Nortkelme (Le seigneur de),
Noyelles (Le seigneur de),
Occoche (Robert d'), Picard,
Ollehain (Hues d'),
Ongnies (Le seigneur et Bertrand d'),
Oresmeaux (Robert d'),
Personne (Georges de la), Picard,
Petit Rieux (Jean du),
Planque (Jean de la),
Plancques (Colard des),
Poix (Piérard et Guillaume de),
Pronville (Godefroi de),
Rabodange (Guillaume de), Normand,
Ranchicourt (Jean de),
Rebecque (Le seigneur et Foulques de),
Regnauville (Le seigneur),
Renty (Oudard de),
Roncq (Le seigneur de), Flamand,
Royon (Le seigneur de),
Rullecourt (Jean de),
Sailly (Henri de),
Sainte Aldegonde (Aleaume et Pierre de),
Salperwick (Renaud de),
Tannay ou Taunay (Jean de), Bourguignon,
Thiembronne (Le seigneur de),
Tramecourt (Le seigneur, Jean et Renaud de),
Vaudringhem (Guillaume de),
Viefville (Le seigneur de la), Flamand,
Wancourt (Le seigneur et Louis de),
Warluzel (Le seigneur de),
Waroquier (Jean de),
Wavrin (Le seigneur de), Flamand,
Wez (Arnaud de), Brabançon,
Wignacourt (Le seigneur, Robert et Simon de),
Wissocq (Jean et Nicolas de).

N° 3.

S'ENSUYT LE ROLLE DES PRÉLATS, NOBLES ET GENS DES VILLES DU PAYS ET COMTÉ D'ARTHOIS

QUI ONT ACCOUSTUMÉ D'ESTRE APPELLÉS ET ÉVOCQUEZ AUX ASSEMBLÉES DES ÉTATS DUDIT PAYS QUI SE FONT ET TIENNENT AU LIEU ABBATIAL DE SAINT-VAAST D'ARRAS POUR AFFAIRES CONCERNANS LE BIEN DU ROY NOTRE SIRE DUDIT PAYS EN VERTU DES LETTRES DE SA MAJESTÉ OU DE SON CONSEIL (EN 1576).

On doit remarquer que cette liste ne désigne et ne mentionne les nobles de l'Artois, qui siégent aux États, que par les noms des fiefs qu'ils possédaient à cette époque de 1576 (car il faut le dire ici en passant, la possession d'une terre seigneuriale était la condition la plus essentielle de l'admission aux États sous le régime féodal, qui existait autrefois; de même que, sous le gouvernement constitutionnel de la Restauration, la valeur politique de l'homme et du citoyen se déterminait par celle de ses possessions territoriales; c'était une espèce de cens qui a toujours été de rigueur expresse).

L'insuffisante désignation que nous venons de signaler nous a paru ne pouvoir être réparée qu'en produisant les notes recueillies pour faire connaître quels étaient, à cette époque de 1576, les possesseurs de terres et fiefs, sous le nom desquels ils sont ici indiqués, et nous publions ces annotations entre parenthèses.

Primes : Mgr le Révérendissime évêque d'Arras;
Les doyen, chanoines et chapitre de N. D. d'Arras;
Révérend père en Dieu l'abbé de Saint Vaast;
Révérend père en Dieu l'abbé du Mont Saint Eloi;
Révérend père en Dieu l'abbé de Mareuil;
Le sieur de Beauffort (Philippe de Beauffort, baron dudit lieu, député aux États d'Artois, marié à Madeleine de la Mark);
Le sieur de Beaumont de Beaurepaire, à cause de sa seigneurie Caup.....;
Les mayeur et échevins de la ville d'Arras;
Les échevins, prévost et mayeur de la ville de Béthune;
Les chanoines et chappitre dudit lieu;
Le sieur de Ranssecourt, comte d'Hénin Liétard (Oudart de Bournonville,

comte de Hénin Liétard, seigneur de Ranchicourt du chef de sa mère, chef des finances du roi d'Espagne);

Le sieur de Calonne;

Le sieur de Frévins (Louis de Bernimicourt, seigneur de la Thieuloye et Frévins, gouverneur de Béthune, chevalier d'honneur au conseil d'Artois);

Le sieur d'Ourthon (Antoine de Wignacourt, seigneur d'Ourton, créé chevalier par Philippe III, roi d'Espagne, en 1593);

Le sieur d'Hesdigneul (Pierre Desplanques);

Le sieur de Werquignœuil (Barthélemy le Vasseur, conseiller et receveur des aides d'Artois);

Le sieur de Villers Markais (Jean de Markais, seigneur de Villers, marié à Anne le Vasseur de Verquigneul);

Le sieur de Watines et de la Conté (François d'Ognies, seigneur des Wastines par achat de Jehan dit Petrus des Wastines, seigneur dudit lieu);

Le sieur de Recourt (François de Récourt, seigneur de Récourt et Camblin, marié à Barbe de Saint-Omer);

Le sieur d'Embry et de Brouay (Oudart de Renty, baron de Renty, seigneur d'Embry, marié en 1545 à Marie de Récourt de Luques);

Le sieur de Noyelles (Paul de Noyelles, gouverneur de Bapaume en 1582);

Le sieur d'Auxy (Philippe comte d'Egmont, seigneur d'Auxy, gouverneur d'Artois, chevalier de la Toison d'or);

Le sieur de Roy;

Le sieur de Mamez (N... d'Estournel);

Le sieur de Liétin (cette terre a appartenu au commencement du dix-septième siècle à la maison de Blocquel).

QUARTIER DE LILLERS :

Les mayeur et eschevins de la ville de Lillers;

Les prévost, doyen et chanoines de Saint Omer en Lillers;

Le sieur de Crecques (Eustache de Croy, seigneur de Crecques, gouverneur de Tournay);

Le sieur de Noirtout (Antoine de Northoult, baron de Bayenghem, capitaine du château de Gand, bailly de Termonde);

L'abbé de Chocques;

Monsieur le bailly de Lillers et de Saint Venant;

L'abbé de Ham;

Le sieur d'Illies:

Le sieur de Lières (Jacques d'Ostrel, seigneur de Lierres et Nédon, gouverneur et grand bailly d'Aire et Lillers) ;

Le sieur de Frefay (Philippe d'Ollehorn, seigneur de Ferfay, marié à Peronne de Bonnières de Souastre) ;

Le sieur d'Allewaigne (Antoine d'Assignies, avoué de Therouane, créé chevalier, au camp devant Cassel, par Philippe II en 1554).

AIRE :

Les mayeur et eschevins dudit lieu ;

Le sieur de Robecque et de Morbecque (François de Saint Omer, sire de Morbecque, gouverneur d'Aire, seigneur de Robecq du chef de Jacqueline d'Ipre, sa femme) ;

Les doyen et chappitre de Saint Pierre en Aire.

Le sieur de Bommy (Julien de Vissocq, seigneur de Bomy, créé chevalier par le roi d'Espagne en 1596) ;

Le sieur de la Belure ;

Le sieur de Bully ;

Le sieur de Tasnay (François de Wissocq, seigneur de Tannay).

SAINT-OMER :

Révérend père en Dieu l'Évesque de Saint Omer ;

Les prévost et doyen de Saint-Omer ;

Messieurs les doyen et chappitre de Fauquembergue ;

Le sieur de Licques (Philippe de Recourt, baron de Licques, gouverneur de Cambray, mort à Bruxelles en 1588) ;

Le comte de Fauquembergue (Philippe de Ligne, comte de Fauquembergue, chevalier de la Toison d'or, mort en 1583) ;

Les mayeur et eschevins de Saint Omer ;

Le sieur de Tatinghen ;

Le sieur de Noircarmes (Charles de Sainte-Aldegonde, mort sans alliance) ;

L'abbé de Saint Jean du Mont,

L'abbé de Clairmarais ;

Le sieur de Ruminghuem (N... d'Egmont, seigneur de Rhuminghem).

BAILLIAGE DE HESD N :

Les mayeur et eschevins de la ville de Hesdin ;

Le sieur de Helfault ;

Le sieur des Loges;

Les doyen et chappitre de l'église de Saint ..... en Hesdin;

Le sieur de Coucy (Jacques de Coucy-Vervins possédait à cette époque plusieurs fiefs considérables en Artois du chef de sa femme, fille du maréchal du Biez);

Le sieur de Manin (Jean de Bofles, seigneur de Manin);

Le sieur de Quattre Vaulx (Robert de Hauteclocque, seigneur de Quatrevaux, et Wail, petit fils de Jean, seigneur de Hauteclocque, épousa Marguerite de Beauffort);

L'abbé de Saint Andrieu;

L'abbé de Dompmartin;

Le sieur de Regnauville (Pierre du Bois de Fiennes, seigneur de Regnauville, épousa Jeanne de Bournonville);

L'abbé d'Auchy les Moines;

L'abbé de Blangy;

Le sieur de Brias (Jacques, seigneur de Bryas, gouverneur de Marienbourg en 1585, épousa Jeanne de la Cressonnière);

L'abbé de Ruisseauville;

Le sieur Vrodlant à cause d'Erin (Charles de Créquy, seigneur de Rouverel et Vroclant, du chef de Jeanne de Vroelant, sa femme).

CEULX DU QUARTIER DE SAINT POL :

Monsieur le comte de Burren, sieur de Rollencourt;

Les mayeur et eschevins de la ville de Saint Pol;

Messieurs les chanoines et chappitres en Saint Pol;

Le sieur de Valhuon (Florent Le Vasseur, seigneur de Valhuon, créé chevalier par le roi Philippe II en 1598, épousa Isabeau Floury, dame d'Ossimont);

Le comte de Bureu,

Monseigneur le comte du Rœulx;

Monseigneur le comte du Mègue (Georges de Brimeux, comte de Meghem?);

Le sieur de Mingoval (Philippe de Sainte Aldegonde, gouverneur du Hainaut, seigneur de Maingoval, du chef de Bonne de Launoy);

Le sieur de Villers Bruslin (Antoine de Buissy, seigneur de Villers-Bruslin, épousa, en 1548, Jeanne d'Incourt);

Monseigneur le prince d'Espinoy (Pierre de Melun, prince d'Epinoy, marquis de Richebourg);

Le sieur de Haultecloque (Pierre Payen, avocat général au conseil d'Artois, seigneur de Hauteclocque du chef de Marie Herlin, dame dudit lieu, fille de Jean Herlin, qui avait acquis cette terre en 1536);

Le sieur de Bailleul (Antoine de Bailleul, seigneur dudit lieu, baron de Lesdain, épousa Alix de Culembourg);

Le sieur de Tangry (Adrien Morel, seigneur de Tangry et de Chelers, député des États d'Artois);

Le sieur de Homdescotes (N... de Saint Omer, seigneur de Hondschoote et de Morbecque):

Le sieur de Souastre et du Maisnil (Charles de Bonnières, seigneur de Souastres et du Maisnil, gouverneur de Dunkerque en 1559, créé chevalier par Philippe II, en 1596);

Messieurs les mayeur et échevins de la ville.

S'ensuyt l'ordonnance qui se fait ordinairement par Messieurs les esleux aux sergeans ayant convocquez les dessus nommés, prélats, nobles et gens des villes par leurs salles et vaqations.

Les esleux d'Arthois ayant veu et communiqué par ensemble la requête cy dessus avecq les roles de Jehan Prevost, sergeant, pour avoir par eulx distribuez plusieurs lettres closes de sa Majesté adreschantes aux prélats, nobles, etc.

N° 4.

PLACARD TOUCHANT L'USURPATION DES TITRES DE NOBLESSE EN ARTOIS

PUBLIÉ ET DONNÉ A MALINES PAR LE GOUVERNEMENT GÉNÉRAL DES PAYS-BAS AU NOM DE PHILIPPE II, ROI D'ESPAGNE (LE 17 FÉVRIER 1576).

« Dom Louis de Requesens et de Cunigo, grand commandeur de Castille, lieutenant, gouverneur et capitaine général, etc., etc.

« Très chers et bien amés, ayant été avertis de certains abus qui se retrouve, pour ce aujourd'huy, tant ès villes que villages du pays et comté d'Artois, à savoir, qu'il y a une infinité de personnes, non nobles, et de bien basse condition qui prennent et usurpent titres de noble homme, ou d'Escuyers, se portant et qualifiant, pour tels, entre les nobles, et gentilshommes du pays, et sous ombre de ce, prétendent exemption et franchise, pour ne contribuer, aux tailles et aydes deus, au Roy, par les roturiers, et personnes non privilégées, chose qui peut tourner, ou tourne au grand préjudice de la levée des tailles et aydes dudit Artois, foulle du commun peuple, contribuables à icelles, et diminution de droits et hauteurs de Sa Majesté illec. A cette cause, et estant informez que *la connoissance des tels cas, et matières, appartiennent aux Esleus d'Artois*, nous leur ordonnons présentement, qu'ils ayent à faire diligente recherche, de ceux qui usurpent indeuement lesdits titres et qualitez de nobles et d'Escuyers, tant desdittes villes que villaiges, pour les faire mettre en cause pardevant eux par le procureur en la dicte élection, et procéder contre eux par toutes voyes de justice, deues et convenables, afin d'extirper lesdicts abus, et réprimer cette liberté et licence dommageable à Sa Majesté, et à ses sujets; et par ce qu'entendons, laditte faute, procéder en partie des notaires, qui, au passement des contracts, qui se font pardevant eux, attribuent indifféremment à tous voire, jusquaux marchands, et paysans les titres et qualités de noblesse : nous ordonnons en outre, auxdicts Esleus, leur faire signifier, qu'ils n'ayent plus à donner tels titres d'Escuyers, ou de nobles, s'ils n'ont connoissance, des personnes méritant iceux, où qu'ils, sachent, qu'ils vivent comme nobles hommes, et pour tels soient tenus notoirement, et que lesdicts Esleus, ayent aussy a faire publier cecy, aux plaids de ladicte élection, et enregistrer comme il appartient, et qu'ils écrivent là dessus, a vous, pour par ensemble aviser, pour mieux faire, observer ce commandement, et, par ce quil convient entièrement que cela se fasse ainsy, il nous a semblé bon, de vous en avertir aussy, par cette, et par icelle, vous requérir, et néantmoins ordonner de par Sa Majesté, qu'ayant a mander vers vous, lesdits Esleus, et par ensemble aviser, comme se pourra, donner ordre, pour oster tels abus, et faire observer tout ce que dist, signamment, contre les notaires et personnes publicques, passant contracts, esquels, ils articulent, indistinctement et sans jugement, chacun de tels titres, qui ne leur conviennent, et spécialement que fassiez procéder contre eux, par telles voyes qu'il appartiendra, par devant vous, en cas que soit trouvée difficulté, en la juridiction desdits Esleus, en ce fait; et au demeurant faire aussy, de vôtre côté faire la publication en cet endroit, à l'audiance, de vôtre siége, et en écriviez et avertissiez, où et comme il appartiendra, à tant très chers et bien améz nôtre seigneur soit garde de vous. De Malines le 17 jour de fevrier 1576. Souscrit dom Louys de Requesens, plus bas signé Berty, et au dos estoit escrit, à nos très chers et bien améz les président et gens du conseil du Roy en Artois.

N° 5.

LISTE DES PRÉLATS ET PERSONNES DU CLERGÉ NOBLES ET DÉPUTÉS DES VILLES DU PAYS ET CONTÉS D'ARTOIS

REPRÉSENTANS LES TROIS MEMBRES DES ÉTATS D'ICELUY, DÉPUTÉS DES ÉTATS DU HAYNAUT, ET DÉPUTÉS DE LA VILLE DE DOUAY, QUI ONT SIGNÉ LE TRAITÉ DE PACIFICATION, DIT LA CONFIRMATION DE L'UNION GÉNÉRALE, POUR PARVENIR A UNE BONNE PAIX ET CONCILIATION AVEC SA MAJESTÉ CATHOLIQUE (7 JANVIER 1579).

A la fin de ce traité, dont l'original existe aux archives du Pas-de-Calais, on lit ce qui suit :

« Pour approbation de toutes lesquelles choses, nous avons le présent acte, fait signer, et attester respectivement de nos greffiers. Ce fût faict résolu, et arrété, en pleine assemblée des États en la ville d'*Arras* au lieu abbatial de Saint Vaast d'*Arras*. L'an de grace de notre Seigneur mil V^{c} soixante dix neuf, le septième jour du mois de janvier.

« Au bas, par ordonnances de nosdits seigneurs etoient signés Marchand et Carlier 1579

« Et pour attestation plus grande de ladicte conclusion, et resolution même, de la signature, des dits greffiers, nous présens et assistans a icelles, et qui lavons solempnellement et particulierement juré et approuvé, avons cy dessoubz mis et apposé nos noms et seings manuels. » Sont :

Jean, abbé, Esleu de *Saint Vaast*,
Adrien de Neufville, abbé de *Saint Bertin*,
Baulduin, abbé d'*Henin*,
Jacques d'Ostrel, abbé de *Saint André*,
P. Laurentis, abbé de *Blangy*,
Jacques, abbé de *Hanon*,
De Porta, prior de *Caricampi*,
Mareq Pothier, religieux de *Dommartin*,
Michiel d'Aillet, religieux d'*Eaucours*
J. de la Thieuloye,
C. Robert de Melun,
Lancelot de Peissant,
Bauduin de Gavre,
D'Ongnies,

De Bournonville,
François de Boffles,
D'Ostegnies, 1578,
Loys de Blondel,
François de Bernimicourt,
Maximilien Vilain,
G. le Vasseur,
Thierry d'Ostégnies,
Paul de Noyelles,
Charles de Bonnières,
Ph. de Beauffort,
Ph. de Lallain,
Adrien Morel,
De Goulotte,
Anthoine d'Assignies,
R. de Haulteclocque,
Jehan de la Planque,
Philippe d'Egmont,
Loys de la Planque,
M. P. Posty,
Maupetit,
Jacques de Boussu,
A. d'Ongnies,
Ph. de Bergues,
Pierre des Planques,
Ph. de Bulleux,
Couronnel,
A. La Personne,
Richebé,
Cocquel,
Antoine Despaës,
Th. Brouve (alias Broive),
Le Merchier,
Antoine le Sur,
Eustache d'Aoust,
Couronnel,
Gabriel de Marchenellez,
Ridelet,
Beaupert,
A. Aubron,
Delafosse,
D'Oresmieulx,
Carpentier pour Lillers,
De Camp d'Avesne pour Saint-Omer,
Waigneur,
Eustache de Croy,
Ph. de Noyelles,
Loys de Soumain,
Antoine de Nedonchel,
Adrien de Caverel, député de Nivelle, 1578.

Plus bas :

« Nous les députés, de Malines, avons soubsignez cestes, en vertu du pouvoir et commission que les gouvernement et magistrat de laditte ville, nous ont donné de ce faire, ce 8 de septembre 1579. Signés, *clercq* Antoine de Theraert. »

« Nous députés, au nom des villes et pays d'Alost, avons signé cestes, au nom d'yceulx *Designe, Demiaut, Du Geyne, Theraërt, Van Compostelle, Pierre Gruo, P. Josty, P. J. Sassenus.* »

N° 6.

ÉDIT ET ORDONNANCE CONCERNANT LE PORT DES ARMOIRIES

TIMBRES, TITRES, ET AUTRES MARQUES D'HONNEUR ET DE NOBLESSE DANS LES PAYS-BAS ESPAGNOLS (14 DÉCEMBRE 1616).

Albert et Isabel Clara Eugenia, infante d'Espagne, par la grâce de Dieu archiducs d'Autriche, ducs de Bourgogne, de Lothier, de Brabant, de Lembourgh, de Luxembourg et de Geldres, comtes de Habsbourg, de Flandres, d'Artois, de Bourgogne, de Thirol, palatins et de Haynau, de Hollande, de Zélande, de Namur, de Zutphen, marquis du saint Empire de Rome; seigneur et dame de Frize, de Salins, de Malines, de cité et ville d'Utrecht, d'Overyssel et de Groeningue, A tous ceux qui ces présentes verront, salut. Comme nous sommes particulièrement informez que nonobstant l'ordonnance de feu de très haute mémoire le roy Don Philippe II, nostre très honoré seigneur et père (que Dieu ait en gloire) faite à S. Laurent le Royal de Castille le 23 jour du mois de septembre en l'an 1595 et depuis publié par deça touchant le port des armes, tymbres, tittres et autres marques de noblesse, plusieurs se sont advancez d'y contrevenir et usurper les tittres d'honneur, qui ne leur appartiennent point, ny de qualité, ny de mérite, au grand prejudice de nostre souveraineté, interest et mespris de nos vassaux et subjects, estans de la vraye et ancienne noblesse. Sçavoir faisons que nous desirons remedier à semblables confusions et excès, et obvier par bonne police à ceux qui se pourroient à l'advenir encores commettre en ce regard, avons de nostre certaine science, pleine puissance et authorité souveraine et sus ce en préallable l'advis des chef-présidens et gens de nos privé et grand conseils, de nostre chancelier et conseils de Brabant, et autres conseils de pardeçá, statué et ordonné, statuons et ordonnons par forme d'esclaircissements et ampliation de la susditte ordonnance, les points et articles qui s'ensuivent.

Art. 1. Premièrement que ceux qui sont extraicts d'ancienne noble race de sang et de maison, ou ceux dont les père et ayeul paternel et eux, auront vescu publiquement comme personnes nobles, et pour tels auront esté communement tenuz et réputez, ou qui, ou leurs predecesseurs paternels en ligne directe masculine, auront esté honorez de nosdits ancestres ou de nous du degré de noblesse par lettres patentes d'annoblissement sur ce depeschées ou qui à cause de leurs Estats, offices ou charges ou de celles de leurs peres ou agents paternels ont droit de ce faire respectivement, pourront seuls (et nuls autres) prendre ou s'attribuer la qualité d'escuyer, noble ou autre tittre de noblesse, porter publiquement ou en privé armoiries tymbres, soit en leurs scels, cachets, tapiz ou autrement, et en leurs sepultures funérailles ou autres actes publics, user de cérémonies ou honneurs appartenants aux nobles, à peine que ce qui sera fait au contraire sera rompu, rayé et effacé par authorité publique, et les personnes qui en ce auront mespris, escherront pour chascune contravention en l'amende de cinquante florins.

Art. ii. Défendons à tous nos subjects, et habitans ès pays de nostre obéissance de quelque qualité ou condition qu'ils soient, de prendre, porter ou relever le nom ou armes d'autres maisons et familles nobles, ores que la ligne masculine d'icelles fut de tout extincte, sauf et exceptez les gentilshommes a qui cela aurait esté permis par adoption, contract de mariage, testament ou autre disposition vallable, de ceux de ladite famille ayans pouvoir de faire telle concession, ou ceux qui pour porter les noms et armes de telles familles extinctes, auront de nous obtenu consentement exprès et lettres patentes en forme deue et icelles fait enregistrer aux registres de nos officiers d'armes, comme cy après sera declaré ; à peine que celluy qui en aura usé autrement, payera l'amende de cent florins, outre et pardessus la reparation de ce qui aura esté fait au contraire, sauf es lieux où il y a coustume contraire approuvée, selon laquelle on se pourra regler.

Art. iii. Interdisons et deffendons aussi à tous de transporter ou invertir l'ordre de leurs quartiers, en leurs généalogies, sépultures, epitaphes, verrières ou ailleurs, soit en publicq ou en privé, ou y insérer des quartiers empruntez d'autre maison ou y en mettre d'autres frauduleusement controuvez, a peine qu'en tous lieux où ils seront trouvez, ils seront non seulement rompus et effacez, mais outre ce le transgresseur, condamné en l'amende de cinquante florins.

Art. iv. Et au regard de ceux qui sont parvenus ou parviendront cy après à quelque terre, fief ou seigneurie, soit par succession, testament, donation, contract de mariage ou adopt, ou à quelque autre tittre que ce soit, du surnom de quelque famille noble ; Ils ne pourront porter les noms et armes d'icelle comme si le nom et armes fussent de leurs propres familles ; bien se pourront-ils dire seigneurs desdits lieux avec leurs noms et surnoms propres et les actes dependant de la justice de leurs seigneurs pourront estre scellez ou cachetez des armes d'icelles : et si lesdits terres, fiefs ou seigneuries estoient dès maintenant ou cy après, eslevées ou decorées de quelque tittre relevé d'honneur, comme de baronnie, viscomté, comté, marquisat, principauté ou duché, et viennent à tomber ès mains de personnes non nobles ou de qualité nullement digne, ny correspondente à tels tittres, cesseront entierement, comme extincts et réuniz à nostre seigneurie et domaine, sans pouvoir estre continuez par tels nouveaux proprietaires, consideré que lesdites terres ont esté honorées de tels honneurs et tittres de grandeur, pour les services et mérites de ceux qui les possedoyent alors, afin de les honorer et leurs descendans nobles, le tout à peine de cent florins pour chacune contravention.

Art. v. Pour remedier aux débats qui pourraient (comme l'on a veu souvent advenir du passé) touchant l'ainesse et port des armes pleines, voulons et ordonnons que les maisnez de toutes maisons (mesmes les fils aisnez du vivant de leurs pères) soyent tenus de mettre en leurs armoiries quelque brisure, en la forme accoustumée, à la distinction des aisnez et de continuer telle brisure, aussi longtemps que les branches des aisnez durent, afin de pouvoir recognoistre et discerner les descendans de l'une et de l'autre branche à peine de cinquante florins, saufs et exceptez les gentilshommes de nos pais et duchez de Luxembourg et Gueldres es quels pais telles brisures d'armes n'est cognue, qui se pourront regler comme du passé.

Art. vi. Ceux qui ont souillé leur noblesse par quelque exercice mechanique, mestier ou autrement par quelque profession vile, derogante à leur première qualité, ne pourront plus jouyr d'icelle, ny d'aucuns honneurs, prerogatives et immunitez de noblesse, si preallablement ils ne delaissent et abandonnent par effet laditte profession mechanique, et verifient deuement d'estre légitimement descendus en ligne directe masculine, des maisons et familles, dont ils se disent issuz. Et qu'en suitte de ce devoir ils obtiennent de nous, pour effacer du tout laditte souillure, nos lettres de rehabilitation et restitution de leur ancienne noblesse et les faire enregistrer aux registres de nos officiers d'armes, en la forme cy après déclarée, à peine de cent florins d'amende; en laquelle escheront tous ceux qui auront fait le contraire sauf ès provinces et lieux, ou par coustume expresse decretée ou observée publiquement par temps à ce suffisant, telle rehabilitation et restitution n'est requise.

Art. vii. Interdisons et deffendons à tous nos vassaux de quel estat ou qualité qu'ils soyent, de s'attribuer et à tous autres de leur donner, soit en parlant ou escrivant, le tittre ou qualité de baron, ou autre semblable ou plus grand, ny de poser à leurs armoiries des banières, portans ou y mettre couronnes indeuement prises, s'ils ne font premierement apparoistre en forme deue par enseignemens autentiques et valables que les terres, fiefs et seigneur ries qu'ils possedent en nodits Pays Bas ayant esté deurés de tel degré et tittre d'honneur, par lettres patentes de nos predecesseurs ou de nous; et si leurs lettres et enseignements estoyent esgarrez ou perdus par la guerre ou autre accident, ils peuvent suffisamment verifier par tesmoings que leurs predecesseurs auroyent de temps immémorial jouy de tels tittres publiquement et sans contredit de personne, ils pourront prendre leur recours à nous, pour obtenir ou nouvelles lettres de ladite erection ou confirmation de tel premier et ancien tittre, dont ils seront tenuz de faire tenir note au registre de nos officiers d'armes en la manière cy après declarée, à peine de cinquante florins d'amende contre lesdits contrevenans.

Art. viii. Si deffendons bien expressemment à tous nosdicts vassaux, subjects et habitans en nos pays, de quelle qualité qu'ils soient, de se dire ou intituler chevaliers, s'ils n'ont esté creez et faicts chevaliers par nous ou nos predecesseurs, à peine de cent florins d'amende, et que ledit titre sera tracé et biffé en tous escrits où il sera trouvé.

Art. ix. Et comme beaucoup des abus declarez par cette nostre ordonnance, procedent de ce que les secretaires, greffiers notaires et autres personnes publiques, qui reçoivent les contracts et dispositions des parties, leur donnent trop facilement des titres de noblesse qui ne leur appartiennent, et qui leur sont interdits par cettuy nostre edit, voulons que lesdites personnes publiques qui seront trouvez avoir donné aux parties comparantes par devant eulx, des titres et honneurs qu'ils sçavoient asseurement ou vraysemblablement ne leur point appartenir, seront pour chascune fois condamnez en cent florins d'amende.

Art. x. Et d'autant qu'aucuns subjetz ne pouvans meritoirement demander, ny attendre de leur prince naturel, la dignité et tittre d'honneur qu'ils affectent hors de leur portée, les vont rechercher des autres princes estrangers en préjudice des droits de nostre souveraineté, hauteur et préeminence, et aussi à la surcharge et mespris de nos autres subjets contribuables en aucunes provinces ès tailles, aydes et subsides d'icelles. Nous declarons tres expressement que nul vassal ou subjet nostre, ne se pourra ayder a prevaloir en nosdits Pays Bas d'aucune legitimation, annoblissement, octroy de nouvelles armoiries, accroissement ou relief d'icelles, concession de chevalerie, erection de nouveau titre de leurs terres ou seigneuries, ny d'autres privileges, préeminences, immunitez, graces ou honneurs qu'ils auront obtenu d'autres princes, que de nos predecesseurs ou de nous; à peine que lesdits titres seront effacez et tracez par authorité publique et les transgresseurs condamnez en l'amende de deux cents florins.

ART. XI. Pour ce qu'aucuns par ignorance et autres par présomption s'advancent à faire poser sur leurs armoiries des tymbres em pleine face, a la façon des souverains ou bien des heaulmes entierrement dorez, sans en avoir ny titre, ny droit et aussi de porter couronnes autres que leur appartient sans faire aucune distinction d'entre celles de comtes, marquis, princes et ducs, les portans mêsmes aucuns à hauts fleurons, à la royale ou souveraine, le tout à nostre prejudice et des autres princes souverains : voulons en ce mettre l'ordre et reglement convenable. Mandons a tous nos subjets et habitans de nosdits pays, de quelle qualité qu'ils soient, de redresser tels erreurs et excès, chacun selon son rang et dignité, endeans trois mois prochains dez la publication de cette, a peine qu'ils seront redressez par authorité publique, et les delayans condamnez en l'amende de trois cens florins.

ART. XII. Pour reprimer les abus qui sont advenuz au regard des bastarts et leurs descendans qui se sont avancez de porter avec le surnom de la famille légitime aussi les armes d'icelle sans y mettre aucune marque de bastardise, tellement que par le laps de temps les descendans de quelque fils naturel ou illegitime, viennent souvent à se mettre au rang des legitimes et pretendre leurs successions, droits et prérogatives, pour ce que par le nom ny par les armes ne se peut connoistre aucune difference ny distinction entre les légitimes et les descendans de bastards. Nous voulons et commandons expressemment qu'aux armes des bastards et illégitimes (ores qu'ils fussent légitimez par lettres de nous ou de nos predecesseurs) et de leurs descendans, soit apposée difference et marque notable especiale à sçavoir aux armes desdits bastards ou illégitimes une barre, et a celle de leurs descendans une note remarquable, diverse de celles dont usent les puisnez descendans de légitimes, à peine de soixante florins d'amende pour chacune contravention.

ART. XIII. Afin d'obvier aux desordres qui facilement pourroient advenir au préjudice d'autruy, quand on concède quelques nouvelles armoiries et tymbres aux annoblis ou à ceux qui desirent augmentation ou changement d'icelles, à cause que les registres aux armes (ausquels en semblables occurrences on souloit avoir recours) ne sont entretenuz comme du passé, et dont pourroient aussi sourdre en temps advenu que nostre premier roy d'armes, et tous autres nos roys et herauts d'armes, chacun de la province dont il portera le nom, ayent à redresser et faire lesdits registres aux armoiries en la forme anciennement observée, et à ces fins nos vassaux et subjets ayans ou pretendans aucun droit de noblesse, envoyeront ou feront delivrer, soubs recquisse, es mains de nostre dit premier roy d'armes et au roy ou herauts d'armes de la province de leur origine ou résidence, respectivement leurs armoiries tymbrées deuement despeintes avec leurs noms, surnoms et titres (si aucuns en ont) et ceux de leur pére et mère sous leur signature pour ainsi estre depeintes et enregistrées es registres de leurs offices respectivement (comme dit est), pour y avoir recours et le regard de raison.

Art. xiv. Et parce que durant les guerres passées et l'absence de nos predecesseurs princes de ce pays, l'on a pris peu d'egard de quelle façon les courriers et messagers tant de nos provinces, villes, chastellenies et seigneuries, que ceux de nos subjets, portoient les armoiries, faisans chacun faire les siennes à sa fantaisie, sans en ce suivre les anciennes coustumes et ordonnances : voulons et ordonnons que tels couriers et messagiers ayent à les porter sur boites eslevées, sans estre couronnées, pendantes par chaînettes sur le costé gauche de leur corps ; à peine que celles autrement faites et portées, seront ostées par nos officiers d'armes, et confisquées à leur profit, et outre ce les transgresseurs punis de l'amende de vingt florins ; ladite amende et toutes autres cy dessus statuées, applicables, a sçavoir un tiers à nostre proufit, le deuxième tiers à l'officier qui fera l'exploit, et le troisième au dénonciateur.

Art. xv. Voulons et commandons en outre que toutes et quelconques lettres de nous impetrées, depuis nostre advenement a ces estats des Pays Bas, ou qui seront impetrées a l'advenir, en matiere d'anoblissement, port des armes, augmentation ou changement d'icelles, legitimation et rétablissement de noblesse, confirmation ou approbation d'icelles, lettres de chevallerie, érection d'aucune terre, fief ou seigneurie en titre d'honneur et autres de mesme matière et subject, seront présentées par les impetrants à nostre premier roy d'armes, ou au roy et heraut d'armes de la province de leur residence ou origine, ou bien de la province ou la terre nouvellement érigée en titre sera situées, pour estre enregistrées es registres de leurs charges respectivement et successivement endossées, sous leurs signatures avec certification de la notice en prise : et se fera semblable enregistrature aux registres de l'election d'Arthois, au regard de ceux en estant originaires ou y residens a peine de perdre l'effet et fruit de telles graces, concessions et octrois.

Art. xvi. Et afin que tout ce que dessus soit mis en effect et reelle execution et estroittement observé en tous ses points, nous avons commis et commettons par ces mesmes presentes, tant les fiscaux de nos conseils, que nostre premier roy d'armes et tous autres nos heraultz d'armes et chacun d'eux par prévention, pour y entendre et prendre particulier regard, a ce qu'estant par eux reconneu, que quelqu'un y aye contrevenu, ils en fassent les debvoirs de calange et poursuitte en tel cas convenables, pardevant nos conseils ou autres, à qui la connoissance de telles matières appartient, de ce faire, avec ce qu'en depend; leur avons donné et donnons par ces presentes plein pouvoir, authorité et mandement spécial.

Si donnons en mandement à nos très chers et feaux les chef president et gens de nos privé et grand conseils, chancellier et gens de nostre conseil en Brabant, gouverneur president et gens de nostre conseil de Luxembourgh, gouverneur chancellier et gens de nostre conseil de Gueldres, president et gens de nostre conseil de Flandres, gouverneur, president et gens de nostre conseil provincial d'Artois, grand bailly d'Haynau et gens de nostre conseil dudit Haynau en nostre cour à Mons, gouverneur président et gens de nostre conseil en Hollande, gouverneur president et gens de nostre conseil à Namur, gouverneur president et gens de nostre conseil en Frize, gouverneur president et gens de nostre conseil d'Utrecht, gouverneur chancelier et gens de nostre conseil en Overyssel, gouverneur de Lille, Douay et Orchies, bailly de Tournay et Tournesis, lieutenant de Groeninge, rentmeesters de Bewest et Bevisterchelt en Zelande, Prevost le conte à Valenciennes, Escoutelle de Malines, et à tous autres nos justiciers et officiers, et ceux de nos vassaulx ausquels ce regardera, leurs lieutenans et chacun d'eux endrot soy, et si comme a luy appartiendra que ceste nostre présente ordonnance ils fassent incontinent publier et proclamer, chacun en son endroit, ès lieux de leurs jurisdictions et ressorts respectivement, ou l'on est accoustumé de faire semblables crys et publications, afin que nul en puisse pretendre cause d'ignorance; Et icelle nostre ordonnance gardent, observent et entretiennent, fassent garder, observer et entretenir inviolablement en tous ses points et articles, sans aucun contredit ou empeschement, procedans et faisans proceder contre les transgresseurs et desobeyssans, par l'exécution des peines cy-dessus déclarées, sans aucune faveur, port ou dissimulation : de ce faire, et ce qu'en dépend, leur donnons et à chacun d'eux plein pouvoir, authorité et mandement spécial. Mandons et commandons à tous, que a eux, le faisant, ils obeyssent et entendent diligemment, car ainsi nous plait-il. En tesmoin de ce, nous avons fait mettre nostre scel à ces présentes. Donné en nostre ville de Bruxelles le 14e jour de décembre l'an de grace mil six cens et seize.

Par les archiducs en leur conseil, Vereycken. Et est la presente ordonnance et edict scellé du grand scel de leurs altesses, en cyre vermeille, pendant à double queue de parchemin.

N° 7.

DÉCLARATION DU ROY

CONCERNANT LA RECHERCHE DE LA NOBLESSE DES PROVINCES DE FLANDRES, HAINAULT ET ARTOIS DONNÉ A VERSAILLES LE 8 DÉCEMBRE 1699.

(ARCH. DE L'EMPIRE, SECTION LÉG. COLL. RONDONNEAU.)

Louis par la grace de Dieu roi de France et de Navarre : A tous ceux qui ces presentes lettres verront, salut. Par nostre declaration du 4 septembre 1696 et arrest de nostre conseil rendu en conséquence le 26 fevrier 1697. Nous avons ordonné la recherche de ceux qui ont usurpé les titres de noble, noble homme, escuyer, messire et chevalier; et que ceux qui se prétendent nobles seront tenus de rapporter des titres de filiation et de noblesse depuis l'année 1560 jusques à present; Et nous avons fixé les peines des usurpateurs à 2000 livres pour l'amende, et à telle somme qu'il sera arbitré par les sieurs intendans et commissaires par nous départis dans les provinces pour l'indue exemption des tailles et autres impositions; Ensemble aux deux sols pour livre desdites amendes et restitutions conformément à l'édit du mois de janvier 1664.

Et comme ces dispositions sont nouvelles pour nos provinces d'Artois, Flandres et Hainault, dans lesquelles les ordonnances faites par les roys catholiques au sujet de la recherche de la fausse noblesse s'exécutent encore à présent, nous avons cru devoir donner en cette occasion à nos sujets de ces provinces des preuves de nostre protection particulière en ne faisant faire la recherche des usurpateurs que conformement à leurs anciennes ordonnances et reglemens, d'autant plus qu'ils sont bien moins severes que nostre déclaration.

En effet, par l'article premier du règlement fait par l'archiduc Albert et l'infante Isabelle du 14 décembre 1616, il suffit de prouver une possession de noblesse de l'ayeul, du père et du fils, lesquels trois degrez sont communement estimez faire le nombre de cent années, temps de la plus longue possession. Par le mesme article, la peine des usurpateurs des titres d'escuyers, nobles et autres titres de noblesse est de cinquante florins pour chacune contravention.

L'ART. II contient des défenses, tant aux roturiers qu'aux nobles, de prendre le nom ou armes d'autres maisons et familles nobles, à l'exception des gentilshommes qui en avoient permission, à peine de cent florins d'amende.

Par l'ART. IV il est défendu à ceux qui deviennent proprietaires d'une terre ou fief, dont le nom est le surnom d'une famille noble, d'en porter le nom et les armes, ne leur estant permis que de se dire seigneurs d'une pareille terre; et il est encore défendu aux roturiers qui ont des terres titrées d'en porter les titres honorables, à peine de cent florins par chacune contravention.

L'ART. V ordonne aux cadets des maisons nobles de porter des briseures dans leurs armoiries, à la différence de leurs aisnez sous peine de cinquante florins.

Par l'ART. VI, il est défendu à ceux qui ont dérogé de prendre les titres propres à la noblesse sans estre rehabilitez, sous peine de cent florins d'amende.

Suivant l'ART. VII, les nobles qui prennent la qualité de baron ou autres sans avoir des terres titrées, doivent estre condamnez en cinquante florins.

L'ART. VIII ordonne que ceux qui se diront chevaliers sans avoir esté creez tels, seront condamnez à cent florins d'amende.

L'ART. X défend à toutes personnes qui ont esté faits chevaliers par des princes estrangers d'en prendre la qualité : comme aussi à ceux qui ont obtenu des lettres de noblesse ou des lettres d'érection de leurs terres en dignitez, des princes estrangers, de s'en servir, à peine de deux cents florins d'amende.

Et par l'ART. XI, il est ordonné que ceux qui sans aucuns titres ny droits porteront des casques en pleine face, des couronnes de princes, ducs, comtes, et marquis, seront condamnez en trois cents florins d'amende.

Et d'autant que toutes ces amendes ordonnées contre lesdits usurpateurs ne sont pas des peines proportionnées aux exemptions dont ils ont jouy pendant que nos autres sujets se sont efforcez à l'envie les uns des autres de nous donner les secours dont nous avons eu besoin pendant la guerre, il est juste qu'ils soient condamnez outre cette amende en telle somme qu'il sera arbitrée par les sieurs intendans et commissaires par nous départis dans ces provinces pour les restitutions de leurs indues jouissances. Et quoyque nous soyons informez que la plupart des lettres d'annoblissement, de confirmation ou de rehabilitation accordées depuis 1600 par les roys catholiques, ont esté données sans aucune finance et sans causes légitimes, ayant esté surprises par ceux qui trouvoient de l'accès auprès des gouverneurs, nous voulons bien les confirmer, en payant par ceux qui les ont obtenues ou leurs descendans une légère finance.

Et afin d'empescher davantage les usurpations qui sont à charge au public, et qui deshonorent la véritable noblesse, il est nécessaire d'ordonner à l'avenir la peine de deux mil livres contre ceux qui usurperont les titres de noblesse.

A ces causes et autres à ce nous mouvans, de nostre certaine science, pleine puissance et autorité royale, nous avons par ces présentes signées de nostre main, dit et declaré, disons et declarons, voulons et nous plaist, qu'il soit fait une exacte recherche dans nos provinces de Flandres, Artois et Hainault, de tous ceux qui ont pris induement la qualité de nobles, escuyers et autres titres de noblesse ; comme aussi de tous ceux qui ont contrevenu aux ordonnances et règlements faits pour ces provinces par les roys d'Espagne, en quelque sorte et manière que ce soit, et que sur les assignations qui ont esté données jusqu'à présent, et qui le seront cy-après, ils soient condamnez pour chacune contravention et sur un seul acte dans lequel ils auront pris lesdites qualitez, en l'amende de cinquante florins. Que les roturiers qui auront pris les noms et armes des maisons nobles, et même les nobles qui auront pris les noms et armes d'autres familles nobles sans permission, seront condamnez en cent florins d'amende. Ceux qui auront usurpé les noms des fiefs et terres qu'ils possèdent et dont le nom a donné le surnom à une famille noble ; comme aussi les roturiers qui auront pris les qualitez de marquis, comte, baron, et autres titres honorables des terres titrées qu'ils possèdent seront condamnez en cent florins d'amende. Ordonnons que ceux qui ayant dérogé à la noblesse en ont pris les titres et qualitez avant que d'avoir obtenu des lettres de réhabilitation, seront condamnez en pareille amende de cent florins, de mesme que ceux qui sans avoir esté faits chevaliers en auront pris la qualité. Les nobles qui auront pris les qualitez de comte, vicomte, baron et autres, sans avoir des terres décorées de pareils titres, seront condamnez en cinquante florins d'amende : comme aussi, voulons et nous plaist que ceux qui ayant esté faits chevaliers par des princes estrangers, ensemble ceux qui ayant obtenu des lettres d'annoblissement ou d'érection de leurs terres en dignité, d'aucuns princes estrangers, en auront pris les titres seront condamnez en deux cents florins d'amende ; outre toutes lesquelles amendes les usurpateurs de nos provinces d'Artois, Flandres et Hainault, seront condamnez aux sommes qui seront arbitrées par les sieurs intendans et commissaires départis dans lesdites provinces pour la restitution des exemptions dont ils ont induement jouy ; ensemble aux deux sols pour livre, tant desdites amendes que restitutions, et aux dépens, suivant nostre règlement du 26 février 1697. Nous ordonnons que les assignez dans nos provinces d'Artois, Flandres et Hainault, qui justifieront par des titres authentiques de noblesse et de filiation qu'eux et leurs auteurs sont en possession de la noblesse depuis cent années à compter du 4 septembre 1696, datte de nostre précédente déclaration, y seront maintenus et conservez et inscripts dans le cathalogue des nobles de ces provinces. Nous avons pareillement confirmé et confirmons par ces présentes toutes les lettres de noblesse, confirmation et réhabilitation accordées par les roys d'Espagne, les archiducs et gouverneurs des Pays-Bas dans les provinces d'Artois, Flandres et Hainault depuis 1600, à la charge par ceux qui ont obtenu lesdites lettres ou leurs descendans, de nous payer sur les recepissez du préposé pour l'exécution de nostre déclaration du 4 septembre 1696, ses procureurs ou commis, portant promesse de rapporter quittances du garde du trésor royal, les sommes auxquelles ils seront modérément taxez par les rôlles qui en seront arrestez au conseil, sur les avis des sieurs intendans et commissaires départis dans lesdites provinces. Faisons défenses de plus usurper à l'avenir dans nosdites provinces d'Artois, de Flandres et de Hainault; et à compter du jour de l'enregistrement de la présente, les titres de noble, escuyer, chevalier, marquis, comte, vicomte, baron et autres titres de noblesse, à peine de deux mil livres d'amende, de restitution des indues jouissances des exemptions et des deux sols pour livre desdites restitutions et amendes : lesquelles peines ne pourront être modérées pour quelque cause et occasion que ce soit. Au surplus sera nostre déclaration du 4 septembre 1696 et arrests de règlemens rendus en conséquence les 26 février et 11 juin 1697, exécutez en ce qu'ils ne se trouveront contraires à ces présentes. Si donnons en mandement à nos amez et féaux conseillers les gens tenans nostre court de parlement de Paris, que ces présentes ils ayent à faire lire, publier et registrer, et le contenu en icelles garder et exécuter selon sa forme et teneur, nonobstant tous édits, déclarations et autres choses à ce contraires ; auxquels nous avons dérogé et dérogeons par ces présentes : car tel est nostre plaisir ; en témoin de quoy nous avons fait mette nostre scel à cesdites présentes ; Donné à Versailles le huitième jour du mois de décembre, l'an de grace 1699 ; et de nostre règne le cinquante-septième. Signé : Louis, et plus bas, Par le Roy, Le Tellier. Et scelée du grand sceau de cire jaune.

N° 8.

LISTES DES GENTILSHOMMES CONVOQUÉS À L'ASSEMBLÉE DE 1747

SUIVANT L'ORDRE DE LEUR ADMISSION, ET DES TERRES A CAUSE DESQUELLES ILS ONT ÉTÉ CONVOQUÉS.

(NOTICE DE L'ÉTAT ANCIEN ET MODERNE DE LA PROVINCE ET COMTÉ D'ARTOIS, PAGE 253.)

MEMBRES DE CET ORDRE :

MM. de Coupigny, comte d'Hénu, député ordinaire à cause de	Hénu.
Isenghien (le prince d'), maréchal de France, chef de la maison de Gand,	Oignies.
de Béthune, marquis d'Hesdignœul,	Hesdignœul.
d'Houchin, marquis de Lougastre,	Longastre.
Gomiecourt (le comte de),	Gomiecourt.
de Servins d'Héricourt,	Héricourt.
de Cunchi Fleuri,	Trembloy.
de Fléchin, marquis de Wamin,	Wamin.
de Brias, marquis de Royon,	Royon.
de Pronville,	Gœulzin.
Le Cocq, comte de Diéval,	Diéval.
Marnix (le comte de),	Rollencourt.
de Croix, marquis d'Heuchin,	Heuchin.
Estendart (le marquis de l'),	Saint-Léger.
Belleforière (le comte de),	Belleforière.
Le Josne Contay, marquis de la Ferté,	Conteville.
de Berghes, prince de Raches,	Boubers.
Wignacourt (le marquis de),	Comblain-Castellain.
de Salpervick, marquis de Grigny,	Grigny.
de Beaulaincourt, comte de Marles,	Marles.
de Coupigni de Le Bargue,	Le Bargue.
de Tournay d'Assignies, comte d'Oisy,	Oisy.
du Chastel, comte de Pétrieux,	Vacquerie.
de Croix de Malannoy,	Malannoy.
de Wasservas, baron de Marche,	Happlincourt.

MM. de Bernard,	Calonne-Ricouart.
Estrades (le marquis d'),	Audrehem.
Ghistelles Saint-Floris (le marquis de),	Saint-Floris.
Beaufort (le comte de),	Moulle.
de Gargan,	Monchel.
de Saissevalle,	Blaireville.
Dion,	Vaudosne.
Dupire, baron d'Hinge,	Hinge.
de Croezer,	Audinctun.
de Cardevacque,	Gouy.
d'Anthin,	Fontaines.
de Brias d'Avondance,	Avondance.
du Carieul de Fiefs,	Fiefs.
de Bertoult,	Hauteclocque.
de Blocquel, baron de Wismes,	Wismes.
de Briois de Pois,	Angres.
de Villers au Tertre,	Cambrin.
Créquy Canaple (le comte de),	Douriers.
Doresmieulx,	Fouquières.
de Nelle,	Lozinghem.
de Lannoy, comte de Beaurepaire,	Caucourt,
d'Ostrel, baron de Flers,	Flers.
de Landas, comte de Louvignies,	Couen.
de Cardevacques, marquis d'Havrincourt,	Havrincourt.
de Briois d'Hulluch, député à la cour,	Hulluch.
La Tour (le comte de),	Seninghem.
de France, baron de Vaulx,	Vaulx.
de Nedonchel, vicomte de Stupe,	Baralles.
Duglas (le comte de),	Sibiville.
de Tenremonde, comte d'Estrées,	Bellonne.
Sainte Aldegonde (le comte de),	Cléty.
Guisnes (le comte de),	Villers-Bruslin.
de Tramecourt,	Verchin.
de Baynast,	Villers-Plouich.
de Venant,	Ivergny.
Kessel (le comte de),	Lugy.
Testar,	Campagne.
de Raulin,	Belval.

MM. d'Aoust, marquis de Jumelles,	Bourcheul.
Croy (le marquis de),	Erin.
de Lens, comte de Blandecques,	Blandecques.
Brias (le comte de),	Brias.
de Contes de Buchamp,	Planque.
d'Hauteclocque,	Wail.
de Coupigny de Foucquière,	Foucquière.
de Belvalet d'Humerœul,	Humerœul.
du Carieul d'Escoivres,	Escoivres.
Le Prévost, marquis de Saint-Julien,	Siracourt.
Aumale (le comte d'),	Liévin.
Monchy (le comte de),	Villerval.
Assignies (le marquis d'),	Werquin.
Le Liepvre,	Noulette.
de Gosson,	Barlin.
de Hamel,	Grand Rullecourt.
Maulde (le comte de),	La Bussierre.
Sailly (le marquis de),	Sailly.
d'Assignies, baron de Bailleul-Sire-Bertoult,	Baillœul-Sire-Bertoult.
de La Porte,	Vaux lèz Haravennes.
de Raincheval,	Ponchel.
de La Houssoy,	Gouy.
de Sandelin, comte de Fruges,	Fruges.
Le Rique,	Ruit.
de Bournel, marquis de Monchy-Cayeu,	Monchy-Cayeu.
de Mailly Couronnel,	Velu.
Beaufort (le marquis de),	Mondicourt.
de Partz, marquis de Pressy,	Esquires.
de Vitry,	Nœu.
Thiennes (le comte de),	Boidinghem.
de Bacquehem du Liez,	Drouvin.
de Preudhomme d'Ailly, marquis de	Werquigneul.
Ghistelles (le comte de),	Serny.
de Crény,	Baillœul.

Il y a encore bien d'autres gentilshommes qui ont les degrés et les qualités requises pour être convoqués aux assemblées des États d'Artois et qui n'y viennent pas, soit parce qu'ils n'ont pas fait leurs diligences pour être mis dans la liste des nobles à convoquer, soit parce que ceux de leurs noms et familles qui étoient régulièrement convoqués sont morts et qu'ils ne se sont pas encore fait reconnaître pour être du corps des nobles qui entrent aux États, soit enfin parce qu'ils n'ont pas atteint l'âge compétent pour y prendre séance.

N° 9.

MESSIEURS DE LA NOBLESSE CONVOQUÉS A L'ASSEMBLÉE GÉNÉRALE DE 1788 AVEC LEURS ADRESSES; 116 MEMBRES.

(ALMANACH D'ARTOIS, 1790.)

Il faut être noble de six générations et être seigneur de paroisse ou église succursale, pour avoir entrée aux États. Les gentilshommes y ont date, sans distinction de grade ni de qualité, du jour de leur admission et première convocation.

MM.

Cunchy (le comte de), de Fleury[1], député ordinaire; en son hôtel, à Arras.
De *Coupigny* de Fouquières ; en son château, à Ocoche, par Doullens.
De *Belvalet*, marquis d'Humerœul; en son château à Humerœul, par Saint-Pol.
Couronnel (le marquis de), de Barastre; en son château à Vélu, par Bapaume.
De *Preud'homme d'Ailly*, marquis de Verquigneul ; en son château à Verquigneul, par Béthune.
Ghistelles (le comte de), de Serny; en son château à Serny, par Aire.
Crény (le marquis de), de Bailleul, député en cour; en son hôtel, à Paris.
Beauffort (le comte de), de Moulle; en son château, à Moulle, par Saint-Omer.
Laizer de Siougeat (le comte de), d'Ecquemicourt; en son hôtel, à Hesdin.
Aumale (le comte d'), de Liévin; chez M. le chevalier d'Aumale, à Arras.
De *Montmorency*, prince de Robecq; en son château, à Morbecq, par Aire.
De *Tournay-d'Assignies*, comte d'Oisy; en son château, à Oisy, par Cambray.
Le Sergeant, d'Hendecourt; en son hôtel, à Arras.

[1] A chaque article, nous avons écrit en italique le premier nom, dit patronymique, de chaque membre des États d'Artois; le second est celui de la terre qui donnait entrée aux États.

Lannoy (le comte de), de Caucourt; en son hôtel, à Arras.

Boudart, marquis de Couturelle ; en son château, à Couturelle.

Lannoy (le comte de), d'Hestrus ; en son château, à Surville, par Montereau-sous-Yonne.

Sainte-Aldegonde (le comte de), de Noircarmes, de Bours[1]; en son hôtel, à Boulogne-sur-mer.

De *Lattre d'Ayette*, comte de Neuville ; en son château, à Ayette, par Arras.

Dupire, baron d'Hinges ; en son hôtel, à Béthune.

De *Pronville*, d'Haucourt ; en son château, à Haucourt, par Bapaume.

De *Gosson*, de Barlin ; en son château, à Barlin, par Béthune.

Dion (le baron de), de Vandosnes; en son château, à Vandosnes, par Fruges.

Aix (le baron d'), de Remy, en son hôtel, à Arras.

Bacquehem du Lietz (le marquis de), de Drouvin ; en son hôtel, à Douai.

De *Chivot*, de Coullemont ; en son château, à Coullemont ; ou chez le sieur Lenfle, épicier, à Arras, rue d'Amiens.

Sainte-Aldegonde (le comte de), de Cléty; en son hôtel, à Lille.

Béthune (le comte de), de Nédon ; en son château, à Pénin, par Arras.

Bryois de la Mairie, d'Angres ; en son château, à Neulette, par Saint-Pol.

De *Garyan-Rollepot*, du Monchel, en son château, à Rollepot, par Frévent.

Ghistelles (le marquis de), Saint-Floris, vicomte d'Herny-Saint-Julien ; en son hôtel, à Lille.

Aoust (le marquis d'), baron de Cuincy ; en son hôtel, à Douai.

Testart, de Campagne-lèz-Hesdin; en son hôtel, à Montreuil-sur-Mer.

Bertoult d'Œuf (le marquis de), d'Hauteclocque ; en son château, à Hauteclocque, par Saint-Pol.

Trazégnies (le comte de), de Bomy ; en son château, à Bomy, par Béthune.

Le Ricque, de Marquais ; en son hôtel, à Béthune.

De *Créquy*, marquis d'Hesmont ; en son château, à Hesmont, par Hesdin.

Maulde (le marquis de), de la Buissière ; en son château, à la Buissière, par Béthune.

Mérode (le comte de), de Mametz ; en son château, à Mametz, par Aire.

Coupigny (le marquis de), de Lignerœul ; en son château, à Lignerœul, par Arras.

Salperwick[2] (le marquis de) ; en son château, à Étruval, par Hesdin.

Havrincourt[2] (le marquis d'), en son château, à Havrincourt, par Cambrai.

[1] Noircarmes et Bours étaient deux terres à clocher ; leur propriétaire possédait donc à double titre le droit de siéger aux États ; mais il n'avait néanmoins qu'une voix.

[2] Ces deux articles sont incomplets ; la terre de Grigny, qui donnait l'entrée des États au marquis

De *Nelle*, de Lozinghem ; en son château, à Lozinghem, par Béthune.

D'*Ostrel*, baron de Flers; en son château, à Flers, par Saint-Pol.

De *Landas*, comte de Louvigniès, de Coin ; en son château, à Coin, par Arras.

Sandelin, de Delettes ; en son château, à Haisnes, par Saint-Omer.

Oberte, de Grevillers ; en son hôtel, à Lille.

De *Thieulaine*, d'Hauteville ; en son hôtel, à Arras.

Duras (le maréchal duc de); en son hôtel, à Paris. (Pour la terre de la Broye.)

Croix (le marquis de), d'Heuchin ; en son hôtel, à Lille.

Béthune (le prince de), marquis d'Hesdigneul, comte de Noyelles-sous-Lens : en son hôtel, à Tournai.

Bassecourt (le marquis de), de Fontaines-lez-Boulans , en son château, à Fontaines, par Aire.

Armolis (le marquis d'), d'Avion ; en son hôtel, à Arras.

De *Hauteclocque*, de Wail; en son hôtel, à Arras.

Sainte-Aldegonde (le comte de), de Noircarmes, de Draucourt; en son château, à Rieulet, par Douai.

Hamel-Bellanglise (le marquis de), de Bouret-sur-Canche ; en son château, à Grand-Rullecourt, par Arras.

De *Marcé*, de Manin; chez M. Louchère, rue du Pont-aux-choux, au Marais, à Paris.

De *Partz*, marquis d'Esquires, de Pressy; en son château, à Willemont, par Hesdin.

Thiennes (le comte de), de Boisdinghem ; en son hôtel, à Cambrai.

De *France*, comte d'Hezecques; en son château, à Mailly, par Albert.

Wavrin-Villers-au-Tertre (le comte de), marquis de Cambrin; en son château, à Cuinchy-lez-la-Bassée.

Wasservas (le baron de), d'Haplincourt; en son château, à Haplincourt, par Bapaume.

De *Bernard*, de Calonne-Ricouart ; en son château, à Calonne, par Béthune.

D'*Aoust*, marquis de Jumelles, de Bourcheul ; en son hôtel, à Douai.

Deslyons (le baron), du Locon ; en son château, à Bavincourt ou à Châlons, en Champagne.

De *Castillon*, baron de Saint Victor, de Courières ; en son château, à Courières, par Lens.

de Salperwick, n'est pas mentionnée; et le nom d'Havrincourt est celui de la terre à clocher, pour laquelle la famille de Cardevacq siégeait aux États d'Artois.

Duval, de Saint-Martin-Glise; en son château, à Sautricourt, par Saint-Pol.

Bryas (le comte de), de Royon : en son château de Royon, par Hesdin.

Béthune (le comte de), d'Auchel ; en son château, à Pénin, par Arras.

Beauffort (le marquis de), de Mondicourt; à Arras, chez M. Prévost, notaire, rue des Murs Saint-Vaast.

Gantès (le chevalier de), de Fontaines-lès-Croisilles ; en son hôtel, à Arras.

De *Gennevières*, de Vielfort, de Vendin ; en son hôtel, à Béthune.

De *Briois*, de Werdrecques ; en son château, à Salomé, par la Bassée.

Bryas-Bryas (le comte de) ; en son château, à Bryas, par Saint-Pol.

Brandt (le comte de) de Galametz, de Marconne ; en son hôtel, à Arras.

Berghes (le marquis de), de Querne ; en son château, à Arleux, par Douai.

Vitry (le baron de), de Vitry dit Nœux; en son château, à Hulluch, par Lens.

Doresmieulx, de Foucquières ; en son château, à Foucquières, par Béthune.

Estourmel (le marquis d'), baron de Sailly-au-Bois ; en son château, à Suzanne, par Péronne.

Deslyons, de Zudausque ; en son hôtel, à Saint-Omer.

Gand (le comte de), de Vraucourt ; en son château, à Hein, près Lille.

Plotho (le baron de), de Favreul ; au château d'Oisy, par Cambrai.

De *Rischoufftz*, de Manin ; en son château, à Manin, par Avesnes-le-Comte.

Casteja (le marquis de), de Burbure ; place Royale, à Paris. (De la famille de Biaudos.)

Du *Quesnoy*, d'Escœulle ; en son château, à Escœulle, par Saint-Omer.

Contes (le baron de) d'Esgranges, de Planques ; en son château, à Bucamp, par Hesdin.

La Basecque (le comte de), de Saint-Amand ; en son hôtel, à Arras. (Son nom patronymique est Imbert.)

De *Cuinghem*, de Regnauville ; en son château, à Fontaine-l'Étalon, par Hesdin.

Fleschin (le marquis de), de Wamin ; en son hôtel, à Hesdin.

Thiennes (le comte de) de Rumbecq, de Terraminil ; chez le sieur Letierce, procureur fiscal du chapitre, à Arras.

Le Josne Contay, de Capelle-sur-la-Lys ; au château de Capelle-sur-la-Lys, par Saint-Omer.

Nedonchel (le marquis de), de Brouay ; en son château, à Bouvignies, par Douai.

Moullart, de Tilly-Capelle ; en son hôtel, à Montreuil-sur-Mer.

Blondel de Beauregard, de Noyelles-sous-Bellonne ; en son château, à Viannes, près Grammont, en Flandre.

Lévis (le duc de), d'Avesnes-le-Comte; en son hôtel, à Paris.

Servins (le marquis de), d'Aubrometz; au château, à Héricourt, par Saint-Pol.

Marles (le comte de), de Vaudricourt; en son château de Beauvoir-Rivière, par Doulleus.

Tenremonde (le vicomte de), de Ransart; en son château, à Seclin.

Roquelaure (le marquis de), de Mory; en l'hôtel de Mgr l'évêque de Senlis, rue Pot-de-Fer, à Paris.

Payen, comte de la Bucquière, de Brebière; en son château, à Brebière, par Douai.

Harchies (le marquis de), de Bealencourt; en l'hôtel de M. le chevalier de Harchies, à Saint-Omer.

France (le baron de) de Buire-au-bois; en son château de Maintenay, par Montreuil.

De *La Porte*, de Vaulx; en son château, à Vaulx, par Auxy-le-Château.

Louverval, de l'Espinoy; en son hôtel, à Saint-Omer.

Harchies (le chevalier de), de Saint-Martin-au-Laert; en son hôtel, à Saint-Omer.

Nedonchel (le baron de), de Gouve; en son château, à Baralles, par Cambrai.

Dartois, de Campagne-lez-Boulonnois; en son château de Valvalon, à Campagne-lez-Boulonnois, par Saint-Omer.

Raulin, de Belval; en son hôtel, à Arras.

Carondelet (le marquis de), ancien baron de Noyelle et vicomte de Langle; en son château de Noyelle près Bouchain.

Tramecourt, de Tramecourt; au château de Tramecourt, par Fruges.

Coupigny (le vicomte de), de Nourœul; en son hôtel, à Cambrai.

Beauffort (le baron de), d'Hanescamps; en son château, à Hanescamps, par Arras.

Angouwart (le baron d'); en son château de Cuinchy-lez-la-Bassée. (Son nom s'écrit mieux Hangouart; Cuinchy était sa terre à Clocher.)

Le Clément de Saint-Marcy, de Souich.

Lemerchier de Criminil (le comte), de Moringhem.

De *Hoston*, de Tatinghem; en son hôtel, à Saint-Omer.

Hubert, d'Humières; en son château, à Humières, par Saint-Pol.

D'*Hespel* d'Harponville, de Saint-Martin-sur-Cojeul; en son hôtel, à Arras.

SECRÉTAIRE DU CORPS DE LA NOBLESSE :

M. *Herman*, père, avocat, place de Cardevaque.

(Ce secrétaire avait la garde d'un registre aux preuves de noblesse des gentilshommes admis aux États d'Artois. L'original de ce registre a été détruit en 1793 ; mais il en existait deux copies, dont un exemplaire appartenait à M. le comte Alphonse de Bryas et paraît avoir été perdu. L'autre a fait partie de la bibliothèque de M. Roovere, conseiller de la Cour de Bruxelles, dont la collection a été vendue il y a une quinzaine d'années.)

N° 10.

TABLEAU DES LETTRES DE CONVOCATION

A EXPÉDIER POUR LA 1re ASSEMBLÉE GÉNÉRALE DES ÉTATS DU HAINAUT ET PARTIES Y RÉUNIES, POUR L'ANNÉE 1788.

(ARCHIVES DU DÉPARTEMENT DU NORD, A LILLE.)

	SEIGNEURIES.
MM. le duc de Croy.	
le marquis de Traisnel,	Villies.
de Préseau de Dompierre,	Floyon.
le vicomte du Buat,	Sassignies.
le baron de Nedonchel,	Jolimetz.
le marquis de Carondelet, baron de Noyelles,	Noyelles.
le marquis de Vignacourt,	Querenaing.
le prince d'Arenberg, comte de la Marck,	Mortagne.
le comte d'Espiennes,	Jenlain.
le comte de Sainte-Aldegonde, fils,	Hargnier.
le duc d'Arenberg,	Wallers.
le comte de Beaufort de Moulle,	Préseau.
le comte de Sainte-Aldegonde de Noircarmes,	Rieulay.
le duc d'Havré,	Gognies-Cauchies.
le baron de Carondelet de Potelles,	Potelles.
le baron de Carondelet-Beaudignies,	Beaudignies.
le marquis de la Pierre,	Marck.
le comte de Vanderburg,	Aubry.
le chevalier de Colins de Queverchain,	Queverchain.
le comte de van der Straten,	Cerfontaine près Maubeuge,

MM. le chevalier de Bouzies,	Ferrière-le-Petit.
le vicomte Desaudrouins,	Haveluy.
le comte de Gomegnies,	Gomegnies.

MM. Perdry de Mingoval.
Odelant de Beaussart.
Deroisin.
Moreau de Bellaing.
Scorion.
Bosquet.
Rousseau de Launois.
Blondel.
Denoisieux.

MM. les abbés d'Hasnon.
d'Hautmont.
de Liessies.
de Maroilles.
de Crespin.
de Vicoigne.
de Saint-Jean.
de Saint-Saulve.
de Chateau.
M. le grand Prieur de Saint-Amand.
Les prévots, doyens et chanoines des chapitres.
Mustellier, doyen de Saint-Géry de Valenciennes.
Clouet, chanoine de Notre-Dame de Condé.
Lemire, chanoine de Saint-Quentin de Maubeuge.
De Beaumont, prévot de Saint-Nicolas d'Avesnes.

Les curés doyens :

MM. Gillion, curé de Dimont,	D. de Maubeuge.
Flament, curé de Montigny-sur-Rocq,	D. de Bavay.
Honzeau, curé de Solesmes,	D. d'Haspres.
Henninot, curé de Felleries,	D. d'Avesnes.
le Beau, curé du Quesnoy,	D. de Valenciennes
de Langle, curé de Saint-Jacques de Valenciennes,	D. d'Ostrevent.
de Langle, curé d'Erin-Ballaing,	

MM. Picqueri de Vastrouval, représentant du chapitre de Maubeuge.
Bouchelet, représentant de celui de Denain.

Les prévots, échevins, officiers et conseil de Valenciennes :

MM. Pouillaud de Tierry, maire,	Magistrat	de Maubeuge.
Langlois, échevin,	—	de Condé.
de Canonne, maire,	—	du Quesnoy.
Pillot, échevin,	—	d'Avesnes.
Deprès, lieutenant, maire,	—	de Bouchain.
Contamine, échevin,	—	de Landrecies.
Moutier, échevin,	—	de Bavay.
Guitau, prévot,	—	de Saint-Amand.
Dubois, bailli,	—	de Mortagne.
Joly, bourgmestre,	—	de Givet.
Urbain,	—	de Philippeville en Marienbourg.
Caillien,	—	de Fumay et Revin.

Nous président et députés composant la commission intermédiaire d'assemblée provisoire du Haynaut convoquée en *mil sept cent quatre-vingt-sept*, certifions que les personnes et les corps tant ecclésiastiques que laïcs, compris au présent tableau, sont dans le cas d'être convoqués à la première assemblée générale des états de ladite province et parties y réunies conformément aux principes proposés par ladite assemblée concernant la composition des dits états, en réservant toutefois les droits de tous ceux qui peuvent en avoir quoique non compris au présent tableau. Fait à Valenciennes, ce *cinquième jour de mai mil sept cent quatre-vingt-huit*.

Nous membres de l'ordre de la noblesse de ladite assemblée provisoire reconnoissons qu'il est de notoriété publique que les personnes du dit ordre indiquées au présent tableau, sont dans le cas d'être convoquées aux états de cette province, conformément aux anciens usages et aux principes proposés par ladite assemblée, sans préjudice aux droits de ceux qui se trouveraient avoir été omis au présent tableau.

N° 11.

LISTE DES 25 GENTILSHOMMES DE LA PROVINCE D'ARTOIS

ENVOYÉS A BOULOGNE AU MOIS D'AVRIL 1814, POUR FÉLICITER SA MAJESTÉ LOUIS XVIII

MM. le comte de Brandt de Galametz.
le chevalier de Hauteclocque de Wail.
Le Mercier de Wailly.
le chevalier de Briois, de Neulette.
d'Auphin d'Hallinghem.
de Vadicourt (du Quesnoy).
le baron de Saisseval.
de Beaulaincourt, comte de Marles.
Adrien de Tramecourt.
le chevalier Albert de Tramecourt.
de Louvel de Nœux.
le marquis de Hamel, Bellenglise.
le chevalier Le Sergeant d'Hendecourt.
Le Caron de Canettemont.
le baron de Beauffort.
Donjon de Saint-Martin.
du Hays de La Plesse.
le chevalier de Foucaut.
Quarré de Chelers.
le chevalier de Beaulaincourt de Wawans.
le chevalier César de Hauteclocque.
le chevalier de Briois d'Hulluch.
Léopold de Hauteclocque.

N° 12.

LISTE DES GENTILSHOMMES ARTÉSIENS QUI, RÉUNIS EN ASSEMBLÉE GÉNÉRALE, A BÉTHUNE, AU MOIS DE JUIN 1814, ONT SIGNÉ UNE ADRESSE A S. M. LE ROI LOUIS XVIII.

ONT ÉTÉ DÉSIGNÉS POUR PRÉSENTER L'ADRESSE :

MM. le duc de Duras.
le comte de Maulde.
le marquis de Hamel-Bellenglise.
le baron de Coupigny de Fiefs.
du Hays de La Plesse.
le chevalier Deslyons de Mouchcaux.
de Bonnevallet.
le duc de Lévis.
le comte Adrien de Lannoy.
le baron de Blocquel de Wismes.
de Tramecourt, à Tramecourt.
de Hoston.
Damiens de Ranchicourt.
Faure de Gière.

ONT APPOSÉ LEURS SIGNATURES AU BAS DE LADITE ADRESSE :

MM. le duc de Lévis, pair de France, à Paris.
le duc de Duras, premier gentilhomme de la chambre du roi.
le commandeur de Bassecourt, officier général, au service de S. M. Louis XVIII.
le comte Adrien de Lannoy, d'Annequin.
le comte Charles de Lannoy.
le comte Adolphe de Lannoy.
le comte Henri de Lannoy.
le prince de Béthune-Hesdigneul.
le marquis Max de Béthune.
le marquis d'Estourmel.
le marquis Reynold d'Estourmel.

MM. le marquis de Nédonchel.
le baron de Nédonchel.
le comte Charles de Nédonchel.
de Tramecourt, de Tramecourt.
le chevalier Adrien de Tramecourt, à Hanescamps.
le chevalier Albert de Tramecourt.
le baron de Coupigny, à Fiefs.
le comte de Malet de Coupigny, d'Hénu.
le chevalier Raoul de Malet de Coupigny.
le chevalier de Coupigny de Verchocq.
le vicomte Ernest de Coupigny.
le chevalier de Coupigny de Lignereuil, à Beauffort.
le comte de Malet de Coupigny, à Bornhem.
le chevalier Auguste de Coupigny.
le chevalier Amédé de Coupigny de Verchocq.
le marquis de Dion de Wandone.
le baron de Dion de Ricquebourg.
le baron de Dion (à Arras).
le marquis de Bryas-Royon.
le comte de Bryas-Bryas.
le comte Louis de Sainte-Aldegonde.
le comte Charles de Sainte-Aldegonde.
le chevalier de Hauteclocque de Wail.
le chevalier César de Hauteclocque.
le chevalier Alphonse de Hauteclocque.
le chevalier Léopold de Hauteclocque.
le comte Ernest de Beauffort de Mondicourt.
le baron de Beauffort du Cauroy.
le marquis de Wavrin-Villers au Tertre.
le comte de Wavrin-Villers au Tertre, de Cambrin.
le comte de Maulde de la Buissière.
le comte de Beaulaincourt de Marles.
le vicomte de Marles de Sanghin.
le comte de Beaulaincourt de Vaudricourt.
le vicomte Charles de Beaulaincourt de Glomenghem.
le chevalier de Beaulaincourt.
le baron de Tournay d'Assignies.
le baron d'Ostrel de Flers.

MM. le baron de Wasservas d'Haplincourt.
le marquis de Cardevac d'Havrincourt.
le comte de Cardevac d'Havrincourt.
le comte de Brandt de Galametz.
le chevalier Théodore de Brandt.
le comte de Brandt de Maizières.
le marquis de Harchies.
le comte de France d'Hezecque de Mailly.
le baron de France de Maintenay.
le chevalier de Bassecourt.
le baron de Wavrin.
de Belvalet, marquis d'Humerœuil.
le comte Charles de Belvalet.
Hubert d'Humières.
Ernest Hubert d'Humières.
le comte de Partz de Pressy, d'Esquire.
le marquis de Louverval, de Villers-au-Flot.
le comte de Hoston.
le marquis de Bertoult, à Hauteclocque.
le baron de Bertoult d'Hulluch.
le chevalier de Briois d'Hulluch.
le chevalier de Briois d'Angres.
le chevalier Ed. de Briois.
le chevalier de Briois de la mairie de Neulette.
le chevalier de Briois.
le comte Lasteyrie du Saillant, à Boubers.
le comte Charles du Saillant.
le marquis de Trazégnies d'Ittre.
de Rischouff de Manin.
le marquis de Prud'homme de Verquigneul.
Auguste des Lyons.
le chevalier des Lyons.
des Lyons de Noircarmes.
le baron de Contes d'Esgranges.
le chevalier de Contes.
le chevalier de Genevières.
le marquis de Servins d'Héricourt.
le chevalier de Servins d'Héricourt.

MM. le marquis d'Armolis d'Avion.
le vicomte de Cunchy, à Bornhem.
le chevalier de Couronnel de Vélu.
de Gargan.
le comte de Marnix de Bornhem.
le marquis de Hamel-Bellenglise.
le comte Alexandre d'Estourmel.
le comte Payen de La Bucquière de Sautricourt.
de La Forge de Racquinghem.
le baron de Wismes du Maisnil-Mortinsart.
le vicomte de Wismes.
d'Oresmieux.
d'Oresmieux de Foucquières.
le Sergeant d'Hendecourt.
du Hays de La Plesse.
de Sandelin.
le comte Charles du Tertre.
le comte Emmanuel du Tertre.
le chevalier de Baynast de Sept-Fontaines.
le chevalier de Gomer de La Cressonière.
le chevalier Le Bailly d'Inghem.
d'Aiguirande de Choques.
de Chermont.
de Cochet de Corbeaumont, de Basnes.
Liot de Northecourt.
de Vicq.
le chevalier Valentin de Foucaut.
le chevalier Gorguette d'Argœuvres.
le baron de Saisseval.
le chevalier Boucquel de Sombrin.
le marquis Leduc de Lillers.
le comte de Foulers de Relinguc.
Louis de Foulers.
Benoit Le Sergeant d'Hendecourt.
Taffin de Tilques.
le chevalier de Sandelin.
le chevalier de Taffin de Tilques.
Taffin du Brœucq.

MM. Hector Taffin.
Taffin de Givenchy.
le chevalier Quarré de Chelers.
Quarré de Boiry.
Grenet de Florimond, de Verquin.
de Pan de Wisques.
de Fiennes de La Planche.
de Vadicourt du Quesnoy.
d'Auphin d'Hallinghem.
de Louvel de Nœux.
Alexandre de Valicourt de Becourt.
le Jay de Lozinghem.
Lefebvre de Gouy, à Wamin.
Charles Lefebvre de Gouy.
de Facíœu.
de Fussey.
le Roux du Chastelet, à Rœux.
Auguste Menche.
le Mercier de Wailly.
le Ricque.
le Ricque de Violaines.
le Ricque du Hantois.
le Sergeant de Monnecove.
le Sergeant de Bayenghem.
le Sergeant de Bayenghem.
de Lencquesaing d'Antigneul.
Charles de Lencquesaing.
Martial de Lencquesaing.
de Lencquesaing de La Prée.
d'Ambrines d'Esquerchin.
Donjon de Saint-Martin.
le François de Drionville.
Bruslé Baubert.
le chevalier Noizet de Saint-Paul.
de Lorne d'Allincourt, d'Allouagne.
Henry Menche.
Aronio de Fontenelle de Lestrem.
d'Amiens de Ranchicourt.

MM. Ph. d'Amiens.
L. des Lyons.
le Ricque de Rocourt.
Blin de Bailleul.
Blin de Warlemont de Barly.
le Vasseur de Mazinghem.
le chevalier le Vasseur de Bambèque.
le Vasseur de la Thieuloye.
de Baudot.
de Pelet de Noirsart.
le Roy de Buneville.
Louis le Roy de Buneville.
Werbier d'Antigneul.
Enlart de Guémy.
Gaillard de Blaireville.
Gaillard, fils.
Truffier.
Louis de Vaisière.
Lenoir, officier du génie.
Blondel d'Aubers de Wendin-le-Vieil.
de Bonnevallet.
Faure de Gière.
Ramsault de Fortonval.
le Prévost de Wailly.
de Locher.
Le Caron de Canettemont.
le chevalier de Rocquigny.
le chevalier le Clément de Saint-Marcq.
de Beugny d'Hageruc.
Louis de Beugny d'Hageruc.
de Houdetot.
le chevalier de Houdetot.
de Blin, ancien lieutenant-colonel.
de Blin, ancien capitaine au régiment d'Artois.
de Blin.
Testart de La Neuville.
Boucquel de Beauval.
Félix de Beauval.

MM. le baron d'Aix de Remy.
Arnouts de Bertoult.
Edmond de Bertoult.
le Sergent d'Acq.
le comte de Brandt de Maizières.
le chevalier de Bourgogne.
de Hamel.
Albert de Lencquesaing.

N° 13.

EXTRAIT ANALYTIQUE DU PREMIER DES REGISTRES ARMORIAUX DE L'ÉLECTION PROVINCIAL D'ARTOIS

DANS LESQUELS FURENT ENREGISTRÉS LES BLASONS DES NOBLES DE CETTE PROVINCE, CONFORMÉMENT A L'ÉDIT DU 14 NOVEMBRE 1616 ET EN EXÉCUTION DE L'ORDONNANCE DE MM. LES ÉLUS D'ARTOIS DU 28 MARS 1665.

(VOYEZ PLUS HAUT, PAGES 370, 372 ET 387.)

Ce registre qui se trouvait être le premier de la collection a seul échappé à la destruction en 1793. Il est déposé aux archives générales du Pas-de-Calais; c'est un in folio en parchemin avec blasons coloriés, contenant 24 feuillets. Il comprend les armoiries enregistrées à ce tribunal depuis l'an 1665 jusqu'en 1673.

Sur le premier feuillet, qui a été enlevé, il y avait d'après la table du registre, les armoiries du roi Louis XIV, régnant, celles du duc d'Elbeuf, gouverneur de la province, et celles d'André Scaron, président du Conseil d'Artois. Sur les 23 autres feuillets se trouvaient 45 blasons enregistrés dans l'ordre qui suit, un par page, sur les recto et verso, sauf le dernier verso resté en blanc.

ANNÉE 1665.

La Porte (Jean Jacques de), écuyer, seigneur de la Motte et de Vaux : d'or, à la bande d'azur (f° 2, recto).

La Motte (François Albert de), écuyer, seigneur du Tronquoy, écartelé, aux

1 et 4 d'argent, à la bordure dentelée de gueules; aux 2 et 3 d'or, à la hure de sable (f° 2, verso).

VIGNON (Charles), écuyer, sieur d'Ouvencourt : écartelé, aux 1 et 4 d'azur, au chevron d'or surmonté d'une fasce de même; aux 2 et 3 d'argent, à la bande d'azur, accostée de trois merlettes de sable (f° 3, recto).

BOUDART (Ignace), écuyer, sieur de Warlincourt : d'azur, au croissant d'or, accompagné de trois coquilles d'argent (f° 3 verso).

BASSÉE (François), écuyer, seigneur d'Esquire : d'azur, au chevron d'or, accompagné en chef de deux croissants et en pointe d'une étoile à 6 rais, le tout d'or (f° 4, recto).

OUDART DE LA BUISSIÈRE (Joseph), écuyer, seigneur de Lugy : d'azur, à trois besants d'or (f° 4 verso).

DENIS (Philippe), écuyer, seigneur de Sapigny : d'argent, au chevron de gueules, accompagné en chef de deux losanges de sinople et en pointe d'une grenade, tigée et feuillée de même (f° 5, recto).

DAMIENS (François), écuyer, seigneur de Warenghien : écartelé, aux 1 et 4 d'azur, au chevron d'or, accompagné de trois cols de cygne d'argent; aux 2 et 3 d'azur, à la croix de vair (f° 5, verso).

OSTREL (Jacques d'), chevalier, baron de Flers : d'azur, à trois dragons d'or (f° 6, recto).

PARTZ (Jean François de), écuyer, seigneur d'Herlin : d'argent, au léopard de sinople, lampassé de gueules (f° 6, verso).

ANNÉE 1666.

MONCHEAUX (Charles de), chevalier, seigneur de Franquevillers : de sinople, fretté d'or.

MULLET (Jacques Louis de), seigneur de la Lacque; écartelé, aux 1 et 4 de sinople, au chevron d'or, accompagné de trois têtes et cols de mulet d'argent; aux 2 et 3 d'argent, à l'aigle éployée de sinople.

LE PETIT (Robert) seigneur de Villers-Sire-Simon : coupé au 1er d'azur, au chevron renversé d'or, mouvant du chef de l'écu ; au 2e d'argent, à deux chevrons d'azur se joignant par les pointes.

VENANT (Dominique Louis de), sieur de Saternaut : d'or, à la bande componée d'hermine et de gueules.

OOSTERLINCK (Adrien de), écuyer, sieur de Blangermont : d'azur, à la fasce d'or, accompagné de trois molettes d'éperon d'or.

ROCOURT (Jacques Philippe de), écuyer, seigneur de la Libaude ; d'or, à 29 billettes de gueules, posées 7, 7, 7, 7 et 1.

CUINGHEM (Gérard-Jean de), écuyer, seigneur de Saint-Laurent : d'argent, à quatre chevrons de gueules.

SECOND (Jean-Louis), écuyer, seigneur du Hamel : de gueules, à trois croix ancrées d'argent.

LE CLÉMENT (Philippe), écuyer, seigneur de Saint-Marcq : de gueules, à trois trèfles d'or ; au chef d'argent, chargé de trois merlettes de sable.

MAILLET (Thomas Robert), écuyer, seigneur d'Houvigneul : d'or, à trois maillets d'azur.

MOTTES (Maximilien des), écuyer, seigneur de Grossart[1]; d'azur, au chevron d'or, chargé de trois roses de gueules.

LE JOSNE (Louis-Georges), écuyer, seigneur de Grand-Maretz : d'azur, au créquier d'argent.

MOL (Philippe de), écuyer, seigneur de Gricourt : d'azur, au chevron d'or, accompagné de trois têtes de bouc d'argent.

GOSSON (François), écuyer, seigneur du Petit-Pré : écartelé, aux 1 et 4 de gueules, fretté d'or; aux 2 et 3 d'argent, à trois fasces de gueules, au bâton de sable brochant et mis en barre.

COURCOL (Jean) : de gueules, à l'émanche d'argent, mouvant du flanc senestre de l'écu ; au franc-canton d'or, chargé de trois fasces d'azur.

LE PREVOST (Jean François), écuyer, seigneur de Warsin : de sinople, à un épervier d'or empiétant et becquetant une alouette d'argent ; au chef cousu de gueules, chargé d'un croissant d'or.

HAUTECLOCQUE (Philippe-François de), écuyer, seigneur des Quatre-Vaulx, de Waille : d'argent, à la croix de gueules, chargée de cinq coquilles d'or.

ANNÉE 1667.

WIDEBIEN (Philippe de), écuyer, seigneur d'Ignaucourt : de sable, à la bande d'argent, chargée de trois têtes de lion de gueules.

LE PIPPRE (François), écuyer, seigneur de Bonmarchez : de gueules, à la croix de vair.

VANDOLZE (Charles de), écuyer, seigneur de la Wastine : d'or, semé de fleurs de lys d'azur ; au lion de gueules.

GARGAN (François de), écuyer, seigneur de Pomperi; écartelé, aux 1 et 4 échiqueté d'or et de gueules, au filet de sinople mis en bande ; aux 2 et 3 de gueules, au chef échiqueté d'argent et d'azur de deux tires.

CORNAILLE (Louis), écuyer, seigneur d'Oppy : d'argent, à la fleur de lys au

[1] La requête seule figure dans le registre. Il n'y a pas eu sans doute d'ordonnance d'enregistrement.

pied coupé de gueules, accompagnée de 9 molettes de sinople, posées 3, 2, 3 et 1.

Duval (Jean Albert), écuyer, seigneur de Berles : d'argent, au lion de sable, armé et lampassé de gueules, à la bordure dentelée de gueules.

La Myre (Gabriel de), écuyer, seigneur de la Molle : d'azur, à trois aigles éployées d'or.

Chivot (Antoine), écuyer, seigneur de Lobbe : d'argent, à la fasce de gueules, accompagnée de trois lions de sinople et chargée d'un écusson : d'or, à trois cors de chasse de sable.

ANNÉE 1668.

Morans (Mathieu), seigneur de Nouvion : d'or, à trois merlettes de sable.

ANNÉE 1669.

Velard (Lamoral de), seigneur de Zantford : d'or, à la fasce d'argent, accompagnée de trois hures de sanglier de sable.

Gargan (Hector de), écuyer, seigneur de Rollepot ; écartelé, aux 1 et 4 échiqueté d'or et de gueules, au filet de sinople mis en bande ; aux 2 et 3 de gueules, au chef échiqueté d'argent et d'azur de deux tires ; sur le tout : d'argent, à deux bandes d'azur (*alias* de gueules).

Disquenne (Philippe de), écuyer, seigneur de Baduy : fascé d'or et d'azur, au franc canton de gueules, chargé d'un lion d'argent.

ANNÉE 1670.

Boudart (Joseph), écuyer, seigneur de Couturelle : d'azur, au croissant d'or, accompagné de trois coquilles d'argent.

ANNÉE 1671.

Fay (Charles de), écuyer, seigneur de la Latherie, originaire de Picardie et demeurant à Soissons : d'argent, semé de fleurs de lys de gueules, au lambel à trois pendants de même.

ANNÉE 1672.

Payen (Adrien), écuyer, seigneur d'Hautecote : d'or, à l'aigle de sinople au franc canton de gueules, chargé de trois bandes de vair.

Du Puich (Jacques), écuyer, seigneur de Langres ; de sinople, à la fasce d'argent, chargée en chef d'un croissant du même.

ANNÉE 1673.

Le Petit (Albert), écuyer, seigneur de Villers-Sire-Simon : coupé, au 1er d'azur, chargé d'un chevron renversé d'argent mouvant du chef de l'écu ; au 2e d'argent, chargé d'un chevron de gueules ; les deux chevrons, se tenant par le sommet.

Voici dans quels termes les requêtes et ordonnances d'enregistrement d'armoiries étaient conçues :

« Supplie humblement N..... qu'il plaise à la cour vouloir faire enregistrer les armoiries cijointes conformément à l'édit publié en ceste election.

A côté est écrit : « Soit montré au procureur du roy pour y dire du (ici est la date). »

Plus bas : « Ledit procureur ayant veu ceste requeste et les armoiries du sieur remontrant, en la forme qu'elles sont dépeintes cy jointes, desclare qu'il ne scait cause pour empescher l'enregistrement d'icelles et qu'il consent en son esgard estre faitte ès registres de ceste election pour y avoir recours aux occasions. »

(Suivent la date et la signature du procureur du roi.)

« Le tout veu avec le consentement du procureur du roy, la cour ordonne que les armoiries dont est question seront registrées ès registres de ceste election. »

(Suivent la date et la signature.)

Plus bas sont peintes les armoiries, avec supports, cimier et lambrequins.

Les noms, prénoms et qualités de l'impétrant, et ceux de son père et de sa mère sont écrits au-dessous de l'écu.

TABLETTES GÉNÉALOGIQUES

DE LA

NOBLESSE

D'ARTOIS, DE FLANDRE, DE HAINAUT ET DU CAMBRÉSIS

Ablain. — Le château d'Ablain, situé entre Arras et Douai, fut le berceau de cette famille, éteinte au seizième siècle. Thierry et Siger d'Ablain, frères, sont cités dans une charte de l'abbaye du Mont Saint Éloy, en 1109. Leur descendance s'est alliée aux Bonnebrouque, Bourlon, Bruille, Canteleu, Landas, etc. Armes : *d'argent, à trois lions de sinople*. Une branche puînée y ajoutait ; *une bordure engreslée de gueules*.

Adornes. — Maison originaire de la république de Gènes, d'où une branche, transplantée en Flandre au quatorzième siècle, a donné Anselme Adornes, forestier de l'Ours-Blanc de Bruges, en 1440, envoyé par le duc de Bourgogne en Écosse, où il acquit la confiance de Jacques II, qui le créa chevalier. Elle s'est alliée aux Hallwin, Haynin, Lichtervelde, Thiennes, Wignacourt. Elle existait encore en 1696, et fit enregistrer ses armes : *d'or, à la bande échiquetée d'argent et de sable*.

Aix. — Cette famille, éteinte de nos jours, a obtenu une sentence de noblesse en 1582. Elle a possédé les seigneuries de Tilloy, de Rœux, de Remy, de Mametz, de Matringhem, etc., et elle s'est alliée aux familles de Barrois, le Clercq, Deleval, Delebarre, Fromentin, Grenet de Marquette de Blérancourt, le Josne Contay, Guillebon, Prevost de Wailly, etc. Lamoral-François-Eugène, baron d'Aix, seigneur de Remy, admis aux états d'Artois en 1756, devint maïeur d'Arras et député des États de la province. Il obtint régulièrement le titre héréditaire de baron par lettres du roi Louis XVI, de juillet 1784. Un de ses derniers rejetons épousa la fille de Jérôme Grenet de Marquette, dit marquis de Blérancourt, dont il eut la marquise de le Josne-Contay et Mme Albert de Guillebon. Armes : *d'argent, à trois merlettes de gueules*. On blasonne, quelquefois par erreur, les merlettes de *sable*, ce qui confondrait les armes d'Aix avec celles des Flahault.

Alegambe. — Cette famille, connue depuis Jacques Alegambe, conseiller du roi au bailliage de Tournai en 1456, possédait les seigneuries du Hamel, de Vertbois, d'Autreulle, de Templeuve, etc., et a formé trois branches, dont l'aînée acquit la baronnie d'Auweghem en

1682, et reçut le titre de comte en 1710. Louis Alegambe, bailli et châtelain de Lille et de Phalempin, avait été créé chevalier en 1600. ARMES: *de gueules, à trois croix alaisées d'argent; chargé en cœur d'un écu : d'or, à l'aigle éployée de sable,* qui est de l'EMPIRE. (Concession de 1628 et 1751.)

ALENNES. — Famille ancienne qui tire son nom d'un village de la châtellenie de Lille. Le Carpentier cite Henri d'Alennes, bienfaiteur de l'abbaye de Saint-André en 1096; et, s'appuyant sur une analogie des armes, il dit que cette famille avait peut-être une origine commune avec les Lalaing, Haudion, etc. Elle s'est alliée aux Lens, la Tramerie, etc., et paraît éteinte depuis un siècle. ARMES : *d'or, à dix losanges de gueules, posées* 3, 3, 3 *et* 1.

ANNEQUIN. — La maison éteinte des sires d'Annequin, était une branche cadette de celle de Lens, dont elle portait les armes avec une cotice pour brisure. Elle avait pris son nom d'une pairie du comté de Béthune et avait produit entre autres rejetons : Baudouin d'Annequin, qui servait au siége d'Oisy en 1254 et un autre Baudouin qui fut grand-maître des arbalétriers de France et périt à la bataille de Cocherel en 1364. ARMES : *écartelé d'or et de sable, à une cotice engreslée de gueules.*

ANNEUX. — La seigneurie de ce nom est située à une lieue de Cambrai. Jean d'Anneux, baron de Crèvecœur, avait le gouvernement d'Avesnes en 1629, et fut remplacé dans ses fonctions par Philippe d'Anneux, marquis de Wargny, son fils. Sa famille a produit aussi un grand bailli du Hainaut et un grand prévôt de Cambrai. Elle est aujourd'hui éteinte, et s'est alliée à celles d'Aspiers, Glimes, Montigny, Villers-au-Tertre, etc. ARMES : *d'or, à trois croissants de gueules.*

ANTHIN. — Cette famille a été admise aux États d'Artois, en 1747, à cause de sa seigneurie de Fontaines. ARMES : *d'azur, au chevron d'or, accompagné de trois croissants d'argent.*

AOUST. — Originaire d'Abbeville, cette maison, habituée en Artois depuis plusieurs siècles, remonte à Jacques d'Aoust, auquel le roi Charles VII a donné des lettres de noblesse en février 1454. Elle a possédé les marquisats de Sin et de Jumelles, les baronnies de Remy et de Cuincy, et elle a produit des sénéchaux du Ponthieu, des baillis d'Abbeville, un gouverneur de Douai, un lieutenant général, plusieurs chevaliers de Malte, des chanoinesses de Nivelle, de Maubeuge et de Liége. Son représentant en 1789, le marquis d'Aoust a siégé à la Convention. Cette famille a contracté des alliances avec celles de Bacquehem, Belvalet, Divion, Gantès, La Torre, La Croix de Sayve, le Josne de Contay, Trazegnies, Villers-au-Tertre, etc. ARMES : *de sable, à trois gerbes d'or, liées du même* (alias *de gueules*).

ARGENTEAU. — Maison originaire du duché de Limbourg, habituée en Flandre, où elle a contracté de grandes alliances. Une de ses branches, aujourd'hui éteinte, hérita des biens des comtes de Dongelberghe. Une autre, encore existante, a pris le nom de Mercy-Argenteau et le titre de comte, en vertu de l'adoption de son chef par le dernier descendant mâle de la maison de Mercy de Lorraine en 1727. Alliance avec les Dongelberghe, Hamal, Jauche, Mercy, Mérode, Paar, Trazegnies, etc. ARMES : *d'azur, à la croix d'or, chargée de cinq coquilles de gueules, cantonnée de vingt croisettes recroisettées au pied fiché.*

ARMOLIS. — La famille d'Armolis vint s'établir en Artois au commencement du siècle dernier et s'y allia en 1712 avec celle d'Enlart, dont elle recueillit la seigneurie d'Avion. Elle se disait originaire du Languedoc; mais les titres qu'elle produisit pour son admission aux États d'Artois ont été vivement critiqués (Nobiliaire d'Artois; arch. de Lainé, tome IX, p. 2). Antoine Guillaume d'Armolis, ancien officier aux gardes françaises, fut créé marquis par le roi Louis XV, en juillet 1771. ARMES : *de gueules, à un lion et un taureau d'or, combattants; au soleil du même, mouvant du milieu du chef.*

ARONIO DE ROMBLAI. — Famille originaire d'Italie, et noble en Flandre depuis Jean-Baptiste Aronio, seigneur des Escalus, nommé trésorier de France au bureau des finances de Lille, le 6 février 1692. Elle se continue à Lille en la personne de Jérôme-Marie-Théodore-Joseph

Aronio de Romblai, écuyer, marié à Mathilde-Marie de Lefonteyne de Villers, dont il a des enfants. Alliances : Fourmestraulx, Hespel, Van Zeller, Cardon de Montreuil, Hamel de Bellenglise, Godefroy, du Soulier, Jouenne d'Esgrigny, etc. Armes : *de sinople, au lion d'argent, armé et couronné d'or, lampassé de gueules, et à la bande, partie d'argent et de gueules, brochant sur le tout.*

Artois. — La famille d'Artois, seigneurs de Doulieu, du Val-Valon, d'Avondante, etc., semblerait par ses armoiries prétendre à une parenté naturelle avec les comtes d'Artois. Mais il est plus vraisemblable qu'elle adopta en même temps un nom et un blason qui rappelaient sa province. On trouve les traces de familles de ce nom en Picardie, notamment à Noyon. Jean d'Artois, fils de Philippe d'Artois du pays de Fismes, fut anobli pour services militaires le 21 décembre 1351. Les seigneurs de Doulieu se sont alliés aux maisons de Flahault, Pelet, Regnier, Saint-Genois, Urre, etc. Armes : *semé de France, à l'écusson de gueules, chargé d'une bande d'or.*

Assignies. — Un château, situé près d'Aire, a été le berceau de la famille de ce nom, dont la Chesnaye Desbois donne la filiation depuis Martin d'Assignies, vivant au treizième siècle. Jean d'Assignies commandait cinq cents lances pour le service de Philippe le Bon, duc de Bourgogne. Léon d'Assignies, prévôt de Valenciennes, était à la tête de quinze cents lances, pour celui de l'empereur Maximilien. Charles-Quint donna des lettres de chevalerie à Antoine d'Assignies, avoué héréditaire de Thérouenne et mestre de camp de cavalerie (*Annuaire de la noblesse*, 1856, p. 175). Cette maison, aujourd'hui éteinte, a donné des chevaliers de Malte, un commandeur de Saint-Lazare et des chanoinesses aux chapitres de Denain et de Bourbourg; elle s'est divisée en deux branches, dont l'aînée, celle des barons d'Assignies et de Bailleul avait été admise aux états d'Artois en 1747. La cadette, celle des seigneurs d'Allouagne, créés marquis de Wendy en 1676, forma un rameau qui joignit à son nom celui de Tournay, lorsque Philippe de Tournay, comte d'Oisy, institua pour héritier Julien d'Assignies, son cousin, en le substituant à ses nom, titres et armes : *d'or, à trois lions naissants de gueules, armés et lampassés d'argent.* La maison d'Assignies a contracté ses alliances avec celles de Barbançon, Beauffremetz, Berghes-Saint-Winock, Bernimicourt, du Chastel, Lannoy, Nédonchel, Renty, Saint-Gervais, Taffin, Tournay, Tramecourt, la Wacquerie, etc. Armes : *fascé de gueules et de vair de six pièces.*

Aubermont ou Aubremont. — Famille éteinte à laquelle appartenaient : Charles d'Aubermont, grand bailli de Tenremonde, créé chevalier en 1596 par le roi Philippe II ; Gaspard-Antoine d'Aubermont, seigneur de Ribeaucourt, gouverneur de Tenremonde, décédé en 1657; Charles-Ignace d'Aubermont, créé baron de Ribeaucourt par le roi Philippe IV. Alliances avec les maisons de Beer, Berghes Saint-Winock, Gomez de Espinosa, Pimentel de Prado, etc. Armes : *de sable, à la fleur de lis d'argent, rayonnée de deux filets fleuronnés, pliés et adossés d'or.*

Audenfort. — La terre d'Audenfort est mentionnée dès l'an 1127 dans un acte du cartulaire de Saint Bertin. Elle a été le berceau d'une famille, qui compte parmi ses rejetons : David d'Audenfort, gentilhomme de l'empereur Charles-Quint; François d'Audenfort, son petit-fils, gentilhomme ordinaire du duc Mathias; Lamoral d'Audenfort, créé chevalier par lettres de 1623. La maison d'Audenfort a fourni, au moyen âge, plusieurs maieurs de la ville de Saint-Omer. Elle a possédé les seigneuries de Neufchâtel, de la Poterie, de Scadembourg, et elle s'est alliée aux familles du Biez, de Clarques, de Gosson, de Lannoy, de Lattre, de le Merchier, de Siroy, de Vriendt, etc. Armes : *écartelé, aux 1er et 4 d'argent, à trois molettes d'éperon de sable; aux 2 et 3 d'hermine, à trois tours de gueules.*

Aumale. — Cette maison fort ancienne, habituée en Artois, était originaire de Picardie et connue depuis Jean d'Aumale, seigneur de Herseline, vivant en 1339. Elle a été maintenue par les intendants de Picardie en 1666 et 1699. Guillaume d'Aumale était porte-enseigne du roi Louis XII; Charles d'Aumale, gouverneur du dauphin François et de Charles d'Orléans, son frère, suivit ces princes à Madrid, lorsqu'ils furent donnés en otage pour la délivrance du roi François Ier. Autre Charles d'Aumale, seigneur de Mareuil et de Lieven, lieutenant général des armées du roi et commandeur de Saint-Louis, fut père de Charles-François d'Aumale, colonel d'artillerie en 1756. Dans les actes, les rejetons de la maison d'Aumale ont porté les qualifications de vicomte de Notre-Dame, seigneurs de Bayencourt, de Bugny, d'Epagny, de Herseline, d'Ivrencheux, de Liévin, de Mareuil, du Quesnoy, etc. Ils se sont alliés aux familles de Bayencourt, Blocquel de Wismes, Courcelles, Gadimetz, Hangest, Harzillemont, Pas de Feuquières, Polastron, Schomberg, Soissons-Moreuil, Villers, etc. Armes: *d'argent, à la bande de gueules, chargée de trois besants d'or.*

Auxy. — La terre d'Auchy ou d'Auxy le Château, près Hesdin, qui passa, vers l'an 1500, à la maison de Bruges la Gruthuse, avait donné son nom à l'ancienne race des barons d'Auxy, dont trois rejetons périrent à Azincourt. Jean d'Auxy, chevalier de la Toison d'Or, fut grand maître des arbalétriers de France sous Louis XI. Avec lui s'éteignit la descendance directe des bers d'Auxy, dont La Chenaye Desbois donne la filiation depuis Hugues, sire et baron d'Auxy, vivant en 1150 et dont les alliances avaient été contractées avec les maisons d'Aubigny, de Chaumont-Quitry, de Craon, d'Estouteville, de Melun, de Rambures, de la Trémoille, etc. (Voyez l'*Annuaire de la noblesse*, 1864, p. 126.) La famille de Monceaux en a relevé le nom et les armes. Jean de Monceaux, maître d'hôtel du roi Louis XI, épousa en 1478, Jeanne de Villiers de l'Isle-Adam. François de Monceau fit ériger en marquisat la terre d'Auxy en 1687; mais il ne laissa pas de postérité. Armes: *échiqueté d'or et de gueules.* (Voyez pl. Ire.)

Averdoing. — La terre qui a donné son nom à cette famille, éteinte depuis plusieurs siècles, est située à deux lieues de Saint-Pol. Armes: *d'argent, au lion de sinople.*

Averhoult. — Cette ancienne famille, que des nobiliaires disent éteinte, avait pris son nom d'une terre sise en Artois et avait fourni plusieurs maieurs de Saint-Omer, au moyen âge. Alain (*Alias* Guillaume) d'Averhoult, périt à la bataille d'Azincourt. La descendance directe, que La Chenaye Desbois fait remonter jusqu'au douzième siècle et dont il donne la filiation, s'éteignit en 1682 avec Antoine d'Averhoult, seigneur d'Helfaut, vicomte de Saint-Donat, gouverneur du Quesnoy. Mais ce travail signale trois branches, comme existantes en Hollande, en Normandie et en Champagne. La maison d'Averhoult a possédé les fiefs de Sommery, Chéry, etc., Guyencourt en Picardie, de Tourteron et de Brienne en Champagne; elle s'est alliée avec celles de Berghes-Saint-Winock, du Biez, de Croy, de Joyeuse, de Lens, de Mailly, de Renty, de Saint-Simon, etc. Armes: *d'or, à trois fasces de sable; au canton d'hermine.*

Azincourt. — Cette maison, connue en Artois dès le treizième siècle, eut deux de ses rejetons tués à la bataille d'Azincourt, qui reçut son nom de leur château voisin de Fruges et de Vieil Hesdin. L'un était Isambert d'Azincourt, qui pénétra dans la tente du roi d'Angleterre pendant la mêlée, et emporta l'épée de ce monarque; l'autre, Renaud d'Azincourt, avait épousé Perronnelle *Malet de Graville*, parente de l'amiral. La race de ces gentilshommes, seigneurs d'Azincourt, du Rutel, d'Hardicourt et de Fontenay, après s'être alliée à celles de Châtillon, de Pastour, de Wargnies, etc., est tombée en quenouille et fondue dans celle de Berghes par le mariage de Claire d'Azincourt avec Jean de Berghes. Françoise-Catherine d'Azincourt avait été reçue à Saint-Cyr au mois de mars 1693. — Armes: *d'argent, à l'aigle éployée de sable* (alias: de *gueules*), *membrée d'azur.*

Bacquehem. — Cette maison, que Jean le Carpentier dit être une branche de l'ancienne maison de Neufville, paraît issue d'Arnould de Bacquehem, bienfaiteur de l'abbaye de Saint-Aubert de Cambrai. Froissard mentionne un autre Arnould, qui prit parti pour Édouard III, roi d'Angleterre, lorsqu'il ravagea la Picardie, en 1339. Leur descendance possédait, au siècle dernier, le marquisat de Bacquehem et les seigneuries du Liez, de Drouvin, etc. Elle s'est alliée aux maisons d'Anneux, Aoust, Beauffremetz, Béthencourt, Bournonville, Cunchy, Inchy,

Haynecourt, Lannoy, Thieffries, etc. Elle a produit des maréchaux de camp et des officiers distingués. — Armes : *d'or, fretté de gueules; au canton de sinople et à la fasce d'argent, chargée de trois merlettes de sable.*

Baillescourt. — La terre de ce nom, située à trois lieues de Bapaume, a été le berceau d'une ancienne famille éteinte depuis plusieurs siècles, et qui avait pour armes : *parti émanché d'argent et de gueules.*

Bailleu d'Avrincourt. — Augustin-Martin-Joseph Bailleu, seigneur d'Avrincourt, né en 1753 à Valenciennes, fut nommé trésorier de France en 1783, et exerçait encore à Lille en 1790. Il avait épousé Bernardine-Alexandrine-Rosalie le Gillon de Montjoie. Son fils, Cyrille-Emmanuel-Joseph Bailleu d'Avrincourt, né en 1786, capitaine de cavalerie, marié, en 1822, à Henriette-Sophie-Victoire de Hamel de Bellenglise, et décédé, le 9 octobre 1852, à Lille, a laissé deux fils et une fille, Agathe-Albertine Bailleu d'Avrincourt, mariée, le 10 juin 1851, à Ludovic-Auguste-Marie de Maulde de la Tourelle, petit-fils par sa mère d'Eugène-Alexandre-Nicolas Deforest de Quartdeville, pair de France et premier président de la cour royale de Douai, mort en 1839. — Armes : *de sinople, au chevron d'or, accompagné de trois besants du même.*

Bailleul. — Il y avait cinq terres de ce nom en Artois; l'une d'elles était une pairie du comté de Saint-Pol, et le berceau d'une famille qui possédait, en outre, les seigneuries de Lesdain de Gauchin et de Saint-Martin, et qui porta les titres de barons et de comtes de Bailleul. Cette maison tomba en quenouille et se fondit par alliance, vers 1550, dans celle de Montmorency. Armes : *d'argent, à la bande de gueules.* Une autre maison de Bailleul, dont sont sortis les seigneurs du Tronquoy, de Steinkerque et de Doulieu, était issue de Josse de Bailleul, chambellan de l'empereur Maximilien, et frère de Jean de Bailleul, grand queux du duc de Bourgogne, que les Gantois révoltés firent périr, en 1476, avec le chancelier Hugonet et le seigneur d'Imbercourt. Elle a donné plusieurs maréchaux de Flandre. On ne peut parler que comme d'une prétention, de la communauté d'origine des diverses familles de ce nom avec Jean de Bailleul, ou plutôt Baliol, roi d'Écosse. Armes : *de gueules, au sautoir de vair.*

Balthazar. — Famille originaire de Dunkerque, alliée aux Gouy d'Ansereul, Malpaix, Thomassin, Schodt, Vernimmen, etc. Elle a donné un conseiller pensionnaire de Dunkerque et un substitut du procureur général au parlement de Flandre. Armes : *d'azur, à la fasce d'argent, accompagnée de trois annelets du même.*

Baralle. — La terre de Baralle, située en Artois vers la frontière du Cambrésis, paraît avoir donné son nom à une famille, qui cependant a toujours été habituée en Flandre, et qui s'y est perpétuée jusqu'au dix-huitième siècle. Ladislas de Baralle, procureur général au parlement de Tournay, fit enregistrer ses armes en 1697 (*Armorial de Flandre*, page 18). Il n'y a aucune parenté entre cette famille et celle des Barral du Dauphiné, quoique son nom se soit souvent orthographié comme le leur. Armes : *d'or, à la fasce d'azur, chargée de trois quintefeuilles d'or.*

Barbaise. — Jean de Barbaise était échevin de Cambrai en 1350, et Robert de Barbaise, grand prévôt de Tournay en 1626. Cette famille paraît éteinte; elle était alliée aux Blocquel, aux le Poyvre, etc. Armes : *d'or, à la croix de sable, chargée de cinq besants d'argent.*

Barbançon. — L'illustre race des barons de Barbançon s'éteignit au seizième siècle par la mort de Louis de Barbançon, dont la sœur épousa Antoine du Prat, petit-fils du chancelier du Prat. La postérité issue de ce mariage prit comme substitué le nom des Barbançons et leurs armes pour écartelures. Une seconde maison de Barbançon fut formée par Robert de Ligne, rejeton puîné des princes de Ligne, né en 1564. La terre de Barbançon fut érigée en principauté par lettres patentes de 1614 en faveur d'Albert de Ligne, baron de Barbançon, chevalier de la Toison d'or, dont le fils Octave-Ignace, duc et prince de Barbançon périt à la bataille de Nerwinde. Armes : *d'argent, à trois lions de gueules, armés et couronnés d'or.*

Bart. — Cette famille, anoblie dans la personne du célèbre Jean Bart, fils d'un pêcheur de Dunkerque et chef d'escadre, mort en 1702, s'est éteinte il y a peu d'années. Eugène Sue, dans son *Histoire de la Marine*, t. IV, p. 267, confond le verbe *porte*, pris dans le sens héraldique, avec le substantif, et dit qu'il y avait une *porte* dans l'écu de Jean Bart. Armes : *d'argent, à la fasce d'azur, chargée d'une fleur de lis d'or, accompagnée en chef de deux ancres en sautoir, et en pointe d'un lion de gueules.*

Bassecourt. — Cette famille, encore existante, a pour auteur Pierre de Bassecourt, qui reçut avec son frère Charles des lettres de noblesse de Philippe II, roi d'Espagne, en novembre 1581, et qui commandait 200 chevau-légers, sous le comte de Villerval, au siége et à la prise de Saint-Pol. La terre de Grigny fut érigée pour elle en marquisat, le 27 juillet 1690. On compte aussi parmi ses rejetons plusieurs officiers supérieurs au service d'Espagne et un commandeur d'Alcantara. Elle s'est alliée avec les maisons de Belvalet, Bulot, du Chatelet, Contes, du Riez, Fléchin, d'Hauteclocque, Le Clerc de Bussy, du Pire d'Hinges, Thieulaine, Salperwick, Servins, etc. Armes : *d'azur, à la bande d'argent, chargée de trois sautoirs écotés et alaisés de gueules.*

Basta. — Jean Basta, rejeton des princes du Péloponèse, avait pour mère une petite-nièce de Georges Castriot, dit Scanderberg. Il s'attacha à la fortune de Charles-Quint, et son petit-fils rendit de grands services à l'empereur Rodolphe II, qui lui conféra le titre de comte d'Hust et du Saint-Empire, transmissible à ses descendants des deux sexes; clause qui, interprétée dans son sens le plus large, a beaucoup multiplié les familles en possession de ce titre. (Voyez l'*Annuaire de la noblesse* de 1854, p. 301.) Nicolas-Ferdinand de Basta, dernier rejeton mâle de son nom, a fait enregistrer ses armes en 1697 : *écartelé, aux 1 et 4 de gueules, au cavalier vêtu d'azur, sur un cheval d'argent et tenant une épée haute du même; aux 2 et 3 d'argent, à une barre hérissée de flammes de gueules*, qui est de Basta; sur le tout : *d'or, à l'aigle éployée de sable*, qui est de l'Empire.

Baynast. — Cette maison, admise aux États d'Artois pour sa terre de Villers-Plouich, appartenait à la Picardie, et sa notice sera donnée dans le Nobiliaire de cette province. Armes : *d'or, au chevron abaissé de gueules, surmonté de trois fasces du même.*

Beauffort. — Cette maison, l'une des plus illustres d'Artois, a pris son nom de l'ancienne baronnie de Beauffort, située près d'Avesnes-le-Comte. Waroquier et plusieurs généalogistes de France et des Pays-Bas s'accordent à dire qu'elle est issue des anciens vicomtes de Thouars. Jean et Baudouin de Beauffort, dont le nom et les armes sont au Musée de Versailles, accompagnèrent le comte d'Artois à la première croisade de saint Louis, et Baudouin fut tué à la Massoure. Geoffroy de Beauffort mourut au siége de Tunis, et Jacques périt sous les murs de Nicopolis, en 1396. La souche des sires de Beauffort se divisa en plusieurs branches, dont l'aînée se fondit, en 1582, dans la maison de Croy. Elles ont donné des gouverneurs d'Arras, de Bapaume, de Béthune, de Renty, etc.; des chevaliers du Temple, de Rhodes, de Malte et de la Toison d'or; des capitaines des gardes de l'empereur Charles de Luxembourg et de Philippe IV, roi d'Espagne; un capitaine des arbalétriers du comte de Flandre; des chambellans des ducs de Bourgogne, des rois de France et de l'empereur Charles-Quint. Alliances : Châteaubriand, Croy, Halluin, Ghistelles, Lannoy, Mérode, Montmorency, Renty, Saveuse, Wignacourt, etc. (Pour l'état actuel, voyez l'*Annuaire de la noblesse* de 1863, page 190.) Armes : *d'azur, à trois jumelles d'or.*

Beauffremetz. — Des nobiliaires disent que cette maison est issue des anciens seigneurs de Wavrin, dont un cadet aurait pris le nom de la terre de Beauffremetz dans la châtellenie de Lille. Elle possédait depuis 1650 la baronnie d'Esnes, terre-pairie du Cambrésis, et avait reçu le titre de marquis en 1723. Elle a fourni des officiers de distinction, et plusieurs de ses rejetons sont entrés dans les chapitres nobles des Pays-Bas. Elle s'est alliée aux familles de Bercus, de Béthune, de Croix de Heuchin. Armes : *d'azur, à l'écusson d'argent, accompagné de trois merlettes d'or, rangées en chef.*

Beaulaincourt. — Cette maison, qui eut pour berceau la terre de son nom située près de Bapaume, obtint l'érection de la terre de Marles en comté. Antoine de Beaulaincourt, roi d'armes de la Toison d'or, a mis en relief la noblesse de sa famille. La souche s'est divisée en plusieurs branches et compte encore des représentants. Elle s'est alliée aux Hamel de Bellenglise, aux Nédonchel, aux Tramecourt, etc. Armes : *d'azur à deux léopards d'or, adossés et accroupis, leurs queues passées en double sautoir.*

Beaumetz. — Les seigneurs de Beaumetz, châtelains de Bapaume, sont issus de Hugues de Beaumetz, qui épousa, selon Lambert d'Ardres, Béatrix de Guines, fille d'Arnould de Gand, comte de Guines, vers l'an 1170. Villardouin cite, à la chevauchée d'Andrinople, Hugues de Beaumez, comme ayant pris part à la cinquième croisade. Son nom et ses armes sont au musée de Versailles. Leur race est depuis longtemps éteinte, elle s'était alliée aux maisons de Coucy, de Bailleul, de Marigny, etc., et avait donné un maréchal du Cambrésis, Baudouin de Beaumetz, en 1050. Il y a deux autres terres de Beaumetz en Artois, l'une près de Fruges, l'autre à deux lieues d'Arras. Armes : *de gueules, à la croix engreslée d'or.*

Becquet. — Une famille de ce nom avait donné deux greffiers de la ville de Douai, et plusieurs de ses rejetons avaient fait enregistrer en 1697 leurs armes : *d'azur, à 3 tours maçonnées de sables, le premier créneau rompu.*

Becquet (Louis-Alexandre), né à Arras, était frère de Charles Guislain Becquet, conseiller au conseil provincial d'Artois, dont la fille épousa le chevalier des Lyons, officier d'artillerie. Il fut trésorier de France de 1751 à 1783. On lui attribue pour Armes : *de gueules, à la fasce d'or, surmontée de 3 étoiles d'argent et accompagnée en pointe d'un canard sans pattes du même.*

Beer. — Famille originaire de Gand, connue depuis Jean de Beer, seigneur de Merchem, secrétaire de Charles le Téméraire, duc de Bourgogne. Elle a produit un bourgmestre de Bruges, des grands baillis de Gand et de Courtrai. La terre de Meulebecke fut érigée pour elle en baronnie par le roi Philippe IV. Alliances avec les maisons d'Aubermont, Lalaing, Lens, Van der Gracht, etc. Armes : *d'or, à l'ours passant de sable, emmuselé et lié de gueules.*

Behague ou Behagle. — On lui donne pour auteur Jacob Behagle, qui conspira en 1566 avec le prince d'Orange et se réfugia à Calais. Elle était représentée en 1789 par Jean-Pierre-Antoine, dit le comte de Behague, lieutenant général des armées du roi. Dernier rejeton de la branche aînée, décédé en 1813. Une branche cadette, qui se fit reconnaître en 1787 par la précédente, a pour chef Amédée de Béhague, ancien membre du conseil général du Loiret, créé comte par la duchesse de Parme en 1857. Armes : *parti, au 1er d'or, à trois épis de blé de sinople, terrassés de sable ; au 2e de sinople, à trois têtes d'aigle arrachées d'argent ; coupé d'azur, à une fleur de lis d'or, au chef d'argent chargé d'une rose de gueules.*

Belle. — Maison éteinte, qui a donné des grands baillis d'Ypres, et s'est alliée aux Dixmude, Lichtervelde, Saint-Omer, Van der Gracht, etc. Armes : *d'or, à six cloches d'azur, bataillées de gueules.*

Belvalet. — Cette famille, originaire du comté de Saint-Pol, est connue depuis Jean Antoine et Floris de Belvalet, conseillers au conseil d'Artois en 1534, 1604 et 1623. Elle s'est divisée en deux branches. L'aînée se fondit par mariage dans la maison d'Hauteclocque ; la cadette, pour qui fut érigé le marquisat d'Humerœuil, en 1766, a produit des rejetons distingués dans la carrière des armes, et s'est alliée aux Bayart, aux Fléchin, aux Le Cerf, aux Preud'hommes d'Hailly, aux Salperwick, etc. Armes : *d'argent, au lion morné de gueules.*

Bercus. — Maison éteinte, dont la seigneurie était dans la châtellennie de Lille, et qui était alliée au Beauffremetz, Fléchin, Landas, Montmorency, Tenremonde, etc. Armes : *d'or, à la croix de sable, chargée de cinq besants d'argent.*

Bergerand. — Jean de Bergerand, originaire du Dauphiné, chanoine de Cambrai, fut reçu conseiller-clerc le 28 novembre 1722. Son petit-neveu Laurent, fils de Louis de Bergerand et de Catherine Choin, né à Tulins en Dauphiné le 26 mai 1745, fut reçu conseiller au parlement de Flandre le 18 février 1777. Il épousa en 1794 Charlotte du Chambge de Liessart, dont il n'a pas laissé de postérité. Armes : *d'or, au chevron de gueules, accompagné de trois bergerettes* (ou *hochequeues*) *au naturel.*

Berghes Saint Winock. — Issue des anciens châtelains de Berghes, la maison de ce nom a donné des chevaliers croisés, un grand veneur de France, des chevaliers de la Toison d'or. Elle a reçu en 1621 de Charles II, roi d'Espagne, le titre de prince de Rache, qui lui a été confirmé par Louis XIV en 1701: et elle a été appelée à la pairie en 1827. Armes: *d'or, au lion de gueules, armé et lampassé d'azur.*

Berlaymont. — Maison de Flandre encore existante en Belgique, et alliée à celles d'Arenberg, Beauffort, Ghistelles, Ligne, Nesselrode, etc. Gilles, seigneur de Berlaymont, est mentionné en 1308, Charles, baron de Berlaymont, gouverneur de Namur, et Florent, *dit* le comte de Berlaymont, son fils, étaient chevaliers de la Toison d'or. Armes : *fascé de gueules et de vair.*

Berlette. — Cette maison, de race chevaleresque, dont était Hugues de Berlette, grand prévôt de Cambrai en 1206, tirait son nom d'une terre située près d'Arras; elle s'est éteinte après s'être alliée aux familles d'Arras, de Frémicourt, de Rely, de Welu, etc. Armes : *gironné d'argent et de gueules de huit pièces.*

Le Carpentier cite une autre famille du nom de Berlette, qui était alliée à celles de Lannoy, de la Douve, etc. Armes : *d'azur, à l'écusson d'or, accompagné d'une étoile d'argent au premier canton.*

Bernage de Mauve. — Famille éteinte, habituée en Flandre et en Artois, et alliée aux Beer, aux Créquy, etc. Armes : *fascé de gueules et d'or de six pièces, les fasces de gueules frettées d'argent.*

Bernard de Calonne. — La famille Bernard de Calonne et de Taintegnies, est originaire de Tournay; elle a pour auteur Arnould Bernard, seigneur de Beaudignies, anobli en 1499. Maximilien Bernard, seigneur de Bettignies, fut créé chevalier en 1612. Armes : *de gueules, à une épée d'argent, garnie d'or, la pointe en bas, accostée de deux étoiles du même.*

Bernieulles. — Maison éteinte et illustre, dont était Adrien de Bernieulle, tué à la journée d'Azincourt. Elle s'est alliée à celles de Boufflers, d'Hauteclocque, d'Occoche, etc. Armes : *d'or, à la croix ancrée de gueules.*

Bernimicourt. — Les sires de Bernimicourt, dont la race s'est éteinte au dix-huitième siècle, étaient anciens et célèbres. Hugues l'un d'eux, parut au tournoi d'Anchin en 1096. Leurs descendants possédèrent les seigneuries de Bellefourière, de la Thieuloye, de Frevin, etc.; et ils ont donné plusieurs gouverneurs de Béthune. Une tradition, rapportée par Le Carpentier, dit que Jean de Saluces, fils de Frédéric, marquis de Saluces, ayant été forcé de s'expatrier, vint à la cour de Jeanne, comtesse de Boulogne, et y épousa Béatrix de Bernimicourt, héritière de sa maison, dont il releva le nom et les armes. Il aurait ainsi formé une seconde race, qui s'est alliée aux familles de Canteleu, d'Hamelaincourt, de Mailly, d'Ongnies, de Souastre, etc. Armes : *de sable, semé de fleurs de lis d'or.*

Bertoulh — Louis de Bertoult, seigneur de Herbeval, était originaire d'Arras. Il devint, en 1596, seigneur de Hautecloque, du chef de Catherine Payen, sa femme. Ce fief, berceau d'une ancienne famille de chevalerie de son nom, fut réuni à la terre d'Œufs, pour former, en 1766, un marquisat en faveur de Philippe-Louis-Joseph de Bertoult. Mais pour éviter toute confusion avec les anciens seigneurs d'Hauteclocque, les lettres patentes stipulèrent expressément que le nouveau marquisat serait créé sous la dénomination de Bertoult-d'Œufs. Les rejetons de cette famille ont fourni plusieurs chevaliers de Malte et se sont alliés aux maisons de

Belvalet, du Carieul, de Gestas, de Maussion, d'Obert, de Pronville, de Tenremonde, de Vitry, de Wignacourt. Armes : *de gueules, à la fasce d'or, accompagnée en chef de trois coquilles d'or et en pointe d'un lion léopardé du même.*

Béthancourt. — A cette maison appartenait Jean et Guillaume de Béthancourt, présents aux États d'Artois, en 1414 ; Philippe de Béthancourt, créé chevalier en 1593. Alliances : Chaumont-Quitry, Damman, Espinay-Saint-Luc, Mailly, etc. Armes : *d'argent, au lion de sable, armé et lampassé de gueules.*

Béthune. — Cette maison était issue de Robert Ier, dit Faisseux, sire de Béthune, de Richebourg et de Carency, avoué ou protecteur de Saint-Waast d'Arras, au commencement du onzième siècle. Conon de Béthune, ayant pris la croix en 1202, fut, après la mort de Pierre de Courtenay, nommé régent de l'empire de Constantinople ; et Baudouin, son fils, se qualifiait roi d'Andrinople. A la mort de François de Béthune, baron de Rosny, fait prisonnier à Jarnac, la souche se divisa en deux branches. Maximilien de Béthune, son fils aîné, célèbre sous le nom de Sully, ministre de Henri IV, forma celle des ducs de Sully, éteinte en 1802. Philippe de Béthune fut la tige de celle des ducs de Charost, éteinte en 1806. (Voyez l'*Annuaire de la noblesse*, 1845, p. 98.) Michel des Plancques, seigneur d'Hesdigneul, lieutenant des ville et château de Béthune, en 1522, a formé une seconde maison, divisée aujourd'hui en deux branches : l'aînée, celle de Béthune-Hesdigneul, a reçu le titre de prince par diplôme de l'empereur Joseph II, du 6 septembre 1781 ; la cadette, celle de Béthune-Saint-Venant, a relevé le nom de Sully, par suite de la cession que la veuve du dernier duc de Sully lui a faite de cette terre en 1808. Armes : *d'argent, à la fasce de gueules.* — La maison actuelle les charge d'un écusson, placé au premier canton : *de gueules, à la bande d'or, accompagnée de six billettes du même,* qui est de Saveuse.

Bette. — Maison ancienne en faveur de laquelle la seigneurie de Lede fut érigée en marquisat par Philippe IV, en 1633, pour Guillaume Bette, colonel de cavalerie. Son petit-fils, créé grand d'Espagne et vice-roi de Majorque, mourut en 1725. Alliances : Croy, Gruntère, Hornes, etc. Armes : *d'azur, à trois taux d'or.*

Bischoop. — Cette famille, alliée aux Louis de la Grange, possédait les seigneuries de Landette et de Drumé. Elle a donné un conseiller au parlement de Flandre, devenu doyen en 1743. Armes : *écartelé, aux 1 et 4 de gueules, à la bande d'argent, chargée de deux crosses abbatiales de sable ; aux 2 et 3 d'argent, à la croix ancrée de sable.*

Blasère. — Famille éteinte, issue de Gérard de Blasère, premier échevin de la keure de Gand, qui fut créé chevalier par le roi Philippe II en 1592. Alliances : Bette, Halluin, le Poyvre, Ongnies, Triest, etc. Armes : *d'argent, au chevron de gueules, accompagné de trois cornets de sable, virolés et embouchés d'or, tournés en pal.*

Blocquel. — Cette famille ancienne s'est distinguée par ses services et ses alliances depuis le seizième siècle. La terre de Wismes fut érigée en baronnie, en 1759, pour Adrien-Antoine de Blocquel, député à la cour par les États d'Artois. Un de ses rejetons a été reçu chevalier de Malte. Cette maison, encore existante, s'est alliée à celles d'Allonville, Bruc, Clary, Pracomtal, la Ramière, Rougé, etc. Armes : *d'argent, au chevron de gueules, accompagné de trois merlettes de sable.*

Blondel d'Aubers. — Eugène-Roland-Joseph Blondel d'Aubers, premier président au parlement de Flandre, magistrat estimé du dauphin, père de Louis XVI, eut pour fils Louis-Marie-Joseph Blondel d'Aubers, conseiller à la Cour de cassation, mort en 1830, laissant de son mariage avec Pauline du Chambge de Liessart : 1° Émile-Louis-Marie Blondel d'Aubers, ancien préfet ; 2° madame Bacon de Sains. Armes : *de gueules, à l'aigle d'argent, becquée et membrée de gueules.*

Blondel de Beauregard. — Famille originaire du Cambrésis, admise aux États d'Artois, en 1755, comme seigneurs de Noyelles-sous-Bellone, fixée aujourd'hui en Belgique, et créé baron par le roi des Pays-Bas en 1816. ARMES : *de sable, à la bande d'or.*

BOFFLES. — Cette maison, de race chevaleresque, habituée en Picardie et en Artois, est originaire de cette dernière province. Jehan de Boffles fit partie de la croisade de Damiette, comme le prouve une charte originale, datée de juin 1217. Florimond de Boffles, écuyer, seigneur de Neufvillette, est porté sur les rôles de l'arrière-ban d'Amiens de l'an 1557. ARMES : *d'argent, à deux bandes de sable.*

BOIS (DU). — La famille du Bois, dite *de Hoves*, connue en Flandre depuis l'an 1500, s'est alliée aux Bacquehem, aux le Candelle, aux Lannoy, etc. Un de ses rejetons, Marie-Marguerite-Alexandrine du Bois, née le 20 mars 1717, fut admise, sur preuves de noblesse, à la maison royale de Saint-Cyr en 1727. ARMES : *d'azur, à trois coquilles d'or.*

BONAERT. — Cette famille a contracté des alliances avec celles d'Immeloot, de Ghellinck, de Muller, etc. Elle est aujourd'hui représentée par Jean-Louis-Félix-Théobald-Ghislain, baron de Bonaert, né en 1787, marié en 1833 à Clémence-Charlotte Canettemont (d'Arras), et par son cousin, François Bonaert, dont les sœurs sont : Clotilde Bonaert, qui a épousé, en 1832, Philippe-Louis des Enffans du Ponthois ; et Hortense, femme d'Alfred Cossée de Maulde. ARMES : *d'azur, à la fasce d'or, accompagnée en chef de deux étoiles à six rais d'or et en pointe d'un croissant du même.*

BONNIER. — La famille de ce nom a formé deux branches : 1° celle de Layen ; 2° celle du Metz et du Plonich. Elle a donné trois trésoriers de France au bureau de Lille. Ignace-Bernard-Joseph Bonnier du Metz, chevalier, trésorier de France en 1757, épousa Marguerite Regnault, dont il eut ; *a.* Hyacinthe-Ignace-Joseph Bonnier du Metz, qui succéda à son père comme trésorier de France en 1789 ; *b.* Narcisse-Joseph Bonnier du Plouich, chevalier, substitut du procureur du roi, en 1789 ; *c.* Rose-Marguerite-Joseph Bonnier, mariée en 1785 à Jacques-Joseph-Nicolas Taverne, écuyer, seigneur de Renescure, veuf de mademoiselle Coppens. ARMES : *d'azur, au chevron d'or, accompagné de trois trèfles du même.*

BONNIÈRES. — On fait souvent descendre cette noble race des anciens comtes de Guines, dont elle avait les armes, et dont elle a relevé le nom vers 1650. La terre de Bonnières est située près de Frévent. Guillaume de Bonnières, seigneur de la Thieulloye, fut gouverneur d'Arras en 1444 ; Charles de Bonnières, baron d'Auxy, fut député par les États d'Artois vers Charles-Quint et Philippe II. Le dernier rejeton mâle de cette maison, gouverneur général d'Artois en 1787, lieutenant général des armées du roi et chevalier de ses ordres, fut créé duc de Guines, non pair. ARMES : *vairé d'or et d'azur.*

BORLUUT. — Cette famille, issue de Gerelin et de Liévin Boorluut frères, vivant en 1536, alliée aux la Faille, Bueren, T'serclaes, Van der Gracht, etc., a reçu le titre de comte du roi des Pays-Bas en 1847. ARMES : *d'azur, à trois cerfs lancés d'or.*

BOSQUIEL (DU). — Cette famille, dont le nom s'écrit aussi *du Bosquel*, était seigneur des Plancques, de Lobes, de Peruwez. Elle est très-ancienne à Lille, où elle a rempli des charges honorables, telles que celle de président de la chambre des comptes. Noble depuis trois siècles, elle s'est alliée aux Croix, Coupigny-Malet, Courteville, Diedeman de la Rianderie, Hespel, Imbert, Rebreviettes, Tenremonde, etc. ARMES : *d'azur, au franc canton d'argent.* Ils chargent quelquefois *ce canton d'un écureuil au naturel.*

BOUCQ (LE). — Cette famille ancienne a produit entre autres rejetons Noël le Boucq, superintendant de l'artillerie sous Philippe II, roi d'Espagne ; Jacques le Boucq, héraut d'armes sous Charles-Quint, auteur de plusieurs ouvrages ; Gaspard-Joseph le Boucq, seigneur de Ternas, conseiller au parlement de Flandre en 1777. (Voyez l'*Annuaire de la noblesse*, 1858, p. 175.) Alliances : Castro y Lemos, Escaupont, Hangoubart, Noyelles, Rasoir, Remy, Sars, Warenghien, etc. ARMES : *d'azur, à trois ruches d'or.*

BOUCHELET. — Cette famille, issue de François Bouchelet de Vendegies, secrétaire du roi, en 1761, a possédé les seigneuries de Beaurain, Neuville, Berlaymont, Vendegies, dont ses rejetons ont pris les surnoms. Elle a de nombreux représentants, et s'est alliée aux Astruc, Cossée de Maulde, Esclaibes, Lagréné, Robillard de Magnauville, etc. ARMES : *de gueules, au chevron d'or, accompagné de trois merlettes du même.*

BOUDART.— La noblesse de cette famille remonte à Vincent Boudart, capitaine de la ville de Dieppe, en 1589. Ses descendants, établis en Artois et admis aux États de cette province, en 1751, possédèrent la seigneurie de Warlincourt et le marquisat de Couturelle. Ils se sont alliés aux maisons de Beaulaincourt, Malet de Coupigny, Hauteclocque, Oudenhove, Vignon de Douvencourt, Wignacourt, etc. ARMES : *d'azur, au croissant d'or, accompagné de trois coquilles d'argent.*

BOULLOGNE. — Cette famille, dont le nom s'est écrit aussi *Boulongne*, est issue d'Adrien Boullogne, seigneur de Beaurepaire en Artois, procureur au présidial d'Abbeville, anobli en 1701. Elle a donné un contrôleur général des finances, un conseiller honoraire au parlement de Metz, et a été admise aux États d'Artois en 1757. Elle s'est alliée aux Aubermont, aux Danvin de Noyelles, aux Gavre, aux Lallart, aux Hautpoul, etc. ARMES : *d'argent, à la bande de sable, accompagnée de trois lionceaux de sinople, lampassés de gueules et couronnés d'or.*

BOURBOURG. — Maison éteinte, dont était Thévart, châtelain de Bourbourg, qui fut assassiné avec Charles, comte de Flandre, dans l'église de Saint-Donatien de Bruges, en 1126. Elle paraît n'avoir fourni que quelques générations. (Voyez La Chesnaye Desbois, tome III, page 27.) ARMES : *d'azur, à trois tierces d'or en fasce.*

BOURGOGNE. — Il y a eu trois maisons de ce nom en Flandre. L'une issue d'Antoine, bâtard de Bourgogne, est éteinte ; l'autre issue de Baudouin, bâtard de Bourgogne, a reçu le titre de comte en 1614 et n'existait plus à la fin du dix-septième siècle. La troisième a pris naissance d'un fils naturel de Jean sans Peur et s'est alliée aux Briois, la Chaussée, Hornes, Jausse de Mastaing, Poix, etc. (voyez la Chesnaye Desbois). ARMES : *écartelé, aux* 1 *et* 4 de Bourgogne moderne ; *aux* 2 *et* 3 de Bourgogne ancien ; *sur le tout ;* de Flandre.

BOURS. — La terre à clocher, berceau de la famille de ce nom, était située dans le comté de Saint-Pol. La race de ses seigneurs est tombée en quenouille et s'est fondue en d'autres maisons, notamment en celle de Montmorency, branche de Croisilles. Elle était en 1789 possédée par le comte de Sainte-Aldegonde, qui siégeait aux Etats en vertu de ce fief. ARMES : *de gueules, à une bande de vair.*

BOUSIES. — Les seigneurs de Bousies en Hainaut, dont était Eustache de Bousies, maréchal de l'armée de Charles-Quint, sont encore représentés en Belgique. Ils ont eu des alliances avec Humières, Landas, Mailly, Rubempré, Tramecourt, Trazégnies, etc. ARMES : *d'azur, à la croix d'argent.*

BRECKVELT. — Cette famille est connue depuis Jean-Baptiste Breckvelt, directeur du mont-de-piété à Lille, sieur de la Haye, reçu trésorier de France en 1693, qui fit enregistrer ses armes avec celles de Marie de Lespaul sa femme, en 1697. ARMES : *de sable, au levrier rampant d'argent, colleté de gueules* (*d'or*, dit l'armorial de 1697).

BRANDT. — La souche de cette maison, qui descend de Jean Brandt, greffier de la ville de Saint-Omer, en 1587, et qui compte encore des représentants, a formé plusieurs branches connues sous les noms de Marconné, de Galametz et de Lootz. Elle s'est alliée aux maisons de Fléchin, Le Josne de Contay, Salperwick, Tolomey, etc. Les terres de Marconné et de Galametz furent érigées en comté par le roi Louis XV, en 1758. ARMES : *d'azur, à trois flammes d'or* (alias *d'argent*).

BREBIÈRES. — La terre de ce nom est située près de Vitry et de la frontière de Flandre. La race de ses seigneurs s'éteignit au quatorzième siècle. ARMES : *de gueules, à deux jumelles d'or, au chef échiqueté d'argent et d'azur.*

BRIGODE ou BRIGOTTE. — Famille issue d'un secrétaire du roi (reçu en 1779), et représentée de nos jours par ses trois fils : L'aîné fut créé comte de Brigode-Kemlandt en 1828 ; les deux autres ont été appelés à la pairie, le comte de Brigode en 1815, le baron en 1837. Leurs armes, qui varient, sont le plus souvent ; *coupé, au 1er de gueules, à trois quintefeuilles d'argent; au 2e d'argent, au cygne de sinople.*

Briois. — Il a existé deux familles de ce nom : celle de Briois de Beaumetz, à laquelle appartenaient plusieurs membres du grand conseil d'Artois et un député à l'Assemblée nationale, s'est éteinte de nos jours; celle de Briois de la Mairie, seigneurs de Poix, d'Angres, de Neulette, etc., admise aux états d'Artois en 1747, laquelle a obtenu des lettres de chevalerie de Louis XIV en 1671 ; elle s'est alliée aux familles de Belvalet, Genevières, La Rivière, Le Merchier, etc. Armes : *de gueules, à trois gerbes d'or, liées de même ; à la bordure d'or, chargée de huit tourteaux de gueules.*

Briois (Le). — Cette ancienne maison, habituée dans le Ponthieu, mais, dit-on, originaire d'Artois, possédait les seigneuries du Mesnil, de la Pature, d'Osmemont, et s'était alliée aux familles d'Estrées, de Mautort, d'Ostrel de Rely, etc. Elle s'est éteinte à la fin du seizième siècle. Armes : *d'azur, au chevron d'or, accompagné de trois besants d'argent, au lambel d'or, à trois pendants.*

Brouchoven. — Famille qui remonte à Gérard de Brouchoven, anoblie par les archiducs en 1620. Jean-Baptiste de Brouchoven, fils de Gérard, créé baron de Bergeyck en 1664, fut envoyé extraordinaire en Angleterre, ambassadeur et plénipotentiaire à Aix-la-Chapelle en 1668. Le roi Charles II lui conféra le titre de comte de Bergeyck en 1676. Alliances avec les Beer, Berghes Saint-Winock, Ennetières, Recourt de Lens, etc. Armes : *d'azur, à trois fers de moulin d'or en sautoir, alaisés, pattés et ouverts en losange, à la bordure dentelée du même.*

Brouilly. — Maison ancienne, dont étaient : Antoine de Brouilly, tué à Azincourt; François de Brouilly, chevalier des ordres du roi, mort au combat de Senlis; Antoine de Brouilly, marquis de Piennes, lieutenant général des armées du roi, gouverneur de Pignerol. Armes : *d'argent, au lion de sinople, armé et lampassé de gueules.*

Brum de Miraumont (Le). — Ancienne famille d'origine chevaleresque; Jean le Brum, écuyer, seigneur de Werquigneul, Tencques, la Vallée, etc., vivait en 1480. Maximilien le Brum de Miraumont, écuyer, seigneur d'Anvers, de Bacquelroy, etc., était lieutenant-colonel de cavalerie au service d'Espagne en 1660. Alliances : Bousies, Choiseul, Colins, Hoston, Licques, Miraumont, Noyelles. Armes : *de gueules, à la fasce d'argent, chargée de trois poissons au naturel.*

Bryas. — Maison d'origine chevaleresque, dont étaient un capitaine général d'artillerie, un archevêque duc de Cambray, prédécesseur de Fénelon en 1675, et un grand nombre de membres des chapitres nobles. La branche aînée, fixée dans la Gironde, a donné un maire à la ville de Bordeaux. Armes : *d'or, à la fasce de sable, surmontée de trois cormorans du même, becqués et membrés de gueules.*

Buillemont. — Famille éteinte dès le quinzième siècle. Armes : *de sable, à l'écusson d'argent, à la cotice d'or, brochante sur le tout.*

Buissy. — Anciene famille de Cambrésis, qui était alliée aux Bonnières, Poix, Tramecourt, Wignacourt, etc. Armes : *d'argent, à la fasce de gueules, chargée de trois fermaux d'or.*

Cagnicourt. — Cette ancienne famille est originaire du fief de ce nom, situé à 4 lieues d'Arras. Elle s'est éteinte depuis plusieurs siècles, et s'est alliée aux maisons de Bethancourt, de Habarcq, etc. Armes : *de sinople, à trois lis d'or.*

Calonne. — Cette famille, qu'il ne faut pas confondre avec celle des Bernard de Calonne, est originaire de Tournay et a donné plusieurs magistrats au parlement et un ministre sous Louis XVI Armes : *d'azur, à deux aigles éployées d'or; au francquartier d'argent, au lion de sable.*

Cambier (Le). — Cette famille a été maintenue par jugement de l'intendant Bignon, du 24 février 1708, sur titres établissant la filiation depuis Louis le Cambier, écuyer, receveur du domaine à Arras. Alliances : Bertoult, Briois, Mailly, Roubion, Tiercelin, etc. Armes : *d'azur, à trois clefs d'or.*

Cambrin. — Le village de Cambrin, près Béthune, a donné son nom à deux familles, dont l'une, très-ancienne et éteinte dans la maison de Villers au Tertre, portait : *d'or, fretté de gueules, au canton de sinople, chargé d'une aiglette d'or.* L'autre, citée par le Carpentier, avait pour armes : *de sable, au lion d'argent.*

Canteleu. — La maison, qui avait pris le nom de cette terre, située au comté de Saint-Pol, s'est éteinte vers 1740. Elle s'était alliée aux Ghistelles, Lens, Mailly, Pronville, etc. Armes : *d'argent, à la fasce de gueules, chargée d'une gerbe d'or.*

Cardevac d'Havrincourt. — Cette maison, connue dès le treizième siècle, a joui des honneurs de la cour en 1770. Elle a donné deux lieutenants généraux, des officiers supérieurs, un grand'croix et plusieurs chevaliers de Malte. Alliances : Béthisy, Blondel, Chabannes, Osmond, Rochechouart-Mortemart, Rubempré, Tascher, etc. Son représentant actuel est chambellan de l'empereur. Armes : *d'hermine, au chef de sable.*

Cardon. — La famille Cardon du Bronquart, du Fermont, d'Ardomprez, de Montreuil, de Garsignies, descend de François Cardon, chevalier de Saint-Louis, capitaine dans le régiment de Vaudray (cavalerie), anobli par Louis XV en mars 1721. Elle a produit un lieutenant-colonel de cavalerie, prévôt général de la maréchaussée de Flandre et d'Artois, plusieurs chevaliers de Saint-Louis, et parmi ses membres actuels elle compte Mgr l'évêque de Soissons. Alliances : Van den Berghe, Bosredon, du Chambge d'Elbhecq, du Chambge de Liessart, Renaud de Boisrenaud, Rouvroy, Sailly. Armes : *d'azur, à trois chardons d'or.*

Carieul (Du). — Cette famille a formé deux branches : celle des seigneurs de Cottignicourt, du Biez, etc., admise aux États d'Artois en 1737, alliée aux Brunes de Polandre, aux Caverel, aux Payen d'Écoivres ; celle des seigneurs de Fiefs et de Beauquesne, reçue aux États d'Artois en 1760 et alliée aux Bertoult, aux de Lattre, aux de Hauteclocque. Armes : *d'argent, au sautoir de gueules.*

Carnin. — La terre de ce nom est située dans la Flandre française, et relevait de la châtellenie de Lille. Ses seigneurs se sont divisés en plusieurs branches et se sont répandus en Artois, où ils possédaient le marquisat de Lillers et la terre de Nédonchel. La maison de Carnin s'est éteinte, il y a quelques années, dans la ligne masculine. Armes : *de gueules, à trois têtes de léopard arrachées d'or.*

Carondelet. — Cette maison, originaire de Chauldey, en Bresse, a produit plusieurs branches fixées en Flandre. Paul de Carondelet, seigneur de Maulde, gouverneur de Bouchain, reçut des lettres de chevalerie en 1597. Elle subsiste encore et s'est alliée aux Ailly, Blondel de Joigny, Harchies, Montigny, etc. Armes : *d'azur, à la bande d'or, accompagnée de six besants du même, mis en orle.*

Carpentier. — Ce nom, très-répandu dans le Cambrésis, appartenait à plusieurs familles. Celle des Carpentier de Vannes, l'une des plus anciennes, porte aujourd'hui le titre de comte de Changy, qui lui a été confirmé par le conseil du sceau. Armes : *d'azur, à l'étoile d'or, accompagnée de trois croissants d'argent.*

Castellain. — La famille Castellain de Benbrecq, de Lispré et de Vendeville, a pour auteurs Albéric-Pierre-Joseph Castellain, greffier principal au parlement de Flandre, le 6 septembre 1751, et Louis-Joseph, son cousin germain, trésorier de France, le 28 juillet 1761. Alliances : Assignies, du Châtelet, Fontaine, Lemaisre, Leroux, etc. Armes : *de sable, à une fleur de lis d'argent, accostée de deux étoiles, à six rais d'or, au chef cousu de gueules, chargé d'un château d'argent.*

Cauchie (La). — Famille éteinte et fort ancienne qui possédait la seigneurie de Choques. Armes : *d'argent, fretté de sable, au canton de gueules.*

Cerf. — Ancienne famille de Flandre, qui a pour auteur Philippe de Cerf, seigneur de Hondschootte, bourgmestre de Furnes, créé chevalier en 1634. Jean-François-Joseph de Cerf, dit le marquis de Wintershove, était, en 1730, grand bailli de la ville d'Ypres. Alliances : Bonnières, Massiet de Staples, etc. Armes : *d'or, à un rencontre de cerf de gueules.*

Chambge (Du). — Originaire de Tournay, cette famille a donné trois premiers présidents de la chambre des comptes de Flandre et plusieurs officiers supérieurs. La branche aînée a été créée baron de Noyelles en 1772. Alliances : Blondel d'Aubers, Courteville de Hodicq, Cuinghien, Mallet de Coupigny, Pollinchove, Sparre, etc. Armes : *d'argent, au chevron de gueules, accompagné en chef de deux merlettes et en pointe d'un trèfle de sinople.*

Chamonin. — Famille originaire du duché d'Aoste, et établie, depuis la fin du dix-septième siècle, à Dunkerque, où elle a donné deux administrateurs de l'hospice civil. Son blason a été réglé par d'Hozier en 1719. Armes : *d'argent, au chevron de gueules, accompagné en chef de deux étoiles d'azur et en pointe d'une ancre de sable.*

Chastel (Du). — Il y avait en Flandre deux familles de ce nom. Celle de Blangerval, qui est éteinte, a donné des gouverneurs d'Oudenarde et d'Arras, et a recueilli par mariage la terre de Blangerval, en Artois, dont elle obtint l'érection en comté par lettres de Philippe IV, en 1661. Armes : *d'azur, au chevron d'or, accompagné de 3 croix recroisettées au pied fiché du même.* Celle de la Howarderie encore existante, acquit, en 1603, la terre de Hautbourdin, près Lille, érigée deux ans après en vicomté par les archiducs Albert et Isabelle. Alliances avec les Averhoult, Berlaymont, Draeck, Lannoy, Ongnies, etc. Armes : *de gueules, au lion d'or, armé, lampassé et couronné d'azur.*

Chastelet (Du). — Cette famille, originaire de la terre du Chastelet, près d'Aire, a été maintenue par l'intendant Bignon, le 11 janvier 1706, sur preuves établissant la filiation depuis Jacques du Chastelet, écuyer, seigneur dudit lieu et de Coulomby, capitaine d'Oisy en 1460. Claude du Chastelet, chevalier, seigneur de Moyencourt, Lentilly, Fresnière, etc., est qualifié *haut et puissant seigneur* dans le contrat de mariage, en date du 25 septembre 1622, de son fils Claude, qui fut chevalier de l'ordre du roi et gentilhomme ordinaire de sa chambre. Alliances : Belleforière, Caumesnil, Couty, Fléchin, la Chaussée, Moyencourt, Presteval, Proissy, etc. Armes : *de gueules, à la fasce d'argent, accompagnée de trois tours d'or.*

Chasteler ou Chasteleer. — Originaire du Hainaut et habituée en Flandre. Cette famille, encore existante, est alliée à celles de Berlaymont, Harchies, Proissy, Wissocq, etc. Son représentant porte le titre de marquis. Armes : *d'argent, à la bande de gueules, accompagnée en chef d'un lion de sable.*

Chaussée (La). — Famille du Poitou, dont une branche cadette est fixée en Flandre depuis trois générations. Elle avait fait, en 1667, ses preuves de noblesse devant l'intendant de Poitiers. Alliances : Moullart, Savary, etc. Armes : *écartelé de sable et d'argent.*

Chauwin. — Jean-Jacques Chauwin, échevin de Lille, et Jean-Michel Chauwin, bourgeois de Cambray, firent enregistrer leurs armes en 1697; le second, reçu trésorier de France en 1704, fut remplacé, en 1730, par son fils André-François-Joseph Chauwin, chevalier, seigneur de Grandval, né en 1698 et décédé en 1755, ne laissant qu'une fille mariée à M. Waresquiel de Libersart. Armes : *d'azur, à trois trèfles d'or et au croissant d'argent en abisme.*

Chivot. — La famille de Chivot, seigneurs de Coullemont, est issue d'un conseiller au conseil d'Artois, en charge en 1626; elle fut admise aux États de la province en 1762. Armes : *d'argent, à la fasce de gueules, accompagnée de trois lions de sinople : un écusson d'or, à trois cors de chasse de sable, brochant sur la fasce.*

Clebsattel. — Famille originaire d'Alsace, établie à Dunkerque depuis deux générations. Elle avait obtenu de Louis XIV des lettres de réhabilitation en 1683 et de confirmation en février 1710. Le chef de la branche flamande a été de nos jours représentant du Nord au Corps législatif. Armes : *écartelé, aux 1 et 4 d'or, au sapin de sinople, terrassé du même; aux 2 et 3 de gueules, à une tête de bouc d'argent.*

Clément (Le). — Cette famille est originaire du Cambrésis et habituée en Artois dès le seizième siècle. Pierre le Clément, écuyer, seigneur de Levasque, la Ferté, etc., était maieur héréditaire de Feuchy près Arras, en 1591. Son fils aîné, Pierre II, ne laissa qu'une fille, Anne le Clément, qui porta la terre de la Ferté en dot à Louis Le Josne, marquis de Contay. Philippe Clément, neveu de Pierre II, fut créé chevalier héréditaire en décembre 1692; il était seigneur de Saint-Marq, de Molinel, mayeur, puis rewart de Lille. Philippe-Marie-Joseph le Clément, arrière-petit-fils du précédent, fut créé baron de Taintegnies le 29 mars 1777. Alliances : Auffay, du Blaisel, du Bus, Béthune, Blondel, Briois, Devos, Gosson, Hangouart, Huart, Le Josne-Contay, Lannoy, Ostrel, Quarré, etc. Armes : *de gueules, à trois trèfles d'or, au chef d'argent, chargé de trois merlettes de sable.*

Clyte de Commines (La). — Maison ancienne, qui a pour auteur Colart de la Clyte, marié avec Jeanne de Wazières, dame de Commines, et pour illustration Philippe de Commines, conseiller de Louis XI. Armes : *de gueules, au chevron d'or, accompagné de 3 coquilles d'argent.*

Colins. — Cette ancienne maison est issue de Jean Colins, qui figure parmi les nobles de la châtellenie de Furne, convoquée à l'arrière-ban de Flandre, en 1421, pour aller venger la mort de Jean Sans-Peur. Elle a formé plusieurs branches, dont la principale, celle des *comtes de Mortagne*, eut pour dernier rejeton Antoine-François-Gaspard Colins, comte de Mortagne, seigneur de Ham, officier aux chevau-légers de la reine en 1690, et premier écuyer de la duchesse d'Orléans, femme du régent. Ce gentilhomme, né à Namur en 1662, décédé à Paris le 24 mars 1720, avait épousé : 1° Suzanne de Montgommery; 2° en 1717, Charlotte de Rohan, fille unique et héritière du duc de Montbazon, dont il eut Élisabeth-Louise Colins, comtesse de Mortagne, mariée à Philippe-Claude de Beaufort-Canillac, comte de Montboissier, lieutenant général des armées du roi. La branche des vicomtes de Ham a donné des officiers et un colonel aux régiments d'infanterie Wallonne. Alliances : Auxy, Cuypers, Haudion, Kessel, Mony, Offignier, Recourt, Robles, T'serclaes, Van der Laen, Van der Stratten, Wisch, Yedeghem. Armes : *d'argent, à la bande de gueules, accompagnée de six tourteaux du même posés en orle.*

Comte (Le). — La famille le Comte de la Viefville, de la Chaussée, originaire de Douai et encore existante, a donné un conseiller, un avocat général et un substitut du procureur général en la cour du parlement de Flandre. Alliances : Brigode, Bruhier de la Neuville, Desbaux, etc. Armes : *d'argent, à trois arbres de sinople, terrassés du même; au chef d'azur, à l'aigle éployée d'or.*

Condé. — La ville de Condé sur l'Escaut, dont une branche des Bourbons a pris et illustré le nom dans les temps modernes, avait au moyen âge ses seigneurs particuliers, les sires ou barons de Condé, dont la race s'est perpétuée et se trouve aujourd'hui représentée par Émile, baron de Condé. Alliances : Béthune, Châtillon, Coucy, Dampierre, Haubersart, Ligne, Thuisy, etc. Cette maison a donné des capitaines de distinction aux armées et des prélats au diocèse de Cambray. Armes : *d'or, à la fasce de gueules.*

Constant de Rebecque. — Cette famille, qui a produit de nos jours le célèbre Benjamin Constant, est originaire des environs d'Aire en Artois. Son zèle pour la réforme l'a rendue l'objet de persécutions religieuses. Elle a contracté des alliances avec les familles d'Ardres, de Béthune, de Sempy, de Seymour, de Thiennes, etc. Elle est aujourd'hui représentée par le baron Seymour de Constant, fixée dans le Ponthieu. Armes : *coupé, au 1er d'argent, à l'aigle éployée de sable; au 2e écartelé d'or et de sable.*

Contes. — Cette maison encore existante porte les mêmes armes que celle de Créquy, ce qui la fait rattacher quelquefois à elle. Elle a possédé les seigneuries de Blingel, de Planque, de Bucamps et la baronnie d'Égranges. Elle a des alliances avec les Fléchin, Hauteclocque, Hodicq, Partz de Pressy, Van der Gracht, etc. Armes : *d'or, au créquier de gueules.*

Cordes de Watripont (Des). — Ancienne maison du Cambrésis, dont était Guillaume, tué à Azincourt, et Antoine des Cordes, prévôt de Valenciennes en 1533. Alliances avec les Bette, Hauteclocque, la Hamaide, Montmorency, etc Armes : *d'or, à deux lions de gueules, adossés, armés et lampassés d'azur.*

Corte. — Cette famille, originaire de Bruges, est issue de Guillaume de Corte, dont le petit-fils, Maximilien de Corte, fut échevin et trésorier de Bruges, et dont l'arrière-petit-fils, Louis de Corte, fut créé chevalier le 24 octobre 1645, Philippe-Auguste de Corte, capitaine d'infanterie, fut échevin de la keure de Gand en 1689 ; d'autres rejetons furent conseillers pensionnaires de la ville de Bruges, bourgmestres de Furnes et d'Isenghen, baillis de Nieuport, *etc.* Alliances : Crombugghe, Dion, du Chambge de Noyelles, la Clyte, Maes, Maldeghem, Schynkele, Schildere, etc. Armes : *de gueules, au chevron d'argent, accompagné en chef, à dextre d'un croissant, à senestre d'une étoile, et en pointe d'une rose, le tout d'argent.*

Costa. — Issu d'une famille génoise et d'une souche commune avec les marquis Costa de Beauregard, Antoine Costa épousa, en 1627, Anne-Catherine du Chambge ; autre Antoine Costa, reçu premier président du bureau des finances de Lille, en 1695, fut père d'Antoine-François Costa, seigneur de Belem, lieutenant général de la gouvernance de Lille, marié avec Marie-Thérèse de Fourmestraulx de Wazières et mort sans postérité. Armes : *d'azur, à trois bandes d'argent ; au chef cousu d'azur, chargé d'une étoile acostée de deux fleurs de lys d'or.*

Coudenhove. — Famille issue de Jacques Coudenhove, gentilhomme de la maison du roi Philippe II, créé chevalier le 5 novembre 1580. La seigneurie de la Loire, qu'elle recueillit par alliance de la maison du Quesnoy, fut érigée en baronnie, en 1668, par le roi Charles II, pour Charles-Livin de Coudenhove, dit du Quesnoy, marquis de Castiaux, décédé sans postérité mâle, en 1700. Alliances : Belleforière, du Chastel de la Hovarderie, Lannoy, du Quesnoy, Poucques, Roisin, Snoy, etc. Armes : *d'or, à la bande ondée de gueules.*

Couronnel. — Cette famille, qui a souvent joint à son nom celui de Mailly, parce qu'elle a des maillets dans ses armes, est connue depuis Pierre de Couronnel, vivant au quatorzième siècle. Clérembault de Couronnel, seigneur de Loiselet, chef de l'ambassade envoyée par la ville d'Arras à Marie de Bourgogne, fut pris et décapité par ordre de Louis XI, en 1477. La terre de Barastre, près Bapaume, fut érigée en marquisat, en 1770, pour Charles de Couronnel, député des États d'Artois, à la cour. Alliances : Amerval, Bertoult, Chassepot de Pissy, Guinghem, Montmorency, Ostrel, du Rietz, Poucques, Pronville, Quellerie, etc. Armes : *d'or, à trois maillets de gueules.*

Coussemaker. — Famille, qui figure dès le quinzième siècle au magistrat de Bailleul et qui a formé plusieurs branches encore existantes. Elle s'est alliée aux Baert de Neuville, Behaghel, Carpentier, Clerq, Créquy, Croeser, Hallewyn, Meulenaer, Penaranda, Hau de Staplande, Wintere, Wild, Van de Walle, Witte, etc. Armes : *écartelé, aux 1 et 4 d'argent, à trois merlettes de sable ; aux 2 et 3 d'azur, à un chevron d'or, chargé d'une fleur de lis de gueules et accompagné de trois étoiles à six rais d'or* ; sur le tout : *d'argent, au lion de sable, lampassé de gueules.*

Créquy. — Cette maison d'ancienne chevalerie, éteinte en 1801, est originaire de Créquy, près Fruges, en Artois, d'où elle s'est répandue en Picardie. Elle a joui des honneurs de la cour en 1763, et a donné deux maréchaux de France, un général des galères, des chevaliers du Saint-Esprit, des lieutenants généraux et maréchaux de camp, et des prélats distingués, dont un, Antoine de Créquy, évêque d'Amiens en 1561 fut créé cardinal en 1565. La sœur d'Antoine, dernier rejeton de la branche aînée avait épousé Gilbert de Blanchefort, et leur descendance a formé la maison de Créquy-Blanchefort, éteinte en 1711, après avoir produit les ducs de Créquy et de Lesdiguières, princes de Poix, sires de Canaple, dont un, Charles de Créquy, maréchal de France, fut ambassadeur à Rome sous Louis XIV. Armes : *d'or, au créquier de gueules*. (Voy. pl. Ire.)

Crésecques. — Cette famille, dont le nom s'est écrit aussi Quercecques, est originaire des environs de Thérouanne. Elle compte de nombreux services militaires et des alliances avec les maisons d'Ailly, de Picquigny, de Jumelles, etc. Armes : *d'azur, à deux tierces d'or, au chef de même.*

Croezer. — Famille issue de Jean Croezer, créé chevalier en 1626, et marié à Catherine de Rodoan. Armes : *de sable, à trois chevrons d'argent, accompagnés de trois gobelets du même, 2 en chef et 1 en pointe.*

Croix. — Cette maison est originaire de la terre de Croix, située dans la châtellenie de Lille où elle est connue depuis le quinzième siècle. La souche a formé entre autres branches : 1° celle de Drumez, éteinte en 1688, celle d'Oyembourg en 1717, celle de Malannoy en 1756. Une seule est encore existante et a produit Charles, marquis de Croix, député de la noblesse d'Artois aux états généraux de 1789, créé sénateur en 1813, pair de France en 1814. Son fils aîné a été appelé au Luxembourg en 1852. Alliances : Assignies, Halluin, Landas, Lannoy, Roisin, Sainte-Aldegonde, Tournon, Vassé, Warluzel, etc. Armes : *d'argent, à la croix d'azur.* (Voyez pl. Ire.)

Outre la maison de Croix qui précède, il existe en Flandre deux familles de ce nom. L'une a eu pour auteur Jacques-Joseph-Marie de Croix, trésorier de France à Lille le 10 mai 1770, secrétaire du roi en 1776, marié à Catherine Van Kaeckère. Leur petite-fille, Marie de Croix, a épousé, le 11 août 1847, Octave d'Hespel. L'autre famille est issue de Guillaume du Mez, qui épousa Isabelle, héritière de Croix, dont il ajouta le nom et les armes aux siens. La princesse de Beamont-Luxembourg, née Léonie de Croix, appartient à cette souche du Mez, qui porte les noms de *Croix de Dadizeele*. Armes : *d'argent, à la croix d'azur.*

Cuinghien ou Cuinghem. — Famille dont était Gérard de Cuinghien, fils de Gille, lieutenant général des chatellenies de Lille et de Phalempin, créé chevalier par Charles-Quint en 1589. Elle a été admise aux Etats d'Artois comme seigneur de Régnauville en 1780. Armes : *écartelé, aux 1 et 4 d'argent, à quatre chevrons de gueules; aux 2 et 3 d'argent, au chef de gueules.*

Cunchy. — Ancienne maison d'Artois, dont était Philippe de Cunchy, créé comte par lettres patentes du roi Louis XVI, en septembre 1779. Elle était originaire de Cunchy, près Frévent et avait été admise aux états d'Artois comme seigneurs du Trembloy en 1764. Elle s'est alliée aux Bacquehem, aux Bryas, aux Levasseur, aux Maulde, aux la Porte de Vaux, etc. Armes : *de gueules, à la fasce vivrée d'argent.* (Voyez pl. Ire.)

Cupère. — Maison originaire de Hollande, d'où plusieurs branches sont venues en Flandre et se sont alliées aux Beauffort, Harchies, La Haye, etc. Richard de Cupère Clifford, lord Staple, fut décapité par les ordres d'Élisabeth d'Angleterre, en 1597. Philippe-Octave de Cupère servait en qualité d'enseigne et périt au siége d'Arras en 1640. Armes : *de sinople, au sautoir d'hermine.*

Cupis de Camargo. — Cette famille, dont l'illustration a commencé par un cardinal et fini par une danseuse, est originaire des États romains, et a pour auteur Pierre Cupis, frère de Jean-Dominique Cupis, Doyen du sacré collége en 1533. Elle a emprunté le surnom de Camargo à une alliance avec une famille espagnole et s'est éteinte vers 1780 dans la personne de Jean de Cupis, dont la sœur fut la célèbre Camargo, née en 1710. Armes : *d'azur, au daim rampant d'or.*

DAMMAN. — Jean Damman, seigneur d'Oomberghe, échevin de Gand 1550-1565, fut l'aïeul de Gilles-François Damman, seigneur de Warnoyze, créé chevalier le 23 septembre 1642. Leurs descendants prirent le titre de vicomtes d'Hérines. Antoine-Louis Damman, vicomte d'Hérines, grand prévôt de Tournay, mourut en 1715. Son fils, Philippe-Joseph Damman, vicomte d'Hérines, doyen de l'église cathédrale et vicaire général du diocèse de Tournay, fut le dernier rejeton mâle du nom. Alliances : Borluut, Cambry, Landas, Poucques, Nédonchel, Schietere, etc. ARMES : *d'argent, à la tour de gueules, crénelée de quatre pièces, ajourée et maçonnée de sable; la porte coulissée d'argent.*

DÉLIOT DE LA CROIX. — Cette famille de Lille, issue de Hubert Déliot, sieur de Cerfontaine, anoblie par lettres patentes de l'archiduc Albert, le 1er octobre 1615, a fourni plusieurs chevaliers de Saint-Louis, a été reçue dans l'ordre de Malte, et a été honorée du titre de comte en 1781. Elle se perpétue en Flandre. Alliances : Castellain, du Chambge de Liessart, Gilleman de la Barre, Jacobs d'Aigremont, Mairesse de Pronville, Petypas. ARMES : *d'azur, à deux haches adossées, les manches d'or.*

DENIS DU PÉAGE. — Cette famille regarde comme son auteur Jean Denis, archer de la garde du corps du duc Charles de Bourgogne, anobli par lettres de février 1645. Elle subsiste à Lille, et s'est alliée aux Fasse, Fourmestraulx, Hangouwart, Lannoy, Duchastel, Maulde. ARMES : *d'argent, au lion de sable, armé et lampassé de gueules.*

DION. — Maison d'ancienne chevalerie, originaire du Brabant, et fixée en Artois depuis le commencement du quinzième siècle. Elle a donné un chevalier croisé, Jean de Dion, en 1218, des officiers généraux au service de France et d'Espagne, des gouverneurs de Boulogne, de Cambrai et de la Guadeloupe, des chevaliers de Malte et des chanoinesses des chapitres nobles de Nivelles, Maubeuge et Bourbourg. La terre de Wandonne a été érigée pour elle en baronnie, en 1761, et celle de Malfiance en marquisat en 1787. Une de ses branches cadettes, celle de Dion de Ricquebourg est fixée à Reims. Alliances : Arenberg, Bryas, Créquy, du Hamel, Lallaing, Mérode, Montmorency, Salperwick. ARMES : *d'argent, à l'aigle éployée de sable, becquée et membrée d'or, chargée en cœur d'un écu; de sable, au lion d'or, armé et lampassé de gueules, et à la bordure engreslée du même.* (Voyez pl. Ire.)

DIVION. — Cette famille, éteinte au dix-huitième siècle, avait pris son nom d'une terre voisine de Béthune. Jeanne de Divion fut brûlée vive par arrêt de la Cour des pairs, sous Philippe de Valois, pour avoir fabriqué des pièces relatives à la possession du comté d'Artois. Ponthus de Divion, baron de Bayenghem, épousa en 1610 Jacqueline de Montmorency. ARMES : *d'argent, au lion de gueules.*

DONGELBERGHE. — Famille issue, dit-on, d'un fils naturel de Jean Ier, duc de Brabant, elle a produit un bourgmestre de Bruxelles, un lieutenant général des armées espagnoles, et des gouverneurs du comté de Namur. Une de ses branches s'est fondue dans la maison d'Argenteau, du pays de Liége. ARMES : *de sable, au lion d'or, à la bande de gueules brochant sur le tout.*

DRAECK. — Cette famille, qui descend de Wautier Draeck, bourgmestre d'Anvers en 1463, s'est éteinte il y a quelques années par la mort du baron de Draeck, chambellan du roi des Pays-Bas. Alliances avec les Bryas, Lannoy, Roisin, etc. ARMES : *écartelé, aux 1 et 4 d'azur, au dragon ailé d'or; aux 2 et 3 d'argent, à trois chevrons de gueules.*

EGMONT. — Les comtes de ce nom, qui ont joué un grand rôle dans l'histoire des Pays-Bas, ont possédé en Artois le marquisat de Renty. Leur race s'est éteinte par la mort de Procope François, comte d'Egmont, lieutenant général au service de France sous Louis XIV; sa sœur et héritière épousa Nicolas Pignatelli, duc de Bisaccia, prince napolitain, dont la descendance prit le nom de Pignatelli d'Egmont. ARMES : *chevronné d'or et de gueules de dix pièces.*

ENLART DE GRANDVAL. — Adrien Enlart était échevin de la ville d'Arras en 1699. Un autre membre de cette famille, procureur général au conseil d'Artois, reçut par brevet de Louis XVI, le 10 novembre 1783, l'autorisation de décorer son écu d'une couronne de comte. Armes : *d'azur, au chevron d'or, accompagné en chef de trois croissants et en pointe d'une croisette ancrée du même.*

Ennetières ou Dennetières. — Cette maison, encore existante, tire son nom d'une terre située près de Lille. Gaspard d'Ennetières fut créé chevalier en 1584; Arnould d'Ennetières, secrétaire du roi, obtint confirmation de sa noblesse en 1588, Jacques d'Ennetières, conseiller d'État de Philippe IV, obtint l'érection de la terre de la Berlière en baronnie, et son fils Philippe-François fut créé marquis de Mottes en 1680. Alliances avec les Basta, Beer, Béthune, Fléchin, Landas, Sainte-Aldegonde, etc. Armes : *d'argent à trois écussons d'azur, chargés chacun d'une étoile à six rais d'or.*

Escaussines. — Cette famille, d'ancienne chevalerie de Flandre, alliée aux Barbançon, Esclaibes, Gavre, Harchies, Lalaing, Maulde, Rœux, etc., est éteinte depuis plusieurs générations. Armes : *d'or à trois lionceaux de gueules.*

Esclaibes. — La terre de ce nom est située en Hainaut. Ses seigneurs, dont la race s'est perpétuée jusqu'à nos jours, comptent parmi leurs ancêtres : Gérard d'Esclaibes, grand bailli du Hainaut en 1364; Gilles d'Esclaibes, favori de Charles-Quint, tué dans un combat en 1532; Pierre d'Esclaibes, gouverneur de Courtray; Auguste d'Esclaibes, comte d'Hust, colonel d'artillerie, chevalier de Saint-Louis, chef d'état-major d'artillerie à la prise d'Alger, mort en 1845. Alliances : Barbançon, Basta, Beaulaincourt, Carondelet, Cordes, Haynin, la Hamaide, la Vallée de Pimodan, Van der Gracht, etc. Armes : *de gueules, à trois lions d'argent, couronnés d'or.*

Espagnol ou Lespagnol. — Cette famille, de Lille, a donné des conseillers pensionnaires de cette ville, des officiers de distinction et un conseiller au parlement de Flandre. Elle a été anoblie par lettres du roi Louis XIV, en mai 1704. Elle a possédé les seigneuries de Grimbry, de Vasquehal, etc., et elle subsiste encore à Lille, Alliances : Desfontaines, Preux, Fourmestraulx, le Prévost de Basserode, Sutton de Clonard, Thieffries, Van Zeller, etc. Armes : *d'azur à la foi d'argent.*

Espiennes. — Cette ancienne famille du Hainaut tire son nom d'une seigneurie située près de Mons. On trouve dès l'an 1325 Jean d'Espiennes cité parmi les personnages considérables de cette ville. Un comte d'Espiennes a fait des preuves pour l'ordre de Malte. Armes : *d'argent, au chevron de sable, accompagné de trois trèfles de sinople.*

Estourmel. — Le nom primitif de la maison d'Estourmel était *Creton*, qu'elle a quitté au seizième siècle pour celui d'une terre située à une lieue de Cambrai. On compte parmi les rejetons de cette ancienne race, un chevalier croisé, un maréchal des camps et armées du roi, des officiers supérieurs, des dignitaires de l'ordre de Malte. Alliances : Choiseul, Espinay Saint-Luc, Lamoignon, Mailly, Rohan Chabot, Saint-Simon, etc. Armes : *de gueules, à la croix engreslée d'argent.* (Voyez l'*Annuaire de la noblesse*, 1854.)

Faille (La). — Famille issue de Jean de la Faille, échevin d'Anvers, créé chevalier en 1623. Elle s'est alliée aux Lalaing, aux Van de Werve, etc. Armes : *de sable, au chevron d'or, chargé de trois fleurs de lis d'azur, accompagné en chef de deux têtes de lions arrachées et affrontées d'or, lampassées de gueules, et en pointe d'une tête de léopard d'or bouclée d'un anneau de fer.*

Fampoux. — Famille éteinte, dont la seigneurie était située près de la ville d'Arras. Armes : *d'argent, au sautoir de sable, au canton de gueules.*

Fauquemberg. — Les anciens seigneurs de ce nom étaient connus dès l'époque de la première croisade, où Hugues de Fauquemberg fut tué à Damas en 1107. La terre a été achetée en 1503 par les barons de Ligne qui prirent plus tard les titres de comtes et princes de Fauquemberg. ARMES : *d'azur à la fasce d'or.*

FLÉCHIN. — Maison d'ancienne extraction, originaire des environs d'Aire, et admise aux États d'Artois en 1747, pour laquelle la terre de Wamin, près Hesdin, fut érigée en marquisat l'an 1705. Édouard de Fléchin dirigeait au siége de Saint-Omer les travaux de tranchée et l'attaque. Son père avait été tué au siége de la Rochelle, où il commandait le régiment de Rambures. La maison de Fléchin est alliée à celles d'Anvin de Hardenthun, de Bernieulles, de Créquy, de Monchy, de Wissocq, etc. ARMES : *fascé d'or et de sable.*

FONTAINE. — Famille originaire du Cambrésis, fixée à Lille depuis 1599, époque où Jérôme de Fontaine y reçut des lettres de bourgeoisie. Il était, en 1615, échevin de cette ville, et son arrière-petit-fils Gilles le fut en 1730. ARMES : *d'azur, à une fontaine d'or.* Souvent on les trouve : *parti, au 1er de gueules, au lion d'argent,* qui est de Wallincourt.

FORGE (LA). — La maison de la Forge, seigneurs de Racquinghem, de Cuvigny, d'hermin, de Willemans, a été admise aux États d'Artois en 1753 et 1770. Elle était au service des ducs de Bourgogne au quinzième siècle ; et Antoine de la Forge fut gentilhomme de la maison de Ferdinand Ier, frère de Charles-Quint. Alliances : Beauffremetz, Beaulaincourt, Hauteclocque, Henrart, Mont-Saint-Éloi, etc. ARMES : *de gueules, à trois trèfles d'or.*

FOSSE (LA). — Cette maison est d'ancienne chevalerie ; elle figure au tournoi d'Anchin en 1096 dans la personne de Hugues de la Fosse. Louise de la Fosse de Givenchy épousa Robert de Longueval, seigneur de la Tour et de Warlaing, et leur fille Hélène de Longueval fut mariée à Philippe de Berghe-Saint-Winock, seigneur de Boubers et de Roche, gouverneur de Lillers. Jean-Ignace de la Fosse, seigneur de Drinckam, fut créé chevalier le 31 août 1652. Anne de la Fosse, dame de Givenchy, épousa Baudouin de la Tramerie, gouverneur d'Aire, et lui apporta en dot les grands biens de la maison de la Fosse. ARMES : *d'or, à trois cors de chasse, liés de gueules et virolés d'argent.*

FOSSEUX. — De cette maison étaient issus Philippe et Colart de Fosseux, tués à Azincourt ; et Jeanne de Fosseux, dernier rejeton et héritière de sa maison, qui épousa Jean de Montmorency. De ce mariage est issue la branche des ducs de Montmorency, éteinte dans les mâles en 1862. ARMES : *de gueules, à trois jumelles d'argent.*

FOURMESTRAUX. — Cette famille, d'origine lilloise, s'est divisée en plusieurs branches : 1° celle de Wazières, anoblie en 1623, qui quitta le nom de Fourmestraux et reçut le titre de comte au siècle dernier ; 2° celle de Guermanez, éteinte ; 3° celle des seigneurs d'Ostove et d'Hancardrie, qui a donné deux trésoriers de France. Alliances : Bosquiel, Carondelet, Costa, Fruict, Hespel, Imbert, Lannoy, Poulle, Hautgrenier, Preud'homme d'Hailly, Vicq, etc. ARMES : *d'or, à l'aigle éployée de gueules.* (Voyez l'*Annuaire de la noblesse*, 1855, p. 214.)

FOURNEAU. — Cette famille est issue de Jean de Fourneau, échevin de Bruxelles en 1612, 1616, 1618, créé chevalier par lettres du roi d'Espagne du 8 avril 1620. Elle a reçu le titre de baron du Saint-Empire par diplôme de 1643 et a obtenu l'érection de sa seigneurie de Cruyckenbourg en comté le 23 octobre 1662. Elle compte encore des représentants en Belgique et elle s'est alliée aux Berken, Brouchoven, Chanclos, Ferstraets, etc. ARMES : *d'azur, semé de billettes d'or, au chevron du même.*

FRANCE. — La famille de France d'Hézecques, seigneurs de la Vacquerie, de Noyelles, barons de Vaux, qui siégeait aux États en 1747, a donné des ambassadeurs et des ministres de la maison d'Autriche, un évêque de Saint-Omer, un grand veneur du Brabant, des présidents au grand conseil de Malines et d'Artois. Elle s'est alliée aux maisons de Beauffort, Genevières, Louverval, Mailly, etc. ARMES : *fascé d'argent et d'azur ; les fasces d'argent chargées de six fleurs de lis de gueules, 3, 2 et 1.*

FRANQUEVILLE. — Cette famille a donné un secrétaire du roi, en 1718, un président à mortier et quatre conseillers au parlement de Flandre, un ministre de Louis XVI, massacré en 1794.

Alliances : Buissy, Fayau de Villegruy, Le Gras du Luart, Pollinchove, Waresquiel, etc. Armes : *d'azur, à l'étoile d'or, surmontée d'un lambel du même.*

Fremin du Sartel. — Cette famille, fort ancienne, a occupé à Cambrai des fonctions honorables dans la magistrature et s'est signalée par ses libéralités envers les établissements religieux et les institutions de bienfaisance. Philippe-Fremin du Sartel, garde du corps du roi Louis XVIII, a épousé la fille du vicomte de Carondelet. Armes : *d'argent, à trois lions de sable; au chef d'azur, chargé de trois besants d'or.*

Fruict. — La famille Fruict de la Gacherie et des Parcqs, était ancienne à Lille, quand Louis XVI lui donna des lettres de noblesse, en 1775. Alliances : Barbier de la Serre, Boucquel de Beauval, du Chambge, Fourmestraux, Hespel, Taffin d'Heursel. Armes : *d'or, à l'arbre terrassé de sinople, fruité de gueules.*

Gand. — Cette maison, l'une des plus illustres des Pays-Bas, s'est éteinte en 1818 dans la personne du comte de Gand, pair de France, grand d'Espagne de première classe. Elle était issue de Lambert, châtelain de Gand, qui vivait en 1026. Armes : *de sable, au chef d'argent.*

Gantès. — Une branche de cette famille, originaire de Provence, s'est établie en Artois, où elle a obtenu de Louis XV, en juillet 1770, des lettres de chevalier avec la couronne de comte. Alliances : Crose de Lincel, Deleval, Hannedouche, Roberty, etc. Un de ses rejetons fait partie de l'administration en Algérie. Armes : *d'azur, à l'émanche de 4 pièces d'or, mouvantes du chef.*

Gargan. — Originaire d'Artois, cette maison, fixée depuis un siècle au pays Messin, est issue de Simon de Gargan, écuyer, vivant en 1420. Elle a donné des officiers supérieurs, des chevaliers de Saint-Louis. Elle a été admise aux Etats d'Artois, comme seigneur de Monchel, en 1747, et porte depuis quatre générations le titre de baron. Alliances : Ailly, Beauffort, Belloy, Boubers, Coupigny, Cuinghem, Noyelles, etc. Armes : *d'argent, à deux bandes de gueules.* (Voyez pl. Ire.)

Gavre. — Maison d'ancienne chevalerie qui tire son nom d'un bourg situé sur l'Escaut, dans le comté d'Alost. Elle est connue depuis le onzième siècle et s'est alliée aux Bryas, Ligne, Rubempré, etc. Une de ses branches cadettes subsiste dans les Pays-Bas. Armes : *d'or, au lion de gueules, armé et couronné d'azur, à la bordure engreslée de sable.*

Genevières. — Le chef de cette ancienne famille d'Artois fut créé comte par lettres patentes du roi Louis XVI, où sont rappelés : Ernest de Genevières, grand prévôt de l'hôtel sous le règne de saint Louis ; Hugues de Genevières fait prisonnier à la bataille de Poitiers ; Ernest tué à celle d'Azincourt. La maison de Genevières est alliée aux Bernimicourt, aux Hauteclocque, aux Gouvion, aux de Josne, aux Melun, etc. Armes : *d'or, au chevron d'azur, accompagné de trois hures de sanglier de sable.*

Gheus. — Les enfants de Jean-Baptiste de Gheus, échevin de la ville d'Ypres, furent anoblis le 31 août 1740. Louis-Joseph de Gheus fut conseiller au conseil provincial de Flandres ; Charles-Louis-Eugène, chanoine de la cathédrale d'Ypres. Alliances : Bulkaert, Tronson, Hobrano, Wavrans, etc. Armes : *de sable, à la croix ancrée d'or, cantonnée de quatre croissants du même, deux en chef montants, deux en pointe renversés.*

Ghistelles. — Maison éteinte, dont était Roger de Ghistelles, qui périt à Bouvines en 1214; Jean de Ghistelles, chambellan du comte de Flandre en 1299. Elle avait reçu en 1674 le titre de marquis de Saint-Floris, et en 1760 celui de prince de l'Empire. Ses alliances sont avec les Croy, Guernonval, Hornes, Mailly, Maulde, Melun, etc. Armes : *de gueules, au chevron d'hermine.*

Glimes. — On donne pour auteur à cette maison éteinte un fils naturel de Jean II, duc de Brabant. Antoine de Glimes, chevalier de la Toison d'or, obtint de Charles-Quint l'érection de la terre de Berg-op-Zoom en marquisat. Alliances avec les Albert de Luynes, Hamal, Lalaing,

Rohan-Chabot. Armes : *de sinople, à 3 macles d'argent ; au chef d'or, chargé de trois pals de gueules.*

Godefroy de Menilglaise. — Cette famille ancienne, originaire de Lille, et illustrée par le savant Denis Godefroy, historiographe de France en 1640, avait produit, au seizième siècle, deux savants jurisconsultes dont l'un fut obligé, comme huguenot, de fuir en Allemagne à l'époque de la Saint-Barthélemy. Son chef actuel, Denis-Charles de Godefroy, auteur de plusieurs travaux d'érudition, a été autorisé à relever le nom du marquis de Menilglaise, son oncle, mort en 1846. Alliances : Boucher d'Orsay, Clairon, Droullin de Menilglaise, Lencquesaing, etc. Armes : *d'argent, à trois hures de sanglier de sable, arrachées et languées de gueules.*

Goethals. — Etablie à Gand depuis le onzième siècle et représentée encore de nos jours par plusieurs branches, cette maison est une des plus connues de Flandre, par les travaux généalogiques dont elle a été l'objet. Elle a donné : un grand archidiacre de Tournay en 1293, un chambellan de Philippe le Hardi, duc de Bourgogne ; un héros d'armes de Flandre, un grand maître des cérémonies de la cour de Bruxelles, etc. Elle s'est alliée aux Bette, Lannoy, Van der Gracht, Vicq, etc. Armes : *de gueules, à 3 bustes de vierge de carnation, habillées d'azur et chevelées d'or.*

Gomiecourt. — Cette famille, éteinte en 1754, était issue de Percheval le Grand, qui fut apanagé de la terre de Gomiecourt en Artois par Jean sans Peur, duc de Bourgogne. Elle prit le nom de ce fief, dont elle obtint l'érection en comté par lettres patentes de Philippe IV, roi d'Espagne, en 1633. Elle a donné un gouverneur général de l'Artois, un ambassadeur de Philippe II en France, un lieutenant général au service de Charles-Quint. Armes : *d'or, à la bande de sable.*

Gonnelieu. — Maison éteinte du Cambrésis, que des auteurs font descendre de Hugues de Gonnelieu chevalier, bienfaiteur de l'abbaye d'Honnecourt. Armes : *d'or, à la bande de sable.*

Gosson. — Cette famille, connue en Artois depuis la fin du quinzième siècle, a siégé aux États de la province en 1738. Elle s'est divisée en plusieurs branches, entre autres celle des seigneurs de Barlin, et elle s'est alliée aux Belvalet, aux Ghistelles, aux Fresneau, aux Le Josne, aux Lamputte, aux Le Cointe, aux Thieulaine, etc. Armes : *écartelé, aux 1 et 4 de gueules, frettés d'or ; aux 2 et 3 d'argent, à quatre burelles de gueules, au sautoir de sable brochant sur le tout.*

Gottignies. — Maison d'origine chevaleresque du comté de Hainaut, habituée en Flandre. Gille de Gottignies, chevalier, commandait, en 1418, la cavalerie de Jean sans Peur, duc de Bourgogne. Ignace de Gottignies fut créé baron du saint Empire, en 1658. Lancelot-Ignace-Joseph, baron de Gottignies, fut nommé chambellan de leurs majestés impériales, en 1754. Alliances : Béthune, Mérode, Ranst, Snoy, Tenremonde, Vischer de Celles, etc. Armes : *d'argent, à trois maillets de sable.*

Gouy d'Arsy. — Ancienne famille, originaire d'Artois, aujourd'hui fixée en Beauvoisis et dans l'Ile de France. Admise aux honneurs de la cour en 1744, elle porte, depuis cette époque, le titre de marquis. Elle a donné un lieutenant général de l'Ile de France pour le Vexin et un maréchal de camp. Alliances : Baude de la Vieuville, Bazincourt, Halluin, Hébert de Beauvoir, Le Couteulx de Canteleu, Vassan, etc. Armes : *écartelé, aux 1 et 4 d'argent, à l'aigle éployée de sable, armée, lampassée et couronnée de gueules ; aux 2 et 3 de gueules, à la bande d'or.*

Gouy d'Ansereul. — Cette famille, fixée à Tournay, se rattache aux Gouy d'Arsy de l'Artois. Elle n'est plus représentée que par trois sœurs : 1° madame de Balthazar, née Cicercule de Gouy d'Ansereul ; 2° madame Ruyant de Cambronne ; 3° Emmanuelle de Gouy d'Ansereul, sans alliance. Armes : *d'argent, à l'aigle éployée de sable, couronnée et lampassée de gueules.*

Grenet de Marquette. — Cette famille est issue de Jérôme-Joseph Grenet de Marquette, né en 1685, conseiller de la ville de Lille, anobli en 1743. Son petit-fils, Jérôme-Joseph Grenet de Marquette, marquis de Blérancourt, épousa, en 1778, Alexandrine de Chabenat de Bonneuil, fille d'un président des enquêtes, dont il eut la marquise de Le Josne Coutay et madame Albert de Guillebon. Il se remaria avec mademoiselle Imbert de la Basecque, dont il eut Pauline Grenet de Blérancourt, mariée au marquis de Saint-Exupéry. Armes : *d'azur, à trois gerbes d'or, liées de gueules.*

Gruterе. — Maison originaire de Gand, dont était François de Grutere, créé baron en 1696. Elle s'est alliée aux Lalaing, Rym, Tenremonde, Van der Gracht, etc. Armes : *de sable, à trois jumelles d'or.*

Guislain. — La filiation de cette famille est connue depuis Pierre-Honoré de Guislain, marié à Anne, fille de Charles de Bonnières de Souastre. (Voyez l'*Armorial* de d'Hozier, reg. V.) Armes : *d'azur, au chevron d'argent, accompagné en chef de deux étoiles d'or, et en pointe d'une merlette du même.*

Habarcq. — Cette race d'ancienne chevalerie, alliée aux Beauffort, aux Bryas, aux Haynecourt, etc., s'est éteinte dans la personne de Marie de Habarcq, femme de Gilles d'Aix, dit *de Lens*, auquel elle porta ses grands biens. Leur fille aînée épousa Charles d'Egmont, prince de Gavre, qui devint ainsi possesseur d'Aubigny, d'Avesnes-le-Comte, d'Habarcq, etc. Armes : *fascé d'or et d'azur de huit pièces.*

Hallwin. — Maison d'ancienne chevalerie, éteinte au siècle dernier. La seigneurie d'Hallwin, en Flandre, fut érigée en duché-pairie par lettres patentes de 1587 en faveur de Charles Hallwin, seigneur de Piennes ; ce duché finit avec lui en 1598. Alliances avec les Croy, Ghistelles, Mérode, Schomberg, etc. Armes : *d'argent, à trois lions de sable, armés, lampassés et couronnés d'or.*

Halmale. — Famille originaire du pays de Liége, et fixée en Brabant au quatorzième siècle. Henri de Halmale était échevin d'Anvers en 1378 ; Gaspard fut bourgmestre de la même ville, 1524-1528, et Henri de Halmale, qui l'était en 1598, reçut des lettres de chevalerie. Elle a donné un grand nombre d'échevins, bourgmestres d'Anvers, 1524 à 1696-1718, des conseillers au grand conseil de Brabant ; Anne-Louis-Édouard de Halmale, seigneur de Lières, créé comte de Halmale par l'impératrice Marie-Thérèse, et baron de Pelaines en 1752 ; un évêque d'Ypres en 1672. Alliances : du Bois, Chassey, Pauwels, Cotereau, Gottignies, Huyter, Mérode, Triest, Van de Werve, Vischer. Armes : *de gueules, semé de billettes d'or, au lion du même, armé et lampassé d'azur, brochant sur le tout.*

Hamel de Bellenglise. — Cette maison, originaire de Picardie, mais fixée depuis longtemps en Artois, a été admise aux États de cette province en 1757. Elle a donné des chanoines comtes de Lyon, et a produit entre autres rejetons : Simon de Hamel, chevalier qui servait sous le roi Jean, selon montre et quittance de 1348 ; Claude de Hamel, lieutenant général de Picardie et gentilhomme de la chambre du roi en 1595. Alliances : Bonnières, Boubers, Caix, Coëtlogon, Dion, Ollehain, la Viefville. Armes : *de gueules, au chef d'or, chargé de trois molettes d'éperon à cinq pointes de sable.*

Hamelaincourt. — La terre d'Hamelaincourt, près d'Arras, fut le berceau de sires de ce nom éteints depuis longtemps, et mentionnés, dès le onzième siècle, par les cartulaires des abbayes de Saint-Aubert et de Vaucelles. Mathieu de Hamelaincourt fut grand prévôt de Cambrai en 1212. Armes : *d'azur, fretté d'or.*

Hangouwart. — Cette maison ancienne, dont le nom s'est aussi écrit Hangouart, est originaire du Cambrésis et connue depuis Walerand Hangouwart, chevalier, vivant en 1382. Son dernier rejeton mâle, décédé en 1800, était le neveu d'Alexandrine-Charlotte-Marie d'Hangouwart, mariée au comte de Lannoy et mère de la comtesse du Maisniel. La terre d'Avelin avait été érigée successivement en baronnie et en comté pour cette maison par lettres patentes de 1664 et 1696. Armes : *de sable, à l'aigle d'argent, membré d'or.*

Hannedouche. — Henri Hannedouche, seigneur de Renquières, Montigny, etc., échevin d'Arras, fut anobli par l'archiduc Albert le 21 mars 1600. Sébastien Hannedouche, seigneur de Faye, de Bondues, etc., lieutenant général de la gouvernance de Douai, fut créé chevalier par lettres des archiducs le 24 février 1617. Jean-Robert Hannedouche, seigneur de Rebecque et d'Ablainzevelle en Artois, fut créé chevalier par lettres de Philippe IV le 2 mai 1658. Joseph-Ignace Hannedouche, jésuite, dit le père de Rebecque, mort à Aire le 17 février 1753, était le dernier rejeton mâle de la branche artésienne des seigneurs de Rebecque et d'Ablainzevelle. Une autre branche, celle des seigneurs de Gadancourt, près Pontoise, s'est aussi éteinte. Alliances : Gantès, Haudion, Hauteclocque, Mailly-Couronnel, Frameaux, Lelièvre de Nieulettes, etc. Armes : *de sinople, à la bande d'or, chargée de trois croix pattées au pied fiché de sable.*

Haubersart. — Alexandre-Joseph-Séraphin Daubersart ou d'Haubersart, procureur général au parlement de Flandre en 1789, fut créé comte et sénateur de l'empire en 1813, pair de France en 1814. Son petit-fils, le vicomte d'Haubersart, conseiller d'État, était député du Nord avant la révolution de février 1848. Armes : *d'azur, au chevron d'or, chargé de deux épées appointées de sable, accompagné en chef de deux étoiles d'argent et en pointe d'une balance du même.*

Haudion. — Maison du Brabant, habituée en Flandre et créée comte par le roi Charles II en 1698 Elle a donné des chanoinesses de Nivelles, et s'est alliée aux Bernimicourt, Maldeghem, Roisin, etc. Armes : *d'argent, à dix losanges d'azur, posées 3, 3, 3 et 1.*

Hauteclocque. — La seigneurie de Hauteclocque, au comté de Saint-Pol, est le berceau de la maison d'ancienne chevalerie de ce nom, qui la possédait déjà au douzième siècle. Wilbert ou Guibert, seigneur de Hauteclocque, fut présent à une charte de l'abbaye de Saint-Jean d'Amiens en 1174. Wauthier et Pierron de Hauteclocque suivirent le comte de Saint-Pol à la croisade de Tunis en 1270. Leur nom et leurs armes sont au Musée de Versailles. On trouve ensuite Tassart de Hauteclocque au siége d'Oisy en 1254, Jacques de Hauteclocque à la journée de Saint-Omer; Collart et Baudouin de Hauteclocque, siégeant aux États d'Artois en 1414; Walerand de Hauteclocque, légat *à latere* au quatorzième siècle. La terre de Hauteclocque sortit de cette famille en 1596, et vint par mariage dans celle de Bertoult, qui la fit ériger en marquisat sous le nom d'Œufs. Mais l'ancienne race de Hauteclocque a continué de subsister et compte encore de nombreux représentants. L'un d'eux, ancien maire d'Arras, a été créé baron de Hauteclocque par lettres patentes du 14 mai 1822. Alliances : Ailly, Berghes-Saint-Winock, Bryas, Créquy, Humières, Renty, etc. Armes : *d'argent, à la croix de gueules, chargée de cinq coquilles d'or.* (Voyez pl. Ire.)

Havrincourt. — La maison de ce nom, depuis longtemps éteinte, avait pour berceau la terre d'Havrincourt en Artois, qui a passé depuis par mariage à la famille de Cardevac, pour qui elle fut érigée en marquisat. Armes : *de sinople, au lion passant d'or.*

Haveskerque. — Maison qui a fourni de grands baillis de Gand, Bruges, Courtrai, Cassel, Ypres, etc., et qui a eu des alliances avec celles de la Clyte, Heilly, Hondschoote, Maulde, Quiéret, etc. Armes : *d'or, à la fasce de gueules.*

Haye (La). — Cette famille est issue de Charles de la Haye, chevalier, seigneur d'Hezecques et d'Ecques, député aux États d'Artois en 1663. Françoise de la Haye, femme de François d'Esclaibes, comte d'Hust, fit enregistrer son blason dans l'*Armorial* général de 1696. Alliances : Esclaibes, Halluin, Mailly, Robles, etc. Armes : *d'argent, au chevron de gueules, accompagné de trois merlettes de sable.*

Haynecourt. — Maison du Cambrésis fort ancienne, mais depuis longtemps éteinte. Alliances :

Beaulaincourt, Béthencourt, Frémicourt, Habarcq, Marcoing, etc. Armes : *d'or, à trois aigles de gueules.*

Haynin. — Cette famille, habituée en Artois et admise dans les chapitres nobles des Pays-Bas, est très-ancienne et originaire de la chatellenie de Lille, Jean de Haynin, dit *Brongniars*, accompagna le comte de Hainaut dans la guerre des Frisons en 1396. Pierre de Haynin, conseiller de Guillaume de Hainaut, mourut en 1421. Plusieurs rejetons de cette famille ont fait enregistrer leurs armes dans l'*Armorial* de la généralité de Flandre de 1696. Ils se sont alliés aux maisons de Croix, de Douvrin, d'Estourmel, de Ghistelles, de Liedekerque, de Maulde, d'Ongnies, de Pronville, de Widebien. Armes : *d'or, à la croix engreslée de gueules.*

Héricourt. — La seigneurie qui a donné son nom à la maison d'Héricourt, aujourd'hui éteinte, était située au comté de Saint-Pol. Baudouin de Héricourt, seigneur de Blingel, vivait en 1380. Jean de Héricourt, exempt des gardes du duc d'Enghien, fut tué à la journée de Saint-Quentin. Antoine de Héricourt, chevalier de Malte, et Jean, son cousin, périrent sur les côtes de Barbane en 1552. Pierre Lamoral de Héricourt fit enregistrer ses armes en 1697. Alliances : Anglure, Boffles, Caulaincourt, Fay, Occoch, Pally, Tassart, etc. Armes : *d'argent, à la croix de gueules, chargée de cinq coquilles du champ.* (Voyez pl. Ire.)

Hertaing. — Ancienne maison originaire du comté d'Ostrevant, qui a donné : Gilles Hertaing, grand bailli du Cambrésis, chevalier du tournoi d'Anchin ; Guillaume de Hertaing, gouverneur de Berg-op-Zoom. Elle s'était alliée aux Boubers, Buissy, Harchies, Hénin-Liétard, Ligne, Van der Noot, etc. Armes : *d'argent, à la bande d'azur chargée de trois coquilles d'or.*

Hespel. — Famille originaire de Lille et qui possédait la seigneurie d'Hocron en 1699 quand elle fit enregistrer ses armes. Armes : *écartelé, aux 1 et 4 d'or, à trois ancolies d'azur ; aux 2 et 3 d'argent, au chevron parti d'or et d'azur.*

Hinnisdal. — Cette ancienne famille a été admise aux états d'Artois, comme barons de Fumal et seigneurs de Kerckum, de Grassem, du Souich, etc., en 1750 et 1755. Elle a obtenu le titre de comte de l'empereur Charles VI en 1523, et a donné des mestres de camp de cavalerie, un gouverneur de Namur et un gouverneur général de Saint-Domingue. Alliances : Bournel, Bryas, Carnin, Lières, Villeneuve de Vence, Schulemburgh, Van der Gracht, etc. Armes : *de sable, au chef d'argent, chargé de trois merlettes de sable.* (Voyez la pl. Ire.)

Horosco. — Philippe de Horosco, seigneur de Doarent et de Quienville, fils de Pierre de Horosco et de Jacqueline de Stenlandt, était grand bailli de la ville et chatellenie de Berghes Saint-Winock, et fut créé chevalier le 21 octobre 1614. (Voyez l'*Annuaire* de 1858, p. 427.)

Hoston. — Cette maison a été admise aux états d'Artois en 1723. Jehan de Hoston, seigneur de Hauteville, fut bailli de Brugelettes au seizième siècle. Louis de Hoston, chevalier, seigneur de Frezignies, capitaine de cinquante hommes d'armes, marié en 1637 à Anne de Wignacourt, mourut en 1642. Édouard de Hoston, son fils, seigneur de Frezignies, épousa Marie-Lucrèce de Villers-au-Tertre, dont il laissa postérité. Alliances : Bacquehem, Bersacques, c Brum de Miraumont, Villers-au-Tertre, Wignacourt, etc. Armes : *d'azur, à trois étoiles d'or ; au chef d'or, chargé de deux faisceaux consulaires d'azur, posés en sautoir.*

Houchin. — Cette maison ancienne et illustre est connue depuis Gilles de Houchin, chevalier, qui donna, en 1202, ses dîmes d'Honnecourt à l'abbaye de ce nom. Simon de Houchin fut gouverneur d'Oisy en 1303, et Jean de Houchin exerça l'office de pannetier d'Antoine de Bourgogne, duc de Brabant. Louis-François-Joseph de Houchin, dit le marquis de Longastre, vicomte de Hautbourdin et d'Emmerin, du chef de sa mère, député du corps de la noblesse des états d'Artois, mourut en 1750. Sa fille Éléonore-Amélie-Joseph de Houchin, abbesse de Denain, décédée en 1752, et son fils Louis-Albert-François-Joseph de Houchin, marquis de Longastre, vicomte de Hautbourdin et d'Emmerin, fut député de la noblesse aux états d'Artois. Jean-Joseph-Anne-Marie de Houchin, marquis de Longastre, etc., sous-lieutenant au régiment du roi, épousa en 1754 la fille du marquis de Kérouartz. La terre de Hautbourdin, acquise en 1603 par Nicolas du Chastel, avait été érigée deux ans après en vicomté par les archiducs. Alliances : Berghes-Saint-Winock, Béthune, du Chastel, Gavre, Halluin, Kérouartz, Lens, Longueval, Thiennes, Wignacourt, etc. Armes : *d'argent, à trois losanges de sable.*

Imbert. — La famille Imbert de la Phalecque, de Seneschal, de la Basecque, etc., originaire de Lille, descend de Nicolas Imbert, anobli en 1608. Alard-Albert Imbert, seigneur de la Basecque, a été créé comte par Louis XV en 1749. Sa souche a fourni deux chevaliers d'honneur. (Voyez l'*Annuaire* de 1855, p. 224.)

Inchy. — La maison des sires d'Inchy, qui n'existe plus depuis plusieurs siècles, remontait aux premiers temps de la chevalerie. Baudouin d'Inchy, dit *Kalderuns*, parut au tournoi d'Anchin en 1096. Les seigneurs d'Inchy étaient bannerets d'Artois, l'un d'eux fut fait prisonnier à Azincourt. Armes : *fascé d'or et de sable de six pièces.*

Ingilliard des Watines. — Cette famille est issue d'Édouard Ingilliard, chevalier, seigneur des Watines, des Pretz, etc., créé trésorier de France en 1693, dont le fils, Édouard Ingilliard, seigneur de la Mairie, Plouich, Maisnil, Fromelles, etc., reçut des lettres de chevalerie en 1719. Alliances : Fruict, Fourmestraux, Stappens, des Buissons, Forest de Quartdeville, Cardon, etc. Armes enregistrées en 1697 : *d'azur, à deux chevrons d'argent.*

Jauche de Mastaing. — Ancienne maison, dont était Gabriel de Jauche, comte de Lierdes, capitaine d'une compagnie d'ordonnance sous l'empereur Charles-Quint. Philippe de Jauche, son petit-fils, fut créé comte de Mastaing en 1626. Elle est éteinte depuis un siècle. Alliances : Estourmel, Melun, Mérode, Montmorency, Sainte-Aldegonde, etc. Son nom s'est souvent écrit *Jausse*. Armes : *de gueules, à la fasce d'or.*

Joigny de Pamele. — Cette famille est issue de Guillaume de Joigny de Pamele, créé chevalier en 1581. Elle a produit Adolphe de Joigny, baron de Pamele, nommé évêque de Saint-Omer par Philippe II et auteur de plusieurs ouvrages de droit canonique. Armes : *écartelé, aux 1 et 4 de gueules, à l'aigle d'argent; aux 2 et 3 fascés de gueules et d'or, à l'aigle brochant d'argent.*

Josne-Contay (Le). — Cette famille descend de Robert Le Josne, bailli d'Amiens, gouverneur d'Arras pour Philippe le Bon, duc de Bourgogne. Il eut deux fils, Guillaume Le Josne, qui acheta la terre de Contay, dont il ajouta le nom au sien, et Jean Cardinal, évêque d'Amiens. La terre de Levasques fut érigée en marquisat au mois de février 1695 pour Maximilien-Martin Le Josne-Contay, seigneur de la Ferté. Alliances : Boucquel d'Hardecourt, Danchel, Dion, Froideval, Hauteclocque, Viseux, etc. Armes : *de gueules, au créquier d'argent.*

Kerckhove. — Elle descend de Jean de Kerckhove, échevin de la ville de Gand, créé chevalier en 1640, et s'est alliée aux la Faille, le Poyvre, Van der Gracht, etc. Elle a hérité de la baronnie d'Exaerde. Armes : *d'argent, à 3 griffons de sable, armés et lampassés d'azur.*

Kessel. — Cette famille paraît assez ancienne, quoique André-Melchior van Kessel, premier secrétaire et second pensionnaire de la ville d'Anvers, ait obtenu des lettres de réhabilitation de noblesse en 1725. La branche des seigneurs de Blamont a reçu le titre de baron de Kessel en 1751. Armes : *d'argent, à cinq losanges de gueules, formant une croix.*

Kéthulle (La). — Arthus de la Kéthulle, écuyer, seigneur d'Assche, fut créé chevalier le 10 avril 1646. Il était issu d'une ancienne famille noble de Flandre qui comptait déjà parmi ses rejetons : Rasse de la Kéthulle, pensionnaire du franc de Bruges, mort en 1400; Guillaume de la Kéthulle, écuyer, seigneur d'Assche, premier échevin de la keure de Gand en 1564; François de la Kéthulle, grand bailli de Gand, élu chef des révoltés contre le duc d'Albe. Cette maison est encore existante. Alliances : Brouchoven, Grutere, Mérode, Pottelsberghe, Recours, Van der Gracht, Vilain, etc. Armes : *de sable, au demi-pal retrait d'argent, soutenu par une fasce de même, accompagnée de trois molettes d'éperon d'or.*

Lafonteyne. — Sa noblesse date de son entrée, en 1693, au bureau des finances de Lille, auquel elle a donné deux trésoriers de France. Alliances : Aronio de Romblai, Fourmestraulx, Gilles, Miroul, Waresquiel. Son représentant actuel est Auguste-Joseph de Lafonteyne de Villers, ancien officier de cavalerie, dont la fille unique, Mathilde, est madame Aronio de Romblai. Armes : *d'azur, au chevron d'or, accompagné en chef de deux étoiles et en pointe d'un lion d'or.*

Lefebvre ou le Febvre. — La Chenaye Desbois dit qu'ils descendent de Martin le Febvre, écuyer, vivant l'an 1426, qui se trouva avec plusieurs de ses vassaux au siége de Compiègne, dans l'armée du duc de Bourgogne contre Charles VI. Guillaume le Febvre, dit de Laffre, eut, le 23 octobre 1762, des lettres de déclaration de noblesse enregistrées en la chambre des comptes à Lille. Cette famille a fourni un gouverneur de Ham, des hommes d'armes des ducs de Bourgogne, des grands baillis, et s'est alliée aux Briois, Hespel, Lannoy, Madre, Norguet, Miroul. Une branche de cette famille, dont il n'existe plus qu'un rejeton, porte le titre de vicomte de Ligny; la branche dite d'Ailly se continue à Lille. Armes : *de gueules, à l'aigle éployée d'or, accompagnée de quatre étoiles du même.*

Lagache de Bourgies. — Nicolas-Ignace Lagache de Bourgies, neveu de Barthélemy-François Lagache, greffier de la chambre des traites à Lille, fut créé trésorier de France en 1743. Sa postérité s'est éteinte de nos jours. Armes : *d'or, à trois pies au naturel* (appelées *agaches* en Flandre).

Lagarde. — Originaire de Valenciennes, cette famille s'est établie à Lille, où Louis de Lagarde, chevalier, seigneur de Boutigny, fut créé substitut du procureur du roi en 1746. Son fils, Auguste-Joseph de Lagarde, chevalier, seigneur de Boutigny, Bielleville, Lapailleterie, devint trésorier de France en 1777. Armes : *d'azur, à la bande dentelée d'or, accompagnée de six trèfles sans queue, posés en orle.*

Lalaing. — Cette illustre maison de Flandre, qui a pris son nom d'une seigneurie sise en Hainaut, a donné des chevaliers de la Toison d'or, un ambassadeur de Charles-Quint en France et trois stathouders de Hollande. A cette maison l'on rattache : Maximilien-Joseph de Lalaing, vicomte d'Oudenarde ou Audenarde, général major au service d'Espagne, qui fut créé comte de Lalaing par l'empereur Charles VI le 7 avril 1719; et Charles-Eugène, comte de Lalaing d'Audenarde, général de division, ancien pair de France, nommé sénateur le 4 mars 1852. Elle est alliée aux Beer, Enghien, Ligne, Mérode, Montmorency, Trazegnies, etc. Armes : *de gueules, à dix losanges d'argent, posées* 3, 3, 3 *et* 1.

Landas. — Maison qui vient de s'éteindre et qu'on croyait issue des anciens sires de Mortagne en Flandre. Roger de Landas accompagna Philippe-Auguste à la croisade de 1190, et Gilles de Landas fit partie de celle de Constantinople (Musée de Versailles). Jean de Landas, châtelain de Tournai, vendit sa terre de Mortagne à Philippe le Hardi. Othon de Landas fut créé chevalier en 1662. Armes : *coupé, émanché d'argent et de gueules de dix pièces.*

Lannoy. — La petite ville, qui lui a donné son nom, est située dans le voisinage de Lille. En 1448, Jean, sire de Lannoy, devint stathouder de Hollande. C'est à Hugues de Lannoy, mort en 1549, que le P. Anselme commence la filiation authentique. Cette maison a produit seize chevaliers de la Toison d'or, un chevalier des ordres du roi, un grand-maître des arbalétriers de France et un vice-roi de Naples qui gagna la bataille de Pavie, et auquel, seul, François Ier voulut rendre son épée. Alliances : Berghes, Coloma, Croix, Fiennes, Hangouwart, Ligne, Molembais, Noyelles, Oognies, Oultremont, Poix, Waudricourt, etc. Armes : *d'argent, à trois lions de sinople, couronnés d'or, armés et lampassés de gueules.*

Lencquesaing. — L'auteur de cette famille, qui se continue aujourd'hui, est Jean-Jacques de Lencquesaing, conseiller et receveur des aides d'Artois, anobli par le roi d'Espagne le 18 juillet 1661. Elle a fourni des officiers de distinction, chevaliers de Saint-Louis, et s'est alliée aux Van der Cruisse de Waziers, Enlart de Guémy, Godefroy, Madre, Norguet, le Maistre d'Anstaing, Potteau d'Hancarderie, etc. Armes : *d'azur, fretté d'or, au chef d'azur, chargé de deux étoiles d'or.*

Lens. — Famille issue de Philippe de Lens, seigneur de Blendecques et de Hallines, vivant en 1520. Les anciens châtelains de Lens étaient de la maison de Recourt (voyez plus loin). Robert de Lens, chevalier, seigneur de Blendecques et de Hallines, gouverneur de Saint-Omer, eut pour fils François de Lens, créé comte de Blendecques en 1664, dont la postérité s'éteignit en 1767. Une autre branche, celle des seigneurs d'Oyeghem, a donné Robert-François de Lens, maréchal héréditaire de West-Flandre en 1774. Alliances : Audenfort, Beer, Belleforière, Berghes-Saint-Winock, Houchin, Montmorency, Nédonchel, Spinola, etc. Armes : *écartelé, au 1er contre-écartelé d'or et de sable,* qui est de Lens; *au 2e d'or, à trois aigles de sable, becquées et membrées de gueules; au 3e vairé d'or et de gueules; au 4e bandé d'argent et d'azur, à la bordure de gueules,* qui est de Licques.

Lichtervelde. — Ancienne maison, dont étaient : Jean de Lichtervelde, conseiller et chambellan de Philippe le Bon en 1446, et souverain bailli de Flandre; Ferdinand de Lichtervelde, créé chevalier en 1626. Elle habite la Belgique et s'est alliée aux Belle, Preud'homme d'Hailly, Rosimbos, Van der Gracht, etc. Armes : *d'azur, au chef d'hermine.*

Liedekerque. — Maison encore existante, qui a produit Rasse de Liedekerque, souverain bailli d'Alost en 1477; Ferdinand Georges, créé comte de Mouscron en 1627. Alliances : Basta, Haynin, Namur, Spinola, etc. Armes : *de gueules, à trois lions d'or, armés, lampassés et couronnés d'azur.*

Ligne. — Cette souche, une des plus illustres des Pays-Bas, dont s'est détachée la maison d'Aremberg, établit sa filiation depuis Wauthier de Ligne, qui prit part à la croisade de Philippe-Auguste en 1189. Elle a donné un grand nombre de chevaliers de la Toison d'or, un maréchal du Hainaut, un maître des arbalétriers, un feld-maréchal des armées de l'empereur, et elle est aujourd'hui représentée par le président du sénat de Belgique, ancien ambassadeur en France. Alliances : Aspremont, Béthisy, Croix, Lalaing, Melun-Épinoy, Nassau, Salm. Armes : *d'or, à la bande de gueules.*

Lisle. — Adrien-Philippe de Lisle, trésorier de France en 1713, est la souche de cette famille, alliée à celle de Bats, de Renty, de Gillaboz, etc. Armes : *d'argent, à trois arbres terrassés de sinople.*

Locquenghien. — Cette famille doit en partie son élévation à la construction du canal de Bruxelles sous Philippe II. Pierre de Locquenghien avait été conseiller de Charles-Quint; Antoine de Locquenghien, seigneur de Melsbrœch, fut créé chevalier en 1599. Armes : *d'hermine, au lion de sinople.*

Longueval. — Cette maison, d'ancienne chevalerie, tire son nom d'un fief sis en Santerre. Jean de Longueval, maître d'hôtel de Charles-Quint, était le fils d'Adrien, gouverneur de Bapaume, et le père de Maximilien de Longueval, comte de Bucquoy, tué au siége de Tournai en 1581. Alliances : Argenteau, Croy, Estourmel, Houchin, Landas, Mailly, Montmorency, T'serclaes, etc. Armes : *bandé de vair et de gueules de six pièces.*

Louis de la Grange. — Cette famille, originaire de Lorraine, établie en Flandre depuis François-Louis, baron de Murauvau, chevalier de Saint-Louis, et ancien capitaine au régiment d'infanterie de Choiseul, nommé en 1737 chevalier d'honneur du parlement de Flandre. Il descendait de Jacques-Louis, anobli par le duc de Lorraine Charles III, le 13 août 1578, et réanobli par Henri IV, le 25 mars 1600. Le titre de la baronnie de Murauvau fut transporté sur la terre de la Grange-aux-Ormes. La famille a été reçue dans l'ordre de Malte en 1789.

Un de ses membres, le baron Amauri-Louis de la Grange, créé baron par Charles X, et colonel d'artillerie en retraite, est député au Corps législatif. Alliances : Bischoop, Bassecourt, Briois, Buissy, Croix de Dadizeele, Delacoste, Choiseul, Landas-Mortagne, Malet de Coupigny, le Sergeant d'Hendecourt. ARMES : *de gueules, semé de grains de sel d'argent, à l'ours en pied enchaîné d'or, colleté et lampassé d'azur; l'écu de* CHOISEUL *posé sur le tout.*

LOUVERVAL. — Cette maison a possédé les seigneuries de Villers-au-Flos, de Plunich, de Sars-les-Bois, et a obtenu l'érection en marquisat de la terre de Toutancourt en Picardie. Elle a siégé aux états d'Artois en 1752, et s'est éteinte en 1860 dans la descendance mâle. Alliances : Bacquehem, Creton, des Plancques, France, du Hays, Manessier, Wasservas, etc. ARMES : *d'argent, à la bande fuselée de cinq pièces.*

LYONS (DES). — Plusieurs familles de ce nom sont confondues dans la notice qu'en a donnée la Chenaye Desbois. Celle d'Artois est issue d'Hector des Lyons, greffier des états de la province, anobli par lettres du 19 février 1634, enregistrées à Lille. Elle a possédé les seigneuries de Fontenelles, Feuchin, Moncheaux, Bavincourt, etc. Elle a été admise aux états d'Artois en 1768. Alliances : Aveline, Bellesage, Douay, Lefebvre, etc. ARMES : *d'argen à quatre lions de sable, armés et lampassés de gueules.*

MADRE. — Régis de Madre, fils de Wallerand-Albéric de Madre et issu des Lannoy par sa mère, fut nommé président du conseil provincial d'Artois à l'âge de vingt-huit ans. Par lettres patentes du 23 mars 1786, il obtint l'autorisation de timbrer son écu d'une couronne de comte, et le titre lui-même de comte a été concédé le 29 mai 1861 à un de ses petits-fils. ARMES : *d'azur, à un entrelas d'or.*

MAES. — Cette famille est issue de Pierre Maes, dont le petit-fils Jacques épousa Aleyde de la Tour-Taxis, fille du général des postes de l'empire. Nicolas Maes, seigneur d'Ophem, conseiller de la chambre des comptes de Lille, fut créé chevalier en 1626 et eut pour fils Charles, échevin de la Keure de Gand. Alliances : Blasère, Boischot, Della Faille, Fournaux, Haveskerke, etc. ARMES : *de sable, à deux quintefeuilles d'argent, l'une en chef au 2e quartier l'autre en pointe; au canton d'or, chargé d'un double roc d'échiquier de gueules.*

MAISTRE (LE). — Cette famille, originaire de la Flandre française, a possédé les seigneurie d'Anstaing, de Thérombecq, etc. Une déclaration des hérauts d'armes, en 1716, portent que Jean le Maistre et Marie Voisin, sa femme, ont été reconnus nobles depuis l'an 1581. Elle a donné plusieurs officiers distingués, et s'est alliée aux Bonnescuelle d'Orgères, le Clément de Saint-Marq, du Chambge de Liessart, Van der Gracht, Jacops, le Maistre d'Anstaing, Maelcamp, Rouvroy de Fournes, etc. ARMES : *d'or, à la croix ancrée de sable.*

MALDEGHEM. — Maison issue de Philippe de Maldeghem, seigneur de Leyschot, créé chevalier en 1605. Son petit-fils Eugène-Ambroise reçut le titre de comte en 1585. Alliances avec les Gand-Vilain, Haudion, Oyenbrugge, Trazegnies, etc. ARMES : *d'or, à la croix de gueules, accompagnée de 12 merlettes du même mises en orle.*

MALET DE COUPIGNY. — Cette ancienne maison est issue de Jehan Malet, qui épousa vers l'an 1300 l'héritière des seigneurs de Coupigny, dont il prit le nom. On lui donne une origine commune avec les Malet de Graville, de Normandie. Elle a produit deux chambellans et un maître d'hôtel des ducs de Bourgogne, des chevaliers bannerets, des lieutenants généraux au service d'Espagne, des maréchaux de camp, un vice-roi des îles Baléares. Elle existe en trois branches, et un de ses rameaux est fixé en Espagne. Alliances : Berghes, Saint-Winock, Béthune, Brimeu, Esclaibes, Ghistelles, Lannoy, Wignacourt, etc. ARMES : *d'azur, à l'écusson d'or, et au chef cousu de gueules, chargé de trois fermaux d'or.* (Voyez pl. Ire.)

MALOTAU. — Cette famille, originaire de Tournai, a pour auteur Ferdinand-Ignace Malotau, reçu conseiller honoraire au parlement de Flandre le 20 avril 1722. Ildefonse-Joseph fut échevin de Douai en 1785, et bailli d'épée au présidial de Bailleul en 1786. Cette famille a contracté des alliances avec les Badaert, Gallois, Rousseau de Saultain, Poirson, Blondel d'Aubers, etc. Le titre de comte a été conféré en 1843, à Malotau de Guerne, ancien maire de Douai, père de : 1° Romain, qui a épousé Marie Feutrier, nièce de l'évêque; 2° Jules, vicomte de Malotau, veuf sans enfants d'Émilie Blondel d'Aubers; 3° Amédée, veuf de mademoiselle Poirson et remarié à mademoiselle Lhuillier; 4° Gustave, sans alliance; 5° Frédéric; 6° Célinie, mariée à Prosper Merlin d'Estreux de Maingoval. ARMES : *de gueules, à trois brosses* (alias *trois massues*) *d'or*.

MALUS. — Cette famille descend de Jean-Marie-François Malus, créé procureur du roi au bureau des finances de Lille en 1765. François, son fils et son successeur, fut père de Malus du Maisnil, officier de marine, chevalier de Saint-Louis, dont la postérité subsiste encore, et de Sophie Malus, femme du général Guesviller, sénateur, décédé en 1865. ARMES : *d'or, au pommier de sinople*.

MARESCAILLE DE COURCELLES. — Cette famille a donné un conseiller au conseil provincial d'Artois en 1719, et quatre conseillers à la cour du parlement de Flandre depuis 1732. Elle s'est alliée avec les de Burges, d'Oby, de Petypas, Vandermeersh, et elle subsiste encore en la personne d'Auguste Marescaille de Courcelles, marié à mademoiselle de Petypas, et dont les trois filles ont épousé le comte le Bègue de Germigny, le comte de Caulaincourt et le vicomte Raoul de Favières. ARMES : *d'or, au chevron de sable, accompagné de trois trèfles d'azur*.

MARNIX. — Cette maison, qui a donné plusieurs chanoinesses au chapitre noble de Denain, a pour auteur Jacques de Marnix, seigneur baron de Pottes, commissaire général des *montres* des Pays-Bas, créé chevalier en 1543. Elle existe encore, et s'est alliée aux Bonnières-Souastre, Haudion, Lannoy, Ongnies, Wignacourt. ARMES : *d'azur à la bande d'argent, accostée de deux étoiles d'or*.

MARONIEZ. — Antoine Maroniez, échevin de Cambrai, fut père d'Antoine-Xavier, trésorier de France en 1787, dont la descendance est aujourd'hui représentée par le directeur du mont-de-piété de Cambrai. Alliances : Tabary, Lemerchier, Ponsard, Binet de Moyencourt, Phalempin, Bourlon, etc.

MAULDE. — Cette maison, originaire du Hainaut, s'est établie en Artois il y a plusieurs siècles. Elle était représentée au commencement du siècle dernier par Louis-François, comte de Maulde, chevalier de Saint-Louis, mestre de camp de cavalerie en 1734. Son petit-fils, Louis-Léon-Adélaïde, comte de Maulde, ancien capitaine de chasseurs, a épousé le 24 mai 1808 Marie-Victoire-Jeanne de Lasteyrie du Saillant, dont il n'a eu qu'une fille. La branche cadette, celle des seigneurs de Tourelle, existe encore et sa généalogie a été donnée dans l'*Annuaire de la noblesse de* 1861, p. 188. Alliances : Beauffremetz, Courteville, Davy de la Pailleterie, Harchies, Haynin, Hespel, Lameth, Lannoy, Lasteyrie du Saillant, Malapert, Monchy, Navigheer, Thiennes, Viry, etc. ARMES : *d'or, à la bande de sable, frettée d'argent*.

MERLIN D'ESTREUX. — Cette famille, originaire de Valenciennes, a fourni un conseiller au conseil provincial de cette ville, trois conseillers au parlement de Flandres, un député du Nord créé baron de Maingoval, et marié à mademoiselle Mathieu (de Reischshoffen). Prosper, son frère cadet, a épousé Célinie Malotau de Guerne. Fortuné, le plus jeune, est sans alliance. ARMES : *d'azur, à trois haches d'or*.

MÉRODE. — Originaire du duché de Juliers, cette maison, une des plus illustres des Pays-Bas, a eu de nombreuses possessions féodales dans la province d'Artois. Baudouin de Mérode, chevalier, était à la croisade de Damiette en 1218; son nom et ses armes sont au musée de Versailles. Protecteurs de la république de Cologne, libres barons en 1473, puis comtes du Saint-Empire, marquis de Westerloo en 1626, comtes de Manietz et d'Ongnies en Artois en 1647, grands d'Espagne en 1709, les rejetons de la maison de Mérode ont donné des chevaliers de la Toison-d'Or, des feld-maréchaux, des ambassadeurs, des capitaines des gardes, et de nos jours un ministre du souverain pontife. Philippe-François, comte de Mérode, ayant épousé en 1704 l'héritière des princes de Rubempré, en a relevé le nom et le titre. Alliances Arenberg, du Cluzel, Grammont, Nassau, Oldenbourg, Ongnies, Rohan-Montauban, Rubempré, Spangen, Thézan, etc. ARMES : *d'or, à quatre pals de gueules, à la bordure engreslée d'azur.*

MESEMACRE. — Jérôme de Mesemacre, capitaine d'infanterie, fut échevin de Gand. Son cousin germain Gilles-Augustin de Mesemacre fut anobli par lettres du roi Charles II, le 3 août 1672. Cette famille a donné plusieurs chefs écoutelles de la ville et quartiers d'Herentals. Alliances : du Bois de Fiennes, Franckenberg, Lannoy, Lardenois de Ville, Spinosa, Steenhout, T'serclaes, etc. ARMES : *écartelé, aux 1 et 4 d'argent, fretté de sable, semé de fleurs de neflier de gueules; aux 2 et 3 d'or, à la croix ancrée de gueules.*

MONTIGNY. — A cette famille, éteinte depuis plusieurs siècles, d'ancienne chevalerie, appartenait Gaultier, sire de Montigny, qui fonda en 1077 l'abbaye d'Anchin, où vingt ans plus tard eut lieu le célèbre tournoi de ce nom, auquel un chevalier de Montigny assista. Le Carpentier l'appelle Montigny en Ostrevant, pour la distinguer de trente autres familles du même nom. De nos jours une d'elles est représentée à Lille par un directeur d'une compagnie d'assurances, marié avec la nièce du marquis de Bellissen, et à Paris par le comte de Montigny, attaché au haras du Pin et marié avec mademoiselle Franchet d'Esperey. ARMES : *de sinople, au lion d'argent, armé et lampassé de gueules.*

MONTMONIER. — Alexandre de Montmonier, fils d'un directeur des fermes de Lille, fut créé trésorier de France en 1705. Son frère François-Alexandre de Montmonier, mort en 1761, a laissé, de mademoiselle de Surmont, deux filles mariées, l'une à Jean-Joseph de Casteele de la Briarde, conseiller au Parlement de Flandre, l'autre à Pierre Huvino, seigneur de Bourghelles. ARMES : *d'azur, au chevron d'or, accompagné de trois merlettes d'argent.*

MOREAU. — On trouve dans le Cambresis et dans le Hainaut français plusieurs familles de ce nom, auxquelles des écrivains ont donné une origine commune, et dont quelques-unes paraissent anciennes. Celle de Moreau de Bellaing a pris son surnom d'une terre sise près de Valenciennes, dont elle avait hérité quelques années avant la révolution. Elle est alliée aux Rémont de Montmort, Steenhault, du Buisson de Bruel, etc. Un de ses rejetons a été créé baron par Louis XVIII le 21 février 1823. ARMES : *d'azur, à la bande d'argent, chargée de trois mouchetures d'hermine de sable.*

MUYSSART. — Originaire de Lille, cette famille a donné des conseillers pensionnaires des États de la Flandre wallonne et des conseillers du conseil souverain. Elle a reçu le titre de vicomte sous la Restauration, et elle s'est éteinte en 1853 par la mort de Caroline-Joséphine-Eulalie le Prévost de Basserode, née en 1799, mariée en 1840 à Louis-Ernest, vicomte de Muyssart, ancien capitaine de cavalerie, veuve en 1841. Guillaume Muyssart ou Muissart, en latin *de Muisarto*, qui comparut au tournoi d'Anchin, avait, selon le Carpentier, le même blason que cette famille. ARMES : *d'azur, à trois coquilles d'or.*

NAMUR. — Maison issue de Philippe de Namur, fils naturel de Jean III, comte de Namur, qui vendit son comté au duc de Bourgogne en 1421. Elle porte depuis deux siècles le titre de *vicomte d'Elzée*, et a reçu en 1712 celui de comte de Dhuy. Alliances : Beauffort, Harscamp, Haultepenne, etc. ARMES : *d'or, au lion de sable, armé, couronné et lampassé de gueules.*

NIEULANT. — Famille qui a donné des échevins aux villes de Gand et de Bruges, et qui acquit la seigneurie de Pottelsberghe, érigée pour elle en vicomté en 1718. Guislain de Nieulant, échevin de Gand, fut créé chevalier en 1634. Alliance : Alegambe, Melenaere, Spada, Wouters, etc. ARMES : *d'azur, au casque d'or de profil, doublé de gueules.*

NORMAN. — Cette famille est issue de Guillaume de Norman, conseiller de l'empereur Maximilien Ier et receveur général des pays d'Artois et de Picardie. Jacques de Norman, seigneur d'Oxelaere, de Sainte-Aldegonde, etc., échevin de la ville de Gand, fut créé chevalier par le roi Philippe IV le 12 octobre 1630. Charles-Emmanuel de Norman fut créé baron le 22 juin 1754, et devint chambellan de Leurs Majestés Impériales en 1772. Alliances : Croix, le Clercq, Groote, Grunter, Oosterlinck, Seclyer, Wilde, etc. Armes : *de sable, au chef cousu d'azur, le tout semé de billettes d'or, au lion d'or, armé et lampassé de gueules, brochant sur les billettes.*

Northout. — Famille habituée en Flandre, mais originaire d'Artois, où elle possédait la terre de Bayenghem, érigée en baronnie pour Jean de Northout, capitaine de la ville de Dunkerque en 1545. Son fils Antoine devint grand bailly de Tenremonde. Armes : *d'argent, à la croix ancrée de gueules.*

Noyelles. — La terre de Noyelles près Lens, en Artois, fut le berceau de cette maison, dont étaient : Gui de Noyelles, bienfaiteur de l'abbaye de Saint-Aubert de Cambrai en 1150 ; Jean de Noyelles, tué à la bataille d'Azincourt ; Paul de Noyelles, capitaine de ville et château de Bapaume en 1609. Elle fut érigée en comté le 8 février 1614, pour Hugues de Noyelles, maître d'hôtel des archiducs Albert et Isabelle. Alliances : Berghes-Saint-Winock, Bourgogne, Lannoy, Sainte-Aldegonde, Wignacourt, etc. Une autre terre de Noyelles, sise près de Wattignies et de Seclin, est tombée dans la famille du Chambge. Le nobiliaire de Picardie d'Haudicquer de Blancourt cite une famille qui avait pour armes : *de gueules, à trois jumelles d'argent*, et qu'il confond avec celle d'Artois, au moins pour certains faits. Armes : *écartelé d'or et de gueules.*

Obert. — Famille dont la filiation remonte à Walerand Obert, qui reçut des lettres de noblesse en 1583, a donné un lieutenant général de la gouvernance de Lille en 1625, et un président à mortier au parlement de Flandre en 1695. Charles-Philippe Obert, créé chevalier en 1675, reçut le titre de vicomte de Chaunes, par lettres patentes de Louis XIV, données à Versailles en 1684. Cette famille s'est divisée en plusieurs branches encore existantes, et s'est alliée aux Bernimicourt, du Chastel, Noyelles, etc. Armes : *d'azur, au chevron d'or accompagné de trois chandeliers du même.*

Occoche. — Cette maison, d'ancienne chevalerie, est originaire de la terre d'Occoche, située près de Saint-Pol. Jean d'Occoche, marié avec Isabelle de Ligne, possédait en 1500 la seigneurie de Neuville, que Jeanne d'Occoche porta en dot à Guilbert de Lannoy, seigneur de Villerval. Armes : *d'argent, à la fasce de gueules, surmontée de trois coqs de sable, becqués et membrés de gueules.*

Ongnies. — Cette maison, l'une des plus anciennes et des plus illustres de l'Artois, a donné des chevaliers des ordres du roi et de la Toison d'or, des gouverneurs d'Aire, Lille, Corbie, Oudenarde, Hesdin, Philippeville, etc., des lieutenants généraux de Sa Majesté Catholique, des conseillers intimes et chambellans de l'empereur d'Allemagne. Un sire d'Ongnies était au tournois d'Anchin en 1096 ; deux chevaliers de ce nom périrent à Azincourt en 1414 ; Gilles d'Ongnies fut tué à la journée de Montlhéry en 1464. François d'Ongnies, comte de Chaulnes, tomba victime de son courage à la bataille de Saint-Denis en 1567. Elle est divisée en plusieurs branches qui sont toutes éteintes, et parmi lesquelles on remarque : 1° celles des *comtes de Chaulnes*, créés par lettres de Charles IX du mois de décembre 1563, dans la personne de Louis d'Ongnies, gouverneur de Corbie. A l'extinction de cette branche, le comté de Chaulnes passa par mariage dans la maison d'Ailly, et ensuite dans celle d'Albert de Luynes ; 2° celle des *seigneurs de Coupigny*, qui recueillirent la terre de ce nom par mariage avec les Mallet de Coupigny, et furent créés comtes par lettres du 6 mai 1624 : elle se fondit dans la maison de Croy ; 3° celle des *comtes de Mastaing*, héritiers de la maison de Jauche ; Othon-Henri d'Ongnies, leur dernier rejeton mâle, fut créé prince de Grimberghe en 1777 ; et sa fille unique épousa le comte de Mérode, auquel elle porta les titres et les biens de cette branche ; 4° celle des *comtes de Willerval*, créés en 1612, et éteints quelques années après ; 5° celle des *comtes de Beaurepaire*, par création de l'an 1622, dont les biens et les titres passèrent à la maison de Lannoy, par le mariage de Louise-Michelle d'Ongnies avec Philippe de Lannoy, comte de la Motterie. Alliances : Argenteau, Berghes-Saint-Winock, Croy, Beauffort, Bournonville, Brimeu, Ghistelles, Halluin, Humières, Lannoy, Ligne, Mérode, Montmorency, Rubempré, Thiennes, Ursel. Armes : *de sinople, à la fasce d'hermine.*

Oosterlinck. — Cette famille, issue de Jean d'Oosterlinck, seigneur de Wassenhove, mort en 1525, a formé deux branches : celle de *Wassenhove* et celle de *Boesdael.* La première s'éteignit par la mort de Gérard d'Oosterlinck, seigneur de Wassenhove, et de Plancques, échevin de Gand de 1584 à 1591 ; la seconde par la mort de Jean-Philippe-Augustin d'Oosterlinck, seigneur de Boesdael et de Stickele, le 25 décembre 1767. Alliances : Hellin, Neve, Norman, Ronnée, Triest, etc. Armes : *d'azur, à la fasce d'or, accompagne de trois molettes du même.*

Ostrel. — Cette maison s'est divisée en plusieurs branches. L'aînée était celle de Lierres, qui a donné : Jean d'Ostrel, seigneur de Lierres, capitaine d'une compagnie de 200 chevau-légers sous le comte d'Egmont en 1571 ; Jacques d'Ostrel, son fils, gouverneur et grand bailli de Lillers et de Saint-Venant ; Gilles d'Ostrel, baron de Val et de Berneville, gouverneur de Lens, créé vicomte le 13 août 1627 par le roi Philippe IV. La terre de Saint-Venant fut érigée en comté par lettres du 17 décembre 1655 pour Maximilien d'Ostrel de Lierres, mestre de camp d'une terce d'infanterie de dix compagnies wallonnes, capitaine de Saint-Omer. Alliances : Créquy, Du Chastel, Gomer, Hinnisdal, Lannoy, Mailly, Thiennes, Warluzel, etc. Armes : *d'azur, à trois dragons ailés d'or.*

Oyenbrugge. — Cette maison, originaire du pays de Liége, habituée en Flandre par ses possessions et ses alliances, est issue de Henri d'Oyenbrugge, seigneur de Coelhem et d'Orsmael, mort en 1392. La terre de Duras en Brabant fut érigée en comté par diplome impérial du 15 mai 1540 en faveur de la branche aînée, qui se fondit par mariage dans la maison Van der Noot en 1705. Il ne faut pas confondre ces comtes de Duras avec ceux de la maison de Durfort. La terre de Roost fut érigée en baronnie par lettres de Philippe IV du 30 août 1651 pour une branche cadette. Alliances : Bergh de Trips, Berlo, Bourgogne, Enghein, Looz-Corswarem, Ligne, Mérode, Quarré, Ursel, Van der Noot. Armes : *fascé d'or et de sinople.* Les comtes de Duras portaient : *écartelé, aux 1 et 4 d'*Oyenbrugge ; *aux 2 et 3 de sable, semé de fleurs de lis d'or,* qui est de Duras.

Partz de Pressy. — Cette maison originaire d'Allemagne, s'est fixée en Artois, où François-Joseph de Partz, chevalier, obtint que les terres d'Équire et de Pressy fussent unies et érigées en marquisat par lettres patentes de 1712. François-Joseph-Gaston de Partz de Pressy fut sacré évêque de Boulogne en 1743. Cette maison compte aussi plusieurs gouverneurs de places et des officiers de distinction. Alliances : Beauffort, Blondel, Contes, Hennin-Liétard, Willeman, etc. Armes : *d'argent, au léopard de sinople, armé et vilené de gueules.*

Pas. — Maison d'origine chevaleresque qui tire son nom et son origine de la terre de Pas en Artois, sur la rivière d'Authie, au comté de Saint-Pol. Anselme de Pas se croisa avec Louis le Jeune. Baudouin de Pas, chevalier banneret, combattit à Bouvines. La seigneurie de Feuquières, en Picardie, fut érigée en marquisat par lettres patentes de 1646 pour Isaac de Pas, lieutenant général des armées du roi et ambassadeur de France en Espagne. Manassès de Pas, marquis de Feuquières, a été l'un des grands capitaines de son temps. Antoine de Pas, marquis de Feuquières, a écrit des mémoires militaires très-estimés. Alliances : Aumale, Gramont, La Fayette, Hocquincourt, Montmorency, etc. Armes : *de gueules, au lion d'argent.* (Voyez pl. Ire.)

Patras de Campaigno. — Cette maison, d'ancienne chevalerie, admise aux honneurs de la cour en vertu de preuves faites devant le fils Chérin en 1788, s'est divisée en deux branches. L'une est restée dans le Condomois et subsiste encore de nos jours, à Toulouse. Elle a été maintenue, en 1700, par M. de Bezons, intendant de la généralité de Bordeaux. L'autre s'est fixée dans le Boulonnais et l'Artois, où elle s'est alliée à la maison de Lannoy. Un de ses rejetons, Michel Patras de Campaigno, dit le *Chevalier noir*, fut gouverneur de Boulogne sous Henri IV. Armes : *parti, au 1er de gueules, à la croix d'argent; au 2e, d'argent, au lion d'azur, armé, lampassé et couronné de gueules.*

Pellicorne. — Le château de ce nom, situé en Artois près de Quéant et de Dury, a été le berceau d'une famille qui alla s'établir à Anvers, puis à Leyde. Jean Pellicorne, seigneur de Dury, était capitaine d'Oisy en 1382. Nicolas Pellicorne, écuyer, mourut en otage durant la tyrannie de Maraffin à Cambray, sous le roi Louis XI. Alliances : Arras, Bullecourt, Forest, Lougastre, Sains, Sautaing, etc. Armes : *d'or, à trois trèfles de sinople.*

Perrenot-Granvelle. — Cette famille, originaire du comté de Bourgogne, fut habituée en Brabant, où la seigneurie de Cantecroy fut érigée pour elle en comté par lettres du roi d'Espagne en juillet 1570. Nicolas Perrenot, fils de Pierre qui avait été anobli en mai 1524, acheta la terre de Granvelle, dont il prit le surnom, et devint ministre et ambassadeur de Charles-Quint. Il eut entre autres enfants Antoine Perrenot, cardinal de Granvelle, archevêque de Malines, puis de Besançon, ambassadeur du roi Philippe II. François Perrenot, comte de Cantecroy, seigneur d'Havrincourt, dernier rejeton mâle de cette famille, légua ses biens à son neveu François-Thomas d'Oyselet, à la charge de prendre le nom et les armes de Perrenot-Granvelle. Ce dernier, créé prince du Saint-Empire en 1620, épousa Caroline d'Autriche, fille naturelle de Rodolphe II, et n'en eut qu'un fils décédé sans postérité en 1637. Armes : *d'argent, à trois bandes de sable; au chef d'or, chargé d'une aigle éployée et naissante de sable.*

Petypas. — Le nom de cette famille s'écrit à tort quelquefois *Petitpas*. Son premier auteur était Auguste Petypas, seigneur de Warcoing, anobli par lettres du 10 mars 1616. Alliances : Cuvillon, Lannoy, Malet de Coupigny, Noyelles, Moncheaux, Vitry, etc. Germain et François Petypas, chevaliers, firent enregistrer leur blason en 1697. Armes : *de sable, à trois fasces d'argent.*

Pinault des Jaunaux. — Cette famille, originaire d'Anjou et transplantée à Douai, aujourd'hui éteinte en Flandre, a donné un maître des requêtes, deux présidents à mortier au parlement de Flandre et un conseiller au Parlement de Paris. Ils étaient comtes de Tenelles. Armes : *d'azur, à trois pommes de pin d'or renversées.*

Pollinchove. — Ancienne maison originaire de Flandre, dont était Jacques-Martin de Pollinchove, créé premier président du parlement de Flandre en 1691, qui épousa Marie-Madeleine du Chambge. Charles-Joseph, son fils, le remplaça dans sa charge en 1710, et eut à son tour pour successeur Gaspard-Félix-Jacques de Pollinchove, chevalier, seigneur de Saint-Pithon, Haussy, etc., mort sans alliance en 1816; avec lui s'éteignit sa famille. Jacques-Martin et Marie-Madeleine du Chambge furent inhumés dans l'église collégiale de Saint-Pierre à Douai, où l'on voit encore le magnifique monument dont l'auteur est le sculpteur célèbre Allegrain, en 1763. Alliances : Bonnières, du Chambge, Francqueville d'Abancourt, etc. Armes : *d'hermine, à trois losanges de gueules.*

Porte (La). — Hugon de la Porte, chevalier, baron de Pesselier, gentilhomme domestique de Jean, duc de Brabant, fut nommé son grand archier de corps par lettres patentes du 7 juin 1404. Il possédait la terre et seigneurie de la Court du Bois, dont la possession fut confirmée à son arrière-petit-fils Jean de la Porte, par lettres du comte d'Eu du 15 juin 1537. François-Lamoral de la Porte, chevalier, sieur de Waux, la Motte, Martelois, etc., fut maintenu dans sa noblesse par jugement de l'intendant Bignon le 26 janvier 1706. Alliances : Boyaval, Cerf, Cunchy, Héricourt, Grisel, la Brayelle, Pisseleu, Sucre, etc. Armes : *d'or, à une bande d'azur.*

Pottelsberghe. — A cette maison, fixée aujourd'hui en Belgique et alliée aux Borluut, Camargo, Ximénès, appartenait Antoine de Pottelsberghe, seigneur de Boulanchy, colonel, créé baron par le roi d'Espagne en 1688. La terre de Pottelsberghe a été érigée en vicomté pour les Nieulant en 1718. ARMES : *de sable, au cor de chasse d'argent, tourné à sénestre, lié et virolé d'or, au chef du même.*

POUCQUES. — Cette maison eut pour berceau le château et la baronnie de son nom, près de Bruges. Elle a formé trois branches : 1° celle de Poucques d'Herbinghem, à laquelle appartenait Jacques de Poucques de Beauriez, officier de marine, tué à la défense de Candie en 1668 ; Antoine, son frère puîné, est l'auteur du rameau, représenté aujourd'hui par le baron de Poucques d'Herbinghem, ancien capitaine de hussards, par Amédée, conseiller à la cour d'Amiens et par le contre-amiral de Poucques d'Herbinghem ; 2° celle des seigneurs du Puich, qui a formé deux rameaux, l'un fixé à Bruxelles et l'autre dans le Luxembourg ; 3° celle du Boulonnois, maintenue en 1700. ARMES : *d'or, au lion léopardé de sable, armé et lampassé de gueules.*

POYVRE (LE). — Ancienne famille de Bruges, dont étaient Antoine le Poyvre, créé chevalier à Valenciennes en 1600 ; Louis le Poyvre, bourgmestre d'Audenarde, mort en 1592, et son petit-fils Jean le Poyvre, dit le vicomte d'Audenarde, seigneur de Mullem, créé chevalier en 1627. Elle a produit plusieurs branches aujourd'hui éteintes, et s'est alliée aux Cordes-Watripont, Ghistelles, Jauche, Lalaing, Villegas, etc. ARMES : *de gueules, au sautoir d'or, chargé de cinq merlettes de sable, celles d'en haut affrontées, celles d'en bas adossées.*

PREUD'HOMME D'HAILLY. — Famille de Flandre, habituée en Artois, qui a pour auteur Pierre Preud'homme ou Prudhomme, maître d'hôtel du comte de Lalaing, et maïeur de Lille en 1558. Il avait reçu des lettres de noblesse en 1530. Jean de Preud'homme d'Hailly fut créé chevalier par l'archiduc Albert en 1600. Ses descendants ont porté les titres de barons de Pouques, vicomtes de Nieuport. Alliances : Basta, Croix, Dion, Hangouwart, Lichtervelde, Maulde, Ongnies, etc. ARMES : *de sinople, à l'aigle d'or, becquée et membrée de gueules.*

PREVOST DE BASSERODE (LE). — Famille de la châtellenie de Lille, encore existante, à laquelle des nobiliaires rattachent Jean le Prevost, roi de l'Épinette à Lille en 1350, et Hubert le Prevost, grand bailli de Lille à la fin du quatorzième siècle. ARMES : *d'azur, au lion d'or, armé et lampassé de gueules.*

PRONVILLE. — On cite un chevalier de Pronville mort à Azincourt. Alexandre de Pronville, seigneur de Tracy, dans l'élection de Noyon, avait fait ses preuves remontant en 1480. Un de ses parents était mestre de camp d'un régiment de cavalerie. Philippe-Dominique de Pronville, seigneur de Haucourt, capitaine d'infanterie wallonne, fut créé chevalier par Philippe IV le 31 juillet 1654. Dominique de Pronville, capitaine d'infanterie wallonne, tué à l'assaut du Catelet, en Picardie, le 14 décembre 1638, avait épousé Anne de Schoore. Alliances : Assouleville, Bernimicourt, Bertoult, Carondelet, Moncheaux, la Vacquerie, Warluzel. ARMES : *de sinople, à la croix engreslée d'argent.*

PUIS (DU). — Cette famille, originaire de Mons, est issue de Gilles Puch, échevin de cette ville en 1381, dont plusieurs descendants ont été revêtus des mêmes fonctions administratives. Elle a donné aussi des capitaines aux gardes wallonnes, des brigadiers des armées du roi. Son nom s'est écrit autrefois Puiche, du Puich, du Puch, et dans les temps modernes du Puis. Un de ses rameaux prit le surnom de Pont de Sains, d'un château situé près d'Avesnes ; l'autre se fixa à Valenciennes, puis à Saint-Quentin et de là à Poitiers où il réside encore. ARMES : *de gueules, à la bande engreslée d'argent, chargée de trois flammes de gueules.*

QUARRÉ. — Louis Quarré, chevalier, seigneur de La Haye en Hainaut, était trésorier de l'ordre de la Toison d'or en 1486. Ses descendants, qu'il ne faut pas confondre avec ceux de la famille Quarré, issue d'un échevin d'Arras, anobli en 1627, ont donné plusieurs membres des États nobles de Namur et de Brabant. Jean-Pierre-François-Joseph Quarré, baron de Molembois, lieutenant-colonel au service d'Espagne, fut créé comte le 23 juillet 1766. Alliances : Auffay, le Clément, Namur d'Elzée, O'Mallun, Ryckel, van de Werve, etc. Armes : *écartelé, aux 1 et 4 d'azur*, qui est de Quarré; *aux 2 et 3 d'or, à la bande de gueules, chargée en chef d'une merlette de sable*, qui est de la Haye.

Quéant. — Cette maison avait pris son nom d'une terre qui, située entre les villes d'Arras et de Bapaume, était en litige pour le ressort entre la gouvernance de l'une et le baillage de l'autre. Ses rejetons furent les bienfaiteurs du chapitre de l'église collégiale de Saint-Aubert de Cambrai, transformé en abbaye de l'ordre de Saint-Augustin.

Quecq de la Chérye. — Sa noblesse remonte à Jean-Baptiste-François Quecq, sieur de la Chérye, créé trésorier de France le 29 juillet 1754. Ses deux fils, Quecq de Sevelingue et Quecq d'Henripret, eurent la même charge en 1785. Cette famille subsiste encore. Alliances : Saint-Léger, Savary, Scherer de Scherbourg, Vicq, Virnot, etc. Armes : *de sinople, au canard d'argent; au chef d'or, chargé de deux tourteaux de gueules mis en fasce.*

Quellerie. — A cette famille, originaire du Cambrésis, appartenait François-Emmanuel de Quellerie, chevalier, seigneur de Chanteraine, etc., honoré du titre de comte par le roi Louis XV au mois de janvier 1769. Il épousa en 1736 Marie-Françoise Cardon de Rollancourt, dont il eut deux filles, mariées l'une à M. de Calonne de Beaufort, l'autre au marquis de Villers au Tertre-Wavrin. Alliances : Beauffort, Couronnel, Hertaing, Louverval, Moncheaux, Outreman, Waziers-Warin, Wingles, etc. Armes : *d'azur, au chevron d'or, accompagné de trois étoiles du même.*

Ranchicourt. — La terre de ce nom, située en Artois, a été le berceau d'une maison d'ancienne chevalerie. Wattier de Ranchicourt est cité, en 1096, au tournoi d'Anchin. Pierre de Ranchicourt fut évêque d'Arras en 1473. Anne de Ranchicourt, dernier rejeton de cette souche, épousa en 1520 Gui de Bournonville, gouverneur d'Abbeville, et lui apporta tous les biens de sa maison, entre autres la terre d'Hénin-Liétard, qui fut érigée en comté pour Oudard de Bournonville, son fils, le 7 septembre 1579. Armes : *d'argent, au chevron de gueules, accompagné de trois tourteaux du même.* (Voyez pl. Ire.)

Rasoir ou Razoir. — Famille ancienne du Cambrésis, dont sont sortis des prévots de Valenciennes et des échevins de Cambrai. Jean-François-Ignace Rasoir, seigneur de Croix et de Forest, capitaine d'infanterie au siége de Valenciennes en 1656, fut créé chevalier le 16 décembre 1665. Nicolas-Joseph-Arnould Rasoir, son petit-fils, seigneur de Croix, de Renoncourt, de Marlières, etc., grand prévot de Valenciennes, dernier rejeton du nom et des armes, ne laissa que deux filles. Alliances : Arras, Dourlens, Haynin, Hertaing, Roisin, Savreux, Wargny, etc. Armes : *d'azur, à trois flèches d'or mises en bande.*

Récourt. — Cette maison, aujourd'hui éteinte, dont les premiers auteurs étaient, selon Carpentier, châtelains héréditaires de Lens, a possédé la baronnie de Wissenkercke, érigée le 31 juillet 1630, par le roi Philippe IV, en faveur de Philippe de Récourt, dit de Licques, colonel d'infanterie wallonne, et le comté de Rupelmonde érigé pour son petit-fils en 1671. Charles de Récourt, dit de Lens, fut amiral de France en 1418. Ferdinand-Gillon de Récourt fut page du roi en la grande écurie en 1722. Yves-Marie-Joseph de Récourt de Lens de Licques, comte de Rupelmonde, baron de Wissenkercke, maréchal des camps et armées du roi, épousa la fille du duc de Gramont, et fut tué au combat de Paffenhoven le 15 avril 1745. Avec lui s'éteignit sa branche. Alliances : Alègre, Beauffort, Brimeu, Cruninghem, Estourmel, Ghistelles, Gramont, Lens, Licques, Mailly, Mérode, Nédonchel, Robles, etc. Armes : *écartelé, aux 1 et 4 contre-écartelés d'or et de sable*, qui est de Lens; *aux 2 et 3 de gueules, à trois bandes de vair, au chef d'or*, qui est de Récourt.

Rély. — Cette maison, d'ancienne origine, a pris son nom d'une terre et seigneurie sise à deux lieues d'Aire. Les sires de Rély étaient chevaliers bannerets dès le treizième siècle. Jean de Rély combattit à la journée de Saint-Omer le 30 avril 1340 contre Robert d'Artois. Martin de Rély fut créé chevalier par Charles VII, après la prise de Pontoise, en 1441. Jean de Rély, confesseur du roi Charles VIII, devint évêque d'Angers. Louis de Rély, seigneur de Framicourt en Santerre, de Saint-Léger-les-Araines, de Roch, de Parvillers, etc., fut homme d'armes des ordonnances du roi sous la charge de François Gouffier, seigneur de Crèvecœur. Cette famille s'est éteinte il y a deux siècles. Alliances : Bacquehem, Crésecques, Estourmel, Happlincourt, Inchy, la Viefville, Mailly, Saveuse, Wavrin, Wailly, Wertaing, Wignacourt, etc. Armes : *d'or, à trois chevrons d'azur.*

Remy de Gennes. — Cette famille, de l'ancienne bourgeoisie de Douai, a formé plusieurs branches : celle *du Maisnil* a eu son entrée au parlement de Flandre en 1752, et lui a donné deux conseillers; l'autre, dite de Gennes et de Campeau, descend d'un conseiller secrétaire du roi au siècle dernier. Elle subsiste encore, et s'est alliée aux Becquet de Megille, Bérenger, Bodhain d'Harlebecque, Cordouan, la Fare, Imbert de la Phalecque, Tholosé, Wavrechin. Armes : *de sinople, à l'aigle essorant d'argent, fixant un soleil d'or placé au franc canton de l'écu.*

Renty. — A cette famille d'origine chevaleresque appartenaient Alain de Renty, qui commandait l'arrière-garde à la bataille de Muret, gagnée par Simon de Montfort; Oudart de Renty, qui se distingua dans les guerres du quinzième siècle. En 1350, Isabeau, fille d'Adrien de Renty, comte de Seneghen, ayant épousé Guillaume, sire de Croy et d'Airaines, porta la seigneurie de Renty, située près de Fruges, dans la maison de Croy, qui en obtint l'érection en marquisat par lettres de Charles-Quint. Alliances : Averoult, Brimeu, Harchies, Hauteclocque, Quiéret, Recourt, etc. Armes : *d'argent, à trois doloires de gueules, les deux du chef adossées.*

Richardot. — Jean, fils de Guillaume Grusset, originaire de Champlitte en Bourgogne, et de Marguerite Richardot, sœur de l'évêque d'Arras, prit le nom de son oncle maternel. Il devint président du conseil d'Artois sous le duc de Parme, fut envoyé en ambassade au congrès de Vervins en 1598, et conduisit les négociations de La Haye en 1607. Il avait été créé chevalier en 1582. La terre de Gamarage, en Hainaut, fut érigée en comté par le roi Philippe IV le 3 novembre 1623 pour Guillaume Richardot, seigneur de Lembecke, d'Ottignies, etc. Cette maison s'éteignit à la fin du dix-septième siècle par la mort de Claude Richardot, prince de Steenhuysen, comte de Gamarage, mestre de camp d'une terce d'arquebusiers à cheval. Alliances : Bournonville, Courcol, Rye, Ursel, etc. — Armes : *d'azur, à deux palmes d'or, posées en sautoir et cantonnées de quatre étoiles du même.*

Robiano. — Famille issue de Balthazard de Robiano, trésorier général des domaines et finances des archiducs et leur ministre plénipotentiaire au congrès d'Anvers en 1610. Elle a donné plusieurs secrétaires au conseil privé du roi aux Pays-Bas au dix-septième siècle, et Louis-François de Robiano, conseiller régent du conseil suprême des Pays-Bas à Vienne, fut créé vicomte par diplôme de l'impératrice-reine le 31 janvier 1753. Alliances : Aerts, Hellin, Limpens, Ghens, Villegus, etc. Armes : *de gueules, à trois ancres d'argent.*

Robles, comtes d'Annapes. — Maison issue de Gaspard de Robles, colonel d'infanterie wallonne, tué au siége d'Anvers en 1585. Son fils Jean obtint l'érection en comté de la seigneurie d'Annapes relevant de la châtellenie de Lille. Alliances : Gand-Vilain, Lannoy, Liedekerque, Sainte-Aldegonde, etc. Armes : *d'or, au lion de sable, armé et lampassé de gueules, rampant contre un arbre terrassé de sinople, à la bordure d'hermine, chargée de huit mouchetures.*

Rodoan. — La maison de Rodoan, originaire de Franche-Comté, s'établit en 1560 dans la Flandre et le Hainaut, où elle fut apanagée de la baronnie libre et de la ville de Fontaine-l'Évêque. Elle y exerça les droits de souveraineté jusqu'à l'invasion de l'armée française, en 1797. Cette famille, admise dans tous les chapitres, a donné des dames de la Croix étoilée, et a fourni un grand nombre d'officiers et de chambellans de l'Empereur. Alliances avec les maisons de Bavière, de Rouvroy-Watteville, d'Alsace, du Chastel de la Hovarderie, de Mérode, de Brancas, etc. Le nom de Rodoan s'est éteint à la mort de la duchesse de Brancas-Lauragais, en 1848. ARMES : *de gueules, chappé d'or, accompagné de deux roses de sable.*

RODRIGUEZ d'Evora y Vega. — Cette famille, espagnole d'origine, a pour auteur Lopez Rodriguez, venu d'Evora, qui rendit de grands services aux armées alliées contre Louis XIV en 1678. La seigneurie de Rodes en Flandre fut érigée pour lui en marquisat par lettres du 14 juillet 1682, et celle de Berleghem en baronnie, le 27 du même mois. Il était gentilhomme de la maison du roi d'Espagne, souverain pannetier de Flandre et chevalier de l'ordre militaire de Saint-Jacques. Ses descendants ont donné, de nos jours, des membres au sénat et à la chambre des représentants de Belgique. Alliances : Andelot, Blondel, Courteville, Hane, Joigny de Pamèle, Kerchove, Lens, Potter de Commines, Sarmont, Vilain XIV, etc. ARMES : *écartelé, aux 1 et 4 de gueules, à l'aigle d'or; aux 2 et 3 d'argent, à trois fleurs de lis au pied coupé d'azur;* sur le tout : *d'or, au lion de sable, à la bordure engreslée du même.*

ROISIN. — Ancienne maison dont était Jean-François de Roisin, député de la noblesse aux États du Hainaut, qui obtint en 1686 l'érection de la terre de Forest en marquisat de son nom. Le Carpentier cite Baudouin de Roisin comme présent au tournoi d'Anchin en 1096. Jean de Roisin, prévôt de Maubeuge, mourut en 1317. Baudry, baron de Roisin, épousa en 1514 Madeleine de Montmorency. Alliances : Gand-Vilain, Haudion, Hénin-Liétard, Sainte-Aldegonde, etc. ARMES : *bandé d'argent et de gueules.*

ROMRÉE. — Elle a pour auteur Jean de Romrée, créé chevalier en 1622, et a produit Antoine de Romrée, gouverneur de Marimont, tué à la bataille de Lens en 1648, et Pierre-François-Vital de Romrée, bourgmestre de Malines, créé comte en 1728. Renier de Romrée, chevalier du pays de Liége, dont l'arrière petite-fille, Catherine de Romrée, porta les terres de Saint-Marc et de Fraire dans une autre famille, en 1515, avait les mêmes armes que Jean de Romrée. Alliances : La Broye, Coloma, Daillon, Yve, etc. ARMES : *d'azur, au chameau d'argent, bridé et couronné de gueules, accompagné de trois étriers d'argent.*

ROOSE. — Cette famille, originaire de Flandre et aujourd'hui éteinte dans les mâles, a reçu les titres de baron de Bouchout en 1683, de comte de Roose en 1770. Son dernier rejeton fut Charles-Pierre-Joseph, comte de Roose, né en 1768, marié en 1797 avec Henriette-Joseph-Françoise-Ghislaine de Vischer de Celles. Jean-François Roose, bourgeois de Tournay, fit enregistrer son blason dans l'*Armorial général de France* de 1697 : *d'argent, au chevron d'azur, accompagnée de trois roses au naturel;* ce qui présente des différences d'émaux avec l'écu de la famille. ARMES : *de gueules, au chevron d'argent, accompagné de trois roses du même.*

ROSIMBOS. — Famille éteinte, dont était Antoine de Rosimbos ou Roisimbos, chevalier, gouverneur de Béthune et de Saint-Quentin, l'un des chefs des archers de Charles le Téméraire. Pierre de Rosimbos, seigneur de Philomez, eut plus tard l'office de maître d'hôtel de la duchesse de Savoie. Alliances : Habarcq, Longueval, Noyelles, Ongnies, Quiévrain, etc. ARMES : *bandé d'or et de gueules de six pièces.*

ROUBAIX. — Cette famille, d'origine chevaleresque, compte au nombre de ses premiers rejetons Otbert de Roubaix, chevalier croisé, qui accompagna le comte de Flandre à la croisade de Constantinople en 1202. Jean de Roubaix, seigneur dudit lieu et de Herzelles, chevalier de la Toison d'or, premier chambellan du duc de Bourgogne, porta les armes contre les infidèles en Prusse et en Afrique, assista aux batailles de Rosebecque et de Liége, et mourut à quatre-vingt-dix ans, le 7 juin 1449. Alliances : Ghistelles, Haveskerkes, Lannoy, Wavrin, etc. ARMES : *d'hermine, au chef de gueules.*

ROUVROY ou ROUVEROY. — Ancienne maison du Brabant, qui hérita de la beerie de Pamele, la première de Flandre en 1667. Elle s'est fondue dans une branche de celle de Gavre, qui s'éteignit elle-même, et la duchesse de Brancas, comtesse de Rodoan, fut la dernière héritière des sires de Rouvroy. Il ne faut pas la confondre avec celle des Rouvroy, ducs de Saint-Simon, originaire de Picardie, dont était le marquis de Saint-Simon, pair de France en février 1848, sénateur sous le titre de duc en janvier 1852. Alliance avec les Gavre, Locquenghein, Rodoan, Tenremonde. ARMES : *burelé d'argent et d'azur, au lion de gueules, couronné d'or.*

ROUVROY. — La famille Rouvroy de Fournes, de Capenguenhem, de la Mairie, originaire de Lille, a donné un mayeur et un rewart à cette ville, et un trésorier de France, Jacques Rouvroy, seigneur de Fournes, fils de Pierre et de Michelle Cardon, reçu en 1693. Il eut pour successeur dans sa charge son fils Jacques-François-Alexandre Rouvroy de Fournes, d'où sont descendus les branches et rameaux existant encore. Les Rouvroy ont fourni plusieurs officiers de distinction, et le titre de comte a été donné en 1817, par Louis XVIII, à M. Rouvroy de Fournes. Alliances : Aronio, Bady de Pont, Blin de Saint-Quentin, Cardon de Garsignies, d'Espagne de Vennevelles, Jacobs, du Lac de Fugères, de Lencquesaing, de Madre, le Maistre d'Anstaing, de Narp, de Waresquiel. ARMES : *de sable, à la croix d'argent, chargée de cinq coquilles oreillées de gueules.*

RUYANT DE CAMBRONE. — Cette famille est issue de Nicolas-Guislain Ruyant, conseiller au parlement de Flandre le 8 février 1705, qui a transmis la noblesse à ses descendants après avoir justifié de l'édit du mois de décembre 1713, par lequel Sa Majesté entend que les président, conseillers, avocat général et procureur général de sa cour de parlement établie à Douay, continueront à jouir, comme par le passé, du droit et de la possession de noblesse au premier degré. Cette famille, qui s'éteint, est encore représentée par madame Ruyant de Cambronne, née de Gouy d'Ansereul. Elle doit son surnom à la seigneurie de Cambronne, en Flandre, et n'a pas de parenté avec le général Cambronne, originaire du pays de Nantes. ARMES : *d'hermine, au chef d'azur, chargé de trois couronnes d'or.*

SACQUESPÉE. — Cette famille est issue de Jean Sacquespée, conseiller du duc de Bourgogne, maïeur d'Arras en 1430. Antonin Sacquespée, seigneur de Dixmude, était gouverneur de Dunkerque vers 1520. Une branche, celle des seigneurs de Gomiecourt, s'était fixée en Picardie et y avait été maintenue dans sa noblesse par jugement du 5 novembre 1699 Cette famille est éteinte et paraît ne pas être la même que celle des seigneurs de Thesy, fixée aussi à Amiens et maintenue le 17 décembre 1707 sur preuves remontant à Jean Sacquespée, reçu bourgeois d'Arras en 1539. Alliances : Bery, Carnin, Doncœur, Haveskerque, Lens, Mont-Saint-Éloi, Noyelles, etc. ARMES : *de sinople, à l'aigle d'or, becquée et membrée de gueules, tenant au bec une épée de sable, garnie d'or, la pointe en bas et posée en bande.*

SAILLY. — Cette ancienne race, éteinte au siècle dernier, avait pour berceau la terre de son nom située près de Bapaume. Colart de Sailly parut comme homme d'armes aux assises de Péronne en 1337 ; Jean de Sailly, châtelain de cette ville en 1462, servit Charles le Téméraire et se trouva à la bataille de Nancy. Alliances : Bournel, Créquy, la Roche-Dragon, Monchy, Wissocq, etc. ARMES : *d'argent, au lion de gueules, armé et couronné d'or, lampassé d'azur.* (Voyez pl. Ire.)

SAINT-AUBERT. — Maison éteinte du Cambrésis, de laquelle on dit que sont issues celles d'Aspiers, de Graincourt, de Mancicourt, etc. Gérard de Saint-Aubert était bouteiller du Hainaut au douzième siècle. Alliances : Avesnes, Brabançon, Bouchain, Oisy-Crèvecœur, etc. Il y avait aussi au comté de Flandre une seigneurie de Saint-Albert ou Saint-Auber, qui a été érigée en comté le 25 octobre 1702 en faveur de Claude-François de Humyn, trésorier de l'ordre de la Toison d'Or. ARMES : *d'or, à trois chevrons de gueules.*

SAINT-GENOIS. — Ancienne maison du Hainaut, issue de Simon de Saint-Genois, chambellan de Louis XI, créé baron du Saint-Empire par l'empereur. Nicolas de Saint-Genois reçut le titre de comte de Grandbrencq en 1655. Elle s'est perpétuée jusqu'à nos jours. Armes : *de gueules, au sautoir d'azur, bordé d'argent, et chargé de cinq roses du même.*

Saint-Omer. — Cette noble famille possédait la terre et seigneurie de Moerbeke, ancienne bannière de Flandre. Hugues de Saint-Omer, compagnon de Godefroy de Bouillon, s'établit en Palestine; son nom et ses armes sont au musée de Versailles. Josse de Saint-Omer, conseiller chambellan du duc de Bourgogne, était gouverneur et capitaine du château de la Motte-au-Bois, en 1848. Jean de Saint-Omer, chevalier, vicomte d'Aire, recueillit la baronnie de Robecque du chef de Jacqueline d'Yve, sa femme. Leur fille, Jeanne de Saint-Omer, fut mariée en 1577 à Louis de Montmorency, et en 1617, par la mort de Robert de Saint-Omer, son neveu, créé comte en 1614, les terres de Robecque et de Moerbeke passèrent à la maison de Montmorency; elles furent érigées, la première en principauté, et la seconde en marquisat. Alliances ; Bailleul, Croy, Montmorency, la Tramerie, Wavrin, etc. Armes : *d'azur, à la fasce d'or.*

Sainte-Aldegonde. — Le berceau de cette maison était une seigneurie de ce nom, située dans un faubourg de Saint-Omer. Jean de Sainte-Aldegonde, chevalier, fonda en 1298 le couvent des chartreux de cette ville. Un de ses descendants, Jean, seigneur de Noircormes, était chambellan de Charles-Quint. Cette maison, dont le nom ne figure pas à la galerie des croisades du Musée de Versailles, a joui des honneurs de la cour en 1782 et 1785. Le comte Camille de Sainte-Aldegonde, son chef, mort en 1853, était maréchal de camp. Alliances : Aumont, Halluin, Isque, Landas, Lannoy, Montmorency, Ognies, Roisin, etc. Armes : *d'hermine, à la croix de gueules, chargée de cinq roses d'or.*

Salperwick. — Cette famille, d'ancienne extraction, tire son nom d'une seigneurie située près Saint-Omer. Baudouin de Salperwick, écuyer, se distingua à la bataille que le duc de Bourgogne livra sous les murs de cette ville en 1340. Renault de Salperwick fut admis aux États d'Artois en 1414. François de Salperwick, ayant recueilli du chef de sa mère le marquisat de Grigny, érigé pour la maison de Bassecourt, son arrière-petit-fils, Eugène-Louis-Philippe de Salperwick, capitaine de cavalerie et membre des États de la noblesse d'Artois en 1789, a pris le titre de marquis de Grigny. Alliances : Bassecourt, Bernes, Brandt, Dion, Harchies, Lisques, Sains, Vidard, etc. Armes : *vairé contre-vairé d'argent et d'azur, au franc quartier d'hermine.*

Sandelin. — Famille originaire d'Anvers, dont Jérôme, le chef, receveur général de Zélande, fut créé chevalier en 1549 par l'infant d'Espagne. Une branche, fixée en Artois, portait le titre de comte de Fruges. Alliances : Brimeu, Bronchorst, Fiennes, Moorsel, etc. Armes : *de gueules, à trois coqs d'argent, becqués, crêtés et membrés d'or.*

Sart (Du). — Cette famille se croit originaire du Cambrésis, quoique établie à Lille depuis plus de deux siècles. Elle a reçu des lettres de chevalerie le 27 avril 1727, le titre de baron le 3 mars 1742 par Marie-Thérèse. Joseph-Marie du Sart, seigneur de Bouland, entra au bureau des finances de Lille en 1695. Son fils, François-Joseph-Marie du Sart de Bouland, lui succéda, en 1743, dans la charge de second président, et fut remplacé, en 1780, par son fils, Auguste-François-Joseph-Marie du Sart d'Escarne. Alliance : Bidé de la Grandville, Cornet d'Elzins, du Chasteler, Hespel, Houzeau de Milleville, Van der Gracht, Van der Haeghen, Milot, Nédonchel, Stappens. Armes : *tiercé en fasce, au 1er d'azur, à l'aigle éployée d'argent, membrée et lampassée de gueules; au 2e d'argent, à trois merlettes de sable; au 3e de sable, au lion léopardé d'or, armé et lampassé de gueules.*

Scherer. — De cette famille, encore existante, était Guillaume-Hubert de Scherer de Scherbourg, seigneur de Tourmignies, maintenu dans sa noblesse et créé chevalier, lui et tous ses descendants mâles, par lettres du roi Philippe V du 16 mai 1710. Armes : *écartelé, au 1er d'argent, à une demi-aigle de gueules, couronné d'or mouvant du flanc sénestre de l'écu; au 2e d'or, à un cerf de gueules debout sur un monticule à trois coupeaux de sinople; au 3ᵉ d'or, au cerf contourné; au 4ᵉ d'or, à une demi-aigle de gueules, couronnée d'or.*

SCHYNKELE. — Cette famille noble et ancienne a donné des bourgmestres à la ville et châtellenie de Furnes. Jacques Schynkelo, l'un d'eux, fut créé chevalier en 1643. Hyacinthe-Joseph Schynkele, lieutenant aux gardes vallones, mourut en Espagne vers 1760. Alliances : Aerlebout, Crombugghe, Mortagne-Landas, Saint-Ouen de Pougerville, Thouars, etc. ARMES : *d'argent, à une étoile à six rais de sable, surmontée de deux coquilles du même.*

SECLYN. — Cette famille, qui a donné des premiers échevins de la Keure et des parchons de Gand, était issue de Gui de Seclyn, seigneur de Hansbeke, bienfaiteur de l'abbaye de Roosenberghe, mort en 1477. George de Seclyn, seigneur de Heyne, fut créé chevalier en 1642. Elle s'est éteinte en 1717 et ses biens ont passé à la maison de Schietere. Alliances : Borluut, Lalaing, Le Clerq, Liedekerke, Sersanders, Schietere, Wouters, etc. ARMES : *d'azur, à trois croissants d'or.*

SCHIETERE. — Famille encore existante, dont étaient Jean de Schietere, échevin de Bruges en 1558; Nicolas Schietere, créé chevalier en 1623; Baudouin, seigneur de Hauthaye, commandant une compagnie allemande en 1680. ARMES : *de sable, à deux chevrons d'argent.*

SCHOORE. — Famille qui a donné des échevins et des bourgmestres du franc de Bruges. Charles-François-Louis de Schoore, fut créé comte le 27 mars 1686, par lettres patentes du roi Charles II. Il était seigneur de Mankove, bourgmestre du franc de Bruges et député des États de Flandre. Josse de Schoore, son bisaïeul, seigneur de Mankove, était échevin. Famille éteinte avec Joseph, comte de Schoore en 1723. Alliances : Bernage, Bourgogne, Calonne, Croix, Pronville, etc. ARMES : *de sable, au chevron d'argent.*

SEGON. — Deux branches artésiennes de ce nom ont été anoblies, celle de Segon de Guyonval le 29 avril 1588, celle de Segon du Hamel le 19 juin 1620. ARMES : *de gueules, à trois croix ancrées d'argent.*

SERGENT (LE). — Louis le Sergent, seigneur de Beaurains et de Heudecordel, avocat au conseil d'Artois, fut anobli le 20 juin 1614. Sa descendance a formé plusieurs branches qui se sont répandues en Artois et en Picardie. ARMES : *de sinople, à trois gerbes de blé d'or, liées de gueules.*

SERSANDERS. — Ancienne famille qui a donné plusieurs grands baillis à la ville de Gand et un président du conseil de Flandre; Antoine Sersanders, dit de Luna, mort en 1721. ARMES : *de gueules, au croissant d'argent.*

SNOY. — Famille qui existe encore, et qui a pour auteur Philippe Snoy, bourgmestre de Malines, créé chevalier en 1633. Jean-Charles Snoy fut créé baron en 1644. Alliances : Brimeu, Steelandt, Steenhuys, etc. ARMES : *d'argent, à trois fleurs de néflier de sable, feuillées et boutonnées d'or.*

SOMMAIN. — Guillaume de Sommain, échevin de la ville de Douai, était issu d'une ancienne famille du Hainaut qui tirait son nom d'une seigneurie de l'Ostrevant. François et Pierre de Sommain, fils et petit-fils de Guillaume, furent aussi échevins de Douai au dix-septième siècle. Joseph de Sommain, capitaine lieutenant d'artillerie, commandait au département de Nieuport en 1750. Alliances : Baillencourt, Benavides, Cazier, Corte, Le Maire, Will, etc. ARMES : *d'argent, au lion de gueules à la bordure engreslée d'azur.*

STAPLANDE (HAU DE). — Famille qui remonte à Jean de Hau, trésorier à Berghes, qui fit enregistrer ses armes en 1696. Son chef actuel a été représentant du Nord à la Chambre des députés et à l'Assemblée législative. ARMES : *d'azur, au chevron d'argent, surmonté d'une étoile à dix rais d'or, accompagné de trois mains de carnation tenant chacune une poignée d'épis d'or, tigée du même, les deux en chef affrontées.*

STASSART. — Famille originaire de Flandre, qui revendique pour auteur Jean de Stassart, écoutette de Bruges, tué dans une émeute en 1436. Herman-Louis-Joseph de Stassart, colonel de cavalerie au service d'Espagne, fut créé chevalier en 1649. Jacques-Joseph de Stassart, président du conseil de Namur, puis conseiller d'État, reçut le titre de baron de l'empereur Léopold II, le 7 décembre 1791. Son fils Goswin-Joseph-Augustin, baron de Stassart, littérateur, ancien ministre plénipotentiaire à Turin, a présidé pendant sept ans le sénat de Belgique. ARMES : *d'or, à la tête de taureau de sable, au chef d'or chargé d'une aigle de sable, languée de gueules.*

STEELANDT. — Maison ancienne qui a donné Hellin de Steelandt, bourgmestre de Bruges en 1415; Louis-Joseph de Steelandt, bourgmestre de Bruxelles, mort en 1756. Alliances : Dongelberghe, Hallwin, le Poyvre, Van der Straten, etc. ARMES : *de gueules, à la fasce d'argent, chargée de 4 sautoirs accolés d'azur.*

STEENHUYS. — Elle a pour auteur Guillaume Steenhuys, seigneur de Flers, créé chevalier en 1622, et dont le fils, président du conseil de Flandre, reçut le titre de baron de Poederlé. Alliances : Béthune, Croix, le Clercq, Snoy, etc. ARMES : *d'argent, au chevron de gueules, accompagné en pointe d'un annelet du même.*

STOMMELINS (Peeters). — Cette famille est issue de Jacques Peeters, dit Stommelins, seigneur de Westerghem, procureur général au conseil de Flandre, dont le fils fut créé chevalier en 1679. ARMES : *écartelé, aux 1 et 4 d'or, à trois molettes d'éperon de sable,* qui est de Stommelins; *aux 2 et 3 d'or, à la croix de gueules,* qui est de Mortagne.

STRATEN ou VAN DER STRATEN. — La terre qui a donné son nom à cette maison d'ancienne chevalerie est située près de Bruges. Athelard de Straten est connue par une charte de donation de l'an 1067 en faveur de l'église de Berghes-Saint-Winock. Guillaume de Straten suivit Baudouin, comte de Flandre, à la conquête de Constantinople; son nom et ses armes sont à la galerie des croisades du musée de Versailles. La souche s'est divisée en deux branches, dont une continua d'habiter la Flandre et le Hainaut français; l'autre passa en Gueldre, et un de ses rejetons, Jean de Straten, fut ambassadeur de Charles-Quint, en Danemark et en Pologne. Cette maison, encore représentée aujourd'hui par plusieurs rameaux, a été admise dans l'ordre teutonique, dans les chapitres nobles de Sainte-Gertrude, de Maubeuge, de Denain, et a fait ses preuves pour l'ordre de Malte. Alliances : Aspremont, Beauffort, Cherisey, Hamal, Maulde, Niculant, Pouilly, Witry, etc. ARMES : *fascé d'azur et d'argent de huit pièces; au chef d'or, chargé de trois pieds d'aigle de sable, arrachées de gueules.*

TAFFIN. — Pierre Taffin, l'un des créateurs des mines d'Anzin, entra au parlement de Flandre comme substitut du procureur général en 1698. Jules-César Taffin de Beaudignies, son fils, fut reçu conseiller en 1740, et Marie-Joseph-Louis Taffin de Sorel, son petit-fils, en 1783. Cette famille, qu'il ne faut pas confondre avec celle de Taffin de Tilques en Artois, subsiste encore. Alliances : Duhamel, Fruict, Hauseur, Herbais, Villecasseau, Lambrecht, Louis de la Grange, la Motte-Ango de Flers, Nétumières. ARMES : *de gueules, au pairle d'hermine.*

TENREMONDE. — La maison de Tenremonde est connue depuis Berno, sire de Teuremonde, vivant en [illegible]. On trouve ensuite Guillaume de Teuremonde, bailli de Lille en 1390; Antoine de Teuremonde, chambellan de Charles-Quint; Philippe de Teuremonde, grand prévôt de Tournay. Cette maison s'est éteinte dans les mâles en 1864. Alliances : Béthune, Croix, Courteville, Hespel, la Hamaide, Moullart de Torcy, Thieulaine, etc. ARMES : *plumeté d'or et de sable.*

THIEFFRIES DE BEAUVOIS. — Maison originaire de la basse Allemagne, fixée aujourd'hui en Flandre, dont était Marie-Catherine de Thieffries, qui eut de Philippe le Bon, duc de Bourgogne, deux enfants naturels, légitimés par le pape. Elle porte le titre de comte, et a donné plusieurs officiers supérieurs et un maréchal de camp. ARMES : *d'argent, à quatre jumelles de gueules en bande, accompagnées de neuf merlettes de sable.*

THIENNES. — Maison issue de Jacques de Thiennes, conseiller et chambellan de Charles-Quint. Elle a reçu les titres de comte de Rumbeke en 1649, baron de Claerhout en 1660. Alliances : Croy, Draeck, Lannoy, Mérode, Van der Gracht, etc. La terre et seigneurie de Thiennes, ayant passé à la maison de Buisseret, fut érigée pour elle en comté au mois d'avril 1745. Marie-Gaétan Mabille-Duchêne, qui avait pour grand'tante une demoiselle de Thiennes, a demandé le 24 août 1865 à ajouter à son nom celui de cette famille. (Voyez l'*Annuaire de la noblesse de* 1866 p. 204.) ARMES : *d'or, à la bordure d'azur et à l'écusson d'argent, bordé d'azur et chargé d'un lion de gueules, couronné et lampassé d'or.* (Voyez pl. Ire.)

THIEULAINE. — Cette famille a pour auteur Daniel de Thieulaine, roi de l'Épinette en 1437, anobli par Charles VII en 1439. Christophe de Thieulaine, seigneur de Graincourt, fut échevin d'Arras au commencement du dix-septième siècle. Alliances : Bassecourt, Delattre, Gosson, Occoche, Widebien, etc. ARMES : *burelé d'argent et d'azur, à la bande de gueules, chargée de trois aiglettes d'or.*

TRAMECOURT. — Cette maison d'ancienne chevalerie, originaire du comté de Saint-Pol, réunit l'ancienneté à l'illustration. Renaud de Tramecourt se croisa en 1190. Ses armes sont au musée de Versailles. Antoine de Tramecourt fut créé chevalier en 1612. Georges-Léonard-Bonaventure de Tramecourt, fut créé marquis le 6 janvier 1815 et il fut appelé à la pairie en 1827. Alliances : Beaulaincourt, Buissy, la Forge, Mailly, Nédonchel, Quiéret, Wavrin, etc. ARMES : *d'argent, à la croix ancrée de sable.*

TRAMERIE (LA). — François de la Tramerie, baron de Roisin, seigneur d'Angre, de Hertaing, de Givenchy, de la Fosse, gouverneur des ville et château d'Aire, issu d'une famille ancienne de l'Artois, fut créé chevalier le 17 avril 1598 par le roi Philippe II. La terre du Forest fut érigée en marquisat par lettres patentes de Louis XIV, au mois d'août 1667, en faveur de Louis de la Tramerie, dont la descendance s'est éteinte au siècle dernier. Alliances : Bernimicourt, Dion, la Fosse, Ongnies, etc. ARMES : *de sable, au chevron d'or, accompagné de trois merlettes du même.* (Voyez pl. Ire.)

TRAZÉGNIES. — Gilles ou Gillion, sire de Trazégnies, connétable de France, accompagna saint Louis en Palestine. Ses armes sont au musée de Versailles. Agnès de Trazégnies, son arrière-petite-nièce, porta la terre de Trazégnies dans la maison de Rœux, qui en releva le nom. Les descendants de cette seconde race, encore existante, ont donné un chambellan de l'empereur Maximilien, un chevalier de la Toison d'or, un sénéchal héréditaire de Liége. Alliances : Cugnac, Croy, Ghistelles, Lalaing, Ligne, etc. ARMES : *bandé d'or et d'azur de six pièces, à une ombre de lion brochant de sable, à la bordure engreslée de gueules.*

TRIEST. — Ce nom est fort ancien en Flandre. Nicolas Triest fut conseiller chambellan de Charles le Téméraire, duc de Bourgogne. Philippe Triest, seigneur d'Auweghem, premier échevin des parchons de Gand, et Antoine Triest, seigneur de Merlebeke, furent créés chevaliers en 1609; autre Antoine de Triest, évêque de Gand en 1622, devint conseiller d'État. François Triest, premier échevin de la Keure de Gand, et Josse Triest furent créés chevaliers en 1626 et 1641, comme issus d'ancienne noblesse. ARMES : *de sable, au lévrier courant d'argent, colleté d'or, accompagné en chef de deux cors de chasse d'or, liés et virolés du même, les embouchures à sénestre.*

TURPIN. — Cette famille, dont le nom et les armes semblent établir une communauté d'origine avec les Turpin de Crissé, était représentée en 1697 par Lambert-Joseph Turpin, procureur du roi à l'hôtel des monnaies de Lille; Jean-Étienne-Désiré Turpin, procureur du roi des eaux et forêts de Phalempin; Louis et Alexandre Turpin, avocats; Maximilien Turpin, gouverneur de la lieutenance de Lille, qui firent tous enregistrer leur blason dans l'*Armorial général de France*. Alliances : Fourmestraux, Lequien, Lescaillez, etc. ARMES : *losangé d'argent et de gueules.*

Ursel. — L'ancienne maison d'Ursel s'éteignit avec Lancelot d'Ursel, treize fois bourgmestre d'Anvers, 1525-1570. Gaspard Schetz, ayant épousé Catherine, sœur de Lancelot, leur fils Conrad fut substitué aux noms et armes d'Ursel, et leur descendance fut créée comte du Saint-Empire en 1638, duc en 1616. Armes : *de gueules, au chef d'argent, chargé de trois merlettes du champ.*

Vallincourt. — Maison ancienne et originaire du Cambrésis, éteinte depuis deux siècles. Armes : *de gueules, au lion d'argent.*

Van Caloen. — La noblesse de cette famille remonte à François Van Caloen, échevin de Bruges, créé chevalier en 1648. Pierre-Balthazar Van Caloen, bourgmestre du Franc de Bruges, reçut aussi des lettres de chevalerie en 1663. Leur descendance existe encore et s'est alliée aux familles de Grass, le Poyvre, Nieulant, Saint-Genois, etc. Armes : *d'hermine, au léopard de gueules.*

Van der Linde. — Louis-Joseph Van der Linde, reçu secrétaire du roi en 1739, était originaire de Marchiennes et fils d'un trésorier de France. Sa famille a contracté des alliances avec les Chesnon de Champmorin, Renard d'Harnel, Taverne de Renescure, etc. Armes : *d'or, à trois quintefeuilles de sinople.*

Van der Linden. — Elle a pour auteur Van der Linden, bourgmestre de Louvain, créé chevalier en 1544. Philippe Van der Linden, grand forestier du Brabant, reçut le titre de baron d'Hooghevorst en 1663. Armes : *de gueules, au chef d'argent, chargé de 3 maillets de sable.*

Van der Gracht. — Ancienne maison encore existante, originaire de Menin, et connue depuis le quatorzième siècle. Elle a reçu le titre de baron de Vremde en 1660, et de Rumpsdorp en 1696. Armes : *d'argent, au chevron de gueules, accompagné de 3 merlettes de sable.*

Van der Meere. — Famille qui a pour auteur Philippe Van der Meere, bourgmestre d'Audenarde en 1609, et qui a reçu le titre de baron de Bautersem en 1745. On trouve aussi Gilles et Albert Van der Meere, créés chevaliers en 1640 et 1660. Armes : *d'azur, à trois feuilles de mûrier d'or.*

Van der Noot. — Maison du Brabant, qui a donné Watier Van der Noot, conseiller du duc Philippe le Bon et ambassadeur en Hongrie en 1546 ; Gaspard, tué à la défense de Harlem en 1573 ; Léonard, bourgmestre de Bruxelles ; Roger, créé baron de Carloo en 1678. Armes : *d'or, à cinq coquilles de sable posées en croix.*

Van de Werve. — Elle a pour auteur Gunther Van de Werve, dont le fils Jacques fut bourgmestre d'Anvers. Elle s'est divisée en plusieurs branches, dont l'une fut créée vicomte d'Immersel, près Bruges, par lettres de 1686 ; l'autre baron de Schilde, en Brabant, en 1768. Armes : *écartelé, aux 1 et 4 d'or, au sanglier passant de sable ; aux 2 et 3 de sable, à trois chevrons d'argent.*

Van Eechaute. — Floris Van Eechaute, chevalier, seigneur d'Aigremont, bailli de Bruges, et son frère puîné, Charles, créé chevalier en 1630, sont les premiers personnages connus de cette famille. Armes : *d'argent, au sautoir de gueules.*

Vasseur de Guernonval (Le). — Cette famille est issue de Toussaint le Vasseur, receveur des aides de la ville d'Hesdin, qui épousa Jeanne Lequien, dame de Guernonval, seigneurie située en Artois, dont il prit le surnom et les armes. Philippe le Vasseur, son fils, seigneur de Guernonval, ayant hérité de la terre d'Esquelbecque par testament de Valentin de Pardieu, du 13 août 1592, obtint qu'elle fût érigée en baronnie par lettres de Philippe III le 21 janvier 1612. Il fut général d'artillerie et gouverneur de Gravelines. Philippe-Joseph-Alexandre le Vasseur de Guernonval, dit le marquis d'Esquelbecque, maréchal de camp, épousa en 1745 Louise-Antoinette du Bouchet de Sourches. Alliances : Béthisy, Béthune, Fiennes, Ghistelles, Lannoy, Maulde, Spangen, Triest. Armes : *écartelé, aux 1 et 4 d'azur, au chevron d'or, accompagné de trois gerbes de blé d'or; aux 2 et 3 d'argent, à l'aigle éployée de sable, becquée et membrée de gueules.*

Vasseur du Valhuon (Le). — Cette famille éteinte remonte à Barthélemy le Vasseur, seigneur de Verquigneul. Elle a joué un rôle dans les troubles des Pays-Bas, sous le duc d'Albe. Philippe-François le Vasseur, seigneur de Moriensart, devint secrétaire du conseil d'État en 1582, et Floris le Vasseur, seigneur du Valhuon, fut chargé de négociations auprès de Philippe II, roi d'Espagne. Armes : *de gueules, à trois fasces ondées d'argent, au lion du même, brochant sur le tout.*

Venant. — Vincent et Philippe de Venant, natifs d'Arras, furent anoblis par Philippe IV, roi d'Espagne, le 21 novembre 1626. Leurs descendants, seigneurs d'Ivergny, créés chevaliers héréditaires en 1664, marquis de Sainte-Croix en 1747, siégèrent aux États d'Artois en 1747 et s'éteignirent dans l'émigration. Alliances : Belvalet, Chastelier, Quarré, Thieulaine, Torcy, etc. Armes : *d'or, à la bande componée d'hermine et de gueules, accompagnée de deux fleurs de lis d'azur.*

Vernimmen. — Cette famille, encore existante, descend de Daniel Vernimmen, anobli par lettres du 20 mars 1706. Elle a fourni, de 1714 à 1790, un procureur général et deux conseillers à la cour du parlement de Flandre. Alliances : Blondel d'Aubers, Duriez, Priez-Cardon d'Ouvrin. Armes : *de gueules, au lion d'argent, surmonté d'une étoile d'or, et accosté de deux autres du même.*

Vicq. — Maison connue depuis Wido de Vicq, chevalier, qui périt dans la révolte de Courtrai en 1325. Elle a reçu les titres de chevalier en 1647, de baron de Cumptech en 1661. Armes : *de sable, à six besants d'or, 3, 2 et 1, à la fleur de lis d'argent en chef.*

Viefville (La). — Cette maison d'ancienne noblesse de la province d'Artois, aujourd'hui éteinte, a formé deux branches, celle de Steenworde et celle de la Chapelle. La première, l'aînée et la principale, a obtenu l'érection de la terre de Steenworde en marquisat par lettres de 1711. Un de ses rejetons a été nommé vice-roi des Deux-Siciles et duc de la Viefville par le roi d'Espagne. Il est mort à Palerme en 1754; la dernière héritière de cette branche épousa Toussaint de Boisgelin, capitaine de vaisseau, et n'en eut qu'une fille mariée au comte de la Villegontier, pair de France. Alliances : Béthune, Massiet, Melun, Mérode, le Poyvre, Ranst, la Tramerie, Wignacourt, etc. Armes : *fascé d'or et d'azur de huit pièces, à trois annelets de gueules, rangés en chef et brochant sur les deux premières fasces.*

Vilain. — Famille originaire de la ville d'Alost, dont était bourguemaistre Henri Vilain, mort en 1607, père de Jean Vilain, seigneur de Dumpel, lieutenant souverain-bailli d'Alost et de Grandmont. Jean-Jacques-Philippe Vilain, créé vicomte par lettres du 27 septembre 1758, était premier échevin de la Keure de Gand et fut nommé grand bailli de cette ville en 1774. Alliances : Du Bois, della Faille, Jonghe, Van der Meere, etc. Armes : *de sable, au chef d'argent, chargé d'un lambel de trois pendants de sable.*

Visart de Bocarmé. — Cette famille noble était représentée en 1753 par Louis-François Visart, seigneur de Bury et de Beaucarmez ou Bocarmé, capitaine d'infanterie, qui obtint le titre de comte, des supports avec bannières pour ses armes et la confirmation de l'érection des seigneuries de Bury et Bocarmé en comté par lettres de l'impératrice le 5 septembre 1753. Armes : *d'azur, au chevron d'or, accompagné de trois têtes de loup d'argent.*

Vischer de Celles. — Ancienne famille du pays de Malines, qu'on dit issue de la maison allemande de Vischer. Jean de Vischer fut huit fois échevin d'Anvers, de 1595 à 1618. Son petit-fils, Jean-Balthazard de Vischer, seigneur de Celles, Pottes, etc., bourgmestre de Bruxelles, 1678-1680, fut créé baron de Celles par le roi Charles II, le 1er septembre 1686. Alliances : Brouchoven, Caumont-Laforce, Coloma, etc. Armes : *de gueules, au sautoir d'or.*

WARENGHIEN. — Sa noblesse a pour origine plusieurs secrétaires du roi sous Louis XIV et Louis XV. Louis-Joseph-Marie Warenghien de Flory fut conseiller au parlement de Flandre en 1765. Alliances : Cavelier, Delandre, Pieffort, etc. ARMES : *d'azur, au chevron d'or, accompagné de trois besants du même.*

WARLUZEL. — La terre qui a donné son nom à cette famille ancienne et bien alliée, aujourd'hui éteinte, est située en Artois sur les confins de la Picardie. Jean de Warluzel, chevalier, vivait en 1210; François de Warluzel eut le gouvernement de Bapaume en 1610. Alliances : onnières, Croix, Rubempré, Wignacourt, etc. ARMES : *de sinople, à la fasce d'argent, à la bande fuselée de gueules brochant sur le tout.*

WASSERVAS. — A cette maison appartenait Godefroi de Wasservas, seigneur de Marche, Chauvelette, etc., maieur de la ville de Namur de 1567 à 1570. Son fils, Jean de Wasservas, fut mestre de camp au service de l'empereur d'Autriche. On compte parmi ses rejetons des chevaliers de Saint-Louis et des officiers supérieurs. Alliances : Béthancourt, Lannoy, Linard, Obert, Saint-Waast, etc. ARMES : *d'azur, à trois aiguières antiques d'or.*

WAUBERT. — Famille originaire des Pays-Bas, dont, depuis plusieurs générations, les rejetons ont suivi la carrière des armes. Louis-François Waubert de Genlis, son représentant, né en 1776, était, sous la Restauration, capitaine de première classe, adjudant de place de Valenciennes. ARMES : *d'azur, à la herse d'or, à deux épis d'or du même passés en double sautoir et brochant sur le tout.*

WAVRIN. — Ancienne maison dont la terre est située à trois lieues de Lille, et dont les rejetons étaient sénéchaux héréditaires de Flandre. Robert de Wavrin ou de Waurin, créé maréchal de France vers l'an 1345, appartenait à la branche des seigneurs de Saint-Venant. Robert, sire de Waurin et de Lillers, tué à la bataille d'Azincourt, était le dernier rejeton mâle de la branche aînée. (Voyez P. Anselme, t. VI, p. 703.) Alliances : Arleux, Barbançon, Berghes, Béthune, Comines, Créquy, Croisilles, Hennin-Liétard, Mallet, Quieret, Razières, Riencmetz, Roubaix, etc. ARMES : *d'azur, à l'écusson d'argent.* (Voyez pl. Ire.)

WAZIERS. — Elle a pour auteur André Fourmestraux, bourgeois de Lille en 1623, dont les descendants obtinrent la permission de changer leurs noms en celui de Waziers. Alliances : Cuvillon, Lannoy, Vicq, etc. ARMES : *écartelé, aux 1 et 4 d'or, à l'aigle éployée de gueules; aux 2 et 3 d'or, à l'ours de sable montant à l'arbre écoté de gueules et courbé en bande.*

WŒSTINE (LA). — Cette famille, originaire de Flandre, a pour auteur François de la Wœstine, seigneur de Beselaer, qui reçut des lettres de chevalerie du roi Philippe II le 23 octobre 1640, et qui fut nommé bailli d'Ypres le 27 mars 1641. Maximilien-Emmanuel de la Wœstine, son petit-fils, marquis de Beselaer, épousa Louise-Eugénie de Melun, dont il eut un fils, Maximilien, brigadier des armées du roi d'Espagne et capitaine aux gardes wallonnes, aïeul du chef actuel. Alexandre-Charles, marquis de la Wœstine, sénateur, né en 1782, lieutenant général, est le gendre du maréchal Gérard. ARMES : *de sable, au chevron d'argent, accompagné de trois coquilles du même.*

WOUTERS. — Cette famille est issue de Jean Wouters, seigneur de Hallebast et de Van den Brouck, président de la chambre des comptes à Lille, mort en 1516. Deux de ses rejetons ont été créés chevaliers, l'un par Philippe II le 7 août 1559, l'autre par Philippe IV le 15 juillet 1626. Son dernier rejeton mâle fut Philippe-François Wouters, seigneur de Vinderhoute, Meerendre, Belsecle, etc., décédé à Gand en 1708. Alliances : Alegambe, Bette, Colins, Gomiecourt, Niculant, le Poyvre, Villegas, etc. ARMES : *d'or, au chevron de gueules, chargé de cinq fleurs de lis d'argent et accompagné de trois perroquets essorants de sinople, becqués et membrés de gueules.*

YEDEGHEM. — Famille qui a pour auteur Jacques Yedeghem, grand bailli de Dendermonde en 1573. Son fils Charles Yedeghem, créé chevalier en 1598, fit ériger en baronnie sa terre de Bourbeke dans la châtellenie de Lille, par lettres de 1600, et reçut le titre de comte de Wattou en 1629. Armes : *d'or, à deux fasces de sable.*

Yve. — Maison ancienne dont étaient : Jean d'Yve, chambellan de Charles-Quint; Philippe d'Yve, lieutenant général, gouverneur de Douai en 1667. Elle a reçu les titres de baron en 1662, de comte de Ruysbrœck en 1732, et a pris celui de marquis. Armes : *de vair, à trois pals de gueules.*

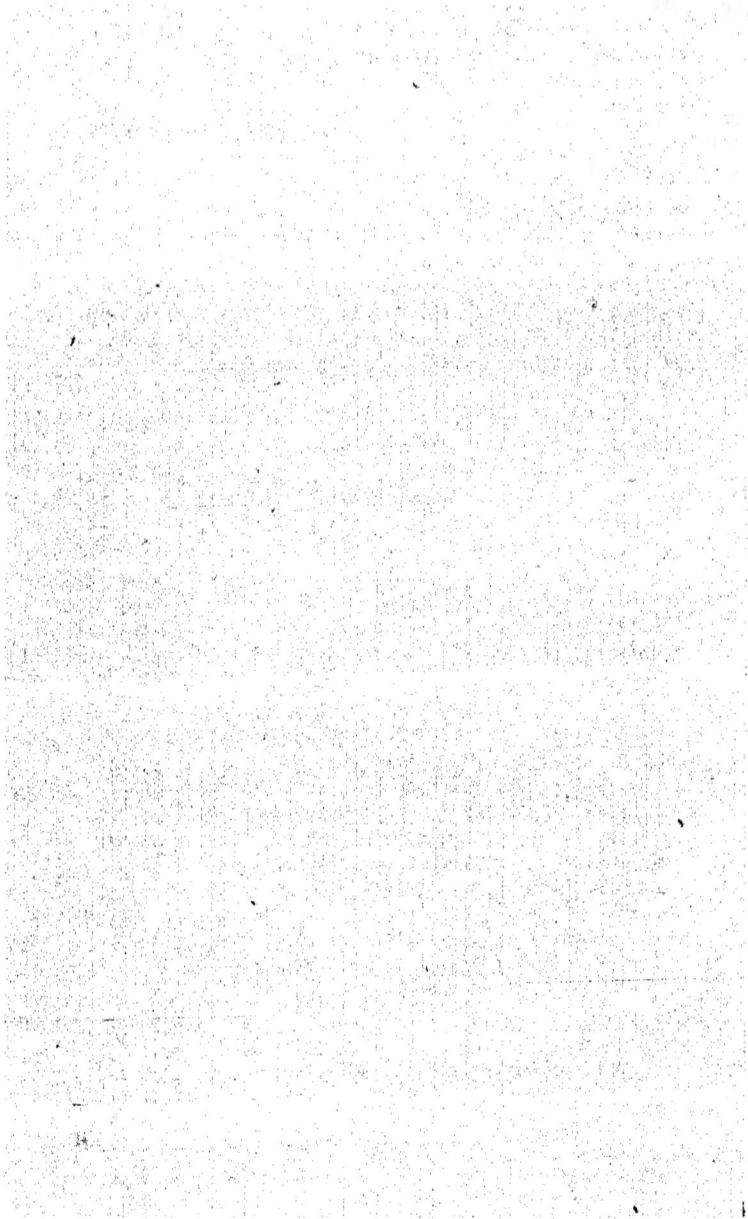

TABLE

PREMIÈRE PARTIE.

ARMORIAL D'ARTOIS ET DE PICARDIE.

I. — ARMOIRIES FOURNIES PAR LES FAMILLES ET ENREGISTRÉES SANS DÉLAI.

II. — SUPPLÉMENT. — ARMOIRIES SURSISES.

III — SUPPLÉMENT. — ARMOIRIES RÉGLÉES PAR D'HOZIER.

IV. — SUPPLÉMENT. — ARMOIRIES DONNÉES PAR D'HOZIER.

DEUXIÈME PARTIE.

ERRATA

Page 6, ligne 10. — *Après :* Noyencourt, *ajoutez :* (Moyencourt).
— 20, — 8. — *Effacez :* (Floronville).
— 23, — 1. — *Au lieu de :* (Vermandonvillers), *lisez :* (Vermandovillers).
— 32, — 18. — *Après :* Behogny, *ajoutez :* (Behognies).
— 132, — 23. — Vandonne et Wandomme se trouvent dans le Dictionnaire des postes ; le premier est le plus correct.
— 165, — 5. — *Après :* Berry, *ajoutez :* (Bevry).
— 171, — 16. — *Après :* Lehons, *ajoutez :* (Lihons).
— 173, — 14. — *Après :* en veau, *ajoutez :* (en vieux).
— 187, — 1. — *Après :* Piquigny, *ajoutez :* (Picquigny).
— 232, — 9. — *Après :* Etinchem, *ajoutez :* (Etinehem).
— 238, — 1. — *Après :* Houdin, *ajoutez :* (Houdain).
— 251, — 8. — *Au lieu de :* Buigry, Saint-Maclou, *lisez :* Buigny-Saint-Maclou.

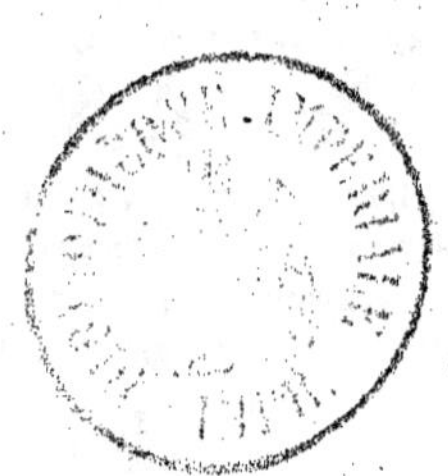

www.ingramcontent.com/pod-product-compliance
Lightning Source LLC
Chambersburg PA
CBHW050551270326
41926CB00012B/2010